X.media.press ⊗

Springer
*Berlin
Heidelberg
New York
Barcelona
Hongkong
London
Mailand
Paris
Singapur
Tokio*

Joachim Böhringer (Jahrgang 1949): Studium der Druck- und Medientechnik sowie Geschichte in Stuttgart und Darmstadt, anschließend Referendariat. Danach Lehrer für Drucktechnik an der Berufsfachschule Druck und Medientechnik in Reutlingen. Mitbegründer und Leiter der Fachschule für Informationsdesign FIND in Reutlingen. Mitgliedschaft und Mitarbeit u.a. in der Lehrplankommission für Mediengestalter und Drucker, in der Zentralen Projektgruppe Multimedia am Landesinstitut für Erziehung und Unterricht in Baden-Württemberg, sowie im Zentral-Fachausschuss für die Druck- und Medienindustrie in der Bundesrepublik Deutschland.

Peter Bühler (Jahrgang 1954): Studium der Druck- und Reproduktionstechnik an der FH für Druck, Stuttgart. Gewerbelehrerstudium für Drucktechnik und Geschichte an der TH Darmstadt. Seit 1984 Lehrer an der Johannes-Gutenberg-Schule, Stuttgart, im Bereich Druckvorstufe und Computertechnik, Leiter der Abt. Mediengestaltung. Mitgliedschaft und Mitarbeit u.a. in den Lehrplankommissionen Mediengestalter für Digital- und Printmedien sowie Bild und Ton, in IHK-Prüfungsausschüssen, der Zentralen Projektgruppe Multimedia am Landesinstitut für Erziehung und Unterricht in Baden-Württemberg und im Zentral-Fachausschuss für die Druck- und Medienindustrie in der Bundesrepublik Deutschland.

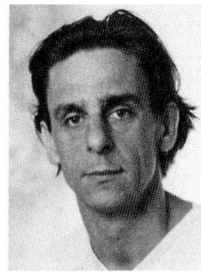

Patrick Schlaich (Jahrgang 1966): Studium der Elektrotechnik an der Universität Karlsruhe; Abschluss 1992 als Diplom-Ingenieur, danach Referendariat an den Gewerblichen Schulen Lahr, zweites Staatsexamen 1995. Seither Tätigkeit als Lehrer im Bereich Informationstechnik und Digitale Medien, Mitarbeit u.a. in den Lehrplankommissionen Mediengestalter und Medienfachwirt, Mitgliedschaft in der Zentralen Projektgruppe Multimedia am Landesinstitut für Erziehung und Unterricht in Baden-Württemberg und im Zentral-Fachausschuss für die Druck- und Medienindustrie in der Bundesrepublik Deutschland.

Hanns-Jürgen Ziegler (Jahrgang 1939): Studium der Elektronik und Kommunikationstechnik. Führende Positionen in Forschung, Entwicklung und Beratung eines namhaften Druck- und Verlagshauses. Studiendirektor, Fachberater am Oberschulamt und Landesinstitut für Erziehung und Unterricht in Baden-Württemberg für Druck- und Medientechnik. Mitarbeit an Bundesrahmen- und Landeslehrplänen für Mediengestalter. Erstellung Profilfach Gestaltungs- und Medientechnik der Technischen Gymnasien. Autor zahlreicher Fachartikel für Druck- und Medientechnik, Fachbuchautor Computertechnik.

J. Böhringer • P. Bühler • P. Schlaich • H.-J. Ziegler

Kompendium der
Mediengestaltung
für Digital-
und Printmedien

 Springer

Dipl.-Wirt.-Ing.
Joachim Böhringer
Wackersteinstraße 44/5
72793 Pfullingen

Dipl.-Ing.
Patrick Schlaich
Moltkestraße 53
77933 Lahr

Dipl.-Ing.
Peter Bühler
Jahnstraße 10
71563 Affalterbach

Dipl.-Ing.
Hanns-Jürgen Ziegler
St.-Blasien-Straße 18
78628 Rottweil

ISSN 1439-3107
ISBN 3-540-66421-1 Springer-Verlag Berlin Heidelberg New York

Die Deutsche Bibliothek – CIP-Einheitsaufnahme
Kompendium der Mediengestaltung für Digital- und Printmedien/von Joachim
Böhringer ... – Berlin; Heidelberg; New York; Barcelona; Hongkong; London;
Mailand; Paris; Singapur; Tokio: Springer, 2000 (X.media.press)
ISBN 3-540-66421-1

Springer-Verlag Berlin Heidelberg New York
ein Unternehmen der BertelsmannSpringer Science+Business Media GmbH
© Springer-Verlag Berlin Heidelberg 2000
Printed in Germany

Umschlaggestaltung: Künkel + Lopka Werbeagentur, Heidelberg
Texterfassung und Layout durch die Autoren
Druck und Bindearbeiten: Stürtz, Würzburg
Gedruckt auf säurefreiem Papier   SPIN 10790623   33/3142 ud   5 4 3 2 1

Vorwort

Am Anfang des neuen Jahrtausends ist die Wandlung unserer Gesellschaft in eine Medien- und Informationsgesellschaft in vollem Gange. Dieser Wandel führt in der Druck- und Medienindustrie zu interessanten neuen Berufen und Tätigkeitsfeldern. Sie stellen komplexe technische und gestalterische Anforderungen an alle Beteiligten der Medienproduktion.

Das vorliegende zweibändige Werk »Kompendium der Mediengestaltung« und »Workshop zur Mediengestaltung« beinhaltet das notwendige moderne Grundwissen.

Es wird der Workflow der modernen Print- und Nonprintproduktion in seiner gesamten Breite beschrieben. Gestalterische und technische Aspekte kommen hierbei ebenso zur Sprache wie betriebswirtschaftliches und rechtliches Know-how. Die Entstehung von Medienprodukten kann von ersten planerischen Überlegungen bis zur Präsentation des Ergebnisses nachvollzogen werden. Neben den benötigten Grundkenntnissen wird dabei das Datenhandling von der Erfassung über die Bearbeitung bis zur Archivierung und Ausgabe der Daten beschrieben.

Die Bücher sind einheitlich und leicht verständlich strukturiert. Die Texte auf den rechten Buchseiten werden dabei durchgängig durch eine große Anzahl von Bildern und Grafiken auf den linken Seiten ergänzt. Dem Lernenden ermöglicht dies einerseits das kontinuierliche Lesen eines Kapitels als auch ein Vertiefen des Gelernten durch die Visualisierung der Lerninhalte.

In der Marginalienspalte auf den rechten Seiten sind die wesentlichen Informationen nochmals kurz zusammengefasst. Ein detailliertes Stichwortverzeichnis erleichtert das Auffinden der gewünschten Themen.

Zur Unterstützung des Lernprozesses dienen zahlreiche Aufgaben in den einzelnen Kapiteln. Die Lösungen ergeben sich aus dem Inhalt (I) und aus der betrieblichen Praxis (P). Zusätzlich befinden sich Lösungen (L) im Anhang. Durch die Beschäftigung mit den Aufgaben kann der Lernende seinen Wissensstand feststellen, erweitern und sich auf Prüfungen vorbereiten.

Der zweite Band »Workshop zur Mediengestaltung« erleichtert den selbständigen Einstieg in die branchenübliche Software. Neben den Programmen zur Bildverarbeitung, Grafik- und Layouterstellung kommen Multimedia-Standardprogramme zur Anwendung. Videoschnitt, Soundbearbeitung und 3D-Animation gehören ebenso dazu wie Autorensystem und Web-Editor.

Kennzeichen beider Bände ist die branchentypische Breite der benötigten Kenntnisse. Die dem zweiten Band beigefügte CD-ROM enthält neben den für die Übungen erforderlichen Daten zusätzlich noch Demoversionen der beschriebenen Software. Dem Lernenden bietet sich damit die Möglichkeit die Programme kennenzulernen und die Übungen durchzuführen.

Die Einführung in die einzelnen Programme erfolgt weitgehend in Form von Schritt-für-Schritt-Anleitungen. Da die Autoren allesamt aus der Unterrichtspraxis kommen, sind sämtliche Kapitel mehrfach getestet und von Unstimmigkeiten weitgehend bereinigt.

Das vorliegende zweibändige Werk wendet sich an alle an der Medienproduktion Interessierten. Es eignet sich zum Selbststudium sowie zum Einsatz in den Berufs-, Fach- und Hochschulen.

Darüber hinaus ist zu hoffen, dass unser Werk eine lehrreiche Lektüre für all diejenigen ist, die sich für die Geheimnisse unserer spannenden multimedialen Welt interessieren.

Joachim Böhringer   Heidelberg, im Sommer 2000
Peter Bühler
Patrick Schlaich
Hanns-Jürgen Ziegler

Inhaltsverzeichnis

Gestaltung

1.1 Grundelemente

Abb. 1.1/1
Vakatseite

Platz für Ideen,
Platz für einen schönen
Titel, oder gefällt er Ihnen
etwa?

1.1.1 Gestalten macht Spaß!

Kreativ sein, etwas schaffen, anderen etwas mitteilen, mit verschiedenen Medien arbeiten – toll!

Aber wer kennt nicht die Angst des Künstlers vor der weißen Leinwand – der erste Strich ist der schwerste. Alle, die gestalten, stehen immer wieder vor dem gleichen Problem: Wie fange ich an? Es gibt keine Patentlösung, aber Gestaltungskompetenz hilft. Gestaltung kann man nicht aus Büchern lernen. Eigenes Tun und Erleben ist notwendig.

Keine Patentlösungen

Eigenes Tun und Erleben

In diesem Kapitel werden verschiedene Grundregeln mit den Grundelementen der visuellen Gestaltung, Punkt, Linie, Form und Fläche, an Beispielen vorgestellt.

Die Aufgaben ermöglichen einen ersten Einstieg in die Erarbeitung.

Abb. 1.1/2
DIN-A-Reihe

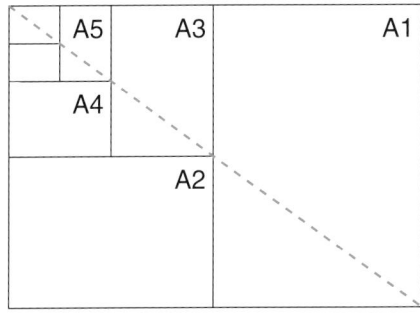

A0	841 mm	x	1189 mm
A1	594 mm	x	841 mm
A2	420 mm	x	594 mm
A3	297 mm	x	420 mm
A4	210 mm	x	297 mm
A5	148 mm	x	210 mm
A6	105 mm	x	148 mm
A7	74 mm	x	105 mm
A8	52 mm	x	74 mm
A9	37 mm	x	52 mm
A10	26 mm	x	37 mm

Abb. 1.1/3
Verschiedene Formate

Welche Seitenverhältnisse
haben die einzelnen
Formate?
Sind sie harmonisch?
Wie sind sie im großen Format, der grauen Fläche,
platziert?

1.1.2 Format

Das Format ist die Basis jeglicher Gestaltung.
- Ist das Format frei wählbar?
- Welche Beschränkungen bestehen für die Wahl des Formats?
- Ist das Format vorgegeben?

Die Anwort auf diese Fragen bestimmt das weitere Vorgehen.

Die Formatangabe ist grundsätzlich immer Breite x Höhe.

DIN-A-Reihe

Die Formate ergeben sich dadurch, dass man das Ausgangsformat DIN A0 (841 mm x 1189 mm = 1 qm, Seitenverhältnis $1 : \sqrt{2}$) immer wieder an der langen Seite halbiert. Ebenso können aus kleineren Formaten durch Verdoppeln der kurzen Seite jeweils die größeren Formate erstellt werden.

Neben der DIN-A-Reihe gibt es noch die DIN-B-Reihe als unbeschnittene A-Reihe und die DIN-C-Reihe für Umschläge.

Amerikanisches Format

Die amerikanischen Formate sind meist willkürlich, sie entsprechen keiner mathematischen Gesetzmäßigkeit wie z.B. die DIN-A-Reihe. Der amerikanische Briefbogen ist etwas kleiner als DIN-A4: 8,5 inch x 11 inch (DIN-A4 8,27 inch x 11,69 inch).

Die Bedeutung der amerikanischen Formate liegt für uns weniger in der gestalterischen Relevanz als darin, dass die Soft- und Hardware in ihren Grundeinstellungen häufig auf diese Formate ausgerichtet ist.

Sonstige Formate

Während die Formate für die Printmedien relativ frei wählbar sind, gibt es in der Fotografie und den Nonprintmedien systembedingte Vorgaben. Das Seitenverhältnis beträgt bei:
- Kleinbilddia $3 : 2$
- Monitor $1,33 : 1$ bzw. $4 : 3$
- Fernsehen $4 : 3$ oder $16 : 9$

Abb. 1.1/4
Flächenaufteilung

Abb. 1.1/5
**Geometrische Grund-
elemente – Fläche**

1.1.3 Stilmittel

1.1.3.1 Proportionen

Ein elementarer Teil des Gestaltens ist das Bestimmen der Proportionen. Proportionen sind Verhältnisse zwischen Größen, Formen, Helligkeiten, Farben und Positionen einzelner Elemente und des Formats.

Durch die Verhältnisse der Elemente zueinander entstehen Beziehung, Zusammenhang, Dynamik oder Trennung und Langeweile.

Goldener Schnitt

Der goldene Schnitt findet sich als harmonische Proportion schon bei den alten Griechen. Viele Erscheinungen der Natur, so auch der menschliche Körper, entsprechen dem goldenen Schnitt.

In der Praxis kann man von der Zahlenreihe 3 : 5 : 8 usw. ausgehen. Dabei wird die kleinere Zahl jeweils zur folgenden dazugezählt.

1.1.3.2 Flächenaufteilung

Lernziel: Die Fläche spannungsreich aufteilen.
Aufgabe: Gliedern Sie eine quadratische Fläche durch eine senk-
           rechte und eine waagerechte Linie in vier Teilflächen.
           (I, P)

1.1.3.3 Geometrische Grundelemente – Fläche

Lernziel: Ideales Verhältnis zwischen Form und Fläche finden.
Aufgabe: Positionieren Sie auf einer quadratischen Fläche eine der
           geometrischen Grundformen Rechteck, Kreis oder
           Dreieck. (I, P)

Abb. 1.1/6
**Geometrische Grund-
elemente – Inhalt**

Abb. 1.1/7
Gleichheit

1.1.3.4 Geometrische Grundelemente – Inhalt

Lernziel: Zusammenhang zwischen Form und Inhalt erkennen.
Aufgaben: Visualisieren Sie mit beliebigen Quadraten die Begriffe:
- Einschließen
- Ausschließen
- Zusammenstehen
- Durchdringen
- Beherrschen
- ...

Verwenden Sie andere geometrische Grundformen. (I, P)

1.1.3.5 Gleichheit

Gleiche optische Elemente werden zu einer Gestalt zusammengefasst. Als Ordnungsmittel wirken hierbei Form, Farbe, Größe und Umfeld.

Lernziel: Den Blick für Formen und Strukturen schulen.
Aufgabe: Bilden Sie durch geometrische Elemente eine übergeordnete Gestalt. (I, P)

Abb. 1.1/8
Flächengliederung

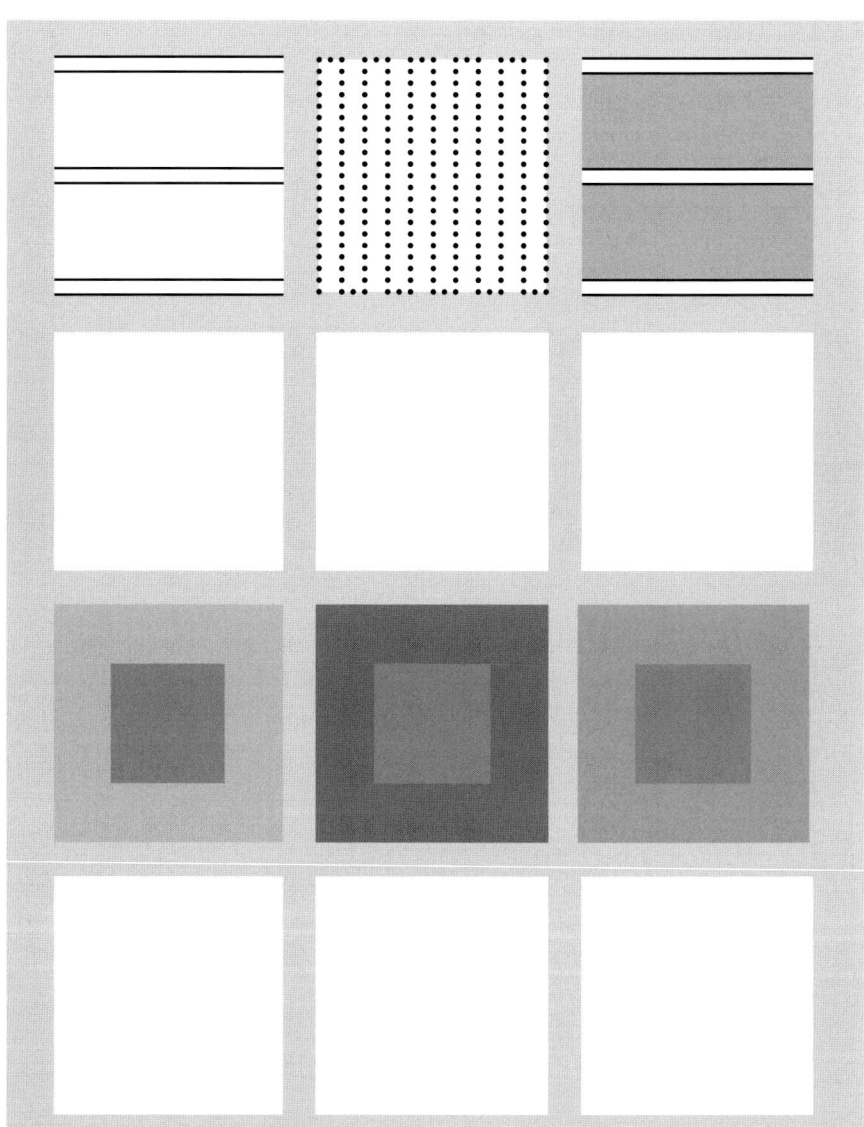

Abb. 1.1/9
Kontrast

Als Beispiel die Wirkung des Simultankontrastes: Die kleine Quadrate haben alle den gleichen Tonwert.

1.1.3.6 Distanz – Geschlossenheit

- Was nahe beieinander steht, wird gemeinsam und somit als zusammen gehörig wahrgenommen.
- Was einander fern ist, wird getrennt wahrgenommen und somit als nicht zusammengehörig empfunden.
- Linien und Tonflächen verstärken die Zusammengehörigkeit. Sie vermitteln Geschlossenheit.
- Linien müssen die richtige Stärke haben.
  Faustregel: Anpassung an das Schriftbild der verwendeten Grundschrift.
- Tonflächen dürfen nicht zu dunkel sein.

Lernziel: Die Wirkung von Gliederungselementen kennen.
Aufgabe: Gliedern Sie Flächen durch Linien und / oder Tonflächen. (I, P)

1.1.3.7 Kontrast

Das menschliche Auge bewertet die Helligkeit einer Fläche nicht objektiv, sondern immer in Beziehung zur Umgebung.

Lernziel: Die Wirkung kombinierter Tonflächen kennen.
Aufgabe: Erstellen und kombinieren Sie verschieden helle Tonflächen in unterschiedlichen Formen und Größen. (I, P)

Abb. 1.1/10
Strukturen

Abb. 1.1/11
Rhythmen

1.1.3.8 Strukturen – Permutationen

Die Verwendung geometrischer Grundelemente nach mathematischen Ordnungsgesichtspunkten erschafft Strukturen. Durch Permutation, der Umstellung und Vertauschung einzelner Elemente in einer Gesamtordnung, entstehen interessante neue Ansichten.

Lernziele: Die Wirkung von Strukturen kennen. Strukturen gezielt einsetzen.

Aufgabe: Strukturieren Sie Flächen mit geometrischen Grundelementen. (I, P)

1.1.3.9 Rhythmus

Rhythmus ist Bewegung. Rhythmus will erlebt werden.

Die Elemente einer Fläche stehen in Beziehung zueinander. Größen, Formen, Abstände weisen gesetzmäßige Proportionen auf. Dabei lassen sich rhythmische Reihen, so genannte Progressionen, durch Zahlenreihen ausdrücken.

Lernziel: Rhythmus für den Betrachter erfahrbar machen.

Aufgabe: Gliedern Sie Flächen mit geometrischen Grundelementen rhythmisch. (I, P)

Abb. 1.1/12
Simultankontrast

Die Farbwirkung wird stark durch die Umgebung beeinflusst. Beide Kreise haben die gleiche Farbe: Magenta.

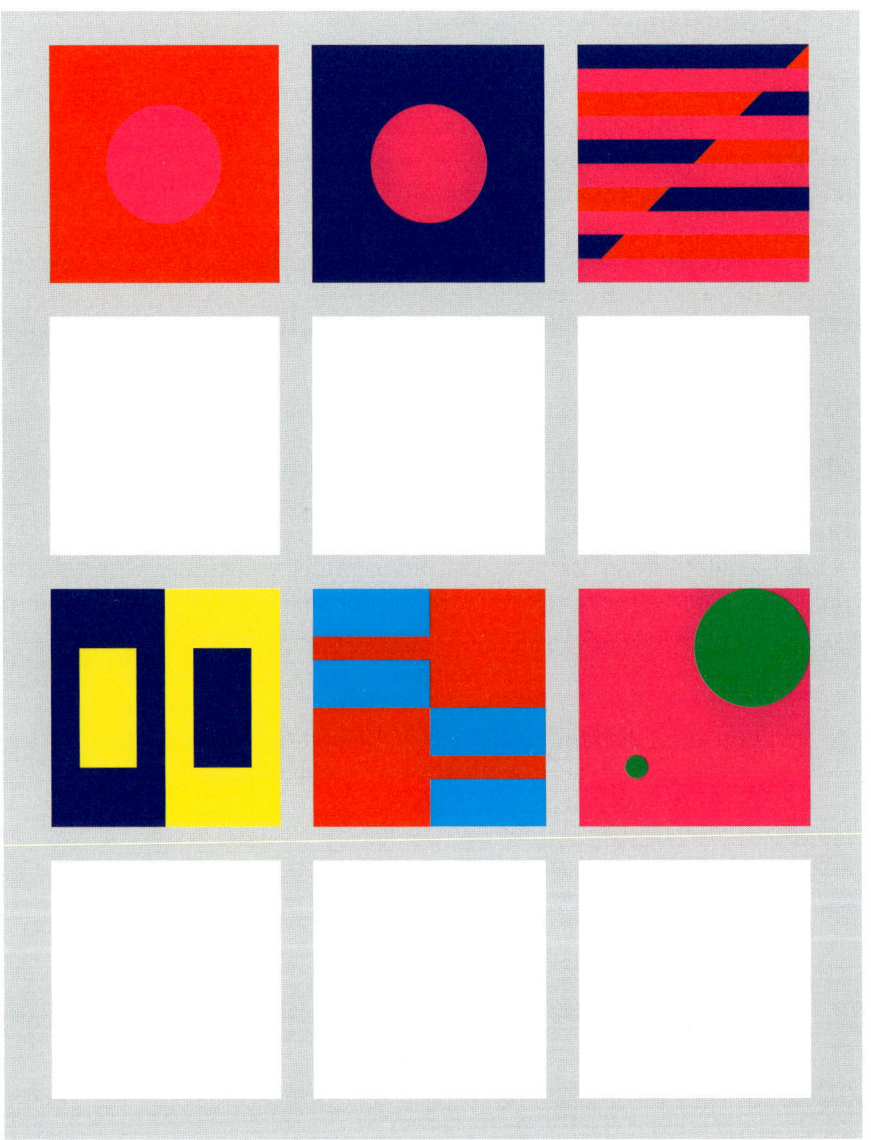

Abb. 1.1/13
Komplementärkontrast

Die Farbenpaare ergänzen sich zu Unbunt. Zusätzlich wirkt noch die Verteilung der Farben in der Fläche.

1.1.3.10 Farbe

Farbe schmückt, Farbe signalisiert, Farbe schreit, Farbe gliedert, Farbe … Die Farbe in der Gestaltung hat ganz unterschiedliche Aufgaben.

Wie wird Farbe am besten eingesetzt? Sparsam! Die Anwendung von Farbe bedingt Kenntnisse der Farbenlehre, Erfahrung und Gefühl.

Der Farbeffekt ergibt sich nie aus der Farbe an sich, sondern immer durch die Wechselwirkung mit der Umgebung. Wir sprechen hierbei von Farbkontrasten, -harmonien oder -wirkungen.

Farbkontraste
Farbharmonien
Farbwirkungen

Beispiel einer Ordnung:

- warm – kalt
- bunt – unbunt
- leuchtend – stumpf
- wenig – viel
- hell – dunkel

Den einzelnen Farbtönen wurden zu allen Zeiten bestimmte Charaktere zugewiesen. Auch in der heutigen Farbpsychologie gibt es verschiedene Interpretationen der einzelnen Farben. Ziehen Sie Ihre eigenen Schlüsse, machen Sie Ihre eigenen Erfahrungen.

Lernziel: Die Wirkung einzelner Farben und Farbkombinationen kennenlernen und ein Gefühl für Farbwirkung entwickeln.

Aufgabe: Kombinieren Sie verschiedene farbige Flächen in unterschiedlichen Formen und Größen. (I, P)

Abb. 1.1/14
Das Abbild der Realität

Perspektivisches Zeichnen
auf eine Projektionswand,
Albrecht Dürer 1536.

Abb. 1.1/15
Licht und Schatten

Körper- und Schattenkon-
struktion in der 2-Punkt-
Perspektive mit zwei Lichtquellen.

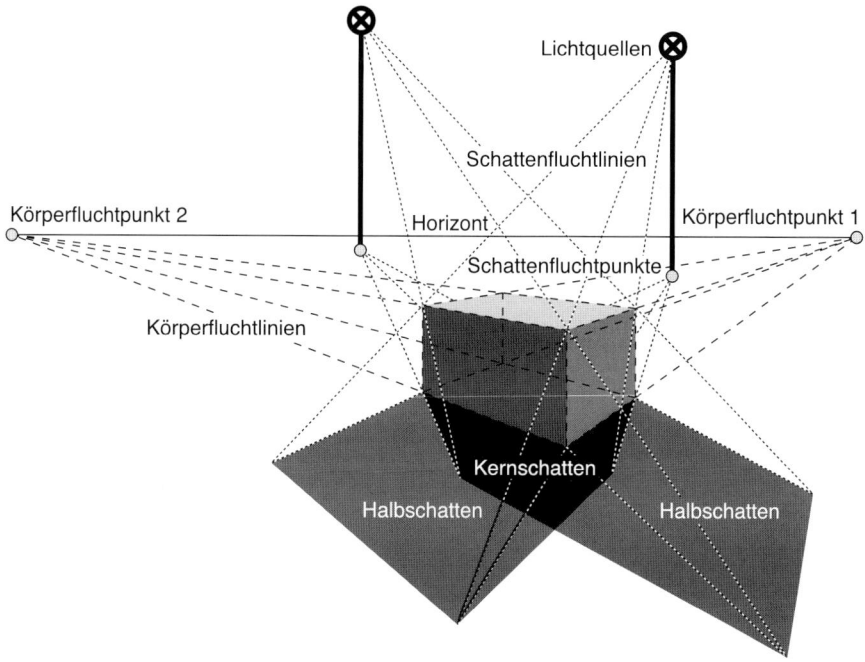

1.1.4 Raum und Licht

1.1.4.1 Raum und Perspektive

Die Welt ist räumlich. Die Perspektive ermöglicht es, die dreidimensionale Welt, also Höhe, Breite und Tiefe, auf einer Fläche zweidimensional darzustellen. Dabei ist die Bildebene eine senkrecht vor dem Auge stehende Projektionswand.

Einige grundlegende Dinge zur Beachtung:

- Standpunkt des Beobachters: von vorne, oben, unten
- Augenhöhe des Beobachters: Entfernung vom Boden, Position zum Horizont
- Stellung des Objekts im Raum: weiter weg = kleiner
- Art der Perspektive, z.B. Fluchtpunktperspektive.

Standpunkt des
Beobachters

Standpunkt des Objekts

Art der Perspektive

1.1.4.2 Licht und Schatten

Die Form bestimmt den räumlichen Eindruck eines Körpers nicht alleine. Erst im Zusammenspiel der Form-Erscheinung und der Hell-Dunkel-Erscheinung aus Licht und Schatten wirkt ein Gegenstand räumlich und plastisch. Auch werden Gegenstände, die hell erscheinen, eher wahrgenommen als dunklere.

Wenn Licht auf einen Körper trifft, entsteht Schatten. Neben der Art der Lichtquelle, ob Punktlicht oder Flächenlicht, ist die Position zum Gegenstand wichtig. Aus diesen Faktoren ergeben sich Schattenrichtung und Schattenlänge.

Auch ohne Schattendarstellung bilden sich durch die Beleuchtung eines Körpers unterschiedlich helle Flächen.

Die Beleuchtung muss für alle Elemente einer Gestaltung einheitlich sein.

Lernziel: Die Wirkung und Zusammenhänge von Raum, Licht und Schatten kennen.
Aufgabe: Schauen Sie genau hin. Beleuchten Sie Gegenstände mit einer Lichtquelle aus unterschiedlichen Richtungen. (P)

1.2 Layout

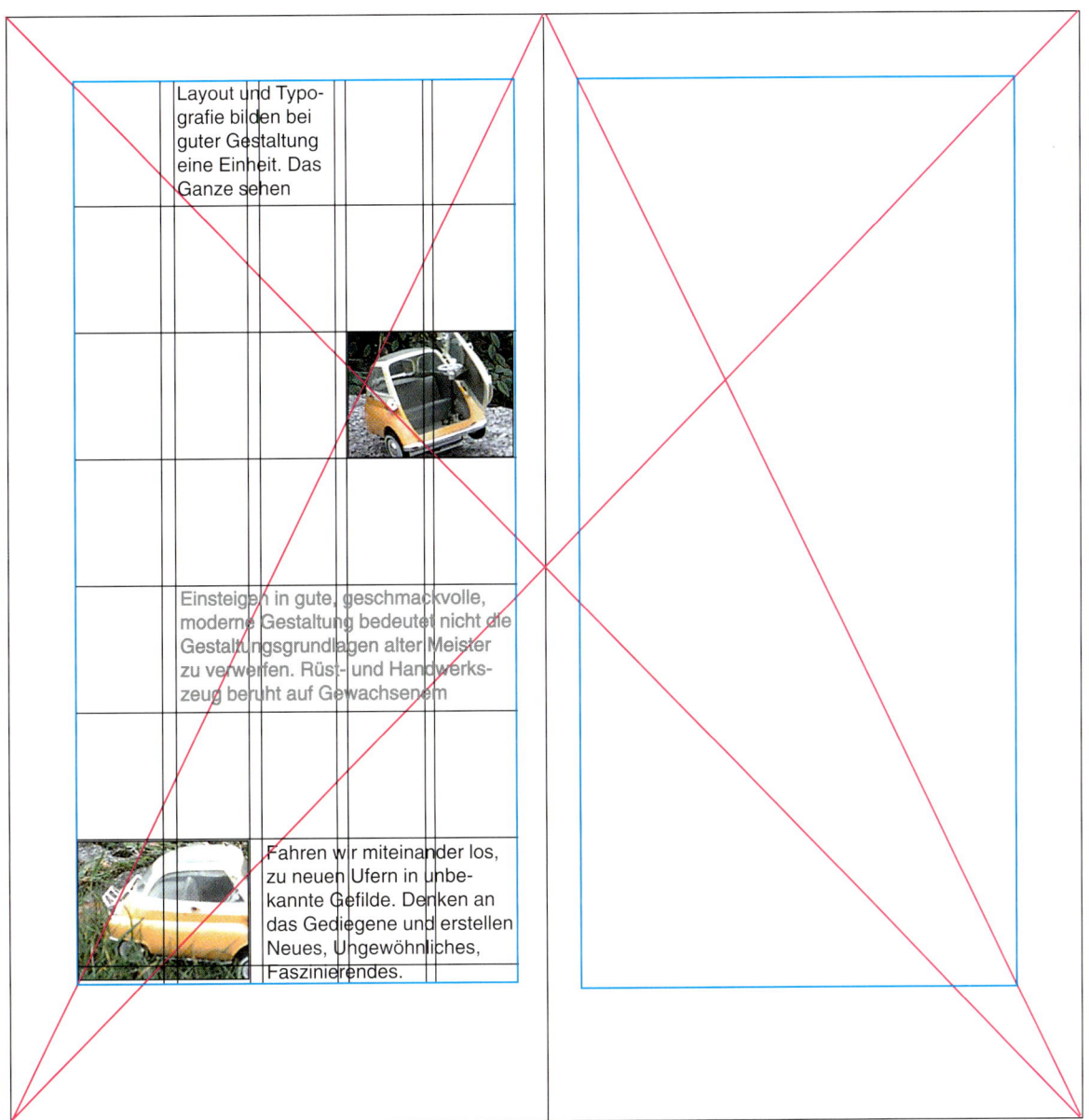

Layout und Typo-
grafie bilden bei
guter Gestaltung
eine Einheit. Das
Ganze sehen

Einsteigen in gute, geschmackvolle,
moderne Gestaltung bedeutet nicht die
Gestaltungsgrundlagen alter Meister
zu verwerfen. Rüst- und Handwerkszeug beruht auf Gewachsenem

Fahren wir miteinander los,
zu neuen Ufern in unbe-
kannte Gefilde. Denken an
das Gediegene und erstellen
Neues, Ungewöhnliches,
Faszinierendes.

Abb. 1.2/1
Bilddateien

Zum Briefing mitgeliefertes
Bildmaterial. Die Bilder liegen in digitaler Form als
CMYK-TIFF-Dateien auf
einer CD-ROM mit bei.

1.2.1 Vom Scribble zum Layout

Layout (engl. lay out = ausstellen, auslegen, Entwurf) ist die notwendige Vorstufe zum guten Produkt.

Layout
aus dem englischen lay out

Die Idee materialisiert zum ersten Mal als Scribble, d.h. als grobe Skizze.

Scribble
Ideenskizze

Aus dem Scribble wird das Rohlayout entwickelt. Das Format entspricht dem Endformat, alle Elemente werden skizziert. Man erkennt, ob das Produkt funktioniert.

Rohlayout
Skizze im Endformat mit allen Elementen des zukünftigen Produktes

Letzter Schritt vor der Produktion ist das Reinlayout. Die Gestaltung wird optimiert. Ein exakter Eindruck des Produktes entsteht.

Das Layout enthält alle für die Erstellung des Produktes nötigen Angaben. Zum Beispiel Schriftart, Schriftgröße, Zeilenabstand, Gestaltungsraster, Lage und Größe der Bilder.

Eine neutrale Fläche soll produkt- und medienbezogene Informationen wiedergeben. Die Informationen bestehen zumeist aus mehreren Elementen der visuellen Kommunikation. Unter der Voraussetzung, dass visuelle Elemente bereits vorliegen, sind diese nach sachlogischen, gestalterischen, werbewirksamen, produkt- und kundenbezogenen (Zielgruppe) Gesichtspunkten auf der Fläche anzuordnen. Man erstellt hierzu mehrere Scribbles in verkleinertem Maßstab. Die Scribbles enthalten die konzeptionelle Idee.

Lernziel: Scribbles und daraus Layouts für ein vorgegebenes Produkt und dessen Mailing erstellen.

Aufgabe: Erstellen Sie Scribbles zu folgendem Briefing: (P, I)

Scribbles enthalten die konzeptionelle Idee.

Die Firma ModernFahrvergnügen stellt hochwertige Automobile her. Ein vollständig neues Fahrprodukt soll in Deutschland im Markt eingeführt werden. Produktbesonderheit: Die Produkte sind keine Massenfertigung, entsprechend hochwertig und außergewöhnlich.

Abb.1.2/2
Headline zum Mailing

Das Super-Spar-Parkplatz-Raumwunder-Auto

Abb.1.2/3
Text zum Mailing

Ein Fahrzeug nicht nur zum Träumen, sondern für den besonderen Fahrgenuss mit extrem leichtem Ein- und Ausstieg, Faltrollschiebedach zum Sonne genießen, leichtgängiger Krückstockschaltung und ausschwenkbarem Lenkrad.
Der extrem laufruhige Zweitopfzerknalltreibling benötigt kaum mehr als ein Schnapsglas Normalbenzin auf 1 km. Garantiert hoppelfest steigt er über die größten Unebenheiten. Berg- und Talfahrt auf Straßen, im Gebirge, im Gras, einfach in jedem Gelände fühlt sich das Traumauto und natürlich auch Sie rundum wohl.
Einsteigen, starten, losfahren und genießen
Probefahren Sie am 30.02.2000 bei uns (Händlername, Adresse, Telefon, Fax, E-Mail).
In der größten Not (bei Benzinmangel) können Sie das Auto auch als Rucksack aufschnallen.
Die integrierten Sicherheitsgurte tragen nicht nur Sie, sondern auch das Auto.
Gewinnen Sie nicht nur ein einmaliges Fahrvergnügen, sondern auch einen fahrbaren Regenschirm mit Schiebedach.

Abb. 1.2/4
Handskizze

linke Abbildung

Abb. 1.2/5
Handskizze mittels Computer

rechte Abbildung

 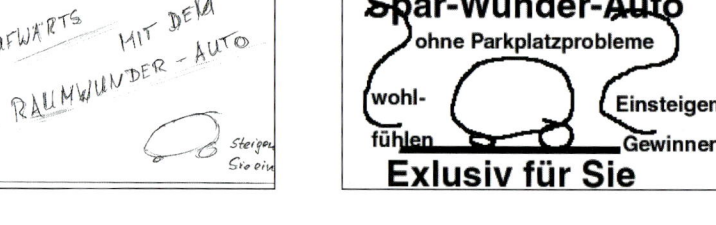

Abb. 1.2/6
Skizze aus Datenbestand

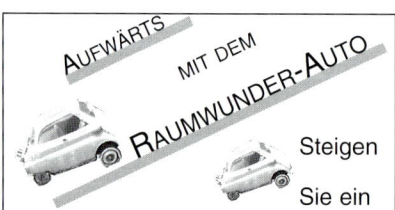

Zielgruppen: Besser verdienende Männer und Frauen mit dem Faible, ein besonderes Auto zu fahren.

Verbreitungsgebiet: In Deutschland soll ein Direct-Mailing an 20 Mio. ausgewählte Adressen gestartet werden.

Umfang: Das Mailing soll ein 2-fach gefalztes Produkt im DIN-A4-Format sein.

Gestaltung: Die zwei Seiten sollen 4-farbig, ansprechend und den Besonderheiten des neuen innovativen Produktes gemäß angelegt sein.

Für das Skizzieren können unterschiedliche Techniken verwendet werden. Bleistift, Kugelschreiber, Filzer wie in Abbildung 1.2/4 oder mittels Zeichenprogramm eines Computers wie in Abbildung 1.2/5 oder bereits mit satz- und bildtechnischen Elementen wie in Abbildung 1.2/6 gezeigt. Scribbels halten das gestalterische Konzept in groben Zügen fest, wobei eine gewisse Genauigkeit für die Beurteilung der gestalterischen Wirkung nötig ist.

Ausführliche Skizzen, welche zu Präsentationszwecken dienen, werden sehr oft am Rechner mit Blindtext typografisch aufbereitet, die Headlines im Original erstellt, Bilder und Grafiken als Platzhalter oder die unbearbeiteten Originale eingesetzt.

Viele Anwender gestalten heute direkt am Bildschirm. Hierbei sollten Sie sich bewusst sein, dass man sich am Bildschirm sehr oft verrennt. Man vergrößert, verkleinert, schiebt hin und her und kommt eigentlich nicht weiter zum Ziel. Es ist besser, Sie nehmen ein Stück Papier, falten es einmal, so dass Sie vier Seiten erhalten, und skizzieren immer neu auf jeder Seite. Vergleichen Sie die Seiten und kombinieren aus den Ergebnissen Neues oder wählen Sie die wirkungsvollste Skizze aus. Diese realisieren Sie dann in einem Layout.

Blindtext ist ein beliebiger Text, welcher typografisch dem zukünftigen Original entspricht.

Abb. 1.2/7
Satzspiegel Konstruktion

Bezeichnungen: B = Bund,
K = Kopf, A = Aussenrand,
F = Fuß

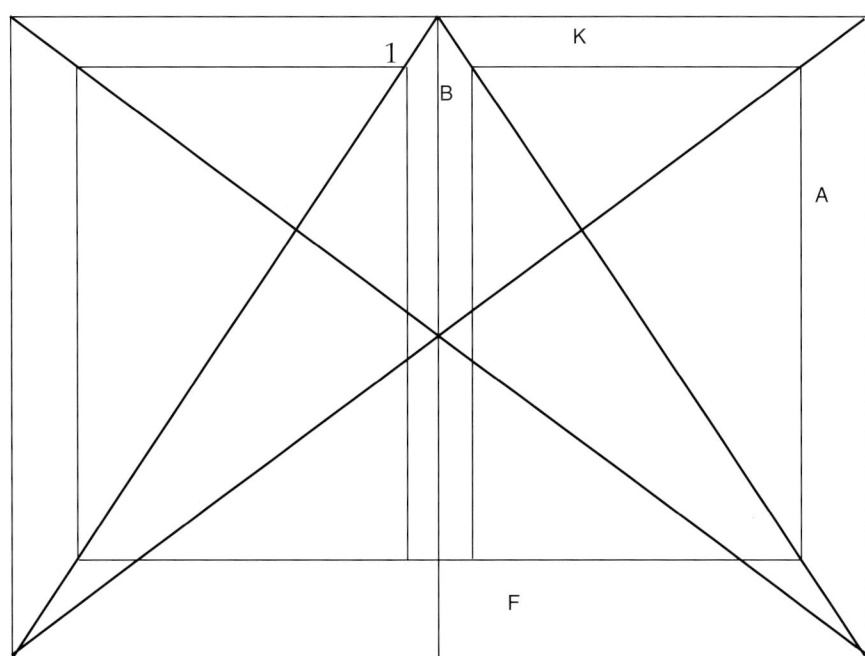

Abb. 1.2/8
**Gleichmäßige Randauftei-
lung**

Wirkt langweilig

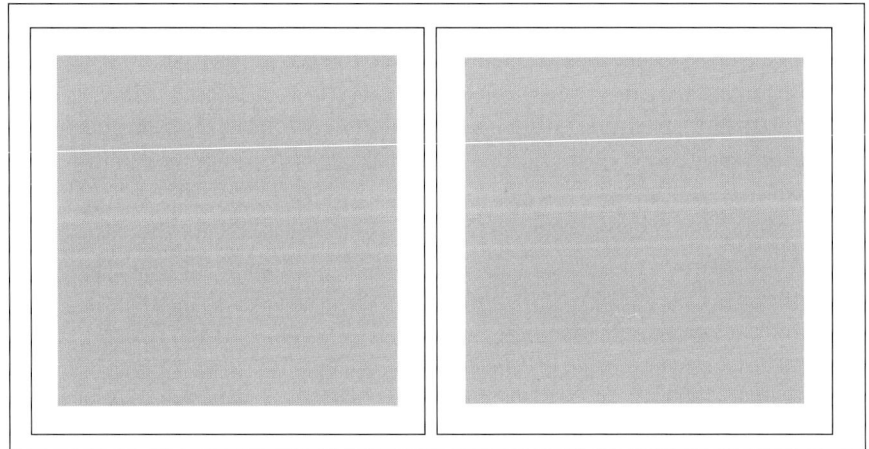

1.2.2 Satzspiegel

Ein Blatt Papier ist zuerst einmal eine leere Fläche (dies gilt ebenfalls für einen Bildschirm, eine Folie, ein Display ...). Diese Fläche wird mit „Rändern" versehen und der Inhalt in kleine Flächen aufgeteilt.

Lernziel: Einfache Aufteilung eines Blatt Papiers kennenlernen.

Aufgaben: • Falten Sie ein DIN-A4-Blatt 4-mal immer quer zum vorhergehenden Falz! (P)

          • Wie viel Spalten im Hochformat und wie viel Spalten im Querformat weist das Blatt auf? (P)

          • Wie viel Rechtecke enthält das Blatt? (P)

Lernziel: Die Aufteilung der Randverhältnisse für ein A5-Produkt im A-Seitenverhältnis ermitteln.

Aufgaben: • Erstellen Sie die Konstruktion wie in Abbildung 1.2/7 gezeigt mit einem DIN-A4-Blatt im Querformat. (P)

          • Messen Sie den Bund, die Außenränder den Kopf- und Fußrand. Ermitteln Sie das Teileverhältnis (die Proportionen). (P)

Ziehen Sie die erste Linie vom Punkt 1 im Abstand von 10 mm von der Mittelsenkrechten senkrecht nach unten. Die weiteren Konstruktionen ergeben sich aus Abbildung 1.2/7.

Weiterhin kann das Verhältnis des goldenen Schnittes sehr gut für das Randverhältnis eines Satzspiegels eingesetzt werden. Hierbei geht man vom Bund- zum Kopf- zum Außenrand- zum Fuß im Verhältnis 2 : 3 : 5 : 8.

Beim Anlegen eines Satzspiegels muss immer die Doppelseite zugrunde gelegt werden. Diese ist die Betrachtungseinheit für den Leser.

Der Satzspiegel ist die Fläche innerhalb des konstruierten Rechteckes. Dieser wird nun wiederum in kleine Rechtecke aufgeteilt, das Gestaltungsraster. Die Höhe der Rechtecke wird durch den Zeilenabstand (oder ein Mehrfaches davon), die Breite wird mittels Spaltenanzahl (oder ein Vielfaches der Spalten) festgelegt.

Paginierung (Seitenzahlen), toter Kolumnentitel (Fußzeile in diesem Buch) und Marginalien gehören nicht zum Satzspiegel!

Für Briefbögen, Visitenkarten, Flugblätter, Plakate, d.h. für einseitige Druckerzeugnisse, wird kein Satzspiegel benötigt.

Abb. 1.2/9   **Satzspiegel mit drei Spalten**

Abb. 1.2/10   **Rastersystem gleichmäßiger Quadrate**

Ist unflexibel für Bildplatzierungen

Abb.1.2/11
Rastereinteilung dieses Buches

Zu diesem Bild: Zeilenabstand von 4,5 mm = 12,756 pt.
Die ersten 7 Zeilen sind im Original dargestellt, die weiteren nur jede 4. Zeile.
Der Text sollte mindestens über 2 Spalten laufen, in der Regel jedoch über
9 Spalten und 3 Marginalienspalten.
Die Textfelder sind verkettet.
Die Abbildungen werden innerhalb der Rasterfelder angelegt.

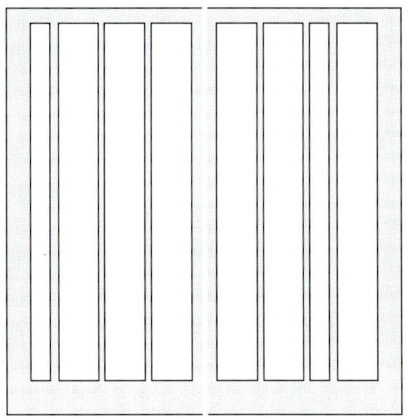

Abb. 1.2/12
Flexible Spalteneinteilung

Die halbe Spalte kann für Marginalien,
Legenden usw. verwendet werden.

1.2.3 Satzspiegel – Gestaltungsraster

Eine Broschur direkt am Bildschirm optimal gestaltet und typografisch ansprechend aufgebaut gelingt nur selten (zumeist nie). Es beginnt das „Fummeln", x-mal wird gedruckt, verworfen, verbessert, verkompliziert, bis kein Durchblick mehr besteht. Wie einfach und schnell gelingt dies mit einem vorgefertigten Layout. Insbesondere wenn das Layout mit einem Gestaltungsraster versehen ist, lässt sich schnell und effizient arbeiten. Mehrere solcher Musterseiten (für die unterschiedlichsten Anwendungen) kann man anlegen und direkt benützen.

Broschur ist ein mehrseitiges Druckprodukt.

Lernziel: Gestaltungsraster erstellen, ihren sinnvollen Einsatz erkennen.

Aufgabe:
- Erstellen Sie Gestaltungsraster, Abbildung 1.2/9, 10. (P)
- Benützen Sie hierfür die Programmmöglichkeiten der Layoutsoftware, zum Beispiel mit Hilfslinie oder Grundlinienrastern oder einfachen Strichen, Spalten oder mit Rechtecken. (P)
Hinweis! Die Textzeilen müssen exakt bündig mit den Hilfslinien sein.

Das Seitenlayout dieses Buches zeigt die Abbildung 1.2/11. Das Format beträgt 193 mm x 242 mm mit den Rändern 15,5 mm, 20 mm, 20 mm, 33 mm. Das schwarz umrandete Feld stellt den Satzspiegel dar. Grundtext und Abbildungen liegen innerhalb der Rasterfelder. Der Zeilenabstand sagt noch nichts über den eingesetzten Schriftcharakter aus.

Der Abstand zwischen den Spalten hängt von der Spaltenbreite, der Spaltenanzahl und der Satzart ab. Je schmaler die Spalte, desto eher ist linksbündiger Flattersatz angebracht. Die Spaltenabstände im Blocksatz sollten 4 mm bis 6 mm betragen, im Flattersatz 3 mm bis 5 mm. Linien (später hierüber noch mehr) haben Schmuckfunktion und können durch das Layout führen oder den Flattersatz stützen. Die Linienstärke sollte der Schriftstärke entsprechen, zumeist 0,1 mm bis 0,3 mm (0,3 bis 0,6 Punkt).

Das Layout wird in einer Stammdoppelseite der Layoutsoftware angelegt, so dass alle Seiten identisch sind.

Abb. 1.2/13
Musterlayout

Das ist unser Hotel

Musik ist das leben, alleine oder zu zweit. Mit der Hohnerorgel auf Tournee

In the vacation you should leave be spoiled absolutely. Our super offer is so unusual, so astonishing and so low-priced, that you can not decline it with absolute safety. For you we have reserved a the most beautiful and scenically wonderfully convenient hotel in the Alpss.. The rooms lie all with valley look and with look on the mountains lying opposite. There are fundamentally double rooms with a generous balcony. Shower, bath and WC contains The Nassbereich. We offer you at the hotel a swimming pool, sauna, Fitnisszentrum, massage-and beauty cures. Not only our light, comfortable and for the lingering inviting food rooms care for cheerful social, but our Stübchen, which hunter will inspire-, Alpss-, music-andTanzstübchen you. For particular Langaufbleiber we have a bar with beautiful music. The music can select you personally and drink to it a little glass wine from best situation (it does not have to remain yes at a glass). If you should have despite the foods to late hour still Appettit on small Häppchen, we will direct them/it/her you.

But not only the hotel interior, his charme, his iebvollen servants will inspire you, no also the landship, which endlessly verry possibilities, which we offer you. If hiking, Joggen

Titel, Headline stehen nicht auf dem Zeilenregister

Der Grundtext steht im Register, Zeile auf Zeile. Schön- und Widerdruckseite stehen ebenfalls im Register, die Zeilen sind deckungsgleich.

Im Urlaub sollten Sie sich unbedingt verwöhnen lassen. Unser Superangebot ist so ungewöhnlich, so erstaunlich und so preiswert, daß Sie es mit absoluter Sicherheit nicht ausschlagen können. Für Sie haben wir eines der schönsten und landschaftlich wunderbar gelegenes Hotel in den Alpen. reserviert. Die Zimmer liegen alle mit Talblick und mit Blick auf die gegenüber liegenden Berge. Es sind grundsätzlich Doppelzimmer mit einem großzügigen Balkon. Der Naßbereich enthält Dusche, Bad und WC. Wir bieten Ihnen im Hotel ein Schwimmbad, Sauna, Fitnißzentrum, Massage - und Schönheitskuren an.

Ein erstklassiges Hotel in einer der schönsten Landschaften der Alpen

Die Quintessenz Ihres Urlaubs bieten wir

Nicht nur unsere hellen, gemütlichen und zum Verweilen einladende Speiseräume sorgen für fröhliches Beisammensein, sondern unsere Stübchen, das Jäger-, Alpen-, Musik- und Tanzstübchen werden Sie begeistern. Für besondere Langaufbleiber haben wir eine urgemütliche Bar mit schöner Musik. Die Musik können Sie selbst auswählen und dazu ein

Gläschen Wein aus bester Lage trinken (es muß ja nicht bei einem Glase bleiben). Sollten Sie trotz der reichhaltigen Speisen zu später Stunde noch Appetit auf kleine Häppchen haben, wir werden sie Ihnen richten.

Aber nicht nur das Hotelinnere, sein Charme, seine liebvollen Diener werden Sie begeistern, nein auch die Umgebung, die unendlich viele

Gemütlichkeit ist bei uns Trumpf

Eine ungewöhnliche Uhr, für den modewußten Herrn können Sie bei uns gewinnen. Buchen Sie unsere Hotelzimmer und eine Uhr kann Ihre sein!

Bild ist randabfallend angeordnet

1.2.4 Satzspiegel – Gestaltungsraster – Layout

Die Aufteilungsart gemäß Abbildung 1.2/7 hat den großen Nachteil, dass die Spaltenbreiten mit Sicherheit ungerade Millimeterwerte aufweisen. Um Bilder, Grafiken und Tabellen in die Spalten einzupassen, sind geradzahlige Spaltenbreiten besser. Daher legt man den Satzspiegel noch nicht endgültig fest, sondern zuerst die Spaltenbreiten und -abstände, hieraus dann die Satzspiegelbreite. Die exakte Satzspiegelhöhe richtet sich nach der Zeilenanzahl, beginnt im Kopf der ersten und endet im Fuß der letzten Zeile. Erst jetzt werden die Randmaße festgelegt. Die meisten DTP-Programme verlangen aber zuerst die Eingabe der Randgrößen, daher sollte zu Beginn ein Layout skizziert werden, um dann am Rechner die entsprechenden Einstellungen vorzunehmen!

Lernziel: Gestalterische Feinheiten und Möglichkeiten erkennen und beurteilen.

Aufgabe: Die Abbildung 1.2/13 hat einige gestalterische Feinheiten.
- Einige Bilder sind „randabfallend". (I)
- Welche sind dies? (I)
- Woran erkannten Sie dies? (I)
- Die Zeilen sind registerhaltig geschrieben. Woran erkennen Sie dies? (I)
- Der Haupttitel weist eine besondere Satzart auf und ist nicht registerhaltig geschrieben. Der Untertitel ist nicht registerhaltig geschrieben. Woran erkennen Sie das? (I)
- Woran erkennen Sie, daß auch einige Bilder ins Register passen? (I)

Randabfallende Bilder
sollten ein bis zwei Millimeter über den Blattrand hinaus ragen, damit sie exakt beschnitten werden (Blitzer).

Registerhaltig heißt,
alle Zeilen aller Seiten und auch der Rückseiten stehen exakt auf einer Linie.

Überschriften
brauchen nicht registerhaltig zu sein. Gestalterisch ist dies zumeist kaum möglich, da sie nicht in die Zeilenabstände passen.

Die verschiedene Layoutsoftware bietet die Möglichkeit, auf Stammseiten, Musterseiten, für die linke und die rechte Seite entsprechend dem Layout, dem Satzspiegel, alle nötigen Einstellungen zu definieren.

Auf den Stammseiten vordefinierte Elemente befinden sich auf allen Seiten des Produktes (Broschur, Buch, Illustrierte, Zeitung …). Somit muss auf den Seiten des Werkes nur noch der Text, die Grafiken, die Bilder und Ta-

Layoutsoftware-Beispiele:
PageMaker, QuarkXPress, InDesign, VenturaPublisher, VivaPress

Abb. 1.2/14
Seitenlayout QuarkXPress

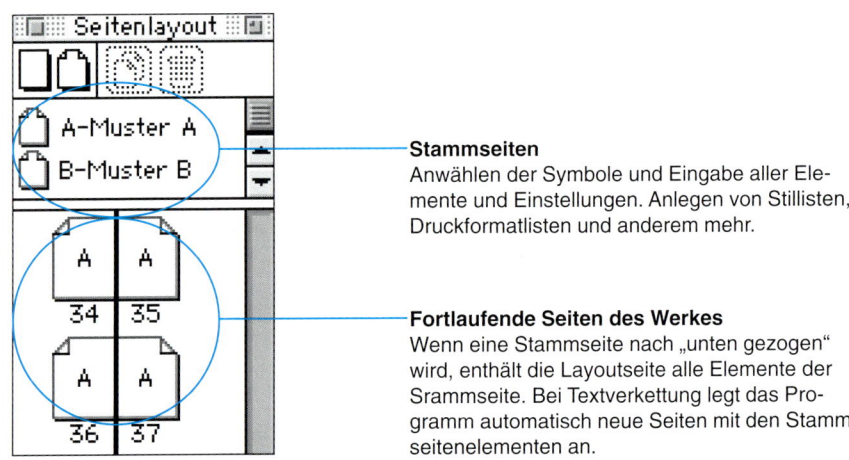

Stammseiten
Anwählen der Symbole und Eingabe aller Elemente und Einstellungen. Anlegen von Stillisten, Druckformatlisten und anderem mehr.

Fortlaufende Seiten des Werkes
Wenn eine Stammseite nach „unten gezogen" wird, enthält die Layoutseite alle Elemente der Srammseite. Bei Textverkettung legt das Programm automatisch neue Seiten mit den Stammseitenelementen an.

Abb. 1.2/15
Seitenlayout Adobe InDesign

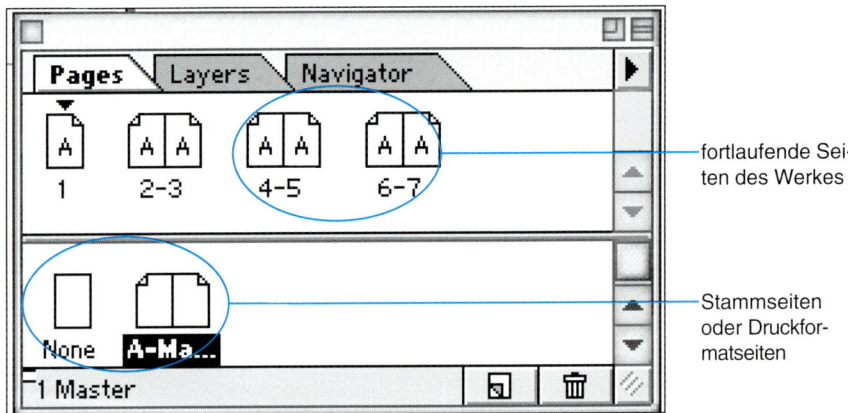

fortlaufende Seiten des Werkes

Stammseiten oder Druckformatseiten

Abb. 1.2/16
Seitenlayout Adobe PageMaker

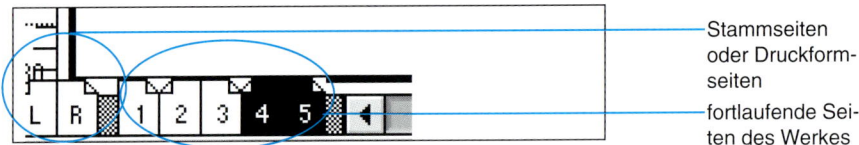

Stammseiten oder Druckformseiten

fortlaufende Seiten des Werkes

bellen eingefügt werden. Man muss sich nicht um die Spaltenbreite, Zeilenabstände, Kopf- und Fußgestaltung oder um die Paginierung kümmern. Nachfolgend aufgeführte Elemente sollten auf der Stammseite angelegt sein.

Stammseite – Musterseite

- Format
- Randeinstellungen
- Satzspiegel
- Spaltenbreite, -abstand-, -höhe-, -linien
- Schriften, alle Schrifteinstellungen angelegt in Stillisten, Druckformatlisten, Trennungsarten
- Zeilenabstand
- Alle Titelarten
- Rahmenarten
- Pagina
- Farbdefinitionen
- Stammelemente wie lebender Kolumnentitel, Logo, Passerzeichen

Lernziel: Arbeiten mit Satzspiegel und Musterseiten und erkennen für welche Bereiche diese Arbeitsart sinnvoll einzusetzen ist.

Aufgaben: • Gestalten Sie die weiteren 5 Seiten der kleinen Werbebroschur (Kapitel 1.2.2). (P)
            • Arbeiten Sie hierbei mit Satzspiegel und Musterseiten. (P)

Bedenken Sie beim Anlegen von Doppelseiten, dass im Bund zumeist kein Beschnitt nötig ist. Allerdings sollte beachtet werden, dass bei größerem Seitenumfang, wenn die Bogen ineinandergesteckt werden (Zusammentragen), der Satzspiegel bezogen auf die Papierdicke, nach außen wandert. Die Papierdicke hängt von der Grammatur ab. Wird das nicht beachtet, wird der Außenrand beim Beschneiden des Werkes kleiner.

Bei Klebebindung kann der Bund beschnitten werden.

Papierdicke hängt von der Grammatur des Papieres ab. Ein 120-Gramm-Papier entspricht 0,12 mm Blattdicke bei einfachem Volumen.

Ordnung, Übersichtlichkeit, der logische Aufbau der Seiten wird mit der Titelgestaltung festgelegt. Man unterscheidet Haupttitel (Headline), Untertitel, Zwischentitel (Sublines), toter und lebender Kolumnentitel (Rubriktitel).

Abb. 1.2/17
**Haupt- und Untertitelge-
staltung**

Wie geschliffen

**Mit gut präparierten Skiern sicher
die Hänge hinunterflitzen**

Abb. 1.2/18
Haupt- und Untertitel

Gestaltung mit Zwischentitel

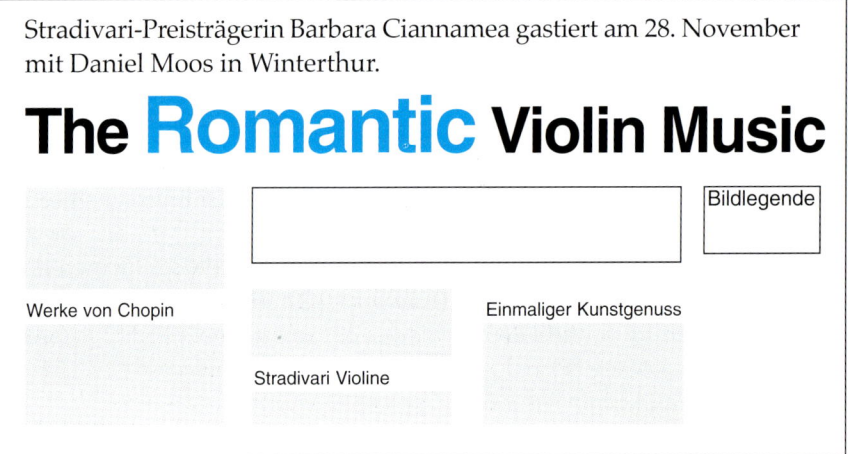

Stradivari-Preisträgerin Barbara Ciannamea gastiert am 28. November mit Daniel Moos in Winterthur.

The **Romantic** Violin Music

Bildlegende

Werke von Chopin

Einmaliger Kunstgenuss

Stradivari Violine

Abb. 1.2/19
Headline

mit Untertitel, Zwischentitel,
lebendem Kolumnentitel,
totem Kolumnentitel

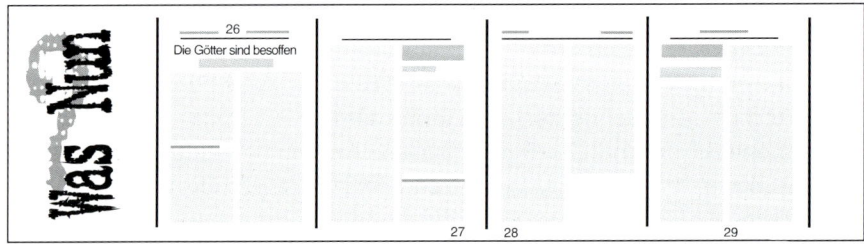

Was Nun

26
Die Götter sind besoffen

27   28

29

1.2.5 Titelgestaltung innerhalb des Satzspiegels – Gliederung

Ordnung, Übersichtlichkeit, der logische Aufbau der Seiten wird mit der Titelgestaltung festgelegt. Man unterscheidet Hauptitel (Headline), Untertitel, Zwischentitel (Sublines), toter und lebender Kolumnentitel (Rubriktitel).

Hauptitel

Der Haupttitel ist das wichtigste Element der Seite. Er sollte kurz und prägnant gehalten sein, wenn möglich nur aus einer, höchstens zwei Zeilen bestehen. Der Haupttitel sollte nur eine Aussage enthalten, dominant wirken, das heißt, kein anderes Gestaltungselement darf mit ihm konkurrieren. Bei Zeitungen, Broschuren, Büchern usw. steht der Haupttitel zumeist oben links beim Lesebeginn. Das ist nicht unabdingbar nötig. Er kann bei interessanter Gestaltung jede Stelle auf der Seite einnehmen. Er bietet eine Vielzahl gestalterischer Möglichkeiten, soll unbedingt die Aufmerksamkeit des Lesenden wecken und Anreize schaffen, das Geschriebene zu lesen.

Untertitel

Untertitel ergänzen die Information des Hauptitels, sie erklären das Thema und geben oftmals dem Haupttitel den gewünschten Sinn. Er muss nahe beim Haupttitel stehen, darf auf keinen Fall dominierend wirken und muss schnell erfassbar sein.

Zwischentitel

Zwischentitel gliedern Texte in Textabschnitte oder Themenbereiche. Der Leser erhält eine Feingliederung der gesamten Texte, kann somit Textstellen überspringen, einem ihm gemäßen Lesefluss folgen und gezielt zurückspringen. Der Zwischentitel steht immer vor dem folgenden Abschnitt und wird diesem näher zugeordnet als dem vorangegangenen Abschnitt. Für die Zwischentitel sollte der gleiche Zeilenabstand wie beim Grundtext gewählt werden, damit die Registerhaltigkeit der Textblöcke erhalten bleibt. Die Anordnung kann sein: eine Blindzeile (Leerzeile) nach dem Absatz – Zwischentitel – ohne Blindzeile der Textblock, oder zwei Leerzeilen – Zwischentitel – eine Leerzeile – Textblock. Zwischentitel können halbfett mit der gleichen Schriftgröße wie der Grundtext oder um einen Schriftgrad größer geschrieben werden.

Rubriktitel

Toter Kolumnentitel

Lebender Kolumnentitel

Rubriktitel oder Kolumnentitel stehen über der Satzspalte. Sie führen den Leser bei mehrseitigen Veröffentlichungen über die einzelnen redaktionellen Inhalte. Toter Kolumnentitel ist die Pagina (Seitenzahl), er beinhaltet keine Aussage auf den Text. Lebender Kolumnentitel enthält die Seitenzahl und zusätzliche Aussagen (siehe Kopfzeile dieses Buches).

1.3 Typografie

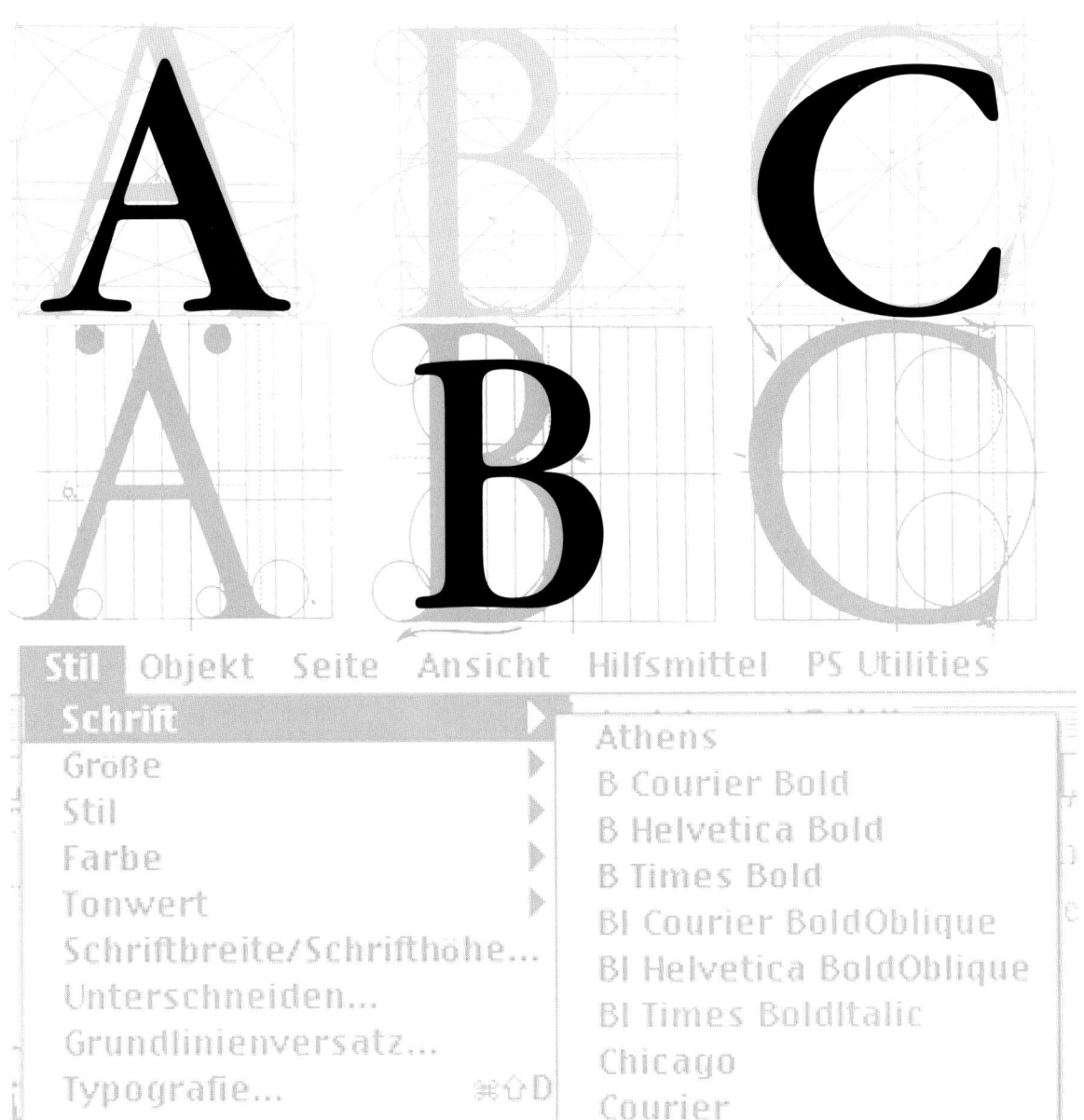

Abb. 1.3/1
Betrachtungsreihenfolge

Die Betrachtungsreihenfolge ist mit fortlaufenden Zahlen dargestellt.
1 bedeutet erster Blickfang, 2 zweiter usw.
Am Schluss, wenn genügend Spannung aufgebaut wurde, wird der Text gelesen.

Das ist unser Hotel

Im Urlaub sollten Sie sich unbedingt verwöhnen lassen. Unser Superangebot ist so ungewöhnlich, so erstaunlich und so preiswert, daß Sie es mit absoluter Sicherheit nicht ausschlagen können. Für Sie haben wir eines der schönsten und landschaftlich wunderbar gelegenes Hotel in den Alpen. reserviert. Die Zimmer liegen alle mit Talblick und mit Blick auf die gegenüber liegenden Berge. Es sind grundsätzlich Doppelzimmer mit einem großzügigen Balkon. Der Naßbereich enthält Dusche, Bad und WC. Wir bieten Ihnen im Hotel ein Schwimmbad, Sauna, Fitnißzentrum, Massage - und Schönheitskuren an.

Gemütlichkeit ist bei uns Trumpf

Ein erstkl. ④ Hotel in einer der schönster :haften der Alpen

Die Qu ③ senz Ihres Urla ieten wir

Nicht nur unsere hellen, gemütlichen und zum Verweilen einladende Speiseräume sorgen für fröhliches Beisammensein, sondern unsere Stübchen, d⑤ Alpen-, ind Tanzstü r- den Sie begeistern. Für besondere Langaufbleiber haben wir eine urgemütliche Bar mit schöner Musik. Die Musik können Sie selbst auswählen und dazu ein

Gläschen Wein aus bester Lage trinken (es muß ja nicht bei einem Glase bleiben). Sollten Sie trotz der reichhaltigen Speisen zu später Stunde noch Appetit auf kleine Häppchen haben, wir werden sie Ihnen richten.
Aber nicht nur das Hotelinnere, sein Charme, seine liebvollen Diener werden Sie begeistern, nein auch die Umgebung, die unendlich viele

①

In the vacation you should leave be spoiled absolutely. Our super offer is so unusual, so astonishing and so low-priced, that you can not decline it with absolute safety. For you we have reserved a the most beautiful and scenically wonderfully convonient hotel in the Alpss.. The rooms lie all with valley look and with look on the mountains lying opposite. There are fundamentally double rooms with a generous balcony. Shower, bath and WC contains The Nassbereich. We offer you at the hotel a swimming pool, sauna, Fitnisszentrum, massage-and beauty cures. Not only our light, comfortable and for the lingering inviting food rooms care for cheerful social,

Musik ist das lei ie oder zu zweit. Mit der Hohnerc ② ournee

but our Stübchen, which hunter will inspire-, Alpss-, music-andTanzstübchen you. For particular Langaufbleiber we have a bar with beautiful music. The music can select you personally and drink to it a little glass wine from best situation (it does not have to remain yes at a glass). If you should have despite the foods to late hour still Appetit on small Häppchen, we will direct them/it/her you.
But not only the hotel interior, his charm, his iebvollen servants will inspire you, no also the landship, which endlessly verry possiblities, which we offer you. If hiking, Joggen

Eine ungewöhnliche Uhr, für den modewußt önnen Sie b ② innen. Buch nsere Hotelzimmer und eine Uhr kann Ihre sein!

1.3.1 Warum Typografie?

Gute Typografie ist Orientierungshilfe für den Leser. Zuerst orientiert sich der Leser auf der Seite, jedoch nicht alle lesen auch den Artikel. Die grafische Gestaltung beeinflusst das Orientierungsvermögen.

Orientierungshilfe

Gute Typografie regt zum Lesen an, sie weckt die Aufmerksamkeit durch hervorspringende Elemente, sie senkt die Hemmschwelle, einen Artikel zu lesen, sie steuert das Lesen.

Leseanregung

Lesesteuerung

Untersuchungen haben ergeben, dass zuerst die Bilder und ihre Legenden erfasst und gelesen werden, dann die Headline und Untertitel. Wenn dann noch das Interesse weiter geweckt wurde wird auch das geschriebene Wort gelesen. Stimmt aber der Lesefluss nicht, verliert der Lesende schnell die Konzentration und legt das Geschriebene zur Seite.

Lesefluss

Die gestalterische Wirkung der Typografie erzielt nicht bei allen Menschen das gleiche Ergebnis. Die Typografie muss auf die Zielgruppe, welche erreicht werden soll, abgestimmt werden. Zielgruppen sind zum Beispiel Frauen, Männer, Jugendliche, Kinder, Sportler, Sportlerinnen, Action-Menschen, Risikofreudige, Rentnerinnen, Motorradfahrer und -fahrerinnen, musische Menschen, Viel- und Wenigleser und viele andere mehr. Ist die Information, die Botschaft auf eine Zielgruppe ausgerichtet, sollte die Gestaltung, die Typografie, von Zielgruppenangehörigen auf ihre Wirkung beurteilt werden.

Zielgruppen

Die Typografie unterliegt, wie alles Gestalterische, Trends und Stilrichtungen. Altbewährtes mit Neuem gemischt ist oft ein gelungenes Konzept. Aber, als Grundlage guter Typografie gelten nach wie vor Gestaltungsregeln. Proportionen, Rhythmen, Harmonien, Dissonanzen, Kontraste, Gegensätze von Schriftcharakteren, Schriftwahl passend zum Bild, Gegenstand und Produkt, müssen bedacht und gekonnt eingesetzt werden.

Gestaltungsregeln

Das Format des Informationsträgers und seine Beschaffenheit wie Papiersorte, Folie, Bildschirm, Beamer haben einen sehr großen Einfluss auf die Wirkung der Gestaltung und der Typografie.

Informationsträger

Typografie bewusst angewendet, transportiert die unterschiedlichsten Botschaften an die unterschiedlichsten Adressaten. Das ist auszunützen, wenn die Botschaften aufgenommen werden sollen.

Transport von Botschaften

Abb. 1.3/2
Schriftenauswahl

Verschiedene Zeichensätze
aus einem unendlich gro-
ßen Angebot für den Com-
putereinsatz.
Der extrem wirkende Wort-
zwischenraum bei Schrift 12
ist durch den Schriftschnitt
vorgegeben, da die Schrift
Courier (Schreibmaschine)
nur einen festen Wort-
zwischenraum und eine
einheitliche Buchstaben-
breite kennt.

1. Typografie ist mehr als Buchstabenwa

2. Typografie ist mehr als Buchstabenw

3. Typografie ist mehr als Buchstaben

4. Typografie ist mehr als Buchstabenwah

5. Typografie ist mehr als Buchstabenwah

6. Typografie ist mehr als Buchstabenwa

7. Typografie ist mehr als Buchstabenwahl

8. *Typografie ist mehr als Buchstabenw*

9. **Typografie ist mehr als Buchstaben**

10. Typografie ist mehr als Buchstabenwahl

11. Typografie ist mehr als Buchstabenwahl

12. Typografie ist mehr als

13. Typografie ist mehr als Buchstabenwahl

1.3.2 Schriftenerkennung

Der Computer bietet eine Vielzahl von Schriften an. Es ist doch toll, wenigstens sieben verschiedene Schriften auf ein Arbeitsmerkblatt zu drucken. Ein DIN-A4-Blatt hat doch jede Menge Platz für ungeheuer viele, ungeheuer wichtige Informationen. Drucken wir also ganz kleine Schriften, die Umwelt dankt es uns, dass wir mit sehr wenig Papier auskommen. Die Lernenden danken es uns, dass ihre Tragetaschen ganz leicht sind.

Zeichensätze der Abb. 1.3/2

1	=	AG Book Rundhand
2	=	Helvetica Regular
3	=	Avant Garde Demi Bold
4	=	Bodoni Regular
5	=	Garamond Regular
6	=	Palatino Regular
7	=	Minion Condensed
8	=	Boton Italic
9	=	Boton Medium
10	=	Zapf Chancery
11	=	Boulevard
12	=	Courier
13	=	Laura MCCrary

Lernziel: Ein erstes Gefühl für Schriften und deren Wirkung, Charakter, zu bekommen.

Aufgaben: • Betrachten Sie die Zeilen von Abbildung 1.3/2. Sie wurden alle mit einer 18pt großen Schrift gesetzt. (I)
        • Mit welcher der in Abbildung 1.3/2 gezeigten Schriften wurde dieses Buch gesetzt? (I)

Technisch gesehen erkennen Sie bestimmt sofort große Unterschiede – Buchstabengröße, Buchstabenabstände, Wortabstände, Buchstaben mit und ohne Häkchen, dicke und dünne Buchstaben.

Lernziel: Stimmungen und Gefühle den Schriften zuordnen.

Aufgaben: • Lassen Sie die Schriftbilder auf sich wirken. (P, I)
        • Ordnen Sie Gefühle den einzelnen Schriften zu. (P)

Schriften haben einen Charakter.
Unser bildliches Gedächtnis arbeitet ständig mit Verknüpfungen. In der Musik zum Beispiel verbinden wir eine Geige mit klassischer Musik, eine E-Gitarre mit Rock, eine Ziehharmonika mit Volksmusik.

Die in Abbildung 1.3/2 gezeigten Schriften (Zeichensätze) sind von Schriftkünstlern erstellte, ehemalige Fotosatzschriften oder zum Teil schon in der Bleisatzzeit erstellte Schriften aus dem 17., 18. und 19. Jahrhundert. Diese Schriften, Zeichensätze, unterliegen zumeist einem Copyright. Bei ihrer Benützung müssen die Nutzungsrechte gekauft werden. Dies geschieht beim offiziellen Kauf zum Beispiel einer Schriften-CD.

    Die Typografie und deren Schriftarten wirken wie ein Filter, welcher eine bestimmte Erwartungshaltung weckt. Unprofessionelle, x-fach kopierte, mit Informationen überladene, schlecht lesbare Arbeitsblätter wecken höchstens Ablehnung beim Lesenden und Lernenden.

Wir dürfen nicht erwarten, dass die Leser geradezu auf unsere Botschaften warten und gierig alles verschlingen.

Abb. 1.3/3
Phönizische Schrift

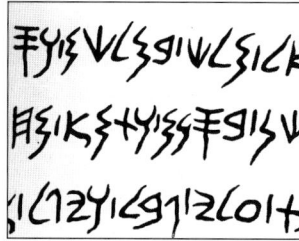

Abb. 1.3/4
Griechische Schrift

Abb. 1.3/5
Capitalis Monumentalis

Abb. 1.3/6
Capitalis rustica

Abb. 1.3/7
Majuskel kursiv

Abb. 1.3/8
Minuskel kursiv

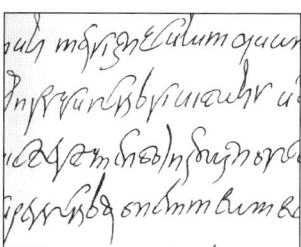

Abb. 1.3/9
Capitalis quadrata

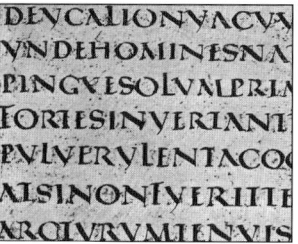

Abb. 1.3/10   **Konstruktion verschiedener Buchstaben**

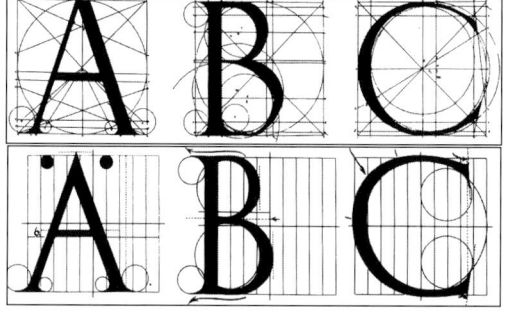

1.3.3 Schriftentwicklung

Die erste nichtflüchtige Kommunikationsform war das auf einem Informationsträger gezeichnete Bild, das Aneinanderreihen von Symbolen und Zeichnungen. Hieraus entwickelten sich phonetische Bildzeichen, wie zum Beispiel die Hieroglyphen in Ägypten. Das immer größer werdende Kommunikationsbedürfnis verlangte eine Vereinfachung der Bildzeichen zur reduzierten Silbenschrift wie die Keilschrift in Mesopotamien. Die Phönizier schufen ein Alphabet bestehend aus 22 Konsonanten. Dieses Alphabet wurde von den Griechen mit 5 Vokalen erweitert. Von Griechenland gelangte das Alphabet nach Italien und wurde zum lateinischen Alphabet.

Bildzeichen

Phonetische Bildzeichen
Hieroglyphen

Keilschrift

Das lateinische Alphabet bestand nur aus Großbuchstaben, Versalien, und wurde vor allem in der Baukunst verwendet. Die Gebrauchsschriften (Capitalis rustica und Majuskelkursiv) entwickelten sich, als mit der Feder auf Pergament und mit dem Ritzgriffel auf Ton- und Wachstafeln geschrieben wurde. Je mehr und je schneller geschrieben wurde, desto flüchtiger wurden die Buchstaben aneinander gereiht, es bildete sich die Minuskelkursive.

Als Versalien
werden die Großbuchstaben bezeichnet.

Parallel zu diesen Gebrauchsschriften entwickelte sich eine aus Versalien bestehende, formschöne, harmonische Schrift, die Capitalis quadrata. Buchstabenform und -abstände, Wort- und Zeilenabstände baute auf den Gesetzen des goldenen Schnittes auf. Die merowingische Buchminuskel, auch Uniziale, leitet sich ebenso wie die Weiterentwicklung zur humanistischen Minuskel aus der Capitalis quadrata ab. Zur Zeit der Gotik schrieb man nur noch den ersten Buchstaben eines Wortes in Versalien, eine Uniziale. In der Renaissance stellte man der humanistischen Minuskel die römische Capitalis als Versalie voran.

Capitalis quadrata

Merowingische Buchminuskel, Uniziale
Humanistische Minuskel

Unsere Buchstaben, vor allem die Versalien, gehen aus den Grundformen Dreieck, Quadrat und Kreis hervor. Die Kleinbuchstaben, Gemeinen, weisen einen wesentlich größeren Formenreichtum als die Versalien auf. Nicht alle Buchstaben bestehen aus diesen reinen Formen, sondern aus Mischformen.

Gemeine
sind die Kleinbuchstaben.

Lernziel: Gefühl für Buchstabenformen entwickeln.
Aufgabe: Zeichnen, konstruieren Sie einige Buchstaben nach der Abbildung 1.3/10-Vorlage. (P)

Abb. 1.3/11
Fachbezeichnungen

des Schriftschnittes der
Garamond Regular.
Gültig für alle Schriftschnitte.

1	Haupstrich	8	Kehlung
2	Haarstrich	9	Achstellung
3	Serife	10	Versalhöhe
4	Scheitel	11	Mittellänge, Höhe der
5	Anstrich		Gemeine
6	Bauch	12	Unterlänge
7	Endstrich	13	Oberlänge

Abb. 1.3/12
Schriftmuster

Qualifizierte Foto- und Bleisatzschriften von Schriftkünstlern entwickelt.
Ausnahme die Courier. Sie
simuliert eine Schreibma-
schinenschrift.

H • Helvetica Regular 18 pt Schriftgröß

H • Bodoni Regular 18 pt Schriftgröße

H • Garamond Regular 18 pt Schriftgröße

H • Palatino Regular 18 pt Schriftgröße

H • Boton Regular 18 pt Schriftgröße

H • Zapf Chancery 18 pt Schriftgröße

H • Courier Regular 18 pt Sch

Abb. 1.3/13
Serifen, Serifenarten

runde, betonte, Haarstriche

1.3.4 Schriftklassen

Betrachten Sie die Menschen in Ihrer Umgebung. Sie finden anmutige, elegante, schwerfällige, rundliche, schmale, farbige, farblose, sympathische und unsympathische. So wirken die Schriften ebenfalls auf uns. Man versucht Schriften, wie Menschen, nach bestimmten Kriterien zu ordnen. Die Schriftklassifikation nach DIN 16518 teilt die Schriften in elf Gruppen ein, eine Ordnung, welche nach Meinung vieler Gestalter nicht viel Nutzen bringt, da sie geschichtlich orientiert wenig über Lesbarkeit, Wirkung, Ausdruck und Qualität aussagt. Die zentrale Frage des Anwenders, welche Schrift sich für welchen Zweck eignet, bleibt unbeantwortet.

Beim Gestalten sollte man nicht Modetrends oder billigen Computerschriften unterliegen. Fotosatz- oder ehemalige Bleisatzschriften wirken durch zeitlose Eleganz, vollendete Formen und ausdrucksstarke Ästhetik. Nachfolgend eine kleine Auswahl solcher Schriften:

Eine grobe Unterscheidung könnte sein:
- Serifenschriften (Antiqua)
- Schriften ohne Serifen (Grotesk)
- Alle anderen Schriften

Vermeiden Sie die Verwendung von Computerfantasieschriften.
Dies gilt insbesondere für gebrochene Schriften (𝖉𝖎𝖊𝖘 𝖎𝖘𝖙 𝖊𝖎𝖓𝖊 𝖌𝖊𝖇𝖗𝖔𝖈𝖍𝖊𝖓𝖊 𝕾𝖈𝖍𝖗𝖎𝖋𝖙).
Die Buchstaben s und f dieser gebrochenen Schrift sind falsch.
Auch können Sie Schwierigkeiten beim Drucken, Belichten oder/und Datenaustausch bekommen!
Schriften sind künstlerische Ausdruckselemente.

Garamond	Claude Garamond	1532
Baskerville	John Baskerville	1754
Bodoni	Giambattista Bodoni	1789
Walbaum	Erich Walbaum	1810
Caslon	William Caslon	1816
Gill	Erich Gill	1927
Futura	Paul Renner	1928
Times	Stanley Morrison	1931
Palatino	Hermann Zapf	1950
Clarendon	H. Eidenbenz	1951
Helvetica	Max Miedinger	1957
Univers	Adrian Frutiger	1957

Lernziel: Schriftcharakter, Entstehungszeit, Ausdruck und Wirkungen der Schriften zuordnen.

Aufgaben:
- Welche Schriften in Abbildung 1.3/12 haben Serifen?
- Welche Serifenart weisen diese auf? (I)
- In welchem Jahrhundert entstanden diese Schriften? (I, P)

Abb. 1.3/14
Buchstabengrößen

Höhe der Versalien
Höhe der Gemeinen

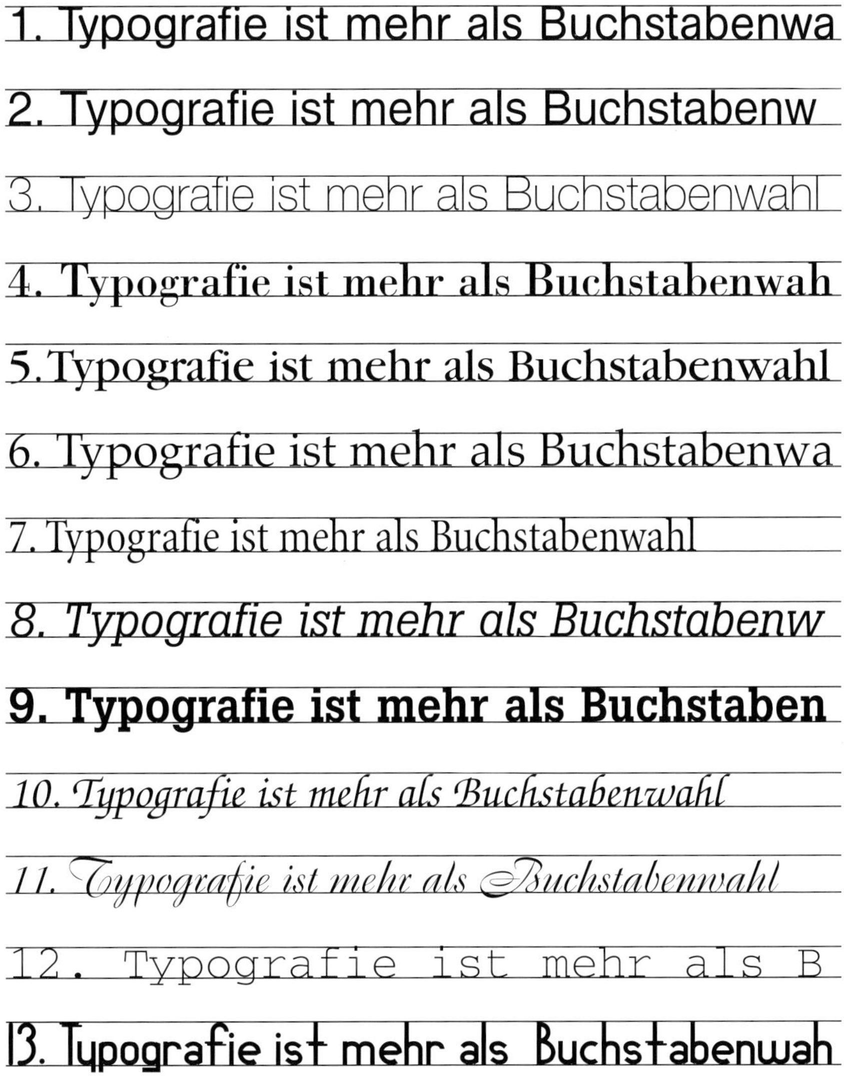

1. Typografie ist mehr als Buchstabenwa

2. Typografie ist mehr als Buchstabenw

3. Typografie ist mehr als Buchstabenwahl

4. Typografie ist mehr als Buchstabenwah

5. Typografie ist mehr als Buchstabenwahl

6. Typografie ist mehr als Buchstabenwa

7. Typografie ist mehr als Buchstabenwahl

8. *Typografie ist mehr als Buchstabenw*

9. **Typografie ist mehr als Buchstaben**

10. *Typografie ist mehr als Buchstabenwahl*

11. *Typografie ist mehr als Buchstabenwahl*

12. Typografie ist mehr als B

13. Typografie ist mehr als Buchstabenwah

1.3.5 Schriftenanalyse – Zeichensätze

Abbildung 1.3/14 zeigt nochmals die 13 verschiedenen Schriften, Zeichensätze. Jede Zeile wurde in gleichabständige Linien eingefasst. Hierbei ist die untere Linie die Schriftlinie oder Grundlinie. Diese Linie ist die messtechnische Ausgangslinie, um zum Beispiel den Zeilenabstand oder die Absatzgröße festzustellen und die Höhe der Versalien und Gemeinen zu erfassen. In Abbildung 1.3/11 wird gezeigt, wie die Buchstabenmaße zu erfassen sind.

Auf der Schriftlinie steht die Schrift.

Lernziel: Die Abstände der Linien erkennen und bewerten.

Aufgabe: Messen Sie die Abstände zwischen der oberen Linie (Kopflinie) und der unteren (Grundlinie) bei jeder Zeile. (I, P)

Schreiben Sie das Messergebnis auf:

Lernziel: Verhältnis Buchstabengrößen zu Linienabständen ermitteln, auswerten und beurteilen.

Aufgabe: Beschreiben Sie die Erkenntnis Buchstabengröße zu Linienabständen. (I, P)

Schreiben Sie hier die „Höhen" einiger Buchstaben unterschiedlicher Zeilen auf!

Lernziel: Die Unzulässigkeit von Schriftmischungen visuell erkennen und begründen.

Aufgabe: • Schreiben Sie einen mehrzeiligen Text und mischen Sie mehrere Schriften gleicher Größe miteinander!
 • Beurteilen Sie jetzt das Aussehen. (I, P)

Hier sehen Sie zwei Texte, welche mit **Auszeichnungen** versehen sind. Diese Texte dienen zur Verdeutlichung der Aufgabe *Schriftmischungen.* Der Grundtext wurde mit der *Palatino 10 pt* geschrieben, die gleiche Schrift mit welcher dieses ***Kompendium*** erstellt wurde. Der Zeilenabstand beträgt 10 pt, das heißt, der Text wurde *kompress* geschrieben. Beurteilen Sie selbst das <u>**Aussehen**</u> der beiden Textabschnitte!

Hier sehen Sie zwei Texte, welche mit *Auszeichnungen* versehen sind. Diese Texte dienen zur Verdeutlichung der Aufgabe *Schriftmischungen.* Der Grundtext wurde mit der *Palatino 10 pt* geschrieben, die gleiche Schrift mit welcher dieses *Kompendium* erstellt wurde. Der Zeilenabstand beträgt 4,5 mm, demnach nicht 10 pt.

Auszeichnungen innerhalb von Texten.
A) Mittels Schriftmischungen.
B) Mittels Kursiv-Schrift der gleichen Schrift.
Auszeichnungen sollten nicht vom Lesefluss ablenken!

Abb. 1.3/15
Mustertext

Schriftgröße 18 pt,
Zeilenabstand 14 pt

Strohflechter, Löffelschmiede, Pfeifen- und Kübelmacher. Weber und Färber verdienten gegen Ende des 17. Jahrhunderts im Schwarzwald ihr Brot mit handwerklichem Wissen und Können

Abb. 1.3/16
Mustertext

Schriftgröße 18 pt,
Zeilenabstand 18 pt,
kompress

Strohflechter, Löffelschmiede, Pfeifen- und Kübelmacher. Weber und Färber verdienten gegen Ende des 17. Jahrhunderts im Schwarzwald ihr Brot mit handwerklichem Wissen und Können

Abb. 1.3/17
Mustertext

Schriftgröße 18 pt,
Zeilenabstand 22 pt

Strohflechter, Löffelschmiede, Pfeifen- und Kübelmacher. Weber und Färber verdienten gegen Ende des 17. Jahrhunderts im Schwarzwald ihr Brot mit handwerklichem Wissen und Können

Abb. 1.3/18
In Blei gegossener Buchstabe

Schriftgröße 18 pt,
Zeilenabstand 18 pt
= kompress

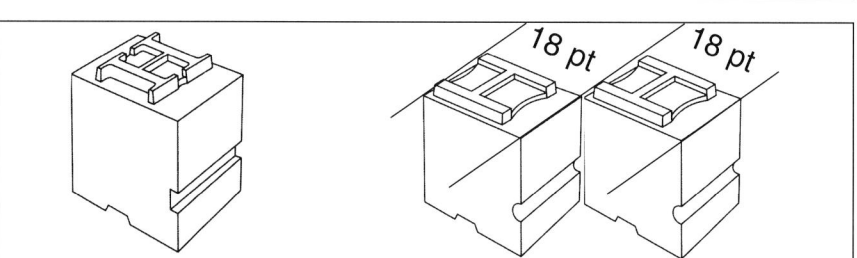

1.3.6 Schriftgröße – Zeilenabstand

In Abbildung 1.3/15 wurde ein Text mit der Schriftgröße 18 pt und einem Zeilenabstand von 14 pt geschrieben, in Abbildung 1.3/16 in 18 pt und kompress, in Abbildung 1.3/17 in 18 pt und einem Zeilenabstand von 22 pt.

pt in QuarkXPress:
1mm = 2,8346 pt
1 pt = 0,35278 mm

Lernziel: Erkennen, dass die Schriftgrößenangaben tatsächlich die Größe des Zeilenabstandes wiedergibt.

Aufgaben: •   Messen Sie die Versalienhöhe und die Zeilenabstände in den Abbildungen 1.3/15, 16, 17. (I, P)

        •   Werten Sie die Messergebnisse aus. (I, P)

Messergebnis:

Dieses Kompendium wurde mit der Palatino 10 pt gesetzt. Die Größenangabe bezieht sich auf das Programm „QuarkXPress", im „PageMaker" heißt die Größenangabe p. Im Blei- und Fotosatz wurde mit der Maßeinheit p = Punkt (Didot-Punkt) gearbeitet.

Im Blei- und Fotosatz:
1 p = 1 Didotpunkt = 3/8 mm

Lernziel: Erkennen, dass die Versalhöhe nicht der Schriftgröße entspricht.

Aufgaben: •   Berechnen Sie, wie hoch ein Versalbuchstabe in der Abbildung 1.3/15 (bei einer 18-pt-Schrift) sein müsste, Ergebnisse in Millimeter. (I, P)

        •   Messen Sie die Zeilenabstände in Abbildung 1.3/16, rechnen Sie diese in pt um. (I, P)

        •   Vergleichen Sie die Rechenwerte mit der Schriftgrößenangabe. (I, P)

Abbildung 1.3/18 zeigt Bleibuchstaben. Sie wurden neben- und untereinander zu Zeilen gesetzt. Wurde zwischen die Bleiklötzchen kein Material durchgeschossen, d.h. kompress gesetzt, entsprechen die 18 pt dem Zeilenabstand. Früher bezeichnete man diese Höhe mit *Kegelgröße*. Bei unserer heute angewendeten Software gilt dies ebenfalls. Wenn die Einstellung beim Zeilenabstand auf *Auto* steht und das Zusatzmaß in den Grundeinstellungen auf 0% eingestellt ist, entspricht dies der Kegelgröße bzw. dem Zeilenabstand kompress gesetzt.

Kegelgröße, Versalhöhe der Versalien
Im PageMaker kann diese Einstellung ebenfalls vorgenommen werden.

Abb. 1.3/19
Buchstabenbreite

Linienabstände = 1 mm

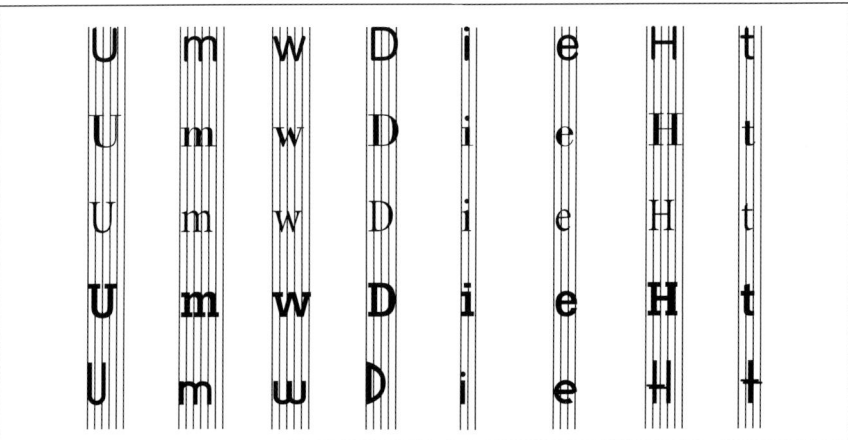

Abb. 1.3/20
Wortabstände

Linienabstände = 1 mm

1.3.7 Buchstabenbreite – Laufweite

Wie Sie bis hier gesehen haben, sind die Höhen der Versalien und Gemeinen (Kleinbuchstaben) bei verschiedenen Schriften unterschiedlich groß. Die Kegelgröße ist aber bei allen Schriften gleich groß. Selbst bei ein und derselben Schrift, aber von verschiedenen Herstellern geliefert, sind die Versalhöhen bei gleicher Kegelgröße unterschiedlich groß.

Aber nicht nur die Buchstabenhöhen, sondern auch die Breite der Buchstaben sind unterschiedlich groß. Die senkrechten Linien in Abbildung 1.3/19 weisen einen Abstand von 1 mm auf.

Lernziel: Buchstabenbreite erkennen und zuordnen.

Aufgaben: • Zählen Sie die senkrechten Linien in Abbildung 1.3/19, welche die einzelnen Buchstaben einschliessen. (I)

• Schreiben Sie die Ergebnisse für die einzelnen Buchstaben auf und ordnen Sie diese dem entsprechenden Schriftnamen zu. (I)

Die Linienabstände in Abbildung 1.3/20 betragen ebenfalls 1 Millimeter.

Lernziel: Buchstabenabstände und Laufweitenunterschiede klar erkennen.

Aufgaben: • Zählen Sie die Linien zwischen den Wörtern in der Abbildung 1.3/20. (I)

• Um wie viel Millimeter differieren die Ergebnisse in einer Schrift zwischen den Wörtern? (I, P)

• Um wie viel Millimeter differieren die Ergebnisse unter den verschiedenen Schriften bei gleichen Wörten? (I, P)

• Wie viel Prozent entsprechen die Differenzen? (I, P)

Abb. 1.3/21
**Gegenpole von Schrift-
charakteren**

Beispiel einer tabellarischen
Anordnung nach Form und
Dynamik

	3	2	1	0	1	2	3	
Form								
rund								eckig
weiblich								männlich
zurückhaltend								aggressiv
anmutig								technisch
Dynamik								
schwungvoll								statisch
fließend								stockend
lebendig								tot
zerbrechlich								stabil

Je größer die Schriftwir-
kung der aufgeführten
Aspekte, desto höher
die Punktzahl.

Beispiel:
weiblich　**männlich**
zugehörige Schrift
Isodora　**Boton**

Abb. 1.3/22
Schriftauswahl zur Vase

Vasen aus Glas

Vasen aus Glas

Vasen aus Glas

Vasen aus Glas

Abb. 1.3/23
**Schriftauswahl zum
Sektglas**

Sekt trinken aus Glas

Sekt trinken aus Glas

Sekt trinken aus Glas

Sekt trinken aus Glas

1.3.8 Die Wirkung von Schriften

Schriften im Detail betrachtet offenbaren einen Formenreichtum der einzelnen Buchstaben, ein Auf und Ab von Oberlängen, Anmut, Ausgeglichenheit und Ästhetik im Schriftbild. Je nachdem wie die Details eines Fonts gestaltet sind, entsteht eine andere Wirkung und ein anderer Eindruck auf den Betrachter (Leser). Schriften nach ihrer Wirkung einzusetzen ist Gefühlssache. Jedoch kann man die Wirkung bestimmter Charaktere entsprechenden Gegenpolen zuordnen. Eine Unterteilung des Schriftcharakters nach Form, Zeitgeist, Auffälligkeit und Dynamik kann hilfreich sein (vgl. Abbildung 1.3/21).

Einteilung der Schriften
nach ihrem Charakter

Serifen – serifenlos, kursiv – geradestehend, gleich dicke Striche – ungleich dicke Striche, schmale – breite Buchstaben und weitere Kriterien wirken sich auf den Schriftcharakter aus.

Beispiele:
Serifen machen eine Schrift anmutig, serifenlos mehr technisch.
Unterschiedliche Strichstärken wirken elegant, gleiche Strichstärken statisch.

Lernziel: Erkennen, dass Schrift den Text interpretiert.
Aufgaben: • Versuchen Sie weitere gegensätzliche Wirkungspaare den oben genannten Aspekten zuzuordnen. (I, P)
• Analysieren Sie die Schriften der Seite 54 nach den aufgeführten Wirkungspaaren. (I, P)

Schrift kann auch den Text falsch interpretieren. Ein Gedicht oder ein Lesestück wird vom Vortragenden durch Modulation seiner Stimme beeinflusst. Er kann Gefühle hörbar machen, Schrift soll diese sichtbar machen! Somit stellt sich die Frage: Welche Eigenschaft besitzt der Gegenstand und welche Schrift besitzt eine ähnliche Eigenschaft?

Bei der Schrift muss das, was sie sagt, übereinstimmen mit dem, wie sie es sagt.

Zum Beispiel: Glas kann spröde, dünn, stark, durchsichtig oder undurchsichtig sein. Zerbrechlich ist es meistens.

Lernziel: Gegenstände, Formen auf ihre Wirkung analysieren und passende Schriften zuordnen.
Aufgaben: • Suchen Sie zu Abbildung 1.3/22 eine passende Schrift aus. Die Vase hat eine rundliche Form, das Glas ist relativ dick, die Vase wirkt stabil und verläßlich. (I)
• Suchen Sie zu Abbildung 1.3/23 eine passende Schrift aus! Hinweis, wie wirkt ein Sektglas? (P)

Schriften:
Zapf Chancery
Minion Condensed
Boton Medium
AG Book Rounded

Abb. 1.3/24
Schriftbreite

Auf 70% gestaucht

Auf 90% gestaucht

Normal 100%

Auf 120% gedehnt

Beurteilen Sie die Lesefreundlichkeit dieses Textes. Wenn Sie meinen, dass viele Buchstaben in einer Zeile durch Stauchen Papier erspart und vielleicht auch noch modern und chic wirkt, hoffe ich die Unterschiede hier deutlich werden zu lassen.

Beurteilen Sie die Lesefreundlichkeit dieses Textes. Wenn Sie meinen, dass viele Buchstaben in einer Zeile durch Stauchen Papier erspart und vielleicht auch noch modern und chic wirkt, hoffe ich die Unter-

Beurteilen Sie die Lesefreundlichkeit dieses Textes. Wenn Sie meinen, dass viele Buchstaben in einer Zeile durch Stauchen Papier erspart und vielleicht auch noch modern und chic wirkt,

Beurteilen Sie die Lesefreundlichkeit dieses Textes. Wenn Sie meinen, dass viele Buchstaben in einer Zeile durch Stauchen Papier erspart und vielleicht auch noch modern und chic wirkt, hoffe ich die Un

Abb. 1.3/25
Spationierung

Auf – 20 spationiert

Auf – 10 spationiert

Auf + 30 spationiert

Beurteilen Sie die Lesefreundlichkeit dieses Textes. Wenn Sie meinen, dass viele Buchstaben in einer Zeile durch Spationieren Papier erspart und vielleicht auch noch modern und chic wirkt, hoffe ich die Unterschiede hier deutlich werden zu lassen.

Beurteilen Sie die Lesefreundlichkeit dieses Textes. Wenn Sie meinen, dass viele Buchstaben in einer Zeile durch Spationieren Papier erspart und vielleicht auch noch modern und chic wirkt, hoffe ich die Unterschiede hier deutlich werden zu lassen.

Beurteilen Sie die Lesefreundlichkeit dieses Textes. Wenn Sie meinen, dass viele Buchstaben in einer Zeile durch Spationieren Papier erspart und vielleicht auch noch modern und chic wirkt, hoffe ich die Unterschiede hier

1.3.9 Lesbarkeit

1.3.9.1 Schriftbreite

Aber nicht nur das Gefühl ist anzusprechen. Je lesefreundlicher ein Text ist, desto weniger ermüden die Augen. Bei größeren Textmengen spielt dies eine bedeutende Rolle. Je kleiner die Schriftmenge, desto weniger muß auf die Lesefreundlichkeit Rücksicht genommen werden. Jedoch gut lesbar sollte auch der kleine Text und / oder die Schlagzeile sein.

Der normale Schriftschnitt ist optimal lesbar. Alle Veränderungen, von denen der Rechner eine riesige Fülle anbietet, verschlechtern die Lesbarkeit.

In jedem Layout- oder Textprogramm können die Schriftbreiten verändert werden.

Abb. 1.3/26
zeigt dies im Quark-XPress.

Lernziel: Wirkung, Lesbarkeit eines Textes in Abhängigkeit zur Schriftbreite, Laufweite erkennen.

Aufgaben: • Die gestauchten und gedehnten Texte in Abbildung 1.3/24 sind auf ihre Lesbarkeit zu untersuchen. (I, P)
• Welcher Text ist am besten lesbar? (I, P)
• Erstellen Sie selbst weitere Mustertexte mit anderen Schriften, zum Beispiel mit einer Times. (P)
• Stellen Sie die Lesbarkeit fest. (P)
• Ab welcher prozentualen Stauchung, Dehnung wird der Text schlecht lesbar? (P)

1.3.9.2 Spationierung

Eine weitere Manipulation, die Laufweite eines Textes zu beeinflussen, kann durch Spationieren (Unterschneiden) erreicht werden. Bei der Gestaltung einer Headline, eines Plakates mit großen Schriftgraden können oder müssen diese Möglichkeiten eventuell benützt werden.

Abb. 1.3/27
Unterschneiden, spationieren in QuarkXPress

Lernziel: Grenzen der Laufweitenänderung erkennen.
Aufgabe: Stellen Sie die Wirkung und Lesbarkeit der Texte in Abbildung 1.3/25 fest. (I, P)

Abb. 1.3/28
Lesbarkeit

in Abhängigkeit
der Zeilenlänge
und der Anschlä-
ge pro Zeile

Große Bedeutung erlangte der Begriff des „gehirngerechten" Lehrens / Vermittelns, wobei dies auf der Erkenntnis beruht, dass die beiden Gehirnhälften, die so genannten Hemisphären, recht unterschiedliche Aufgaben übernehmen. In diesem Zusammenhang gewinnt die Visualisierung bei Lehrvorträgen,

Präsentationen und Konferenzen zunehmend an Bedeutung. Abzulesen ist dies auch an den Umsätzen der Präsentations- und Visualisierungsindustrie. Hatte in den vergangenen 20 Jahren der Markt für Präsentationstechniken eine eher moderate Entwicklung genommen, so erlebte er in den letzten fünf Jahren einen Boom.

Der Grund: PCs, entsprechende Software und Farbausgabegeräte erlauben eine schnelle, einfache und kostengünstige Folienherstellung. Dieser Boom spielt sich durchaus außerhalb

„klassischer" Präsentationsbereiche wie W e r b u n g , A u s b i l d u n g und so weiter ab. Mittlerweile gibt es kaum noch eine Branche oder einen Industriezweig,

in dem Präsentationstechniken nicht genutzt werden. Dabei werden die unterschiedlichen Systeme nicht bloß als Darstellungshilfen verwendet, sondern man begreift sie als Werkzeuge, die Präsentieren, Konferieren und Lehren effizienter machen können. So belegt eine

Studie der US-amerikanischen Wharton Business School, dass der Mensch 10% des Gelesenen, 20% des Gehörten, 50% des Gesehenen, aber 80% des Gesehenen und Gehörten im Gedächtnis behält. Die fünf Sinne des Menschen arbeiten nahezu rund um die Uhr.

Blocksatz

linksbündiger Flattersatz

Blocksatz

1.3.9.3 Zeilenlänge – Anzahl der Anschläge

Im Kapitel Layout haben Sie die Unterteilung einer Seite in mehrere Spalten kennen gelernt. Die Lesbarkeit eines Textes hängt von der Spaltenbreite, Zeilenlänge, der Anzahl Anschläge innerhalb der Spalte, Zeile und der Anzahl der Trennungen, welche direkt untereinander stehen, ab. Bei großem Textumfang ist auf den Leserhythmus zu achten. Ein guter Leserhythmus erleichtert das Lesen und wirkt angenehm auf den Lesenden. Lesen kann man mit Gehen vergleichen, man spricht auch von Leseschritten. Wie beim Gehen die Schrittlänge individuell groß ist, so ist der Leseschritt in seiner Größe individuell. Im Durchschnitt kann man von 10 Buchstaben pro Leseschritt ausgehen. Diese Aussage gilt jedoch nur für Schriftgrößen von 6 p bis 12 p. Bei Büchern geht man von etwa 60 Anschlägen pro Zeile aus (± 15%).

Eine DIN-A4-Seite mit zwei oder drei Spalten wirkt lesefreundlicher als einspaltig. Dies entspricht etwa 30 bis 40 Anschläge pro Zeile, wobei die Anzahl von der Schriftgröße abhängt.

Anschläge
Anzahl der Buchstaben und Wortabstände (Leerräume), sie können durch die Leertaste und die Tab-Taste erstellt werden.

Trennungen
Maximal drei Trennungsstriche untereinander.

Leseschritt
Bestehend aus etwa 10 Buchstaben bei einer 6-p bis 12-p-Schrift.

Für größere Textmengen ist eine Textmengen- oder Manuskriptberechnung erforderlich.

Lernziel: Analysieren der Lesbarkeit bezogen auf die Anzahl der Anschläge pro Zeile.
Aufgaben: • Analysieren und Beurteilen Sie die Lesbarkeit des Textes in Abbildung 1.3/28. (P)
• Erfassen sie die Anzahl der Anschläge pro Zeile. (I, P)
• Erfassen Sie die Anzahl der Wörter. (I, P)

Befinden sich in einer Zeile etwa 10 Wörter mit 9 Wortabständen, ergibt dies gleichmäßig große Wortabstände. Der Text wirkt sehr gut ausgeglichen, es entstehen keine störenden Wortlücken, der Text wird lesefreundlich.

Die Satzart spielt ebenfalls eine entscheidende Rolle für die Anzahl der Anschläge pro Zeile. Blocksatz und linksbündiger Flattersatz sollte bewusst auch auf die Anschläge angepasst ausgewählt werden.

Lernziel: Satzart und Anschläge pro Zeile bewusst einsetzen.
Aufgabe: Analysieren Sie die Texte in Abbildung 1.3/29. (I, P)

Der Zeilenabstand beträgt hier 120% der Schriftgröße. Die meiste Software enthält diese Grundeinstellung bei „auto".

ZAB

VH

Die optische Wirkung des Zeilenabstandes ist der Weißraum zwischen dem Kopf und Buchstabenfuß.

DS

Texte am Bildschirm sind mühsam lesbar, weil verschiedene Faktoren die Lesemechanismen mindern. Die Auflösung auf dem Papier ist viel feiner als am Bildschirm, der Bildschirm flimmert mit 75 Hz, der Hintergrund leuchtet, womöglich noch blau oder grün.

Die Schlitz- oder Lochmaskentechnik der Bildschirme zerstört jede Schriftdarstellung. Kleine Schriften, Serifenschriften können nur

Viele Gründe, auch die bereits genannten, zwingen den Bildschirmgestalter, sich intensiver als je mit der Darstellung von Schriften auseinanderzusetzen. Regeln der Typografie gelten hier ganz besonders!

Wer schon große Mühe hat, auf Papier ansprechende, gut lesbare, werbewirksame Texte wiederzugeben, wird wegen der Einschränkungen auf dem Bildschirm kaum etwas Vernünftiges zu Wege brin-

1.3.9.4 Zeilenabstand

Es hat sich eingebürgert, dass die meiste Software als Voreinstellung 120% des Schriftgrades (Schriftgröße) als Zeilenabstand enthält.

Lernziel: Die richtige Einstellung der Zeilenabstände erkennen.
Aufgabe: Berechnen Sie den Zeilenabstand bei Einstellung „auto" für eine 13-pt-Schrift, wenn die Software auf 120% eingestellt ist. (I, P)

Den idealen Text-Zeilenabstand können Sie wie beschrieben ermitteln: Halten Sie das Satzbild 30 cm bis 50 cm entfernt, kneifen Sie die Augen etwas zu, das sichtbare Ergebnis muß eine gleichmäßige Graufläche ergeben.

Lernziel: Ermitteln und erkennen, um wie viel pt der Zeilenabstand (Durchschuss) größer sein sollte als die Schriftgröße zur optimalen Lesbarkeit.
Aufgaben: • Welcher Text in Abbildung 1.3/31 ist am besten lesbar? (I)
 • Messen Sie den Zeilenabstand und halten Sie das Ergebnis fest. (I, P)

Durchschuss
ist der zusätzliche Abstand zwischen ursprünglich kompress gesetzten Zeilen.

Lernziel: Die Grauwirkung eines geschriebenen Satzbildes ermitteln und den optimalen Zeilenabstand erkennen und zuordnen.
Aufgaben: • Schreiben und drucken Sie einen größeren Textblock. (I, P)
  a) mit optimalem Zeilenabstand,
  b) mit geringerem Zeilenabstand,
  c) mit größerem Zeilenabstand.
 • Betrachten Sie den Text wie oben beschrieben. (I)

Zur Erinnerung, kompress gesetzt (geschrieben) heißt Schriftgröße und Zeilenabstand sind identisch. Gute Gestaltung spielt mit dem Zeilenabstand, bis eine optimale Grauwirkung und Lesbarkeit erreicht ist!

Kompress gesetzt
Zeilenabstand identisch mit der ausgewählten Schriftgröße.

Abb. 1.3/32
Satzarten

• linksbündiger Flattersatz
• Blocksatz
• rechtsbündiger Flattersatz
• Mittelachsensatz

Dieser Text wurde mit einer Baskerville Regular in 9 pt Größe kompress geschrieben. Die eingestellte Satzart ist linksbündig, das heißt, die linke Kante ist scharf und klar wie eine Linie von oben nach unten abgebildet. Die rechte Kante „flattert". Sind keine Trennungen eingestellt, flattert die Kante stärker. Trennungen wurden hier automatisch und manuell durchgeführt. Der Wortabstand ist immer gleich groß, wenn keine Manipulationen am Programm vorgenommen wurden. Wie die Lesbarkeit eines solchen Textes ist, können Sie hier selbst beurteilen.

Dieser Text wurde mit einer Baskerville Regular in 9 pt Größe kompress geschrieben. Die eingestellte Satzart ist rechtsbündig, das heißt, die rechte Kante ist scharf und klar wie eine Linie von oben nach unten abgebildet. Die linke Kante „flattert". Sind keine Trennungen eingestellt, flattert die Kante stärker. Trennungen wurden hier automatisch und manuell durchgeführt. Der Wortabstand ist immer gleich groß, wenn keine Manipulationen am Programm vorgenommen wurden. Wie die Lesbarkeit eines solchen Textes ist, können Sie hier selbst beurteilen.

Dieser Text wurde mit einer Baskerville Regular in 9 pt Größe kompress geschrieben. Die eingestellte Satzart ist Blocksatz, das heißt, die linke Kante ist scharf und klar wie eine Linie von oben nach unten abgebildet. Die rechte Kante ebenfalls. Trennungen wurden hier automatisch und manuell durchgeführt. Der Wortabstand ist unterschiedlich groß, wenn keine Manipulationen am Programm vorgenommen wurden. Wie die Lesbarkeit und optische Wirkung eines solchen Textes, bezogen auf die Spaltenbreite, ist, können Sie hier selbst beurteilen.

Dieser Text wurde mit einer Baskerville Regular in 9 pt Größe kompress geschrieben. Die eingestellte Satzart ist auf Mittelachse eingestellt, das heißt, die linke Kante und die rechte Kante „flattern". Sind keine Trennungen eingestellt, flattern die Kanten stärker. Trennungen wurden hier automatisch und manuell durchgeführt. Der Wortabstand ist immer gleich groß, wenn keine Manipulationen am Programm vorgenommen wurden. Wie die Lesbarkeit und die optische Wirkung eines so geschriebenen Textes aussieht, können Sie hier selbst beurteilen.

1.3.9.5 Satzarten

Fast alle Programme, welche mit Text arbeiten, ermöglichen die Einstellung der Textränder oder Textkanten. Die bündige Satzkante ergibt immer eine scharfe Trennung zwischen leerer und beschriebener Fläche. Der Einsatz der Schriftkanten hängt sehr stark von der Gestaltung ab. Die Kanten zu trennen, erzeugt Kontraste und bildet Rhythmen. Entsprechend sind diese einzusetzen. Die Satzarten eignen sich dementsprechend sehr gut als gestalterisches Mittel, wobei aber die Lesbarkeit nicht leiden darf.

Satzarten sind:
Linksbündiger Flattersatz,
rechtsbündiger Flattersatz,
Blocksatz,
Mittelachssatz.

Lernziel: Satzarten, ihre Lesbarkeit und optische Wirkung erkennen.
Aufgabe: Ordnen Sie die Satzarten den Abbildung 1.3/32 bis 35 zu. (I)

Lernziel: Den richtigen Einsatz der verschiedenen Satzarten erkennen.
Aufgaben: Welche Satzarten könnte den nachfolgend aufgeführten Produkten zugeordnet werden? (I, P)
- Zeitungskolumne; Buch; Gedicht; Plakat; Werbespot.
- Suchen Sie hierzu Beispiele und begründen Sie die Zuordnungen. (P)

Oftmals sind Trennvorschläge und Ausnahmen in ein entsprechendes Wörterbuch einzutragen.

1.3.9.6 Trennungen

Gute Trennungen erhöhen die Lesbarkeit und verbessern den optischen Eindruck eines Textes. Logische Trennungen werden problemlos überlesen, unlogische Trennungen dagegen behindern den Lesefluss. Zum Beispiel könnte man das Wort Drucker- ei oder Drucke- rei trennen, Wach-stube oder Wachstube. Mehr als drei Trennungen sollten nicht direkt untereinander stehen. Um dies zu vermeiden, sollte der Text bei Bedarf umformuliert werden.

Weiche Trennungen werden beim Ändern des Textflusses, der Spaltenbreite usw. automatisch beseitigt, harte Trennungen bleiben erhalten.

Harte Trennung = Strich und Return, bleibt bei Umbruchänderungen erhalten. Weiche Trennung wird automatisch von der Layoutsoftware erzeugt.

Abb. 1.3/34
Trennvorschläge

Bei linksbündigem Flattersatz und identisch gleich
breiten Spalten

Praktisch alle Trennprogramme der elektronischen Software trennen stur nach einem Wörterbuch, ohne auf irgendwelche Ausnahmen Rücksicht zu nehmen. Ausnahmen, unlogische Trennungen und vieles weitere mehr muss in ein Ausnahmewörterbuch eingetragen werden. Manuelle Trennungen (weiche und harte) müssen sehr oft in Nacharbeit vorgenommen werden.

Praktisch alle Trenn-programme der elektronischen Software trennen stur nach einem Wörter-buch, ohne auf irgendwelche Ausnah-men Rücksicht zu nehmen. Ausnahmen, unlogische Trennun-gen und vieles weite-re mehr muss in ein Ausnahmewörterbuch eingetragen werden. Manuelle Trennungen (weiche und harte) müssen sehr oft in Nacharbeit vorge-nommen werden. Automatische Tren-nung ohne manuellen Eingriff charakterisiert diesen Text.

Praktisch alle Trenn-programme der elek-tronischen Software trennen stur nach ei-nem Wörterbuch, ohne auf irgendwelche Aus-nahmen Rücksicht zu nehmen. Ausnahmen, unlogische Trennun-gen und vieles weitere mehr muss in ein Aus-nahmewörterbuch ein-getragen werden. Ma-nuelle Trennungen (weiche und harte) müssen sehr oft in Nacharbeit vorgenom-men werden. Automati-sche Trennung mit ma-nuellem Eingriff cha-rakterisiert diesen Text.

Abb. 1.3/36
Schriftgrößen

und ihre Lesbarkeit

Können Sie diese 7 pt große Palatino gut lesen? Diese Größe nennt man auch Konsultationsgröße.

10 pt große Palatino lässt sich sicherlich gut lesen.

10 pt große Helvetica Regular lässt sich sicherlich gut lesen, wenn auch optisch anders.

10 pt große Baskerville lässt sich sicher-lich gut lesen. Optische Wirkung?

10 pt große Zapf Chancery lässt sich sicherlich gut lesen, oder?

12 pt große Helvetica Bold lässt sich sicherlich gut lesen, aber haben Sie nicht das Gefühl, es stimmt etwas nicht?

Lernziel: Sinn von Trennungen erkennen.

Aufgabe: Welcher Text ist in Abbildung 1.3/34 am besten lesbar? (I, P)

Beim Arbeiten mit größeren Textmengen, das gilt bereits für ein Arbeits- oder Merkblatt, erstellt man Stilvorlagen (QuarkXPress, vgl. Abbildung 1.3/35) oder Druckformate (PageMaker). Stilvorlagen enthalten alle typografischen Einstellungen, die Sie bereits kennen gelernt haben. Für Kapitel, Überschriften, Fließtext und Marginalien werden einzelne Listen erstellt und beim Schreiben entsprechend aufgerufen. Das Gefummel mit immer neuen Einstellungen innerhalb eines Textes entfällt. Sollten Sie eine Stilliste bewusst ändern, ändert sich der gesamte Text, der mit dieser Stilvorlage erstellt wurde.

1.3.9.7 Schriftgröße

Die Schriftgröße hängt ab von der Zielgruppe (Alter, Sehbehinderte …), vom Wiedergabemedium (Plakat, Zeitung, Buch, Bildschirm, Folie …) und von der erwünschten Wirkung im Gesamtkontext.

- *Konsultationsgrößen* nennt man Schriftgrade bis 8 Punkt. Verwendet werden diese in: Absenderfeld Brief, Fußnoten, Marginalien …
- *Lesegrößen* liegen zwischen 8 und 12 Punkt. Dies gilt auch bei größeren Zeilenabständen und Satzspiegelformaten.
- *Schaugrößen* liegen in der Größe bis 48 Punkt. Man setzt sie für Titel und Texte ein, welche aus größerem Abstand zu lesen sind.
- *Plakat- oder Displayschriften* liegen über 48 Punkt.

Schlagzeilen, Kurzinformationen, Displays, Plakate mit wenig Text sollen Aufmerksamkeit wecken. Hier gelten die Aussagen für „große" Textmengen nicht.

Lernziel: Schriftart und -größe ihrer Lesbarkeit zuordnen.

Aufgabe: Welcher Text in Abbildung 1.3/36 ist am besten lesbar? (I)

Mustertext zur Ermittlung der Anschläge auf 10 cm. Mustertext zur Ermittlung der Anschläge auf 10 cm. Mustertext zur Ermittlung der Anschläge auf 10 cm. Mustertext zur Ermittlung der Anschläge auf 10 cm. Mustertext zur Ermittlung der Anschläge auf 10 cm. Mustertext zur Ermittlung der Anschläge auf 10 cm. Mustertext zur Ermittlung der Anschläge auf 10 cm. Mustertext zur Ermittlung der Anschläge auf 10 cm. Mustertext zur Ermittlung der Anschläge auf 10 cm. Mustertext zur Ermittlung der Anschläge auf 10 cm. Mustertext zur Ermittlung der Anschläge auf 10 cm. Mustertext zur Ermittlung der Anschläge auf 10 cm. Mu-

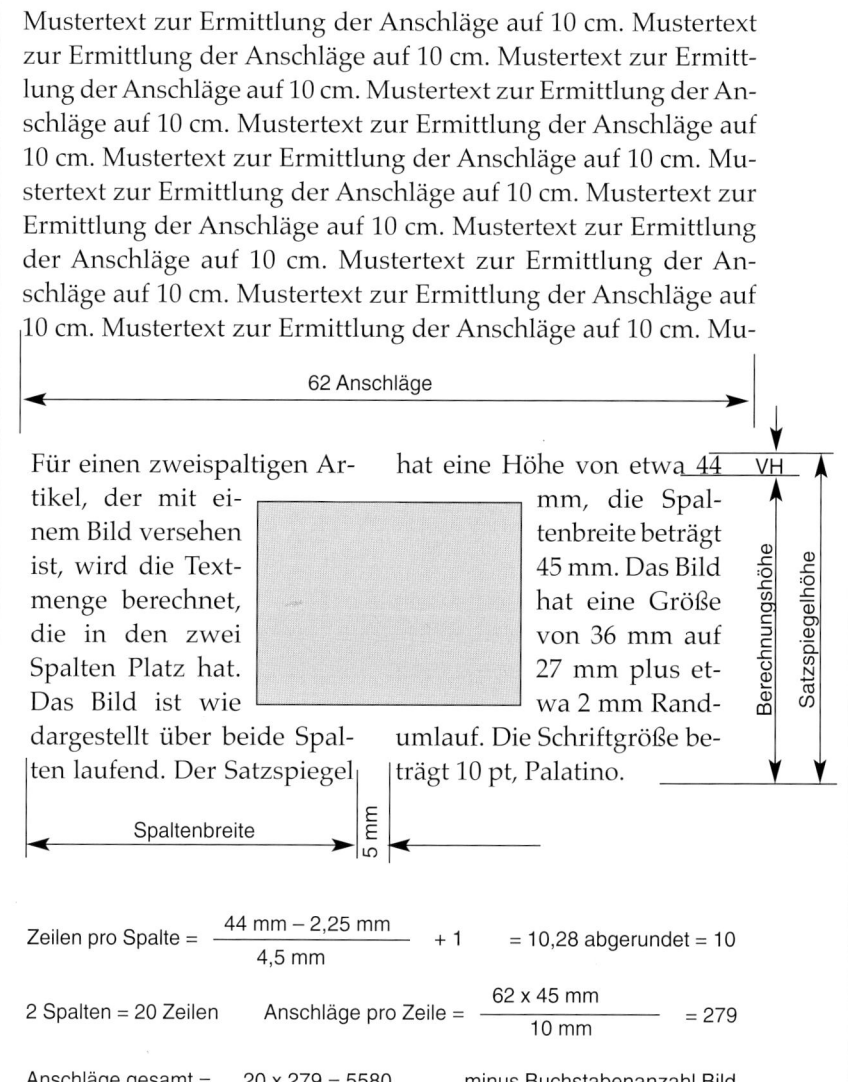

Für einen zweispaltigen Artikel, der mit einem Bild versehen ist, wird die Textmenge berechnet, die in den zwei Spalten Platz hat. Das Bild ist wie dargestellt über beide Spalten laufend. Der Satzspiegel hat eine Höhe von etwa 44 mm, die Spaltenbreite beträgt 45 mm. Das Bild hat eine Größe von 36 mm auf 27 mm plus etwa 2 mm Randumlauf. Die Schriftgröße beträgt 10 pt, Palatino.

$$\text{Zeilen pro Spalte} = \frac{44 \text{ mm} - 2{,}25 \text{ mm}}{4{,}5 \text{ mm}} + 1 = 10{,}28 \text{ abgerundet} = 10$$

$$2 \text{ Spalten} = 20 \text{ Zeilen} \qquad \text{Anschläge pro Zeile} = \frac{62 \times 45 \text{ mm}}{10 \text{ mm}} = 279$$

$$\text{Anschläge gesamt} = 20 \times 279 = 5580 \qquad \text{minus Buchstabenanzahl Bild}$$

1.3.9.8 Textmengen- und Manuskriptberechnung

Gestalten macht Spaß, die Ideen werden skizziert, um diese auf dem Rechner Realität werden zu lassen. Schriftcharakter, Schriftgröße, Zeilenabstand, Spaltenbreite, Bildlage, alles ist berücksichtigt, nur der Text selbst ist noch nicht geschrieben. Sie schreiben und schreiben und schreiben und stellen mit Entsetzen fest, dass der Text nicht genügend Platz hat oder es zu wenig Text ist oder noch eine halbe Seite nötig wäre und vieles andere mehr. Dem kann vorgebeugt werden, indem man die Textmenge zuvor erfasst und berechnet, wie viel Platz bei den vorgegebenen gestalterischen Maßen diese Textmenge beansprucht.

Vorgehensweise:
- Schreiben eines Probetextes mit allen Schriftmaßen in eine Spalte von 10 cm Breite und 10 Zeilen.
- Erfassen der durchschnittlichen Anzahl der Anschläge pro Zeile.
- Erfassen des Gesamttextumfangs.
- Mit den gestalterischen Maßen für das neue Produkt die Berechnung durchführen.

- Formeln:

$$\text{Zeilen} = \frac{\text{Höhe des Satzspiegels} - \text{Versalhöhe}}{\text{Zeilenabstand}} + 1$$

$$\text{Anschläge} = \frac{\text{Satzspiegelbreite x Anschläge}}{10 \text{ cm}}$$

Oder:
Spaltenbreite x Anschläge
Die ermittelten Anschläge beziehen sich auf 10 cm Breite.

$$\text{Anschläge pro Seite} = \text{Anschläge x Zeilen}$$

Lernziel: Textmengenberechnung erlernen.
Aufgaben:
- Teilen Sie ein DIN-A4-Blatt in drei Spalten mit 2 mm Spaltenabstand ein. (P)
- Wählen Sie unterschiedliche Schriftgrößen und Zeilenabstände. (P)
- Berechnen Sie die jeweils mögliche Textmenge. (P)

Rechnen Sie das Beispiel zu Ende. Die Textmenge für das Bild wird ebenso ermittelt wie für die Spalten. Beachten Sie jedoch, dass das Bild mit 5 mm im Rand liegt.

Abb. 1.3/38
**Elektronisch geänderte
Schriftschnitte.**

Lesefreundlichkeitstest

Den Originalschriftschnitt dieser Helvetica in 14 pt Grösse geschrieben sehen Sie hier in den ersten Zeilen. Immer gut lesbar, ohne Risiko einzusetzen.

Elektronisch kursiv gestellte Schrift dieser Helvetica in 14 pt Grösse geschrieben sehen Sie in diesen Zeilen. Gut lesbar wie Zeilenblock 1 oder doch nicht?

Nun auch noch fette Schrift dieser Helvetica in 14 pt Grösse geschrieben. Das sehen Sie in dieser Zeile. Das wirkt nicht als Einladung zum guten Lesen.

ALS VERSALBUCHSTABEN MACHT SICH DIESE HELVETICA IN 14 PT GRÖSSE GESCHRIEBEN BESONDERS GUT? WER HÄLT HIER BEIM LESEN DURCH?

Weitere Feinheit, der Originalschriftschnitt dieser Helvetica in 14 pt Grösse geschrieben, gesperrt und nach oben verzogen. „Gut" lesbar oder?

1.3.9.9 Elektronische Schriftänderungen

Textverarbeitungs- und Layoutsoftware bietet viele Möglichkeiten, Buchstaben und Schriften elektronisch zu verändern. Testen Sie die Wirkung und Lesefreundlichkeit der in Abbildung 1.3/38 elektronisch beeinflussten Texte.

Lernziel: Erkennen, dass nur Originalschriftschnitte optimal lesbar sind.

Aufgaben: •   Welche Einstellungen wurden in der Textsoftware vorgenommen, um die Ergebnisse in Abbildung 1.3/38 zu erreichen? (I, P)

          •   Schreiben Sie auf, welche Schrifteinstellung am besten lesbar ist. (I, P)

Lernziel: Erkennen, dass jede elektronische Manipulation das Schriftbild verschlechtert und schwerer lesbar macht.

Aufgaben: •   Verwenden Sie weitere Schriftarten und manipulieren Sie diese. (P)

          •   Stellen Sie das Aussehen, die Wirkung und die Lesefreundlichkeit fest. (P)

Will man Textstellen hervorheben, d.h. auszeichnen, bietet sich die elektronische Manipulation an, besser jedoch ist es den Originalschriftschnitt zum Beispiel kursiv (italic) zu verwenden. Wie im Gesamttext sollte eine Auszeichnung aber nicht vom Lesefluss ablenken oder den Blick nur auf das ausgezeichnete Wort lenken. Auszeichnungen daher sparsam und leicht hervorhebend einsetzen. Zumeist bietet sich kursiv (italic) an. Ausnahmen bilden hier ebenfalls Plakate, reine Werbegestaltungen usw.

Für diese Zwecke sollten aber ebenfalls Originalschriftschnitte verwendet werden, denn nur sie vermitteln optimal das gewünschte Aussehen.

Auszeichnungen
sind leicht hervorgehobene Worte oder Textstellen. Sie dürfen den Lesefluss nicht beeinträchtigen.

Originalschriftschnitte
sollten in der Schriftenauswahl sichtbar sein.
Abb. 1.3/39

Abb. 1.3/40
Gliederung mit Text

Zwei Beispiele zur Analyse
Linke und rechte Anzeige

Leiden Sie unter Stress und Schlafstörungen?

K U R U R L A U B

Stressabbau im Urlaub
kommen Sie zu uns in das herr-
liche Kurheim in
Bad Antistressingen
Pflegen Sie sich mit vielfältigen
Anwendungen wie: Fango,
Massagen, Solebaden,
Gymnastik, Sauna, Waldlauf,
Reiten, Tennis.
**Relaxen, auch bei der
Suche nach
Besonderheiten in der
herrlichen Natur**

? Stress ?
? Schlechter Schlaf ?

Kommen Sie in den Kururlaub

Stressabbau im Urlaub
Kommen Sie zu uns nach
Bad Antistressingen

Pflegen Sie sich mit vielfältigen Anwendungen wie
Fango, Massagen, Sole-
baden, Gymnastik, Sauna,
Waldlauf, Reiten, Tennis.

**Relaxen, Genießen,
die vollkommene
Entspannung**

1.3.10   Gliederung mit Schrift

Eine klare Gliederung ermöglicht die schnelle Erfassung aller Informationen, hierbei ist eine Gliederung über die Schrift die einfachste gestalterische Lösung. Eine Möglichkeit ist die Variation der Schriftgröße. Beträgt die Größe für den Grundtext 10 pt sollte die nächste Schriftgröße 13 pt oder mehr betragen (in diesem Werk: Grundtext 10 pt, Kapitel 14 pt). Eine zweite Gliederungsmöglichkeit ist das Mischen von Schriftschnitten. Zum Beispiel der Grundtext 10 pt die Untertitel 10 pt halbfett (wie in diesem Werk). Aber Vorsicht beim Einsatz der Gliederungselemente, zu viel macht wieder unübersichtlich.

Einige Grundregeln:
- Gleichwertiges soll typografisch gleich gestaltet werden.
- Zwei bis drei Größenabstufungen genügen.
- Mischen von Schriftschnitten sparsam verwenden.
- Schriftmischungen kaum verwenden, wenn doch, dann
- nur zwei Schriftcharaktere verwenden.
- Schriften sollen zueinander passen = Kontraste bilden. Das heißt eine Serifenschrift mit einer serifenlosen Schrift mischen.

Lernziel: Den gezielten Einsatz von Schrift zum schnellen Erfassen des Wesentlichen erkennen und beurteilen.

Aufgaben:
- Wie viel Schriftschnitte wurden in Abbildung 1.3/40 linke Anzeige verwendet? (I, P)
- Wie viel Schriftschnitte wurden in der rechten Anzeige verwendet? (I, P)
- Wie viel Größenabstufungen wurden in der linken Anzeige eingesetzt? (I, P)
- Wie viel Größenabstufungen wurden in der rechten Anzeige eingesetzt? (I, P)
- Welche Werbung ist besser und gezielter lesbar? (I, P)
- Welche Werbung macht optisch einen besseren Eindruck? (I, P)
- Beschreiben Sie Ihre Feststellungen. (P)

In den Anzeigen wurde die Helvetica mit den Schriftschnitten normal und fett benützt.

**Abb. 1.3/41
Absatzgliederung,
Linien und
Schmuckelemente**

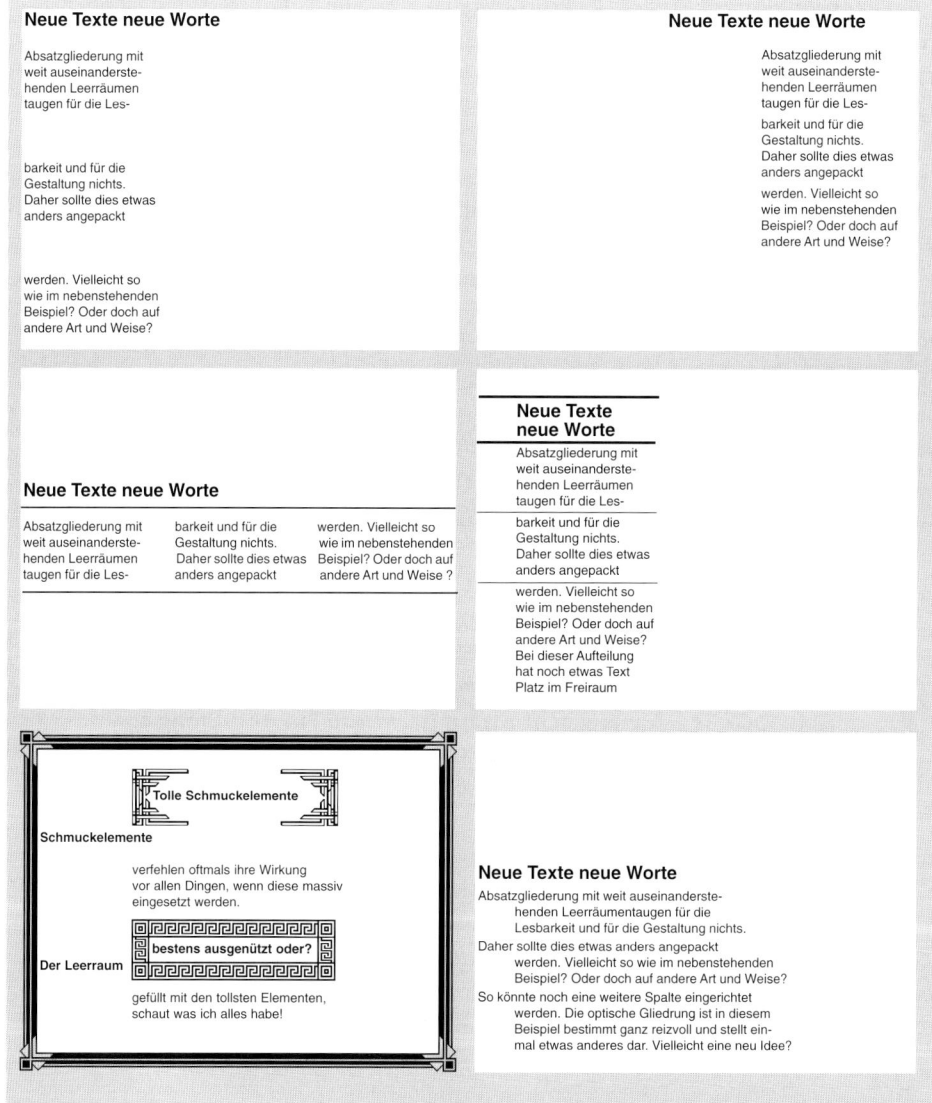

1.3.11 Gliederung mit Raum und Text

Typografie bedeutet auch Gestalten mit und ohne Schriften. Das Positionieren von Text, freier Fläche (Raum), bedruckter Fläche mit Farben, Bildern oder Grafiken teilt die Seite in beschriebene (bedruckte) und unbeschriebene (unbedruckte) Flächen auf. Die Wechselwirkung zwischen bedruckter und unbedruckter Fläche bleibt immer erhalten. Die unbedruckte Fläche (weiß oder farbig) bildet die Basis für effektvolle und spannungsgeladene Lösungen.

Kontraste
ergeben Spannung

Raum = Luft zum Atmen

Kleistern Sie eine Seite nicht mit Text voll. Lassen Sie Raum = Freiheit. Textmenge und freie Fläche sollen Spannungen enthalten. Bei zu viel Text gehen die Spannungen verloren. Papier sparen, um viel Informationen auf ein Blatt zu quetschen, ermuntert nicht zum Lesen.

Eine Absatzgliederung innerhalb eines größeren Grundtextes durch Leerzeilen ist jedoch ungünstig. Der Text verliert den Sachzusammenhang, der Lesefluss wird beeinträchtigt und es entsteht eine Rauminflation. Bei Aufzählungen könnten Leerzeilen möglich sein, bessere Gliederungselemente sind Satzzeichen wie Punkt •, Gedankenstrich – Symbole oder Einzug.

Absatzgliederung
in diesem Werk nur durch Worteinzug.

Aufzählungen
sind in diesem Werk mit •
versehen.

Lernziel: Gegliederten Text auf einem Blatt Papier optisch gut aufteilen.

Aufgaben: Abbildung 1.3/41 zeigt eine Vielfalt möglicher Absatzbildungen, um eine Raumaufteilung zu erhalten.
- Welche der Absatzeinteilungen ohne Gliederungselemente wie Linien oder kleine Flächen haben positive Wirkungen? (P)
- Bewerten, beurteilen Sie die Muster. (P)

Weitere Gliederungselemente sind Linien oder kleine Schmuckelemente. Die Linien unterteilen und führen gleichzeitig im Textflus. Bei zu viel weißer Fläche kann mit Schmuckelementen eine weitere Gliederung und optische Wirkung erreicht werden. Zu viel Linien und Schmuckelemente zerstören aber eine gute Gestaltung. Abbildung 1.3/41 zeigt gelungene und weniger gelungene Beispiele.

Linien
als Gliederungselement.

**Abb. 1.3/42
Rasterorientierte Typografie**

**Textanordnung
auf der Papierfläche**

Dieser Text dient nur der Veransch
aulichung wie Text in der rasterorien
tierten Anordnung gestalterische Wir
kung haben kann. Versuchen Sie nic
ht den Text sinnvo ll zu lesen, Er ist
nur grafisches oder besser gesagt typ
ografisches Gestal tungselement hier

Dieser Text dient nur
der Veranschaulich
ung wie Text in der
rasterorientierten
Anordnung gestal
terische Wirkung
haben kann. Versu
chen Sie nicht den
Text zu lesen. Er
ist nur grafisches

**Textanordnung
auf der Papierfläche**

oder besser gesagt
typografisches Gest
altungselement hier.

**Abb. 1.3/44
Linien betont**

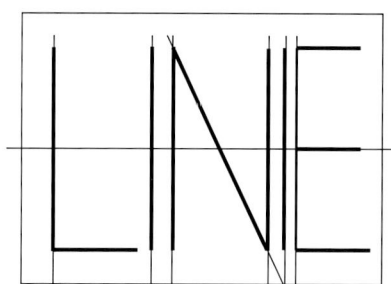

1.3.12 Beispiele typografischer Gestaltungsmöglichkeiten

Auf den nächsten Seiten sehen Sie Beispiele typografischer Gestaltungsmöglichkeiten. Erklärende Texte erübrigen sich, die Gestaltungen sollten für sich sprechen.

1.3.12.1 Rasterorientierte Typografie

Der Satzspiegel wird in rechteckige Flächen aufgeteilt, wobei die senkrechten und waagrechten Linien der Rechtecke die Satzkanten ergeben.

⇢ **Abb. 1.3/42**

Abb. 1.3/43
Anwendungsbeispiel

> Namhaftes Unternehmen der Druckindustrie im
> südlichen Raum sucht für Rollenoffsetmaschine
>
> Drucker   auch als Umschüler
>
> Wir arbeiten in Wechselschicht
> Wenn Sie Interesse haben, in einem Großbetrieb
> zu arbeiten, so erbitten wie Ihre Bewerbung
>
> Angebote unter 1234 an „Deutscher Drucker"
> Postfach xxxxx 7xxxx Stuttgart

1.3.12.2 Linienbetonte Typografie

Abb. 1.3/45
Anwendungsbeispiel

Abb. 1.3/46
Linien als Trennelemente

und als Schmuckelemente

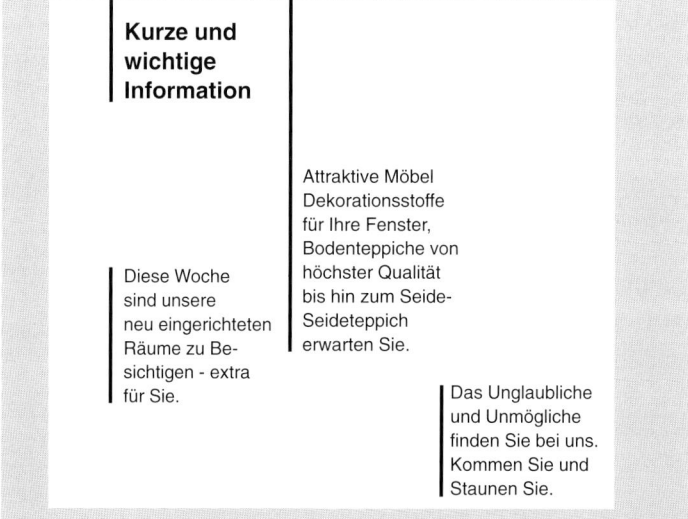

Kurze und wichtige Information

Diese Woche sind unsere neu eingerichteten Räume zu Besichtigen - extra für Sie.

Attraktive Möbel Dekorationsstoffe für Ihre Fenster, Bodenteppiche von höchster Qualität bis hin zum Seide-Seideteppich erwarten Sie.

Das Unglaubliche und Unmögliche finden Sie bei uns. Kommen Sie und Staunen Sie.

Möbelhaus am Markt

Abb. 1.3/47
Linienarten

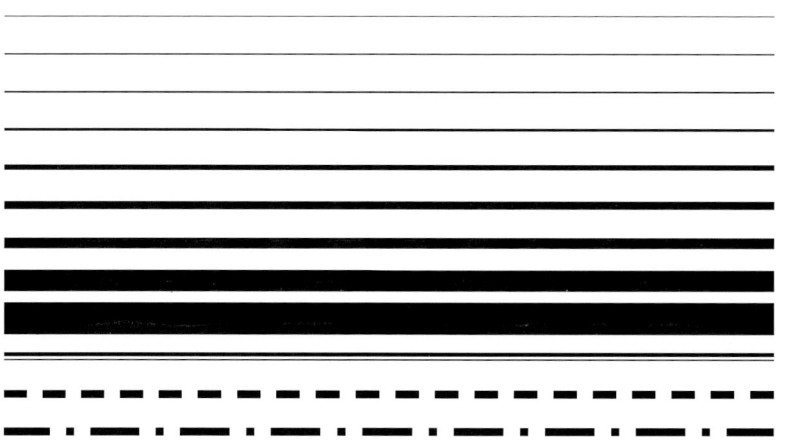

0,3 pt
0,5 pt
0,6 pt
1 pt
2 pt
3 pt
4 pt
8 pt
12 pt

1.3.12.3 Linien und Flächen

Abstände und Freiraum ist das klarste Gestaltungs- und Gliederungselement. Linien haben weitgehend Schmuckcharakter und sind zumeist nicht notwendig. Wenn eine Gestaltung ohne Linie gut aussieht, lassen Sie die Linie weg. Zu viele Linien zerstören eine gute Gestaltung, wie Abbildung 1.3/41 zeigt.

Linien
nur als Schmuckelemente einsetzen.

Benützen Sie Linien wirklich nur als Schmuckelemente in Kleinanzeigen, Programmen, Speisekarten, Vernissagen usw., nicht aber in reinen Texten.

- Linien von 0,3 bis 0,6 pt dienen für Spalten, Kästchen, Coupons.
- 1 pt starke Linien sind weder Fisch noch Fleisch, vermeiden Sie diese.
- Linienstärken von 2 pt bis 4 pt bilden einen guten Kontrast zum Grundtext.
- 8 pt – 12 pt starke Linien sind für Übergangsbereiche zwischen Flächen sehr wirkungsvoll und plakativ einsetzbar.
- Doppellinien können reizvoll sein und bilden gute Kontraste.
- Gestrichelte, strichpunktierte Linien gehören zumeist in Zeichnungen.
- Dünne gepunktete Linien dienen als Perforationslinien oder Schneidlinien.

Bildrahmenlinien in diesem Werk haben 0,5 pt Stärke.

Eine Vielzahl von Linienarten bieten die Programme an. Denken Sie daran, die Linien zweckgemäß einzusetzen, und gehen Sie sparsam damit um. Linien und Rahmen können den darin befindlichen Text, das Bild, die Grafik oder die Tabelle erdrücken.

Abb. 1.3./48
Kontraste

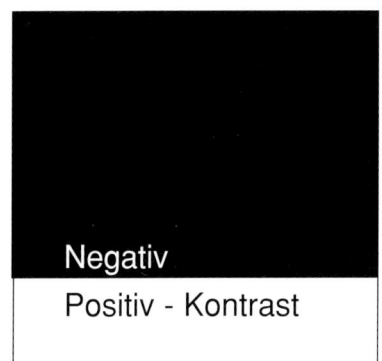

1.3.12.4 Kontraste

In der Gestaltung sind Kontraste die Gewürze in der Speise. Reine Textseiten wirken fad, langweilig, ohne Hepp und Pepp, eben wie ungewürzte Speisen. Mit Kontrasten erreicht man Spannung, Dynamik und Dramatik, das ist die wichtigste Grundregel. Wer einförmig den Text über die weiße Papierfläche streut, voller Angst, es könnte irgendwo noch zu viel weiße Fläche geben, wobei noch so viele Informationen weiterzureichen wären, erzeugt weder Kontraste noch Spannung, noch Aufmerksamkeit. Weißflächen als Gestaltungselement lassen den Text viel besser zur Geltung kommen. Betrachten Sie ein exklusiv gestaltetes Schaufenster. Der Fensterrahmen dient als Bildrahmen, in dem sorgfältig einzelne Stücke mit passenden Accessoires ausgestellt sind.

Kontraste
erzeugen Spannung, Dynamik und Dramatik.

Haben Sie Mut, lassen Sie Ihrer Fantasie freien Lauf, bauen Sie auf Altbewährtem auf, um zu Neuem zu gelangen. Verwenden Sie keine Mittelachse, vergessen Sie lange Zeilen, gestalten Sie eher mit schmalen Spalten, arbeiten Sie mit Weißraum.

In allen Beispielen, welche Sie auf den letzten Seiten gesehen haben, wurde mit optischen Achsen gearbeitet. Das Ausrichten von Texten, Bildern und zugehörigen Headlines auf optische Achsen ist unabdingbar für eine gute Gestaltung.

Lernziel: Eine Anzeige auf die verschiedenen eingesetzten Kontrastelemente analysieren.

Aufgaben : • Welche Kontrastelemente wurden in der Anzeige „typo tips" angewendet? (I, P)
            • Beurteilen Sie die Wirkung dieser Anzeige gegenüber der Anzeige „Drucker" in Abbildung 1.3/43. (I, P)

Abb. 1.3/49
Semantik-Beispiele

1.3.12.5 Semantische Typografie

Die Semantik ist ein Teilgebiet der Semiotik. Sie untersucht und verdeutlicht die Beziehungen zwischen Zeichen und dem was durch sie ausgedrückt wird. Die Semantik zeigt insbesondere die Beziehungen der Zeichen zu den Abbildern der objektiven Realität und deren Bedeutung im Bewusstsein auf.

Semantik =
Bedeutungslehre

Semiotik =
Lehre von den Zeichen,
Zeichentheorie

KLEPTO ANIE

Weitere Beispiele typografischer Gestaltungen, wie diese erstellt werden und welche Software verwendet wurde, finden Sie im Workshop Mediengestaltung.

Abb. 1.3/50
**Messen der Versalhöhe
mit einem Typometer**

Auschnitt aus einem Mess-
blatt.

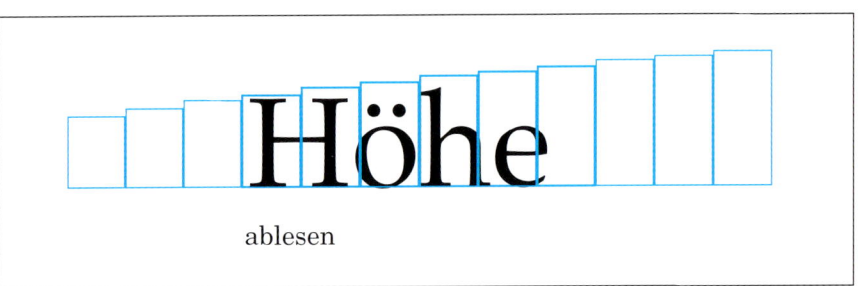

Abb. 1.3/51
Typometer

1.3.13 Zu den Schriftgrößen – Mathematik

p, pt, pica p, cicero, … und weiteres mehr schwirrt bei den Schriftgrößen und Zeilenabständen durch die Bücher. Normgerecht müsste alles in Millimetern angegeben werden. Da die meiste Software für den englischsprachigen Raum entwickelt wird, in diesem aber internationale Normung fast ein Fremdwort geblieben ist, schlagen wir uns mit den vielfältigsten Schriftgrößenangaben herum.

Bis 1976 war das ursprüngliche Maß im Schriftsatz der „Didot-Punkt". Er basierte auf dem französischen Fuß (pied de roi). Im heutigen Computersatz ist das Point = pt üblich (nicht genormt), es basiert auf dem Foot. Als gemeinsame Basis zur jeweiligen Umrechnung dient die Millimetergröße.

1 Didot-Punkt =
0,3760488 mm oder
neu 3/8 mm = 0,375 mm

1 Cicero = 12 p = 4,5 mm

pied de roi =
Fuß des Königs

• Meter	Fuß	324,90 mm	Foot	304,800 mm
• Dezimeter	Zoll	27,08 mm	Inch	25,400 mm
• Zentimeter	Linie	2,26 mm	Pica	4,233 mm
• Millimeter	Punkt	0,38 mm	Point	0,353 mm
	1 Didot P	0,375 mm		

Geschichtliches:
Das Fußmaß hatte von Land zu Land unterschiedliche Längen, da sich die Schuhgröße der jeweiligen Monarchen unterschieden.

Lernziel: Zeilenabstand, Versalhöhe, den Maßgrößen zuordnen und berechnen können.

Aufgaben: Der Zeilenabstand dieser Texte beträgt 12,756 pt.
- Wie viel Millimetern entspricht dies? (I, P)
- Messen Sie die Versalgröße der hier verwendeten Palatino, in Abbildung 1.3/50. (I, P)

→ **Abb. 1.3/51**

Um die Schriftgröße zu ermitteln, setzt man Typometer ein. Mit diesen kann der Zeilenabstand und die Versalhöhe direkt gemessen werden. Die Abbildung 1.3/50 zeigt ein Messblatt für die Messung der Versalhöhe (VH).

Leider verwenden die Softwarehersteller unterschiedliche typografische Maße. Sie werden zumeist mit Punkt, Point oder ähnlichem bezeichnet, sind aber nicht identisch. Die Unterschiede sind zwar gering, werden aber Texte mit verschiedener Software geschrieben und zusammengefasst, ist dies sehr deutlich zu sehen. In QuarkXPress gestaltete Texte verlaufen, umbrechen, daher nicht gleich wie in InDesign oder PageMaker gestaltete Texte.

1.4 Screen-Design

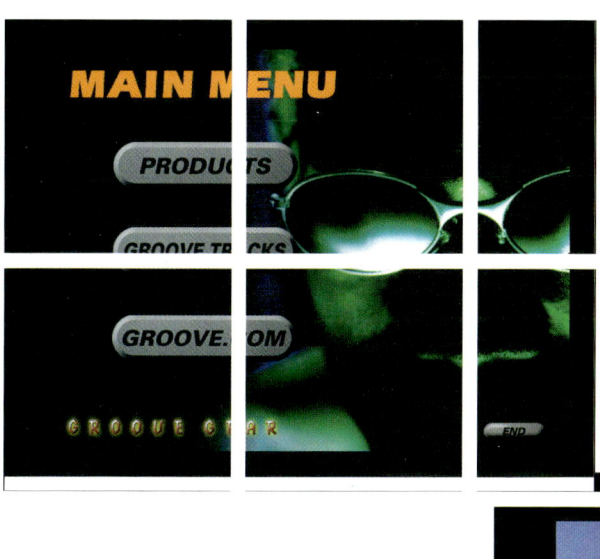

Abb. 1.4/1
Bildwiederholfrequenz

75 Hz oder mehr

Abb. 1.4/2
**Grundfarbe Schwarz
Konvergenz**

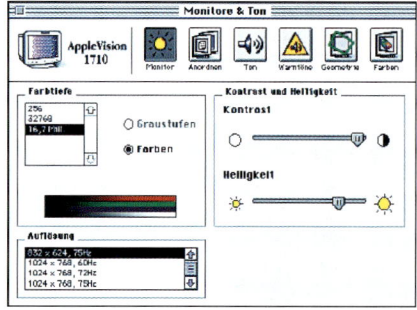
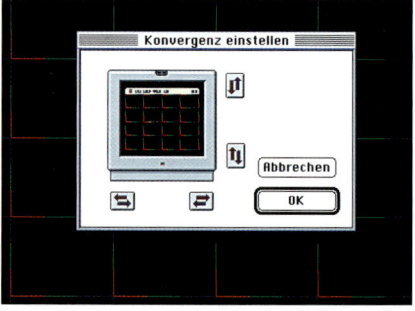

Abb. 1.4/3
Konvergenz-Einstellung

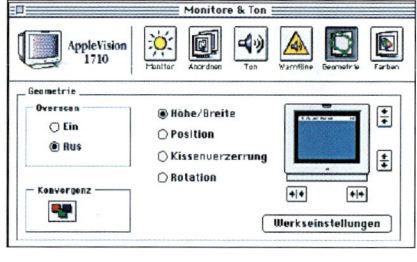
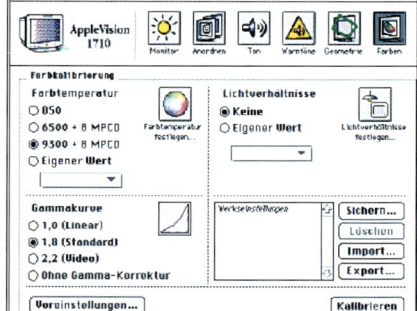

Abb. 1.4/4
Weiß-Einstellung

über die Bildschirmgrada-
tion und Farbtemperatur

Abb. 1.4/5
Tripelabstand

Mittelpunktsabstand der
Farbpixel.

Abb. 1.4/6
**Kennzeichen einer Trini-
tronröhre**

sind zwei feine Linien.

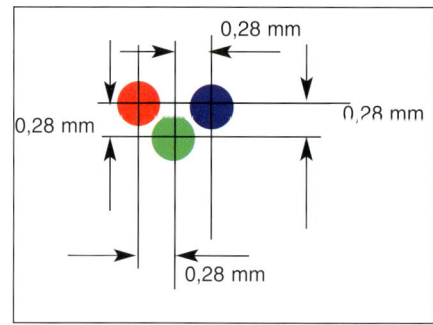

1.4.1 Ausgabegeräte

Wie beim Drucken der Bedruckstoff die Gestaltung der Information wesentlich beeinflusst, hat auch das Ausgabegerät beim Screen-Design erheblichen Einfluss auf die Gestaltung der Informationen.

Eines der wichtigsten Peripheriegeräte ist der Bildschirm und die dazugehörende Grafikkarte. Nachfolgende Mindestanforderungen und Einstellmöglichkeiten sind zu beachten.

- Die Bildwiederholfrequenz sollte 75 – 80 Hz betragen, damit das Bild flimmerfrei erscheint (Abb. 1.4/1).
- Die Farbe Schwarz sollte tief und gut gedeckt sein (Abb. 1.4/2), nur so lassen sich hohe Kontraste für ermüdungsfreies Arbeiten einstellen.
- Die Farbe Weiß sollte tatsächlich weiß sein (Abb. 1.4/4). Ideal sind Einstellmöglichkeiten bei Grafikkarte und Monitor (Abb. 1.4/4).
- Gerade Linien sollten tatsächlich gerade sein. Die Konvergenz sollte einstellbar sein (Abb. 1.4/2 und Abb. 1.4/3), d.h., bei geraden Linien und bei farbigen Linien soll das exakte Fluchten der Linien über den ganzen Bildschirm einstellbar sein.
- Das Auflösungsvermögen des Bildschirms bzw. der Grafikkarte sollte einen Tripelabstand von weniger als 0,28 mm aufweisen (Abb. 1.4/5).
- Die Farbtiefe sollte wenigstens 24 Bit betragen (Abb. 1.4/1).
- Die Pixelrandschärfe soll in der Mitte und am Rand des Monitors von hoher und gleich guter Qualität sein.
- Die Nachleuchtdauer sollte sehr gering sein.
- Der Bildschirm muß das GS-Zeichen des TÜV tragen.
- Der Bildschirm soll nach den schwedischen MPR-Richtlinien oder nach TCO strahlungsarm sein.
- Der Bildschirm sollte separat von der Systemeinheit stehen und sich in jede Richtung drehen und neigen lassen.
- Die Bildschirmoberfläche sollte entspiegelt sein.
- Die Umgebungsbeleuchtung sollte nicht auf den Bildschirm strahlen.

Bedenken Sie bei der Gestaltung des Screen-Designs, dass diese Voraussetzungen in den meisten Anwendungsfällen nicht gewährleistet sind. Testen Sie deshalb Ihre Gestaltung an schlechteren Monitoren und Umgebungsbedingungen.

Die Dreiergruppe für R,G,B wird als Tripel bezeichnet.
Tripelabstand:
Der gezeigte Monitor ist auf 832 mal 624 Pixel eingestellt = 519.168 mal 3 Farben = 1.557.504 Farbpunkte.

Test Pixelrandschärfe:
Monitor auf maximale Helligkeit einstellen, Randschärfe der Pixel mit einer Lupe beurteilen.

Test Nachleuchtdauer:
Auf einem dunklen Bildschirmhintergrund den Mauscursor schnell bewegen. Hinter dem Cursor dürfen keine Schlieren entstehen.

Abb. 1.4./7
Bildschirmauflösung

72 ppi entspricht 2,8
Pixel/mm

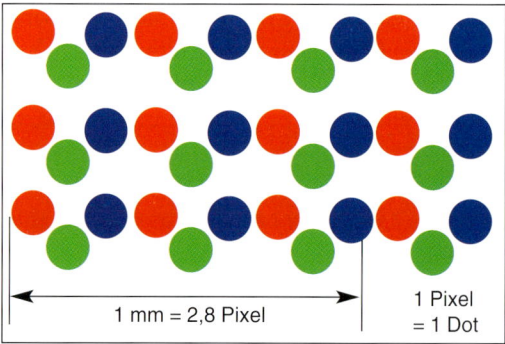

1 mm = 2,8 Pixel

1 Pixel
= 1 Dot

Bei der Lochmaskenröhre besteht ein Pixel aus 3 mal 3 Löchern.
Bei einer Bildschirmauflösung von 72 ppi entspricht dies 72 ppi/2,45 = 28 Pixel/cm = 2,8 Pixel/mm

Abb. 1.4/8
Bitmap-Schrift

Buchstabendarstellung am
Monitor und als Druck

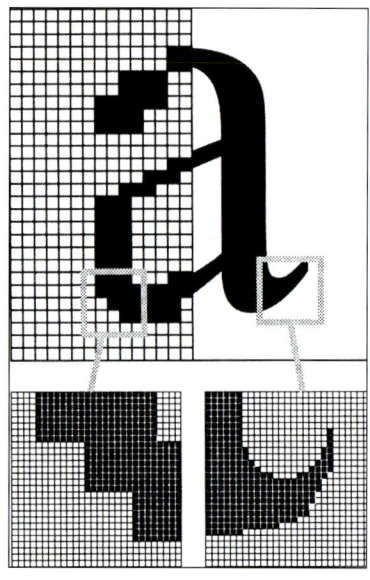

Abb. 1.4/9
Antialiasing

Kanten mit Grau-
stufen versehen.

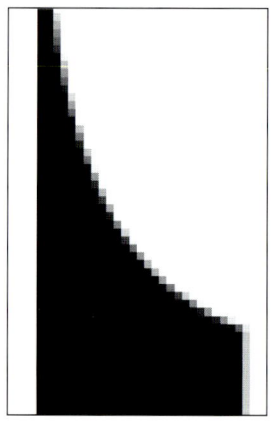

Abb. 1.4/11
Bitmap-Zeichen-
sätze

Abb. 1.4/10
Bitmap-Schrift

Ohne Glättung und mit Adobe Type Manager-Glättung

	Name
A	Palatino 10
A	Palatino 12
A	Palatino 14
A	Palatino 18
A	Palatino 24

1.4.2 Zeichensätze – Schriften

Lesen am Bildschirm ist äußerst anstrengend für die Augen, da Bildschirme eine um den Faktor 18 schlechtere Auflösung haben als die Druckausgabe auf Papier. Die Palatino in diesem Buch hat eine Schriftgröße von 10 pt. Die Belichtung für die Druckausgabe weist 50 Linien / mm (1270 dpi) auf. Das Gemeine m ist etwa 1,8 mm hoch, so dass die Serifen mit nahezu 30 Linien aufgezeichnet werden. Der Bildschirm kann aber nur 2, 8 Pixel / mm wiedergeben.

Beim Bildschirm wird der Elektronenstrahl durch eine Loch- bzw. Schlitzmaske auf die Leuchtschicht geschossen. Die Buchstaben können nur über diese Lochmaske (Sieb) dargestellt werden. Hierdurch entstehen Stufen wie in Abbildung 1.4 / 8 gezeigt. Die Stufen können durch Antialiasing geglättet werden. Bei diesem Verfahren werden die Kanten mit Graustufen umgeben. Dadurch wird das Buchstabenbild weicher, aber auch unschärfer.

1.4.2.1 Bitmap-Type-1- oder Type-2-PostScript-Schriften

Dies waren die ersten Zeichensätze, welche für den Apple Macintosh zum Einsatz kamen (die MS-DOS-Welt kannte Zeichensätze zu diesem Zeitpunkt überhaupt nicht). Abbildung 1.4 / 11 zeigt die Symbole der Palatino in verschiedenen Schriftgrößen. Die einzelnen Zeichensätze sind für die Bildschirmdarstellung nötig, denn nur die angegebenen Schriftgrade (Zahl hinter dem Wort Palatino) werden auf dem Bildschirm gut wiedergegeben.

Lernziel: Zeichensätze, entsprechend dem eingesetzten Ausgabemedium, richtig auswählen.

Aufgaben: • Weshalb sind in Abbildung 1.4 / 10 beim A und B Stufen zu sehen? (I, P)
• Warum weist das zweite A keine Stufen auf? (I, P)
Hinweis: Im Druck erscheint das A und B ohne Stufen.

Wollen Sie ein Produkt mit einem PostScript-Ausgabegerät drucken, müssen die Outline-Zeichensätze dem Ausgabegerät zur Verfügung stehen. Für die Bildschirmdarstellung ist dies nicht nötig.

1270 dpi:2,54 = 500:10 =
50 Linien/mm

Antialiasing
Glätten der Stufen an Buchstaben

Post-Scriptum
aus dem Lateinischen bedeutet „Zutat", „Angehängtes", „Hinzufügen".

Diese Kenntnis ist bei der Bildschirmwiedergabe für multimediale Anwendungen von größter Bedeutung!

Diese Kenntnis ist für die Wiedergabe mit verschiedenen Ausgabemedien für den Druck (auf Papier) von größter Bedeutung.

Abb. 1.4/12
Bildschirmdarstellung

Bitmap-Schrift in 11 pt.
Zählen Sie die Pixel von
Schriftlinie zu Schriftlinie!

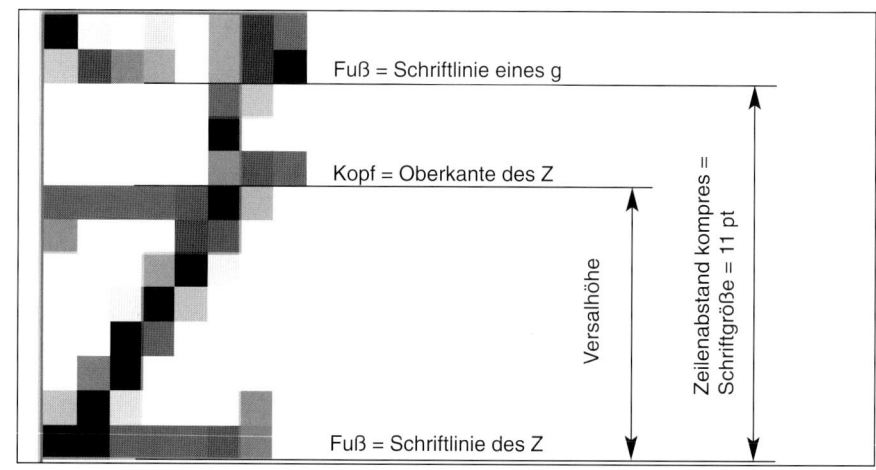

Fuß = Schriftlinie eines g

Kopf = Oberkante des Z

Versalhöhe

Zeilenabstand kompres =
Schriftgröße = 11 pt

Fuß = Schriftlinie des Z

Abb. 1.4/13
ATM Deluxe

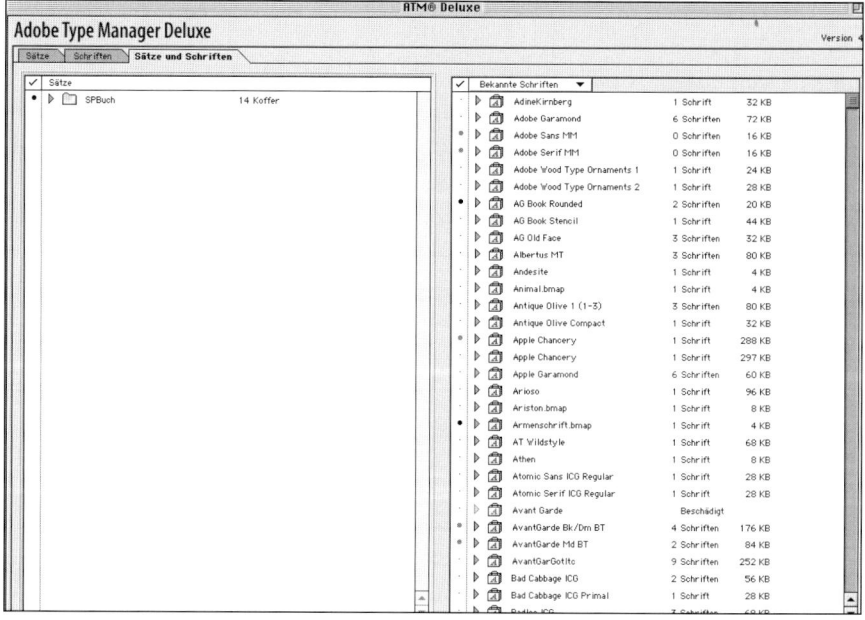

Die Darstellung der Bitmap-Schriften am Bildschirm hängt von der Grafikkarte und der Auflösung des Bildschirmes ab. Zumeist weisen die Bildschirme eine vertikale Auflösung von 72 Punkten pro Inch auf. Auf dieses Maß sind die Bildschirmschriftgrößen in den Programmen abgestimmt. Dies bedeutet, eine 12 pt (pica Point) große Schrift wird mit 12 Pixeln (Linien) am Bildschirm dargestellt. Die im Speicher liegenden Originalfonts müssen in „pt-Größen" und als ganze Zahl vorliegen.

1.4.2.2 Adobe Type Manager (ATM)

Aus dem Handbuch: … dem Programm zur Verwaltung, zum *Druck* und zur *Anzeige* von PostScript-Type-1-Schriften, zur Organisation und Steuerung der Schriftaktivierung in eigenen Sätzen, d.h., die Anwendung lädt nur die benötigten Schriften. Inaktive Schriften werden dokumentenbezogen automatisch aktiviert, Schriften werden imitiert, ermöglichen das Drucken von PostScript-Schriften auf Nicht-PostScript-Druckern, zeigen die Buchstaben am Bildschirm fast wie im Druck.

Grundsätzlich benötigen die Apple-Rechner keine Schriftenverwaltung, dies erledigt das System selbst. Beim Einsatz vieler Schriften empfiehlt sich dennoch ein Schriftenverwaltungsprogramm.

Windows-Rechner haben derzeit noch keine Schriftenverwaltung. Sie benötigen unbedingt ein Verwaltungsprogramm!

Mit dem ATM Deluxe können beschädigte Zeichensätze erkannt werden. Solche Zeichensätze sind oftmals der Grund für unerklärliche Computerprobleme. Dasselbe gilt für gleiche Zeichensätze, die mehrmals unter gleichem Namen im System lagern, auch dies kann zu Betriebsstörungen führen.

Der ATM spart erheblichen Speicherplatz, denn er benötigt eigentlich nur den Druckerfont. Aus diesem errechnet er die Bildschirmdarstellung. Allerdings, eine Druckerschrift ohne Bildschirmfont erscheint nicht im Schriftmenü eines Anwendungsprogramms, kann somit nicht ausgewählt werden. Zum Teil kann ATM Deluxe unbekannte Schriften emulieren, so dass Ihre Multimedia-Seite auf fremden Rechnern Ihrer Gestaltung ähnlich sieht.

Oder Schriftenverwaltungsprogramm SuiteCase

ATM ermöglicht den Einsatz von Bitmap-Schriften auch zur Bildschirmwiedergabe.

Mac OS 9 glättet die Zeichen am Bildschirm ohne AT Manager.

Wollen Sie Dokumente einem anderen Computeranwender weitergeben, sollten Sie wissen, welche Zeichensätze und Fontarten der „fremde" Computer besitzt. Wenn nicht, sind Probleme vorprogrammiert.

Schriften von Internetseiten beispielsweise sehen zumeist nicht so aus, wie Sie diese gestaltet haben.

Abb. 1.4/14
**Zeichensätze unter
Windows**

TrueType- und Bitmap-
Schriften

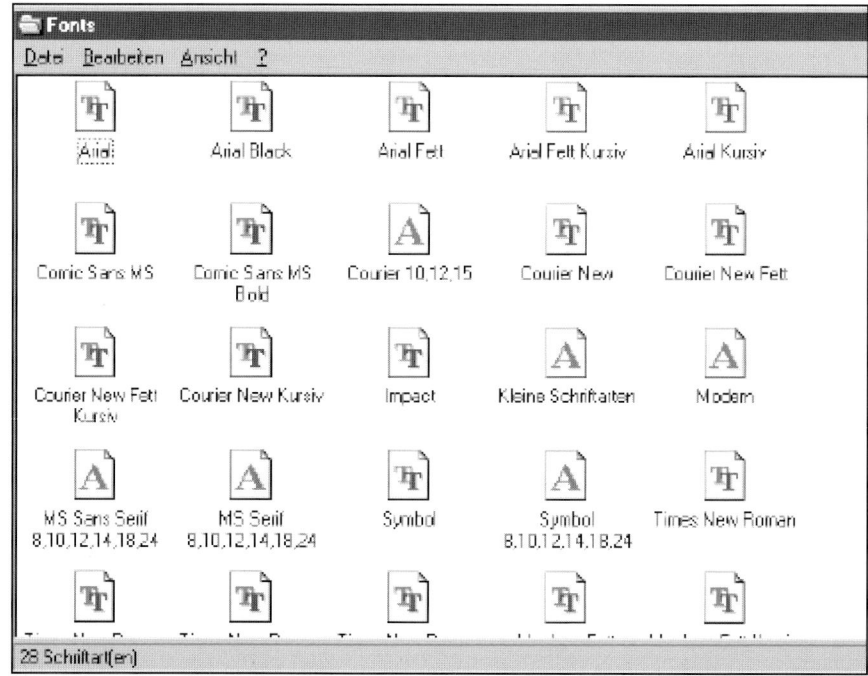

Abb. 1.4/15
Zeichensätze unter Mac OS

Outline-, Bitmap- und True-
Type- Zeichen.

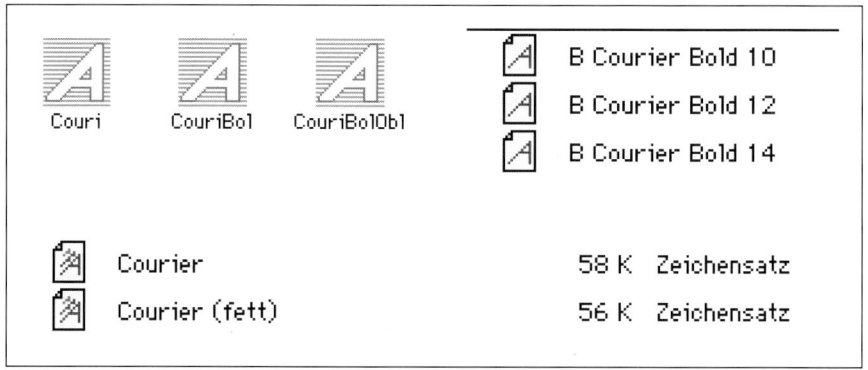

1.4.2.3 TrueType-Schriften

Die TrueTypes schließen Drucker- und Bildschirmfont in einer Datei ein. Ebenso sind alle Schriftgrößen in der Zeichendatei enthalten und werden für die Bildschirmdarstellung optimiert berechnet. Es sind keine Stufen mehr sichtbar, egal wie groß die Schriftzeichen am Bildschirm dargestellt werden. Für reine Bildschirmdarstellungen sind die TrueTypes ideal einsetzbar.

Achtung: Viele PostScript-Drucker können mit diesen Zeichensätzen nicht gut drucken! Wenn Sie mit TrueTypes einen gut gestalteten Bildschirm als Blatt drucken wollen, benützt der PostScript-Drucker die Outlineschriften (Bitmap für den Bildschirm), aber diese sind auf keinen Fall in ihrem Aussehen mit den TrueTypes identisch. Mehr noch, auch die Laufweiten, Buchstabenabstände, Wortabstände usw. sind nicht identisch. Dies kann fatale Folgen haben, Ihr bestens gestalteter Umbruch verändert sich völlig beim Drucken.

Beim Drucken mit einem Tintenstrahldrucker (nicht für PostScript-Ausgabe geeignet) können Sie die TrueType-Fonts, welche für den Drucker mitgeliefert wurden, für die Bildschirmdarstellung und die Druckausgabe benützen. Aber auch hier gilt, dass für den Drucker unbekannte Schriften nicht so gedruckt werden, wie diese am Bildschirm aussehen.

Abbildung 1.4/14 zeigt Schriftenfonts von Windows 98, Abbildung 1.4/15 vom Apple Mac OS.

Lernziel: Erkennen, welche Fonts im System sind. Die richtigen Fonts zweckgebunden auswählen.
Aufgaben: • Welche Icons zeigen PostScript-Fonts? (I, P)
              • Welche Icons zeigen TrueTypes-Fonts? (I, P)

Hinweis: Es ist ratsam, nur mit einer Fontart zu arbeiten. Es kann durchaus vorkommen, dass der Rechner bei gleichen Schriften mit gleichem Namen, aber unterschiedlicher Schriftentechnologie, Probleme erzeugt. Beim Einsatz von ATM Deluxe „meckert" die Schriftenverwaltungssoftware, wenn gleiche Schriften mehrmals vorhanden sind.

TrueType-Schriften
sind gut für multimediale Anwendungen geeignet, wenn kein Ausdruck nötig ist.
Ideal für reine Bildschirmdarstellungen

Umbruch
ist die Textanordnung, das Fließen der Zeilen und Umfließen von Bildern, Grafiken.

Man kann beide Schriftarten gleichzeitig verwenden, aber nur wenn sie unterschiedliche Namen haben!

Abb. 1.4/16
**Datenfluss und Daten-
menge**

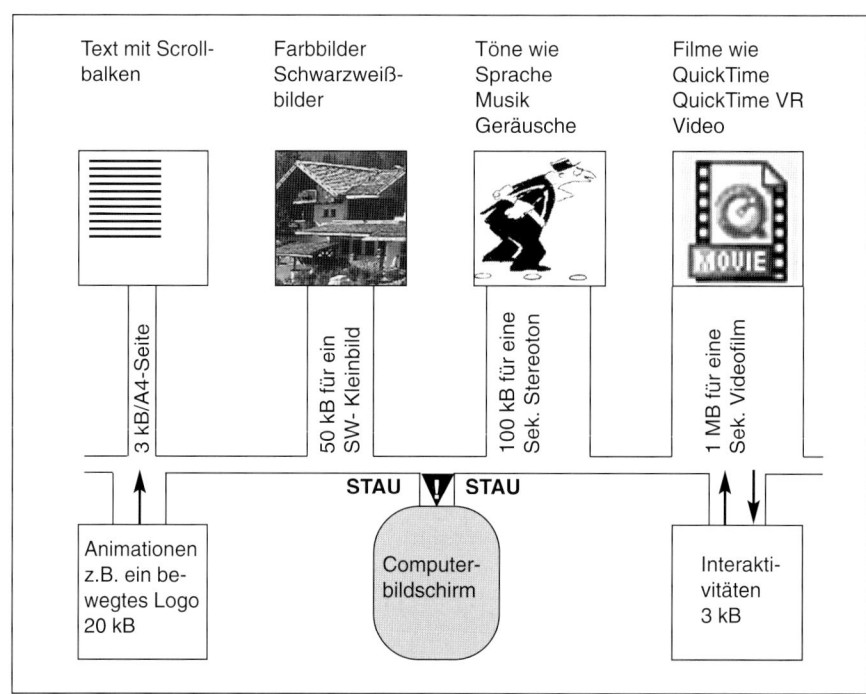

Abb. 1.4/17
Übertragungszeiten

Rechenbeispiel

Übertragungszeit ohne Berücksichtigung von Leitungsengpässen.
Modem mit 14.400 Bit/s : 8 = 1.800 Byte/s : 1.024 = 1,75 kB/Sekunde
Modem mit 52.200 Bit/s : 8 = 6.525 Byte/s :1.024 = 6,37 kB/Sekunde
ISDN mit 64.000 Bit/s : 8 = 8.000 Byte/s : 1.024 = 7,81 kB/Sekunde
ISDN mit a und b-Leitungsübertragung = 15,62 kB/Sekunde

Eine Datei weist 1.200 kB auf. Demnach mit ISDN einadrig:
1.200 kB: 7,81 kB/s = 153,85 Sekunden = **2,56 Minuten**
Rechnen Sie als Gestalter mit 1 kB = 1 Sekunde Übertragungzeit bei schlechten
Bedingungen, welche zumeist zutreffen!

Desgleichen mit einer 8-fach-CD-ROM, Datenübertragung von 1.200 kB/s:
1.200 kB : 1.200 kB/s = 1 Sekunde, das ist eine Ewigkeit am Rechner.
Schnellere Laufwerke am einfachen Rechner drehen automatisch langsamer.

1.4.3 Grundüberlegungen vor der Gestaltung

Zeitungen, Broschüren, Werbematerialien und Fernsehsendungen werden den Haushalten gezielt geschickt. Sie liegen sichtbar in Schaufenstern, Bücherständen, an Kiosken und so weiter aus. Man könnte dies als Bringprinzip bezeichnen. Der Kunde hat nichts zu tun, als seinen Briefkasten zu leeren, einen Schaufensterbummel zu absolvieren und die Informationen zu lesen. CD-ROMs und vor allen Dingen das Internet verlangen dagegen das Suchen, um Informationen zu erhalten. Die Informationen müssen eingeholt werden, dies könnte man als Holprinzip bezeichnen. Informationen holen verlangt eine höhere Intelligenz als konsumieren.

Vor der Benützung der CD-ROM oder des Internets steht das Vorhandensein eines Computers, welcher allen multimedialen Anforderungen gewachsen ist. Die CD-ROM sollte auf verschiedenen Betriebssystemen gleichermaßen gut laufen.

Um die Informationen zu erhalten, ist der Nutzer an einen Platz, dem Computerarbeitsplatz, gebunden. Kann man Internet-Dienste im Zug, der Straßen- oder U-Bahn, im privaten PKW usw. jederzeit und sofort benützen? Kann man bequem im Sessel oder gar im Bett vor dem Einschlafen am Bildschirm lesen?

Informationen von der CD oder aus dem Internet können interaktiv gestaltet sein. Je mehr Action, desto mehr und größere Dateien sind zu übermitteln. In Abbildung 1.4/16 ist der große Aufwand der Datenübertragung skizziert.

Sicherlich ist die CD-ROM bzw. das Internet multimedial und interaktiv, das heißt, Auge, Ohr und Hand werden beschäftigt. Jedoch kann die Information nur im Sitzen unter geringer Beleuchtung und mit stierem Blick auf den Monitor erfasst werden. Bildgröße und Auflösungsvermögen sind beschränkt. Die Hände müssen Maus und Tastatur in ergonomisch ungünstiger Stellung bedienen.

Haben Sie immer den Sinn (oder auch Unsinn) vieler Hompages verstanden? Das meiste ist uninteressant und uneffizient.

Nur über entsprechende Gestaltung kann man den Nutzer anregen, die Informationen zu *holen*, er muss den Sinn sofort erkennen, nicht lange fummeln und sollte keine langen Wartezeiten beim Datenladen ertragen müssen.

Bringprinzip =
Informationen werden gebracht und lesegerecht aufbereitet.

Holprinzip =
Informationen müssen angefordert werden.

Abb. 1.4/18
Bildschirmtext 12 pt groß

Schriftzeichen ohne Anti-
aliasing dargestellt.

Dieser Text hat 38 Anschläge auf einer
Spalte. Die Zeilenbreite wird etwa 1/4
der Bildschirmgröße im Internet oder
einer CD-ROM. Geschrieben ist der
Text mit einer 12 pt Gill Sans, einer
modernen Bildschirmschrift ohne Serif.

Der Druck dieser beiden Abbildungen verbessert das
Aussehen der Texte gegenüber der Bildschirmdarstellung
erheblich.
Erstellen Sie solche Texte in
einem Autorensystem, Prä-
sentationssystem oder einem
Internet-Editor und lesen Sie
die Texte am Bildschirm.

Abb. 1.4/19
**Wie Abb 1.4/18 aber mit
Antialiasing**

Dieser Text hat 38 Anschläge auf einer
Spalte. Die Zeilenbreite wird etwa 1/4
der Bildschirmgröße im Internet oder
einer CD-ROM. Geschrieben ist der
Text mit einer 12 pt Gill Sans, einer
modernen Bildschirmschrift ohne Serif.

Abb. 1.4/20
**Text ist bildschirmgerech-
te 18 pt groß.**

Dieser Text hat 38 Anschläge auf einer
Spalte. Die Zeilenbreite wir etwa 1/3
der Bildschirmgröße im Internet oder
einer CD-ROM. Geschrieben ist der
Text mit einer 18 pt Gill Sans, einer
modernen Bildschirmschrift ohne Serif.

1.4.4 Schrift und Text

1.4.4.1 Zeilenbreite

Im Kapitel 1.4.3 wurde die Schriftdarstellung auf einem 72-dpi-Bildschirm angesprochen. Der VGA-Standard (SVGA) und die Bildschirmauflösung muss als Gestaltungsgrundlage beachtet werden. Eine serifenlose Schrift in 12 pt Größe ist gerade noch lesbar.

72 dpi und VGA-Standard (SVGA) sind bei der Gestaltung zu beachten.

Lernziel: Zeilenbreite ermitteln.

Aufgabe:
- Schreiben Sie einen Text mit etwa 38 Anschlägen pro Zeile und einer 12-pt-Schrift für ein Autoren- oder Präsentationssystem. (P)
- Ermitteln Sie die Länge der Zeile. (P)
- Wie breit, bezogen auf den Gesamtbildschirm, wird die Textspalte? (I, P)
- Schreiben Sie Texte mit höherem Schriftgrad. (I, P)

Schriftgrad
ist die ältere Bezeichnung für die Schriftgröße.

1.4.4.2 Schriftgröße

Bei der normalen 100%-Bildschirmdarstellung sollte eine Leseschrift mindestens 12 Punkt groß sein. Testen Sie die Lesemöglichkeit einer solch kleinen Schrift bei größerer Textmenge, Ihre Augen werden sicherlich sehr schnell ermüden und die Lesefreude ganz schnell zu Null herabsinken. Lesetexte auf einer CD sollten eine Schriftgröße zwischen 16 pt und 18 pt aufweisen.

Empfohlene Bildschirmschriftgröße 16 pt oder höher.

Im Internet stellen viele die Schriftgröße im Browser auf 10 pt oder 12 pt ein. Diese Größen werden bei der Wiedergabe am Bildschirm für die von Ihnen erstellten Texte benützt. Textfluss und Textanordnung gehen vollkommen verloren. Wollen Sie das aus gestalterischen Gründen verhindern, sind die Texte als Grafiken oder mit besonderer Software so zu erstellen, dass der Browser die Schriftgröße nicht verändert. Mit einem Windows-Rechner erstellte Texte erscheinen auf dem Mac kleiner. Schriftschnitte gleicher Schriften, aber verschiedener Hersteller sind unterschiedlich groß mit unterschiedlichen Laufweiten.

Apple Mac stellt Internet-Schriften kleiner dar als der Windows-Rechner.

Laufweite =
Buchstaben und Wortabstände

Abb. 1.4/21
Leseproben

Schriften ohne ATM und
mit ATM

Leseprobe mit Gill Sans 12 pt
groß geschrieben, wie diese
am Monitor ohne ATM lesbar
sein könnte.

Leseprobe mit Geneva 12
groß geschrieben, wie dies
am Monitor ohne ATM lesb
sein könnte.

*Leseprobe mit Boulevard 12 pt
groß geschrieben, wie diese
am Monitor ohne ATM lesba
sein könnte*

Leseprobe mit Gill Sans 12 pt
groß geschrieben, wie diese
am Monitor mit ATM lesbar
sein könnte.

Leseprobe mit Geneva
12 pt groß geschrieben, wie
diese am Monitor mit
ATM lesbar sein könnte.

*Leseprobe mit Boulevard 12 pt
groß geschrieben, wie diese am
Monitor mit ATM lesbar
sein könnte.*

Abb. 1.4/22
Leseproben

Schriften ohne ATM und mit
ATM, kursiv und halbfett geschrieben.

*Leseprobe mit Gill Sans 12 p
groß geschrieben, wie diese
am Monitor ohne ATM kur-
siv und halbfett lesbar sein
könnte.*

*Leseprobe mit Times 12 pt
groß geschrieben, wie diese
am Monitor ohne ATM kur-
siv und halbfett lesbar sein
könnte.*

*Leseprobe mit Bodoni 12 pt
groß geschrieben, wie diese
am Monitor ohne ATM kur-
siv und halbfett lesbar sein*

***Leseprobe mit Gill Sans 12 pt
groß geschrieben, wie diese
am Monitor mit ATM kur-
siv und halbfett lesbar sein
könnte.***

*Leseprobe mit Times 12 pt
groß geschrieben, wie diese
am Monitor mit ATM kur-
siv und halbfett lesbar sein
könnte.*

*Leseprobe mit Bodoni 12 pt
groß geschrieben, wie diese
am Monitor mit ATM kur-
siv und halbfett lesbar sein*

1.4.4.3 Schriftcharakter und Schriftschnitt

Soll ein Text gut lesbar sein, schränkt die geringe Auflösung des Bildschirms die Schriftauswahl stark ein. Feine Schriften mit Serifen, Schreibschriften und handschriftliche Schriften eignen sich nicht. Serifenlose mit ausgeprägten Rundungen, gleichen Strichstärken im Auf- und Abstrich und mit kräftiger Zeichnung eignen sich dagegen besonders gut. Schriften mit hohen und offenen Mittellängen eignen sich ebenfalls sehr gut. Das gleiche gilt für die Systemschriften. Bei den Apple-Rechnern sind es die Schriften mit den Städtenamen wie Geneva, Monaco, Chicago usw. Bei Windows-Rechnern die Arial und die Times Roman. Diese Systemschriften sind auf die 72 dpi des Monitors abgestimmt und somit immer gut lesbar. Wenn das Corporate Design und eine bestimmte Zielgruppe, die mit der Gestaltung angesprochen werden soll, einen vorgegebenen Schriftcharakter verlangt, sollte die Schrift groß, in halbfett oder fett und ohne elektronische Veränderungen eingesetzt werden.

Verändern Sie am Bildschirm erstellte Texte, zum Beispiel kursiv, outline, mit Schatten, kursiv und halbfett und durch weitere Schriftschnitte. Beim Lesevergleich der verschiedenen Texte stellen Sie sicherlich fest, dass Schriften für Bildschirmdarstellungen nur im normalen Schriftschnitt optimal lesbar sind.

Serifenlose als Bildschirmschriften
ergeben eine gute Lesbarkeit.

Corporate Design ist
Teil eines Corporate-Identity-Konzepts. Es stellt die Ausrichtung des visuellen Erscheinungsbildes in allen Wahrnehmungsdimensionen dar.

Normaler Schriftschnitt ergibt die beste Lesefreundlichkeit eines Bildschirmtextes.
Kursiv wird auch als italic bezeichnet.

1.4.4.4 Textmenge

Bei den heutigen technologischen Voraussetzungen eignet sich der Computer und sein Bildschirm noch nicht als Lesebuch. Die bereits vielfach aufgeführten Grenzen verbieten geradezu den Einsatz großer Textmengen zu Präsentationszwecken. Das Wort Bildschirm enthält nicht umsonst den Stammbegriff Bild.

Keine Regel ohne Ausnahmen. Textrecherchen im Internet, welche nach kurzem Überfliegen zum ausführlichen Lesen ausgedruckt werden, können viele Seiten Text enthalten. Zum Beispiel wissenschaftliche Abhandlungen, politische Ereignisse, Zugriff auf Lexikas, Telefonverzeichnisse, Urlaubsangebote und vieles andere mehr enthalten zumeist viel Text.

Der Bildschirm
sollte Bilder, Grafiken, Diagramme und Animationen zeigen.

1.5 Wahrnehmung

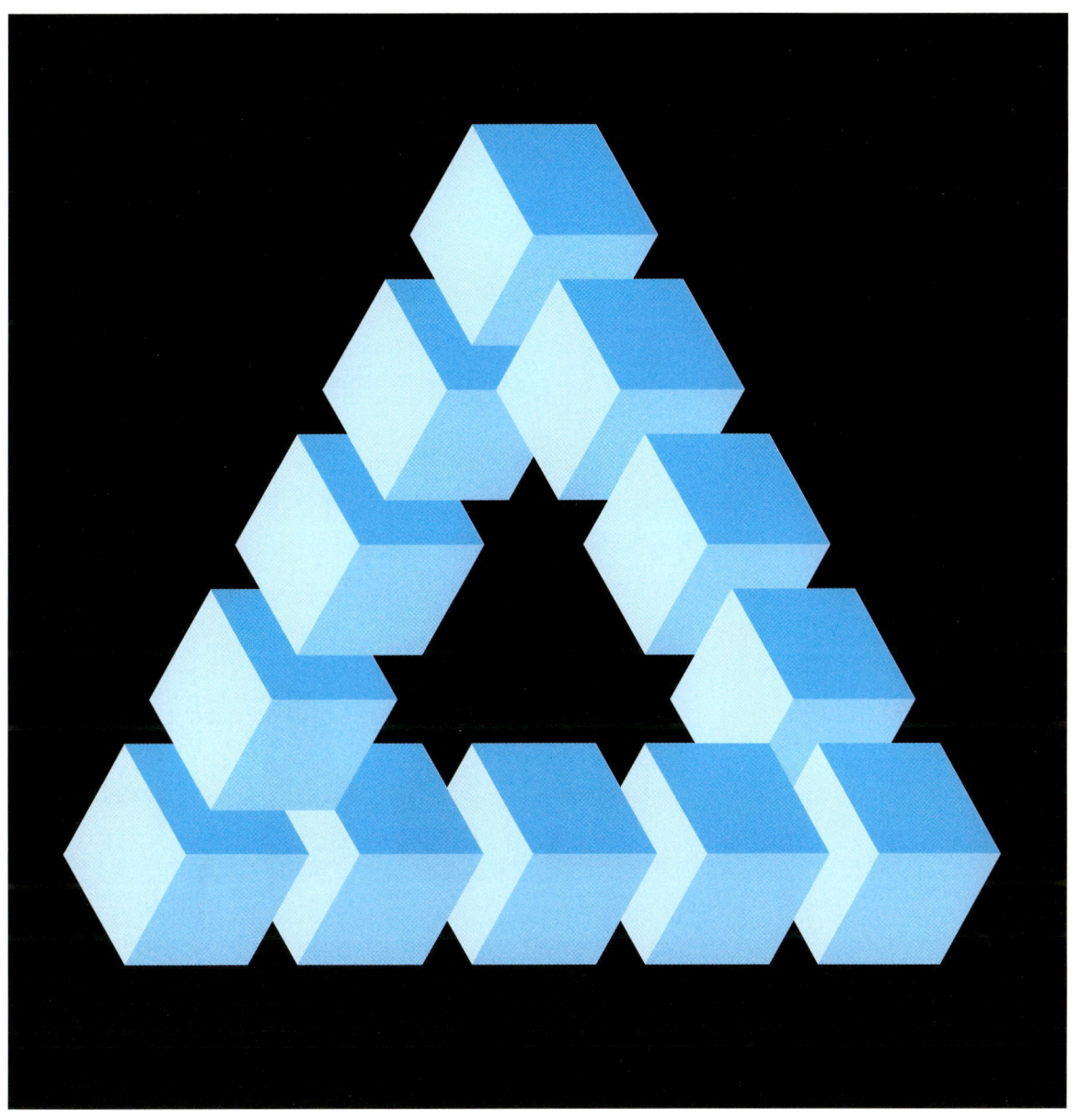

Abb. 1.5/1
**Sehen –
visuelle Wahrnehmung**

Abb. 1.5/2
Optische Spielereien

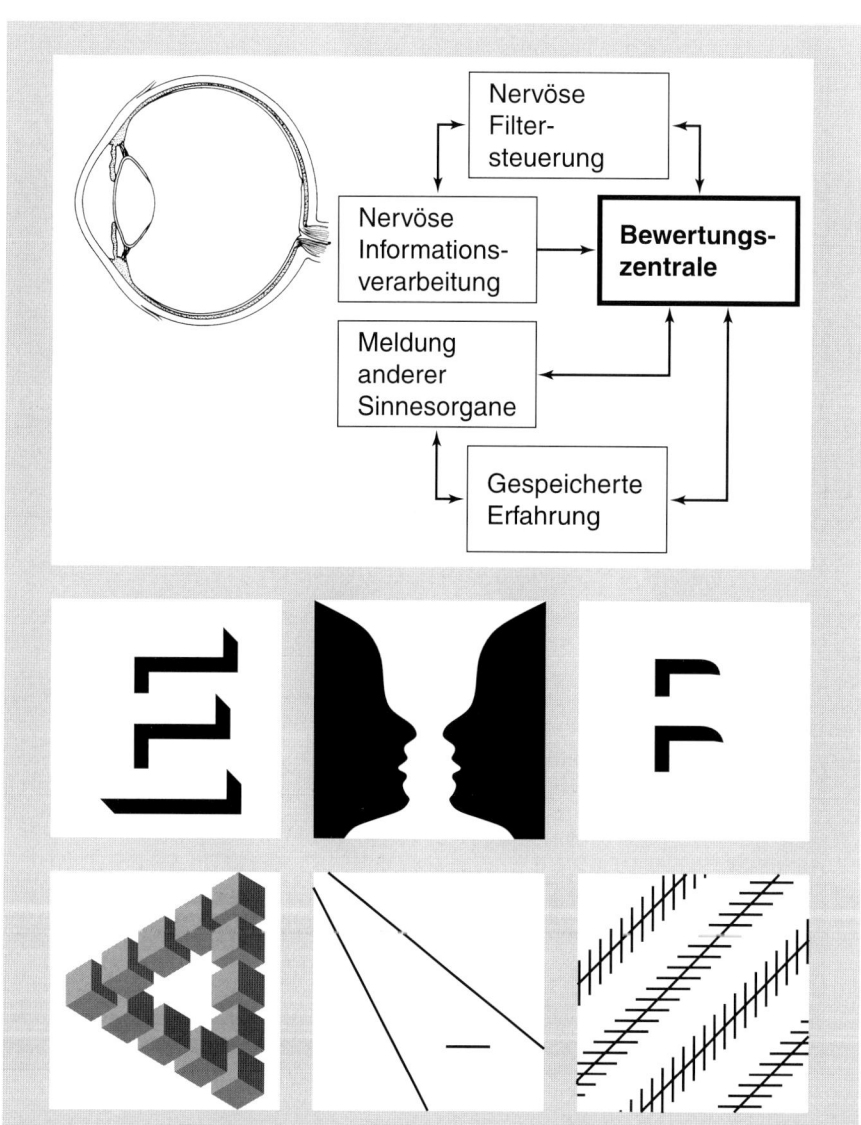

1.5.1 Visuelle Wahrnehmung

Die menschliche Wahrnehmung folgt bestimmten Regeln. Gute Gestaltung kennt und nutzt diese Regeln. Sie leitet die Wahrnehmung des Betrachers so, dass der Aussagewunsch realisiert wird.

Die Gestaltung ist die optische Umsetzung des Aussagewunschs.

Im Folgenden werden einige Aspekte und Grundsätze der visuellen Wahrnehmung vorgestellt. Zusammen mit den Werkzeugen der vorigen Kapitel bilden sie das Rüstzeug zur professionellen Mediengestaltung.

1.5.1.1 Sehen

Das menschliche Auge wird oft mit einer Kamera verglichen. Die Linse mit der Irisblende entspricht dem Objektiv, die Netzhaut findet ihre technische Entsprechung im fotografischen Film bzw. dem CCD-Element. Bis dahin stimmt die Parallele. Das eigentliche Sehen aber beginnt erst mit der Interpretation der elektrischen Impulse des Sehnervs im Sehzentrum des Gehirns. Dort werden die Reize zusammen mit den Meldungen anderer Sinnesorgane, ist es warm oder kalt, fühle ich mich wohl, bin ich müde usw., ausgewertet. Hinzu kommt die gespeicherte Erfahrung und die vorhandenen Vor-Bilder.

→ 4.2.1

Die visuelle Wahrnehmung wird somit nicht nur durch das auf der Netzhaut abgebildete Reizmuster bestimmt, vielmehr ist die Wahrnehmung das Ergebnis der Interpretation der jeweils verfügbaren Daten. Dies bedeutet, dass Sehen gelernt werden kann bzw. gelernt werden muss. Gestaltung knüpft bewusst an vorhandene Muster an, löst Assoziationen aus, schafft neue Vor-Bilder.

Wahrnehmung ist nicht wirklich wahr!

Lernziel: Bewusst sehen.
Aufgaben: • Betrachten und Interpretieren Sie die Beispiele in Abbildung 1.5/2. (I, P)
           • Finden Sie weitere Beispiele. (P)

Abb. 1.5/3
Visuelle Wirkung

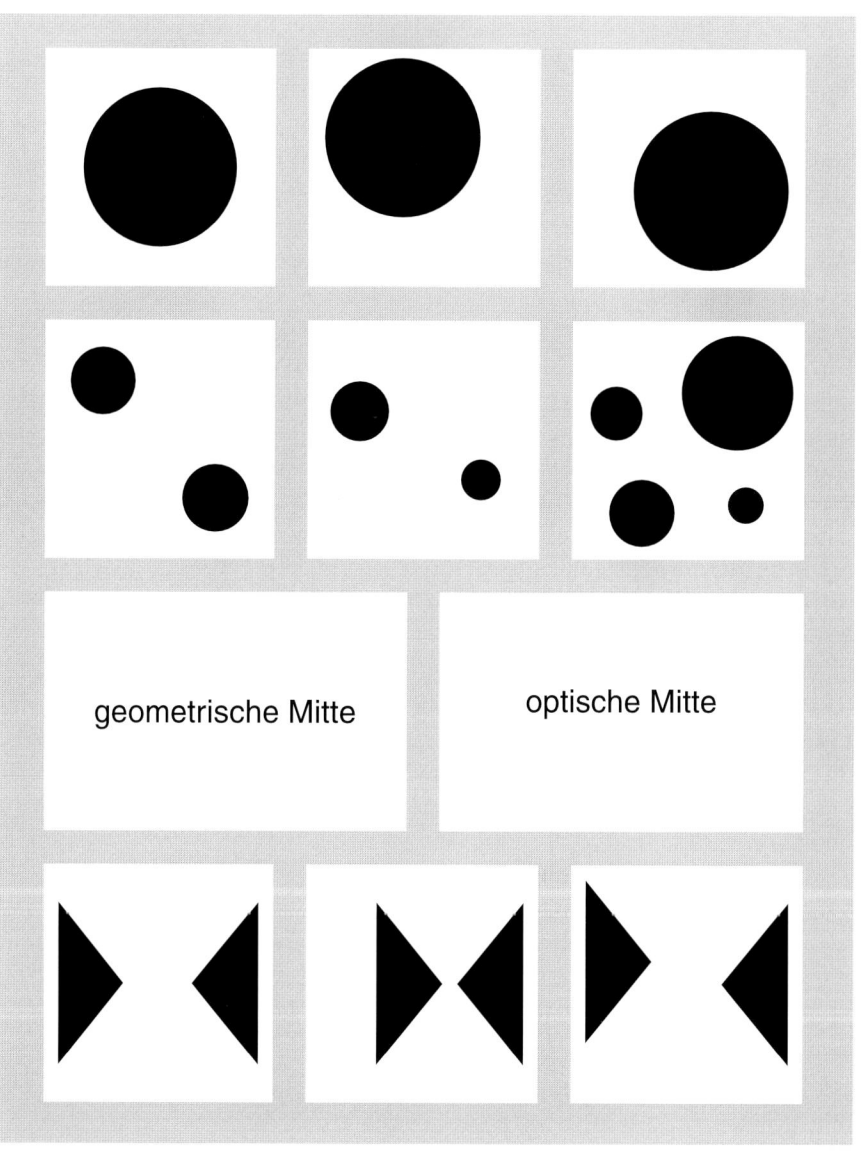

1.5.1.2 Gesichtsfeld

Das menschliche Gesichtsfeld erfasst in der Horizontalen einen Bereich von ca. 180°, in der Vertikalen von ca. 120°. Der tatsächlich scharf abgebildete Bildwinkel ist allerdings nur 1,5°.

Das Auge richtet den Blick auf ein Detail, um es scharf zu sehen. Die andauernde Augen- und Kopfbewegung führt zu weiteren Details. Diese Teile des Blickfelds werden einzeln aufgenommen und im Gehirn zu einem Gesamteindruck verschmolzen. Die optische Wahrnehmung gibt dabei den seriellen Sehvorgang nicht wieder.

Der Weg des Auges unterliegt großteils nicht dem bewussten Willen, sondern wird von dem knapp außerhalb des scharfabgebildeten Bereichs liegenden Element angezogen. Aus dem Zurückspringen entsteht ein spannungsvolles Gleichgewicht. Ein weiterer Blickfang führt das Auge über das Format. Immer wenn das Auge einen bestimmten Punkt erreicht hat, muss ein neues dynamisches Spannungsfeld den Blick weiterleiten. Die unterschiedlichen visuellen Gewichte der Flächenelemente erzeugen ein Spannungsmuster, gleichwertige Elemente führen zu einem Patt, das Auge irrt über das Format.

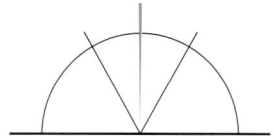

Horizontales Gesichtsfeld 180°

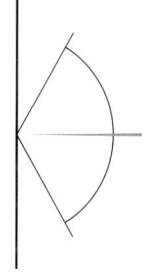

Vertikales Gesichtsfeld 120°

Lernziel: Optische Spannung erleben und erkennen.
Aufgabe: Gestalten Sie Flächen mit geometrischen Grundelementen, um eine optische Spannung zu erzeugen. (I, P)

1.5.1.3. Visuelles Gewicht

Drei Reizanordnungen bewirken ein intensives Spannungsmuster:
- Prägnant abgestufte Spannungshierarchie
- Unterschiedliche Spannungsdichte
- Entgegengesetzt orientierte Spannung

Dabei muss sich grundsätzlich das gesamte Spannungsfeld im Gleichgewicht befinden.

Abb. 1.5/4
**Gewichtung und Wertig-
keit in der Bildgestaltung**

Worauf fällt der Blick zuerst? Welches Bild ist „besser"? Warum?

Worauf fällt der Blick zuerst? Wer dominiert in den beiden kleinen Bildern? Warum?

Variablen des visuellen Gewichts

- *Größe*
  Die Abbildungsgröße ist maßgebend, nicht die reale Größe.
- *Allgemeine Formatlage*
  Die Spannung steigt mit dem Abstand zum Formatmittelpunkt.
- *Vertikale Formatlage*
  Oben hat mehr Gewicht als unten.
- *Horizontale Formatlage*
  Der Blick fällt zuerst nach links, allerdings erschient links leichter als rechts.
- *Helligkeit und Farbe*
  Helle Flächenelemente haben mehr Gewicht als dunkle Elemente, warme Farben wie rot, orange oder gelb wiegen schwerer als kalte Farben wie blau oder türkis. Intensive leuchtende Farben sind gewichtiger als zarte oder blasse Farben.
- *Form*
  Runde geschlossene Formen wirken schwerer als eckige Formen und senkrechte Ausrichtungen haben ein höheres Gewicht als waagerechte Ausrichtungen.

1.5.1.4 Wertigkeit

Das spezifische Interesse des Betrachters entspricht immer / meist / manchmal / meistens nicht den Intentionen des Gestalters. Die Gewichtung bei der Mediennutzung wird wesentlich durch die Wertigkeit der einzelnen Informationen und Elemente für den Nutzer bestimmt.

Lernziel: Gewichtung und Wertigkeit erkennen.
Aufgabe: Beantworten Sie die Fragen zu den nebenstehenden Abbildungen. (I, P)

Abb. 1.5/5
**Zehn Gebote für gehirn-
gerechtes Lehren und
Lernen**

nach:
Hans Schachl: Was haben
wir im Kopf. Linz 1996, S .8.

1. Überblick vor Einzelinformationen!
2. Transparenz der Lehr- und Lernziele!
3. Interesse wecken!
4. Wiederholen!
5. Mehrere Sinne ansprechen!
6. Auf die Gefühle achten!
7. Rückmelden!
8. Pausen einlegen!
9. In der richtigen Reihenfolge lehren und lernen!
10. Vernetzen!

Abb. 1.5/6
Behalten und Gefühl

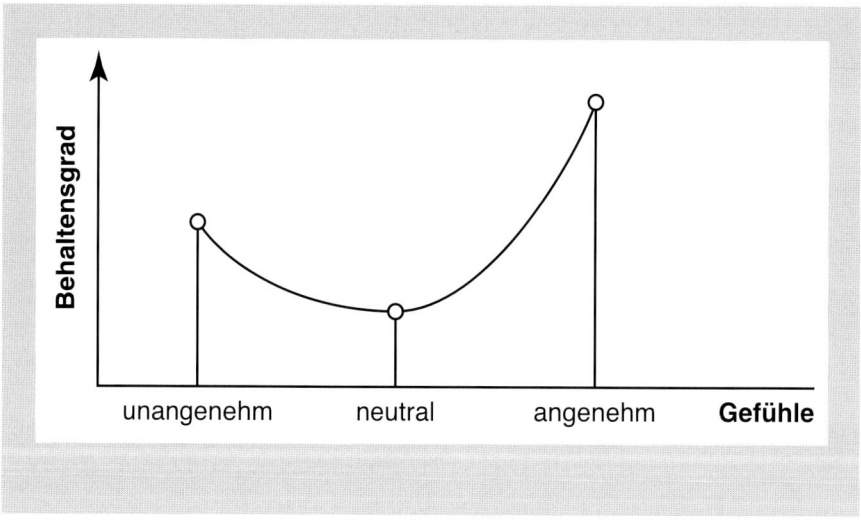

1.5.2 Medien – Sinne – Gedächtnis

Jede Art von Gestaltung wird gesehen, der Inhalt soll aber nicht nur wahrgenommen, sondern vom Rezipient auch behalten werden. Was nützt ein Plakat, das angeschaut wird, sein Inhalt aber weder verstanden noch behalten wird?

H. Aebli drückt es folgendermaßen aus: „Visuelle Gegebenheiten werden zwar bildhaft aufgenommen, aber diese Bilder bleiben nur wenige Sekunden erhalten und verblassen sofort wieder: Nichts von einer Einprägung in der tabula rasa des menschlichen Geistes! Damit das in den Sinnen Gegebene verarbeitet (›bewußt wahrgenommen‹) und sodann gedächtnismäßig gespeichert wird, muss es entweder sofort sprachlich verschlüsselt, also im einfachsten Falle benannt werden. Oder aber seine Elemente müssen einzeln ›bemerkt‹ und gemäß einem – häufig hypothetischen – Plan zu einem strukturierten Bild verknüpft werden. Eigentlich wahrgenommen und gespeichert wird also nur diese Konstruktion, nie das passive Abbild der Reizgegebenheit. Die Analyse wird vom Ziel der Konstruktion, also der figuralen Synthese oder einer umfassenden Deutung her, geleitet. Wahrnehmung ist ›Analyse durch Synthese‹."

Gedächtnisformen

- *Ultrakurzzeitgedächtnis*, alles was von unseren Sinnen aufgenommen wird, kreist durch unser Gehirn. Erfolgt keine Verknüpfung mit Vorhandenem, so klingt das Aufgenommene wieder in einem Zeitraum von 10 bis 20 Sekunden ab.
- *Kurzzeitgedächtnis*, die Informationen werden bewusst aufgenommen und zwischen 20 Sekunden und 20 Minuten gespeichert.
- *Langzeitgedächtnis*, die Informationen werden aus dem Kurzzeitgedächtnis übernommen und in der Großhirnrinde eingeprägt. Wiederholungen verstärken den Prozess.

Rezipieren:
fremdes Gedankengut, Kulturgut aufnehmen oder übernehmen

Hans Aebli
Zur Einführung in:
Neisser, U.: Kognitive Psychologie.
Stuttgart 1974, S.12.

Wahrnehmung **107**

1.6 Bewegtbild

Abb. 1.6/1
Einstellungsgrößen

- Totale
- Halbtotale
- Amerikanische Einstellung
- Halbnah
- Nah
- Groß
- Detail (o. Abb.)

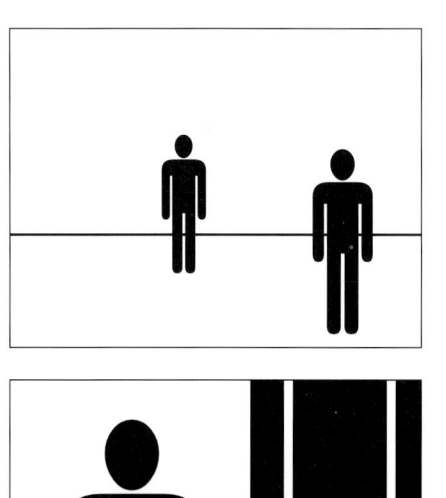

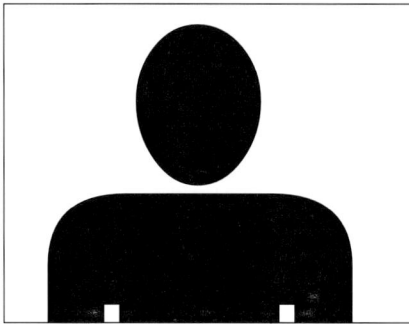

1.6.1 Einstellung

Die Einstellung ist die kleinste Einheit eines Films. Sie ist eine nicht unterbrochene Aufnahme. Der Name Einstellung stammt aus der Stummfilmzeit, als die Kameraeinstellung während einer Szene nicht verändert wurde. Heute ist die Kamerabewegung auch in einem ununterbrochen gefilmten Vorgang üblich. Die Einstellungen wechseln in einer Szene.

Aktive Gestaltungsmittel einer Einstellung
Der Aussagewunsch bestimmt auch hier die Gestaltung.

Aussagewunsch

- Einstellungsgröße
- Bildkomposition
- Brennweite
- Standpunkt und Blickwinkel
- Kamerabewegung
- Lichtgestaltung
- Dauer der Einstellung

Nach der Aufnahme erfolgt die Gestaltung in der Montage. Wahlloses Bildersammeln und anschließendes Basteln am Schneidesystem führt allerdings meist nicht zum gewünschten Ergebnis. Die Intensionen der Montage müssen deshalb bei der Aufnahme berücksichtigt werden.

Filmschnitt = Montage

Einstellungsgrößen
- *Totale (long shot)*, Überblick, Orientierung
- *Halbtotale (medium long shot)*, Szenerie, eingeschränktes Blickfeld
- *Amerikanische Einstellung (american shot)*, z.B. vom Knie aufwärts
- *Halbnahaufnahme (medium close-up)*, z.B. obere Körperhälfte
- *Nahaufnahme (close-up)*, z.B. Drittel der Körpergröße
- *Großaufnahme (very close-up)*, z.B. Kopf bildfüllend
- *Detailaufnahme (extreme close-up)*, z.B. Teile des Gesichts

Einstellungslänge
Die Dauer ist von den Intentionen abhängig. Sollen alle Details einer Einstellung wahrgenommen werden, so muss die Einstellung etwa so lange stehen, wie ihre verbale Beschreibung dauert.

Abb. 1.6/2
Schwenk

Der langsame panoramie-
rende Schwenk erfasst we-
sentlich mehr Details als die
Totale.

Abb. 1.6/3
Zoomfahrt

1.6.2 Kamerabewegung

Schwenk

Jeder Schwenk hat grundsätzlich einen Anfang und ein Ende. Beim Schwenk entsteht immer etwas Neues. Beim Mitschwenken/-gehen bleibt das Wesentliche gleich.

- *Langsamer panoramierender Schwenk*, er wirkt als erweiterte Totale, hat orientierende und hinführende Wirkung.
- *Zügiger Schwenk*, er verbindet zwei Einstellungen räumlich miteinander, das stehende Anfangsbild und das stehende Schlussbild sind die eigentlichen Aussageträger.
- *Reißschwenk*, die Kamera wird so schnell bewegt, dass keine Einzelheiten zu erkennen sind, er schafft räumliche und zeitliche Verbindungen.
- *Geführter Schwenk*, die Kamera verfolgt die Bewegung einer Person oder eines Gegenstandes.

Geführte Kamera
Die Kamera folgt dem Handlungsträger.

Wissende Kamera
Die Kamera weiß, wo es weiter geht.

Zoom

Bei der Zoomfahrt verändert sich durch die kontinuierliche Brennweitenveränderung der Bildausschnitt, der Kamerastandpunkt bleibt erhalten.

Die Zufahrt bewirkt Zuwendung, die Rückfahrt führt vom Besonderen zum Allgemeinen.

Zoomfahrt

Fahrt

Bei der echten Kamerafahrt verändert sich die Perspektive, der Aufnahmestandpunkt und der Bildausschnitt.

Perspektive, Aufnahmestandpunkt, Bildausschnitt

Als *Faustregel* für den gestalterischen Einsatz der Kamerabewegungen gilt: Maximal jede sechste Einstellung sollte ein Schwenk oder eine Fahrt sein. Die Gestaltungsmittel müssen wie immer inhaltlich und dramaturgisch gerechtfertigt sein.

Abb. 1.6/4
Blickrichtung

Je stärker die Profildarstellung, desto mehr Luft muss in Blickrichtung gegeben werden.

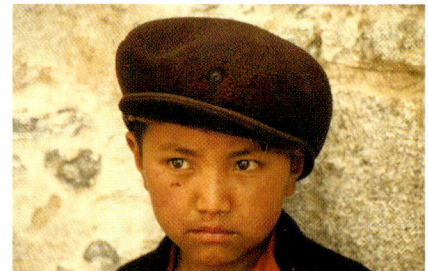

Abb. 1.6/5
Achsensprung

Ohne Zwischenbild scheint der Rennwagen in der zweiten Einstellung in die Gegenrichtung zu fahren

1.6.3 Richtungen

Blickrichtung

Bei der Darstellung von Menschen in Großaufnahme und Profil muss der Kameramann der Person in der Blickrichtung Luft geben. Obwohl der Akteur asymmetrisch im Bild ist, zieht die Spannung den Blick des Zuschauers mit dem Blick des Darstellers quer über das Bild.

In Blickrichtung Luft geben

Achsensprung

Bewegungen vor der Kamera sind immer gerichtet. Die Bewegung des Objekts muss für den Zuschauer immer logisch und nachvollziehbar sein. Ein ungeschickter Standortwechsel kann dazu führen, dass sich das Motiv scheinbar entgegengesetzt bewegt.

Die Wahrnehmung und Interpretation einer Bewegung vor der Kamera orientiert sich an der Bildachse. Sie ist eine gedachte Linie an der sich die Handlung oder auch nur die Blickrichtung entlang bewegt. Das unvorbereitete Überschreiten der Bildachse heißt Achsensprung. Durch die Montage eines neutralen Zwischenbildes wird der Achsensprung für den Zuschauer nachvollziehbar und somit akzeptabel.

Bildachse

Zwischenbild

Schuss/Gegenschuss

Standort und Blickrichtung werden gewechselt. Durch Schuss und Gegenschuss kann z.B. zwischen der objektiven Sichtweise / Einstellung des Betrachters und der subjektiven Sichtweise / Einstellung des Akteurs gewechselt werden. Obwohl die Einstellungen gegebenenfalls nacheinander gedreht werden, erscheinen sie dem Zuschauer durch die Schnittfolge räumlich und zeitlich zusammengehörig.

Objektive Sichtweise
Subjektive Sichtweise

1.6.4 Filmschnitt

Filmschnitt = Montage
monter (franz.) montieren

Der Filmschnitt ist der letzte Bereich der Filmherstellung. Er ist visuell gewordene Assoziation, er strukturiert den Film.

Eine Einstellung (shot) ist die Grundeinheit der Filmmontage. Sie kann mehrere Minuten oder auch nur 1/24 bzw. 1/25 Sekunde, d.h. ein Einzelbild lang, dauern. Die einzelnen Einstellungen werden in einer bestimmten Reihenfolge montiert. Dadurch entsteht im Bewusstsein des Zuschauers die gewünschte filmische Realität. Die Filmzeit scheint der längeren Realzeit zu entsprechen.

1.6.4.1 Vertikale Montage

Einstellung auf Einstellung ergeben eine Geschichte.

Inhaltliche Montageformen
- *Erzählende Montage*, einzelne Stadien eines längeren Prozesses werden exemplarisch gezeigt.
- *Analysierende Montage*, Darstellung von Ursache und Wirkung
- *Intellektuelle Montage*, Ideen und Begriffe werden visuell übersetzt.
- *Kontrast-Montage*, z.B. Hunger – Essen
- *Analogie-Montage*, z.B. Schafherde und Fabrikeinheiten in „Moderne Zeiten"
- *Parallel-Montage*, zwei Handlungsstränge laufen parallel nebeneinander her und werden ständig wechselnd geschnitten, z.B. Verfolgungsjagd, die Stränge werden am Ende zusammengeführt, beide Stränge wissen meist von Anfang an voneinander.
- *Parallelisierende Montage*, beide Handlungsstränge sind wie bei der Parallel-Montage zeitgleich, sie wissen aber nichts voneinander und müssen sich nicht treffen.
- *Methaphorische Montage*, im Bereich der Handlung angesiedelte oder fremde Metapher

Wahrnehmungsästhetische Montageformen

- *Abwechslung*, Reizerneuerung
- *Kontrast*, gezielte systematische Abwechslung
- *Rhythmus*, periodische Wiederkehr bestimmter Abwechslungsformen

1.6.4.2 Horizontale Montage

Bei der horiontalen Montage ist Filmzeit gleich Realzeit. Ohne Schnitt wird mit verschiedenen Einstellungsgrößen durchgehend gedreht. Die Kamera ist wissend, sie führt den Zuschauer durch die Plansequenz.

Horizontale Montage, Plansequenz

1.6.4.3 Formale Montagearten

- *Harte Montage/harte Schnitte*, krass aufeinanderfolgend, Brüche, wechselnde Bewegungsrichtung
- *Weiche Montage/weiche Schnitte*, harmonisch, kaum wahrnehmbare Übergänge
- *Rhythmische Montage*, Schnittrhythmus wird durch die Filmmusik bestimmt – die Filmmusik orientiert sich am Bilderrhythmus.
- *Springende Montage*, nicht harmonisch, zerfällt in einzelne Einstellungen, Aufzählung, harte Brüche
- *Schockmontage*, zwei aufeinander folgende Einstellungen haben scheinbar keine Verbindung, bewusste Desorientierung des Zuschauers

> Lernziel: Bewusst sehen, bewusst gestalten.
> Aufgabe: Schauen, Drehen und Interpretieren Sie Filme / Videos.
> (I, P)

Drucktechnik

2.1 Druckverfahren

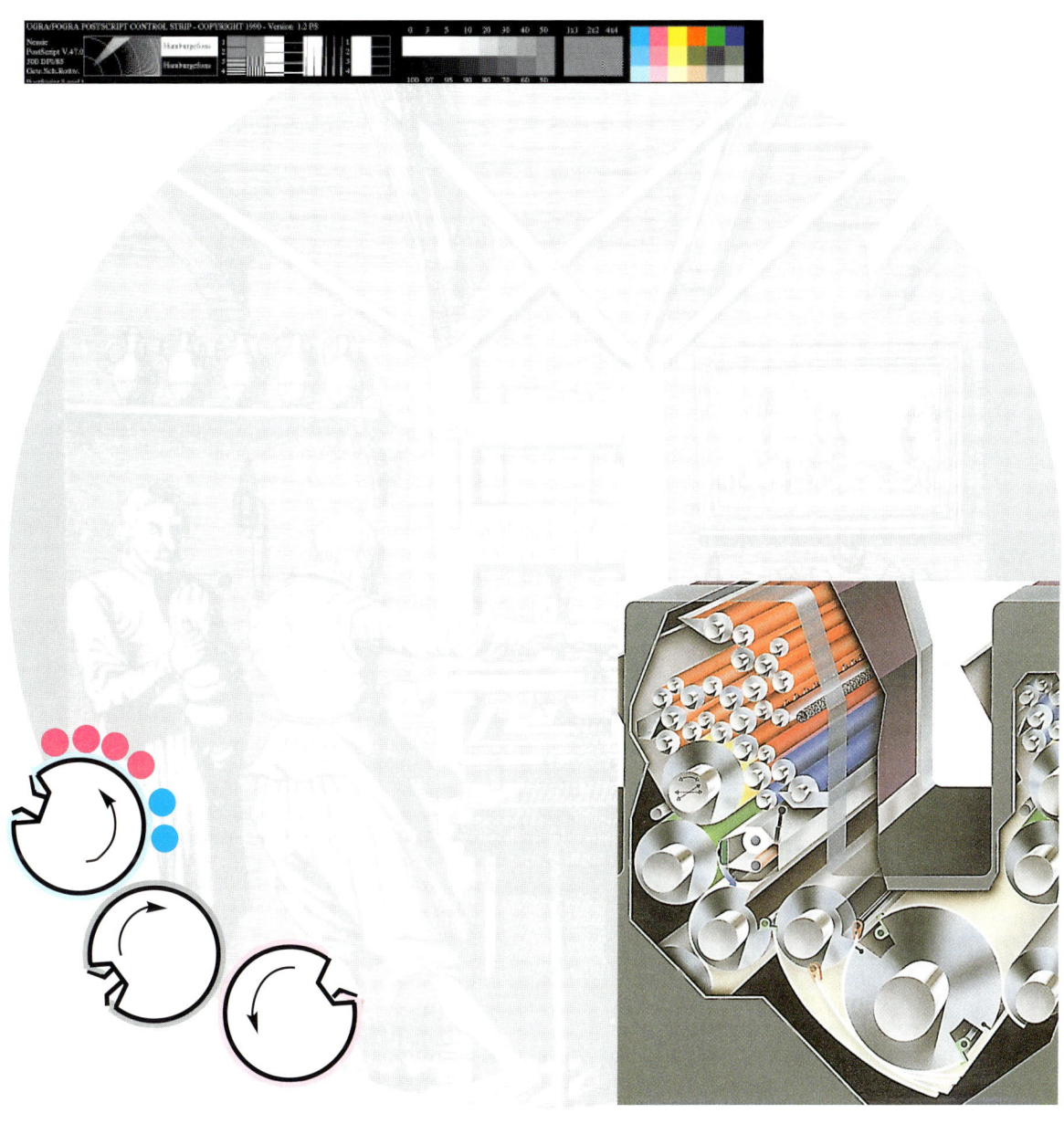

Abb. 2.1/1
Übertragungsweg

der zu druckenden Daten

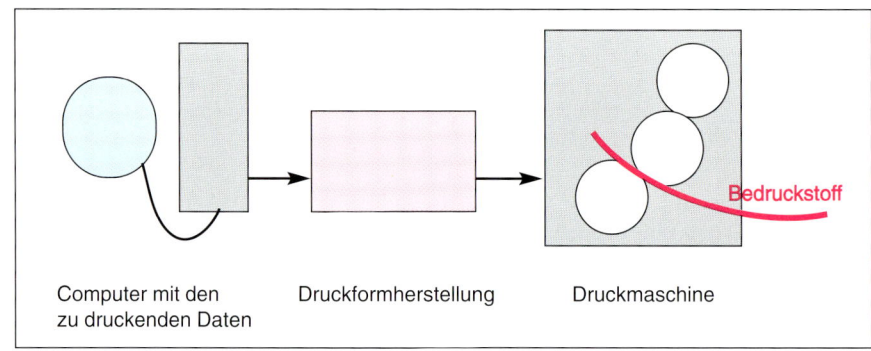

Computer mit den
zu druckenden Daten

Druckformherstellung

Druckmaschine

Abb. 2.1/2
Arbeitsabläufe

vom Datenbestand bis zur
Druckform in konventionel-
ler Art

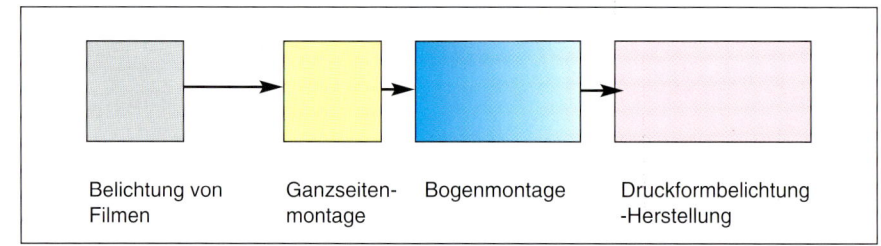

Belichtung von
Filmen

Ganzseiten-
montage

Bogenmontage

Druckformbelichtung
-Herstellung

Abb. 2.1/3
Arbeitsabläufe

bei der Druckformherstel-
lung direkt aus dem Datenbestand.

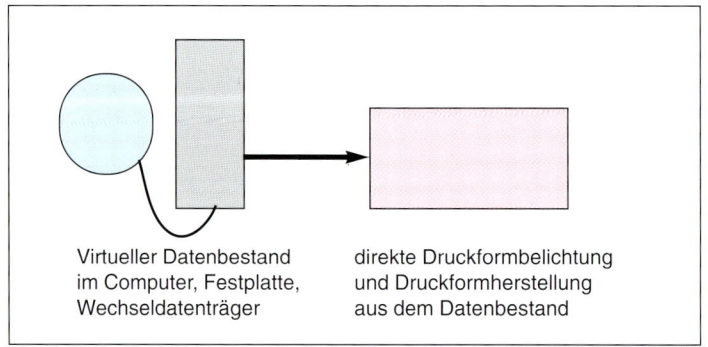

Virtueller Datenbestand
im Computer, Festplatte,
Wechseldatenträger

direkte Druckformbelichtung
und Druckformherstellung
aus dem Datenbestand

2.1.1 Übertragungswege

Abbildung 2.1/1 stellt den prinzipiellen Übertragungsweg der Daten dar, welche in größerer Stückzahl zu vervielfältigen sind. Erfolgt die Vervielfältigung mittels Druckmaschine ist immer eine Druckform als Informationsträger erforderlich. Die Druckformen können auf verschiedene Wege hergestellt werden.

Die meisten Druckereien stellen die Druckform auf „konventionelle" Weise her. Ausgehend vom Datenbestand eines Datenträgers im Computer werden die Ganzseitenfilme belichtet. Dies kann je nach Druckmaschine und Druckprinzip ein Negativ- oder Positivfilm sein. Die Filmbelichter haben eine Mindestauflösung von 1270 dpi. Je nach Motivart und Qualitätsanspruch können die Belichter mit höheren Auflösungen arbeiten. Die Laserbelichtung auf das mit einer steilen Gradation versehene Filmmaterial ist hochgenau und präzise. Das Trägermaterial der Filme ist sehr formstabil, da die Filme beim Entwickeln und der weiteren Verarbeitung mechanischen, chemischen und physikalischen Belastungen ausgesetzt werden. Die Ganzseitenfilme werden in der Bogenmontage auf die Größe des Druckbogens zusammengefasst, montiert. Der Träger für die Ganzseitenfilme, die Montagefolie, ist ein durchsichtiges formstabiles Kunststoffmaterial. Die Montage erfolgt für die vier Farben CMYK auf 2/100 mm passgenau.

Ganzseitenfilm
stellt die gesamte Seite mit allen Informationen dar.

Filmbelichter
arbeiten mit Laserdioden oder Gaslasern zur Filmbelichtung. Der Film weist ein hohes Gamma auf.

Bogenmontage
Zusammenfassung der Ganzseitenfilme zu einem Bogen

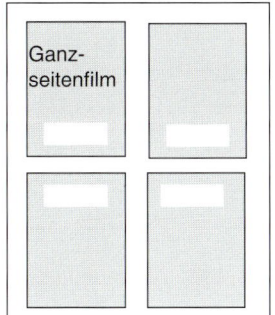

Abb. 2.1/4
Ausschießmuster

für ein 8-seitiges Produkt in
Kreuzfaltung

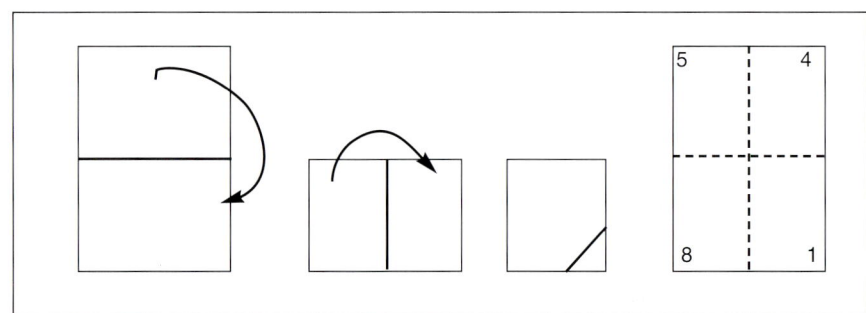

Abb. 2.1/5
Falz- und Ausschießmuster

16-Seiten

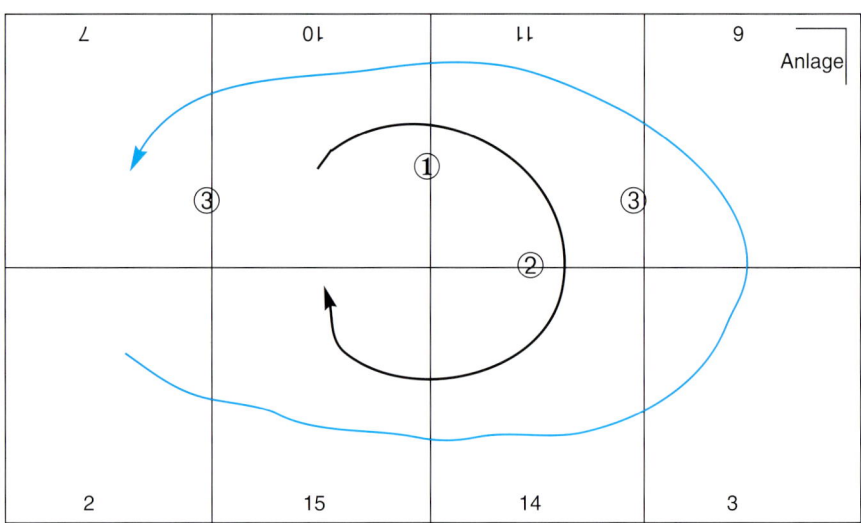

③   ist der Bund   2 + 15 = 17; 14 + 3 = 17; 6 + 11 = 17; 10 + 7 = 17
        5 und 6 liegen an der Anlage   Drehrichtung: 2–3–6–7 und 10–11–14–15

2.1.1.1 Ausschießen

Damit die Seiten in der richtigen Reihenfolge im gedruckten Werk erscheinen, muss vor der Montage ausgeschossen werden. Das Ausschießschema legt die Lage der Seiten mit der richtigen Paginierung auf den Druckbogen fest.

Paginierung
heißt nummerieren der Seiten eines zusammenhängenden Werkes

Lernziel: Prinzip des Ausschießens kennenlernen.

Aufgaben:
- Falten Sie ein DIN-A4-Blatt zweimal in Kreuzbruchfaltung. (I, P)
- Legen Sie das gefaltete Papier so, dass rechts unten alles offen ist. (I, P)
- Schreiben Sie auf die erste Seite in das rechte Eck die 1, auf die Rückseite die 2, auf die nächste die 3 und so weiter. (I, P)
- Falten Sie das Blatt auseinander. Sie sehen die Lage der einzelnen Seiten eines 8-seitigen Produktes. (I, P)

Das Ergebnis einer Seite ist in Abbildung 2.1/4 zu sehen. Bei Büchern, Broschuren und anderen mehrseitigen Werken ist der jeweilige Bogen beim Ausschießen zu berücksichtigen. Zum Beispiel der 3. Bogen eines solchen Kreuzbruchfalzes beginnt mit der Paginierung 17, wenn die Bogen zusammengetragen werden. Um keine Probleme zu erhalten, erstellt man das gesamte Werk als Blindmuster, nur mit der Paginierung, so dass alle Bogen und deren Ganzseiten richtig montiert werden.

Zusammentragen
heißt, die einzelnen gefalzten Bogen des Werkes werden zum Binden aufeinander gelegt.

Faltet man die Druckbogenseite in einer anderen Reihenfolge, ergibt dies eine andere Seitenlage auf dem Druckbogen. Das heißt, vor dem Ausschießen muss die Falzart bekannt sein. Dies wiederum hängt von der eingesetzten Falzmaschine ab.

Zum richtigen Ausschießen und/oder zur Kontrolle, ob richtig ausgeschossen wurde, gibt es Ausschießregeln:
- Die Falzfolge der Falzmaschine legt das Ausschießschema fest.
- Der letzte Falz ist immer der Bundfalz.

Bundfalz
ist der Falz im Bund des Werkes.

Abb. 2.1/6
Umstülpen

Vordermarken wechseln,
Seitenmarken bleiben

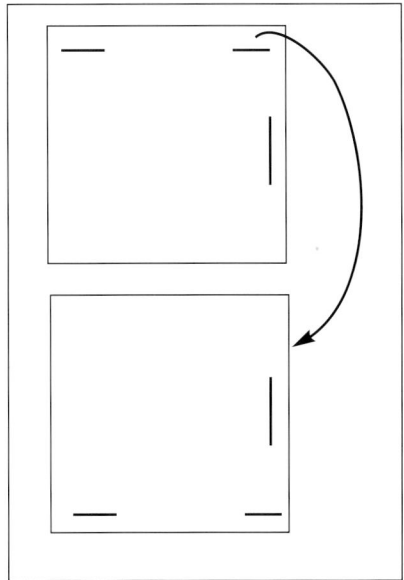

Abb. 2.1/7
Umschlagen

Vordermarken bleiben, Seitenmarken wechseln

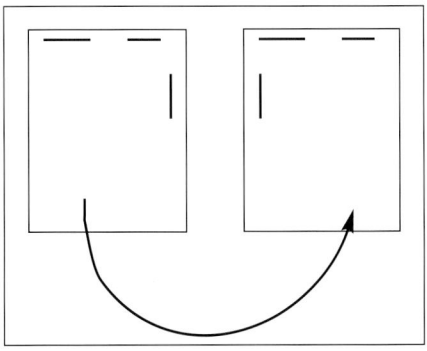

Abb. 2.1/8
Falzschema

2 Formen, gewöhnlich, umstülpen, für Schön- und Widerdruck

8	˙6	ᄅㄴ	S
1	16	13	4

ᄅ	Sㄴ	ㄣㄴ	Ɛ
7	10	11	6.

Beachtung:
Für die Montage der Seiten ist der Druckbogen im Offsetdruck seitenverkehrt auszuschießen.

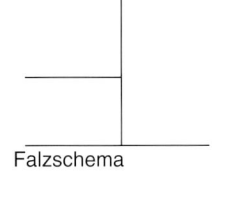

Falzschema

- Die erste und letzte Seite eines Druckbogens stehen immer im Bund nebeneinander (Abbildung 2.1/5).
- Seiten, welche im Bund nebeneinander stehen, ergeben in der Addition ihrer Seitenzahl die gleiche Summe, wie die Summe der ersten und letzten Seite des Druckbogens
- Bei 8 Seiten Hochformat ist die Falzanlage bei den Seiten 3 und 4, bei 16 Seiten Hochformat an den Seiten 5 und 6 ebenso bei 32 Seiten Querformat.
- Immer vier Seiten bilden eine Drehrichtung, danach wechselt diese.
- Vier Seiten, welche im Bund nebeneinander liegen, stehen Kopf an Kopf.

Die Abbildung 2.1/5 zeigt nur eine Seite, zum Beispiel die Widerdruckseite. Die Schöndruckseite weist dementsprechend die fehlende Paginierung auf. Der Druckbogen kann auf verschiedene Arten gewendet werden:

- *Umschlagen*, die Vordermarken bleiben an der gleichen Bogenkante, die Seitenmarken wechseln zur gegenüberliegenden Seite der Druckmaschine.
- *Umstülpen*, die Vordermarken wechseln von der langen Bogenkante zur anderen langen Bogenkante, die Seitenmarken bleiben an der gleichen Bogenkante. Mehrfarbenbogen-Druckmaschinen und Schön- und Widerdruckbogenmaschinen arbeiten nur mit dieser Wendeart.

In Abbildung 2.1/8 ist ein Beispiel mit 16 Seiten in zwei Formen zum Umstülpen aufgezeigt. Dieser Bogen könnte mit einer Schön- und Widerdruckmaschine gedruckt werden.

Lernziel: Vertiefung der Ausschießregeln und Kontrolle.
Aufgaben:
- Überprüfen Sie die Richtigkeit des in Abbildung 2.1/8 gezeigten Ausschießschemas. (I, P)
- Falzen Sie dieses Schema und paginieren Sie die Seiten. (I, P)
- Überprüfen Sie die Ergebnisse. (I, P)

Schöndruckseite
die glatte Seite des Papiers (zumeist die Farbseite).
Widerdruckseite
die rauhe Seite des Papiers (zumeist nur schwarzweiß bedruckt).

Umschlagen
Seitenmarken wechseln

Umstülpen
Vordermarken wechseln

Ausschießen mit Hilfe von Software, z.B. INposition, eine Xtension für Quark-XPress. Aus QuarkXpress werden alle Vorgaben für das Ausschießmuster eingegeben. Nach Fertigstellen des Ausschießmusters werden per Drag-and-Drop die Seiten auf dem Ausschießbogen platziert.

Abb. 2.1/9
Hilfszeichen

für Druck- und Druckweiterverarbeitung

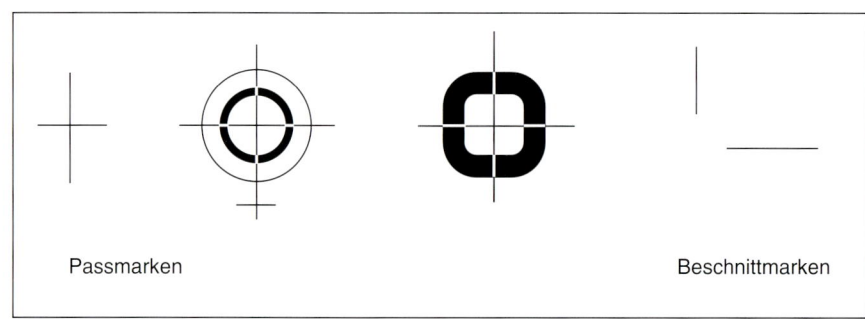

Passmarken   Beschnittmarken

Abb. 2.1/10
Messkeil

für Druckformherstellung
und Druck

Schiebe-
Dublier-
feld

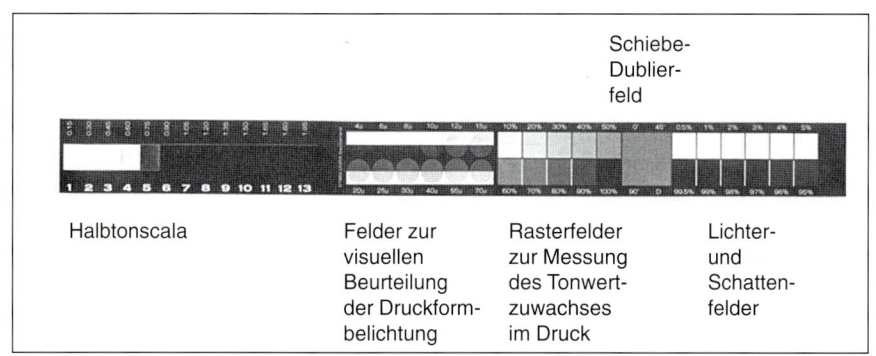

Halbtonscala   Felder zur   Rasterfelder   Lichter-
                      visuellen   zur Messung   und
                      Beurteilung   des Tonwert-   Schatten-
                      der Druckform-   zuwachses   felder
                      belichtung   im Druck

Abb. 2.1/11
FOGRA Farbmesskeil

Ausschnitt aus einem elektronischen
Farbmesskeil der Fogra

Abb. 2.1/12
FOGRA Messkeil

in elektronischer Form zur
direkten Belichtung der
Druckform

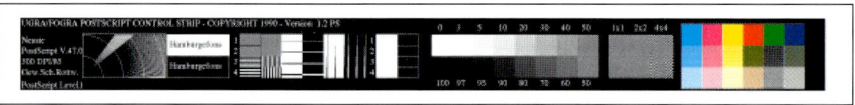

FOGRA: (Deutsche Forschungsgesellschaft für Druck- und Reproduktionstechnik
e.V., München)

2.1.1.2 Messfelder und Hilfszeichen

Auf den Bogen der Bogenmontage werden eine große Zahl von Zeichen, Marken und Messkeilen montiert. Die Zeichen dienen für das passgenaue Montieren der vier Farbfilme, zum Einrichten der Druckmaschine, zur Messkontrolle der Druckform, zur Messkontrolle des Druckergebnisses, zum Einrichten der Falz- und Schneidmaschinen und zur Kontrolle der richtigen Bogenlage beim Binden des Werkes. Abbildung 2.1/9 zeigt einige Hilfszeichen.

2.1.1.3 Computer-to-Plate

Die direkte Bebilderung der Druckform, auch Computer-to-Plate genannt, bedeutet, dass die Daten direkt aus dem Datenbestand des Computers über spezielle Belichtungseinrichtungen auf die Druckform übertragen werden. In dieser Fertigungsstraße erfolgen alle Arbeitsgänge bis zur einsatzfähigen Druckform. Die oben aufgeführten Zeichen müssen aus dem Datenbestand entnommen und direkt auf die Druckform übertragen werden. Die Layoutsoftware bietet solche Zeichen an, die Messkeile können ebenfalls als elektronisch gespeicherte Daten gekauft und mitbelichtet werden. Diese Vorgaben verlangen präzises und fachgerechtes Arbeiten in der Vorstufe und in der Mediengestaltung!

Computer-to-Plate
heißt die direkte Bebilderung, Belichtung der Druckform.

Belichten der Druckform   Auswaschen, Entschichten der nicht druckenden Teile   Konservieren der Druckform   zum Druck

Arbeitsabläufe
bei der Herstellung der Druckform mit Computer-to-Plate, gültig auch bei manueller Herstellung.

Abb. 2.1/13
Offsetdruckform-Prinzip

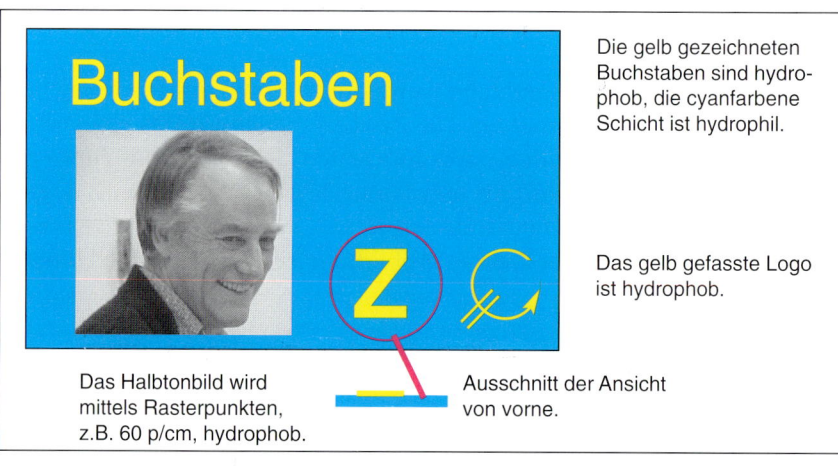

Die gelb gezeichneten Buchstaben sind hydrophob, die cyanfarbene Schicht ist hydrophil.

Das gelb gefasste Logo ist hydrophob.

Das Halbtonbild wird mittels Rasterpunkten, z.B. 60 p/cm, hydrophob.

Ausschnitt der Ansicht von vorne.

Abb. 2.1/14
Graukeil in Rasterpunkte zerlegt.

Alle Rasterpunkte haben den gleichen Mittelpunkt-abstand, aber in der Fläche werden sie von Stufe zu Stufe größer.

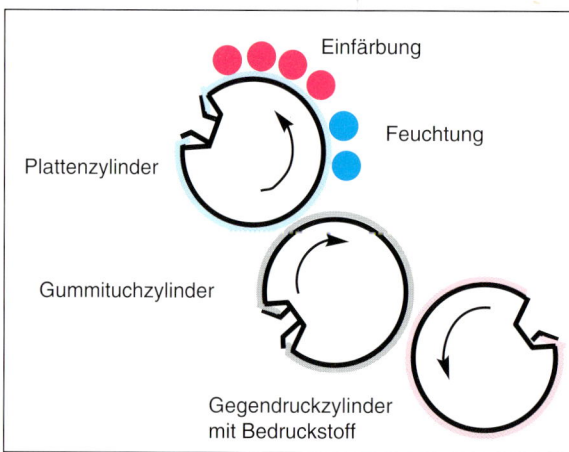

Einfärbung

Feuchtung

Plattenzylinder

Gummituchzylinder

Gegendruckzylinder mit Bedruckstoff

- Platte feuchten
- Platte einfärben
- Farbe auf Gummituch übertragen
- Farbe vom Gummituch auf den Bedruckstoff übertragen.

Dieses Verfahren ist nötig, damit
- kein Feuchtmittel auf den Bedruckstoff gelangt.
- Farbübernahme Platte – Gummi ist sehr gut.
- Farbabgabe Gummi – Papier ist sehr gut.

Abb. 2.1/15
Flachdruck

Prinzip Offsetdruck

2.1.2 Druckprinzipe

Ausgehend von der Druckform, welche als Informationsträger dient, gibt es fünf Möglichkeiten, Informationen zu tragen und weiterzugeben. Diese fünf Möglichkeiten führen zu unterschiedlichen Druckprinzipen.

2.1.2.1 Flachdruck

Die Druckform erscheint flach. Sie weist farbfreundliche, hydrophobe und feuchtfreundliche, hydrophile Stellen auf. Dieses Druckprinzip heißt auch Offsetdruck. Ein weiteres Flachdruckprinzip ist der Steindruck, der für künstlerische Arbeiten noch benützt wird.

Die Druckform im Offsetdruck besteht aus Aluminium, der hydrophilen Schicht, und einer hydrophoben Kunststoffschicht. An den nichtdruckenden Stellen wird der Kunststoff beseitigt. Beim Drucken wird die Form zuerst befeuchtet, die hydrophilen Stellen speichern Feuchtmittel, danach wird die Platte eingefärbt, die hydrophoben Stellen übernehmen die Farbe. Die Farbe wird dann als Information weitergegeben. Abbildung 2.1/13 zeigt beispielhaft Buchstaben, Grafik und Halbtonbild. Die Buchstaben bestehen aus Linien (Kurven), ebenso die Grafik (Logo). Der Charakter eines Halbtonbildes wird durch Zerlegung des Bildes in mehr oder weniger große flächenvariable Rasterpunkte erzeugt. Für Mehrfarbendrucke wird für die Farben Cyan, Magenta, Gelb und Schwarz je eine Druckform erstellt. In der Druckmaschine müssen die Informationspunkte mit einem Passer von etwa < 3/100 mm zusammengedruckt werden. Weiße Stellen im Bild müssen mit einer 2% bis 5%igen Rasterdeckung versehen sein, schwarze Stellen liegen zwischen 95% und 98% Rasterdeckung. 100% Rasterdeckung ist nicht möglich, das Bild hätte keinerlei Konturen und Abstufungen mehr. Die Rasterpunkte haben immer den gleichen Abstand. Bei einem 70er Raster beträgt die Rasterweite 70 Punkte pro cm. Werden die Rasterweiten in Inch angegeben, entspricht ein 70er Raster = 70 mal 2,54 = 178 Lpi. Die Rasterweite ist nicht beliebig wählbar. Sie richtet sich nach der Papieroberfläche, der Qualität der Bildwiedergabe und den Kosten. Bei rauhem Naturpapier arbeitet man mit einem 34er Raster, für glanzgestrichenes Papier kann bis zu einem 120er Raster eingesetzt werden.

Hydrophob = feuchtfeind-lich oder farbfreundlich
Hydrophil = feucht-freundlich oder farbfeind-lich

Offsetdruck mit dem größ-ten Anteil an Druckproduk-ten

Halbtonbild entspricht einer Fotografie im Druck.

Rasterweite = Rasterpunkte pro cm

Abb. 2.1/16
Hochdruck

Druckform und Druckprinzip

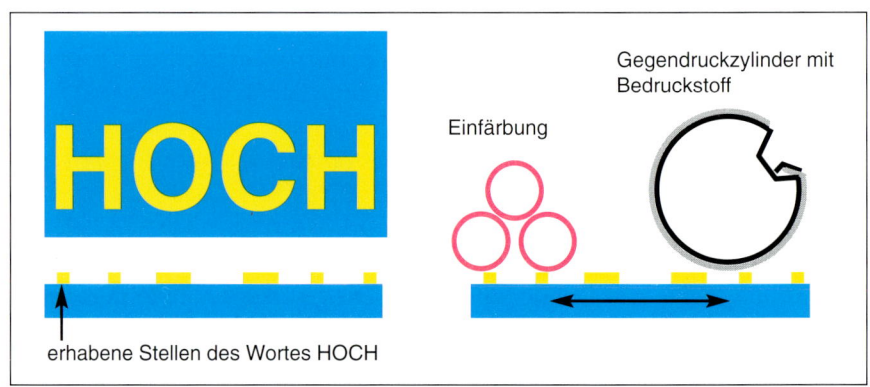

Abb. 2.1/17
**Elektromechanisch
gravierte Druckform**

Erkennbare Tiefen- und Flächenvariabilität der Näpfchen

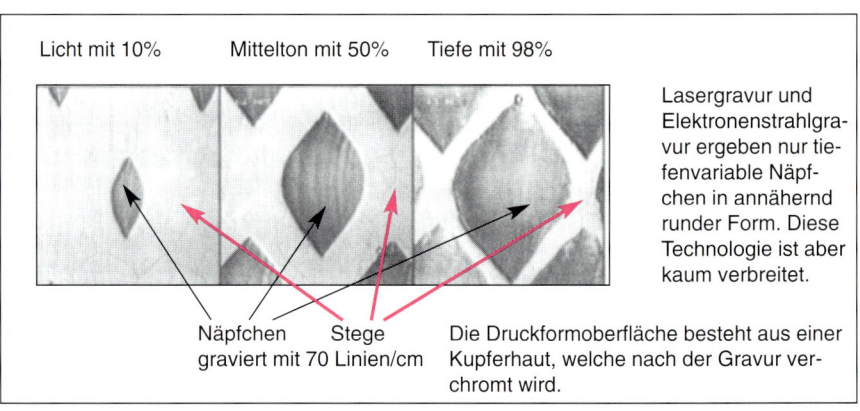

Abb. 2.1/18
Rakeltiefdruck

Druckformzylinder
Druckmaschinenprinzip

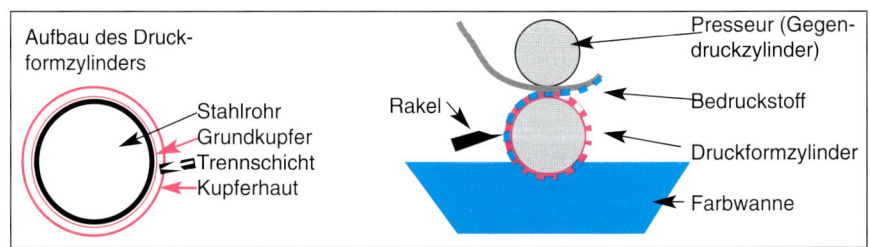

2.1.2.2 Hochdruck

Die erhabenen Stellen der Hochdruckform übertragen die Farbinformation auf den Bedruckstoff. Die Hochdruckformen können aus Bleilettern, aus zu Zeilen gegossenen Bleibuchstaben, aus geätzten oder gravierten Kunststoffplatten bestehen. Weitverbreitet ist heute der Flexodruck. Seine Druckform besteht aus flexiblen, gummiartigen erhabenen Stellen, welche die Farbe auf die unterschiedlichsten Bedruckstoffe übertragen. Der Bedruckstoff kann eine harte, glatte Oberfläche aufweisen wie zum Beispiel Bleche für Verkehrsschilder, Glas oder Kunststofffolien.

Die Buchstaben und Grafiken bestehen aus Linien (Kurven). Der Charakter eines Halbtonbildes wird durch Zerlegung des Bildes in mehr oder weniger große flächenvariable, erhabene Rasterpunkte erzeugt. Die Rasterweite kann nicht so hoch wie im Flachdruck gewählt werden, da die erhabenen Rasterpunkte nicht beliebig verkleinert werden können. Beim Mehrfarbendruck wird für die Farben Cyan, Magenta, Gelb und Schwarz je eine Druckform erstellt.

Hochdruck
oder zum Teil auch als Buchdruck bezeichnetes Druckprinzip arbeitet mit erhabenen Teilen, welche die Farbe übertragen.

2.1.2.3 Tiefdruck

Die Tiefdruckform enthält Näpfchen, welche mit Farbe gefüllt werden. Die Farbe aus den Näpfchen, den tiefen Stellen, wird auf den Bedruckstoff übertragen. In der Regel werden die Vertiefungen durch die elektromechanische Gravur erstellt. Ein Diamantstichel schlägt in gleichmäßigem Rhythmus auf den sich drehenden Kupferzylinder mehr oder weniger tiefe Näpfchen in die Kupferhaut. Die Näpfchen sind bedingt durch die Diamantstruktur flächen- und tiefenvariabel. Auf die Tiefdruckform wird ein gleichmäßiges Raster, zum Beispiel mit einer 60er Rasterweite graviert. Alle Informationen, auch Buchstaben, Grafiken, Striche, Linien und Kurven, bestehen aus Rasternäpfchen. Das Volumen der Näpfchen bestimmt die Menge des Farbauftrages. Damit nur die Farbe aus den Näpfchen auf den Bedruckstoff übertragen wird, rakelt ein feinst geschliffenes Messer die Stege der Tiefdruckform sauber ab.

Näpfchen =
vertiefte Stellen, welche die Farbe enthalten.

Näpfchen sind flächen- und tiefenvariabel.

Schrift, Linien, usw. ist alles gerastert.

Rakeltiefdruck
Die Stege der Form werden mittels Rakel gesäubert.

Abb. 2.1/19
Siebdruck

Druckform = Sieb und
Durchdruckprinzip

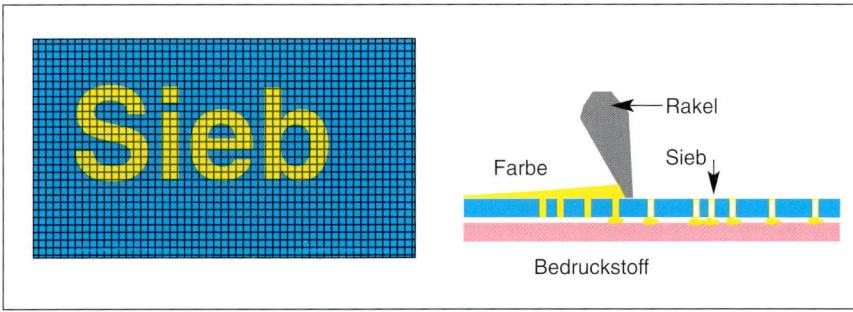

Abb. 2.1/20
Digitaldruck

Xeikon – Agfa-Prinzip

Elektrische Ladungen aufbringen

Mit Lichtenergie informationsfreie
Stellen entladen

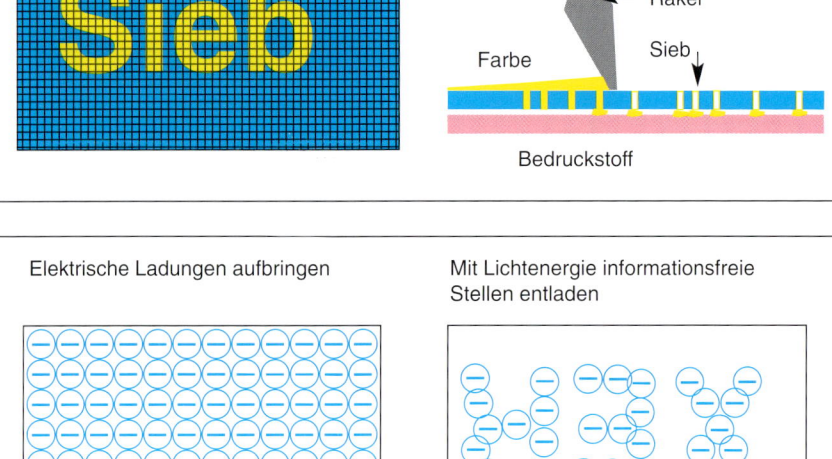

Halbleiterbeschichtete Trommeloberfläche

Toner aufbringen, Haftung an geladenen
Stellen

Tonerübernahme auf Papier, Einschmelzen
des Toners und Entladen des Papiers

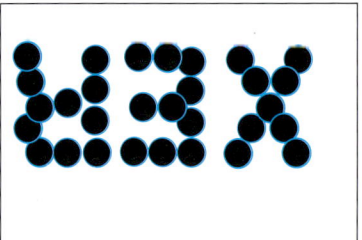

2.1.2.4 Siebdruck

Die Druckform besteht aus einem feinen Sieb. Dieses Sieb wird mit einer lichtempfindlichen Gelatineschicht versehen. Nach der Belichtung durch einen Film, welcher die zu druckenden Informationen enthält, wird die Gelatine an den druckenden Stellen ausgewaschen. Farbe kann mittels Rakel durch das feinmaschige Sieb an den offenen Stellen durchgedrückt werden. Das Verfahren wird auch als Durchdruck bezeichnet. Das feinmaschige Sieb kann aus Seide, Nylon, Polyester oder rostfreiem Stahl bestehen.

Dieses Verfahren bedruckt die vielfältigsten Materialien und Formen, wie zum Beispiel Flaschen, Dosen, Aschenbecher, Kugelschreiber, Armaturen, Schalttafeln, Uhrenzifferblätter, Displays aus Metall, Kunststoff, Holz, Karton, Papier, Glas und vieles andere mehr.

Siebdruck auch Durchdruck, die Farbe wird durch ein feinmaschiges Sieb gedrückt.

2.1.2.5 Digitaldruck

Direkt aus dem Datenbestand eines Computers gelangen die Informationen über ein RIP auf die Druckform in der Druckmaschine. Die Druckform wird für jeden Druckablauf neu erstellt, so dass personalisiertes Drucken eine Stärke des Digitaldrucks ist. Zwei grundsätzliche Verfahren haben sich derzeit etabliert, wobei die Copiersysteme hier nicht angesprochen werden.

Xeikon Digital Color Press und Agfa-Chromapress arbeiten nach dem xerografischen Prinzip. Die Xerografie wurde von der Firma Xerox entwickelt Eine mit lichtempfindlichem Halbleiter beschichtete Trommel wird ionisiert, d.h. mit negativen Ladungen versehen. Mittels Laserlicht werden die nichtdruckenden Stellen entionisiert (entladen). Positiv geladener Toner rieselt auf die Trommel und bleibt an den geladenen Stellen haften. Über die sich drehende, mit Toner behaftete Trommel, wird stark negativ geladenes Papier bewegt, so dass das Papier den Toner übernimmt. Einschmelzen des Toners auf das Papier und Entladen des Papiers sind die nachfolgenden Arbeitsgänge. Für jeden Druck wird die halbleiterbeschichtete Trommel neu belichtet, der gesamte Vorgang wiederholt sich.

RIP = Raster Image Prozessor
Bereitet die zu druckenden Daten in Rasterpunktinformationen auf.

Ionisieren =
Oberfläche mit Ladungsträgern versehen.

Toner =
farbige mikrofeine Pulverkügelchen mit Harz ummantelt.

Abb. 2.1/21
**Xeikon, Agfa-
Prinzip einer Farbdruck-
einheit**

Vier solcher Einheiten sind
übereinander angeordnet.

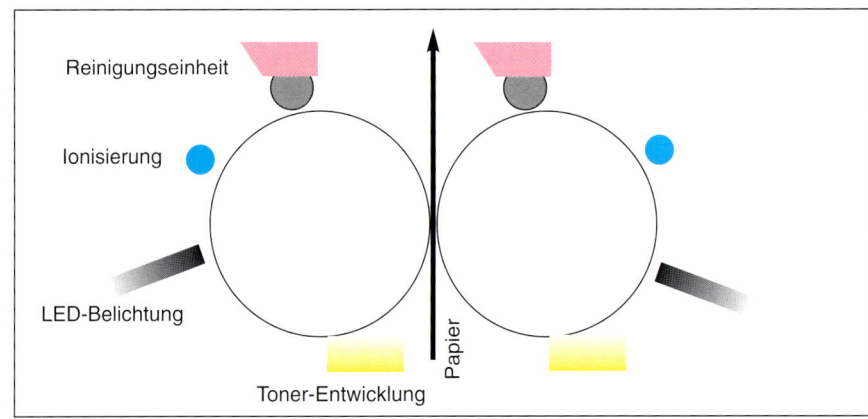

Abb. 2.1/22
Indigo E-Print

Maschinenprinzip, beim
Drucken mehrerer Farben
wird das Papier mehrmals
zwischen Drucktuch und
Gegendruck transportiert.

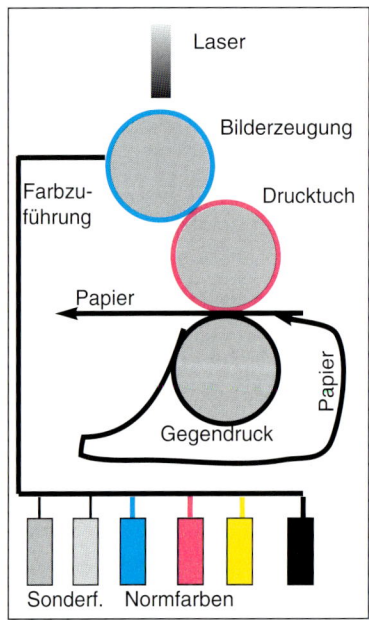

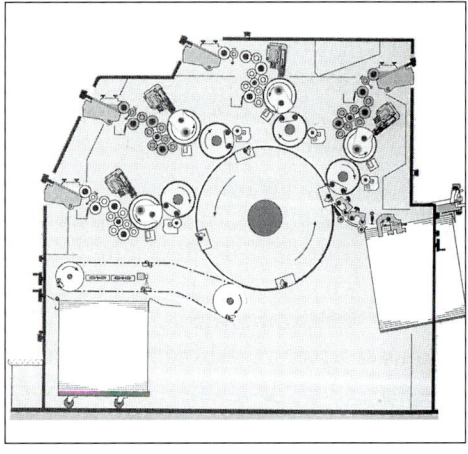

Abb. 2.1/23
Quickmaster-DI

Innenansicht der Heidelberger Computer-to-
Press-Maschine

Agfa-Chromapress und Xeikon arbeiten mit 8 Zylindern. Je zwei Zylinder sind gegeneinander angeordnet, zwischen diesen bewegt sich das Papier, so dass gleichzeitig Vorder- und Rückseite bedruckt wird. Die Tonerfarben entsprechen den Normfarben CMYK des Drucks. Gedruckt wird von Rollenpapier mit einer maximalen Breite von 320 mm.

Indigo E-Print ist eine Kombination von Elektrofotografie (Xerografie) und Offsetdruck. Die zu druckenden Daten werden auf eine mit Fotohalbleiter beschichtete Bildträgertrommel übertragen. Das Prinzip ist das gleiche wie bereits beschrieben: Durch die Belichtung fließt an den Nichtbildstellen die elektrische Ladung ab. Es entsteht ein latentes Druckbild, auf welches gegenpolig geladene flüssige Druckfarbe aufgebracht wird. Wie im Offsetdruck gelangt die Druckfarbe über ein Gummituch vollständig auf den Bedruckstoff. Beim Mehrfarbendruck wiederholt sich der Vorgang viermal, das Papier durchläuft ebenfalls viermal den Druckprozess zwischen Gummituch und Gegendruckzylinder. Der beschriebene Prozess wiederholt sich für jeden Druckbogen, somit ist ein personalisiertes Drucken möglich.

Quickmaster-DI, eine Quasi-Digitaldruckmaschine der Firma Heidelberger. Als Druckform dient eine mehrschichtige Folie, bestehend aus einem Polyesterträger, Zwischenschicht und Silikonschicht. Die Folie wird mit IR-Laserstrahlen belichtet. Hierbei dringt das Laserlicht durch die Silikonschicht, wird in Wärmeenergie umgewandelt und löst die Verbindung zwischen Trägerfolie und Silikonschicht. Es entstehen sehr kleine randscharfe Vertiefungen. Vier Folien, für die Farben CMYK werden automatisch auf eine Trommel gespannt. Beim Einfärben der Folien übernimmt die freigelegte Polyesterschicht Druckfarbe, die noch vorhandenen Polyesterstellen stoßen die Druckfarbe ab. Anschließend überträgt ein Gummituch die Farbe vom Folienzylinder auf das Papier. Auch in diesem Verfahren kommen die genormten CMYK-Farben zum Einsatz. Grundsätzlich wird nur eine Druckfolie für die gesamte zu druckende Auflage erstellt, das heißt ein personalisiertes Drucken ist nicht direkt möglich. Nach Beendigung der Druckauflage wird die Folie vom Folienzylinder entfernt, eine neue Folie belichtet und aufgespannt. Alle Arbeitsprozesse laufen automatisch ab.

Indigo E-Print
arbeitet mit flüssiger CMYK-Druckfarbe. Es entspricht dem indirekten Druckverfahren.

Personalisiertes Drucken heißt:
Jeder Bogen enthält persönliche Daten des Empfängers, innerhalb der allgemeinen Daten.

Quickmaster-DI
auch als Computer-to-Press zu bezeichnen, da eine Druckform direkt in der Maschine belichtet wird.

Abb. 2.1/24
**Ausschnitt aus Farbein-
stellungen:**

CMYK einrichten Adobe
Photoshop

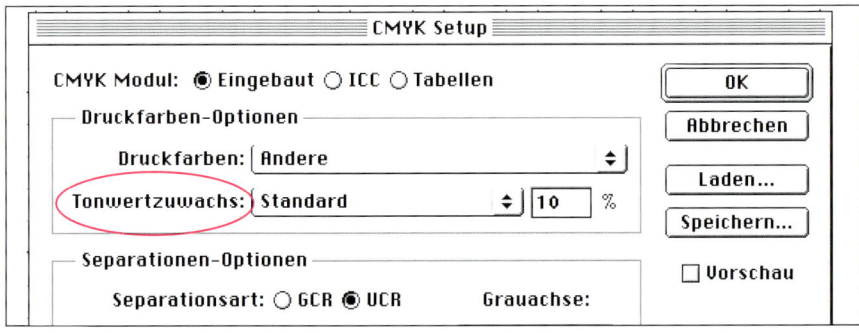

Abb. 2.1/25
Tonwertzuwachs

Im 40%-Feld und
im 80%-Feld sind zumeist
die Standardmessfelder.

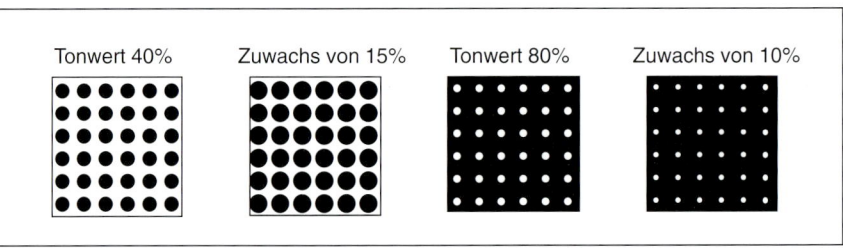

Abb. 2.1/26
Kennlinienfeld

mit Druckkennlinie und einer den Tonwertzuwachs
ausgleichenden Kalibra-
tionskennlinie.

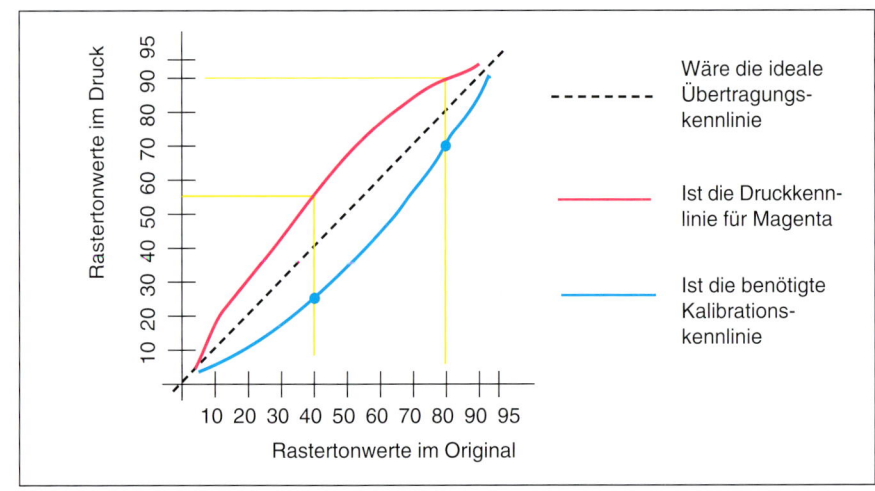

138   Druckverfahren

2.1.2.6 Tonwertzunahme

In der Bildbearbeitungssoftware Adobe Photoshop befinden sich unter Farb-einstellungen – CMYK einrichten die in Abbildung 2.1/24 gezeigten Ein-stellmöglichkeiten. Der markierte Begriff Tonwertzunahme hat vor allen Dingen im Offsetdruck eine besondere Bedeutung, welche für die Bearbei-tung von Bilddateien äußerst wichtig ist.

Tonwertzunahme bedeutet, dass die Rastertonwerte der Originalbildda-teien im Druck höhere Rastertonwerte ergeben. Zum Beispiel weisen die Falten eines blauen Kleides im Original Rastertonwerte zwischen 80% und 95% auf. Bei einem Tonwertzuwachs von nur 8% ergibt dies im Druck 88% bis 103%. Letzterer Wert ist nicht druckfähig, so dass die gesamte Farbgebung keiner-lei Strukturen mehr aufweist. Das Kleid hat keine Falten mehr.

Mehrere Gründe zeichnen für die Tonwertzunahme im Offsetdruck ver-antwortlich und können nicht auf Idealwerte reduziert werden. Grundsätz-lich ist die Größenänderung des Rasterpunktes im Druckbild gegenüber der Größe des Rasterpunktes im Originalbild bzw. im Originalfilm die Ursachefür die Tonwertzunahme. Diese Vergrößerungen sind abhängig von:

Rasterpunktgröße nimmt im Druck zu.

- Druckmaschine und deren Einstellungen
- Alter und Art des Gummituches
- Druckabwicklung Druckform – Gummituch
- Druckabwicklung Gummituch – Bedruckstoff
- Farbart und Farbton, Gelb hat andere Tonwertzuwächse als Magenta, Cyan und Schwarz
- Papierart, -farbe und -oberflächenstruktur
- Übergabepasser zwischen den einzelnen Farben und deren Drucke

Für jedes Druckwerk einer Druckmaschine erstellt man Druckkennlinien, welche für die unterschiedlichen Bedruckstoffe und Farben gemessen werden. Mit Kalibrationskurven wirkt man diesem Tonwertzuwachs entgegen. Ab-bildung 2.1/26 zeigt eine solche Druckkennlinie und die Tonwertrücknahme im Film (elektronischer Datenbestand), welche für die ermittelte Muster-kurve nötig wäre. Gemessen und berechnet werden diese Tonwerte mittels Densitometer in Messkeilen (Abbildung 2.1/10).

Abb. 2.1/27
Prinzip Fläche – Fläche

Tiegel

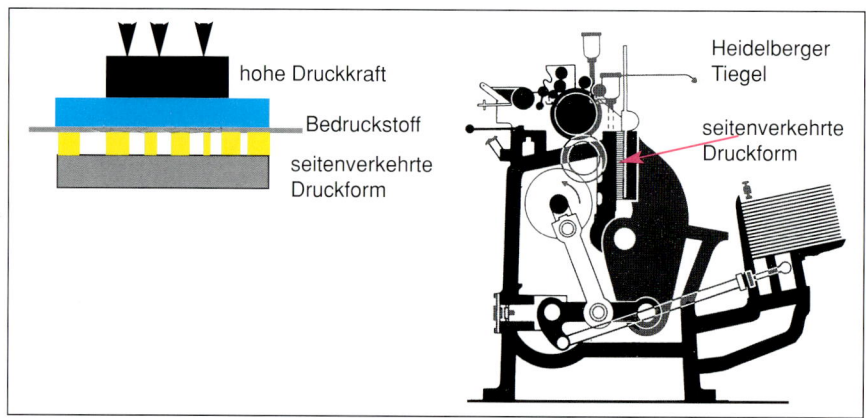

hohe Druckkraft

Bedruckstoff

seitenverkehrte
Druckform

Heidelberger
Tiegel

seitenverkehrte
Druckform

Abb. 2.1/28
Prinzip Flach – Rund

im Hochdruck

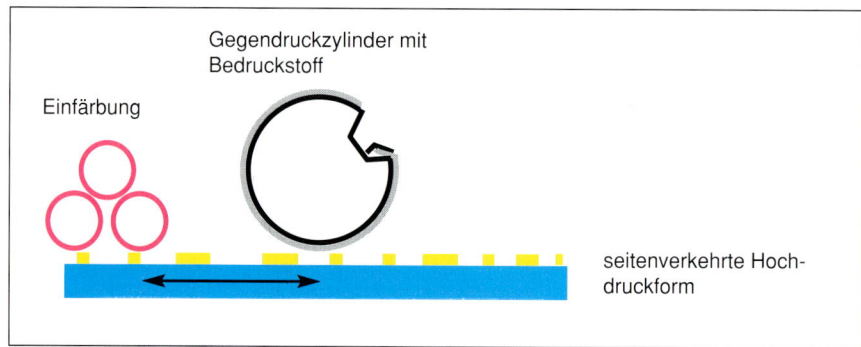

Gegendruckzylinder mit
Bedruckstoff

Einfärbung

seitenverkehrte Hoch-
druckform

Abb. 2.1/29
Prinzip Flach – Rund

im Offsetdruck

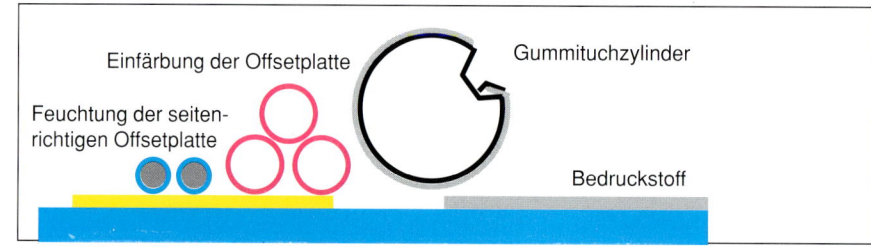

Einfärbung der Offsetplatte

Gummituchzylinder

Feuchtung der seiten-
richtigen Offsetplatte

Bedruckstoff

2.1.3 Druckmaschinenprinzipe

Das erste Übertragungsprinzip von Farbe auf Papier erfolgte von Fläche zu Fläche, vergleichbar mit einem Handstempel. Große Anpresskräfte drückten die Farbe von den erhabenen Stellen einer negativen Druckform auf den Bedruckstoff. Eine solche erste Druckmaschine könnte man von der Wein- oder Mostpresse ableiten. In modernerer Zeit kam der Tiegel als Druckmaschine zu großem Einsatz. Auch heute noch wird der Tiegel für gewisse Arbeiten, wie Perforieren, Rillen, Stanzen, Prägen, verwendet.

Fläche gegen Fläche
Ein direktes Druckverfahren, das eine seitenverkehrte Druckform benötigt.

Viele Buchdruckmaschinen arbeiteten nach dem Prinzip flach – rund. Auf eine flache negative Hochdruckform drückte ein sich drehender Zylinder auf das Papier und erzeugte die nötige Druckkraft zur Farbübertragung. Die Hochdruckform bewegte sich unter dem rotierenden Zylinder hindurch. Damit beim Rücklauf der Druckform keine Farbübergabe stattfand, wurde der Druckzylinder angehoben und in seiner Umdrehung abgestoppt (Stoppzylinderdruckmaschine). Auch diese Maschinen werden noch für Arbeiten wie Perforieren, Rillen, Stanzen und Prägen eingesetzt.

Flach – Rund
Die Druckform bewegte sich unter einem rotierenden Zylinder durch.

Außer Stoppzylinderdruckmaschinen gab es noch weitere Lösungen, den Wagenrücklauf ohne zu Drucken durchzuführen.

Im Flachdruck, insbesondere im Offsetdruck, druckte man mit Andruckmaschinen im Flach-Rund-Prinzip. Zum Bedrucken von Blechen, flachem Glas, Holz und Kunststofftafeln eignet sich das Druckprinzip noch heute. Bei diesen Maschinen kann man das Trägerfundament für den Bedruckstoff in der Höhe so einstellen, dass der Gummituchzylinder und dessen Abwicklung über den Bedruckstoff exakt genau stimmt.

Moderne Druckmaschinen arbeiten alle nach dem Prinzip rund – rund. Man unterscheidet nur noch zwischen direktem und indirektem Druck. Die Druckformen müssen entsprechend seitenverkehrt oder seitenrichtig sein.

Rund – Rund
das zumeist eingesetzte Druckprinzip.

Beim indirekten Druck ist die Druckform seitenrichtig, beim direkten Druck ist die Druckform seitenverkehrt.

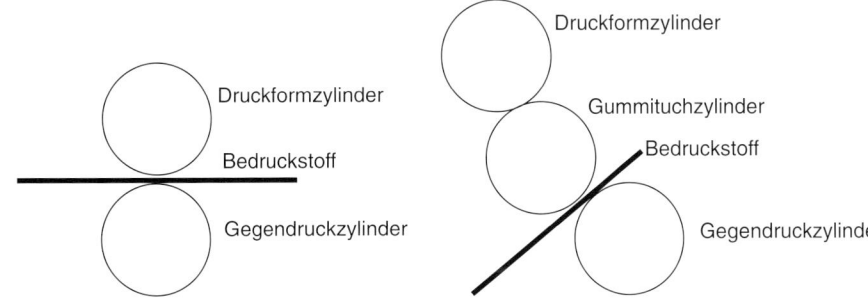

Druckformzylinder
Bedruckstoff
Gegendruckzylinder

Druckformzylinder
Gummituchzylinder
Bedruckstoff
Gegendruckzylinder

Abb. 2.1/30
Bogenoffsetdruckmaschine

Bild entnommen aus Heidelberger Nachrichten.

Abb. 2.1/31
KBA Spezialmaschine zur Kartonverarbeitung

Aus KBA-Schulungsunterlagen. Maschine mit 7 Druckwerken, Bogenwendung, Doppellackierung, Zwischentrockenwerk.
KBA = Firma Koenig und Bauer mit Albert-Frankenthal

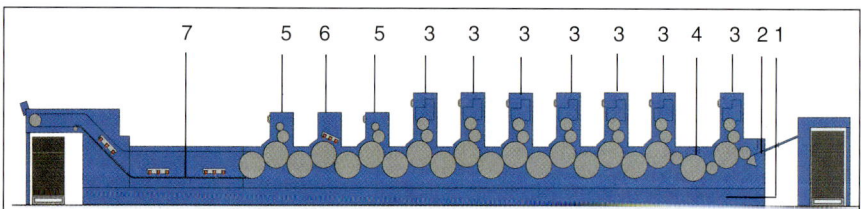

- 1 Niveauerhöhung um 375 mm
- 2 Schwinganlage
- 3 Druckwerke
- 4 automatisch umstellbare Bogenwendeeinrichtung
- 5 Lackturm
- 6 Zwischentrocken-Aggregat
- 7 Auslageverlängerung mit Trocknungseinrichtung

Eine weitere Unterscheidung sind die Bogen- und Rollen-Rotations-Druckmaschinen. Im Offsetdruck ist die größte Zahl Bogendruckmaschinen. Die Rollen-Rotations-Druckmaschinen finden aber eine immer weitere Verbreitung. Vor allen Dingen sind die Rüstzeiten der Maschinen durch Automation so niedrig, dass auch relativ kleine Auftragsmengen im Rollenoffset gedruckt werden.

Der Tiefdruck arbeitet nur als Rollen-Rotations-Druckmaschine. Er ist für hohe Auflagen prädestiniert, die sehr schnell mit einer hohen Nutzenzahl zu erstellen sind. Die Wiedegabequalität der Farben ist selbst auf einfachstem, einseitig kalandrierten Naturpapier, ohne großen Aufwand zu betreiben, sehr gut.

Der Flexodruck arbeitet ebenfalls hauptsächlich mit Rollen-Rotations-Maschinen.

In den Abbildungen sind einige Maschinen dargestellt, die aber niemals vollständig das große Angebot und den vielfältigen Einsatz der Druckmaschinen zeigen können. Der Autor dieser Zeilen empfiehlt dem interessierten Leser, vor allen Dingen der Mediengestalterin und dem Mediengestalter, Druckereien zu besichtigen, damit ihre Arbeiten besser auf die Möglichkeiten der Druckmaschinen und des Druckprozesses abgestimmt sind. Die Fehler, welche vor dem Druck gemacht werden, kann die beste Maschine und der versierteste Drucker nicht ausbügeln.

Rüstzeit =
Vorbereitungszeiten bis die Maschine die ersten guten Drucke erstellt.

Kalandriert heißt die Oberfäche des Papiers wurde glatt gepresst.

Abb 2.1/32
Tiefdruckwerk

einer Albert-Frankental Tiefdruck-Rotations-Maschine

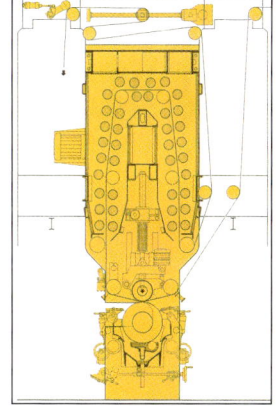

Abb. 2.1/33
Tiefdruckrotation

Albert-Frankenthal

2.2 Weiterverarbeitung

Abb. 2.2/1
Falzarten

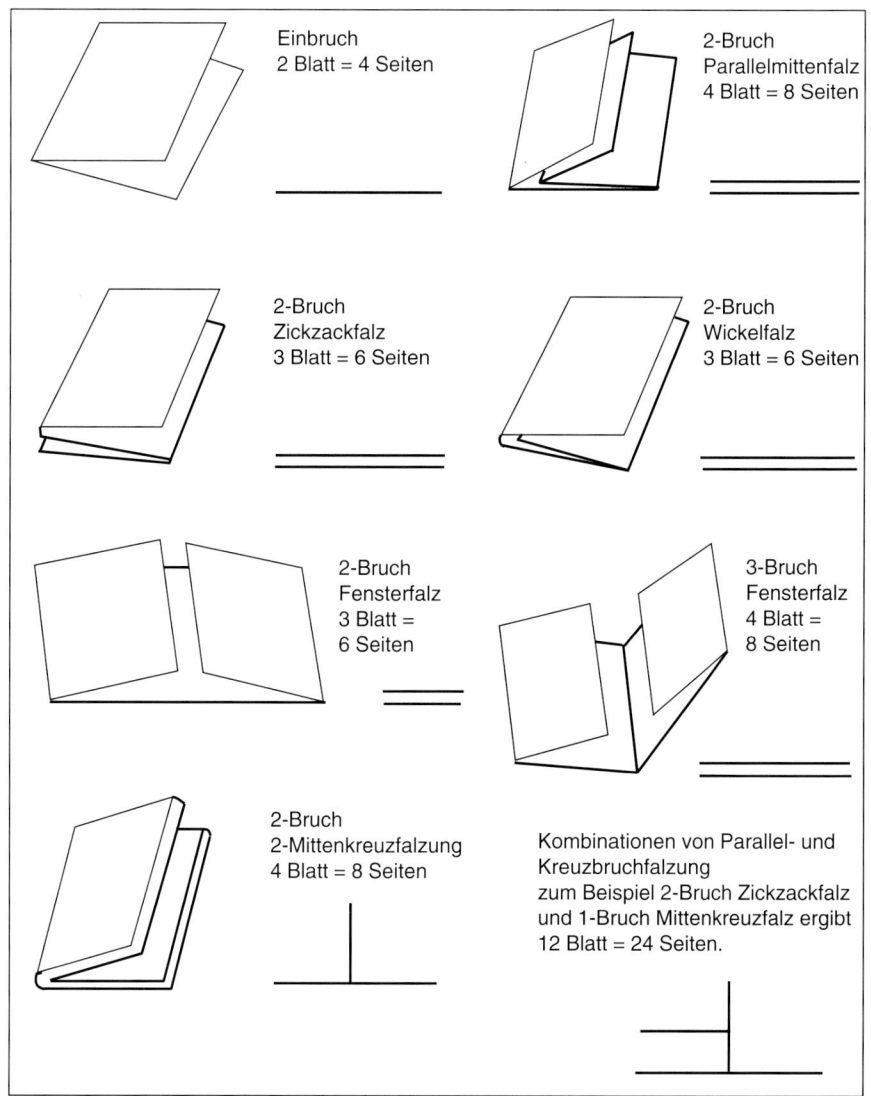

Einbruch
2 Blatt = 4 Seiten

2-Bruch
Parallelmittenfalz
4 Blatt = 8 Seiten

2-Bruch
Zickzackfalz
3 Blatt = 6 Seiten

2-Bruch
Wickelfalz
3 Blatt = 6 Seiten

2-Bruch
Fensterfalz
3 Blatt =
6 Seiten

3-Bruch
Fensterfalz
4 Blatt =
8 Seiten

2-Bruch
2-Mittenkreuzfalzung
4 Blatt = 8 Seiten

Kombinationen von Parallel- und
Kreuzbruchfalzung
zum Beispiel 2-Bruch Zickzackfalz
und 1-Bruch Mittenkreuzfalz ergibt
12 Blatt = 24 Seiten.

2.2.1 Falzarten

Wie bereits im Kapitel 2.1.1.1 aufgeführt ist die Falzart für die Lage der Seiten auf dem Druckbogen ein entscheidendes Kriterium. Entsprechendes gilt für die Druckweiterverarbeitung, unabhängig davon, ob maschinell oder manuell gefalzt werden kann. Beide Techniken legen bei gestalteten Einzelprodukten die Falzart nicht fest. Der Gestalter benützt das Falzen sehr oft, um seinem Produkt einen besonderen „Aha-Effekt" mitzugeben. Grundsätzlich kann eine Produkt so gefalzt werden, dass alle Brüche parallel liegen, die Parallelfalzung, oder dass die Brüche sich kreuzen, die Kreuzbruchfalzung. Kombinationen daraus sind selbstverständlich auch anzutreffen. Die Abbildung 2.2/1 zeigt innerhalb dieser Falzarten die Falzmöglichkeiten und die dazugehörenden Fachausdrücke.

Parallelfalzung =
alle Brüche liegen parallel.

Kreuzbruchfalzung =
die Brüche kreuzen sich.

- Einbruch
- Zweibruch-Parallelmittenfalzung
- Zweibruch-Zickzackfalz
- Zweibruch-Wickelfalz
- Zweibruch-Fensterfalz
- Dreibruch-Fensterfalz
- Zweibruch-Zweimittenkreuzfalzung
- Kombinationen der Falzarten untereinander

Lernziel: Weitere Falzungen kennenlernen, deren Paginierung eintragen und überprüfen.

Aufgaben: • Erstellen Sie den in Abbildung 2.2/1 genannten Kombinationsfalz. (I, P)
- Paginieren Sie die Seitenfolge und prüfen Sie das Ergebnis. (I, P)
- Erstellen Sie weitere unter gestalterischen Aspekten ausgesuchte gefalzte Prospekte. (I, P)

Beliebig viele Falzungen eines Bogens sind nicht möglich. Die Zahl der Falzbrüche hängt von der Flächenmasse, der Steifigkeit und der Dicke des Papiers ab. Für eine 4-Bruchfalzung kann ein 80 g/m^2 Papier gerade noch verwendet werden. Schwerere oder dickere Papiere einzusetzen ist nicht möglich.

Abb. 2.2/2
Prinzip Schwertfalz

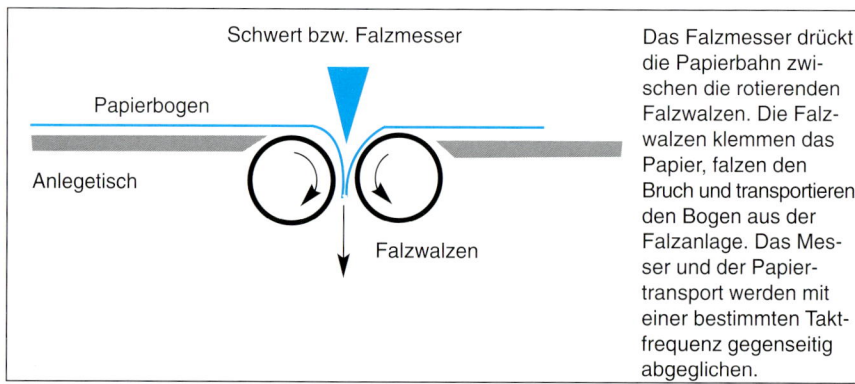

Schwert bzw. Falzmesser

Papierbogen

Anlegetisch

Falzwalzen

Das Falzmesser drückt die Papierbahn zwischen die rotierenden Falzwalzen. Die Falzwalzen klemmen das Papier, falzen den Bruch und transportieren den Bogen aus der Falzanlage. Das Messer und der Papiertransport werden mit einer bestimmten Taktfrequenz gegenseitig abgeglichen.

Abb. 2.2/3
Prinzip Taschenfalz

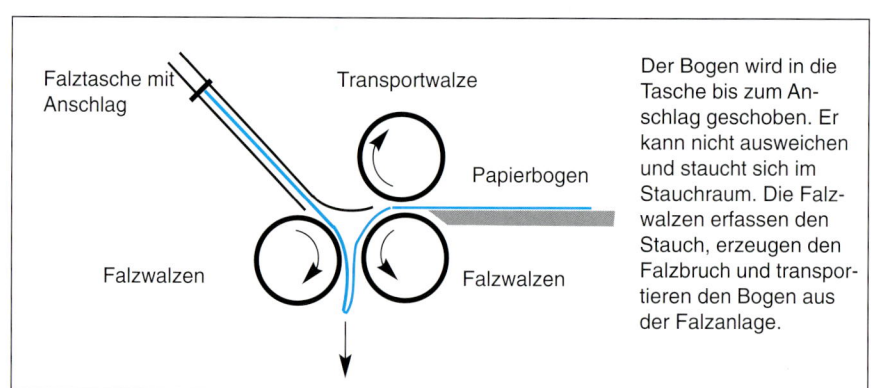

Falztasche mit Anschlag

Transportwalze

Papierbogen

Falzwalzen

Falzwalzen

Der Bogen wird in die Tasche bis zum Anschlag geschoben. Er kann nicht ausweichen und staucht sich im Stauchraum. Die Falzwalzen erfassen den Stauch, erzeugen den Falzbruch und transportieren den Bogen aus der Falzanlage.

Abb. 2.2/4
Klapp-, Nut- und Falzstation

Fa. Wohlenberg

2.2.2 Falzmaschinenprinzipe

Bei großen Stückzahlen ist manuelles Falzen zu aufwendig und zu teuer. Man strebt das maschinelle Falzen an. Bevor für ein umfangreiches oder in hoher Auflage erscheinendes Produkt die Falzung festgelegt wird, sollte man die Maschinentechnik der Druckweiterverarbeitung, die zum Falzen eingesetzt wird, kennen. Zwei Grundprinzipien und deren Kombination ermöglichen das Falzen des Papiers.

Bei der Schwertfalzung drückt ein bewegliches Falzschwert den Bogen zwischen zwei gegenläufig rotierende Falzwalzen. Die Falzwalzen falzen und transportieren das Papier. Schwertfalzmaschinen eignen sich insbesondere für Kreuzbruchfalzungen. Sie verarbeiten relativ dickes Papier, da der mechanische Druck des Falzschwertes und der Rollen einen exakten Bruch gewährleisten. Am Druck-Fertigungsende von Rollen-Rotations-Druckmaschinen befinden sich zumeist solche Schwertfalzeinrichtungen.

Schwertfalzung
ist besonders für Kreuzbruchfalzung und für schwere, dicke Papiere geeignet.

Bei der Taschenfalzung transportieren zwei rotierende Walzen den Bogen in eine Tasche mit einstellbarem Anschlag. In der Falztasche kann sich der Bogen nicht weiter bewegen, er staucht sich und bildet im Stauchraum eine Stauchfalte. Zwei Falzwalzen erfassen die Stauchfalte, falzen das Papier und transportieren es aus der Falzanlage. Eine Taschenfalzmaschine kann mehrere Falztaschen aufweisen. Die Falztaschen lassen sich innerhalb der Maschine einfach umgruppieren, so dass sich viele Falzmöglichkeiten ergeben. Großformatige Taschenfalzmaschinen können im Doppelnutzen bedruckte Bogen falzen. Die Montage des Doppelnutzen muss Kopf an Kopf erfolgen, der Trennschnitt wird in der Falzmaschine ausgeführt.

Taschenfalzung
ist die am häufigsten eingesetzte Falzart.

Bis zu 6 Falztaschen sind möglich, in Sonderfällen 8 Falztaschen.

Für den dritten oder vierten Falz, insbesondere bei Kreuzbruchfalzung, eignet sich vor allem die Schwertfalzung. Die vorhergehenden Falzungen erfolgen über eine Taschenfalzung. Diese Kombinationsfalzmaschinen nutzen die Vorteile beider Systeme. Die Taschenfalzung ist einfach einzustellen und mit schneller Falzfolge, Schwertfalzung eignet sich für dicke Materialien, das heißt, mehrere Papierlagen übereinanderliegend können noch gefalzt werden.

Kombinationsfalzmaschinen
nützen die Vorteile der Taschen- und Schwertfalzung.

Auch hier empfiehlt der Autor der Mediengestalterin, dem Mediengestalter die Besichtigung von Druckweiterverarbeitungs-Fertigungsanlagen. Fehler, welche zuvor gemacht wurden, können nicht mehr verbessert werden.

Abb. 2.2/5
Perforierter Bund

Verschiedene Perforier-
scheiben-Messer

1	16	13	4
32	17	20	29
25	24	21	28
8	9	12	5

Abb. 2.2/6
**Längsschnitt einer Pa-
pierbahn in der Rollen-
Rotationsmaschine**

Bild von KBA - Albert-Frankenthal Tiefdruckmaschine

2.2.2.1 Perforieren

Lernziel: Erkennen, wie sich der letzte Bruch bei Mehrfachfalzungen verhält.

Aufgabe: • Falzen Sie den in Abbildung 2.2/5 gezeigten 32-Seiter mit einem 150 g/m²- Papier!
• Beurteilen Sie den letzten Bruch. (I, P)

Um einen exakten Bruch zu erhalten, wird der letzte Falz, der Bundfalz, perforiert. Die Perforierung ist eine strichweise Durchtrennung des Papiers, welche die Bruchbildung verbessert und Materialspannungen im Falzbogen vermindert. Je nach Papierqualität ist das entsprechende Perforationswerkzeug einzusetzen.

2.2.2.2 Rillen

Das Vorrillen des letzten Falzbruchs hat den Vorteil, dass keine Querschnittsverletzung des Materials entsteht. Das Material wird gequetscht, d.h. ohne Zerstörung der Materialstruktur verdichtet. Beim Einsatz von Taschenfalzmaschinen und mehreren Brüchen sollte unbedingt vorgerillt werden. Es erhöht die Genauigkeit des Bruchs bei der Taschenfalzung.

2.2.2.3 Schneiden

Schneidwerkzeuge für Trenn-, Rand- und Streifenschnitt werden auf die Messerwellen der Falzmaschine aufgesetzt. Sie dienen zum Trennen von Mehrfachnutzenbogen. Bei Einzelnutzen ist ein direkter Randbeschnitt möglich. Zum präzisen Schneiden und Materialtransport sollte der Beschnittrand mindestens 6 mm betragen. Bei Rollen-Rotationsmaschinen wird die Papierbahn durch rotierende Schneidmesser in Bahnen des Endformates geschnitten. Trennschneider schneiden die Endlosbahn in Einzelexemplare.

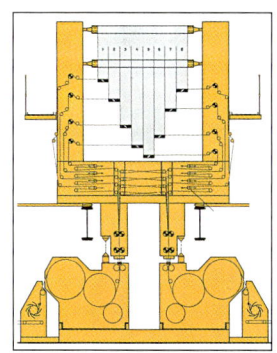

Abb. 2.2/7
**Rollen-Rotationsmaschine
mit Papierbahn,**

welche in nutzenbreite
Streifen geschnitten wird.

Abb. 2.2/8
Zusammentragen

Einzelblätter
Falzbogen mit den nötigen
Kontrollzeichen und Kenn-
zeichnungen

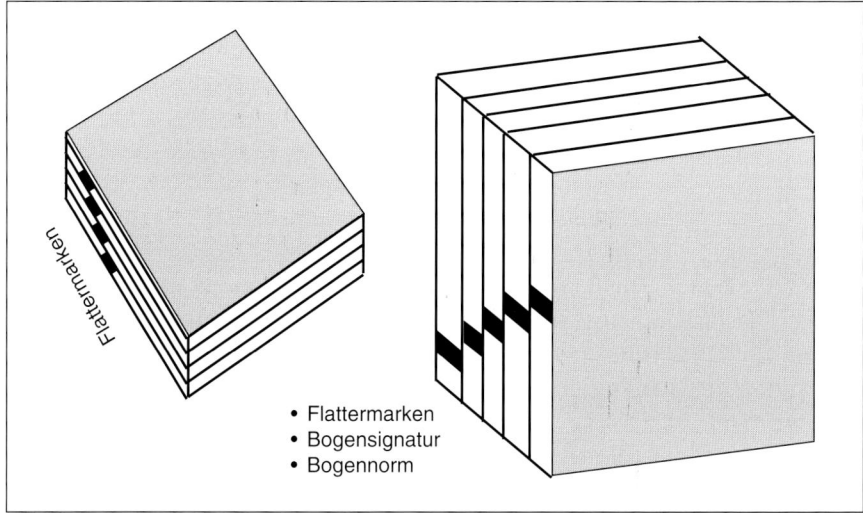

- Flattermarken
- Bogensignatur
- Bogennorm

Abb. 2.2/9
Sammeln

oder Ineinanderstecken von
Falzbogen

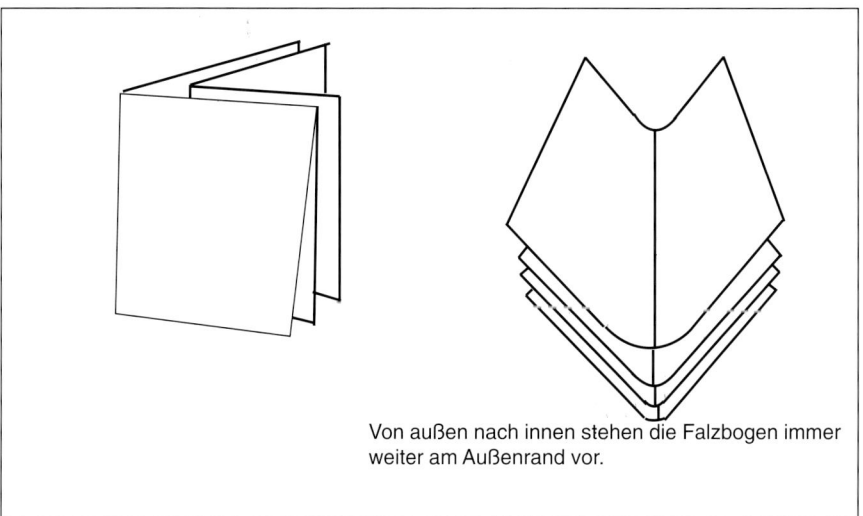

Von außen nach innen stehen die Falzbogen immer
weiter am Außenrand vor.

2.2.3 Zusammenfügen der Bogen zum Produkt

Um ein fertiges Produkt zu erhalten, zum Beispiel ein Buch, eine Zeitschrift, eine Broschur, sind die gefalzten, eventuell beschnittenen Bogen zusammenzufügen. Besteht das Rohprodukt aus einzelnen Blättern, werden diese zusammengetragen.

2.2.3.1 Zusammentragen

Beim Zusammentragen werden die einzelnen Blätter oder Falzbogen in der richtigen Reihenfolge zu einem Rohblock übereinandergelegt. Die Kontrolle der richtigen Seitenreihenfolge geschieht über die Flattermarken im Rücken des Blocks. Diese Flattermarken sind bereits in der Druckvorstufe richtig anzulegen. Beim Zusammentragen ganzer Druckbogen, bestehend aus mehreren Seiten, sind weitere Bogenkennzeichnungen angebracht:

- Bogensignatur: Nummer des Bogens
- Bogennorm: Titel, Kurzbezeichnung des Werkes

Bei großen Auflagen von Büchern, Katalogen, und anderen Produkten werden Zusammentragmaschinen eingesetzt. Die Maschinen legen Einzelblätter oder Bogen lose übereinander und transportieren das zusammengetragene Produkt zur weiteren Verarbeitung. Zusammengetragene Einzelblätter werden zumeist klebegebunden, Falzbogen können durch den Rücken zusätzlich geheftet oder fadengebunden werden.

Flattermarken

Bogensignatur
Nummer des Bogens
Bogennorm
Kurzbezeichnung des Werkes

2.2.3.2 Sammeln

Sammeln oder Ineinanderstecken ist nur mit Falzbogen möglich. Sammelheftmaschinen sammeln und heften die Falzbogen mittels Rückenstichheftung zum fertigen Produkt. Mediendesigner in der Vorstufe müssen beachten, dass die inneren Bogenteile im beschnittenen Endprodukt kürzer als die äußeren Lagen sind. Das heißt, der Rand ist im Bund von innen nach außen gleichmäßig so zu verbreitern, dass nach dem Beschnitt des fertigen Produktes, der Aussenrand von Seite zu Seite immer gleich groß bleibt.

Beim Sammeln wird der Außenrand der eingesteckten Bogen nach dem Beschnitt kleiner, wenn dies nicht in der Vorstufe eingeplant ist.

Abb. 2.2/10
Drahtheftung

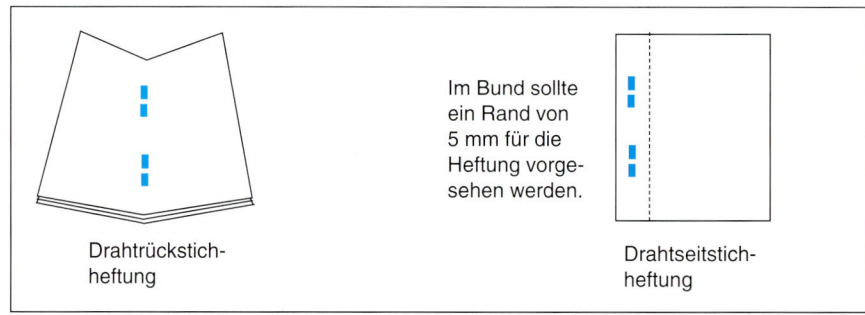

Im Bund sollte
ein Rand von
5 mm für die
Heftung vorge-
sehen werden.

Drahtrückstich-
heftung

Drahtseitstich-
heftung

Abb. 2.2/11
**Fadenheftung und
Sonderbindungen**

Kunststoffbindung
Spiralbindung

Gefalzte Bogen wer-
den durch den Bund
mit Faden geheftet.
Gaze wird aufge-
bracht und es erfolgt
vollflächiges Hinter-
kleben im Rücken.

Abb. 2.2/12
Klebebindung

Beachte:
Die Laufrichtung des Pa-
piers muss unbedingt parallel zum Bund verlaufen!

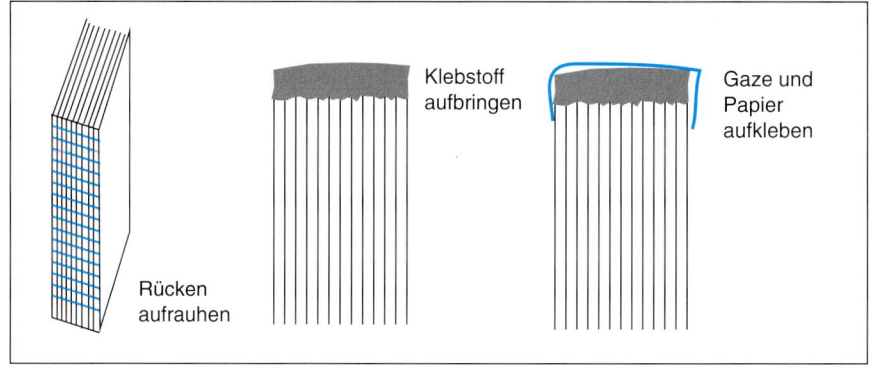

Klebstoff
aufbringen

Gaze und
Papier
aufkleben

Rücken
aufrauen

2.2.4 Heften – Binden

Einzelblätter und Falzbogen lassen sich durch Heften oder Binden zusammenführen. Preis, Produktart, Auflagenhöhe und gestalterische Kriterien entscheiden über die einzusetzenden verschiedenen Heft- und Bindeverfahren.

2.2.4.1 Drahtheften

Für sehr viele Produkte wie zum Beispiel Schulhefte, Illustrierte und Zeitschriften eignet sich die Drahtrückstichheftung. Drahtklammern werden durch den Bund von außen durchgestochen und innen im Bund zusammengedrückt.

Drahtrückstichheftung

Für zum Beispiel Abreißblöcke, Kalender und einfache Broschuren eignet sich die Drahtseitstichheftung. Drahtklammern werden seitlich am Bund durchgestoßen und auf der gegenüberliegenden Seite zusammengedrückt. Bei diesem Verfahren ist ein seitlicher Rand von wenigstens 5 mm für die Klammerung einzuhalten. Dadurch kann das Produkt nicht vollständig aufgeklappt werden.

Drahtseitstichheftung

2.2.4.2 Fadenheften

Das ursprüngliche Zusammenbinden bei Büchern war das „Nähen", die so genannte Fadenheftung im Bund. Noch heute eignet sich dieses Verfahren für langlebige mehrlagige Produkte. Die gefalzten Bogen werden mit Faden durch den Bund geheftet. Zusätzliches Beleimen, Aufbringen einer Gaze und vollflächiges Hinterkleben am Rücken erhöht die Haltbarkeit des Produktes.

Fadenheften bei hochwertigen Büchern, Lexikas, Bildbänden usw.

2.2.4.3 Klebebinden

Der Rücken der zusammengetragenen Blätter oder Falzbogen wird aufgerauht, gefräst, mit Klebstoff versehen und mit Gaze und einem weiteren Papier überklebt. Dieses heute sehr hochwertige Bindeverfahren wird bei sehr vielen Produkten eingesetzt.

2.2.5 Sonderverarbeitungen

Die Faltschachtel ist in der Verpackung nicht mehr wegzudenken. Diese Schachteln sind nicht nur zur Verpackung gedacht, sie sind Werbeträger, Aufreißer, Kaufanimator. Das heißt, sie bedürfen besonders überlegter Gestaltung der Oberfläche. In der Druckweiterverarbeitung sind die Faltschachteln aus einem großen Nutzenbogen zu stanzen, die einzelne Schachtel entsprechend zu falzen und zu kleben. Diese Techniken verlangen entsprechende Vorbereitungen.

Abb. 2.2/13
Faltschachtel

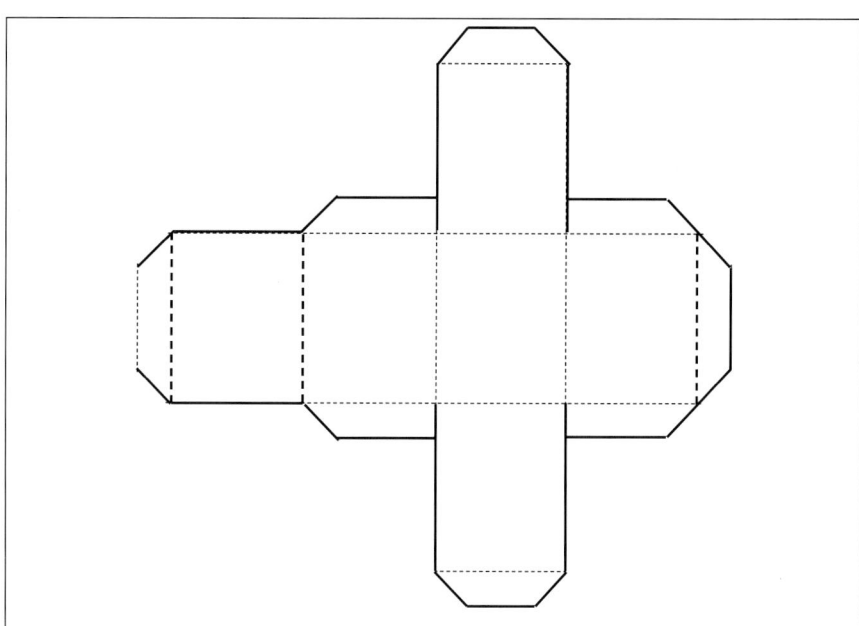

Lernziel: Wesentlich zu beachtende Maße und Verarbeitungstechniken kennenlernen.

Aufgaben: • Erstellen Sie die oben unmaßstäblich gezeichnete Faltschachtel. (I, P)
  • Bemaßen Sie die Faltschachtel. (I, P)
  • Gestalten Sie die Obefläche der Faltschachtel. (I ,P)

Für ein leichtes Öffnen und Umlegen von Umschlägen, Deckel einer Falt- **Rillen**
schachtel und anderen Produkten aus Karton wird das Material gerillt. Die
Rille bildet eine gerade Umbiegelinie und verhindert das Brechen des Kar-
tons. Zum Beispiel können Buchumschläge bis zu vierfach gerillt sein, damit
wird ein leichtes Umlegen des Einbandkartons erreicht.

Eine Hilfemöglichkeit, Faltschachteln aus starken Karton zu biegen, er- **Stauchen**
zielt man auch mittels Stauchen. Der Karton wird mit Stauchwerkzeug ein-
gedrückt und leicht verformt.

Ritzen erlaubt ebenfalls ein leichtes Umlegen starker und steifer Werk- **Ritzen**
stoffe. Die Kartonoberfläche wird bis zu zwei Dritteln eingeschnitten. Das bedeutet allerdings eine Schwächung des Materials.

Soll die Faltschachtel verklebt und in exaktem maßgerechtem Körper er- **Nuten**
stellt werden, kann die Biegekante mit einer Nut versehen werden. Die Nut
liegt beim Fertigprodukt innen. Beim Nuten schneidet das Nutmesser einen
dreieckigen oder viereckigen Span aus dem Karton.

Die in mehreren Nutzen auf Karton gedruckten Faltschachteln müssen **Stanzen**
aus dem Karton gestanzt werden. Die Stanzlinien bestehen aus geschliffenen
Stahlbändern, die entsprechend der Produktform zugeschnitten sind. Sie befinden sich in einer Stanzform, in welcher der gesamte Nutzenbogen verarbeitet wird. Bereits in der Druckformherstellung und im Druck sind die
Stanzlinien exakt in allen Maßen einzurichten.

Perforieren ermöglicht das leichte Trennen einzelner Blätter von Formu- **Perforieren**
larblocks, Abreißkalendern, usw. Lochperforation oder Schlitzperforation
ist ein Trennverfahren, bei welchem Material aus dem Produkt ausgestanzt
wird.

Buchrücken oder Buchdecken, besonders gestaltete Visitenkarten oder **Prägen**
Briefköpfe können durch Prägung weitere gestalterische Elemente enthalten.
Prägestempel (Matrizen) pressen die gestaltete Information in das Material
ein. Die Prägung kann noch mit besonderen Farben hervorgehoben werden.
Die Einfärbung wird direkt beim Prägen durch Überlegen von Farbfolien er-
reicht. Sehr oft erfolgt dies unter Wärmeeinwirkung, dem so genannten
Heißprägen.

2.3 Materialien

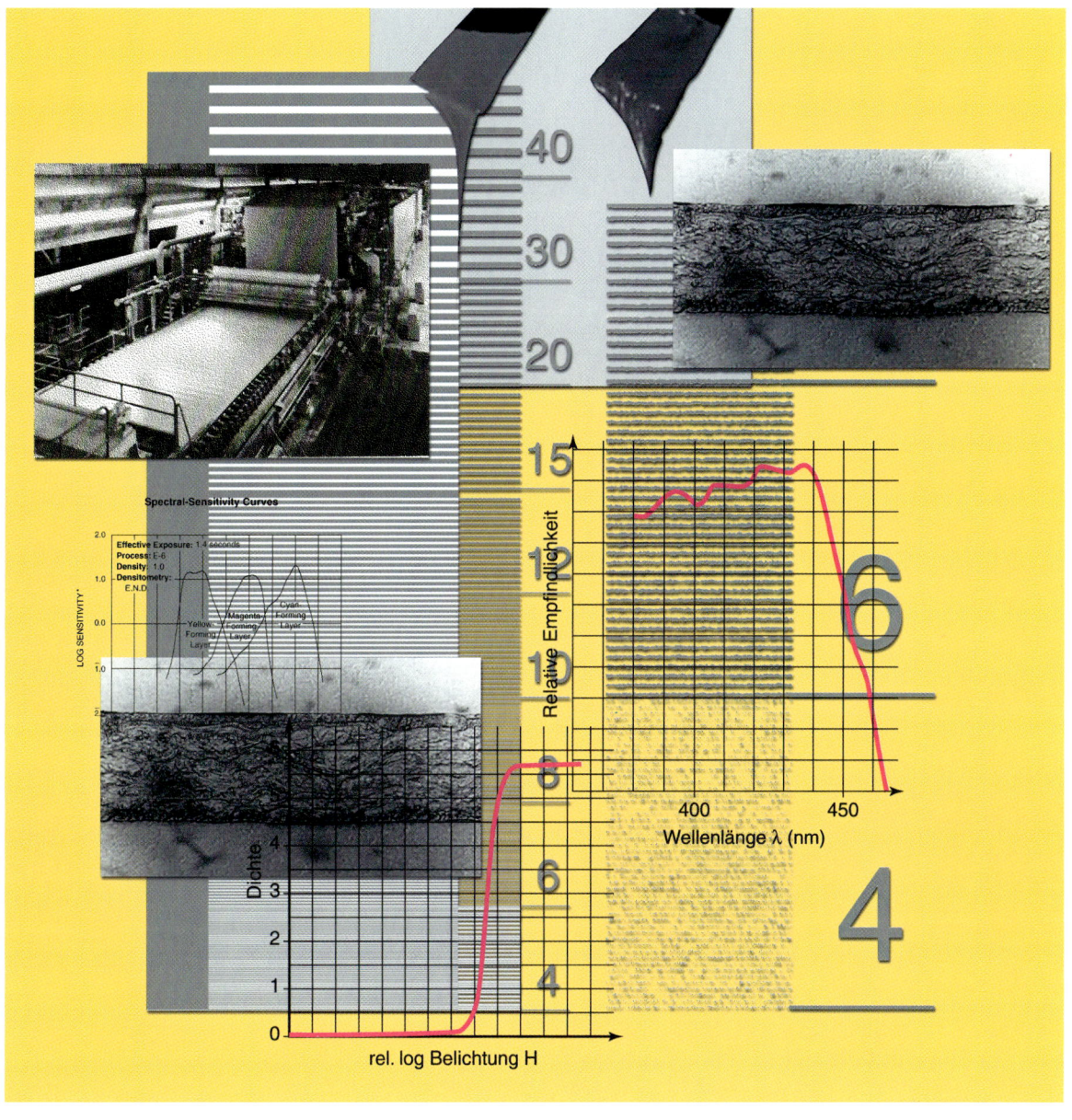

Abb. 2.3/1
**Siebpartie einer Papier-
maschine**

Im Hintergrund die Pressen-
und Trockenpartie

Abb. 2.3/2
**Faserrohstoffe, Auf-
schluss, Halbzeug**

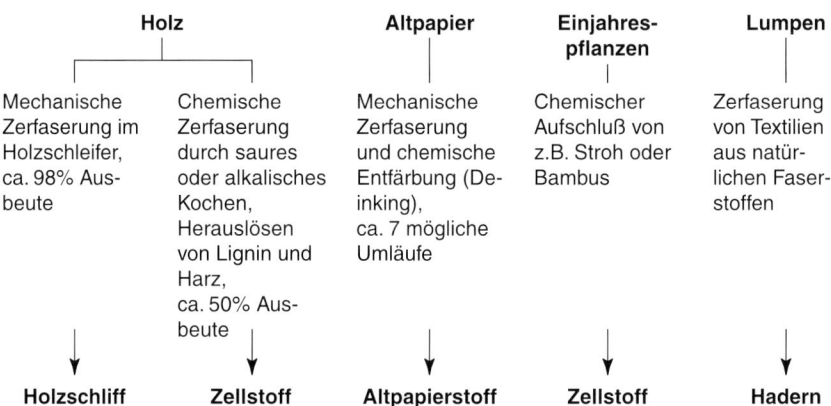

Holz		Altpapier	Einjahres-pflanzen	Lumpen
Mechanische Zerfaserung im Holzschleifer, ca. 98% Ausbeute	Chemische Zerfaserung durch saures oder alkalisches Kochen, Herauslösen von Lignin und Harz, ca. 50% Ausbeute	Mechanische Zerfaserung und chemische Entfärbung (De-inking), ca. 7 mögliche Umläufe	Chemischer Aufschluß von z.B. Stroh oder Bambus	Zerfaserung von Textilien aus natür-lichen Faser-stoffen
Holzschliff	**Zellstoff**	**Altpapierstoff**	**Zellstoff**	**Hadern**

2.3.1 Papier

Papier ist der Bedruckstoff Nummer 1. Es hat als Informationsträger wesentlichen Einfluss auf die Qualität und die Wirkung des Druckproduktes.

Papier ist sinnlich – ein schönes Buch fühlt sich gut an, die Färbung des Papiers bildet einen harmonischen Kontrast zur Farbe der Schrift, der Grafiken und der Bilder. Die Wahl des richtigen Papiers trägt so entscheidend zum Erfolg des Produktes bei.

Papier ist sinnlich!

2.3.1.1 Herstellung

Produktionsablauf der industriellen Papierherstellung:
- Aufbereiten der Faserrohstoffe
- Mischen der Grundstoffe für eine bestimmte Papiersorte und -qualität,
- Auflaufen des Stoffs (99% Wasser) auf das Sieb der Papiermaschine,
- Blattbildung auf dem Sieb durch Entwässerung (bis zu 10 m Arbeitsbreite und einer Geschwindigkeit von 1600 m/s)
- Pressen in der Pressenpartie
- Trocknen und ggf. Oberflächenleimen in der Trockenpartie
- Glätten im Glättwerk
- Aufrollen auf den Tambour
- Veredelung und Ausrüstung je nach Papierqualität und -sorte:
  - Streichen in der Steichmaschine und/oder Satinieren im Kalander
  - Rollen- oder Formatschneiden
  - als Rolle, auf Palette oder als Ries verpacken.

Es gibt nicht das gute oder das schlechte Papier. Die Bewertung der Qualität richtet sich nach den drei Anforderungsprofilen:
- *Verdruckbarkeit* (runability), das Verhalten bei der Verarbeitung, z.B. Lauf in der Druckmaschine
- *Bedruckbarkeit* (printability), die Wechselwirkung zwischen Druckfarbe und Papier
- *Verwendungszweck*, z.B. Zeitung, Plakat oder Verpackung

„Papier ist ein flächiger, im wesentlichen aus Fasern meist pflanzlicher Herkunft bestehender Werkstoff, der durch Entwässerung einer Faserstoffaufschwemmung auf einem Sieb gebildet wird."
DIN 6730

Satinage
Glätten und Verdichten durch Reibung, Hitze und Druck zwischen den Walzen des Kalanders

Ries
Pakete von 200 bis 500 Bogen, je nach Masse

Verdruckbarkeit
runability

Bedruckbarkeit,
printability

Abb. 2.3/3
Laufrichtung

Die Format-Kennzeichnung
der Laufrichtung erfolgt mit
den Begriffen Schmalbahn
SB und Breitbahn BB. M
steht für Maschinenrichtung.
Die unterstrichene Seite ist
die Dehnrichtung.

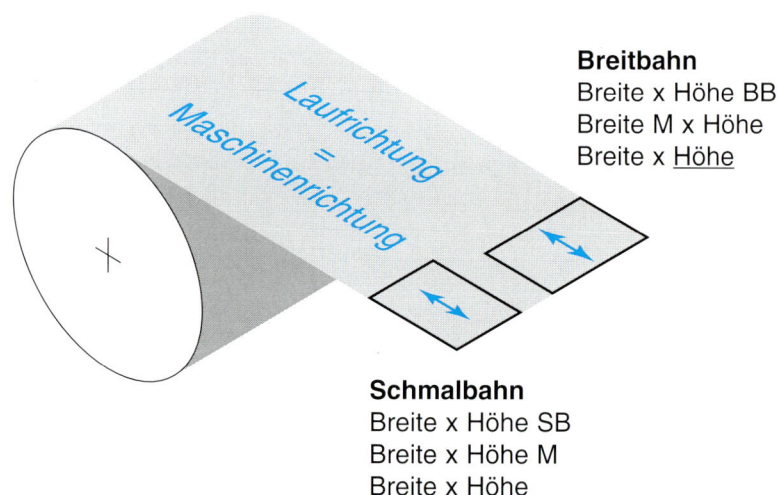

Breitbahn
Breite x Höhe BB
Breite M x Höhe
Breite x <u>Höhe</u>

Schmalbahn
Breite x Höhe SB
Breite x Höhe M
<u>Breite</u> x Höhe

Abb. 2.3/4
**Offsetdruck auf Natur-
papier**

Aufsicht (133-fach),
Schnitt (266-fach)
vergrößert

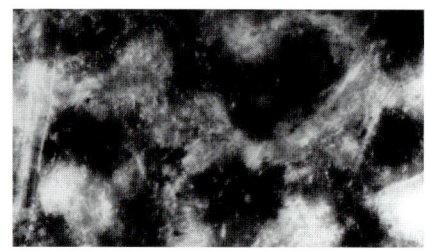
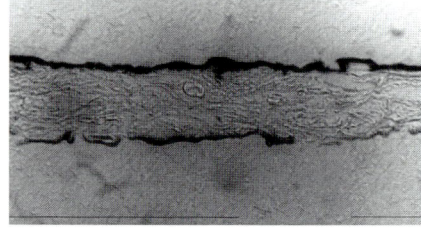

Abb. 2.3/5
**Offsetdruck auf gestriche-
nem Papier**

Aufsicht (133-fach),
Schnitt (266-fach)
vergrößert

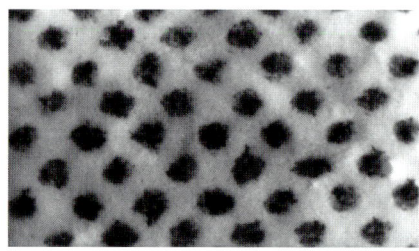
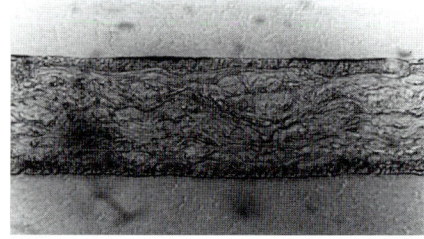

2.3.1.2 Papiereigenschaften

Masse/Gewicht, Dicke, Volumen

Masse, Dicke und Volumen sind durch die Stoffauswahl, -aufbereitung und die Papierherstellung bedingt. Sie werden mit folgenden Einheiten bezeichnet:

- Masse: g/m^2
- Dicke: mm
- Volumen: m^3/g, Volumen = Dicke x 1000/Masse

Die unterschiedliche Dicke von Papieren mit der gleichen flächenbezogenen Masse wird als Faktor des Volumens angegeben:

- 1-faches Volumen, $100\,g/m^2 = 0{,}1$ mm dick
- 1,5-faches Volumen, $100\,g/m^2 = 0{,}15$ mm dick

Laufrichtung

Durch die Strömung auf dem Sieb der Papiermaschine richten sich die Papierfasern in Laufrichtung aus. Papiere haben dadurch in Lauf- und in Querrichtung unterschiedliche Festigkeit, Dehnungs- und mechanische Eigenschaften.

Holzhaltigkeit

Die Holzhaltigkeit beschreibt den Holzschliffanteil der Papierfaser. Das Verhältnis Holzschliff – Zellstoff bestimmt u.a. die Festigkeit, die Saugfähigkeit und die Vergilbungsneigung des Papiers. Da Zellstoff kein Lignin (Harz) enthält, vergilbt holzfreies Papier nicht.

Oberfläche

Die Art der Papieroberfläche – maschinenglatt, satiniert, glänzend oder matt gestrichen – beeinflusst folgende Faktoren:

- Verdruckbarkeit, Bedruckbarkeit
- Rasterweite, Linienstärke, Schriftauswahl
- optische Wirkung
- haptische Wirkung

Feuchtigkeit

Die Papierfasern verändern in Abhängigkeit von der relativen Luftfeuchtigkeit des umgebenden Raumes ihren Feuchtigkeitsgehalt, sie sind hygroskopisch. Diese Feuchtigkeitsaufnahme bzw. -abgabe führt zum Quellen bzw. Schrumpfen der Fasern und somit zu einer Formveränderung des Papiers. Die Fasern dehnen sich in der Breite wesentlich stärker aus als in der Längsrichtung. Da die überwiegende Zahl der Papierfasern nach Maschinenrichtung der Papiermaschine ausgerichtet sind, ist die Dimensionsveränderung in der Laufrichtung deutlich geringer als quer dazu in der Dehnrichtung.

Hysterese
Fortdauer der Wirkung nach
Aufhören der Ursache

Aufgrund der Hysterese des Papiers ist eine feuchtigkeitsbedingte Dimensionsveränderung nicht reversibel, d.h., einmal verzogenes Papier wird nicht wieder glatt. Deshalb muss bei der Lagerung und Verarbeitung von Papier die relative Luftfeuchtigkeit beachtet werden. Sie wird mit einem Hygrometer gemessen. Da die relative Luftfeuchtigkeit temperaturabhängig ist, muss Papier, bevor es ausgepackt wird, an das Raumklima angepasst werden. Dieser Vorgang heisst Konditionieren.

2.3.1.3 Sorten

Papiersorten werden nach verschiedenen Kriterien eingeteilt:
- Verwendungszweck
- Stoffzusammensetzung
- Oberflächenbeschaffenheit

holzfrei, h´fr
holzhaltig, h´h

Holzfrei – holzhaltig

Holzfreie Papiere haben als Faserstoff mindestens 95% Zellstoff. Sie besitzen dadurch eine höhere Weiße als holzhaltige Papiere oder Recyclingpapiere und vergilben nicht.

Der Faserstoff holzhaltiger Papiere enthält einen Anteil von 5% – 100% Holzschliff. Der Holzschliff wirkt sich günstig auf die Bedruckbarkeit und die Opazität der Papiere aus. Sie neigen durch den Ligningehalt aber zum Vergilben.

Naturpapiere

Naturpapiere heißen alle Papiere, deren Oberfläche nicht gestrichen ist, unabhängig davon, ob sie holzhaltig, holzfrei oder aus Altpapier sind.

Maschinenglatte Naturpapiere wurden nach der Papiermaschine nicht weiter veredelt. Satinierte Papiere erhielten im Kalander nach der Papiermaschine noch eine Satinage. Ihre Oberfläche ist dadurch verdichtet und glatter als die maschinenglatter Papiere.

maschinenglatt, m´gl
satiniert, sat

Gestrichene Papiere

gestrichen, g´str

Gestrichene Papiere haben nach der Papiermaschine in der Streichmaschine noch einen Oberflächenstrich erhalten. Je nach Qualität erfolgt der Strich einseitig oder beidseitig, einfach oder doppelt. Glänzend und halbmatt gestrichene Papiere werden nach der Streichmaschine noch satiniert. Die Stoffzusammensetzung ist meist holzfrei.

Lernziel: Die Papiereigenschaften und -sorten kennen.
Aufgaben: • Stellen Sie eine Papiermustersammlung der für Ihren
                 Produktionsbereich wichtigen Papiere zusammen.
               • Ordnen Sie die Papiere nach folgenden Kriterien:
                  - Stoffzusammensetzung
                  - Oberfläche
                  - Masse, Dicke und Volumen
                  - Verwendungszweck
                 (I, P)

2.3.2 Druckfarbe

Druckfarben machen als färbende Substanz die Information auf dem Bedruckstoff sichtbar.

2.3.2.1 Aufbau und Herstellung

Aufbau

Grundsätzlich bestehen alle Druckfarben aus drei Hauptkomponenten:
- Farbpigmente, Farbstoffe
- Bindemittel
- Hilfsstoffe zur Anpassung an ein besonderes Anforderungsprofil

Anforderungsprofile

Die Qualität der Druckfarbe wird, wie bei anderen Materialien, durch das Endprodukt, z.B. Verpackung oder Zeitung, und ihr Verhalten im Produktionsprozess bestimmt. Bewertungskategorien sind:
- Verdruckbarkeit / runability
- Bedruckbarkeit / printability
- Verwendungszweck, Produkte

Verdruckbarkeit/ runability
Maschinenlaufeigenschaften
Bedruckbarkeit/ printability
Wechselwirkung Farbe und Bedruckstoff

Herstellung

Bei der Druckfarbenherstellung müssen die Pigmente, Bindemittel und Hilfsstoffe luftfrei, fein und homogen vermischt, d.h. dispergiert werden. Dies geschieht in zwei Schritten:
- Vormischen der Bestandteile
- Dispersion auf dem Dreiwalzenstuhl oder in der Rührwerkskugelmühle

Der Dreiwalzenstuhl hat drei mit unterschiedlicher Geschwindigkeit gegeneinander laufende Stahlwalzen. Durch die Scherkräfte im Walzenspalt wird die Farbe dispergiert. Die Rührwerkskugelmühle ist ein mit Stahlkugeln gefüllter zylindrischer Behälter mit einem rasch rotierenden Rührwerk, durch den die Farbe kontinuierlich von unten nach oben gepumpt wird. Das Gewicht und die Rollbewegung der Kugeln reiben die Farbe.

2.3.2.2 Trocknung

Unter der Druckfarbentrocknung versteht man den Aggregatszustands-wechsel von flüssig nach fest. Dies erfolgt nach unterschiedlichen Prinzpien bzw. Mechanismen.

Physikalische Trocknung

- *Wegschlagen*, die dünnflüssigen Bestandteile des Bindemittels dringen in den Bedruckstoff ein, die Harze verankern die Pigmente auf der Oberfläche.

  Wegschlagen

- *Verdunsten*, ohne Hitzeeinwirkung bei den leichtflüchtigen Löse-mittel z.B. der Tiefdruckfarbe, mit Hitzeeinwirkung bei den hoch-siedenden Mineralölen der Heatset-Offsetfarben.

  Verdunsten

- *Erstarren*, bei Carbonfarben oder Tonerpigmenten in Digitaldruckver-fahren.

  Erstarren

Chemische Trocknung

- *Oxidativ*, trocknende Öle wie Leinöl vernetzen durch Sauerstoffein-bindung.

  Oxidativ

- *Strahlungstrocknung*, Präpolymere des Bindemittels polymerisieren unter UV-Strahlung.

  Strahlung

Die meisten Druckfarben trocknen nach einem kombinierten Mechanismus, z.B. wegschlagend-oxidativ. Die physikalische Phase erfolgt sehr schnell. Der chemische Prozess dauert länger, ergibt aber einen festeren Farbfilm. Der Zusatz von Trockenstoffen beschleunigt die oxydative Trocknung.

Wegschlagend-oxidativ

Abb. 2.3/6
Rheologische Phänomene

links: Farbspaltung im
Walzenspalt
rechts: Spachtelprobe
- niedrigviskos
- hochviskos

Abb. 2.3/7
Lichtechtheit

Einteilung nach der Woll-
skala (WS), DIN 16525

Die Beleuchtungszeiten
bezeichnen den Zeitraum,
bis eine visuelle Veränderung der Farbe erkennbar
wird.

Stufen	Bewertung	Beleuchtungszeiten			
		Sommer	Winter	intensive Strahlung	durchschnittliche Strahlung
WS 1	sehr gering			< 20 h	5 Tage
WS 2	gering			< 40 h	10 Tage
WS 3	mäßig	4 – 8 Tage	2 – 4 Wo	< 80 h	20 Tage
WS 4	ziemlich gut	2 – 3 Wo	2 – 3 Mon	<160 h	40 Tage
WS 5	gut	3 – 5 Wo	4 – 5 Mon	< 350 h	80 Tage
WS 6	sehr gut	6 – 8 Wo	5 – 6 Mon	< 700 h	160 Tage
WS 7	vorzüglich	3 – 4 Mon	7 – 9 Mon	< 1500 h	350 Tage
WS 8	hervorragend	> 11/2 J		< 3000 h	700 Tage

2.3.2.3 Druckfarbeneigenschaften

Die Anforderungen an die Druckfarbe sind ganz unterschiedlich. Zum einen ergeben sie sich aus den Parametern des Druckprozesses, zum anderen stellen die verschiedensten Druckprodukte unterschiedliche Anforderungen. Als Beispiel sollen hier zwei Eigenschaftsbereiche aufgeführt werden:

Rheologie

Die rheologischen Eigenschaften werden mit dem Begriff Konsistenz zusammengefasst:

- *Viskosität*, Maß für die innere Reibung von Flüssigkeiten, hochviskos – hohe innere Reibung – zähflüssig – pastös
- *Zügigkeit/Tack*, Widerstand, den die Farbe ihrer Spaltung entgegensetzt
- *Thixotropie*, Herabsetzung der Viskosität durch mechanische Einflüsse, z.B. Rühren oder Verreiben im Farbwerk der Druckmaschine

Rheologie
Die Lehre vom Fließen

Echtheiten

Neben der Druckfarbe hat auch der Bedruckstoff, die Farbschichtdicke und evtl. eingesetzte Druckhilfsmittel Einfluss auf die Echtheiten. Bei der Mischung von Farben hat die ermischte Farbe jeweils die geringsten Echtheiten der Ausgangsfarben.

- Optische Eigenschaften wie die Lichtechtheit oder der Farbton
- Beständigkeit gegen Lösemittel, z.B. Nitro und Spiritus
- Kaschierfähigkeit
- Lackierfähigkeit
- Mechanische Widerstandsfähigkeit, z.B. Scheuer- und Falzfestigkeit
- Neutralität im Verpackungsdruck gegenüber Füllgut, z.B. gerucharm oder käseecht

Abb. 2.3/8
Gradationskurve

KODAK EKTACHROME 100
PLUS Professional Film

Halbton-Diafilm

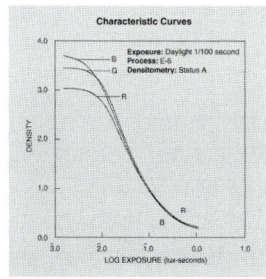

Abb. 2.3/9
Gradationskurve

KODAK PROFESSIONAL
KODASTAR 2000 Laser
Mapping Film KLF4

Strich-Negativfilm

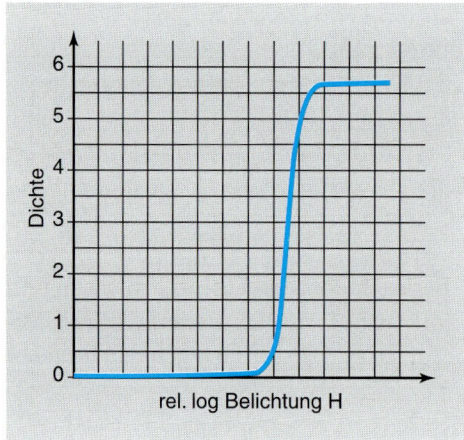

2.3.3 Film

Filme haben als transparente analoge Informationsträger neben den digitalen Verfahren wie Digitalfotografie, Computer-to-Plate oder Direct-Imaging, auch in Zukunft ihren Anteil am Medien-Workflow.

Neben den Silberfilmen sind heute noch andere Materialien auf dem Markt. Der fotografische Prozess erfolgt dort durch Fotopolymerisation oder thermisch. Prozesslose Filme bedürfen nach der Belichtung keiner weiteren Bearbeitung. Sie müssen nicht entwickelt werden.

Die weitere Klassifizierung erfolgt nach den sensitometrischen Eigenschaften.

Sensitometrie
= Messung der Lichtempfindlichkeit
Densitometrie
= Dichtemessung, Messung der Schwärzung
→ 6.1.3.5

2.3.3.1 Gradation

Die Gradation beschreibt, wie ein Film Tonwerte wiedergibt. In der Gradationskurve wird die Abhängigkeit der Schwärzung von der einwirkenden Lichtmenge grafisch dargestellt.

Gradationskurve
→ 4.1.6

Halbtonfilme

Halbtonfilme können zwischen Licht und Tiefe sehr fein differenziert einzelne Tonwerte darstellen. Die Tonwertabstufung, der Kontrast der Bildwiedergabe, steht in direktem Zusammenhang mit der Materialgradation.

Echte Halbtöne
= dreidimensionale Farbabstufung in der fotografischen Schicht

Strich-, Rasterfilme

Strich- bzw. Rasterfilme reagieren praktisch binär, entweder reicht die Lichtmenge zur absoluten Schwärzung aus oder die Filmstelle reagiert nicht. Die Bildgradation und die Materialgradation sind unabhängig voneinander. Die Tonwerte des reproduzierten Bildes sind gerastert und somit bestimmt nicht die Farbschichtdicke, sondern die Fläche des Rasterpunktes den Farbanteil.

Unechte Halbtöne
= gerasterte Tonwerte, zweidimensionale Farbabstufung in der Fläche

Negativfilme

Negativfilme bauen mit zunehmender Belichtung Schwärzung auf. Es findet eine Tonwertumkehrung statt. Ihre Gradationskurve steigt von links nach rechts.

Abb. 2.3/10
Spektrogramme

KODAK EKTACHROME 100
PLUS Professional Film

Halbton-Diafilm

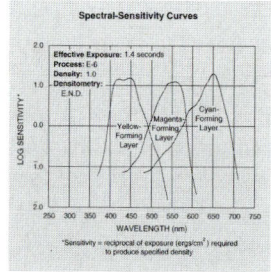 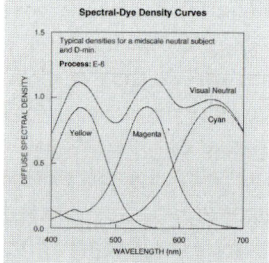

Abb. 2.3/11
Spektrogramm

KODAK PROFESSIONAL
KODASTAR 2000 Laser
Mapping Film KLF4

Strich-Negativfilm

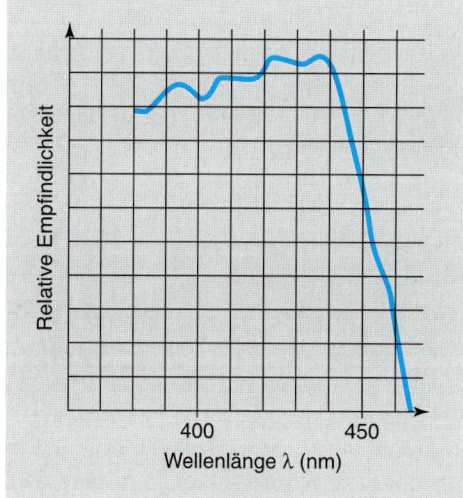

Positivfilme

Positiv arbeitende Filme bauen mit zunehmender Belichtung Schwärzung ab. Es findet keine Tonwertumkehrung statt. Ihre Gradationskurve fällt von links nach rechts.

Diafilm
Direktpositivfilm
Duplicatingfilm

2.3.3.2 Allgemeinempfindlichkeit

Die Allgemeinempfindlichkeit beschreibt, wie viel Licht notwendig ist, um in der fotografischen Schicht des Films die gewünschte Belichtung auszulösen.

Sie wird auch als relative Empfindlichkeit bezeichnet, da nur unter definierten Verhältnissen (Abstand, Lichtart, Lichtmenge) die Belichtungszeit einen bestimmten Wert hat. Ändert sich ein Belichtungsfaktor, so verändern sich die anderen im Verhältnis mit.

Allgemeinempfindlichkeit
= relative Empfindlichkeit

2.3.3.3 Spektrale Empfindlichkeit

Die Spektral- oder Farbempfindlichkeit beschreibt, auf welche Lichtfarben des Spektrums ein Film reagiert. Sie wird in einem Spektrogramm grafisch dargestellt. Das fotochemisch wirksamste Licht heißt aktinisches Licht.

Die spektrale Emission der Lichtquelle und die spektrale Rezeption des Films müssen für ein optimales Ergebnis aufeinander abgestimmt sein. Als Arbeitsbeleuchtung ist eine Lichtfarbe konträr zur spektralen Empfindlichkeit zu wählen.

Spektrogramm
Aktinisches Licht

2.3.3.4 Auflösungsvermögen

Das Auflösungsvermögen ist die Fähigkeit, zwei Informationen getrennt darstellen zu können. Es ist abhängig vom Aufbau der fotografischen Schicht, z.B. ihrer Körnigkeit.

Hohes Auflösungsvermögen
= geringe Allgemeinempfindlichkeit

Materialien   **173**

2.3.4 Offsetdruckformen

Druckformen sind materielle Druckbildspeicher und deshalb druckverfahrensspezifisch. In diesem Buch wird exemplarisch die Offsetdruckform beschrieben, da der Offsetdruck den weitaus höchsten Anteil an den Druckverfahren hat. Für die anderen Verfahren sei auf die einschlägige Fachliteratur verwiesen.

2.3.4.1 Funktion und Aufbau

Der Offsetdruck ist ein Flachdruckverfahren. Die druckenden und die nichtdruckenden Bereiche der Druckform liegen in einer Ebene. Bedingt durch

Farbführend, wasserführend

unterschiedliche Grenzflächenspannung erfolgt die Trennung der farbführenden und der farbfreien Stellen über das unterschiedliche Benetzungsverhalten der Oberflächen gegenüber dem Feuchtwasser und der Druckfarbe.

Die Offsetdruckform besteht aus zwei verschiedenen Materialien. Als Trägermaterial, das gleichzeitig wasserführend ist, wird heute allgemein Aluminium eingesetzt. Das Aluminium durchläuft bei der Druckplattenherstellung ein mehrstufiges Verfahren zur Oberflächenbehandlung. Zuerst erfolgt eine mechanische und / oder elektrochemische Aufrauung, danach eine Anodisierung zur Mikrostrukturierung und Härtung der Oberfläche. Die farbführende Schicht liegt als positiv oder negativ arbeitende Diazo-Kopierschicht auf dem Metall.

Nach der Belichtung und der Entwicklung liegen die nichtdruckenden Bereiche blank. Das folgende Einbrennen der Schicht erhöht die Auflagenstabilität erheblich. Eine abschließende Gummierung schützt die Platte bis zum Druck und ermöglicht eine gleichmäßige Benetzung.

Bei den wasserlosen Offsetplatten der Firma Toray liegt auf den nichtdruckenden Elementen eine von der Druckfarbe nicht benetzbare Silikonschicht.

Kopierschichten

Neben den klassischen Diazoschichten gibt es heute in zunehmendem Maße auch Fotopolymerschichten, Silberschichten oder thermisch arbeitende Schichten für die Belichtung im CTP-Belichter. Als Trägermaterial werden außer Aluminium für den kleinformatigen Offsetdruck und Direct-Imaging-Systeme auch Kunststoffträgerfolien eingesetzt.

2.3.4.2 Belichtung und Standardisierung

Belichtung

Die sensitometrischen Eigenschaften des Films gelten selbstverständlich in gleicher Weise auch für die lichtempfindlichen Schichten der Offsetdruck-formen.

Die Belichtung der Offsetdruckplatten findet mit analogen Montagen als Kopiervorlage im Kopierrahmen statt. Die eingesetzten Metall-Halogenid-Lampen haben ein Emissionsspektrum zwischen 360 nm und 420 nm. Die an-schließende Streufolienbelichtung beseitigt die Schnittkanten.

In CTP-Belichtern wird aus dem digitalen Datenbestand direkt auf die Druckform belichtet. Emission des Lasers und Rezeption der lichtempfind-lichen Schicht müssen aufeinander abgestimmt sein.

CTP
Computer-to-Plate, Druckplattendirektbelichtung aus dem digitalen Datenbe-stand

Direct-Imaging-System
Direkte Bebilderung speziel-ler Druckfolien in der Druck-maschine, z.B. Heidelberg Quickmaster DI

Standardisierung

Die standardisierte Druckformherstellung garantiert, innerhalb der Prozess-toleranz, die punktgenaue Übertragung von der Kopiervorlage bzw. aus dem Datenbestand auf die Druckform. Zur Überwachung des Produktions-prozesses wurden u.a. von der FOGRA Kontrollelemente wie der FOGRA-PMS (Präzisionsmessstreifen) entwickelt. Der Übertragungsprozess wird in der Kopierkennlinie grafisch dargestellt.

FOGRA
(Deutsche Forschungsge-sellschaft für Druck- und Reproduktionstechnik e.V., München)

Informationstechnik

3.1 Binärtechnik

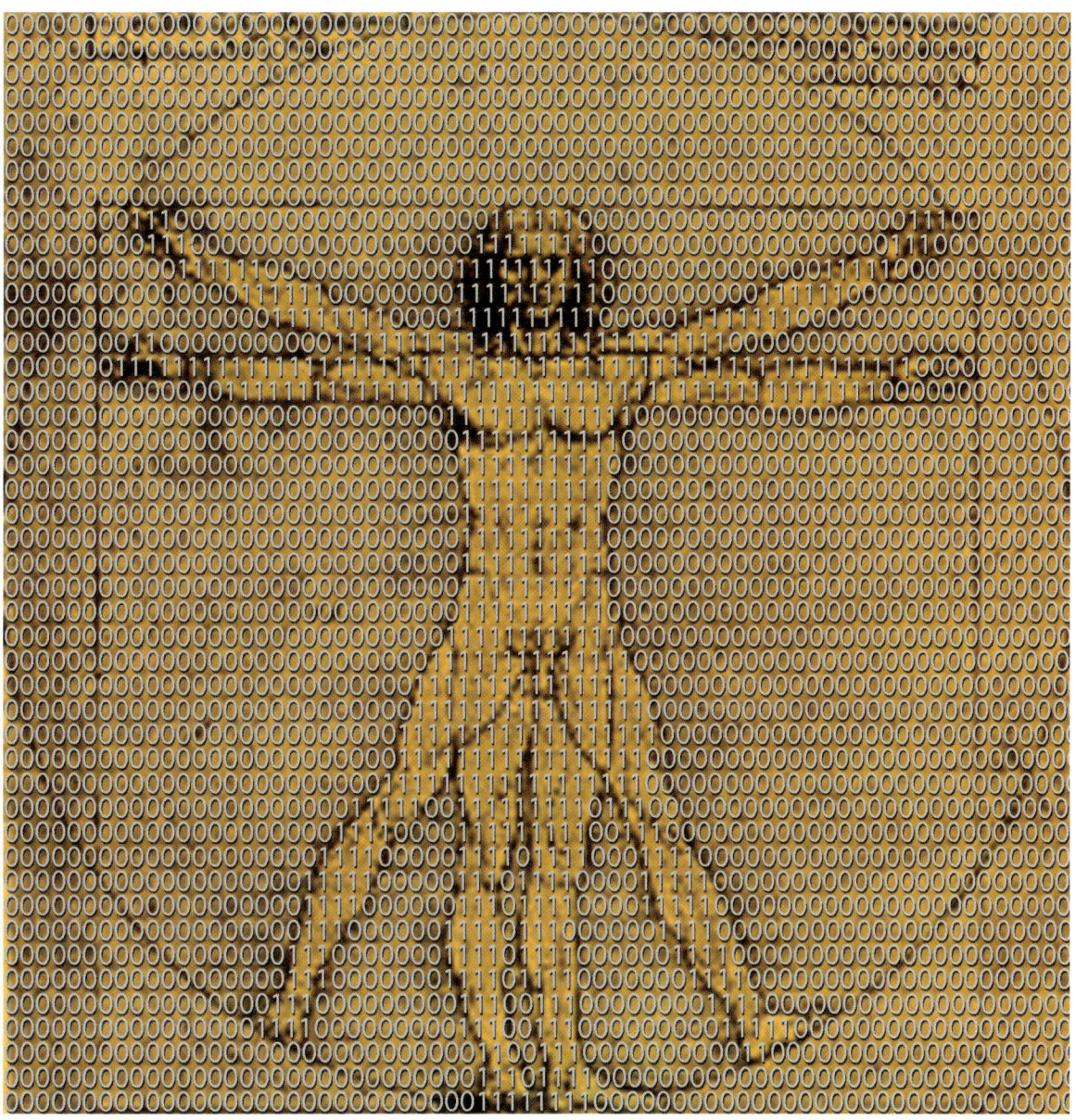

Abb. 3.1/1
Analog-, Digital- und Binärsignal

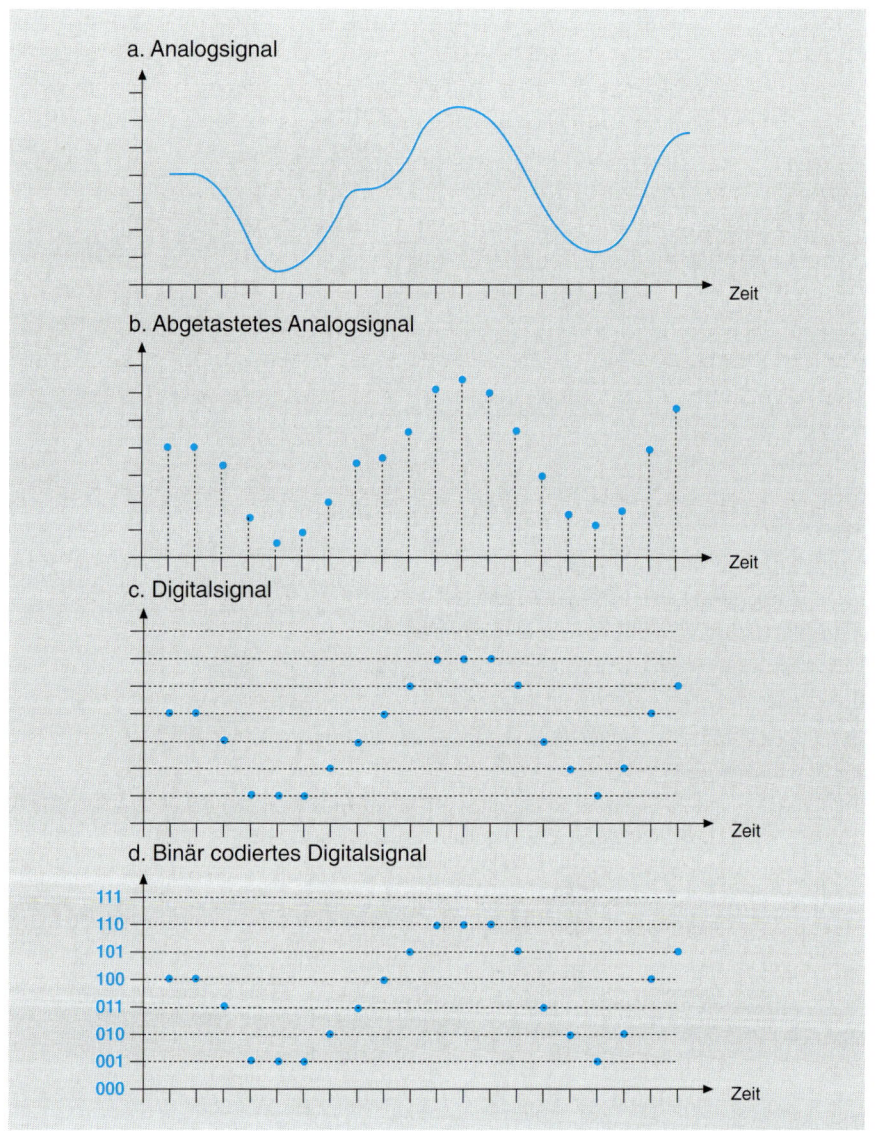

a. Analogsignal

b. Abgetastetes Analogsignal

c. Digitalsignal

d. Binär codiertes Digitalsignal

3.1.1 Digitale und binäre Daten

Computer verarbeiten Daten digital, das heißt in Form von Ziffern. Daraus folgt, dass alle Daten, die nicht bereits als Ziffern vorliegen, zur Verarbeitung durch einen Computer in Ziffern umgewandelt werden müssen. So tastet beispielsweise ein Scanner eine Bildvorlage zeilenweise ab und setzt die Helligkeits- und Farbinformationen in eine Ziffernfolge um. Erst danach ist eine Bearbeitung der Bilddaten mit Hilfe eines Computers möglich.

Digitaltechnik

Zur Verarbeitung der Daten wurden in den letzten drei Jahrzehnten immer kleinere und dennoch leistungsfähigere elektronische Schaltkreise entwickelt. Dabei sind es elektrische Ladungen, die die ursprünglichen Informationen – beispielsweise die Farbinformation eines eingescannten Bildpunktes – transportieren und speichern. Es dürfte einleuchten, dass es unmöglich ist, unterschiedlichen Daten durch unterschiedliche Ladungs*mengen* darzustellen. Im Beispiel würde dies bedeuten, dass für 16,7 Millionen mögliche Farben eines eingescannten Bildes ebenso viele unterschiedliche Ladungsmengen vorhanden sein müssten. Für ein Hellblau müsste etwas mehr Strom fließen als für ein Dunkelblau ...

Wie also lassen sich digitale Informationen durch elektronische Schaltungen verarbeiten? Die Lösung liegt in der Reduktion der Anzahl an möglichen Ziffern auf zwei Stück. Eine Untergruppe der Digitaltechnik bildet damit die Binärtechnik, bei der nur die beiden Ziffern Null und Eins zugelassen sind. Elektrotechnisch stellt dies eine wesentliche Vereinfachung dar, weil zwei Zustände leicht zu realisieren sind: Ladung vorhanden entspricht einer Eins; keine Ladung vorhanden entspricht einer Null. Die Binärtechnik ermöglicht damit das Transportieren, Verarbeiten und Speichern von Informationen mit Hilfe von elektronischen Schaltungen. Datentechnisch bedeutet dies allerdings, dass alle Daten in binäre Daten umgewandelt werden müssen. Dabei wird im Fall von Zahlen in der Regel von Konvertierung, im Fall von Buchstaben und Ziffern von Codierung gesprochen.

Binärtechnik

Konvertierung und Codierung

Abb. 3.1/2
Zahlensysteme im Überblick

	Dezimal	Binär	Hexadezimal
Ziffern	0,1,2,3,4,5,6,7,8,9	0,1	0,1,2,3,4,5,6,7,8,9 A,B,C,D,E,F
Basis	10	2	16
Beispiel	123 $3 \times 10^0 = 3$ $2 \times 10^1 = 20$ $1 \times 10^2 = 100$ 123	1111011 $1 \times 2^0 = 1$ $1 \times 2^1 = 2$ $0 \times 2^2 = 0$ $1 \times 2^3 = 8$ $1 \times 2^4 = 16$ $1 \times 2^5 = 32$ $1 \times 2^6 = 64$ 123	7B $11 \times 16^0 = 11$ $7 \times 16^1 = 112$ 123
Bereich	n Stellen: 0 bis $10^n - 1$	n Stellen: 0 bis $2^n - 1$	n Stellen: 0 bis $16^n - 1$

3.1.2 Zahlensysteme

Zum Verständnis des binären Zahlensystems ist es hilfreich, zunächst einen Blick auf das uns vertraute Dezimalsystem zu werfen. Dieses Zahlensystem besteht aus zehn Ziffern von 0 bis 9 und der Zahlenbasis 10. Das Beispiel zeigt, wie sich eine Zahl aus Ziffern und Basis zusammensetzen lässt:

Dezimalsystem

$$\textbf{365} \quad = 3 \times 10^2 + 6 \times 10^1 + 5 \times 10^0$$

Aus der Position der Ziffer – also zum Beispiel die Einer, Zehner, Hunderter – ergibt sich der jeweilige Exponent für die Zahlenbasis 10. Wichtig ist, dass von rechts immer mit dem Exponent Null begonnen wird (10^0 ergibt 1). Nach diesen Vorüberlegungen ist der Aufbau des Binärsystems leicht zu verstehen. Das Zahlensystem enthält lediglich die beiden Ziffern 0 und 1 und besitzt die Zahlenbasis 2. Der Aufbau einer Zahl erfolgt analog zum Dezimalsystem durch fortlaufende Multiplikation von Ziffern mit der Basis hoch Stellenzahl:

Binärsystem

$$\textbf{10011 b} = 1 \times 2^4 + 0 \times 2^3 + 0 \times 2^2 + 1 \times 2^1 + 1 \times 2^0$$
$$= 16 + 0 + 0 + 2 + 1$$
$$= 19$$

binär → dezimal

Zur Darstellung der Dezimalzahl 19 im Binärsystem ist also die Ziffernfolge 10011 b notwendig. Durch das „b" wird angedeutet, dass es sich um eine Binärzahl und nicht um die Dezimalzahl Zehntausendundelf handelt. Zur weiteren Unterscheidung sollten Binärzahlen immer als einzelne Ziffern – also Eins-Null-Null-Eins-Eins – gelesen werden.

Lernziel: Binärzahlen in Dezimalzahlen konvertieren.
Aufgabe: Wandeln Sie folgende Binärzahlen in Dezimalzahlen um: 1001 b, 1100110 b, 101010100 b (L)

Beim Vergleich von Dezimal- mit Binärzahlen ist zu erkennen, dass für die Darstellung der gleichen Zahl im Binärsystem wesentlich mehr Stellen benötigt werden. So lassen sich im Dezimalsystem mit acht Stellen 10^8 oder 100 Millionen Zahlen von 0 bis 99 999 999 darstellen. Im Binärsystem sind mit acht Stellen nur 2^8 oder 256 unterschiedliche Zahlen möglich, wobei die kleinste Zahl 0 und die größte Zahl 1111 1111 b (255) lautet. Ein Nachteil des binären Zahlensystems besteht also darin, dass die Zahlen sehr groß werden und damit auch viel Speicherplatz belegen.

Oft ist es erforderlich, dass die Zahlenkonvertierung in umgekehrter Richtung vom Dezimal- in das Binärsystem erfolgt. Auch diese Konvertierung ist nicht sonderlich schwierig und geschieht durch fortlaufende Division der Dezimalzahl durch die Zahlenbasis 2 des Binärsystems. Der jeweils verbleibende Rest der ganzzahligen Division liefert die Stellen der sich ergebenden Binärzahl. Das Beispiel zeigt die Umwandlung der Dezimalzahl 35 in die zugehörige Binärzahl:

dezimal → binär

35	: 2	= 17	Rest: 1	
17	: 2	= 8	Rest: 1	
8	: 2	= 4	Rest: 0	Leserichtung
4	: 2	= 2	Rest: 0	
2	: 2	= 1	Rest: 0	
1	: 2	= 0	Rest: 1	

Das Schema endet, wenn sich als Ergebnis der Division 0 Rest 1 ergibt. Wichtig ist, dass die Binärzahl in Pfeilrichtung von unten nach oben gelesen wird: 100011 b. Zur Sicherheit sollte eine Gegenprobe durchgeführt werden:

$$100011b = 1 \times 2^5 + 0 \times 2^4 + 0 \times 2^3 + 0 \times 2^2 + 1 \times 2^1 + 1 \times 2^0$$
$$= 32 + 0 + 0 + 0 + 2 + 1 = 35$$

Lernziel: Dezimalzahlen in Binärzahlen konvertieren.
Aufgabe: Wandeln Sie die Dezimalzahlen 17, 45 und 64 in Binärzahlen um und machen Sie eine Gegenprobe. (L)

Nicht unerwähnt bleiben soll ein weiteres Zahlensystem, welches in der Computertechnik weit verbreitet ist und sich zur kompakten Darstellung von Binärzahlen hervorragend eignet: das Hexadezimalsystem. Wie der Name sagt, besitzt es als Basis die Zahl 16 und benötigt somit 16 unterschiedliche Ziffern. Da unser Dezimalsystem nur Ziffern von 0 bis 9 zur Verfügung stellt, wurden kurzerhand fünf Buchstaben von A bis F hinzugenommen. Das „A" entspricht dabei der 10., das „F" der 15. Ziffer. Das Beispiel zeigt, wie eine Hexadezimalzahl in eine Dezimalzahl umgerechnet werden kann:

Hexadezimalsystem
hexa (griech.): sechs

$$\begin{aligned} \textbf{2FA h} \quad &= 2 \times 16^2 + 15\ (\textbf{F}) \times 16^1 + 10\ (\textbf{A}) \times 16^0 \\ &= 512 + 240 + 10 \\ &= 762 \end{aligned}$$

hexadezimal → dezimal

Zur Umwandlung einer Dezimalzahl in eine Hexadezimalzahl kann das oben beschriebene Schema verwendet werden. Dabei ist der Divisor in diesem Fall die Zahl 16 und nicht die Zahl 2. Der Rest der ganzzahligen Division kann nun zwischen 0 und 15 betragen, was den Ziffern des Hexadezimalsystems entspricht.

Der Grund für die Einführung des Hexadezimalsystems liegt in der sehr kompakten Schreibweise von Binärzahlen. Ursache hierfür ist, dass $2^4 = 16$ ergibt und somit jeweils vier Binärziffern eine Hexadezimalziffer bilden:

Binär	Hex.
0000	0
0001	1
0010	2
0011	3
0100	4
0101	5
0110	6
0111	7
1000	8
1001	9
1010	A
1011	B
1100	C
1101	D
1110	E
1111	F

$$\underline{0001}\ \underline{1100}\ \underline{1000}\ \underline{0011}\ \textbf{b}$$
$$\ \ \ \textbf{1} \quad\quad \textbf{C} \quad\quad \textbf{8} \quad\quad \textbf{3} \quad \textbf{h}$$

Zur Konvertierung ist es lediglich notwendig, dass die Darstellung der ersten 16 Hexadezimalziffern als Binärzahlen bekannt ist (vgl. Tabelle rechts).

Lernziel: Binär- in Hexadezimalzahlen konvertieren.
Aufgabe: Wandeln Sie die Dezimalzahl 123 zunächst in eine
          Binär- und danach in eine Hexadezimalzahl um. (L)

Abb. 3.1/3
ASCII-Tabelle

Bit 6				0	0	0	0	1	1	1	1
Bit 5				0	0	1	1	0	0	1	1
Bit 4				0	1	0	1	0	1	0	1
Bit 3	Bit 2	Bit 1	Bit 0								
0	0	0	0	NUL	DLE	SP	0	@	P	`	p
0	0	0	1	SOH	DC1	!	1	A	Q	a	q
0	0	1	0	STX	DC2	"	2	B	R	b	r
0	0	1	1	ETX	DC3	#	3	C	S	c	s
0	1	0	0	EOT	DC4	$	4	D	T	d	t
0	1	0	1	ENQ	NAK	%	5	E	U	e	u
0	1	1	0	ACK	SYN	&	6	F	V	f	v
0	1	1	1	BEL	ETB	'	7	G	W	g	w
1	0	0	0	BS	CAN	(	8	H	X	h	x
1	0	0	1	HT	EM	)	9	I	Y	i	y
1	0	1	0	LF	SUB	*	:	J	Z	j	z
1	0	1	1	VT	ESC	+	;	K	[	k	{
1	1	0	0	FF	FS	,	<	L	\	l	|
1	1	0	1	CR	GS	-	=	M	]	m	}
1	1	1	0	S0	RS	.	>	N	^	n	~
1	1	1	1	S1	US	/	?	O	_	o	DEL

ASCII-Codierung des D: 100 0100

Lernziel: Zeichen in ASCII codieren und decodieren.
Aufgabe: Wie lautet der ASCII-Code des Buchstabens „M"? (L)
                  Welches Zeichen gehört zum ASCII 010 0100? (L)

3.1.3 Alphanumerische Codes

Bislang wurde die Konvertierung von Dezimal- in Binärzahlen behandelt. Nun gehört es zur Hauptaufgabe eines Computers, Texte zu verarbeiten. Diese enthalten neben Buchstaben (Alphazeichen) und Ziffern (numerische Zeichen) auch Sonderzeichen wie beispielsweise Fragezeichen oder Doppelpunkt. In der Summe wird von einem alphanumerischen Zeichensatz gesprochen. Zur Verarbeitung eines derartigen Zeichenvorrats ist es erforderlich, eine Codierung in binäre Daten vorzunehmen. Dabei wird jedem einzelnen Zeichen eine eindeutige binäre Ziffernfolge zugewiesen.

Alphanumerischer Code

Einer der wenigen international anerkannten alphanumerischen Codes wurde in Amerika entwickelt und unter dem Namen ASCII (American Standard Code for Information Interchange) bekannt. Durch die rasante Entwicklung des Internets ist er bis heute der wichtigste alphanumerische Code geblieben. Wie in der Tabelle auf der linken Seite abgebildet, handelt es sich beim ASCII ursprünglich um einen 7-Bit-Code. Neben Buchstaben, Ziffern und Sonderzeichen enthält er eine Reihe von Steuerzeichen, mit denen Steueranweisungen an Peripheriegeräte gegeben werden können. So veranlasst beispielsweise „LF" (Line feed) den Zeilenvorschub eines Druckkopfes oder „CR" (Carriage Return) die Rückkehr des Druckkopfes zum Zeilenanfang.

ASCII

Wer sich die ASCII-Tabelle betrachtet, erkennt schnell zwei Nachteile dieses Codes: Erstens werden Daten niemals in 7-Bit-, sondern immer nur in 8-Bit-Blöcken verarbeitet (vgl. Abschnitt 3.1.4) und zweitens fehlen im ASCII wichtige Buchstaben des deutschen Alphabetes wie beispielsweise Ä, Ö, Ü oder ß. Es liegt also nahe, das achte Bit zur Erweiterung des Codes zu nutzen und neben zusätzlichen Buchstaben auch einige grafische und mathematische Zeichen hinzuzufügen.

Während der ASCII heutzutage vorwiegend im Internet zum Einsatz kommt, ermöglichen moderne Betriebssysteme ein komfortables Arbeiten mit beliebigen Zeichensatztabellen. Vorsicht ist geboten, wenn Daten zwischen verschiedenen Betriebssystemen – zum Beispiel von Windows und Mac OS – ausgetauscht werden. Unterschiedliche Zeichensatztabellen führen hierbei schnell zur fehlerhaften Darstellung von bestimmten Zeichen.

Abb. 3.1/4
Tabelle der Datenformate

Name	Ziffern	Format	Zahlenbereich
Bit	1		$2^1 = 2$
Byte	8	7 6 5 4 3 2 1 0	$2^8 = 256$
Word	16	15 ... 8 7 ... 0	$2^{16} = 65536$
Long-Word	32	31 ... 24 •••• 7 ... 0	$2^{32} = 4,29 \times 10^9$
Quad-Word	64	63 ... 56 ••••••••• 7 ... 0	$2^{64} = 1,84 \times 10^{19}$

Abb. 3.1/5
Illustration der Zahl 2^{64}

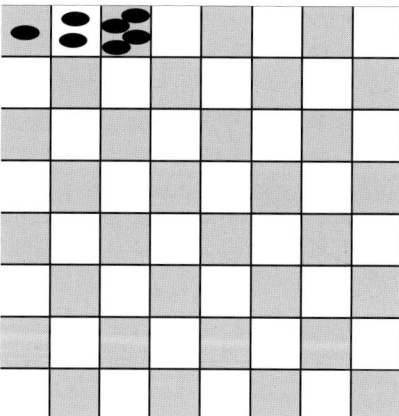

Wer der verehrten Leserinnen und Leser wagt folgende Wette:

Sie nehmen sich ein Schachbrett und einen Sack Reis. Dann platzieren Sie auf dem ersten Feld des Schachbretts ein Reiskorn, auf dem zweiten Feld zwei Reiskörner, auf dem dritten Feld vier Körner, auf dem vierten Feld acht Körner usw. ...

Wem es gelingt, die Verdopplung bis zum 64. Feld des Schachbretts fortzuführen, der bekommt umgehend den Kaufpreis dieses Buches von den Autoren erstattet. Die Anzahl an Körnern auf dem letzten Feld beträgt 2^{64}. Wem es nicht gelingt, der muss den zweiten Band dieses Werkes kaufen.

3.1.4 Datenformate

Wie die vorherigen Abschnitte gezeigt haben, verarbeiten Computer Informationen grundsätzlich nur in Form von binären Daten. Diese eignen sich hervorragend zur Verarbeitung durch elektronische Schaltkreise sowie zur Speicherung. Als nachteilig dabei erweist sich die Tatsache, dass durch die Konvertierung und Codierung der Originaldaten riesige Mengen an binären Daten entstehen. Zu Zeiten, in denen Speicherplatz und Rechenleistung knapp und teuer waren, war deshalb die Beschränkung der Datenmenge auf ein notwendiges Minimum oberstes Gebot. In heutiger Zeit scheinen sowohl Speichermedien als auch Rechenleistung in nahezu unbegrenzter Menge vorhanden zu sein. Parallel dazu steigen jedoch auch die Datenmengen explosiv an, man denke beispielsweise an digitalen Videoschnitt oder 3D-Echtzeitspiele. Im Wettlauf zwischen verbesserter Hardware und speicherhungriger Software ist zumindest heute noch kein Ende absehbar.

Obige Überlegungen zeigen, dass eine geeignete Verwaltung der Daten eine unabdingbare Voraussetzung für ein fehlerfreies Funktionieren der binären Datenverarbeitung ist. Dabei wurde zunächst festgelegt, dass binäre Daten nur in bestimmten Formaten gespeichert und verarbeitet werden dürfen. Die Entwicklung dieser Formate ist historisch bedingt und geht einher mit der Entwicklung von Mikroprozessoren, die diese Formate mit ihren Rechenwerken verarbeiten konnten.

→ 3.2.3

Die kleinste Informationseinheit bildet eine einzige Binärziffer. Aus der englischen Übersetzung „binary digit" wurde hierfür das Kunstwort Bit geschaffen. Eine achtstellige Binärzahl besteht demnach aus acht Bit und wird Byte genannt. Die ersten Mikroprozessoren konnten jeweils ein Byte parallel verarbeiten. Die meisten Speichermedien speichern Daten bis heute byteweise ab. Zur Erinnerung: Mit einem Byte lässt sich eine Dezimalzahl zwischen 0 und 255 darstellen. Alternativ kann ein Zeichen des erweiterten ASCII codiert werden.

Byte
8 Bit

Word
2 Byte oder 16 Bit

Es ist einleuchtend, dass das Bestreben nach mehr Rechenleistung zu einer Erhöhung der Anzahl an parallelen Datenleitungen geführt hat. So werden zwei Byte oder 16 Bit als Word bezeichnet; vier Byte oder 32 Bit bilden ein Long- oder Double-Word und acht Byte oder 64 Bit ergeben ein Quad-Word.

Long-Word
4 Byte oder 32 Bit

Quad-Word
8 Byte oder 64 Bit

Abb. 3.1/6
**Giga-, Mega-, Kilobyte
und Bit**

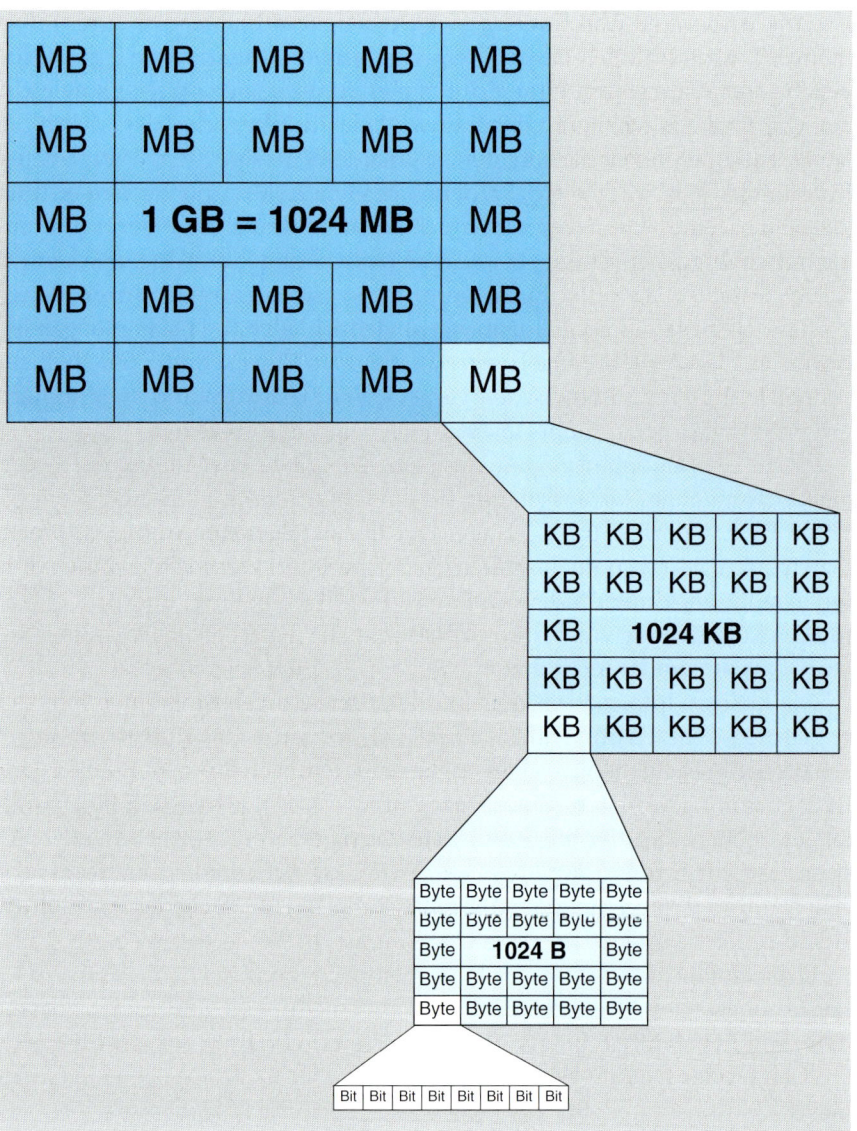

Werden Angaben für Computerhardware gemacht, so ergeben sich mittlerweile astronomische Zahlen. Eine Festplatte kann beispielsweise 8 589 934 592 Byte an Daten speichern. Sie erkennen, dass infolge der großen Zahlen weitere Maßeinheiten benötigt werden. Dabei hat man sich in Anlehnung an unser Dezimalsystem für die Vielfachen Kilo (K), Mega (M), Giga (G) usw. entschieden. Diese Lösung erweist sich als ungeschickt und verwirrend, weil den Einheiten im Bereich der Computertechnik eine andere Bedeutung zugewiesen wurde. So bedeutet Kilobyte (KB) nicht etwa 1000 Byte, sondern 1024 Byte. Grund hierfür ist, dass wegen der Basis 2 des binären Zahlensystems folgende Definitionen gelten:

Kilo-, Mega-, Gigabyte

$$
\begin{aligned}
1 \text{ Kilobyte (KB)} &= 2^{10} \text{ Byte} = & 1\,024 \text{ Byte} \\
1 \text{ Megabyte (MB)} &= 2^{20} \text{ Byte} = & 1\,048\,576 \text{ Byte} \\
1 \text{ Gigabyte (GB)} &= 2^{30} \text{ Byte} = & 1\,073\,741\,824 \text{ Byte}
\end{aligned}
$$

Abschließend ist zu erwähnen, dass für alle Angaben in Bit zur Unterscheidung von Byte immer ein kleines „b" als Einheit verwendet werden sollte: 1 Mb = 1024 Kb = 1 048 576 b.

Lernziel:　Mit den Einheiten der Computertechnik rechnen.

Aufgaben:
- Wie viel KB besitzt eine 8-GB-Festplatte? (L)
- Wie viel Bit passen auf eine 1,44-MB-Diskette? (L)
- Welche Datenmenge in GB ergeben 17 CD-ROM mit je 750 MB an Daten? (L)
- Wie viele Buchstaben (je ein Byte) passen in einen Arbeitsspeicher von 32 MB? Wie vielen Büchern entspricht dies, wenn pro Buch 50 Zeilen mit je 80 Buchstaben und 200 Seiten angenommen werden? (L)

3.2 Hardware

Abb. 3.2/1
Mikrocomputer und Peripheriegeräte

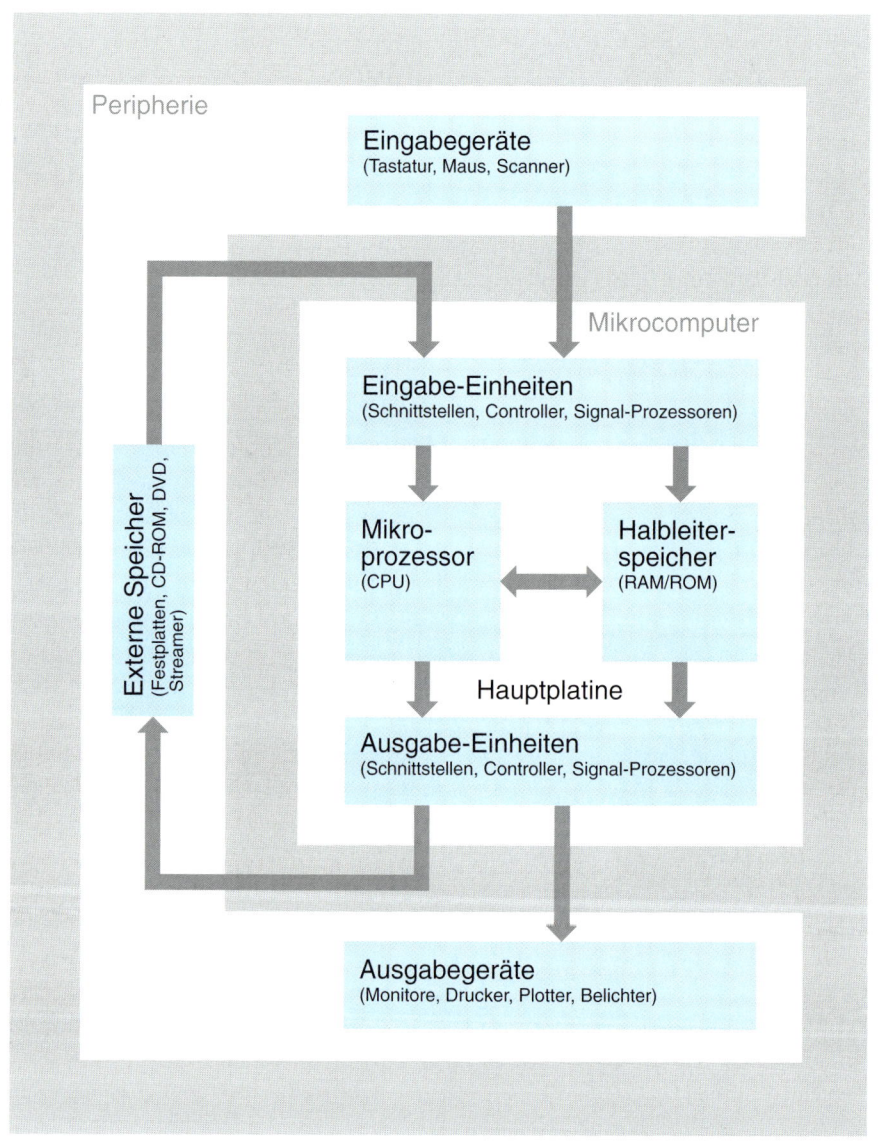

3.2.1 Mikrocomputer und Peripherie

Das Gehirn eines jeden Mikrocomputers ist der Mikroprozessor (CPU). Dabei handelt es sich um ein Bauelement von wenigen Quadratzentimetern Größe, das hochintegrierte Schaltkreise zur Steuerung des Computers sowie zur Berechnung der Daten enthält. Über die als Systembus bezeichneten Verbindungsleitungen ist der Mikroprozessor mit dem Arbeitsspeicher (RAM) verbunden. Dieser im Vergleich zu externen Speichern sehr schnelle Speicher hält sowohl den aktuell benötigten Programmcode – zum Beispiel ein Textverarbeitungsprogramm – als auch die aktuellen Daten – zum Beispiel einen Brief – zur Verarbeitung durch den Mikroprozessor bereit. Erst durch das Abspeichern des Briefes werden die Daten vom Arbeitsspeicher auf ein externes Speichermedium, in der Regel eine Festplatte, übertragen und damit vor Datenverlust gesichert.

Zum Anschluss externer oder peripherer Geräte an den Mikrocomputer muss eine Anpassung der unterschiedlichen Datenformate und Übertragungsgeschwindigkeiten vorgenommen werden. Diese Anpassung wird durch eine Vielzahl von Ein- und Ausgabe-Einheiten (I-/O-Units) übernommen, die sich entweder bereits auf der Hauptplatine des Mikrocomputers befinden oder bei Bedarf nachgerüstet werden können. In Abhängigkeit von der zu übernehmenden Aufgabe lassen sich dabei Schnittstellen wie die serielle Schnittstelle, Controller wie beispielsweise Festplatten-Controller oder Eingabe-/Ausgabekarten wie zum Beispiel Grafikkarten unterscheiden.

Die riesige Anzahl an heute zur Verfügung stehenden Peripheriegeräte lässt sich funktionell in drei Gruppen gliedern: Zur bereits erwähnten Gruppe der peripheren Speicher gehören neben Festplatten zur Zeit vor allem CD-ROM- und DVD- Laufwerke sowie als Streamer bezeichnete Bandlaufwerke. Als Eingabegeräte dienen in der Medienindustrie neben der obligatorischen Tastatur und Maus vor allem Scanner, Digitalkameras und neuerdings auch digitale Videokameras. Als Ausgabegerät wird in jedem Fall ein Monitor benötigt, zum Ausdrucken der Daten stehen Drucker, Plotter sowie Belichter zur Verfügung. Letztere dienen zur Herstellung von Filmen beziehungsweise zur Direktbelichtung von Druckplatten (Computer-to-Plate) für den Einsatz in Druckmaschinen.

Mikroprozessor (CPU, Central Processing Unit)

Systembus
Arbeitsspeicher

Ein- und Ausgabe-Einheiten (Input-/Output-Unit)

Schnittstellen, Controller, E-/A-Karten

Peripheriegeräte:
Periphere Speicher
Eingabegeräte
Ausgabegeräte

Abb. 3.2/2
Hauptplatine eines Mikrocomputers

Wegen der großen Vielfalt an unterschiedlichen Hauptplatinen sind Anordnung und Anzahl der Komponenten nur beispielhaft zu verstehen.

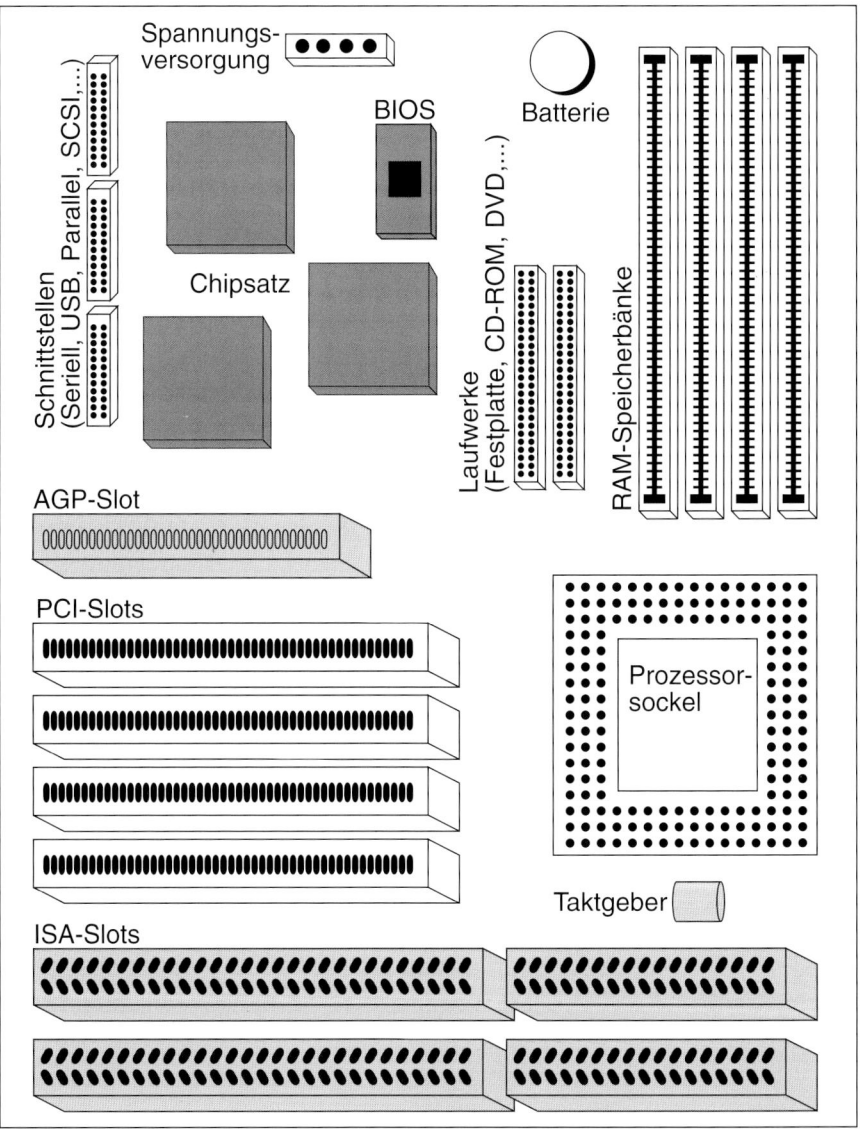

3.2.2 Hauptplatine

Wer einmal das Gehäuse eines modernen Computers öffnet, der wird feststellen, dass sich in dessen Inneren eine durchaus überschaubare Anzahl von
Einzelkomponenten befindet. Neben Netzteil, Festplatte und Laufwerken
besitzt jeder PC eine als Hauptplatine, Motherboard oder Mainboard bezeichnete Leiterplatte, auf die sämtliche elektronischen Komponenten entweder bereits aufgelötet sind oder in so genannte Slots eingesteckt werden
können. Letztere ermöglichen es, einen Computer nach Belieben mit frei
wählbaren Komponenten wie Grafikkarte, Arbeitsspeicher, Festplatte,
Soundkarte usw. auszustatten.

Hauptplatine, Motherboard oder Mainboard

Wesentliches Kennzeichen einer Hauptplatine sind die als Systembus bezeichneten Verbindungsleitungen zwischen den einzelnen Komponenten.
Funktionell gliedert sich der Systembus in einen Datenbus zum Transport
der eigentlichen Informationen, einen Adressbus zur Bestimmung des Ziel-
orts der Informationen und einen Steuerbus zur Koordination und Steuerung
des Mikrocomputers. Der derzeit aktuelle und sowohl in Windows- als auch
in Apple-PCs zum Einsatz kommende Systembus trägt die Bezeichnung PCI
(Peripheral Component Interconnect). Auf den Hauptplatinen befinden sich
demzufolge immer eine Reihe von PCI-Slots zur Aufnahme von PCI-Karten.

Systembus:
Datenbus
Adressbus
Steuerbus

PCI-Bus

Da es noch eine große Anzahl älterer – nicht PCI-fähiger – Geräte und Karten gibt, besitzen auch heutige Hauptplatinen der Windows-PCs einen oder
zwei ISA-Slots. Der ISA-Systembus (Industrial Standard Architecture) ist der
„Urgroßvater" der Systemarchitekturen und mittlerweile technisch veraltet.

ISA-Bus

Speziell zur Beschleunigung der Grafikausgabe wurde der AGP-Bus (Accerlerated Graphics Port) entwickelt. Vor allem aufwendige 3D-Spiele erfordern einen enorm hohen Datendurchsatz. Moderne Boards enthalten zur
Aufnahme einer AGP-Grafikkarte einen entsprechenden Slot.

AGP-Bus

Die Taktfrequenz des Systembusses wird wie die Prozessor-Taktfrequenz
in MHz angegeben. Dabei ist zu beachten, dass die Hauptplatine aufgrund
wesentlich größerer Abmessungen im Vergleich zum Mikroprozessor mit einer deutlich geringeren Frequenz getaktet wird. So ist ein Mikroprozessor
zum Beispiel mit 733 MHz, das zugehörige Motherboard mit 133 MHz getaktet.

Taktfrequenz

Abb. 3.2/3
Übersicht der zur Zeit aktuellen Schnittstellen

Die abgebildeten Stecker sind lediglich Beispiele, da für fast alle Schnittstellen mehrere Steckervarianten existieren.

Schnittstellen
Übersicht

	Datenübertragung	Übertragungsrate (MB/s)	Anschließbare Geräte	Anschlussleitungen	
RS 232 C o. V.24	seriell	14,4 kB/s	1	9/25	DB25
Centronics	parall.	1	1	36	Centronics36
USB	seriell	1	127	4	USB Typ A, 4-polig
SCSI-1	seriell	5	7	50	Centronics50 (SCSI 1)
Fast-SCSI	seriell	10	7	50	MiniDB50 (SCSI-2)
Wide-SCSI	seriell	20	15	68	MiniDB68
Ultra-SCSI	seriell	20	7	50	MiniDB50
Ultra-Wide-SCSI	seriell	40	15	68	MiniDB68
Ultra2 SCSI	seriell	80	15	68	MiniDB68 (SCSI 3)
FireWire	seriell	200	63	6	Fire Wire, 6-polig

Weitere Anschlussmöglichkeiten externer Geräte bieten die auf der Hauptplatine zur Verfügung gestellten Schnittstellen. Hierbei wird zwischen parallelen und seriellen Schnittstellen unterschieden. Im ersten Fall werden zum Beispiel acht Datenbit gleichzeitig, das heißt mit Hilfe von acht parallelen Leitungen, übertragen. Ein Beispiel hierfür ist die im PC-Bereich bekannte Centronics-Schnittstelle, die vorwiegend zum Anschluss eines Druckers oder Scanners genutzt wird. Bei der seriellen Datenübertragung werden die Datenbits zeitlich nacheinander über eine einzige Leitung übertragen. Die serielle Standardschnittstelle zum Anschluss einer Maus oder eines Modems ist ein Beispiel hierfür.

Schnittstellen: parallel oder seriell

Bei professioneller Nutzung eines Computers sind die Einsteck- und Anschlussmöglichkeiten des Standard-PCs schnell ausgeschöpft. Aus diesem Grund wurde die Möglichkeit geschaffen, durch Anschluss eines externen Busses weitere Peripheriegeräte wie beispielsweise zusätzliche Festplatten, CD-Brenner, Scanner oder Drucker an den Mikrocomputer anzuschließen. Derzeit kommen hierfür im Wesentlichen zwei Technologien zum Einsatz: Zum einen ist dies der bereits seit einigen Jahren eingesetzte SCSI-Bus (Small Computer System Interface). Wie die Tabelle zeigt, gibt es mittlerweile eine ganze Reihe von SCSI-Spezifikationen. In Konkurrenz zu SCSI tritt seit 1997 der USB (Universal Serial Bus). Eine Ablösung der oben beschriebenen parallelen und seriellen Schnittstellen durch USB ist derzeit wahrscheinlich.

Systembus-Erweiterungen

SCSI

USB

Unerlässlich für den Betrieb eines Mikrocomputers ist das Vorhandensein eines Arbeitsspeichers (RAM). Die hierfür notwendigen Speicherbausteine befinden sich auf kleinen Platinen, die sich in spezielle Steckplätze (Speicherbänke) auf der Hauptplatine einstecken lassen. Durch Austausch oder Ergänzung der Speicherbänke ist die Erweiterung des Hauptspeichers problemlos möglich. Wie in Abschnitt 3.2.4 beschrieben, muss hierbei beachtet werden, dass es unterschiedliche Typen von RAM-Modulen gibt.

RAM-Speicherbänke

Zur Steuerung des Datenflusses zu oder von externen Speichermedien wie Festplatte, CD-ROM- oder DVD-Laufwerk befinden sich auf der Hauptplatine entsprechende Controller. Hierbei werden zur Zeit vorwiegend E-IDE- (Enhanced Integrated Drive Electronic) oder die bereits oben erwähnten SCSI-Controller eingesetzt.

E-IDE- und SCSI-Controller

Abb. 3.2/4
Entwicklung des Mikro-
prozessors am Beispiel
der Firma INTEL

Die gezeigte Produktreihe
ist nicht vollständig. Die in
der letzten Spalte aufge-
führte Anzahl der vorhan-
denen Transistoren (elek-
tronische Schalter) zeigt,
dass die Leistungssteige-
rung vor allem durch fortschreitende Miniaturisierung
erzielt wurde.

INTEL
Mikroprozessor-
familie

	Baujahr	Datenbus-Breite (Bit)	Adressbus-Breite (Bit)	Adressraum (MB)	Taktfrequenz (MHz)	L1/L2-Cache (in kB)	Transistoren (x 1000)
i8086	1978	16	20	1	4,77	-/-	29
i80286	1982	16	24	16	6-12	-/-	134
i80368SX	1988	16	32	4096	16-40	-/-	275
i80386DX	1985	32	32	4096	16-40	-/-	275
i80486SX	1989	32	32	4096	25	8/-	1200
i80486DX	1989	32	32	4096	33-100	8/-	1200
Pentium	1993	64	32	4096	60-266	16/-	3200
Pentium II	1997	64	32	4096	233-400	32/512	3200
Pentium III	1999	64	32	4096	ab 400	32/512	3200
???							

Stand: 3/2000

3.2.3 Mikroprozessor

3.2.3.1 Entwicklung

Ein heutiger Mikroprozessor stellt vermutlich das komplexeste und komplizierteste Bauelement dar, das der Mensch jemals entwickelt hat. Voraussetzung für seine Entwicklung war dabei zunächst die Erfindung des elektronischen Schalters (Transistor) im Jahr 1948. Mit Hilfe von Transistoren ließen sich binäre Operationen auf elektronische Schaltkreise übertragen, da jeder Schalter genau zwei Zustände – entsprechend der binären Null und Eins – darstellen kann. Durch die parallelen Fortschritte in der Halbleitertechnologie wurde eine rasante Miniaturisierung dieser Schaltungen möglich, so dass heute mehrere Millionen Transistoren auf einer Fläche von wenigen Quadratzentimetern Platz finden. Die Folge war, dass raumfüllende Großcomputer nach und nach verschwanden und stattdessen der „persönliche Computer", „Personal Computer" oder kurz „PC" ins Leben gerufen wurde.

Transistor:
elektronischer Schalter

Personal Computer (PC)

Schon bald nach dem Erscheinen der ersten PCs vor rund 25 Jahren – allen voran der legendäre Apple I oder C64 –, wurden auch die großen Firmen der Branche auf die Möglichkeiten des PCs aufmerksam. So kam der erste IBM-PC mit 8088-Prozessor von Intel und dem Betriebssystem DOS von Microsoft im Jahr 1981 auf den Markt. Im damit eröffneten Wettlauf um immer kleinere, schnellere und gleichzeitig billigere Mikroprozessoren ist auch heute noch kein Ende absehbar. Obwohl die Leistungsdaten heutiger Prozessoren noch vor zwanzig Jahren unvorstellbar gewesen wären, besteht nach wie vor der Wunsch nach mehr Leistung und Geschwindigkeit. Die Ursache hierfür liegt einerseits in den immer komplexer werdenden Softwarepaketen. Andererseits werden dem PC heute zunehmend Aufgaben übertragen, die enorme Rechenleistungen voraussetzen. Beispiele hierfür sind der digitale Videoschnitt oder aufwendige 3D-Animationen.

Apple I und C64

Intel 8088

Der Mikroprozessor-Markt ist hart umkämpft und wird unter wenigen Firmen aufgeteilt. Im Bereich der Windows-PCs sind dies vor allem die Firmen Intel, Cyrix und AMD, die Prozessoren für Apple-PCs stammen überwiegend von Motorola. Für Server und Hochleistungscomputer kommen Prozessoren von Sun, DEC und IBM u.a. zum Einsatz.

Abb. 3.2/5
**Vereinfachtes Block-
schaltbild eines
Pentium-Prozessors**

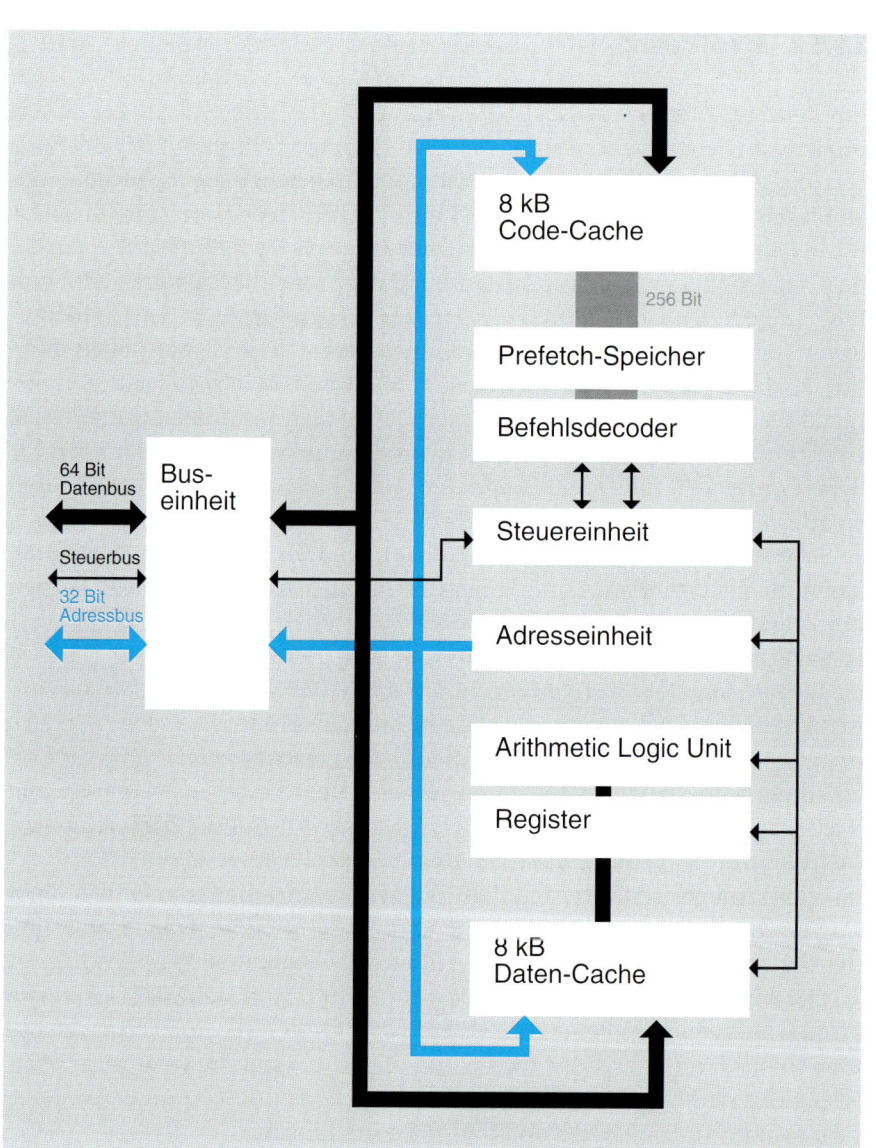

3.2.3.2 Funktionsprinzip und Kennwerte

Trotz seiner Komplexität lässt sich die prinzipielle Funktionsweise eines Mikroprozessors mit Hilfe eines Blockschaltbildes relativ leicht verstehen. Die Buseinheit steuert die Datenübernahme in den Prozessor bzw. -übergabe auf den Datenbus. Die Datenbus-Breite, also die Anzahl der parallelen Datenleitungen, stellt einen wichtigen Kennwert des Prozessors dar. Während die ersten Prozessoren eine Datenbus-Breite von acht Bit oder einem Byte besaßen, haben heutige Typen eine Busbreite von 64 Bit oder 8 Byte. Bei der nächsten Generation wird es sich um 128-Bit-Prozessoren handeln.

Datenbus-Breite in Bit

Die ankommenden Befehle gelangen zunächst in einen als (First-Level-)Cache bezeichneten Zwischenspeicher. Von dort aus werden sie über einen weiteren Zwischenspeicher (Prefetch) an den Befehlsdecoder übergeben. Nach der Decodierung bereitet die Steuereinheit die Befehlsausführung vor. Handelt es sich beispielsweise um einen Additionsbefehl, dann müssen die benötigten Operanden in so genannten Registern zwischengespeichert werden. Wenn das Rechenwerk (Arithmetic Logic Unit, ALU) zur Befehlsausführung bereit ist, addiert es die beiden Operanden und legt das Ergebnis in einem Register ab. Zur Übertragung des Ergebnisses in eine Speicherzelle des Arbeitsspeichers muss durch die Adresseinheit zunächst deren Adresse berechnet werden. Die Adressbus-Breite des Prozessors legt dabei die maximale Größe des Arbeitsspeichers fest. Heutige Prozessoren mit einer Adressbus-Breite von 32 Bit können 2^{32} Adressen verwalten. Da jede Adresse eine Speicherzelle von einem Byte adressiert, ist mit 2^{32} Adressen die Adressierung von maximal vier Gigabyte RAM möglich.

First-Level-Cache (L1-Cache)

Rechenwerk (ALU)

Adressbus-Breite in Bit

Zur Synchronisation des Datenflusses innerhalb des Prozessors wird dieser durch einen externen Taktgeber (Quarz) mit einem Rechteckimpuls versorgt. Die Anzahl der Rechteckimpulse pro Sekunde wird in Megahertz (MHz) angegeben und ist ein wichtiges Leistungsmerkmal eines Mikroprozessors. Während der erste IBM-PC eine Taktfrequenz von 4,77 MHz besaß, streben die Prozessor-Entwickler heute bereits 2-GHz-Prozessoren an. Problematisch dabei ist, dass bei derart hohen Frequenzen bereits kurze Leiterbahnen zu Antennen werden, die Energie abstrahlen.

Taktgeber (Quarz)

Abb. 3.2/6
Speicherhierarchie eines Mikrocomputers

Wie die Grafik zeigt, nimmt die Speicherkapazität von innen nach außen zu. Dies gilt auch für die Zugriffszeit auf die Daten. Mit den Kosten pro Megabyte verhält es sich umgekehrt: Sie nehmen von innen nach außen deutlich ab.

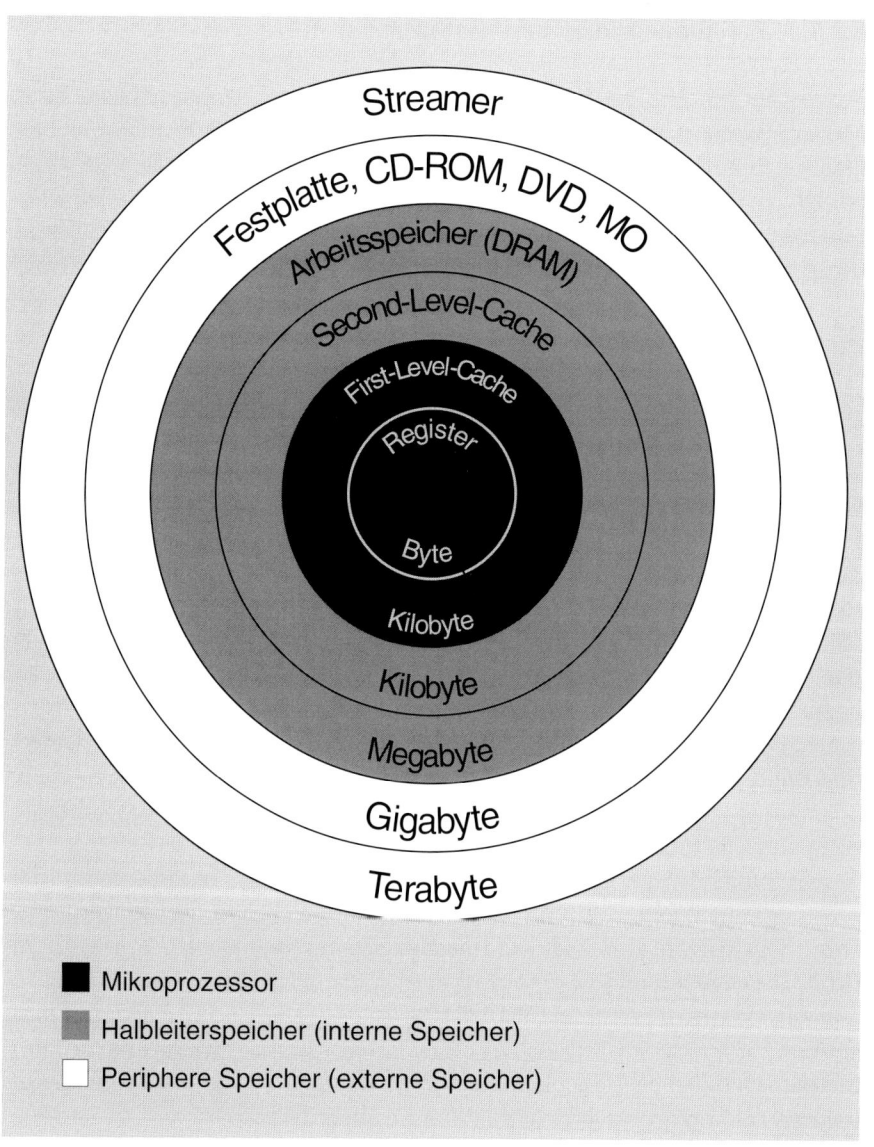

■ Mikroprozessor

▨ Halbleiterspeicher (interne Speicher)

☐ Periphere Speicher (externe Speicher)

3.2.4 Halbleiterspeicher

Halbleiterspeicher gehören funktionell zum Mikrocomputer und unterscheiden sich dadurch von externen oder peripheren Speichern wie zum Beispiel einer Festplatte. Periphere Speicher sind daran zu erkennen, dass sie Daten auf mechanisch bewegten Platten, Scheiben oder Bändern abspeichern. Ein Zugriff auf diese Medien dauert relativ lang. Halbleiterspeicher speichern Daten mit Hilfe von elektronischen Bauelementen, die einen schnellen Zugriff auf jede einzelne Speicherzelle ermöglichen.

3.2.4.1 Nur-Lese-Speicher (ROM)

Die große Familie der Halbleiterspeicher lässt sich funktionell in zwei Gruppen teilen: In einen Nur-Lese-Speicher (Read Only Memory, ROM) können – wie der Name sagt – keine Daten geschrieben werden. Sein Vorteil besteht jedoch darin, dass er seine Daten nicht verliert, wenn der Computer ausgeschaltet wird. Beim Starten eines Computers greift der Mikroprozessor deshalb zunächst auf einen ROM-Baustein mit dem so genannten BIOS (Basic Input Output System) zu. Das BIOS liefert alle benötigten Informationen zur Erkennung der vorhandenen Hardware. Erst danach kann, in der Regel von einer Festplatte, das Betriebssystem gestartet werden. Eine als Flash-EPROM bezeichnete Sonderform der ROM-Bausteine ist elektrisch lösch- und programmierbar, so dass hiermit eine Veränderung (zum Beispiel ein Update) des Speicherinhaltes möglich wird.

ROM (Read Only Memory)

BIOS

Flash-EPROM

3.2.4.2 Schreib-Lese-Speicher (RAM)

Die zweite Gruppe der Halbleiterspeicher bilden die Schreib-Lese-Speicher, besser bekannt als Arbeitsspeicher oder RAM (Random Access Memory). Der Arbeitsspeicher besitzt die Funktion eines schnellen Zwischenspeichers. Gemeinsames Kennzeichen aller RAM-Module ist es, dass sie beim Ausschalten des Computers gelöscht werden und damit alle Informationen unwiderruflich verlieren. Um diesem Datenverlust vorzubeugen, müssen also

RAM (Random Access Memory)

Abb. 3.2/7
**Übersicht der Halbleiter-
speicher**

Neben den im Text be-
schriebenen Unterschiede
der einzelnen Speicher-ty-
pen muss auch die unter-
schiedliche Bauform beachtet werden: Während ältere
Rechner mit SIM- oder
PS/2-SIM-Modulen ausge-
stattet sind, werden mo-
mentan vorwiegend DIM-
Module eingesetzt.

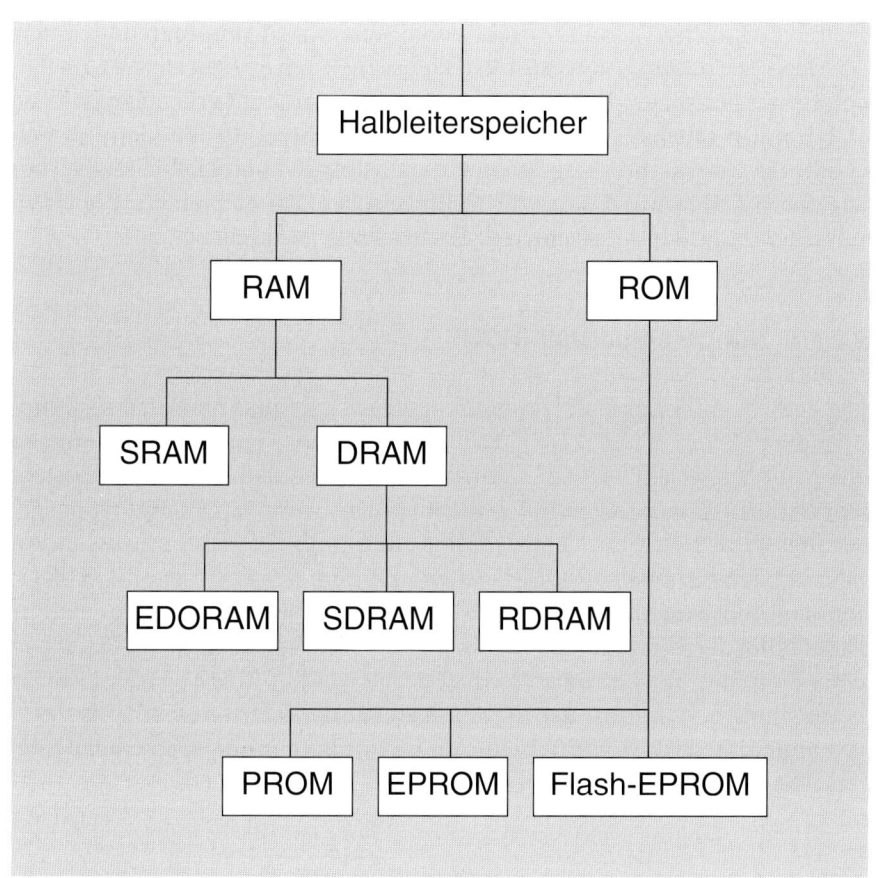

spätestens vor dem Beenden der Computersitzung alle gewünschten Daten auf einen peripheren Speicher gesichert werden. Da die Arbeit am Computer immer die Gefahr des „Rechnerabsturzes" in sich birgt, werden erfahrene Computeranwender diesen Speichervorgang vermutlich wesentlich früher durchführen …

Die Vielfalt an RAM-Modulen ist verwirrend. Zur Strukturierung sollte zunächst zwischen zwei Untergruppen, den statischen und den dynamischen RAM-Bausteinen, unterschieden werden.

Ein dynamischer oder DRAM-Baustein speichert ein Bit mit Hilfe eines einzigen Transistors. Dadurch lässt sich eine sehr hohe Anzahl an Speicherzellen auf kleinstem Raum unterbringen. Nachteilig dabei ist, dass sich die winzigen Bauelemente schnell entladen und die gespeicherte Information deshalb ständig aufgefrischt werden muss (Refresh-Zyklus). Die hierfür benötigte Zeit geht zu Lasten der Zugriffszeit auf den Speicher. Aufgrund ihrer kompakten Bauweise und der geringen Kosten machen die DRAM-Module den Löwenanteil des Arbeitsspeichers aus. Während der Einsatz von 64 MB DRAM bereits zur Grundausstattung gehört, ist die Erweiterung des Arbeitsspeichers auf mehrere Hundert Megabyte zum Beispiel im Bereich komplexer Bildbearbeitung durchaus sinnvoll. Innerhalb der DRAM-Bausteine gibt es wieder Subgruppen: EDO-RAM, SDRAM und RDRAM.

DRAM

Ein statischer oder SRAM-Baustein verwendet zum Speichern eines Bits nicht ein Bauelement, sondern eine Schaltung aus mehreren Transistoren. Dies hat den Nachteil, dass Platzbedarf und Kosten pro Megabyte deutlich höher sind als beim DRAM-Baustein. Allerdings entfallen die zeitintensiven Refresh-Zyklen, so dass SRAM-Speicher eine sehr geringe Zugriffszeit besitzen. Dies legt die Idee nahe, den SRAM als Zwischenspeicher zwischen DRAM und Mikroprozessor einzusetzen. Üblicherweise wird dabei vom (Second-Level-) Cache gesprochen. Eine Steuerlogik sorgt dafür, dass oft benötigte Daten im Cache verbleiben oder in diesen kopiert werden. Der Mikroprozessor hat in diesem Fall einen schnellen Zugriff auf diese Daten. Befinden sich die benötigten Daten nicht im Cache, dann muss der Prozessor auf den langsameren DRAM zugreifen. Die Größe des Cache-Speichers beträgt in der Regel 512 Kilobyte oder ein Megabyte.

SRAM

Cache

Abb. 3.2/8
Schematische Darstellung der magnetischen, optischen und magneto-optischen Datenspeicherung

Die Grafiken zeigen den **Schreibvorgang** auf die Speichermedien, der Lesevorgang ist nicht abgebildet.

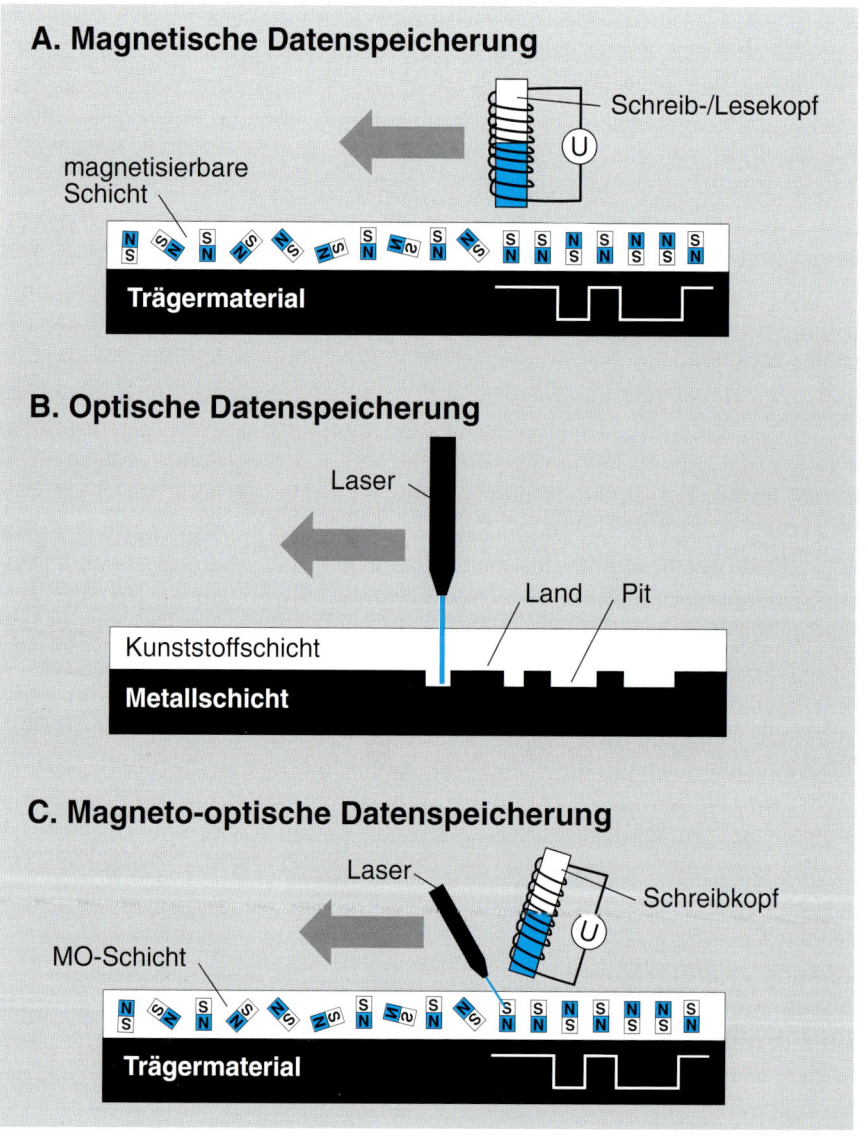

A. Magnetische Datenspeicherung

Schreib-/Lesekopf

magnetisierbare
Schicht

Trägermaterial

B. Optische Datenspeicherung

Laser

Land   Pit

Kunststoffschicht

Metallschicht

C. Magneto-optische Datenspeicherung

Laser

Schreibkopf

MO-Schicht

Trägermaterial

3.2.5 Externe Speicher

3.2.5.1 Speicherverfahren

Während die binären Informationen bei Halbleiterspeichern in Form von elektrischer Ladung gespeichert werden, kommen im Bereich der externen Speicher unterschiedliche Verfahren zum Einsatz. Beim magnetischen Speicherverfahren wird eine magnetisierbare Schicht durch einen sehr feinen Elektromagneten entsprechend der binären Information magnetisiert. Vereinfacht gesagt heißt dies: Eine binäre Eins wird durch einen magnetischen Südpol gespeichert, eine binäre Null durch einen magnetischen Nordpol. Dieses Speicherverfahren wird bei Festplatten, Disketten sowie bei Streamern (Bänder) angewandt. Der große Vorteil besteht darin, dass die Platten oder Bänder beliebig oft gelöscht und neu beschrieben werden können. Nachteilig ist die hohe Empfindlichkeit gegenüber äußeren Magnetfeldern und thermischen Einflüssen.

Magnetisches Speicherverfahren

Bei CDs und DVDs werden die Informationen mit Hilfe eines optischen Verfahrens gespeichert. Dabei „brennt" ein Laserstrahl im wahrsten Sinne des Wortes das binäre Informationsmuster als Erhöhungen (Land) und Vertiefungen (Pit) in eine Metallschicht. Bei kommerziellen Datenträgern wird ein so genannter Glasmaster erstellt, der zum Pressen der gewünschten Auflage herangezogen wird. Beim Lesen der CD oder DVD werden die Informationen durch die unterschiedliche Reflexion der Pits und Lands wiedergewonnen. Vorteil der optischen Datenspeicher ist die relativ große Unempfindlichkeit gegenüber äußeren Einflüssen. Selbst kleine Kratzer können durch entsprechende Korrekturverfahren eliminiert werden.

Optisches Speicherverfahren

Beim magneto-optischen Verfahren erwärmt ein Laserstrahl das magnetisierbare Trägermaterial punktuell, während gleichzeitig ein Magnet die Magnetisierung vornimmt. Das Lesen erfolgt wie bei der CD mit Hilfe eines schwächeren Laserstrahls. Dabei wird ausgenutzt, dass das Laserlicht in Abhängigkeit von Magnetfeldern unterschiedlich polarisiert wird, was durch einen Polarisationsfilter erkannt werden kann. Vorteile der MO-Speicher sind die hohe Unempfindlichkeit gegenüber Wärme und Magnetfelder. Wegen ihres relativ hohen Preises ist der Verbreitungsgrad von MO-Laufwerken jedoch auf den professionellen Bereich begrenzt.

Magneto-optisches Speicherverfahren

Abb. 3.2/9
Übersicht der wichtigsten externen Speichermedien

Die Zahlen sind lediglich beispielhaft zu verstehen – durch die große Vielfalt an Datenträgern sowie ständigen Neuheiten ist eine vollständige Aufzählung nicht möglich.

Externe Speicher	Speicherkapazität	Zugriffszeit	Datenträgerformat	Schnittstellen	Lesen/Schreiben
Disketten	1,44 MB	k.A.	3,5 "	Disk-controller	ja
ZIP ®	100 MB 250 MB	27 ms	3,5 "	SCSI, USB EIDE	ja
Festplatten	8 - 36 GB	5 - 13 ms	2,5 " 3,5 "	SCSI EIDE	ja
MO	640 MB 1,3 GB	28 ms	3,5 "	SCSI EIDE	ja
CD-ROM	750 MB	75 - 90 ms	12 cm	SCSI EIDE	nur Lesen
CD-R	650 MB	150 ms	12 cm	SCSI EIDE	1x Schreiben
CD-RW	650 MB	150 ms	12 cm	SCSI EIDE	ja
DVD-ROM	bis 9,4 GB pro Seite	90 ms	12 cm	SCSI EIDE	nur Lesen
DVD-RAM	2,4 GB pro Seite	150 ms	12 cm	SCSI EIDE	ja
Streamer	4 - 130 GB	k.A.	divers	SCSI EIDE	ja

Stand: 3/2000

3.2.5.2 Speicherkapazität

Ein weiteres Unterscheidungsmerkmal der Speichermedien ist die als Speicherkapazität bezeichnete Gesamtmenge an speicherbaren Informationen. Die Einheit der Speicherkapazität ist das Byte sowie die Vielfachen Kilobyte (KB), Megabyte (MB) und Gigabyte (GB). Wie in Abbildung 3.2/6 zu sehen ist, nimmt die Speicherkapazität von den prozessornahen Halbleiterspeichern zu peripheren Speichern enorm zu. Auf die Gefahr hin, dass die Zahlen beim Erscheinen dieses Buches bereits nicht mehr aktuell sind, sei beispielhaft eine mögliche Speicherkonfiguration genannt:

Speicherkapazität in KB, MB, GB

Speicherhierarchie

- Mikroprozessor mit L1-Cache 16 KB
- L2-Cache   512 KB
- Arbeitsspeicher   128 MB
- DVD   4,7 GB   pro Scheibe
- Festplatte   30 GB
- Streamer   70 GB   pro Band

Auf ein einziges Streamer-Band könnte der gesamte Inhalt des Arbeitsspeichers also 560-mal abgespeichert werden! Die Hauptaufgabe externer Speichermedien besteht darin, große Datenmengen langfristig vor Verlust zu sichern. Für diese Datenbackups reichen Festplatten alleine nicht aus, da das Restrisiko des Datenverlustes infolge eines „Headcrashs", also der mechanischen Zerstörung eines Schreib-/Lesekopfes der Platte, zu hoch ist.

Datenbackup

Nicht nur in Firmen, sondern auch bei jeder privaten Nutzung eines Computers sollte ein Konzept zur konsequenten Sicherung aller relevanten Daten erarbeitet werden. Neben den genannten Möglichkeiten der Datensicherung auf beschreibbaren CDs, DVDs oder Bändern setzen viele Unternehmen die so genannte RAID-Technologie (Redundant Array of Independent Disks) ein. Dabei werden Daten durch einen RAID-Controller auf mehrere Festplatten verteilt, so dass dieser bei Ausfall einer Festplatte die gesamte Information wiedergewinnen kann. Der Vorteil der RAID-Technologie gegenüber anderen Backup-Systemen besteht darin, dass der Datenzugriff bei Festplatten deutlich schneller erfolgen kann als beispielsweise bei Bandlaufwerken. Nachteilig ist der relativ hohe Preis derartiger Systeme.

RAID-Technologie

3.2.5.3 Zugriffszeit und Datenübertragungsrate

Die Angabe der Geschwindigkeit des Zugriffs auf die Daten eines Speichermediums wird durch zwei Parameter beschrieben. Bei der in Sekunden angegebenen Zugriffszeit handelt es sich um die durchschnittliche Dauer von der Adressierung der gewünschten Daten bis zu deren Erhalt auf dem Datenbus. Bei Halbleiterspeichern ist diese Zeit für den Zugriff auf alle Speicherzellen nahezu konstant. Bei allen mechanisch bewegten Platten oder Scheiben muss hingegen der Schreib-/Lesekopf zunächst an die gewünschte Stelle bewegt werden. In Abhängigkeit von der zurückzulegenden Weglänge werden sich die Zugriffszeiten deshalb stark unterscheiden, so dass hier nur eine mittlere Zugriffszeit angegeben werden kann. Bei allen Bandlaufwerken macht aufgrund der notwendigen Spulvorgänge die Angabe einer Zugriffszeit keinen Sinn.

Zugriffszeit in ms oder ns

Aussagekräftiger über den Datentransfer von oder zu einem Speicher ist die Angabe einer in kB/s oder MB/s gemessenen Datenübertragungsrate. Hierdurch wird ein direkter Geschwindigkeitsvergleich zwischen peripheren Speichern möglich. Beispielhaft seien auch hier wieder einige zur Zeit aktuelle Werte genannt:

Datenübertragungsrate in KB/s oder MB/s

- SDRAM   7 ns   k.A.
- Ultra-DMA Festplatte   10 ms   26 MB/s
- 50 x CD-ROM   75 ms   7,3 MB/s
- SCSI-2-Streamer   k.A.   2,5 MB/s   (Schreiben)

Beachtlich ist der Unterschied zwischen der Zugriffszeit auf einen RAM-Speicher im Vergleich zu einer Festplatte: Im Beispiel ist das RAM-Modul mit 7 ns (Nanosekunden; 10^{-9} Sekunden) immerhin um Faktor 1428 schneller als die Festplatte mit 10 ms (Millisekunden; 10^{-6} Sekunden). Dies erklärt die große Bedeutung des Arbeitsspeichers für die Performance des Computers! Die Datenübertragungsrate des CD-ROM-Laufwerks ist versteckt bereits in der Angabe „50x" enthalten: Ein Single-Speed-Laufwerk besaß ursprünglich eine Transferrate von 150 kB/s. Bei heutigen Laufwerken wird nur noch der Faktor angegeben, mit dem diese Rate zu multiplizieren ist. Im Beispiel ergibt sich: 50 x 150 kB/s = 7500 kB/s.

3.2.6 Grafikkarten

3.2.6.1 Funktion

Eine Grafikkarte hat die Aufgabe, die in Form von binären Zahlen vorliegenden Farbinformationen eines Bildpunktes (Pixel) in analoge Spannungen umzusetzen. Letztere dienen zur Steuerung der Elektronenstrahlen des Monitors, die für die Erzeugung des Bildes zuständig sind. Alle Farben werden dabei additiv aus den drei Primärfarben Rot (R), Grün (G) und Blau (B) zusammengesetzt. So ergibt zum Beispiel die additive Farbmischung von Rot und Grün die Farbe Gelb, die Mischung von Rot, Grün und Blau ergibt Weiß. Die Farbe eines jeden Pixels ist durch Angabe dreier Zahlenwerte für Rot, Grün und Blau eindeutig festgelegt. Im RGB-Farbraum werden für die drei Primärfarben jeweils acht Bit reserviert, so dass sich pro Farbe $2^8 = 256$ Abstufungen erzielen lassen.

Lichtfarben:
Rot, Grün und Blau

Additive Farbmischung

Da jede beliebige Kombination der Rot-, Grün- und Blautöne möglich ist, ergeben sich insgesamt $2^8 \times 2^8 \times 2^8 = 2^{24} = 16,78$ Millionen darstellbare Farben pro Bildpunkt. Bei dieser Farbenanzahl wird von Echtfarben (TrueColor) gesprochen. Der Speicherplatzbedarf pro Pixel beträgt bei TrueColor 3 x 8 Bit = 24 Bit = 3 Byte. Zur Berechnung des Speicherplatzbedarfs eines Monitorbildes muss die gesamte Anzahl an Pixeln demnach mit drei Byte multipliziert werden. Nach diesen Vorüberlegungen lassen sich die nachfolgend beschriebenen Kennwerte einer Grafikkarte verstehen.

Echtfarben (TrueColor):
16,78 Millionen Farben

3.2.6.2 Kennwerte

Um einen schnellen Bildaufbau zu ermöglichen, besitzt jede Grafikkarte einen eigenen Speicher. Es handelt sich dabei entweder um DRAM-Module, wie sie auch als Arbeitsspeicher verwendet werden (z.B. SDRAM), oder um Speichermodule, die speziell für Grafikdaten optimiert wurden (z.B. SGRAM).

Videospeicher in MB

Wie viel Videospeicher wird benötigt? Die folgende Rechnung zeigt die Mindestanforderungen an eine Grafikkarte: Soll ein Monitor ein Bild der Größe 1280 x 1024 Pixel in Echtfarben darstellen, dann benötigt die Grafik-

Abb. 3.2/10a
Zusammenhang zwischen Bildgröße, Farbtiefe und Datenmenge pro Bild

Je größer der Videospeicher der Grafikkarte ist, umso höhere Datenmengen sind pro Einzelbild zulässig.

Bildgröße in Pixel	Farbtiefe in Bit					Datenmenge in kB
	1*)	8	16	24	32	
640 x 480	37,5	300	600	900	1200	
800 x 600	58,6	469	938	1406	1875	
1024 x 768	96	768	1536	2304	3072	
1280 x 1024	160	1280	2560	3840	5120	
1600 x 1200	234	1875	3750	5625	7500	

*) Vergleichswert, nicht einstellbar

Abb. 3.2/10b,c
Einstellung von Bildgröße und Farbtiefe

Unter **Windows** (links) ist im Start-Menü unter Einstellungen > Systemsteuerung und danach Anzeige zu wählen.
Beim **Macintosh** lassen sich die Einstellungen im Apfel-Menü unter Kontrollfeld > Monitore & Ton vornehmen.

214   Hardware

karte zum Abspeichern eines einzigen Bildes 1280 x 1024 x 3 Byte = 3,75 MB Videospeicher. Demnach wäre die Verwendung einer 4-MB-Karte die untere Grenze. Heutige Karten besitzen 16, 32 oder mehr Megabyte Videospeicher und übersteigen damit den geforderten Wert problemlos.

Zur Umsetzung der als Binärzahlen vorliegenden Farbinformationen in analoge Spannungen besitzt jede Grafikkarte einen RAMDAC. Getrennt nach den Primärfarben Rot, Grün und Blau steuern diese Spannungen die drei Elektronenstrahlen des angeschlossenen Monitors. Entscheidend für die Geschwindigkeit eines RAMDACs ist wie beim Prozessor seine Taktfrequenz. Schnelle Grafikkarten werden mit 300 MHz oder höher getaktet.

RAMDAC (Random Access Memory – Digital to Analog Converter)

Wie bereits in Abschnitt 3.2.2 erwähnt, werden heutige Grafikkarten entweder als PCI- oder als AGP-Karten angeboten. Bei AGP (Accerlerated Graphics Port) handelt es sich um einen speziell für die Grafikausgabe entwickelte Erweiterung des PCI-Busses, die zur Beschleunigung der Datenübertragung vom Arbeitsspeicher zur Grafikkarte dient. Diese Beschleunigung ist bei „normaler" PC-Benutzung nicht notwendig, wohl aber bei aufwendigen 3D-Spielen. Diese benötigen zur ständigen Berechnung dreidimensionaler Spieleszenen einen enorm hohen Datentransfer zu Grafikkarte und Monitor. Zur Entlastung des Mikroprozessors bei der Berechnung der räumlichen Spieleszenen gibt es spezielle 3D-Bausteine, die sich direkt auf der Grafikkarte befinden. Damit der Karte ein direkter Zugriff auf die PC-Hardware wie Arbeitsspeicher und Festplatte möglich ist, wurde hierfür von Microsoft die mittlerweile standardisierte Programmierschnittstelle Direct X entwickelt.

PCI- oder AGP-Karten

Virtuelle Welten mit 3D-Bausteinen

Lernziel: Bilddatenmengen berechnen.
Aufgaben:
- Kann eine 2-MB-Grafikkarte ein Bild der Größe 1024 x 768 Pixel in Echtfarben darstellen? (L)
- Wie viele Farben sind darstellbar, wenn die Farbtiefe von 24 auf 16 Bit pro Pixel reduziert wird? (L)
- Wie viel Speicherplatz benötigt ein Monitorbild mit dieser reduzierten Farbenzahl? (L)

Abb. 3.2/11
Schematische Darstellung eines Kathodenstrahl-Monitors

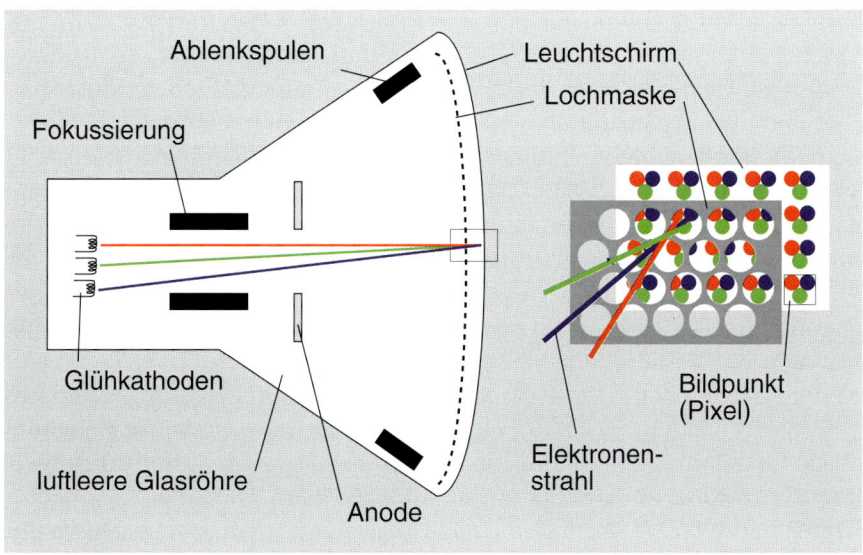

Abb. 3.2/12
Schematische Darstellung eines LCD-Monitors

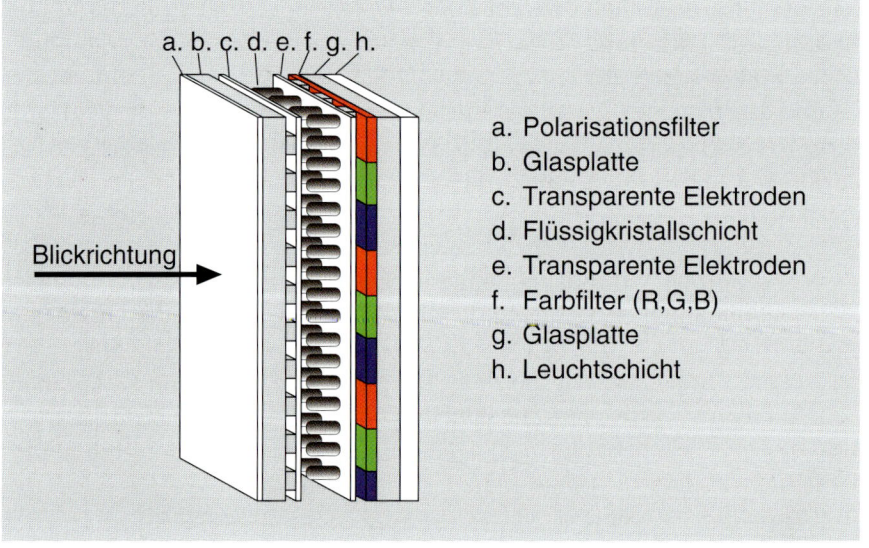

a. Polarisationsfilter
b. Glasplatte
c. Transparente Elektroden
d. Flüssigkristallschicht
e. Transparente Elektroden
f. Farbfilter (R,G,B)
g. Glasplatte
h. Leuchtschicht

3.2.7 Monitore

3.2.7.1 Monitortechnologien

Herzstück eines Kathodenstrahl-Monitors ist eine evakuierte Glasröhre. In ihrem hinteren Teil befindet sich eine Glühkathode, aus der negativ geladene Elektronen austreten und in Richtung einer (positiv geladenen) Anode beschleunigt werden. Die Ablenkung und Fokussierung des Elektronenstrahls erfolgt mit Hilfe von Elektromagneten in der Art, dass das Monitorbild zeilenweise von oben nach unten aufgebaut wird. Der Farbeindruck entsteht dadurch, dass der für das Auge unsichtbare Elektronenstrahl auf eine Leuchtschicht auftrifft und dort durch Energieabgabe ein Leuchten hervorruft. Um ein Farbbild zu erzeugen, werden nach den Ausführungen im vorherigen Abschnitt drei Elektronenstrahlen sowie eine Leuchtschicht mit rot, grün und blau leuchtenden Punkten benötigt. Eine vor der Leuchtschicht angebrachte Lochmaske sorgt dafür, dass die drei Elektronenstrahlen gebündelt werden und genau einen farbigen Bildpunkt ergeben. Ein geringer Lochabstand ist dabei ein Qualitätsmerkmal eines Monitors. Er beträgt bei den meisten Monitoren zwischen 0,28 und 0,25 mm.

Eine ernst zu nehmende Konkurrenz zu den „klassischen" Röhrenmonitoren stellen LCD-Bildschirme (Liquid Crystal Display) dar. Durch deutliche Verbesserungen der erreichbaren Bildgröße und -qualität werden derartige Monitore nicht nur bei allen tragbaren Computern, sondern zunehmend auch als Ersatz des Röhrenmonitors eingesetzt. Das Funktionsprinzip eines LCD-Monitors besteht darin, dass organische Materialien (Flüssigkristalle) entdeckt wurden, die durch Anlegen eines elektrischen Feldes ihre Lage verändern und dabei lichtdurchlässig werden. Das elektrische Feld ist durch winzige elektronische Schalter (TFT, Thin Film Transistor) ein- oder ausschaltbar. Für jeden Bildpunkt werden drei Transistoren für den roten, grünen und blauen Anteil der Farbe benötigt, was durch den Einsatz von Farbfiltern möglich wird. Für ein Display mit 1024 x 768 Bildpunkten ergibt sich damit ein Bedarf von 1024 x 768 x 3 = 2.359.296 Transistoren, wobei jeder Transistor einzeln ansteuerbar sein muss. Vorteile der LCD-Monitoren sind ihr geringer Energiebedarf sowie ihre geringen Abmessungen. Die Qualität guter Röhrenmonitore wird allerdings noch nicht erreicht.

Kathodenstrahl-Monitor

LCD-Monitor

3.2.7.2 Monitorgröße und Bildformat

Bilddiagonale in Zoll

Die Kennzeichnung der Monitorgröße erfolgt durch Angabe der Bilddiagonale in Zoll (Abkürzung: ''). Ein Zoll entspricht einer Länge von 2,54 Zentimetern, so dass ein 17 ''-Monitor eine sichtbare Bilddiagonale von etwa 43,2 cm aufweist. Handelsübliche Monitore besitzen eine Bilddiagonale von 15, 17, 19, 20 oder 21 Zoll, wobei jedes weitere Zoll einen deutlichen Preisschub bedeutet.

Bildformat in Pixel

Im engen Zusammenhang mit dem Lochabstand steht die als Bildformat oder -größe bezeichnete maximale Anzahl an darstellbaren Pixeln. Hierbei wurden in den letzten Jahren Standardgrößen definiert, an die sich die Monitorhersteller halten. Beispiele für diese Standardformate sind:

Standardformate im Bildverhältnis 4 : 3

- 640 x 480 Pixel   VGA (Video Graphics Array)
- 800 x 600 Pixel   SVGA (Super VGA)
- 1024 x 768 Pixel   XGA (Extended Graphics Adapter)
- 1280 x 1024 Pixel SXGA (Super XGA)
- 1600 x 1200 Pixel

Da heutige Grafikkarten die genannten Formate ohne Probleme auch in Echtfarben darstellen können, ist dem Anwender die Wahl des Bildformates weitgehend selbst überlassen. Je mehr Pixel dargestellt werden, desto mehr Details werden erkennbar. Da die Bilddiagonale jedoch konstant bleibt, werden die Objekte entsprechend kleiner dargestellt.

3.2.7.3 Horizontal- und Vertikalfrequenz

Vertikalfrequenz in Hz
(Bildwiederholfrequenz)

Voraussetzung für das tägliche Arbeiten an einem Monitor ist ein flimmerfreies Bild. Das Flimmern entsteht durch eine zu geringe Vertikalfrequenz, das heißt, die Anzahl an Bildwiederholungen pro Sekunde ist zu klein. Ein Beispiel hierfür ist das PAL-Fernsehen, das mit einer Vertikalfrequenz von nur 25 Hz – genauer gesagt handelt es sich um 50 Halbbilder – arbeitet. Um ein Monitorbild flimmerfrei wahrzunehmen, sind Frequenzen von mindestens 70 Hz notwendig. Heutige Monitore übertreffen diesen Wert.

Es dürfte einleuchtend sein, dass die erreichbare Vertikalfrequenz in großem Maß von der Anzahl an darzustellenden Pixeln abhängig ist. Dieser Umstand wird durch Angabe der Horizontal- oder auch Zeilenfrequenz berücksichtigt. Die Horizontalfrequenz gibt die Anzahl an Zeilen an, die pro Sekunde auf den Bildschirm geschrieben werden können. Besitzt ein Monitor eine Horizontalfrequenz von 96 kHz, dann kann er maximal 96.000 Zeilen pro Sekunde schreiben. Bei einem gewählten Bildformat von 800 x 600 Pixel besteht ein komplettes Bild aus 800 Spalten und 600 Zeilen. Daraus folgt, dass der Monitor pro Sekunde 160 komplette Bilder darstellen kann, also eine Vertikalfrequenz von 160 Hz besitzt. Der einfache Zusammenhang zwischen beiden Frequenzen ergibt sich zu:

Vertikalfrequenz = Horizontalfrequenz / Zeilenanzahl

Wird das Bildformat im obigen Beispiel auf 1280 x 1024 Pixel erhöht, so reduziert sich die Vertikalfrequenz automatisch auf knapp 94 Hz. Das größere Bildformat führt damit zwangsläufig zu einer Verringerung der Bildwiederholfrequenz. Abschließend sei darauf hingewiesen, dass die von Herstellern angegebenen Horizontalfrequenzen in der Regel etwas höher sind als die gemäß obiger Formel tatsächlich darstellbaren Zeilen. Hier ist beim Kauf eines Monitors Vorsicht geboten!

Lernziel: Den Umgang mit Monitorkennwerten üben.

Aufgaben:
- Welche Horizontalfrequenz benötigt ein Monitor mindestens, wenn er im XGA-Format eine Bildwiederholfrequenz von 110 Hz erreichen soll? (L)
- In einer Werbebroschüre finden Sie folgende Angaben: 100-Hz-Monitor bei 1600 x 1200 Pixel (110 kHz) Sind die Angaben richtig? (L)
- Welches der auf der vorigen Seite genannten Bildformate kann ein 85-kHz-Monitor maximal darstellen, wenn mindestens 90 Hz gewünscht werden? (L)

Horizontalfrequenz in kHz (Zeilenfrequenz)

Abb. 3.2/13
**Druckprinzip eines Nadel-
druckers**

Durch Anlegen einer elek-
trischen Spannung zieht der
Elektromagnet schlag-artig
den beweglichen Anker an,
der seinerseits die Nadel
auf Farbband und Papier
schlägt. Die Rück-stellfeder
bringt die Nadel in die Aus-
gangsposition zurück.

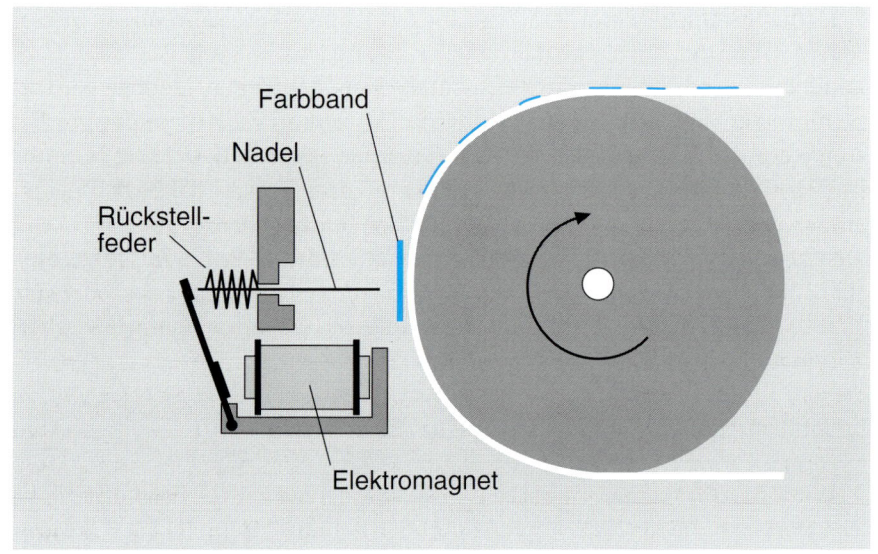

Abb. 3.2/14
**Druckprinzip eines Tin-
tenstrahldruckers (Bub-
ble-Jet-Verfahren)**

Durch schlagartiges Erhit-
zen der Tintendüse entsteht
in dieser eine Gasblase, die
den Tintentropfen explo-
sionsartig auf das Papier
schleudert. Der dabei entstehende Unterdruck füllt
die Düse erneut mit Tinte.

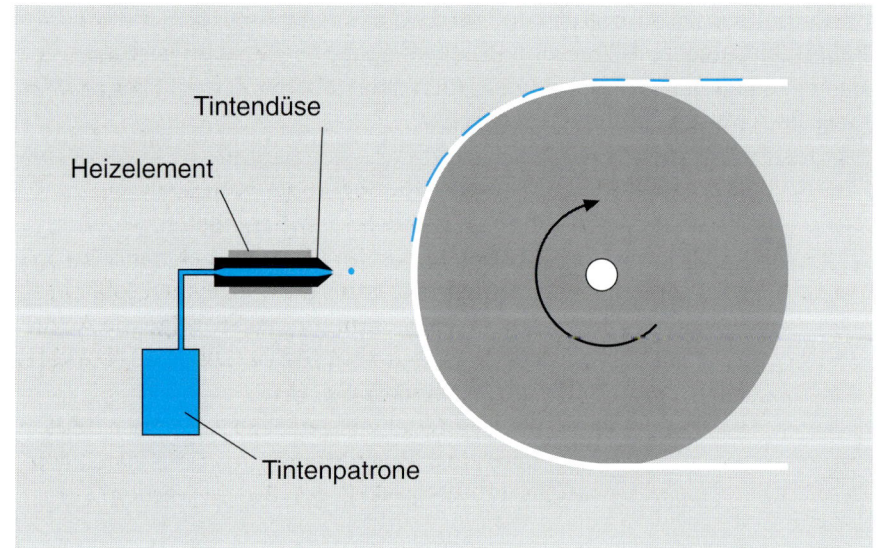

3.2.8 Drucker

3.2.8.1 Drucktechnologien

Noch vor zwanzig Jahren war jeder Computeranwender froh, einen Nadel-drucker sein Eigen nennen zu können. Dieser ermöglichte immerhin den Ausdruck des Bildschirminhalts. Im Druckkopf eines Nadeldruckers befin-den sich hierzu zwischen 9 und 24 feine Nadeln, die durch kleine Elektro-magneten einzeln bewegbar sind. Um Buchstaben zu drucken, muss die Druckersteuerung die entsprechenden Nadeln in Richtung Farbband und Papier bewegen, so dass hierdurch die Farbe des Farbbandes auf das Papier übertragen wird. Es leuchtet ein, dass diese mechanische Bewegung nicht ohne entsprechende Geräuschentwicklung erfolgen kann. Nicht zuletzt aus diesem Grund wurden die Nadeldrucker zusehends aus den Büros ver-bannt. Heute werden Nadeldrucker hauptsächlich als Endlos-Listen- oder Formular-Drucker in der Industrie eingesetzt. Immerhin ist keine andere Drucktechnologie in der Lage, Original-Durchschläge zu erstellen.

Nadeldrucker

Vor allem im Privatbereich haben in den letzten Jahren die Tintenstrahl-drucker ihren Siegeszug angetreten – insbesondere auch wegen der immer geringer werdenden Kosten trotz besserer Qualität. Wie der Name sagt, ar-beitet ein Tintenstrahldrucker mit (flüssiger) Tinte, die nach den Gesetzmä-ßigkeiten der Farbmischung in den drei Primärfarben Cyan, Magenta und Gelb (Yellow) vorhanden sein muss. Zur Kontrastverbesserung und für Schwarzweißausdrucke wird als vierte „Farbe" Schwarz ergänzt. Im Gegen-satz zum Drucker selbst sind die Nachfüllpackungen für die Tinte oft sehr teuer, was für so manchen Druckerbesitzer zum Ärgernis wird.

Tintenstrahldrucker

Bei den Tintenstrahldruckern muss zwischen dem so genannten Bubble-Jet- und dem Ink-Jet-Verfahren unterschieden werden. Im ersten Fall wird die Tinte tröpfchenförmig aus einer erhitzten Düse geschleudert, weil sich in dieser durch die Erwärmung eine winzige Gasblase bildet. Beim Ink-Jet-Verfahren wird die Düse durch eine sie umgebende Piezokeramik zu-sammengepresst. Dieses Material besitzt die Eigenschaft, dass es sich durch Anlegen einer elektrischen Spannung zusammenzieht und dadurch den Druck auf die Düse erzeugt.

Bubble-Jet- und Ink-Jet-Drucker

Abb. 3.2/15
**Druckprinzip eines Laser-
druckers**

Die negativ geladene Bild-
trommel wird durch den Laserstrahl punktuell ent-la-
den. Der Toner haftet an allen entladenen Stellen.
Durch positive Aufladung
des Papiers wird der Toner
auf das Papier gezogen.
Heiz- und Fixiereinrichtung
sorgen für eine dauerhafte
Verbindung von Toner und
Papier.

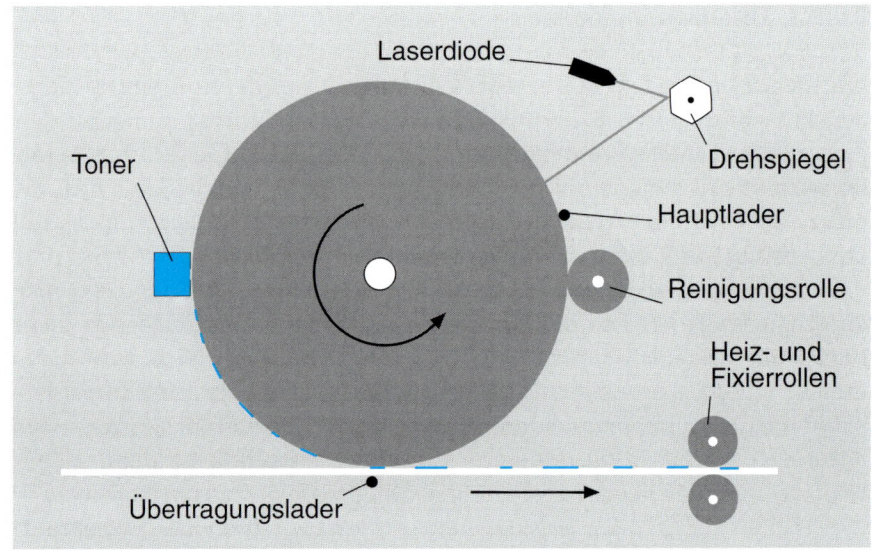

Abb. 3.2/16
**Druckprinzip eines Ther-
modruckers (Ther-mo-
transferverfahren)**

Durch punktuelle Erhitzung
werden wachsähnliche
Farbpigmente auf das Pa-
pier übertragen und in dieses eingeschmolzen.

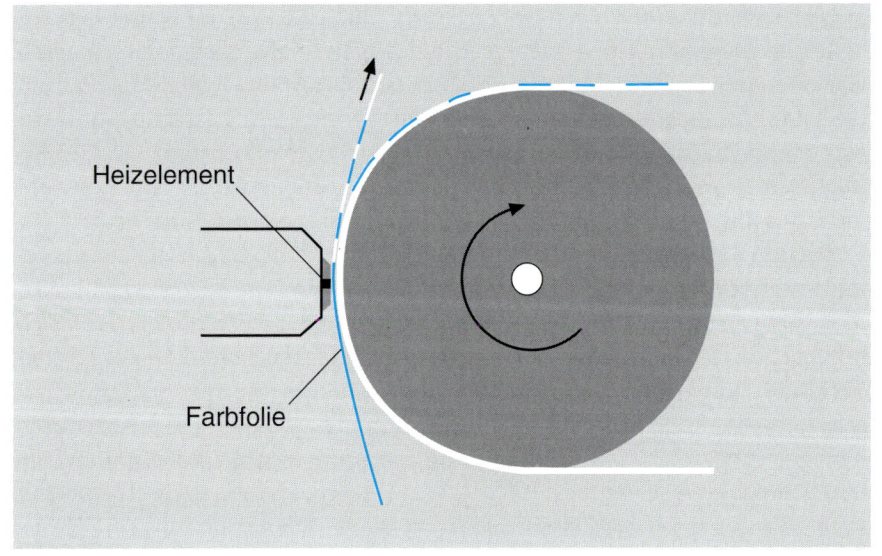

Tintenstrahldrucker zeichnen sich durch geringe Anschaffungskosten bei sehr guten Druckergebnissen aus. Nachteilig sind der bereits erwähnte hohe Preis von Tinte und gegebenenfalls Spezialpapier sowie die geringe Farbbeständigkeit bei Lichteinwirkung.

Vor allem im Bereich des Schwarzweißdruckes sind Laserdrucker hinsichtlich Qualität, Geschwindigkeit und Verbrauchskosten unerreicht. Bei dieser Drucktechnologie entlädt ein elektronisch gesteuerter Laserstrahl oder eine LED-Zeile die lichtempfindliche Schicht der negativ geladenen Trommel, so dass an diesen Stellen das ebenfalls negativ geladene Tonermaterial hängen bleibt. Der auf der Trommel locker haftende Toner wird auf das Papier übertragen, da dieses positiv geladen ist. Abschließend wird durch Druck und Hitze der Toner auf dem Papier fixiert.

Laserdrucker

Laserdrucker sind immer dann empfehlenswert, wenn eine große Anzahl an Schwarzweißdrucken zu erwarten ist. Die vergleichsweise geringen Kosten für den Toner machen die höheren Anschaffungskosten im Vergleich zum Tintenstrahldrucker schnell wett. Die Anschaffung eines Farb-Laserdruckers lohnt sich infolge seiner hohen Kosten in der Regel nur für Betriebe der grafischen Industrie.

Bei der vierten Gruppe von Thermodruckern wird zwischen Thermotransfer- und Thermosublimationsdruckern unterschieden. Beim Thermotransferdruck wird durch punktuelle Erhitzung einer wachsähnlichen Farbfolie der Farbstoff auf normales Papier übertragen und dort eingeschmolzen. Auch ein Thermosublimationsdrucker arbeitet mit Farbfolie und punktueller Erhitzung, allerdings mit deutlich höherer Temperatur. Dies hat zur Folge, dass der Farbstoff gasförmig wird (sublimiert) und in dieser Form in das Papier eindringt. Hierdurch wird das Drucken echter Halbtöne möglich, was den Drucker für High-End-Farbausdrucke prädestiniert. Für die private Nutzung kommt aus Kostengründen vermutlich nur ein Thermotransferdrucker in Frage.

Thermodrucker:
Thermotransferdrucker
Thermosublimationsdrucker

Lernziel: Vor- und Nachteile der Druckertypen ermitteln.

Aufgabe: Erstellen Sie eine Tabelle, in der Sie jeweils die Vor- und Nachteile der beschriebenen Drucker eintragen. (I)

Abb. 3.2/17
**Strichzeichnung und Text
mit einer Auflösung von
100 dpi**

Abb. 3.2/18
**Strichzeichnung und Text
mit einer Auflösung von
200 dpi**

Abb. 3.2/19
**Strichzeichnung und Text
mit einer Auflösung von
300 dpi**

3.2.8.2 Kennwerte

An erster Stelle der Druckerkennwerte ist die erreichbare Auflösung zu nennen. Hierunter wird die Anzahl an Druckpunkten (dots) verstanden, die der Drucker auf einer Strecke von einem Inch ausdrucken kann. Die Einheit der Auflösung wird in dpi (dots per inch) angegeben, wobei ein Inch einer Länge von 2,54 cm entspricht. Typische Auflösungen heutiger Drucker liegen zwischen 360 dpi und 1440 dpi. Wegen der im vorherigen Abschnitt beschriebenen unterschiedlichen Drucktechnologien kann aus einer höheren Auflösung nicht automatisch eine bessere Druckqualität gefolgert werden. So kann ein 1440-dpi-Ausdruck eines Tintenstrahlers deutlich schlechter sein als ein 1200-dpi-Ausdruck auf einem Laserdrucker, wenn das verwendete Papier ein Verlaufen der Tinte bewirkt. Abschließend sei darauf hingewiesen, dass viele Druckermodelle mit unterschiedlicher Auflösung in horizontaler und vertikaler Richtung arbeiten. Dieser Unterschied wird durch die Angabe zweier Auflösungen – z.B. 1440 x 720 dpi – zum Ausdruck gebracht. (Und dies im wahrsten Sinne des Wortes!)

Auflösung in dpi

Die Druckgeschwindigkeit wird durch Angabe der druckbaren Seiten pro Minute angegeben, manchmal auch als ppm (pages per minute) abgekürzt. Hierbei zeigen sich relativ große Unterschiede zwischen den einzelnen Druckertypen. Während Tintenstrahldrucker bereits mit 10 Seiten / Minute als schnell bezeichnet werden können, sind bei Laserdruckern 40 Seiten / Minute oder mehr erreichbar. Damit unterscheiden sie sich kaum mehr von Fotokopierern.

Druckgeschwindigkeit in Seiten/Minute (ppm)

Standardmäßig sind Drucker meistens mit einer parallelen (PC) bzw. seriellen RS-423-Schnittstelle (Mac) ausgestattet. Alternativ dazu ist mittlerweile oft eine USB-Schnittstelle vorhanden. Wer seinen Drucker in einem Netzwerk betreiben will, muss auf das Vorhandensein einer Ethernet-Schnittstelle achten.

Schnittstellen

Ein letztes Kriterium bezieht sich auf die Bedruckstoffe: Das verwendbare Papier kann sich hinsichtlich erforderlicher Qualität, maximaler Dicke und Preis stark unterscheiden. Oft wird auch gewünscht, dass der Drucker zum direkten Bedrucken von (Overhead-)Folien verwendet werden kann.

Bedruckstoffe

Abb. 3.2/20
**Vergeich einer Windows-
mit einer Mac-Tastatur**

Die Tastaturen unterscheiden sich im Wesentlichen
durch die Funktionstasten in
der unteren Reihe.
In der Mitte der Abbildung
sind häufig benötigte Tas-
tenkürzel für Sonderzeichen
bzw. für Funktionen des Betriebssystems darge-stellt.

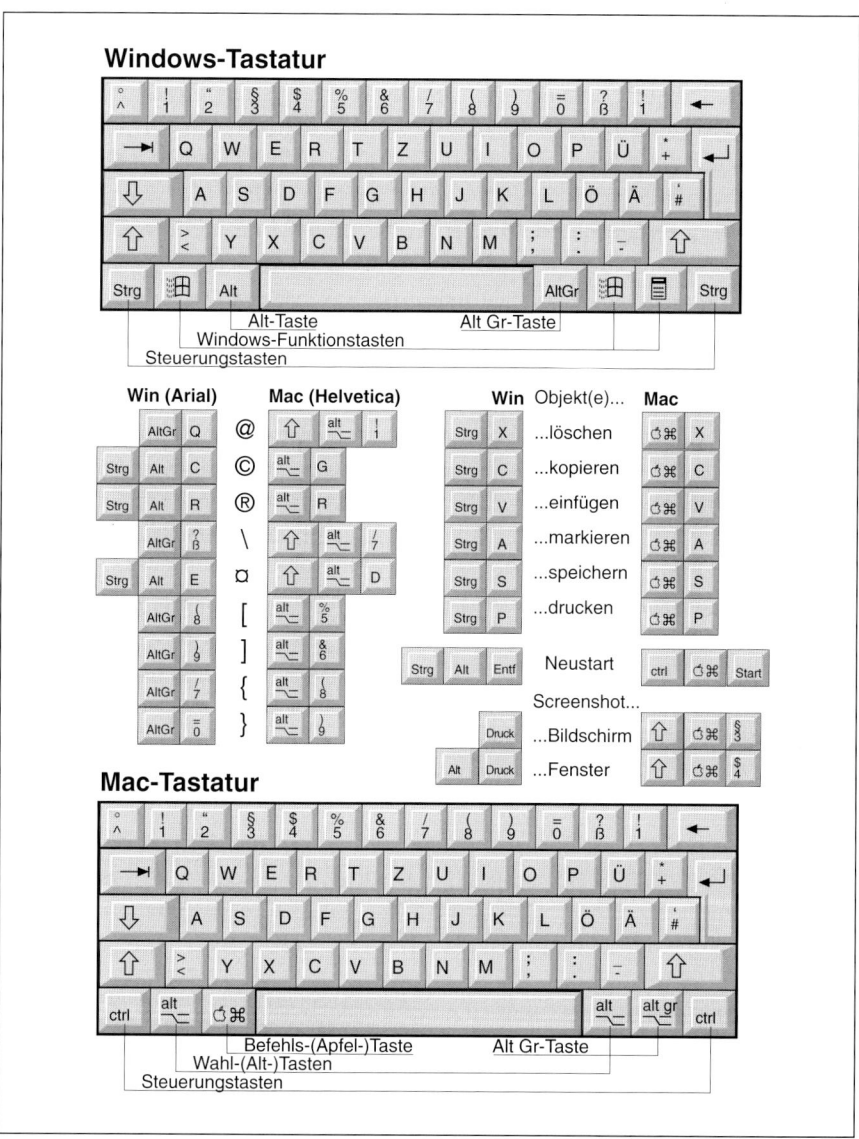

3.2.9 Eingabegeräte

3.2.9.1 Tastatur und Maus

Das Vorhandensein von Tastatur und Maus am Computer ist selbstverständlich. Die vielseitigen Funktionen der verschiedenen Tasten und Tastenkombinationen im Einzelnen zu erläutern, würde den Rahmen dieses Buches weitaus sprengen. Gemäß dem Motto „Learning by doing" ist dies jedoch weder notwendig noch sinnvoll.

Aufgrund der leidigen Erfahrung des Autors erscheint ein Abschnitt über Tastatur und Maus aus einem Grund dennoch angebracht: die parallele Verwendung von (Windows-)PC und Mac. Während sich die grafischen Benutzeroberflächen sowie die Programme zusehends angleichen, unterscheiden sich Tastatur und Maus immer noch erheblich. Bei der Mac-Maus fällt vor allem die fehlende rechte Maustaste auf. Wer von der Windows- in die Apple-Welt wechselt, wird zunächst das Aufrufen kontextbezogener Menüs mit Hilfe der rechten Maustaste vermissen. Diese lässt sich jedoch am Mac zumindest simulieren, indem während des Mausklicks die ctrl-Taste betätigt wird.

Was die Tastaturen von PC und Mac anbelangt, so möge die Übersicht auf der linken Seite einen kleinen Beitrag dazu leisten, dass einige wichtige Sonderzeichen auf beiden Tastaturen gefunden werden.

Zum Anschluss von Tastatur und Maus an den Computer werden derzeit entweder fünfpolige PS/2-Stecker oder USB-Stecker verwendet.

Windows- und Mac-Tastatur

Mac-Maus ohne rechte Maustaste

3.2.9.2 Digitalkamera und Scanner

Auf die wichtige Bedeutung von Digitalkamera und Scanner im Bereich der Druck- und Medienindustrie wird an anderer Stelle dieses Buches eingegangen.

→ 6.1.3

3.3 Lokale Netze

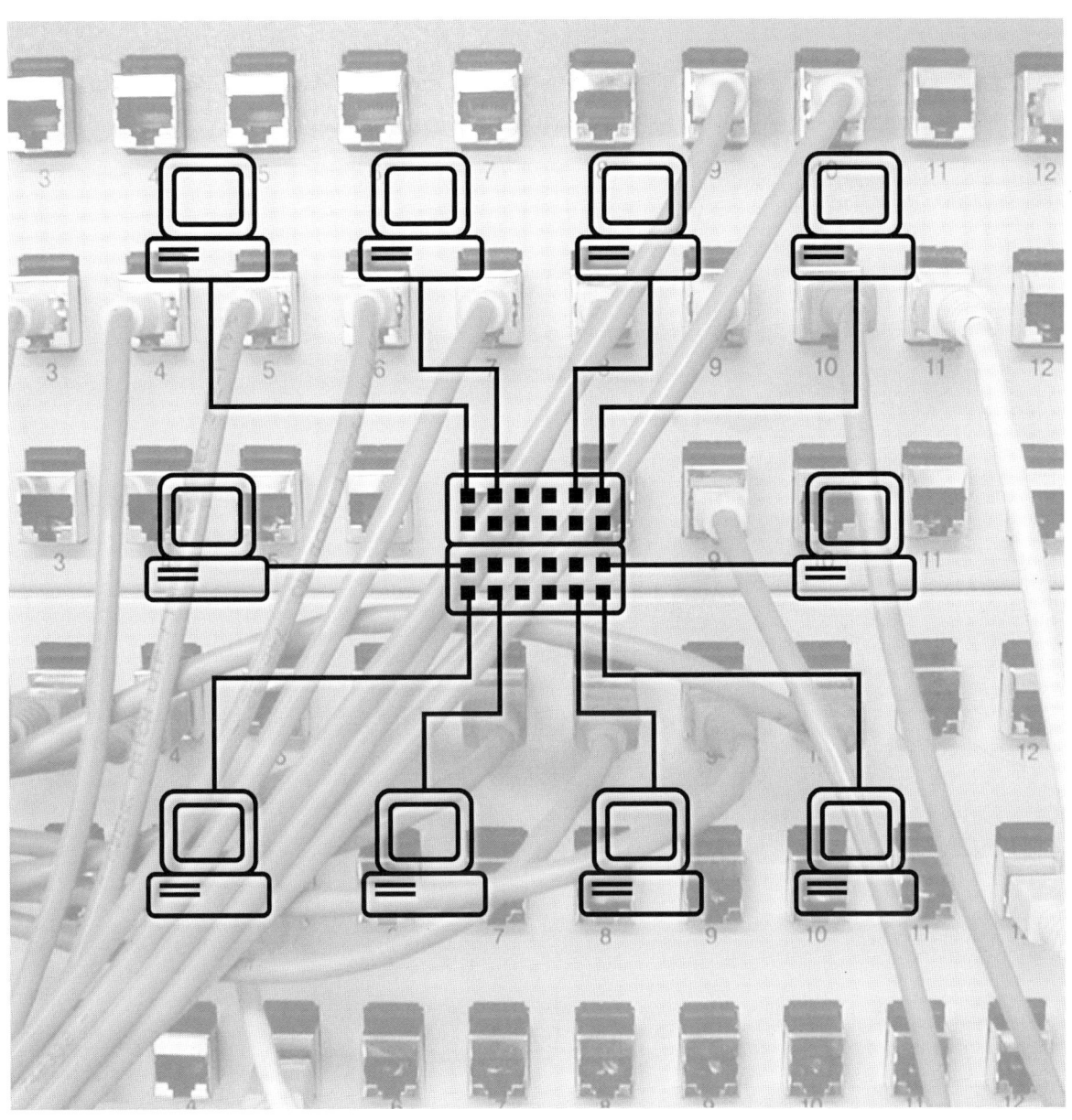

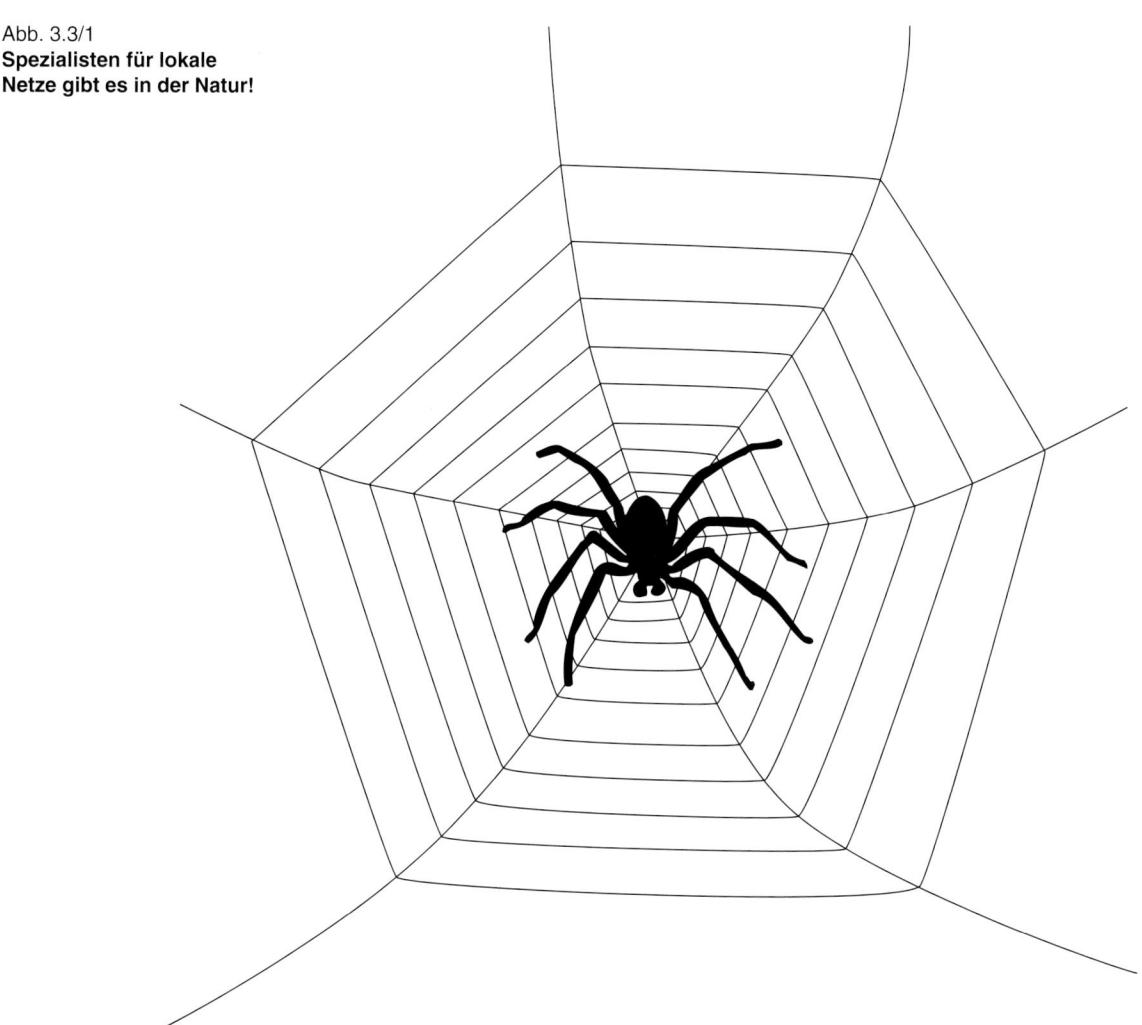

Abb. 3.3/1
**Spezialisten für lokale
Netze gibt es in der Natur!**

3.3.1 Klassifikation von Datennetzen

Die Einteilung von Datennetzen erfolgte ursprünglich hinsichtlich ihrer örtlichen Ausdehnung: Beim LAN (Local Area Network) handelt es sich um ein Netz, das auf ein Gebäude oder Fabrikgelände beschränkt ist und damit eine Ausdehnung von etwa einem Kilometer nicht überschreitet. Datennetze innerhalb von Städten werden entsprechend als MAN (Metropolitan Area Network) bezeichnet. Ein Beispiel hierfür ist ein rechnergestütztes Verkehrsleitsystem innerhalb einer Stadt. Unter WAN (Wide Area Network) werden landesweite oder länderübergreifende Netze verstanden, bei weltumspannenden Netzen wie dem Internet spricht man von GAN (Global Area Network).

Während noch in den 80er Jahren die oben beschriebenen Subnetze weitgehend voneinander getrennt waren, zeichnet sich heute mehr und mehr die Verbindung der Teilnetze zu heterogenen Gesamtnetzen ab. Die obige begriffliche Trennung von Netzen hinsichtlich ihrer örtlichen Ausdehnung verliert dadurch zusehends an Bedeutung. Denn bereits wenn zwei Firmengebäude über eine öffentliche Straße hinweg miteinander verbunden werden, handelt es sich im engeren Sinn nicht mehr um ein lokales Netz. Im Falle von Unternehmen sollte stattdessen eher von einem Corporate Network gesprochen werden.

Die zum Betrieb der Netze notwendigen Betriebssysteme vollziehen die oben beschriebene Integration nach. Begrifflich haben sich dabei die Bezeichnungen Intranet für unternehmensinterne und Internet für weltweite Datenkommunikation durchgesetzt. Die dafür notwendige Technik ist – zum Beispiel bei den verwendeten Protokollen – für beide Bereiche identisch. Für den Anwender bedeutet dies, dass er eine Benutzeroberfläche zur Verfügung gestellt bekommt, die ihm eine firmeninterne und weltweite Datenkommunikation ermöglicht. Damit kann sich ein Firmenmitarbeiter beispielsweise mit ein und derselben Software die von ihm benötigten Daten von einer firmeninternen Datenbank oder von einem Datenserver in den USA holen. Ebenso kann er eine E-Mail an seinen Vorgesetzten im Nachbarraum oder an einen Kunden in Australien senden. Beides dauert vergleichbar lang und unterscheidet sich für den Mitarbeiter nur durch eine andere Adresse.

Local Area Network (LAN)

Metropolitan Area Network (MAN)

Wide Area Network (WAN)

Global Area Network (GAN)

Corporate Network

Intranet – Internet

Abkürzungen der Netzwerktechnik

10Base2 – 10-MBit-Ethernet mit dünnem Koaxialkabel (RG-58, Cheapernet); Kabelenden müssen mit Abschlusswiderstand (Terminator) von 50 Ohm versehen sein; ein Kabelsegment darf max. 185 Meter lang sein.

10Base5 – 10-MBit-Ethernet mit dickem Koaxialkabel (RG-8A/U, Yellow Cable); Kabelenden müssen mit 95 Ohm terminiert werden; Kabellänge max. 500 Meter.

10BaseT – Sternförmiges 10-MBit-Ethernet mit Twisted-Pair-Kabel und Hub/Switch; Kabellänge von Rechner zu Hub/Switch maximal 100 Meter.

100BaseFx – Sternförmiges 100-MBit-Ethernet (Fast Ethernet) mit Glasfaser-Verkabelung; maximale Kabellänge 400 Meter.

100BaseTx – 100-MBit-Ethernet mit sternförmiger Twisted-Pair-Verkabelung; maximale Kabellänge 100 Meter.

1000BaseLx – 1000-MBit-Ethernet für Glasfaser der Wellenlänge 1270 nm; max. Kabellänge 550 bis 5000 m.

1000BaseSx – 1000-MBit-Ethernet (Gigabit-Ethernet) für Glasfaser der Wellenlänge 850 nm; max. Kabellänge 220 bis 550 Meter.

CSMA/CD – Carrier Sense Multiple Access / Collision Detection; Zugriffsverfahren des Ethernets.

FDDI – Fibre Distributed Data Interface; 100-MBit-Token-Ring-Netzwerk mit Glasfaserkabel.

GAN – Global Area Network, weltweites Netzwerk.

LAN – Local Area Network, lokales Netzwerk innerhalb eines Unternehmens.

LWL – Lichtwellenleiter, oft als Glasfaserkabel bezeichnet.

RJ-45 – Achtpoliger Stecker für Twisted-Pair-Kabel.

S/STP – Sreened Shielded Twisted Pair; Twisted-Pair-Kabel mit Gesamtschirmung um alle Kabel und zusätzlicher Schirmung der einzelnen Adern.

STP – siehe S/UTP

S/UTP – Sreened Unshielded Twisted Pair; Twisted-Pair-Kabel mit Gesamtschirmung um alle Kabel.

UTP – Unshielded Twisted Pair; Twisted-Pair-Kabel ohne Abschirmung.

3.3.2 Nutzungsmöglichkeiten

Welche Möglichkeiten bietet die Vernetzung von Rechnern? Was rechtfertigt den hohen Aufwand der Installation, Konfiguration und Administration?

File-Sharing

Der Datenbestand eines Netzwerkes wird auf einem Server zentral gespeichert und ist nur dort abrufbar. Dies erhöht die Datensicherheit, weil ein Datenbackup nur an diesem Rechner durchgeführt werden muss. Durch Passwörter und unterschiedliche Zugriffsrechte auf die Daten ist auch der Datenschutz wesentlich besser gewährleistet. Was für Daten gilt, kann auch für Anwenderprogramme gesagt werden. Hinzu kommt, dass der Aufwand für Installation und Update der Software beträchtlich sinkt.

Datensicherheit: Schutz der Daten vor Verlust

Datenschutz: Schutz vor Zugriff auf persönliche Daten

Resource-Sharing

Der sicherlich bekannteste Vorteil von Datennetzen ist in der gemeinsamen Nutzung von Peripheriegeräten zu sehen. So können beispielsweise Drucker oder Scanner im Netz von allen Benutzern gemeinsam verwendet werden. Auch die Internet-Anbindung kann an einer zentralen Stelle erfolgen.

Electronic Mailing (E-Mail)

Alle Teilnehmer können firmenintern oder weltweit miteinander kommunizieren, ohne dass ein ständiger Griff zum Telefon notwendig ist. Über so genannte Verteiler kann eine E-Mail gleichzeitig an beliebig viele Mitarbeiter verschickt werden. Mit so genannten Attachments lassen sich an eine E-Mail Dateien anhängen, wodurch eine einfache Möglichkeit des Datenaustausches besteht.

Attachment Anfügen von Dateien an eine E-Mail

Remote Login

Zur Installation und Administration eines Netzes ist das Einloggen in ein Netzwerk von beliebiger Stelle aus möglich. Einem Systembetreuer wird dadurch der Zugriff auf Rechner möglich, die Hunderte von Kilometern entfernt sein können.

Abb. 3.3/2
Zentralrechnerkonzept

Das Rechnernetz besteht
aus einem Zentral-rechner
und „dummen" Terminals.

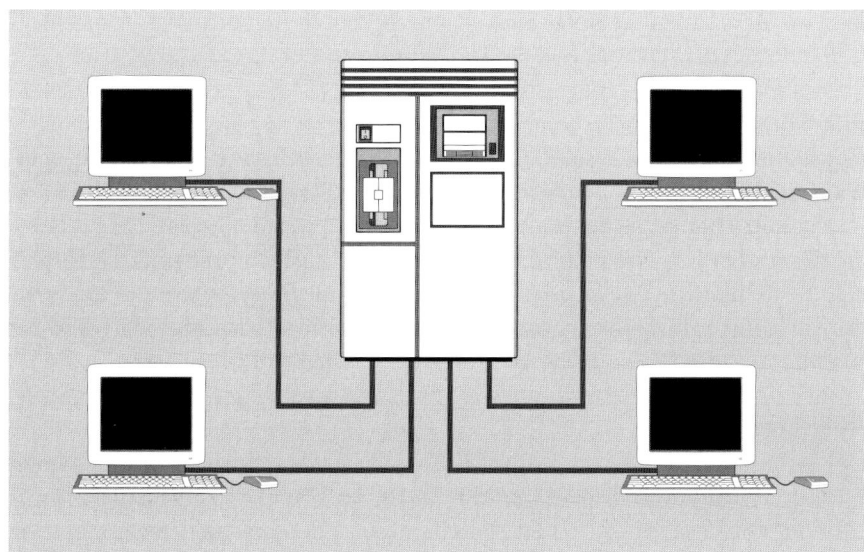

Abb. 3.3/3
Peer-to-Peer-Netz

Alle Rechner sind gleichberechtigt und gleichwertig.

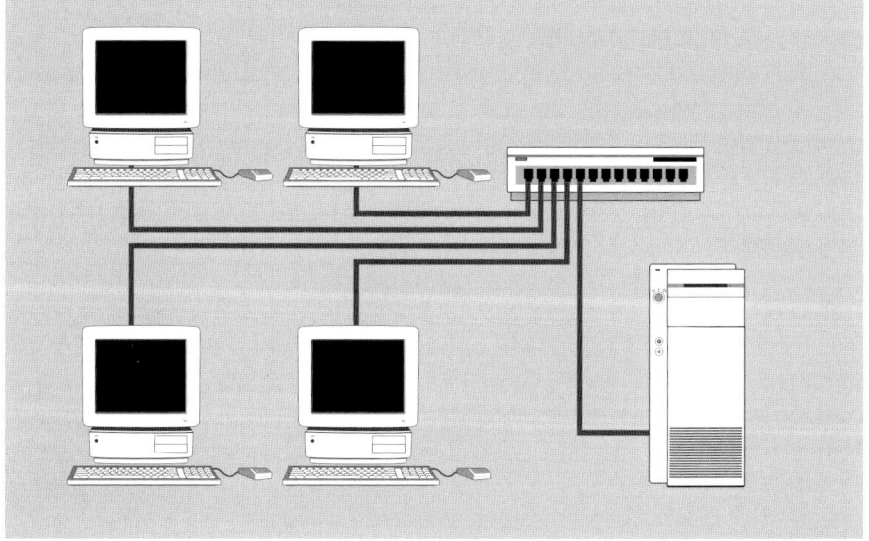

3.3.3 Vernetzungskonzepte

3.3.3.1 Zentralrechnerkonzept

Bereits in den 70er Jahren hielten große Rechenanlagen Einzug in Industrie und Wirtschaft. Ansatzpunkt damaliger Entwicklungen war, dass Rechenleistung umso preiswerter wird, je größer die Rechenanlage ist. So entstanden Großrechner, für die spezielle Räume und eigenes Bedienpersonal (Operator) erforderlich waren.

Zur Einwahl an einem Großrechner genügte der Einsatz eines Terminals bestehend aus Tastatur und Bildschirm, von denen aus ein interaktiver Dialog mit dem Großrechner möglich war. Dieser arbeitete die verschiedenen Aufgaben der Teilnehmer nacheinander im so genannten Timesharing-Verfahren ab, so dass dadurch eine scheinbare Parallelverarbeitung erzielt werden konnte. *Großrechner und Terminals*

Aufgrund der enormen technologischen Entwicklung von immer kleineren und immer leistungsfähigeren Prozessoren hat die Bedeutung der zentralen Datenverarbeitung stark abgenommen. Nachfolger der Großrechner waren leistungsstarke Workstations, an denen im Multiuser-Betrieb ebenfalls mehrere Benutzer quasi gleichzeitig arbeiten konnten. Als Betriebssystem für diese Anlagen kommt hauptsächlich Unix zum Einsatz. *Unix-Workstation*

3.3.3.2 Peer-to-Peer-Konzept

Mit der Entwicklung des PCs (Personal Computer) Anfang der 80er Jahre wurde für die meisten Aufgaben die Nutzung eines Großrechners überflüssig. Das Verbinden gleichwertiger Computer wird als Peer-to-Peer-Netz bezeichnet, wobei der Begriff „peer" aus dem Englischen stammt und so viel wie „gleichgestellt", „ebenbürtig" bedeutet. Da alle am Netz partizipierenden Rechner also die gleiche Rechenleistung besitzen, dient die Verbindung der Rechner ausschließlich zum Datenaustausch, zur Nutzung gemeinsamer Ressourcen und zum E-Mailing. *Personal Computer (PC)*

Peer-to-Peer-Netze bieten sich zur Vernetzung kleinerer Anlagen bis zu etwa 50 Arbeitsstationen an. Ihr Vorteil liegt in der relativ einfachen Konfigu-

Abb. 3.3/4
Client-Server-Netz

Ein oder mehrere Server
übernehmen Spezialaufga-
ben für die Clients.

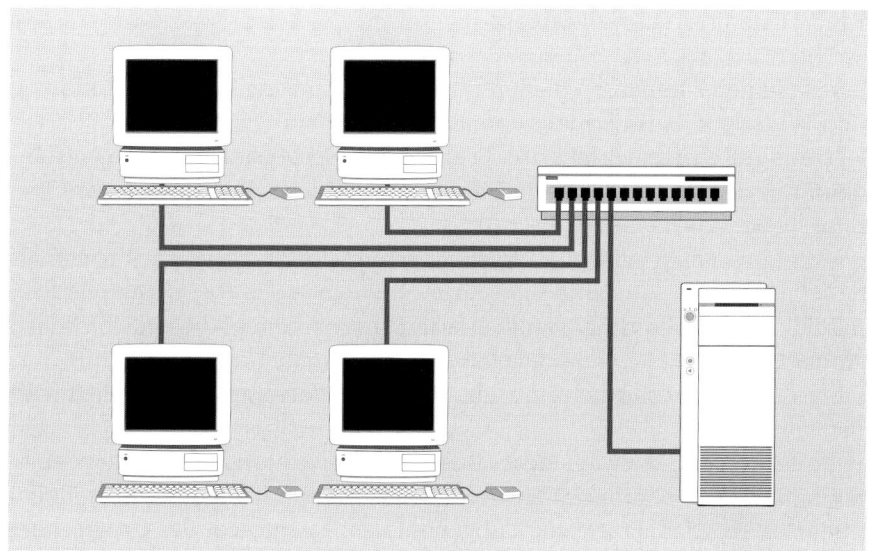

ration und Verwaltung des Netzwerkes, ohne dass ein speziell ausgebildeter Systemadministrator benötigt wird. Nachteilig ist, dass das im vorherigen Abschnitt genannte File-Sharing in einem Peer-to-Peer-Netz nicht möglich ist, da hierfür ein Server erforderlich ist.

Beispiele für Betriebssysteme mit der Möglichkeit der Peer-to-Peer-Vernetzung sind Windows 9x oder 2000, Apple Macintosh OS 7 und höher oder das Personal NetWare von Novell.

Windows 9x oder 2000
Apple Mac OS 7, 8, 9
Personal NetWare

3.3.3.3 Client-Server-Konzept

Bei einem Client-Server-Netz sind nicht nur sämtliche Arbeitsstationen (Clients) miteinander verbunden, sondern zusätzlich stehen noch ein oder mehrere Rechner zur Verfügung, die spezielle Aufgaben für die Clients übernehmen und als Server bezeichnet werden. Ein typisches Beispiel stellt der Fileserver dar, der gemeinsam nutzbare Datenbestände wie Programme oder Datenbanken enthält und diese den Arbeitsstationen zur Verfügung stellt. Weitere Beispiele für spezielle Server sind Printserver zur Steuerung gemeinsamer Drucker oder Kommunikationsserver zur Organisation des Internet-Zugangs.

client (engl.): Kunde

server (engl.): Diener

Fileserver
Printserver
Kommunikationsserver

Neben der Datenverwaltung gehört zu den zentralen Aufgaben eines Servers die Verwaltung der Benutzer des Netzes. So können die Zugriffsmöglichkeiten auf Daten oder Programme für jeden einzelnen Benutzer individuell freigegeben oder gesperrt und damit Datenmissbrauch verhindert werden. Ein weiterer Vorteil eines Fileservers ist in der erhöhten Datensicherheit zu sehen, da Datenbackups auf Bänder oder redundante Festplatten (RAID-Systeme) zentral durchgeführt werden können. Durch Anbindung des Servers an das Telefonnetz beziehungsweise an Datenfernnetze besteht die bereits erwähnte Möglichkeit des Remote Logins.

Benutzerverwaltung

Datensicherheit

Client-Server-Strukturen haben sich als Vernetzungskonzept durchgesetzt und ermöglichen die Realisation von komplexen Rechnernetzen mit mehreren Hundert Arbeitsstationen. Beispiele für derzeit aktuelle Netzwerk-Betriebssysteme sind Windows NT Server, Mac OS X und Novell NetWare.

Windows NT Server
Mac OS X
Novell NetWare

Abb. 3.3/5
Bus-Topologie

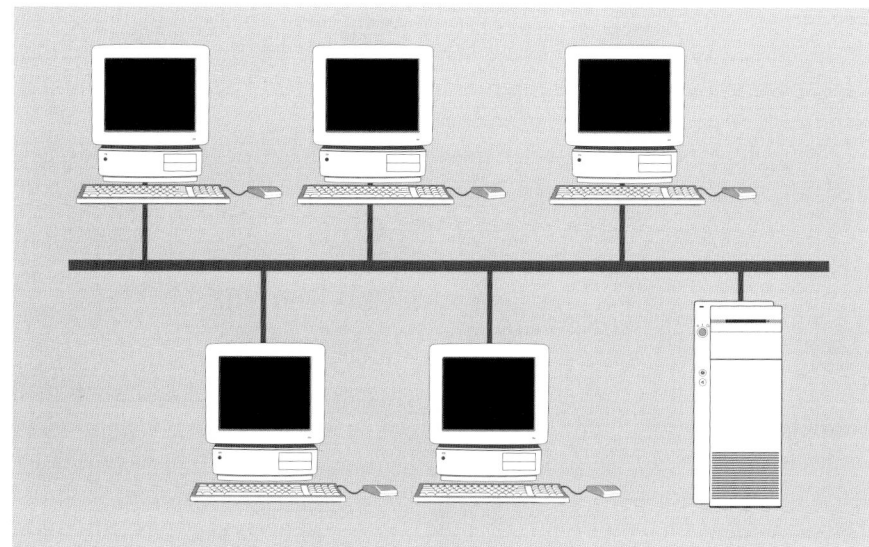

Abb. 3.3/6
Stern-Topologie

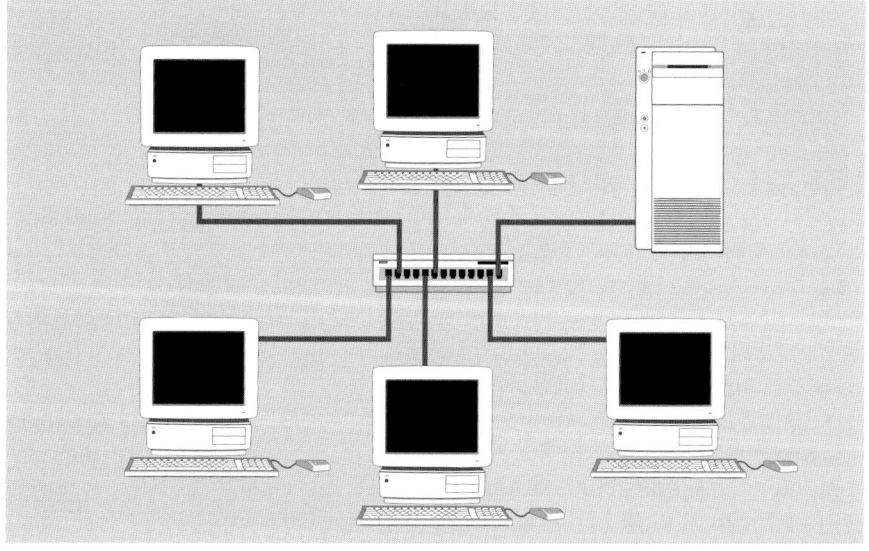

3.3.4 Netzwerktopologien

Topologie ist die Lehre von der Lage und Anordnung geometrischer Gebilde im Raum. Bezogen auf die Netzwerktechnik wird unter Topologie die Art und Weise verstanden, wie die Rechner miteinander verbunden sind.

3.3.4.1 Bus-Topologie

Bei der Bus-Topologie werden alle Rechner einschließlich Server an einer zentralen Leitung – dem Bus – angeschlossen. Damit die Datensignale an den Enden des Busses nicht reflektiert werden, müssen sich dort Abschlusswiderstände (Terminatoren) befinden.

Terminator: Abschlusswiderstand

Vor- und Nachteile
- Einfache Installation
- Geringer Verkabelungsaufwand
- Geringe Kosten
- Maximale Leitungslänge ist begrenzt (vgl. Abschnitt 3.3.5)
- Schwierige Fehlersuche bei Netzausfall

3.3.4.2 Stern-Topologie

Die Stern-Topologie entstammt der Zeit der Großrechner und Workstations, wo alle Terminals mit einem zentralen Rechner verbunden waren. Die heutige sternförmige Verbindung von Rechnern erfolgt mit Hilfe eines so genannten Sternverteilers. Diese als Hub oder Switch bezeichneten Geräte ermöglichen durch Einstöpseln einer Zweidrahtleitung den Anschluss eines Rechners ans bestehende Netz. Wird ein Client-Server-Netz gewünscht, dann werden der oder die Server ebenfalls am Sternverteiler angeschlossen. In diesem Fall ist es sinnvoll, zu den Servern eine schnellere Verbindung als zu den Clients vorzusehen. Ein Sternnetz kann aber auch ohne Server als Peer-to-Peer-Netz betrieben werden.

hub (engl.): Speicherrad
switch (engl.): Schalter

Abb. 3.3/7
Ring-Topologie

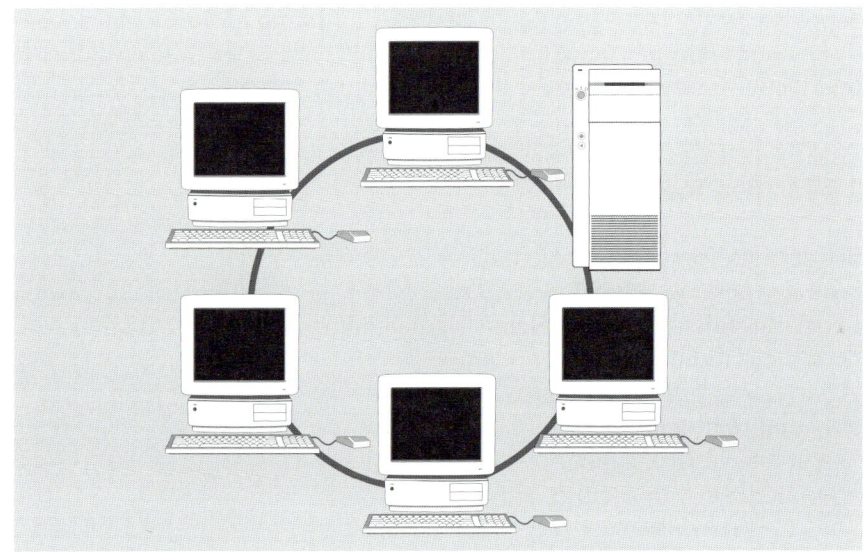

Abb. 3.3/8
Physikalische und logische Topologie

Das Beispiel zeigt ein physikalisches Sternnetz (a), das logisch als Ring betrieben wird (b).

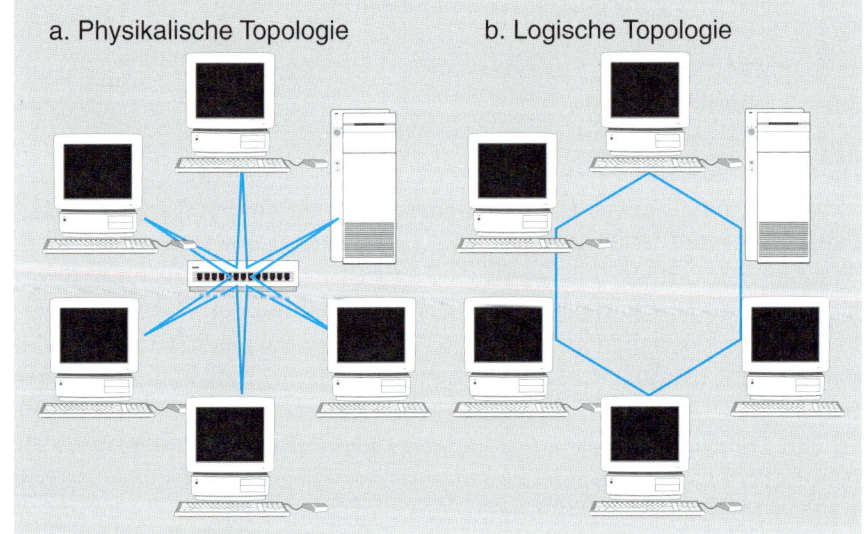

a. Physikalische Topologie   b. Logische Topologie

Vor- und Nachteile

- Datenkollisionen sind vermeidbar (bei Einsatz eines Switches)
- Einfache Erweiterung des Netzes
- Gute Sicherungsmöglichkeiten gegen unerlaubten Zugriff
- Aufwendige Verkabelung (ein Leitungspaar zu jedem Rechner)
- Begrenzte Leitungslänge vom einzelnen Rechner zu Hub oder Switch

3.3.4.3 Ring-Topologie

Die Ring-Topologie verbindet alle Arbeitsstationen und den oder die Server in Form eines Ringes miteinander. Die Daten werden dabei vom Quellrechner in den Ring eingespeist und „wandern" danach von Rechner zu Rechner. Anhand ihrer Adresse werden sie schließlich vom Zielrechner erkannt.

Vor- und Nachteile

- Hohe Ausfallsicherheit durch Einsatz eines Doppelrings (FDDI)
- Keine Beschränkung der Gesamtlänge des Netzes, da die einzelnen Rechner als Zwischenverstärker wirken
- Hoher Verkabelungsaufwand, da zu jedem Rechner eine Doppelleitung geführt werden muss
- Zur Erweiterung muss der Ring unterbrochen werden

3.3.4.4 Physikalische und logische Topologie

Im Unterschied zu den bisher besprochenen physikalischen Topologien legt die logische Topologie fest, wie ein bestehendes Netz durch das Betriebssystem administriert wird. So kann beispielsweise ein Netz über einen Hub physikalisch sternförmig miteinander verbunden sein und dennoch logisch als Ring betrieben werden. Die einzelnen Rechner erhalten dann vom Betriebssystem nacheinander ein Senderecht, als ob sie tatsächlich im Ring verbunden wären.

Abb. 3.3/9
**Übersicht und Aufbau der
Twisted-Pair-Kabel**

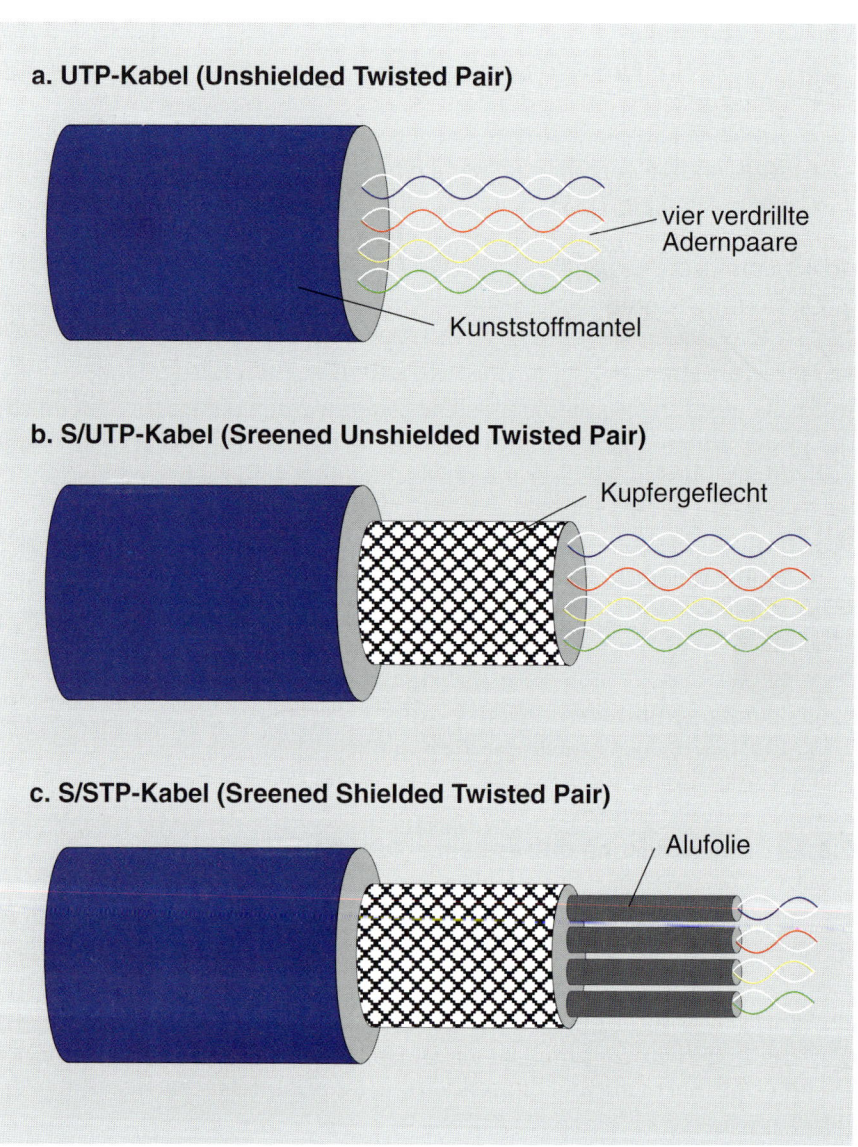

a. UTP-Kabel (Unshielded Twisted Pair)

vier verdrillte
Adernpaare

Kunststoffmantel

b. S/UTP-Kabel (Sreened Unshielded Twisted Pair)

Kupfergeflecht

c. S/STP-Kabel (Sreened Shielded Twisted Pair)

Alufolie

3.3.5 Netzwerkverkabelung

Bei der Realisation eines Netzwerkes kommt der Auswahl des richtigen Kabels eine wichtige Bedeutung zu. Diese Wahl wird durch die gewünschte Übertragungsrate, die vorgesehene Netztopologie und nicht zuletzt durch die Kosten des Kabels bestimmt. Für drahtgebundene Verbindungen kommen hierbei zur Zeit im Wesentlichen drei Medien in Frage: Twisted Pair, Koaxialkabel oder Lichtwellenleiter.

Drahtgebundene Vernetzung

In Zukunft wird die drahtlose Vernetzung von Computernetzen zunehmend an Bedeutung gewinnen. Bereits heute gibt es zahlreiche Möglichkeiten, weit voneinander entfernte oder unzugängliche Subnetze mit Hilfe von Richtfunkstrecken zu verbinden. Auch im PC-Bereich werden bereits Geräte mit Infrarot-Schnittstelle zur Datenübertragung angeboten.

Drahtlose Vernetzung (Richtfunkstrecken)

3.3.5.1 Twisted Pair

Das Twisted-Pair-Kabel, das in den USA auch als Telefonkabel verwendet wird, besteht im einfachsten Fall aus verdrillten Kupferleiter-Doppeladern (UTP). Das Verdrillen der Kupferadern reduziert dabei den Einfluss äußerer Störfelder. Um letztere weiter zu reduzieren, werden Twisted-Pair-Kabel mit einer metallischen Abschirmung um die Adernpaare (S/UTP) sowie mit zusätzlicher Aluminiumfolie um jedes Adernpaar (S/STP) angeboten.

Twisted-Pair-Kabel: UTP; S-/UTP; S-/STP

Die Verkabelung mit Twisted Pair wird zur Zeit vor allem bei sternförmig vernetztem Ethernet eingesetzt. Die Verbindung von Twisted-Pair-Kabel und Hub oder Switch erfolgt mittels RJ-45-Stecker bzw. -Buchse, ebenso die Verbindung des Kabels mit der Netzwerkkarte des Computers. Der große Vorteil einer Twisted-Pair-Verkabelung liegt in den niedrigen Kosten und der einfachen Installation. Die zulässige Kabellänge sowie die maximale Taktung des Netzes muss bei der Auswahl des Kabels beachtet werden. Twisted-Pair-Kabel werden hierzu in Kategorien von 1 bis 7 eingeteilt. Reicht für einen ISDN-Basisanschluss beispielsweise ein Kabel der Kategorie 1 aus, so muss für ein 10-MBit-Ethernet ein Kabel der Kategorie 3 und für ein 100-MBit-Ethernet ein Kabel der Kategorie 5 verwendet werden.

RJ-45-Norm

Kabel-Kategorie 1 bis 7

Abb. 3.3/10
**Aufbau eines Thin-Ether-
net-Koaxialkabels**

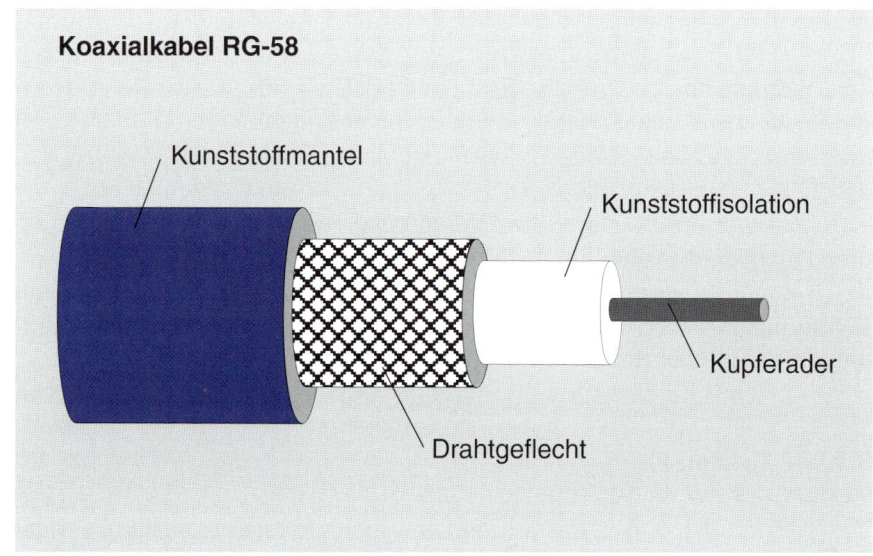

Koaxialkabel RG-58

Kunststoffmantel

Kunststoffisolation

Kupferader

Drahtgeflecht

Abb. 3.3/11
**Aufbau eines Lichtwellen-
leiters (Glasfaserkabel)**

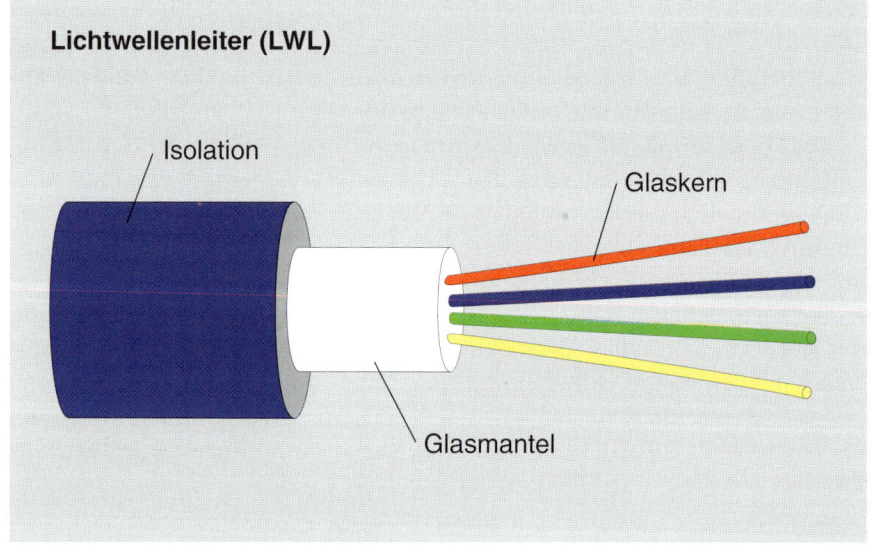

Lichtwellenleiter (LWL)

Isolation

Glaskern

Glasmantel

3.3.5.2 Koaxialkabel

Das Koaxialkabel ist im Alltag als Antennenkabel bekannt. Es besteht aus einer inneren Kupferader, die von einer Isolationsschicht gefolgt von einem Kupferdrahtnetz umgeben ist. Letzteres dient sowohl als Leiter als auch zur Abschirmung äußerer Störfelder. Koaxialkabel werden in erster Linie in Netzen mit Bus-Topologie eingesetzt. In Abhängigkeit von der benötigten Kabellänge muss zwischen zwei Kabeltypen gewählt werden: Das Thin-Ethernet-Kabel (10Base2) wird mit Hilfe von BNC-Steckern an die entsprechende Buchse der Netzwerkkarte angeschlossen. Soll das Kabel zum nächsten Rechner weitergeführt werden, ist ein T-Stück zur Verbindung notwendig. Am Kabelende muss ein Abschlusswiderstand (Terminator) von 50 Ohm angebracht sein, damit Reflexionen am Leitungsende unterbleiben. Wichtig ist auch, dass die Länge eines Thin-Ethernet-Stranges 185 Meter nicht übersteigen darf. Für größere Kabellängen ist die Verwendung eines Thick-Ethernet-Kabels (10Base5) notwendig. Hierbei werden die Rechner über so genannte Transceiver mit dem Kabel verbunden. Infolge des größeren Kabeldurchmessers ist eine Stranglänge von 500 Meter zulässig. Der Abschlusswiderstand beträgt bei Thick-Ethernet 95 Ohm.

Thin-Ethernet-Kabel (10Base2)

Thick-Ethernet-Kabel (10Base5)

Koaxialkabel verlieren zunehmend an Bedeutung. Dies liegt zum einen an der heute bevorzugten sternförmigen Vernetzung mit Twisted-Pair-Kabeln. Andererseits ist die Anfälligkeit des Netzes infolge fehlerhafter Verbindungen wesentlich höher als bei Twisted Pair oder Lichtwellenleitern.

3.3.5.3 Lichtwellenleiter

Lichtwellenleiter (LWL), besser bekannt unter der Bezeichnung Glasfaserkabel, ermöglichen die derzeit höchsten Übertragungsraten wie zum Beispiel beim Gigabit-Ethernet. Sie bestehen aus einer etwa 0,1 mm dünnen Glasfaser, die von einem äußeren Glasmantel mit anderem Brechungsindex umhüllt ist. Dadurch werden die Lichtimpulse am äußeren Mantel total reflektiert und bewegen sich somit entlang der inneren Faser.

Lichtwellenleiter oder Glasfaserkabel

Abgesehen von der enorm hohen Übertragungsrate bieten Lichtwellenleiter den Vorteil, dass sie völlig unempfindlich gegenüber elektrischen oder elektromagnetischen Störeinflüssen sind. Ein weiterer Vorteil der Glasfasertechnologie betrifft den Bereich der Abhörsicherheit: Die Anzapfung eines Lichtwellenleiters ist nach derzeitigem Stand der Technik nicht möglich. Zur Realisation eines 1000-MBit- oder Gigabit-Ethernets stehen zwei Lichtwellenleiter zur Verfügung: Bei 1000BaseSX handelt es sich um eine Multimode-Glasfaser mit einer Wellenlänge von 850 nm und einer maximalen Kabellänge zwischen 220 und 550 Metern. Wer längere Verbindungen ohne Zwischenverstärkung überbrücken muss, kann 1000BaseLX verwenden. Diese Glasfaser ist für Licht mit einer Wellenlänge von 1270 nm konzipiert und kann in Abhängigkeit von der Kabelqualität zwischen 550 und 5000 Metern Länge besitzen.

backbone (engl.): Rückgrat

Den obigen Vorteilen stehen im Wesentlichen die hohen Kosten für Installation und Material gegenüber, die den Einsatz dieser Technologie meistens auf so genannte Backbones beschränkt. Darunter versteht man die Verbindung mehrerer Teilnetze wie zum Beispiel der einzelnen Etagen eines Gebäudes zu einem Gesamtnetz innerhalb des Unternehmens, wobei die Teilnetze in der Regel mit Kupferkabeln und nur der Backbone in der teuren aber schnellen Lichtleitertechnologie realisiert wird.

Lernziel: Ein bestehendes Netzwerk analysieren.
Aufgaben: Untersuchen Sie das in Ihrem Betrieb vorhandene Netz und beantworten Sie folgende Fragen:
- Handelt es sich um ein Peer-to-Peer- oder um ein Client-Server-Netz? (P)
- Wie viele Rechner sind eingebunden? (P)
- Welche physikalische und welche logische Topologie ist realisiert? (P)
- Wie sind die Rechner verkabelt? (P)
- Wo sehen Sie Stärken / Schwächen Ihres Netzes? (P)
- Welche der genannten Nutzungsmöglichkeit stehen Ihnen zur Verfügung? (P)

3.3.6 Zugriffsverfahren

3.3.6.1 Ethernet (CSMA/CD)

Etwa zwei Drittel aller lokalen Netze sind als Ethernet realisiert, so dass von einem Quasistandard gesprochen werden kann. Obwohl als Topologie für das Ethernet ursprünglich die Busstruktur vorgesehen war, werden heutige Netze meistens sternförmig aufgebaut. Die Datenübertragungsrate von Ethernet beträgt im einfachen Fall 10 MBit/s, bei einem Fast-Ethernet sind 100 MBit/s möglich. Für den Backbone-Bereich gibt es mittlerweile das Gigabit-Ethernet mit 1000 MBit/s. Hierbei ist allerdings die Verkabelung mit Lichtwellenleitern zwingend erforderlich.

Übertragungsraten:
10 MBit/s: Ethernet
100 MBit/s: Fast-Ehternet
1000 MBit/s: Gigabit-Ethernet

Zum Betrieb eines Netzwerkes muss eindeutig festgelegt sein, wie der Datenaustausch zwischen den einzelnen Rechnern im Netz erfolgen soll. Diese als Zugriffsverfahren bezeichnete Festlegung besitzt bei Ethernet die komplizierte Bezeichnung CSMA/CD (Carrier Sense Multiple Access/Collision Detection):

Zugriffsverfahren:
CSMA/CD

a. Alle Rechner „hören" permanent das Netz ab (Carrier Sense) um festzustellen, ob Daten zu empfangen sind oder ob das Medium zum Senden eigener Daten frei ist (vgl. Abbildung auf der nächsten Seite).

b. Ein Rechner beginnt zu senden, wenn das Netz frei ist, andernfalls wird nach einer kurzen Wartezeit ein erneuter Versuch gestartet (Multiple Access).

c. Wenn zufällig ein zweiter Rechner gleichzeitig zu senden beginnt, kommt es zur Datenkollision.

d. Der Rechner, der die Kollision zuerst entdeckt (Collision Detection), sendet ein Störsignal (Jamming-Signal) aus. Damit erfahren alle Rechner, dass eine Störung vorliegt und somit ein Senden momentan nicht möglich ist.

e. Nach einer kurzen Zufallszeit versucht der sendewillige Rechner erneut zu senden. Die Wahrscheinlichkeit, dass es wieder zu einer Kollision kommt, ist nun gering. Ist es dennoch der Fall, wiederholen sich die Schritte d und e.

Abb. 3.3/12
Funktionsweise des Ethernet-Zugriffsver-fahrens CSMA/CD

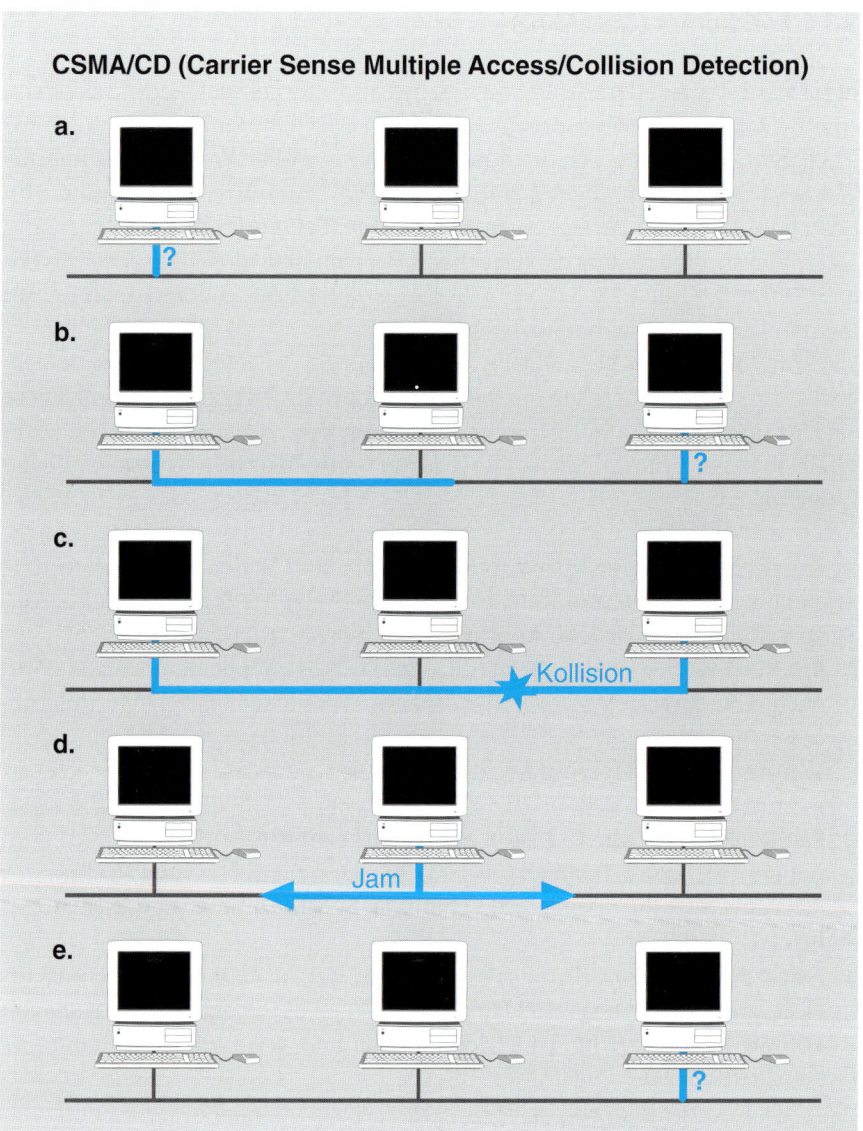

CSMA/CD (Carrier Sense Multiple Access/Collision Detection)

Argumente pro und contra Ethernet

- Einfache Installation
- Kostengünstiges Netz (auch 100-MBit-Komponenten sind mittlerweile kostengünstig)
- Einfügen neuer Stationen problemlos möglich, dies gilt auch für das Ergänzen weiterer Hubs oder Switches
- Einfaches „Anzapfen" und Abhören des Netzes
- Häufige Kollisionen reduzieren die Übertragungsrate erheblich. Dies wird vor allem bei starkem Netzzugriff deutlich.

3.3.6.2 Token Ring (Token Passing)

Der Token Ring nimmt mit einem Anteil von etwa einem Drittel die zweite Stelle der lokalen Netze ein. Er kann mit Geschwindigkeiten von 4 oder 16 MBit/s, seit 1998 auch als High Speed Token Ring (HSTR) mit 100 MBit/s betrieben werden. Als Übertragungsmedium ist Twisted Pair vorgesehen. Der wichtigste Unterschied zu Ethernet ist, dass bei Token Ring ein als Token Passing bezeichnetes Zugriffsverfahren verwendet wird, das Datenkollisionen verhindert:

Übertragungsraten:
4, 16 MBit/s: Token Ring
100 MBit/s: High Speed
               Token Ring

a. Im Leerlauf kreist ein bestimmtes Bitmuster mit drei Byte Länge, das Frei-Token genannt wird (vgl. Abbildung auf der nächsten Seite).

b. Wenn ein Rechner Daten senden will, muss er auf das Frei-Token warten und wandelt dieses dann in ein Belegt-Token um. Die Daten werden gesendet, indem sie an das Belegt-Token angehängt werden.

Zugriffsverfahren:
Token Passing

c. Der empfangende Rechner kopiert die Daten in seinen Speicher und gibt sie danach im Ring weiter. Im letzten Byte setzt der Empfänger zusätzlich ein Bestätigungsbit.

d. Wenn die Daten den Sender wieder erreichen, nimmt dieser sie aus dem Netz. Anhand des Bestätigungsbits erkennt er, dass der Empfänger die Daten übernommen hat.

e. Der Sender wandelt abschließend das Belegt- wieder in ein Frei-Token um. Danach kann der nächste Rechner zum Sender werden.

Abb. 3.3/13
**Funktionsweise des Zu-
griffsverfahrens bei Token
Ring**

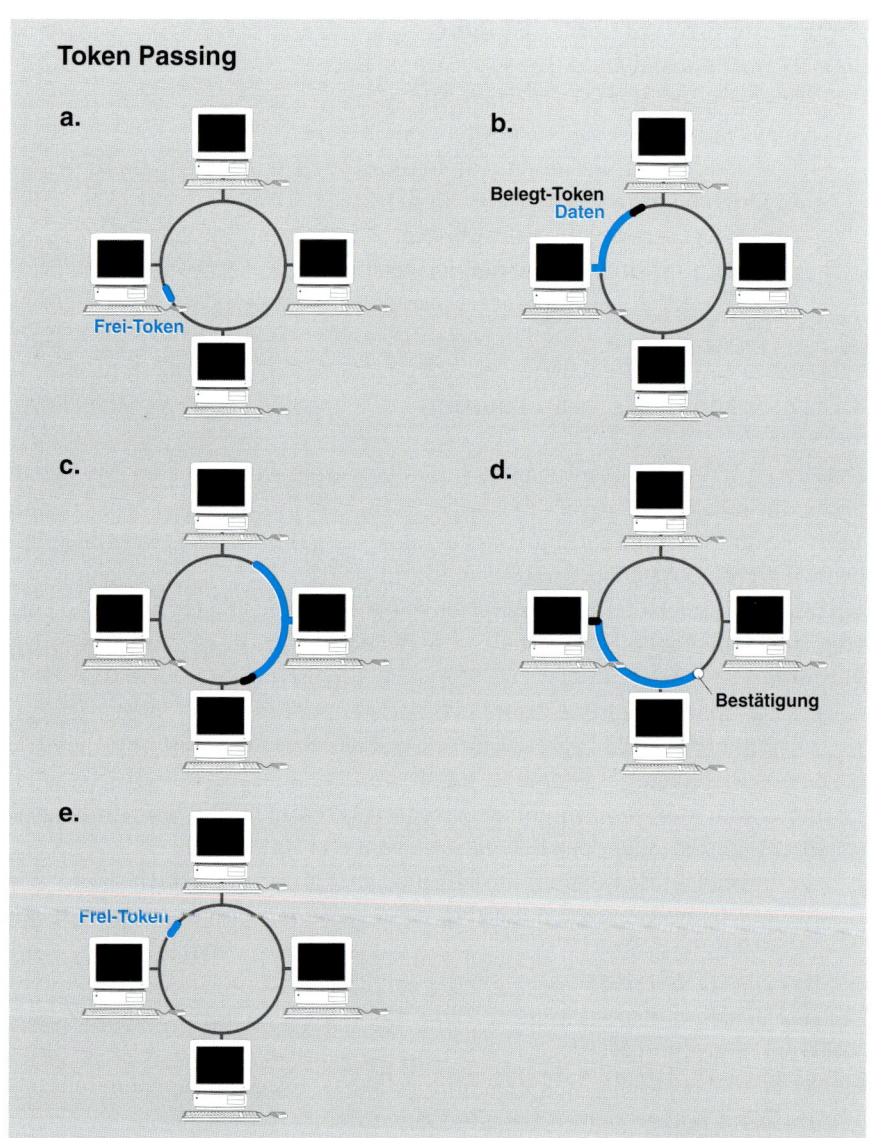

Argumente pro und contra Token Ring

- Deterministisches Zugriffsverfahren: Jeder Rechner kommt vorherbestimmbar an die Reihe
- Die Ringgröße unterliegt nahezu keiner Beschränkung, weil die Rechner jeweils als Zwischenverstärker dienen
- Auch Stern- oder Busnetze sind logisch als Token Ring möglich
- Keine Kollisionen
- Vergabe von Zugriffsprioritäten ist möglich
- Sendewillige Rechner müssen immer erst auf Frei-Token warten
- Kostenintensiv im Vergleich zu Ethernet
- Langsames Netz im Vergleich zu Gigabit-Ethernet

3.3.6.3 FDDI (Fibre Distributed Data Interface)

Die FDDI-Technologie ist vorwiegend für den Einsatz als Backbone zur Verbindung mehrerer Teilnetze oder Standorte gedacht. Die Übertragungsrate beträgt wie bei Fast-Ethernet 100 MBit/s. Als Medium waren ursprünglich nur Lichtwellenleiter vorgesehen, mittlerweile wurde FDDI jedoch auch für Kupferleitungen (CDDI) spezifiziert. Das Zugriffsverfahren entspricht einem modifizierten Token-Passing-Verfahren. Aus Sicherheitsgründen wird bei FDDI ein Doppelring verwendet, so dass bei Ausfall eines Ringes ein zweiter zur Verfügung steht. Eine Leistungssteigerung wird erreicht, indem das Frei-Token sofort an die gesendeten Daten angehängt wird (ETRM). Dadurch wird es möglich, dass sendewillige Rechner unmittelbar wieder auf den Ring zugreifen können. Auf diese Weise können sich gleichzeitig mehrere Datenpakete im Ring befinden.

Übertragungsrate: 100 MBit/s

ETRM (Early Token Release Method)

Lernziel: Die Zugriffsverfahren verstehen.
Aufgaben:
- Wie reagiert CSMA/CD auf Datenkollision? (I)
- Welches Verfahren muss eingesetzt werden, wenn es um zeitkritischen Datenaustausch geht? (I)
- Welches Zugriffsverfahren setzt Ihr Betrieb ein? (P)

Abb. 3.3/14
**Schichtenfolge des ISO/
OSI-Referenzmodells**

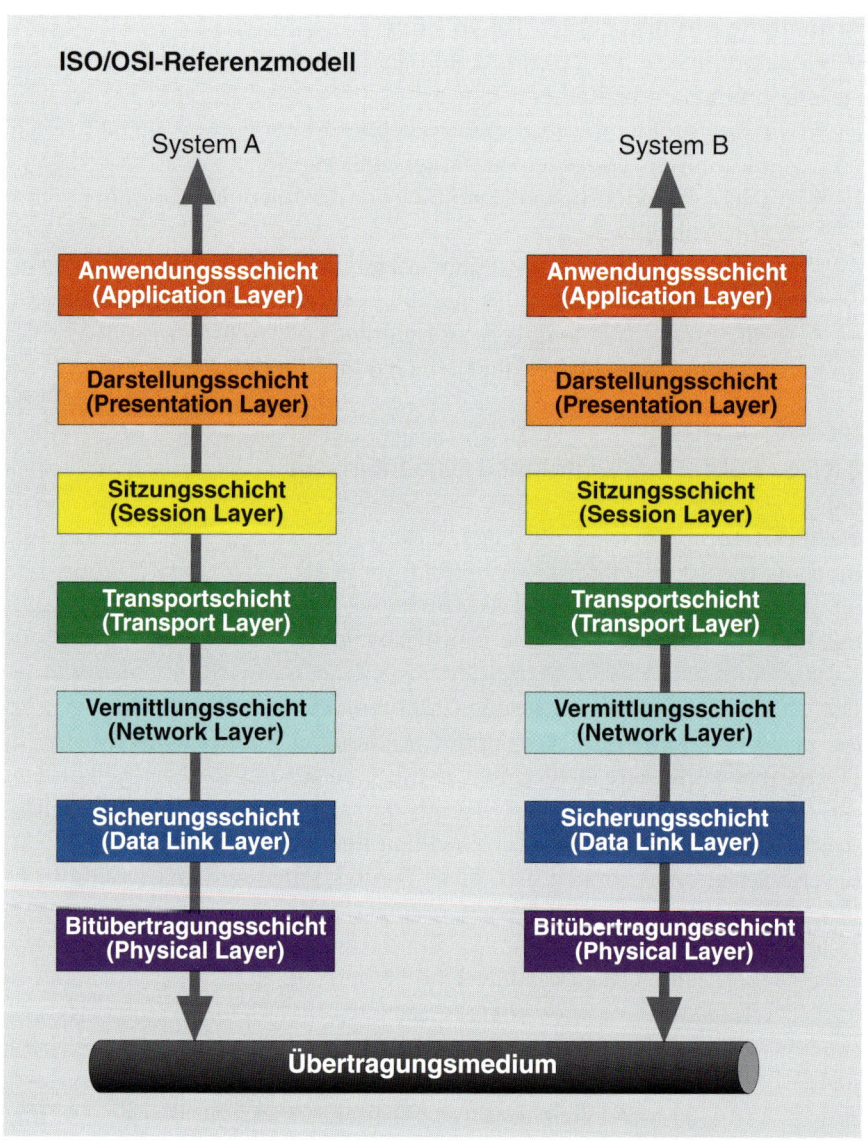

3.3.7 OSI-Referenzmodell

Damit sich zwei Menschen verständigen können, müssen beide die gleiche Sprache sprechen oder einen Dolmetscher hinzuziehen. Auch bei der Datenkommunikation muss so etwas wie eine gemeinsame „Sprache" vorhanden sein, damit ein empfangender Rechner den ankommenden Datenstrom von seiner syntaktischen und semantischen Bedeutung her versteht. Die Basis hierfür bilden Protokolle. Dabei handelt es sich um Übertragungsregeln der Datenkommunikation.

Protokoll:
Regeln zur Datenübertragung in Netzwerken

Da die Daten von der Eingabe durch den Anwender bis zur binären Einspeisung in ein Kabel unterschiedliche Komplexität besitzen, ist es sinnvoll, eine hierarchische Gliederung vorzunehmen und verschiedene Verarbeitungsschichten einzuführen. Die Organisation ISO (International Standardization Organisation) hat 1983 ein Referenzmodell entwickelt, das sie mit OSI (Open System Interconnection) bezeichnet hat und das sieben Schichten oder Layers definiert. Für jede dieser sieben Schichten sind spezifische Aufgaben definiert und entsprechende Protokolle standardisiert worden, die in den folgenden Abschnitten kurz zur Sprache gebracht werden.

OSI-Referenzmodell

7 Schichten (Layers)

3.3.7.1 Schicht 1: Bitübertragungsschicht

Die unterste Schicht des Referenzmodells legt fest, wie die binäre Übertragung der einzelnen Bits – also logisch „Null" oder „Eins" – zu erfolgen hat. Dazu muss zunächst entschieden werden, welches Kabel und welche Stecker zu verwenden sind. Zweitens definiert die Schicht, wie der Bitstrom aufgebaut, übermittelt und abgebaut werden soll. Folgende Übertragungsmedien werden derzeit eingesetzt:

- Lokale Netze
- Telefonleitungen: Datenübertragung analog via Modem
- Integrierte Digitalleitungen (ISDN)
- Datenleitungen der Post wie Datex-P oder Datex-L

Ein weitverbreitetes Protokoll der Bitübertragungsschicht ist RS-232-C. Die gleichnamige serielle Schnittstelle befindet sich in jedem PC.

RS-232-C
(serielle Schnittstelle)

3.3.7.2 Schicht 2: Sicherungsschicht

Die Sicherungsschicht dient zur Sicherung des Datenstromes zwischen den beiden Kommunikationspartnern. Dazu gehört einerseits die Fehlererkennung und -korrektur und andererseits die so genannte Flussregelung. Darunter wird die Synchronisation zwischen Sender und Empfänger verstanden. Dies geschieht durch Aufteilung des Bitstromes in Blöcke, die in einen Übertragungsrahmen (Frame) eingepasst werden. Der Empfänger quittiert den Empfang der Daten mit einem Quittungsrahmen an den Sender. Eine dritte Aufgabe der Sicherungsschicht bei lokalen Netzen besteht in der Festlegung des Zugriffsverfahrens, also z.B. CSMA/CD oder Token Passing.

Fehlererkennung und -korrektur; Flussregelung

CSMA/CD; Token Passing

3.3.7.3 Schicht 3: Vermittlungsschicht

In der Vermittlungsschicht werden die so genannten Paketleitwege bestimmt. Darunter versteht man die Festlegung des Weges (Routing) vom Ursprungs- zum Zielrechner. Zwischen Ursprungs- und Zielrechner können wie beim Internet Tausende von Kilometern Distanz liegen, so dass es eine große Zahl von möglichen „Routen" gibt. Aufgabe der Schicht 3 ist es, eine geeignete Route auszuwählen und eine entsprechende Adressierung der Datenpakete vorzunehmen. Infolge der Komplexität dieser Aufgabe ist für die Schicht 3 in der Regel bereits ein Mikroprozessor mit entsprechender Software notwendig. Bei öffentlichen Netzen sind in dieser Schicht oft zusätzliche Module zur Abrechnung der Kosten implementiert. Ein bekanntes Protokoll der Vermittlungsschicht ist das Internet Protocol (IP).

Routing: Festlegung der Paketleitwege

IP (Internet Protocol)

3.3.7.4 Schicht 4: Transportschicht

Die letzte der vier transportorientierten Schichten des OSI-Referenzmodells bildet die eigentliche Transportschicht. Ihre Aufgabe besteht in der Verknüpfung der beiden Kommunikationspartner durch Auf- und Abbau der

Verbindung. Außerdem werden die zu übertragenden Daten auf der Senderseite in kleinere Einheiten zerlegt und auf Empfängerseite auf Vollständigkeit geprüft und wieder zusammengesetzt. Als wichtiges Protokoll der Transportschicht ist das Transmission Control Protocol (TCP) zu nennen.

TCP (Transmission Control Protocol)

3.3.7.5 Schicht 5: Sitzungsschicht

Die drei oberen Schichten des Referenzmodells werden als anwendungsorientierte Schichten bezeichnet. Aufgabe der Schicht 5 ist die so genannte Dialogsteuerung. Darunter versteht man die Festlegung, welche der beteiligten Stationen senden und welche empfangen darf (Token-Management). Zusätzlich regelt die Schicht auch die Synchronisation der temporären Teilnehmerverbindungen, die Sessions genannt werden. Durch die Zuordnung logischer Namen zu den physikalischen Adressen wird der Austausch von Adressen auf Anwenderebene vereinfacht. Ein Beispiel hierfür sind die Domain Name Server (DNS) des Internets.

DNS (Domain Name Server)
→ 3.4.3

3.3.7.6 Schicht 6: Darstellungsschicht

Die Darstellungsschicht ist insbesondere für die Syntax und Semantik der übertragenen Informationen zuständig. Darunter ist zu verstehen, dass die zu übertragenden Daten einheitlich codiert und damit standardisiert werden. Der wichtigste internationale Code hierfür ist der ASCII. Eine weitere Aufgabe der Schicht 7 besteht darin, Daten zu verschlüsseln.

ASCII

3.3.7.7 Schicht 7: Anwendungsschicht

Die oberste Schicht stellt die Schnittstelle zum Anwender dar. Beispiele für Protokolle der Anwendungsschicht sind E-Mail, File Transfer Protocol (FTP) und Telnet.

E-Mail, FTP, Telnet
→ 3.4.2

Abb. 3.3/15
Übertragung des Schichtenmodells auf einen technischen Vorgang

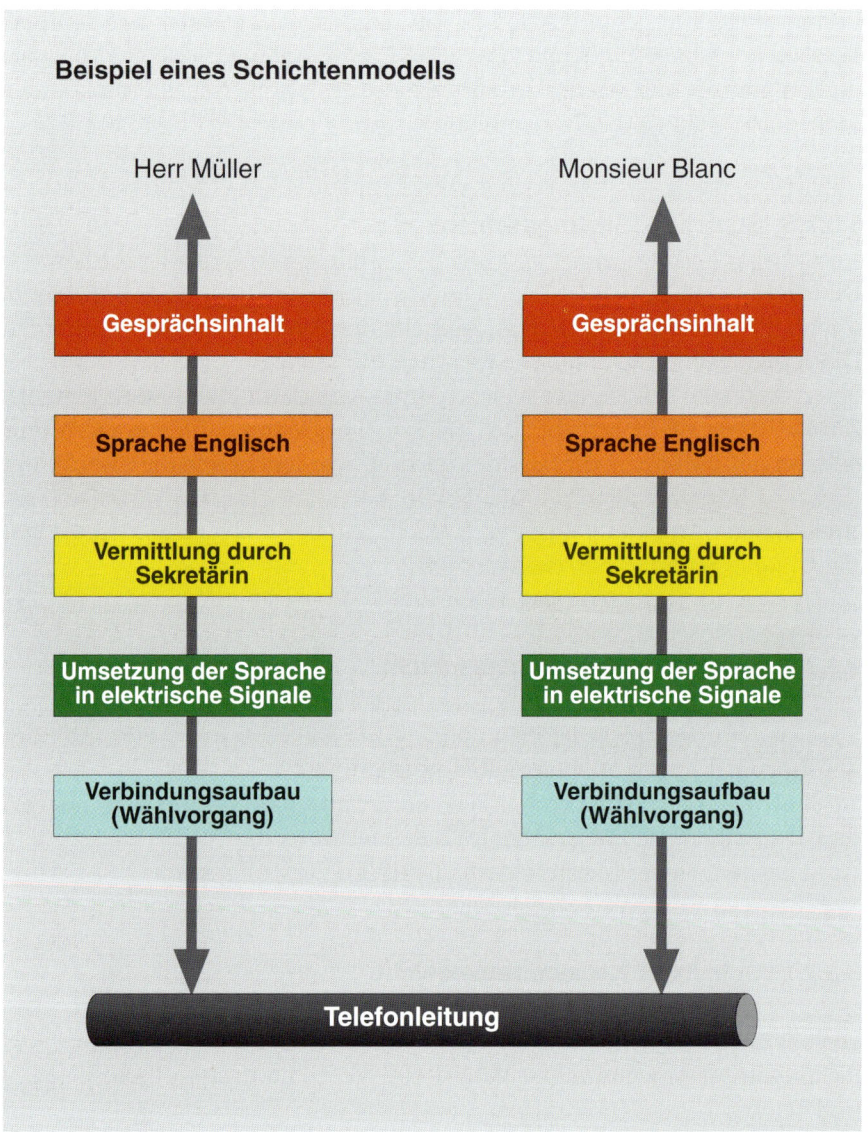

Beispiel eines Schichtenmodells

Herr Müller

Monsieur Blanc

Gesprächsinhalt

Gesprächsinhalt

Sprache Englisch

Sprache Englisch

Vermittlung durch Sekretärin

Vermittlung durch Sekretärin

Umsetzung der Sprache in elektrische Signale

Umsetzung der Sprache in elektrische Signale

Verbindungsaufbau (Wählvorgang)

Verbindungsaufbau (Wählvorgang)

Telefonleitung

Wer die vorherigen Seiten gelesen und nicht gerade Informatik studiert hat, der wird vermutlich nicht viel verstanden haben. Angesichts der hohen Abstraktion dieses Denkmodells ist dies keineswegs verwunderlich und nicht weiter tragisch. Dass es durchaus Sinn macht, komplexe technische Vorgänge zu strukturieren und in Teilprozesse zu zerlegen, möge ein Beispiel außerhalb der Netzwerktechnik belegen:

Herr Müller aus Hamburg will mit Monsieur Blanc in Paris telefonieren. Dazu beauftragt er seine Sekretärin, die Verbindung mit Monsieur Blanc in Paris herzustellen. Danach unterhalten sich die beiden Herren in Englisch, da Herr Müller nicht französisch und Monsieur Blanc nicht deutsch spricht.

Beispiel eines Schichten-modells

Die Grafik links zeigt, wie sich dieses Beispiel in Schichten zerlegen und darstellen lässt. Dabei ergeben sich in diesem Fall nur fünf Schichten. Übertragen auf das OSI-Referenzmodell bedeutet dies, dass in diesem Fall die Schichten 1 und 2 – also die Bitübertragungs- und die Sicherungsschicht – entfallen, da die elektrischen Signale des Telefongesprächs direkt mittels Telefonleitung übertragen werden.

Auch für die Beschreibung von Datennetzen gilt, dass nicht grundsätzlich alle sieben Schichten des Referenzmodells wiedergefunden werden können, denn schließlich handelt es sich um ein theoretisches Modell. Kritiker werfen dem Referenzmodell vor, dass es zu abstrakt und mit sieben Schichten zu kompliziert sei. Dennoch lieferte es einen wertvollen Beitrag zum Verständnis der komplexen Zusammenhänge. Dies wird insbesondere deutlich, wenn Sie sich im nächsten Abschnitt mit den Hardwarekomponenten eines Netzwerkes beschäftigen.

Lernziel: Die Notwendigkeit der strukturierten Gliederung komplexer Vorgänge erkennen.

Aufgaben: Überlegen Sie sich ein weiteres Beispiel für ein Schichtenmodell unter Beantwortung folgender Fragen:
- Wie lässt sich der (technische) Ablauf gliedern? (P)
- Welche Vorteile ergeben sich hierdurch? (P)
- Welche Vereinbarungen müssen an den Schnittstellen der Schichten getroffen werden? (P)

Abb. 3.3/16
**Einordnung der Netzwerk-
komponenten in das OSI-
Schichtenmodell**

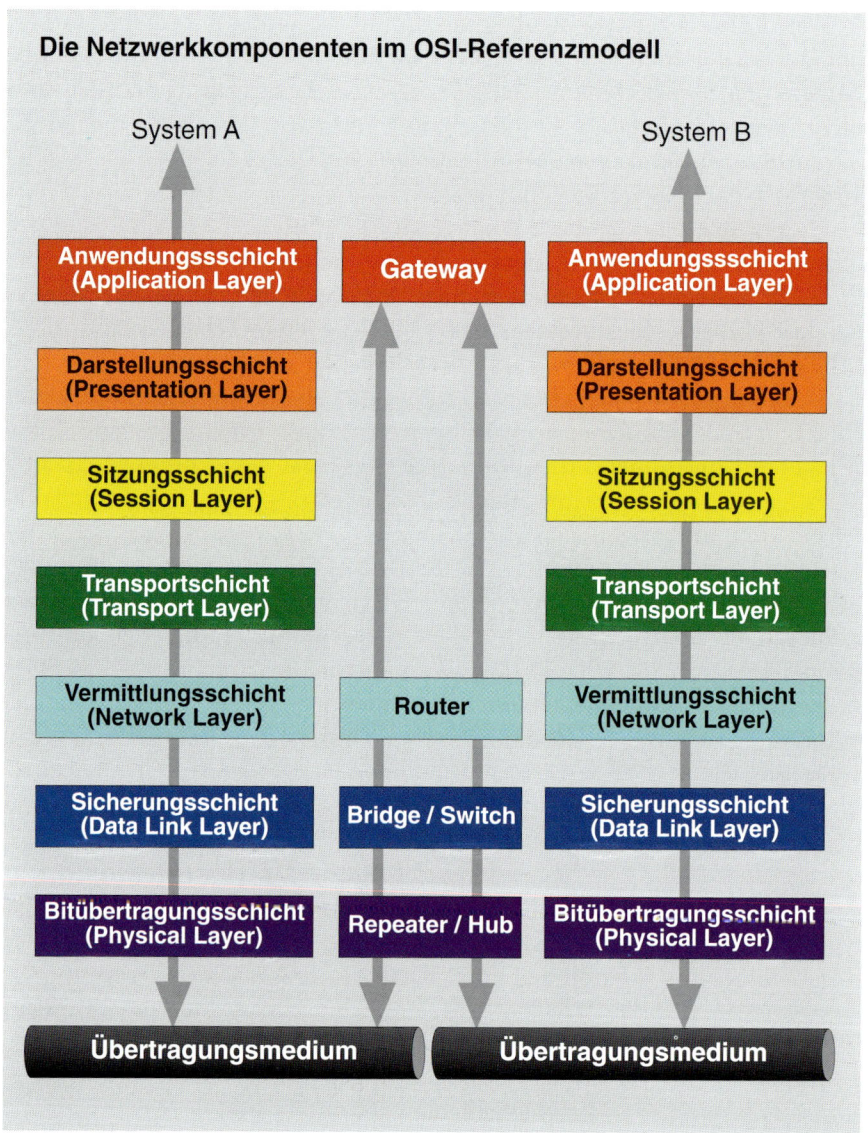

Die Netzwerkkomponenten im OSI-Referenzmodell

System A | System B

| Anwendungsschicht (Application Layer) | Gateway | Anwendungsschicht (Application Layer) |

Darstellungsschicht (Presentation Layer) | Darstellungsschicht (Presentation Layer)

Sitzungsschicht (Session Layer) | Sitzungsschicht (Session Layer)

Transportschicht (Transport Layer) | Transportschicht (Transport Layer)

Vermittlungsschicht (Network Layer) | Router | Vermittlungsschicht (Network Layer)

Sicherungsschicht (Data Link Layer) | Bridge / Switch | Sicherungsschicht (Data Link Layer)

Bitübertragungsschicht (Physical Layer) | Repeater / Hub | Bitübertragungsschicht (Physical Layer)

Übertragungsmedium | Übertragungsmedium

3.3.8 Netzwerkkomponenten

3.3.8.1 Netzwerkkarten

Zur Einbindung eines Rechners in ein Netzwerk benötigt dieser eine Adapterkarte mit einem Netzwerkcontroller, der im Wesentlichen zwei Funktionen erfüllen muss:

- Physikalischer Netzzugang gemäß Schicht 1 (Bitübertragungsschicht) des OSI-Referenzmodells
- Regelung des Netzzugriffsverfahrens gemäß Schicht 2 (Sicherungsschicht) des OSI-Referenzmodells

Höhere Ebenen des Schichtenmodells werden nicht hardware-, sondern softwaremäßig bearbeitet. Diese Treibersoftware ist der Karte beigefügt oder bereits Bestandteil des Betriebssystems. Zur Identifikation besitzt jede Ethernet-Karte eine weltweit einmalige Netzwerkadresse. Diese wird als Burnt-in-Adresse bezeichnet, weil sie in einen eigenen ROM-Speicher des Netzwerkcontrollers „eingebrannt" ist.

Bei Auswahl der Karte muss zunächst entschieden werden, ob 10- oder 100-MBit-Karten benötigt werden. Die meisten Fast-Ethernet-Karten ermöglichen auch die Verwendung in einem 10-MBit-Ethernet. Allenfalls für Server kommt die Anschaffung einer (noch) teuren Gigabit-Ethernet-Karte in Frage. An diese Karten können nur Lichtwellenleiter angeschlossen werden. Auch für den in diesem Fall benötigten Gigabit-Ethernet-Switch muss noch tief in die Tasche gegriffen werden. In Abhängigkeit von der geplanten Verkabelung muss die Karte mit RJ-45-Buchse für Twisted Pair, BNC für Koaxialkabel oder gegebenenfalls mit Fiber-SC- oder Fiber-ST-Anschluss für Lichtwellenleiter ausgestattet sein. So genannte Combo-Karten besitzen mehrere Anschlussmöglichkeiten. Netzwerkkarten werden als ISA- und PCI-Karten angeboten. Wie in Kapitel 3.2 bereits angemerkt, handelt es sich beim ISA-Bus im Vergleich zum PCI-Bus um ein technisch veraltetes Bussystem. PCI-Karten versprechen aus diesem Grund eine bessere Performance innerhalb des Computers.

Abschließend sei erwähnt, dass für die Realisation eines Token-Ring-Netzes für jeden Rechner eine spezielle Token-Ring-Karte benötigt wird.

Seitenrandstichworte:
Netzwerkcontroller

Ethernet-Karten

Anschlüsse: RJ-45, BNC, Fiber-SC, Fiber-ST

ISA-/PCI-Karten

Token-Ring-Karten

Abb. 3.3/17
Einsatz eines Repeaters zur Verbindung zweier Kabelsegmente

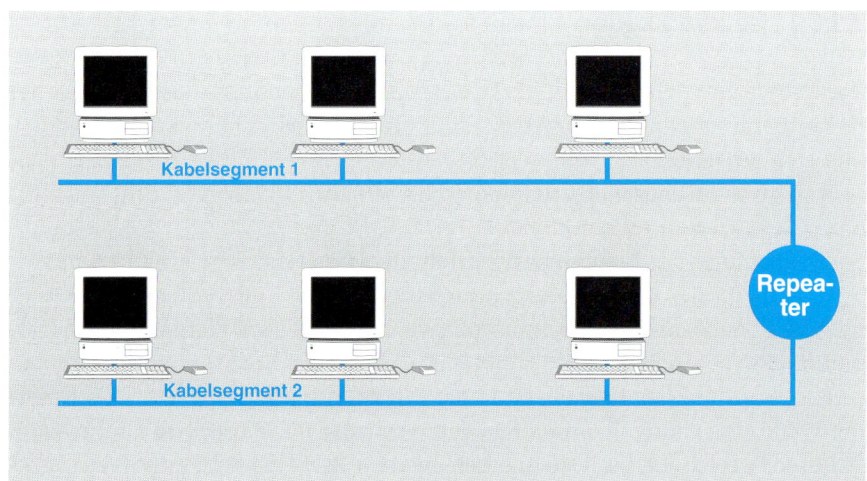

Abb. 3.3/18
Einsatz eines Hubs oder Switches zur sternförmigen Vernetzung von Rechnern

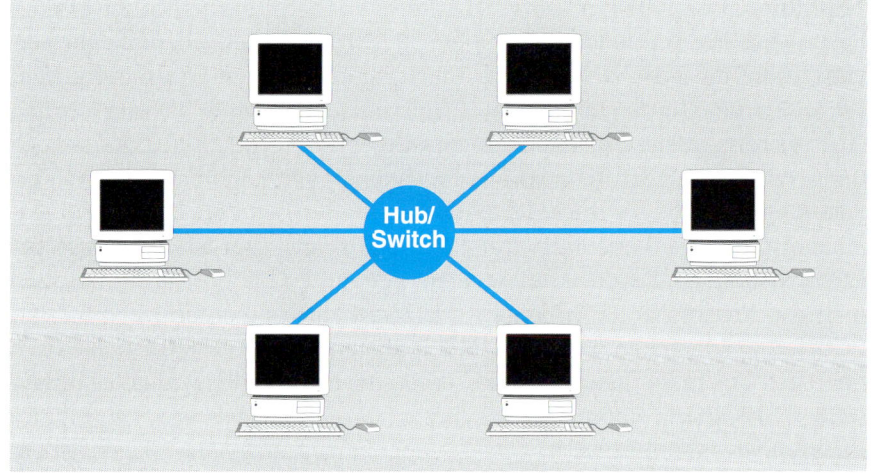

3.3.8.2 Repeater

Repeater sind Zwischenverstärker zur Verbindung von Kabelsegmenten desselben Kabel- und Netzwerktyps. Die Verbindung erfolgt auf der Bitübertragungsebene also der Schicht 1 des Referenzmodells. Müssen mehrere Segmente miteinander verbunden werden, dann können Multiport-Repeater eingesetzt werden.

Repeater:
Zwischenverstärker

Multiport-Repeater:
Verbindung von mehr als
zwei Segmenten

→ **3.3.5**

Ein Anwendungsbeispiel eines Repeaters ist ein Thin-Ethernet-Strang, dessen Länge größer als 185 Meter werden soll. Die Gesamtlänge eines Ethernet-Stranges darf allerdings bei der Verwendung von Kupferkabel 1,5 Kilometer nicht überschreiten.

In Token-Ring-Netzen ist der Einsatz von Repeatern in der Regel nicht notwendig, weil die Verstärkungsfunktion bereits von den Netzwerkkarten übernommen wird.

3.3.8.3 Hub und Switch

Hubs und Switches sind Komponenten, die speziell für sternförmige Netze konzipiert wurden. Aktive Hubs enthalten Repeater und verstärken damit zusätzlich die Datensignale. Hubs besitzen 4, 8, 16 oder mehr Ausgänge (Ports) mit RJ-45-Buchsen zum Anschluss der Rechner. Der Vorteil dabei ist, dass eine Netzerweiterung ohne Unterbrechung des Netzes möglich ist. Hubs gehören zur Schicht 1 des OSI-Referenzmodells.

Hub:
Sternverteiler mit 4, 8, 16
oder mehr Ports

Bei Switches handelt es sich um „intelligente" Hubs, die ein Netzwerksegment dynamisch verwalten. Dies bedeutet, dass ein Switch anhand der Zieladresse eines ankommenden Datenpaketes den empfangenden Rechner ermittelt. Danach wird quasi eine Punkt-zu-Punkt-Verbindung zwischen sendendem und empfangendem Rechner hergestellt und somit eine kollisionsfreie Datenübertragung garantiert. Gemäß OSI-Modell gehört ein Switch aus diesem Grund bereits zur Schicht 2.

Switch:
„Intelligenter" Hub für kollisionsfreie Punkt-zu-Punkt-Verbindungen

Abb. 3.3/19
Einsatz einer Bridge zur Verbindung zweier Teilnetze

Kollisionen in Teilnetz 1 werden nicht auf Teilnetz 2 übertragen.

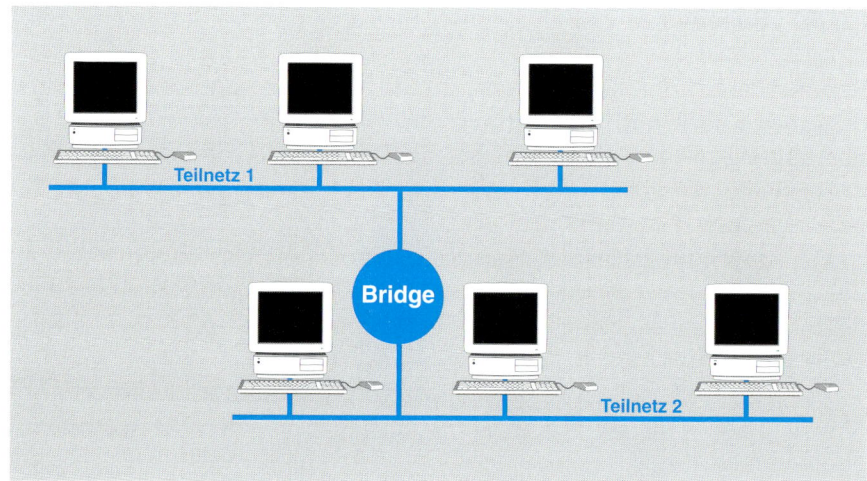

Abb. 3.3/20
Einsatz eines Routers zur Verbindung zweier Teilnetze unterschiedlichen Typs

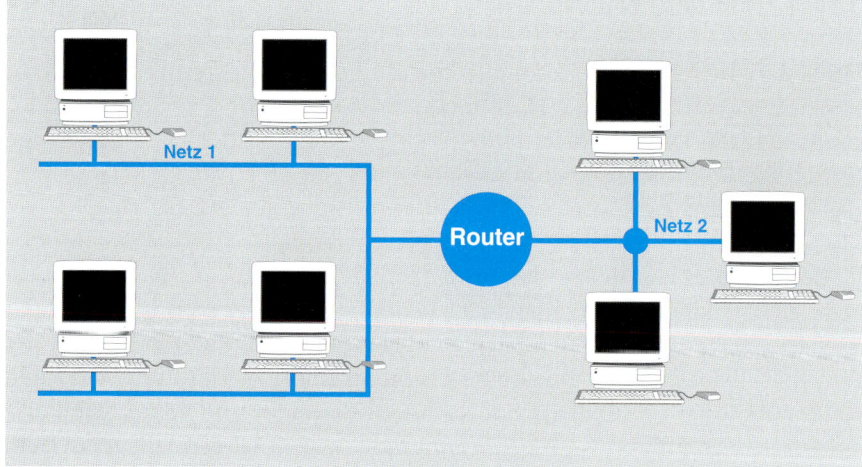

3.3.8.4 Bridge

Eine Bridge verbindet Netzwerke bis zur Schicht 2 des OSI-Referenzmodells. Daraus folgt, dass die Teilnetze vom gleichen Typ sein müssen, aber unterschiedliche Zugriffsverfahren verwenden dürfen. Da die Sicherungsschicht (Schicht 2) mit einbezogen ist, sind die Teilnetze entkoppelt. Störungen im Teilnetz 1 wirken sich dadurch auf Teilnetz 2 nicht aus.

Bridge:
Entkopplung von Teilnetzen

    Mit Hilfe von Bridges können Netze auf bis zu zwanzig Kilometer Länge ausgebaut werden. Die Verstärkungsfunktion des Repeaters ist in der Bridge enthalten.

3.3.8.5 Router

Router sind Mikrocomputer, die zur Verbindung von Netzwerken auf der Vermittlungsebene (Schicht 3) des OSI-Referenzmodells dienen. Während einfache Router protokollabhängig sind, also zum Beispiel nur TCP/IP-Netze verbinden können, lassen Multiprotokoll-Router unterschiedliche Protokolle der Teilnetze zu.

Router:
Verbindung von Teilnetzen mit gleichem Protokoll

Multiprotokoll-Router:
Verbindung von Teilnetzen unterschiedlichen Protokolls

    Wie der Name sagt, ist die Hauptaufgabe des Routers das so genannte Routing. Darunter wird die Wegvermittlung zwischen Sender und Empfänger verstanden. Ein Router kann dabei in Abhängigkeit von der Netzauslastung optimale Verbindungsstrecken für die zu übertragenden Daten ermitteln. Handelt es sich um einen statischen Router, dann müssen beim Programmieren des Routers alle im Netz vorkommenden Adressen eingegeben werden. Bei größeren Netzen bietet sich daher die Verwendung von dynamischen Routern an, deren Mikroprozessor sich automatisch um die Verwaltung und (dynamische) Zuteilung der Netzadressen kümmert.

Statische und dynamische Router

    Router übernehmen nicht nur in lokalen Netzen eine wichtige Funktion, ohne sie wäre der Austausch von Daten im weltweiten Internet nicht möglich. Wird ein lokales Netz mit dem Protokoll TCP/IP „gefahren", dann ermöglicht ein einfacher Router die Anbindung des lokalen Netzes ans Internet.

Abb. 3.3/21
**Einsatz eines Gateway-
Rechners zur Verbindung
zweier völlig unterschiedlicher Netze**

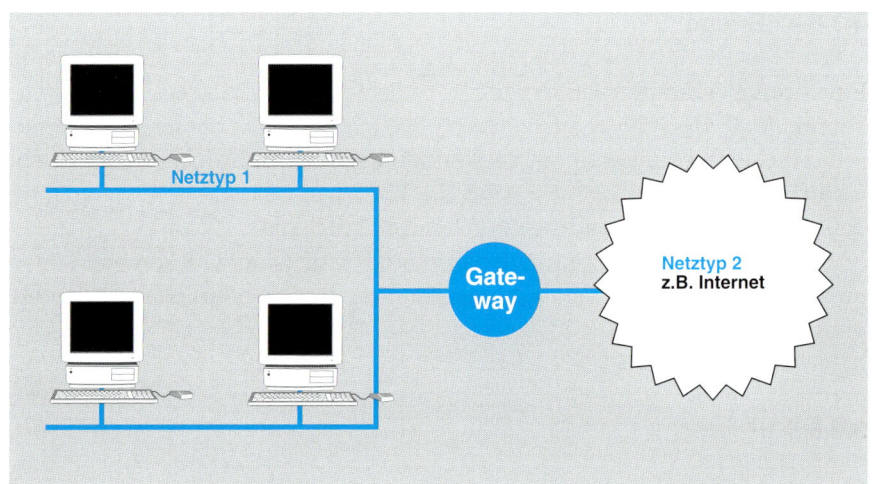

3.3.8.6 Gateway

Ein Gateway kann Netze bis zur Schicht 7 des OSI-Modells miteinander verbinden. Diese Netze müssen demnach überhaupt keine Gemeinsamkeiten mehr besitzen und können sich beispielsweise im Zugriffsverfahren, den Übertragungsprotokollen und der Code-Konvertierung voneinander unterscheiden.

Ein Gateway schließt logischerweise die Funktionen von Router, Bridge und Repeater mit ein. Eine typische Anwendung eines Gateways ist die Anbindung eines beliebigen lokalen Netzwerkes an das Internet zum Beispiel mittels ISDN-Karte. Der Gateway-Rechner ermöglicht allen Arbeitsstationen, auf das Internet zuzugreifen, ohne dass diese eine eigene ISDN-Karte benötigen.

Gateway:
Verbindung zweier beliebiger Netze

Lernziel:	Netzwerkkomponenten kennen und unterscheiden
Aufgaben:	• Welche Komponenten sind im Netzwerk Ihres Be triebes im Einsatz? (P)
	• Welche Komponenten benötigen Sie, wenn Sie für ein bestehendes lokales sternförmiges Ethernet - einen Internet-Zugang für alle Rechner realisieren, - einen weiteren Raum mit 10 Rechnern anbinden, - einen weit entfernten PC einbinden möchten? (I)
	• Wer ist in der Lage, eine derartige Umrüstung durchzuführen? Oder sind Sie jetzt der Experte ...? (P)

3.4 Internet

Abb. 3.4/1
Ursprünge des ARPAnet
von 1969, bestehend aus
vier Netzknoten

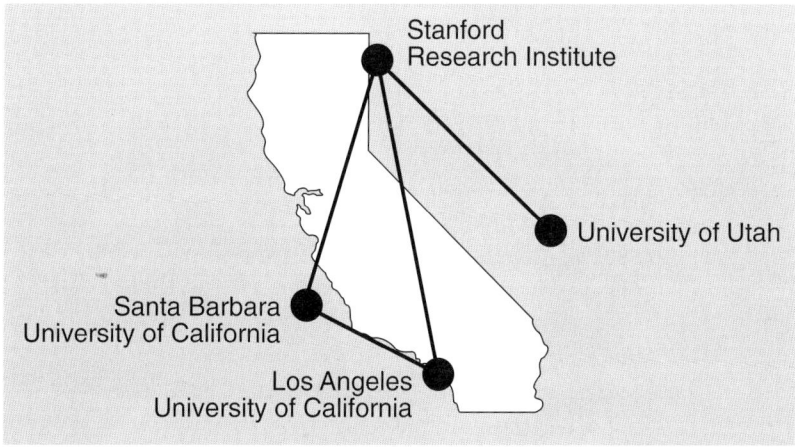

Abb. 3.4/2
Zunahme der Internet-An-
schlüsse zwischen
Dez. 95 und Sep. 99
(Quelle: Nua Internet Sur-
veys)

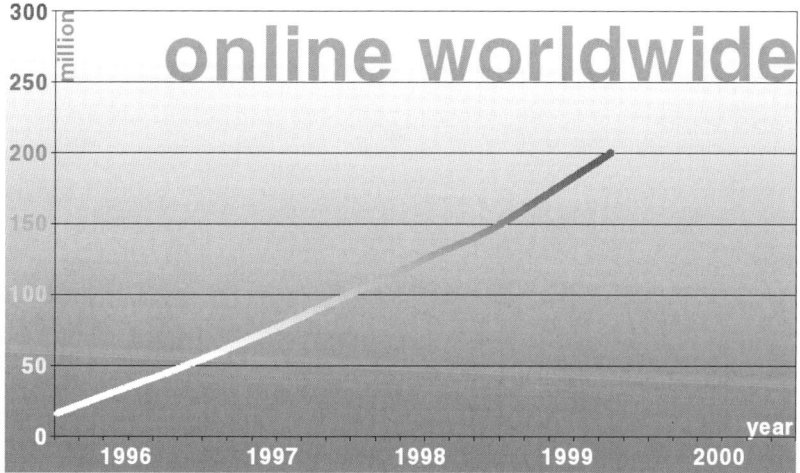

3.4.1 (Kurz-)Geschichte des Internets

Am Anfang stand – wie so oft in der Geschichte der Technik – militärische Grundlagenforschung. Die grundlegende Idee der ARPA-Mitarbeiter (Advanced Research Projects Agency: Forschungsgruppe des amerikanischen Verteidigungsministeriums) bestand darin, Großrechner miteinander zu verbinden, um eine Datenkommunikation über weite Strecken zu ermöglichen. Hierdurch würde die EDV im Krisen- oder Kriegsfall unabhängig von einem bestimmten Standort.

Im Jahr 1969 waren es gerade einmal vier Großrechner, die mit Hilfe von Spezialcomputern namens IMP (Interface Message Processor) miteinander verbunden wurden (vgl. Abbildung 3.4/1). Zwei Jahre später wurde das als ARPAnet bezeichnete Computernetz mit mittlerweile 15 Netzknoten der Öffentlichkeit vorgestellt. Neben militärischen waren es vor allem wissenschaftliche Institutionen, die Vorteile und Nutzen der Datenkommunikation erkannten. In den darauf folgenden Jahren wuchs das Netz ständig an, der militärische Teil des Netzes wurde 1983 vom wissenschaftlichen Netz abgespalten und als MILnet bezeichnet. Im Jahr 1989 wurde das aus mittlerweile 100.000 Host-Computern bestehende ARPAnet aufgelöst und stattdessen das NSFnet (National Science Foundation) gegründet. Aus dem nationalen wurde schließlich ein internationales Netz durch Anbindung der Computernetze anderer Staaten. Dieses Netz trägt bis heute den Namen Internet.

ARPAnet

MILnet

NFSnet

Internet

Den militärischen und wissenschaftlichen folgten kommerzielle Interessen an der globalen Computervernetzung. Voraussetzung hierfür war die Öffnung des Netzes für Unternehmen und Privatpersonen. Als „Internet-Provider" bezeichnete Dienstleistungsunternehmen ermöglichten diesen Zugang gegen ein entsprechendes Entgelt, die Computer- und Softwareindustrie lieferte die hierfür notwendige Hardware (Modem oder ISDN-Karte) und Software (Browser).

Die Veröffentlichung des HTML-Quellcodes erfolgte erst 1993!

Heute hat sich das Internet mit etwa 200 Millionen Nutzern bereits einen festen Platz innerhalb der Medienlandschaft erobert. In Deutschland sind derzeit etwa 10% der Bevölkerung „online". Im Jahr 2005 werden Schätzungen zufolge eine Milliarde Menschen ein Medium nutzen, das gerade einmal seinen dreißigsten Geburtstag gefeiert hat ...

200 Millionen Internet-Nutzer
(Stand: Sept. 1999)

Abb. 3.4/3
**Übersicht der wichtigsten
Internet-Dienste**

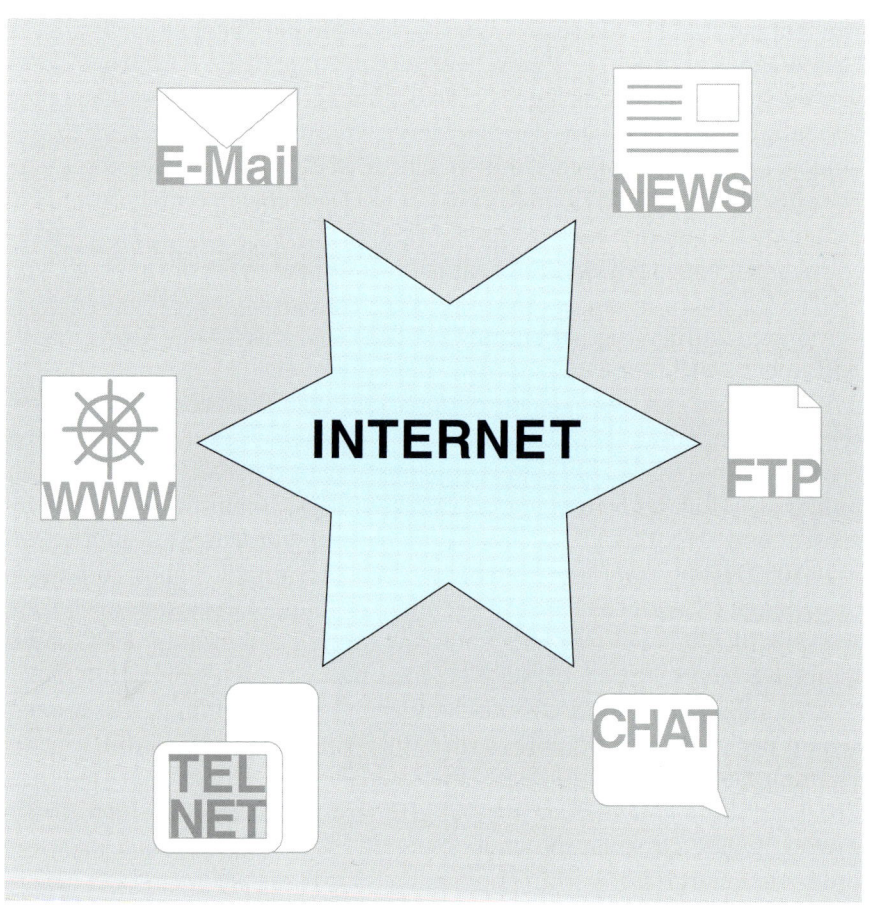

3.4.2 Dienste des Internets

3.4.2.1 WWW (Word Wide Web)

WWW und Internet werden fälschlicherweise oft synonym verwendet. Beim World Wide Web handelt es sich um ein hypertextbasiertes Informationssystem des Internets, das 1991 im Kernforschungszentrum CERN in Genf eingesetzt wurde. Durch seine grafische Oberfläche wurde die Informationsbeschaffung im Internet deutlich vereinfacht, so dass das WWW letztlich einen maßgeblichen Beitrag zum Erfolg des Internets geleistet hat. Durch die Integrationsmöglichkeit der unten genannten Dienste in die grafische Oberfläche des WWW erlangte dieser Dienst große Bedeutung.

Hypertext-Informationssystem

3.4.2.2 E-Mail (Electronic Mail)

Die elektronische Post gehört zu den älteren Diensten des Internets. Die nahe liegende Idee, die Computerverbindungen zum Austausch von Texten oder Daten zu nutzen, wird heute in zunehmendem Maße genutzt. Ein elektronischer Brief ist nicht nur innerhalb von Sekunden an einem beliebigen Zielort, er kann auch gleichzeitig an beliebig viele Empfänger versandt werden.

Elektronische Post

3.4.2.3 FTP (File Transfer Protocol)

Das „Herunterladen" von Dateien von einem Server auf den eigenen Rechner wird als Download, das Übertragen von Dateien vom eigenen Rechner auf einen Server als Upload bezeichnet. Die hierfür zuständigen Server werden FTP-Server genannt und sind mittlerweile in großer Anzahl im Internet vorhanden. Für den Download von Daten ist entweder eine Zugangsberechtigung in Form eines Passwortes notwendig oder – im Fall des „anonymous FTP" – ein Zugriff auf den FTP-Server für jedermann gestattet.

Transfer von Dateien: Download und Upload

3.4.2.4 News (Newsgroups)

Diskussionsforen

Newsgroups sind öffentliche Diskussionsforen zu bestimmten Themen. Zur Teilnahme an einer Newsgroup wird das gewünschte Thema „abonniert". Danach kann der Teilnehmer alle Beiträge zu diesem Thema lesen, eigene Beiträge hinzufügen oder Fragen stellen. Es gibt mittlerweile viele Tausend Newsgroups zu fast allen Themen.

3.4.2.5 IRC (Internet Relay Chat)

Live-Kommunikation

Vor allem bei jüngeren Internet-Nutzern sehr beliebt ist der als „Chatten" bezeichnete Live-Dialog mit anderen, in der Regel unbekannten Teilnehmern. Die Anmeldung in einem so genannten Chat-Raum erfolgt über einen frei wählbaren Zugangsnamen. Der Unterschied zum E-Mailing besteht darin, dass die Kommunikation – sieht man einmal von der Zeit für das Eintippen der Statements ab – beim Chat ohne zeitliche Verzögerung erfolgt. Über Sinn oder Unsinn derartiger „Blinddates" maßt sich der Autor kein Urteil an. Offensichtlich ist es infolge ausgiebigen Chattens bereits zu Hochzeiten unter Chat-Partner gekommen ...

3.4.2.6 Telnet

Fernzugriff auf Computer

Der Telnet-Dienst ermöglicht einen Fernzugriff auf Betriebssysteme, Programme oder Daten fremder Computer. Voraussetzung hierfür ist selbstverständlich eine entsprechende Zugangsberechtigung. Der Telnet-Dienst ist für die Fehlerdiagnose und Fernwartung von Computern und computergesteuerter Anlagen in der Industrie von großer Bedeutung.

3.4.3 Datenübertragung im Internet

Marco Schuster lebt in München und möchte sich von einem FTP-Server in Redmond (USA) ein kostenloses Update einer von ihm verwendeten Software downloaden. Die gepackte Datei besitzt eine Größe von 1,5 MB. Wie ist es möglich, in einem gigantischen Rechnerverbund von 200 Millionen Rechnern die gesuchte Datei zu finden und fehlerfrei von Redmond nach München zu übertragen?

Eine detaillierte Antwort auf diese Frage würde nicht nur ein enormes technisches Know-how erfordern, sondern auch den Rahmen dieses Kompendiums weitaus sprengen. Das *Prinzip* der Datenübertragung mit Hilfe des TCP/IP-Protokolls lässt sich jedoch relativ leicht erklären.

TCP/IP

3.4.3.1 Internet Protocol (IP)

Eine Datei von 1,5 MB Umfang ist in Zeiten, in denen Festplatten kaum noch unter 10 GB betragen, sicherlich nicht besonders groß. Für die Übertragung über eine Strecke von mehreren Tausend Kilometern und Übertragungsgeschwindigkeiten, die im Falle eines ISDN-Kanals maximal 8 KB/s betragen, stellt die Datenmenge durchaus ein Problem dar.

Zur Entschärfung dieses Problems werden die 1,5 MB zunächst in kleinere Datenpakete zerlegt. Das hierfür zuständige Internet Protocol (IP) gestattet Paketgrößen von maximal 64 kB. Eine Datei mit einer Größe von 1,5 MB würde durch das Internet Protocol also in mindestens 24 Teile zerlegt (24 x 64 kB = 1,5 MB).

Bildung von Datenpaketen

Damit ein Paket am Zielort ankommt, muss es adressiert werden. Diese Binsenweisheit gilt für konventionelle Pakete und für Datenpakete gleichermaßen. Die durch das Internet Protocol vergebene Adresse wird als IP-Adresse bezeichnet und ist 32 Bit oder vier Byte lang. Zur Strukturierung der Adresse ist jedes Adressbyte durch einen Punkt vom nächsten Byte getrennt:

Adressierung mittels IP-Adresse

Beispiel einer IP-Adresse: **141 79.123.56**

Abb. 3.4/4
**Datenübertragung im
Internet mit Hilfe des
TCP/IP-Protokollstapels**

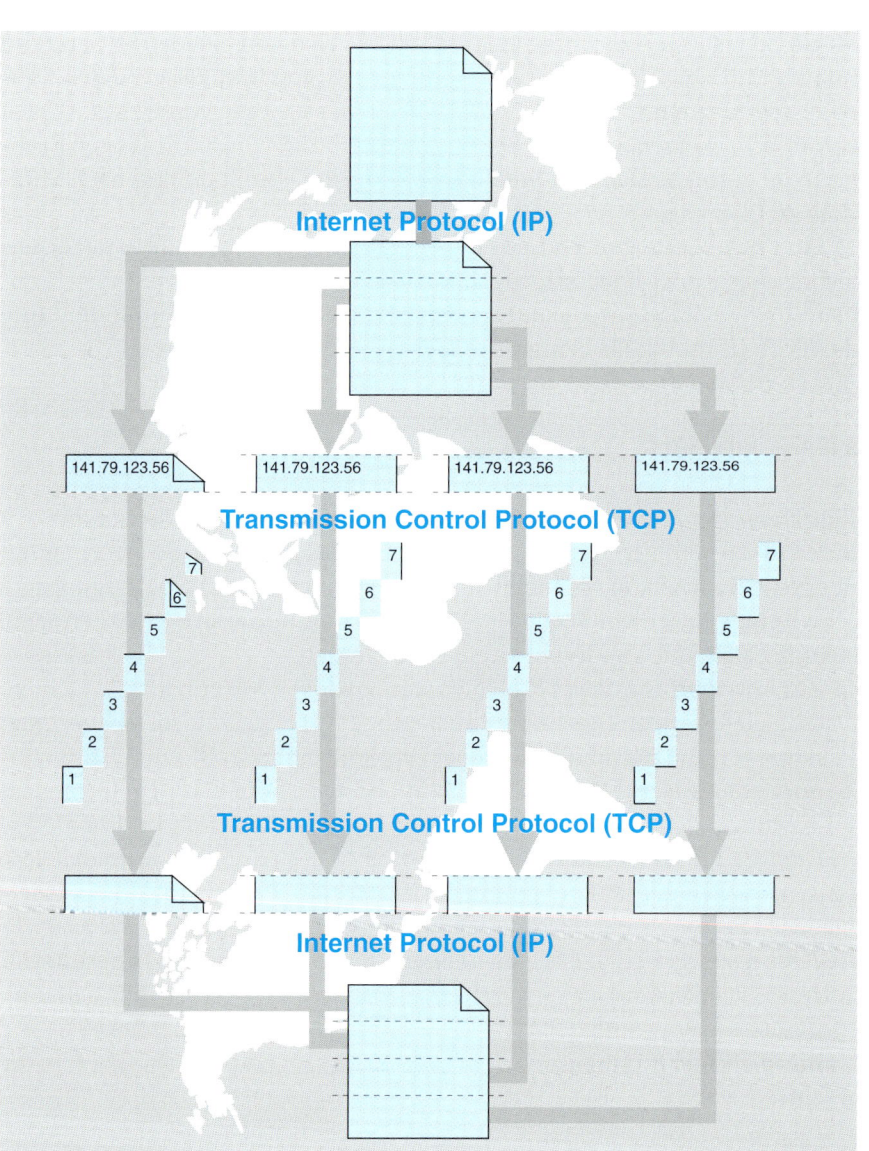

Jede IP-Adresse muss im Internet einmalig sein, damit eine eindeutige Identifikation des Zielrechners gelingt. Die 32-stellige Adresse ermöglicht rechnerisch 2^{32} oder 4,29 Milliarden unterschiedliche Adressen, so dass diese Forderung scheinbar leicht zu erfüllen ist. In der Praxis wurde der zur Verfügung stehende Adressraum in fünf Klassen von A bis E eingeteilt und große Adressbereiche reserviert. Durch die explosionsartige Erweiterung des Internets könnte die Adresszuteilung deshalb auf Dauer zu einem Problem werden.

Das Internet Protocol ist auch für die Wahl des Paketleitweges zuständig. Dieser als Routing bezeichnete Vorgang bestimmt die Zwischenstationen, die die Datenpakete auf dem Weg von Redmond nach München passieren. Dabei kann es sein, dass jedes Datenpaket einen anderen Weg vom Absender zum Empfänger durchläuft. Der große Vorteil dieses Verfahrens besteht darin, dass die Router und Gateways im Internet für eine „intelligente" dynamische Nutzung der Übertragungskapazitäten des Netzes sorgen können. Ein aktuell stark belasteter Netzabschnitt wird zugunsten eines weniger frequentierten Abschnittes gemieden.

Routing:
Festlegung des Weges
für die Datenpakete

3.4.3.2 Transmission Control Protocol (TCP)

Nach der Paketbildung, Datenadressierung und Wegvermittlung sorgt das Transmission Control Protocol (TCP) für die eigentliche Datenübertragung. Hierzu wird zunächst eine Verbindung zwischen Sender und Empfänger hergestellt. Im Anschluss werden die Datenpakete in nummerierten kleinen Einheiten (Segmenten) von beispielsweise 536 Byte übertragen. Trifft ein Segment am Zielrechner nicht ein, wird die Datenübertragung wiederholt. Der Zielrechner setzt per TCP anhand der Nummerierung die Segmente des übertragenen Datenpaketes wieder zusammen.

Herstellung einer Verbindung zwischen Sender und Empfänger

Fehlerkorrektur

Abschließend sorgt das Internet Protocol des Zielrechners für das Zusammenfügen der Datenpakete zu einer Datei. Die Datenübertragung ist damit abgeschlossen.

Top-Level-Domains der USA

com	commercial	Firmen, kommerzielle Einrichtungen
edu	education	Bildungseinrichtungen
gov	government	US-Regierung
mil	military	US-Militär-Einrichtungen
net	net	Internet-Provider und -Organisationen
org	organisation	Organisationen, Vereine

Top-Level-Domains nach Ländern

ar	Argentinien	il	Israel
at	Österreich	in	Indien
be	Belgien	jp	Japan
bg	Bulgarien	kr	Korea
br	Brasilien	li	Liechtenstein
ca	Kanada	lu	Luxemburg
ch	Schweiz	mx	Mexiko
cl	Chile	my	Malaysia
cn	China	nl	Niederlande
cz	Tschechische Rep.	nz	Neuseeland
de	Deutschland	ph	Philippinen
dk	Dänemark	pl	Polen
eg	Ägypten	pt	Portugal
es	Spanien	ru	Russland
fi	Finnland	se	Schweden
fr	Frankreich	sg	Singapur
gb	Großbritannien	tr	Türkei
gr	Griechenland	tw	Taiwan
hu	Ungarn	uk	United Kingdom
id	Indonesien	va	Vatikan
ie	Irland	za	Südafrika

Quelle: Das große PC-Lexikon (Data Becker)

3.4.3.3 Internet-Domain-Namen

Wesentliche Voraussetzung für die globale Kommunikation ist die Kenntnis der exakten Adresse des gesuchten Zielrechners. Wie in Abschnitt 3.4.3.1 über das Internet Protocol erläutert, ist jeder am Internet partizipierende Computer über seine IP-Adresse eindeutig identifizierbar. Nun ist die Eingabe von bis zu zwölf Zahlen nicht gerade benutzerfreundlich. Viele Menschen haben schon Schwierigkeiten, sich die vierstellige Geheimzahl ihrer EC-Karte zu merken ...

Die Idee liegt also nahe, die IP-Adressen durch einprägsamere Adressen zu ersetzen. Das hierfür entwickelte Konzept teilt die Adressen zunächst nach Gebieten (Domains) ein. In den USA gibt es beispielsweise die Domains *com* (commercial) für Firmen, *edu* (education) für Bildungseinrichtungen oder *gov* (government) für die US-Regierung. Für die übrigen, später zum Internet hinzugekommenen Staaten – wurden als Domains länderspezifische Abkürzungen gewählt: *de* steht für Deutschland, *fr* für Frankreich und *jp* für Japan. Diese als Top-Level-Domain bezeichneten Abkürzungen stehen, durch einen Punkt getrennt, am Ende des Domain-Namens. Vor dem Punkt befindet sich als Second-Level-Domain eine genauere Bezeichnung des Host-Rechners. Beispiele hierfür sind *springer.de* oder *apple.com*. Die sich dadurch ergebende Hierarchisierung kann durch weitere Domain-Levels fortgesetzt werden: *jobs.zeit.de* oder *bw.schule.de*.

Zur Umsetzung der Domain-Namen in IP-Adressen sind Domain Name Server (DNS) notwendig. Für die Vergabe und Verwaltung von Domain-Namen sind in den USA die InterNIC (www.rs.internic.net) und in Deutschland die DENIC (www.denic.de) zuständig. Auf den angegebenen Internetseiten kann abgefragt werden, ob ein gewünschter Domain-Name noch erhältlich oder bereits vergeben ist und wie viel die Registrierung kostet.

domain (engl.): Gebiet

Top-Level-Domain
Second-Level-Domain

Domain Name Server (DNS)

Deutsches Network Information Center (DENIC)

Lernziel: Den Erwerb von Domain-Namen prüfen.
Aufgaben: • Finden Sie heraus, ob als Domain-Name Ihr eigener Nachname noch möglich ist. (P)
• Wie viel kostet ein Domain-Name pro Jahr? (P)

Internet: Wichtige Begriffe und Abkürzungen

Chat – Live-Kommunikation im Internet: Zwei oder mehr Teilnehmer kommunizieren zur selben Zeit per Tastatur.

DNS – (Domain Name Server) Server zur Umsetzung von Domain-Namen in IP-Adressen.

Domain-Name – Name zur Identifikation eines Host-Computers im Internet. Beispiel: www.springer.de. Die Top-Level-Domain *de* steht hierbei für einen Server in Deutschland; *springer* bezeichnet den Namen des Web-Servers und *www* gibt den Internet-Dienst an.

Download – Kopieren einer Datei auf den eigenen Computer. Server, die diesen Service ermöglichen, werden als FTP-Server bezeichnet.

E-Mail – Elektronische Post, die auf speziellen Servern zwischengespeichert wird.

FTP – (File Transfer Protocol) Mit Hilfe von FTP ist ein Datenaustausch (Down-/Upload) im Internet möglich.

Homepage – Startseite einer Internet-Adresse (URL).

HTML – (Hypertext Markup Language) Normierte Seitenbeschreibungssprache zur Übertragung von Webseiten im Internet.

Web-Editor – Software zur Erstellung von Webseiten, ohne dass hierfür das Erlernen von HTML notwendig ist.

HTTP – (Hypertext Transfer Protocol) Übertragungsprotokoll für Webseiten.

Hypertext – Navigationsstruktur innerhalb von Texten. So genannte Links ermöglichen das Verzweigen zu anderen Textstellen per Mausklick.

Internet-Host – Computer in ständiger Verbindung mit dem Internet.

IP-Adresse – 32-Bit-Adresse zur Identifikation eines Internet-Hosts. Jeder IP-Adresse kann ein Domain-Name zugeteilt werden.

TCP/IP – Protokolle zur Datenübertragung im Internet.

Upload – Datenübertragung vom eigenen Computer zu einem Internet-Host.

URL – (Uniform Resource Locator) Internet-Adresse bestehend aus Protokoll und Domain-Name z.B.: http://www.springer.de

Web-Browser – Software zur Betrachtung von Webseiten.

WWW – (World Wide Web) Multimediales Informationssystem des Internets.

3.4.3.4 Uniform Resource Locator (URL)

Die Angabe des Domain-Namens genügt leider noch immer nicht, um den gewünschten Ziel-Computer adressieren zu können. Dies liegt daran, dass es – wie in Kapitel 3.4.2 behandelt – mehrere Dienste im Internet gibt. In der Adresse muss der Internet-Dienst Erwähnung finden. Des Weiteren ist es optional möglich, in der Adresse bereits genaue Angaben über Name und Ort der aufgerufenen Datei auf dem Server zu machen. Eine um diese Angaben komplettierte Internet-Adresse wird als URL bezeichnet. Die allgemeine Form einer URL lautet:

Protokoll://Server.Domain/Ordner/Dokument

Struktur einer URL

Jede URL muss mit dem Namen des Protokolls beginnen, das für die Übertragung des gewählten Dienstes verantwortlich ist. Das Protokoll des World Wide Web besitzt die Abkürzung *http*. Durch einen Doppelpunkt und zwei /-Zeichen (Slash) getrennt folgt der Servername. Alle Server des World Wide Web tragen die Bezeichnung *www*. Es folgt der Domain-Name und schließlich – falls gewünscht – Ordner und Name der gesuchten Datei. Beispiele für URLs sind:

HTTP (Hypertext Transfer Protocol)

- http://www.tagesschau.de
- http://www.springer.de/product/index.html
- ftp://ftp.uni-stuttgart.de
- ftp://ftp.springer.de/pub/catalog/amazon.zip

Beispiele für URLs

Die letzten beiden Beispiele sind Adressen für FTP-Server, die den Download von Dateien ermöglichen. Während die erste FTP-Adresse das Hauptverzeichnis des FTP-Servers der Universität Stuttgart findet, beinhaltet das untere Beispiel bereits alle konkreten Daten, die zum Download der Datei „amazon.zip" notwendig sind.

Abb. 3.4/6
Grafische Darstellung der Kosten für drei (fiktive) Internet-Provider in Abhängigkeit von der monatlichen Nutzungszeit des Internets

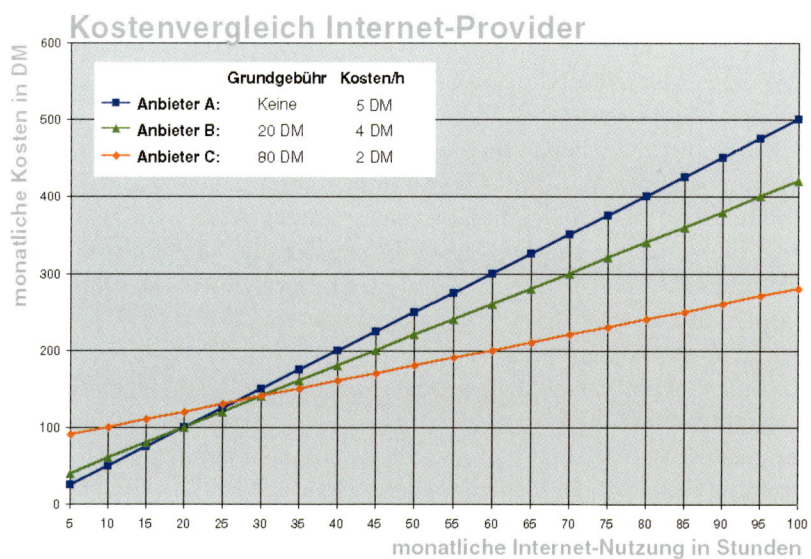

Wie das Diagramm zeigt, ist die Entscheidung für einen Internet-Provider maßgeblich von der zu erwartenden monatlichen Nutzungsdauer des Internets abhängig. Je länger diese Nutzungsdauer ist, um so besser eignet sich ein Provider mit hohen Fixkosten (Grundgebühr) und geringen laufenden Kosten (Internet-Zugang und Telefongebühren). Wer nur gelegentlich „surft", sollte sein Augenmerk auf Provider ohne monatliche Grundgebühr richten.

Lernziel: Kosten für die Internet-Nutzung berechnen.
Aufgaben: Berechnen Sie die monatliche Nutzungsdauer, ab der
- Anbieter B günstiger als Anbieter A wird, (L)
- Anbieter C günstiger als Anbieter B wird, (L)
- Anbieter B günstiger als Anbieter A wird, wenn Anbieter A als Zusatzangebot 5 Freistunden gewährt. (L)

3.4.4 Internet-Zugang

3.4.4.1 Internet-Provider

Ein Computer, der sich in ständiger Verbindung mit dem Internet befindet, wird als Internet-Host bezeichnet. Ein Host-Rechner ermöglicht über die im vorherigen Kapitel beschriebenen Protokolle TCP und IP den Datenaustausch mit anderen Host-Computern des Internets. Weiterhin kann er Daten – zum Beispiel Homepages, E-Mails oder Newsbeiträge – zwischenspeichern und zum Abrufen bereithalten.

host (engl.):
1. Gastwirt, Hauswirt
2. Menge, Masse

Da ein Internet-Host ständig „online" sein muss, lohnt sich das Einrichten eines derartigen Servers für Privatpersonen in der Regel nicht. Allein die Kosten für eine dauerhafte Telefonverbindung (Standleitung) belaufen sich auf mehrere Hundert Mark pro Monat. Die Dienstleistung „Internet" wird deshalb mittlerweile von zahlreichen Unternehmen der Kommunikationsbranche angeboten. Diese so genannten Internet-Provider betreiben einen oder mehrere Internet-Hosts und ermöglichen ihren Kunden eine telefonische Einwahl an ihren Servern. Beispiele für große Internet-Provider sind T-Online, AOL oder Viag-Intercom. In Abhängigkeit vom gewählten Provider muss der Kunde die Telefonkosten zum Einwahlpunkt und / oder eine monatliche Grundgebühr und / oder einen takt- und damit zeitabhängigen Preis bezahlen. Daraus folgt, dass bei der Wahl des Providers darauf zu achten ist, dass sich der Einwahlknoten möglichst in der Nähe befindet. Alternativ können Provider gewählt werden, die bundesweit einen einheitlichen Tarif anbieten und bei denen somit die Entfernung zum nächsten Einwahlpunkt keine Rolle spielt.

Internet-Provider

Natürlich können im Rahmen dieses Buches keine Empfehlungen für die Wahl eines bestimmten Providers gegeben werden. Dies wäre auch nicht möglich, weil sich die Preise fast monatlich ändern und es außerdem große regionale Unterschiede gibt. Ein seriöser Vergleich ist deshalb nur möglich, wenn der Wohnort (Postleitzahl oder Telefonvorwahl) berücksichtigt wird. Aktuelle Vergleichsübersichten finden Sie in einschlägigen Computerzeitschriften oder im Internet.

Abb. 3.4/7
**Analoger und digitaler
Internet-Zugang**

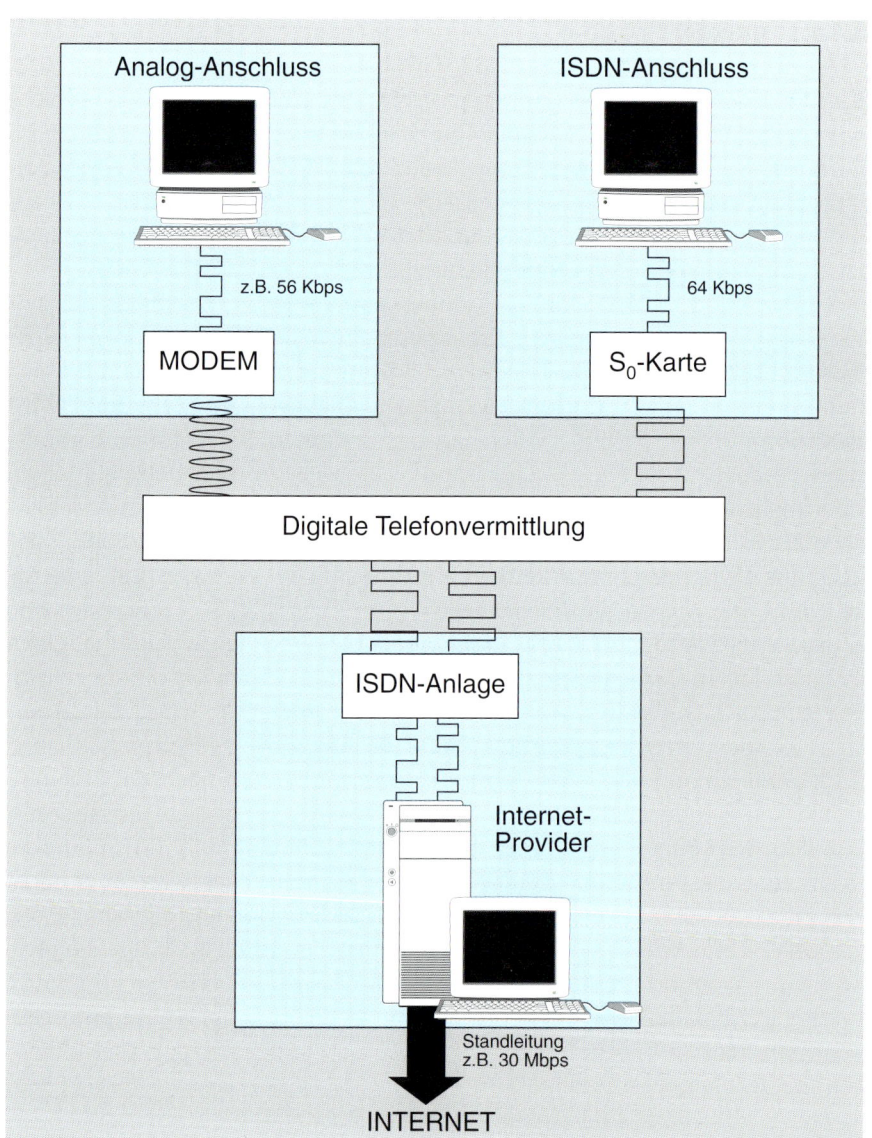

3.4.4.2 Analoger oder digitaler Zugang

Bei der Wahl der telefonischen Verbindung zum Internet-Provider gibt es
momentan im Wesentlichen zwei Alternativen: das ältere analoge Telefonnetz oder eine neuere digitale ISDN-Verbindung.

Zur Übertragung binärer Computerdaten über eine Analog-Verbindung
müssen die Daten „moduliert" werden. Bei diesem Modulationsvorgang
werden die binären Informationen mit Hilfe eines analogen Trägersignals
übermittelt. Am Zielort angelangt, muss das Trägersignal wieder entfernt
werden (Demodulation). Ein Gerät, das sowohl modulieren als auch demo-
dulieren kann, wird kurz als Modem bezeichnet. Ein Modem ist also immer
dann notwendig, wenn der Computer mit einem analogen Telefonanschluss
verbunden werden soll. Die Übertragungsgeschwindigkeit eines Modems
wird in kbit/s oder in kbps (Kilobits per second) angegeben. Vorsicht ist geboten, weil in diesem Fall die Abkürzung „Kilo" für 1000 und nicht für 1024
steht. Zur Unterscheidung verwenden etliche Autoren „k" für 1000 und „K"
für 1024. Die typische Übertragungsrate eines heutigen Modems beträgt
56 kbit/s oder 56.000 bit/s.

Bei ISDN (Integrated Services Digital Network) erfolgt die Datenübertragung digital. Ein ISDN-Basisanschluss besteht aus zwei B-Kanälen mit jeweils 64 kbit/s sowie einem Steuerkanal mit 16 kbit/s. Für den ISDN-Anschluss eines Computers benötigt dieser eine ISDN- oder S_0-Karte. S_0 bezeichnet die Schnittstelle des ISDN-Anschlusses, an die sich ISDN-Geräte
wie digitale Telefone, Faxgeräte, Anrufbeantworter oder ein Computer anschließen lassen. Auch die Verwendung analoger Geräte am S_0-Bus ist über
entsprechende Terminaladapter möglich.

Im Vergleich zum analogen Telefonanschluss sind die monatlichen Kosten
für einen ISDN-Anschluss höher. Dem steht allerdings der Vorteil gegenüber, dass wegen der zwei ISDN-Kanäle zum Beispiel gleichzeitig telefoniert
und im Internet „gesurft" werden kann. Auch die Datenübertragung aus
dem Internet erfolgt bei ISDN etwas schneller als beim Zugang via Modem.
Im Vergleich zu einem lokalen Fast-Ethernet mit 100 Mbit/s arbeiten beide
Verfahren im „Schneckentempo" ...

MODEM:
Modulator und Demodulator

Übertragungsrate in kbit/s

ISDN-Basisanschluss:
2 x 64 kbit/s

S_0-Bus

Schneckentempo im Ver-
gleich zu lokalen Netzen!

Abb. 3.4/8
Einfache Internetseite, die mit Hilfe eines Web-Editors erstellt wurde

Die Seite enthält neben Text und GIF-Grafik zwei Hyperlinks.

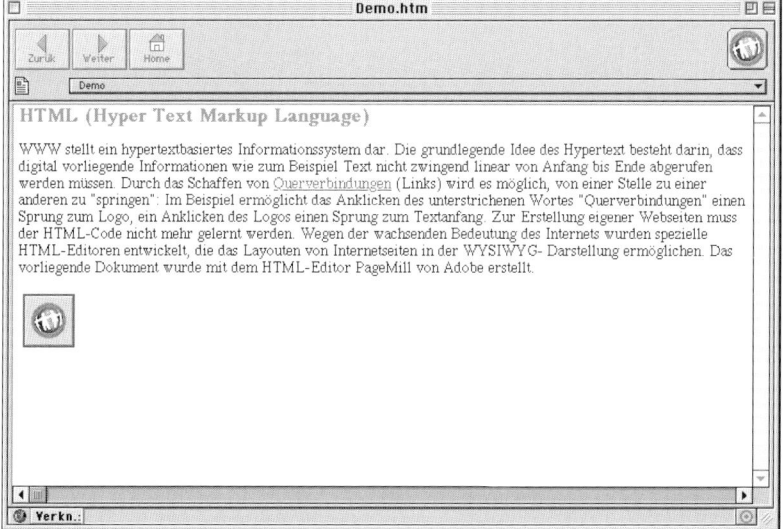

Abb. 3.4/9
HTML-Quellcode der obigen Internetseite

Alle Steuerbefehle (Tags) sind in spitze Klammern < > gesetzt, Ende-Tags enthalten zusätzlich einen Slash /. Die Hyperlinks sind am Tag <a href = ...> erkennbar. Eine Grafik wird mit Hilfe des Tags <img src = ...> eingebunden.

3.4.5 World Wide Web

3.4.5.1 HTML

Wie in Kapitel 3.4.2 dargestellt, handelt es sich beim World Wide Web oder kurz WWW um einen von vielen Internet-Diensten. Dennoch hat er sich mittlerweile zum wichtigsten Dienst entwickelt. Dies liegt unter anderem daran, dass die benötigte Software (Web-Browser) andere Dienste wie E-Mail oder Newsgroups integriert.

WWW stellt ein gigantisches hypertextbasiertes Informationssystem dar. Die grundlegende Idee des Hypertextes besteht darin, dass digital vorliegende Informationen wie zum Beispiel Text nicht zwingend linear von Anfang bis Ende abgerufen werden müssen. Durch das Schaffen von Querverbindungen (Links) wird es möglich, von einer Stelle zu einer anderen zu „springen". Was bei einem Buch mühsames Blättern zur Folge hat, geschieht im WWW mit einem einfachen Mausklick. Es leuchtet ein, dass die Erstellung „verlinkter" Webseiten nicht einfach in einem Textverarbeitungsprogramm erfolgen kann. Zur Beschreibung derartiger Seiten wurde deshalb eine Sprache entwickelt, die den Namen HTML (Hypertext Markup Language) trägt. Diese mittlerweile in der Version 4.0 vorliegende Seitenbeschreibungssprache hat die Aufgabe, alle auf einer Internet-Seite vorkommenden Informationen mit Hilfe sogenannter Tags zu beschreiben. Neben den eigentlichen Textdaten enthält ein HTML-Dokument also Tags für die Schriftart, -größe, -formatierung und -farbe. Weitere Tags ermöglichen beispielsweise das Einbinden von Bildern sowie die bereits erwähnten Hyperlinks. Trotz der angedeuteten Vielfalt besitzen HTML-Dateien eine geringe Datenmenge und werden deshalb vergleichsweise schnell von A nach B transportiert. Dies liegt vor allem daran, dass alle Bilder einer Webseite als externe Dateien vorliegen müssen und mit dem HTML-Dokument lediglich verknüpft werden. Um auch die Datenmengen für Bilder möglichst niedrig zu halten, wurden für das Internet spezielle Bildformate (JPG, GIF, PNG) entwickelt. Um das WWW zu einem multimedialen Medium werden zu lassen, wurden effiziente Kompressionsverfahren mittlerweile auch für Sounds (z.B. MP3, Shockwave Audio) und Animationen (z.B. Shockwave, Flash) entwickelt.

Hyptertext:
Querverbindungen im Text mit Hilfe von Links

HTML:
Seitenbeschreibungssprache für Webseiten

Tags:
HTML-Befehle

Bildformate:
JPG, GIF, PNG

3.4.5.2 Web-Editoren

Web-Editoren: Seitenerstellung in WYSIWYG-Darstellung

Zur Erstellung eigener Webseiten muss der HTML-Code nicht (mehr) unbedingt erlernt werden. Wegen der wachsenden Bedeutung eines „Internet-Auftrittes" wurden spezielle Web-Editoren entwickelt, die das Layouten von Internetseiten in der WYSIWYG-Darstellung gestatten. Das Kunstwort kürzt den Satz „What you see is what you get!" ab und bedeutet, dass die Layoutdarstellung bereits mit der späteren Bildschirmdarstellung übereinstimmt. Das Platzieren und Formatieren von Texten und Bildern kann also wie in einem Layoutprogramm für Printprodukte erfolgen. Der Web-Editor übernimmt die Übersetzung der Webseite in HTML-Code und stellt dabei auch alle gewünschten Verknüpfungen (Links) her. Dabei unterscheiden sich die Editoren darin, dass sie diese Codierung mehr oder weniger effizient erledigen. „Gutes" HTML stellt Webseiten auf verschiedenen Rechnerplattformen und mit verschiedenen Web-Browsern einheitlich dar – „schlechtes" HTML ist vom eingesetzten Browser und Betriebssystem abhängig.

Unterschiedliche Qualität des HTML-Codes

Web-Editoren gibt es mittlerweile in großer Anzahl. Nur beispielhaft seien an dieser Stelle *Adobe Golive*, *Macromedia Dreamweaver* und *Microsoft Frontpage* genannt. Für das erste Produkt finden Sie im zweiten Band ein einführendes Kapitel. Wem die Investition in eines der oben genannten Softwareprodukte zu hoch ist, der findet im Internet zahlreiche Editoren als Free- oder Shareware. Dabei bedeutet kostenlos oder günstig nicht zwingend, dass die Produkte automatisch schlechter sind.

Auswahl eines Web-Editors

Nach Fertigstellung der Webseiten sollen diese natürlich auch ins Internet „gestellt" werden. Wer keinen eigenen Web-Server betreibt, muss mittels FTP alle Dateien zu seinem Internet-Provider übertragen. Dieser stellt hierfür in der Regel einen gewissen Speicherbereich – beispielsweise 5 MB – zur Verfügung. Alternativ lassen sich im Internet Adressen finden, die ein kostenloses Veröffentlichen eigener Webseiten gestatten. Es muss dann allerdings in Kauf genommen werden, dass sich auf den Seiten oft Werbebanner befinden.

Veröffentlichung der Webseiten

3.4.5.3 Web-Browser

Während sich die vorherigen Abschnitte damit befasst haben, wie eigene Seiten erstellt und im Internet veröffentlicht werden können, beschäftigt sich dieser Abschnitt mit der Wiedergabe fertiger Webseiten auf dem eigenen Monitor. Da alle Seiten wie besprochen in HTML-codierter Form vorliegen, muss zum Betrachten einer Seite die HTML-Codierung rückgängig gemacht werden. Diese Aufgabe erledigen Programme, die als Web-Browser oder kurz Browser bezeichnet werden. Während es früher etliche Browser gegeben hat, teilen sich den (Welt-)Markt heute die Firmen Netscape mit ihrem *Communicator* und Microsoft mit ihrem *Internet Explorer*. Beide Programme sind kostenlos und können auf den entsprechenden Seiten – *www.netscape.com* bzw. *www.microsoft.com* – heruntergeladen werden.

Da die Benutzeroberflächen und das Programmhandling sehr ähnlich sind, ist die Entscheidung für oder gegen einen Browser fast Geschmacksache. Wichtige Dienste wie E-Mail und News sind bei beiden Programmen integriert, ebenso Hilfsfunktionen wie das Abspeichern und Ausdrucken von Webseiten oder die Vergabe von Lesezeichen (bookmarks).

Das wichtigste Feld beider Browser dient zur Eingabe der URL, also der Adresse der gesuchten Webseite. Zur korrekten Eingabe einer URL sei auf Abschnitt 3.4.3.4 verwiesen. Nach Eingabe einer URL, die keine Ordner- und Dateinamen enthält, gelangt man stets auf die als Homepage bezeichnete Startseite der angegebenen Web-Adresse. Zur thematischen Suche nach bestimmten Adressen stehen zahlreiche „Suchmaschinen" wie beispielsweise *www.yahoo.de* oder *www.altavista.com* zur Verfügung.

Netscape Navigator contra Microsoft Internet Explorer

Eingabe einer URL → 3.4.3.4

Homepage: Startseite eines Internet-Auftritts

Lernziel: Einen Web-Browser verwenden.

Aufgaben: • Testen Sie die vier Adressen im Abschnitt 3.4.3.4. (P)
  • Finden Sie heraus, wo ein Download der aktuellen Browserversionen von Netscape und Microsoft möglich ist. (P)
  • Suchen Sie mit Hilfe einer Suchmaschine nach Seiten, die Web-Editoren als Freeware anbieten. (P)

Physikalische Grundlagen

4.1 Optik

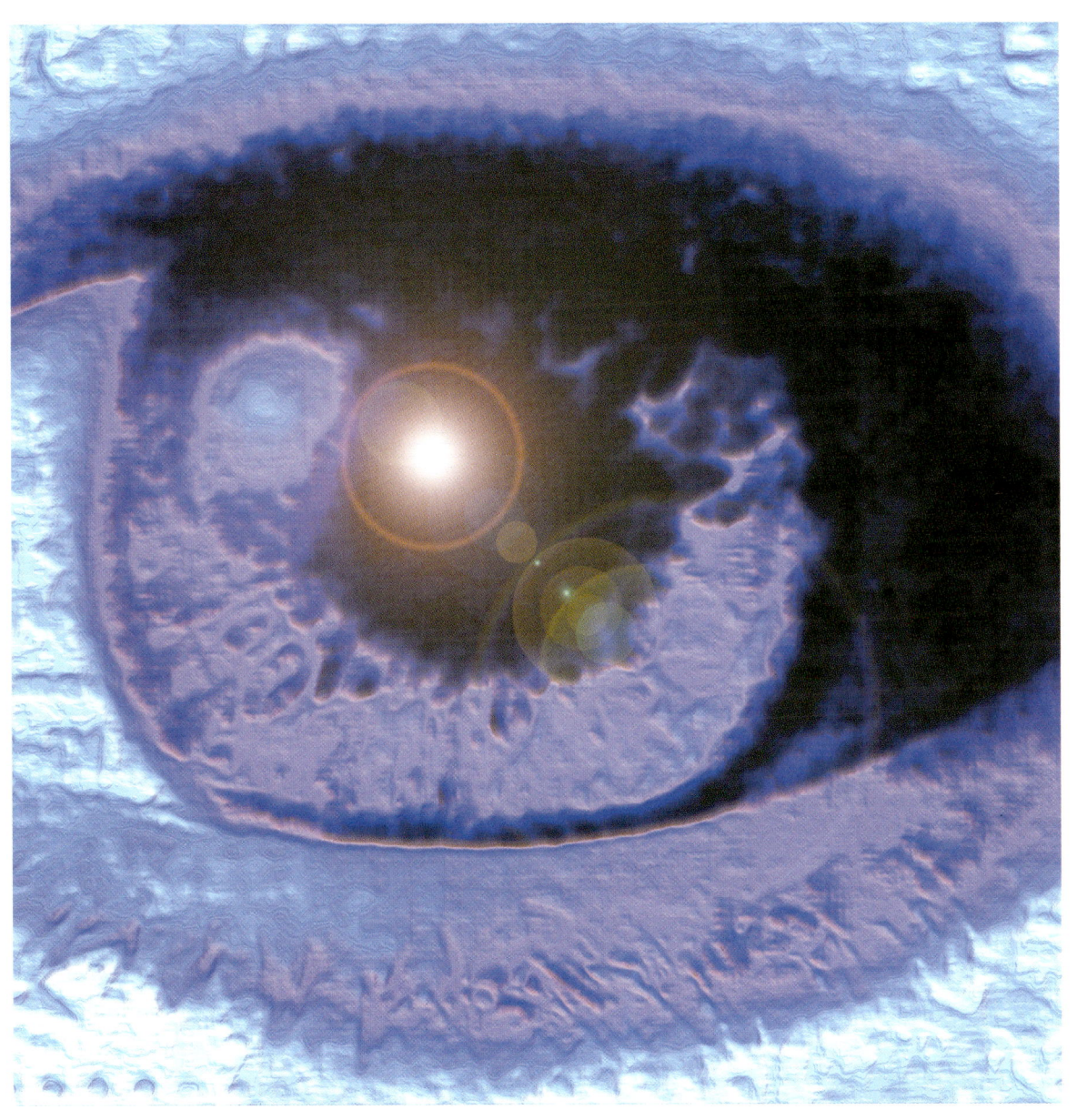

Abb. 4.1/1
**Elektromagnetisches
Spektrum**

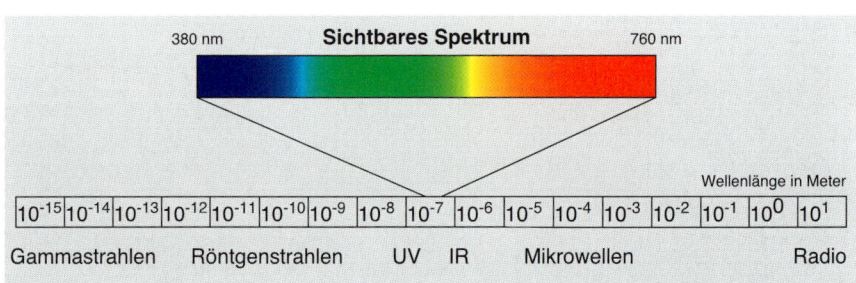

Abb. 4.1/2
Wellenmodell

Lichtwellen breiten sich in
alle Raumrichtungen aus.

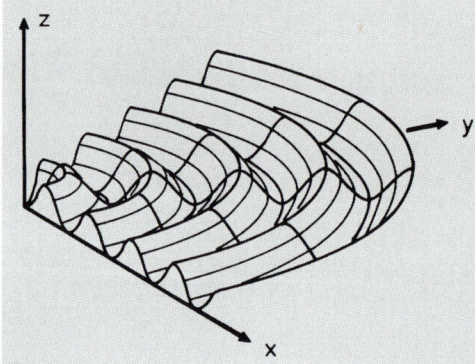

- **Periode**, Zeitdauer, nach
  der sich der Schwingungs
  vorgang wiederholt.
- **Wellenlänge**, Abstand
  zweier Perioden
- **Frequenz**, Kehrwert der
  Periode, Schwingungen pro
  Sekunde
- **Amplitude**, Auslenkung der
  Welle

Abb. 4.1/3
Lichtentstehung

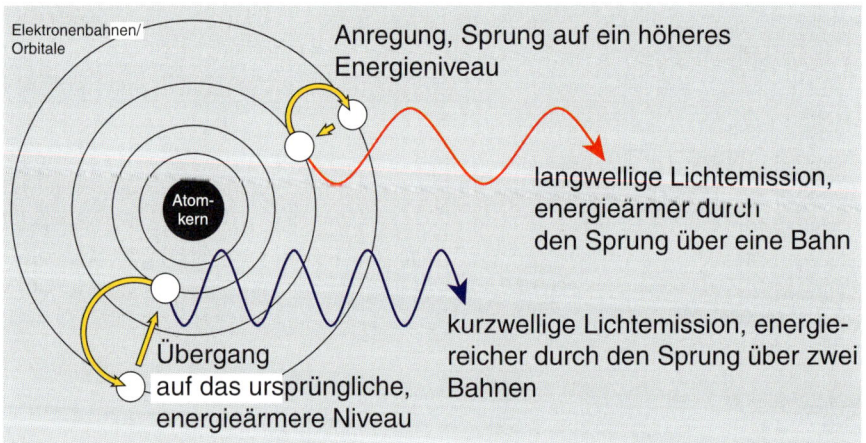

4.1.1 Das Wesen des Lichts

4.1.1.1 Welle-Teilchen-Dualismus

Licht ist der Teil des elektromagnetischen Spektrums, für den das menschliche Auge empfindlich ist. Auf der langwelligen Seite schließt die Infrarot-Strahlung (IR), auf der kurzwelligen Seite die Ultraviolett-Strahlung (UV) an. UV, Licht und IR umfassen zusammen einen Wellenlängenbereich von etwa 10^{-6} m bis 10^{-8} m.

Der Wellencharakter beschreibt die Ausbreitungs-, Beugungs- und Interferenzerscheinungen. Emissions- und Absorptionserscheinungen lassen sich mit der Wellentheorie nicht erklären. Licht ist demzufolge nicht nur eine elektomagnetische Welle, sondern auch eine Teilchen-Strahlung, in der die Teilchen bestimmte Energiewerte haben. Die Lichtteilchen werden als Quanten oder Photonen bezeichnet.

Elektromagnetisches Spektrum

IR, UV

Wellencharakter

Teilchen-Strahlung

4.1.1.2 Lichtentstehung

Im Ruhezustand eines Atoms sind seine Elektronen auf den jeweiligen Energieniveaus – je nach Modell: Bahnen oder Orbitale – im energetischen Gleichgewicht. Durch äußere Energiezufuhr wird das Atom angeregt und in Schwingung versetzt. Einzelne Elektronen springen auf eine höhere Energiestufe. Beim Übergang zurück auf das niedrige Energieniveau wird die Energiedifferenz in Form eines Photons abgegeben.

4.1.1.3 Lichtgeschwindigkeit

Elektromagnetische Wellen können sich auch ohne Medium ausbreiten. Ihre Geschwindigkeit beträgt im Vakuum: $c = 300.000$ km/s (c von lat. celer, schnell).

c = 300.000 km/s

Abb. 4.1/4
Polarisation

Natürliches unpolarisiertes
Licht wird durch einen Polarisationsfilter polarisiert.

Abb. 4.1/5
Interferenz

Zwei Wellen gleicher Wel-
lenlänge und einer Phasen-
verschiebung von λ/2 lö-
schen sich aus.

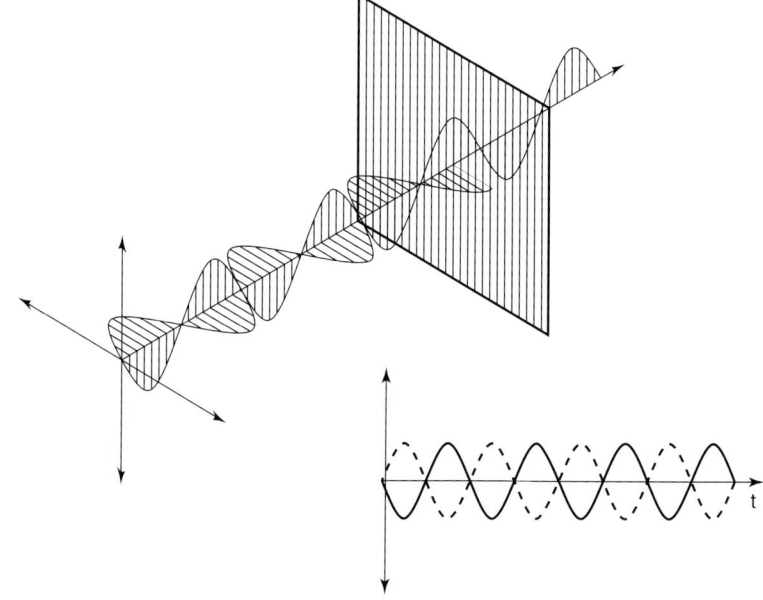

Abb. 4.1/6
Beugung

Beugungseffekte sind
Interferenzeffekte

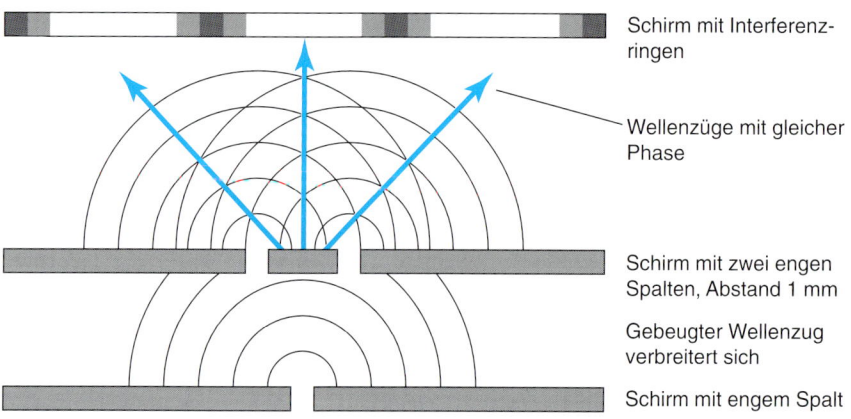

Schirm mit Interferenz-
ringen

Wellenzüge mit gleicher
Phase

Schirm mit zwei engen
Spalten, Abstand 1 mm

Gebeugter Wellenzug
verbreitert sich

Schirm mit engem Spalt

4.1.2 Wellenoptik

4.1.2.1 Polarisation

Die Wellen unpolarisierten Lichts schwingen in allen Winkeln zur Ausbreitungsrichtung. Polarisiertes Licht schwingt nur in einer Ebene.

Reflektiertes Licht ist teilpolarisiert – seine Wellen bewegen sich hauptsächlich in einer Ebene. Durch den Einsatz von Polarisationsfiltern können Spiegelungen, z.B. bei der densitometrischen Messung nasser Druckfarbe, gelöscht werden.

4.1.2.2 Interferenz

Interferenz ist die Überlagerung mehrerer Wellen. Je nach Verhältnis der Phasen kommt es zur Verstärkung, Abschwächung oder Auslöschung der Wellen.

Bekannte Beispiele für Interferenzerscheinungen sind die schillernden Seifenblasen und Newtonringe, die z.B. bei Kontakten auftreten können. Beidesmal findet an dünnen Schichten durch Totalreflexion die Verstärkung bzw. Auslöschung bestimmter Wellenlängen statt. Das Ergebnis sind farbige Muster.

4.1.2.3 Beugung (Diffraktion)

Beim Auftreffen einer Welle auf eine Kante geht ein Teil der Intensität in den geometrischen Schattenraum – die Welle wird gebeugt.

Jede Begrenzung eines Lichtstrahls verursacht Beugung. Dadurch ist auch der minimal erreichbare Durchmesser bei der Fokussierung eines Lichtstrahls mit einer Linse begrenzt. In der geometrischen Optik wird allerdings vereinfachend von einem punktförmigen Strahl ausgegangen.

Abb. 4.1/7
Schattenkonstruktion

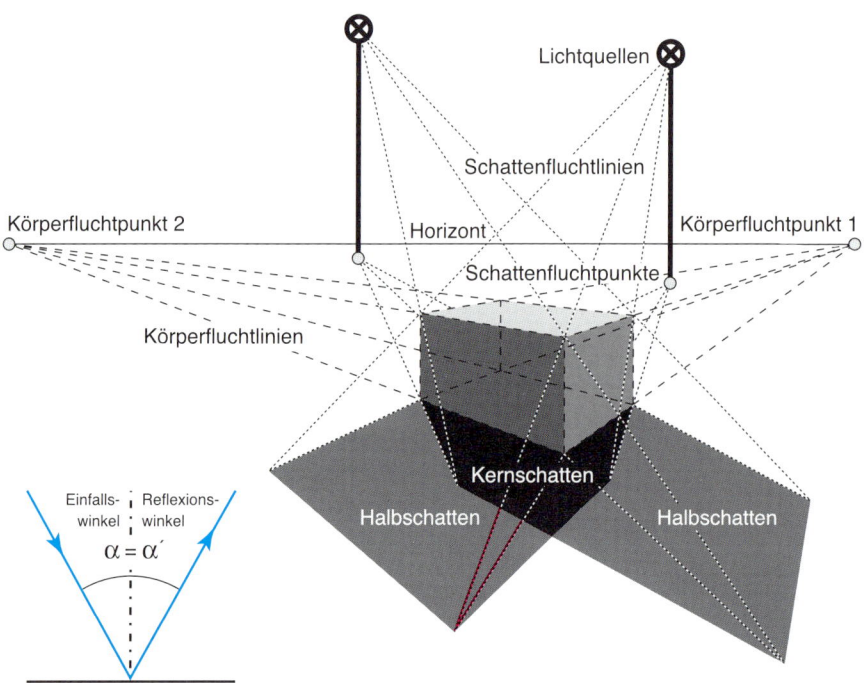

Lichtquellen ⊗

Schattenfluchtlinien

Körperfluchtpunkt 2   Horizont   Körperfluchtpunkt 1

Schattenfluchtpunkte

Körperfluchtlinien

Kernschatten

Halbschatten   **Halbschatten**

Abb. 4.1/8
Reflexionsgesetz

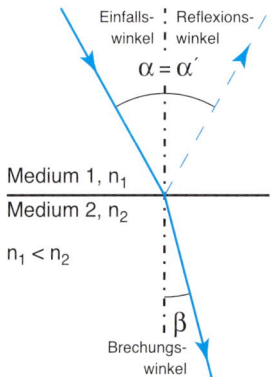

Einfalls- | Reflexions-
winkel | winkel

$\alpha = \alpha'$

Abb. 4.1/9
Brechungsgesetz

Flintglas hat durch die Bei-
mischung von Blei einen
höheren Brechungsindex als
Kronglas.
Die optischen Eigenschaften
der Objektive werden durch
die unterschiedlichen Glas-
sorten der eingesetzten Linsen und deren Form be-
stimmt.

Einfalls- | Reflexions-
winkel | winkel

$\alpha = \alpha'$

Medium 1, n_1

Medium 2, n_2

$n_1 < n_2$

β
Brechungs-
winkel

$$\frac{\sin \alpha}{\sin \beta} = \frac{n_2}{n_1} = \frac{c_1}{c_2}$$

Lichtgeschwindigkeit c in

Vakuum	300.000 km/s
Wasser	225.000 km/s
Kronglas	197.000 km/s
Flintglas	167.000 km/s

Farbe	Brechungsindex n				
	Vakuum	Wasser	Kronglas	Flintglas	Diamant
Rot	1,0	1,331	1,514	1,571	2,410
Gelb	1,0	1,333	1,517	1,575	2,418
Blau	1,0	1,340	1,528	1,594	2,450

4.1.3 Geometrische Optik

Die geometrische Optik beschäftigt sich mit der Wechselwirkung des Lichts mit Objekten, die wesentlich größer sind als die Wellenlänge des Lichts. Das Licht breitet sich dabei, wenn es nicht auf ein Hindernis stößt, nur geradlinig aus.

4.1.3.1 Schatten

Das sich ausbreitende Licht trifft auf einen Gegenstand, der die Lichtstrahlen blockiert. Der Gegenstand wirft seinen Schatten, die unbeleuchtete Fläche ist dunkler als die Umgebung. Bei mehreren Lichtquellen entsteht der Kernschatten, ein vollkommen dunkler Bereich, in dem sich alle Schatten überlappen. Die anderen sich bildenden Schatten nennt man Halbschatten.

4.1.3.2 Reflexion

Licht bewegt sich geradlinig in einer Richtung, bis es auf ein anderes Medium trifft. Dort ändert sich plötzlich die Richtung. Nach dem Reflexionsgesetz ist der Einfallswinkel gleich dem Reflexions- oder Ausfallswinkel. Bei einem idealen Spiegel wird alles auftreffende Licht gerichtet reflektiert. Reale Oberflächen reflektieren nur einen Teil des Lichts gerichtet, der andere Teil wird diffus reflektiert bzw. remittiert.

4.1.3.3 Brechung (Refraktion)

Wenn Licht von einer Substanz in eine andere übergeht, wird es gebrochen. Licht breitet sich im optisch dichteren Medium langsamer aus. Die Seite der Wellenfront, die zuerst auf das dichtere Medium trifft, wird verlangsamt, der Strahl, der sich senkrecht zur Wellenfront ausbreitet, schwenkt um die Ecke. In umgekehrter Richtung verläuft der Vorgang sinngemäß.

Abb. 4.1/10
Totalreflexion

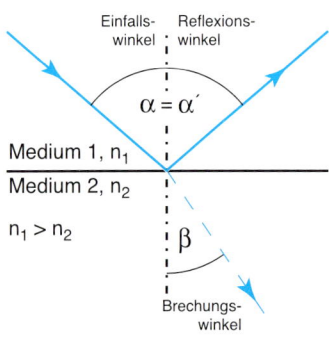

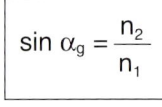

$$\sin \alpha_g = \frac{n_2}{n_1}$$

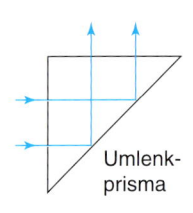

Umlenk-
prisma

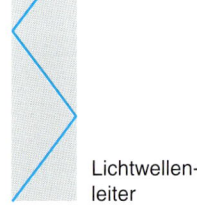

Lichtwellen-
leiter

Abb. 4.1/11
**Dispersion des Lichts in
einem Prisma**

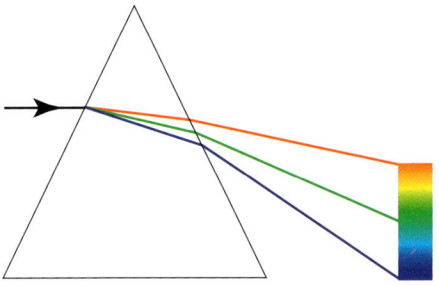

4.1.3.4 Totalreflexion

Totalreflexion heißt, dass ein Lichtstrahl, der unter einem bestimmten Winkel auf die Grenzfläche eines Mediums trifft, sein Medium nicht verlassen kann. Innere Totalreflexion tritt unter bestimmten Bedingungen auf:

- Das Licht bewegt sich in einem Medium mit hohem Brechungsindex, z.B. Glas.
- Der Brechungsindex des umgebenden Mediums ist gering, z.B. Luft.
- Der Lichtstrahl trifft die Grenzfläche in einem flachen Winkel.

Für jeden Einfallswinkel $\alpha > \alpha_g$ erfolgt Totalreflexion. Für die Grenzfläche Glas – Luft beträgt der Grenzwinkel $\alpha_g \approx 42°$.

4.1.3.5 Dispersion

Der Brechungsindex ist für Licht verschiedener Wellenlängen unterschiedlich hoch. Da n_{Blau} größer als n_{Rot} ist, wird das blaue Licht an jeder Grenzfläche stärker gebrochen als das rote Licht.

Isaac Newton (1642–1727) wies mit einem Prisma nach, dass weißes Licht aus allen Spektralfarben besteht.

4.1.3.6 Streuung

Licht verändert bei der Streuung seine Ausbreitungsrichtung durch die Ablenkung an der inneren Struktur des Mediums. Die Wahrscheinlichkeit für Streuung wächst mit abnehmender Wellenlänge. Deshalb ist der Himmel bei Tage blau, das blaue Licht wird an den Luftmolekülen wesentlich stärker gestreut als das langwellige Grün und Rot.

Abb.4.1/12
Linsenformen

Bei der Linsenbezeichnung
steht die bestimmende Ei-
genschaft hinten.

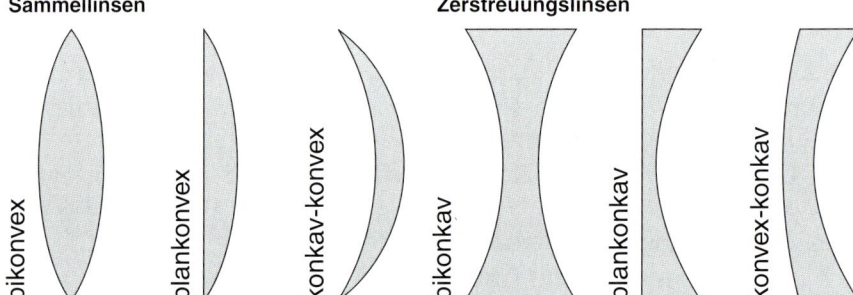

Sammellinsen

bikonvex   plankonvex   konkav-konvex

Zerstreuungslinsen

bikonkav   plankonkav   konvex-konkav

Abb.4.1/13
**Strahlengang bei Sammel-
und Zerstreuungslinsen**

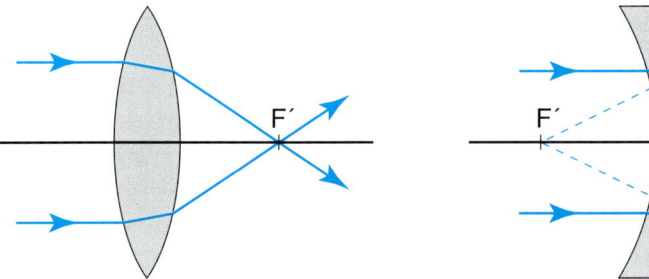

4.1.4 Fotografische Optik

4.1.4.1 Linsen

Linsen und Objektive werden in allen Geräten zur Bilddatenerfassung und Belichtung eingesetzt. Sie ermöglichen eine scharfe und lichtstarke Abbildung der Bildinformation.

Die meisten optischen Linsen sind sphärische Linsen, d.h. ihre Oberflächengeometrie ist ein Ausschnitt aus einer Kugeloberfläche. Man unterscheidet grundsätzlich konvexe Linsen, die das Licht sammeln, und konkave Linsen, die das durchfallende Licht streuen.

Neben der Linsenform bestimmt die Glasart der Linse ihre optische Eigenschaft.

Sphärische Linsen

Konvexe Linsen
Konkave Linsen

4.1.4.2 Objektiv

Objektive sind gemeinsam auf einer optischen Achse zentrierte Linsen. Durch die Kombination mehrerer konvexer und konkaver Linsen ist es möglich, die optischen Fehler, mit denen jede Linse behaftet ist, zu korrigieren. Des Weiteren ergeben sich eine erhöhte Lichtstärke und unterschiedliche Brennweiten.

Vereinfacht ausgedrückt, werden zwei Hauptebenen senkrecht zur optischen Achse für beide Seiten des Objektivs festgelegt. Brennweite, Gegenstandsweite und Bildweite werden von der nächstgelegenen Hauptebene gerechnet. Zwischen den Hauptebenen verlaufen die Strahlen parallel. Die Gesamtbrechkraft ist die Summe der Einzelbrechkräfte. Dabei wird die Brechkraft von Sammellinsen positiv und die von Zerstreuungslinsen negativ bewertet.

Die Einteilung der Objektive erfolgt nach der Brennweite in Tele-, Normal- und Weitwinkelobjektive.

Hauptebene

Tele-, Normal-,Weitwinkelobjektive

Abb. 4.1/14
**Bildwinkel und
Brennweiten
für Kleinbildkameras**

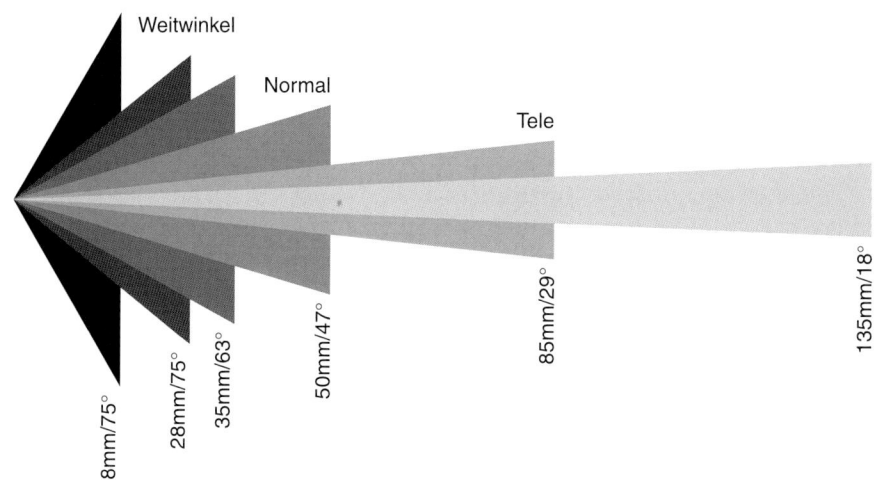

Weitwinkel

Normal

Tele

28mm/75°

28mm/75°

35mm/63°

50mm/47°

85mm/29°

135mm/18°

Abb. 4.1/15
**Blendenöffnungen aus der
Blendenreihe von 5,6–22**

| 5,6 | 8 | 11 | 18 | 22 |

4.1.4.3 Bildwinkel

Der Bildwinkel ist der Winkel, unter dem eine Kamera das aufgenommene Motiv sieht. Er wird entlang der Bilddiagonalen gemessen.

Die Bildgröße ist proportional zur Objektivbrennweite. Ein Teleobjektiv mit großer Brennweite erzeugt also ein großes Bild und hat einen kleinen Bildwinkel. Objektive mit kurzer Brennweite haben die entgegengesetzte Wirkung. Sie heißen deshalb Weitwinkelobjektive. Als Normalobjektiv wird ein Objektiv bezeichnet, dessen Brennweite ungefähr der Aufnahmediagonalen entspricht.

Teleobjektiv

Weitwinkelobjektiv
Normalobjektiv

4.1.4.4 Blende

Die Blende ist die verstellbare Öffnung des Objektivs, durch die Licht auf die Bildebene fällt.

Bei Kameraobjektiven wird die Blendengröße durch die Blendenzahl der „Internationalen Blendenreihe" angegeben. Die Blendenzahl errechnet sich durch die Division der Objektivbrennweite durch den Durchmesser der Blende. Die gleiche Blendenzahl steht deshalb bei längeren Brennweiten für eine größere Öffnung.

Blendenzahl
Internationale Blendenreihe

4.1.4.5 Schärfentiefe

Die Schärfentiefe ist der Bereich des Motivs, der vor und hinter einer scharf eingestellten Ebene zusätzlich scharf abgebildet wird. Sie ist von der Brennweite, der Blende und der Entfernungseinstellung abhängig:

Brennweite
Blende
Aufnahmeabstand

- Je kürzer die Brennweite, desto größer ist die Schärfentiefe.
- Je kleiner die Blendenöffnung, desto größer ist die Schärfentiefe.
- Je kürzer der Aufnahmeabstand, desto geringer ist die Schärfentiefe.

Abb. 4.1/16
Bildkonstruktion

Abbildungsmaßstab 100%

Abbildungsmaßstab 50%

Abbildungsmaßstab 200%

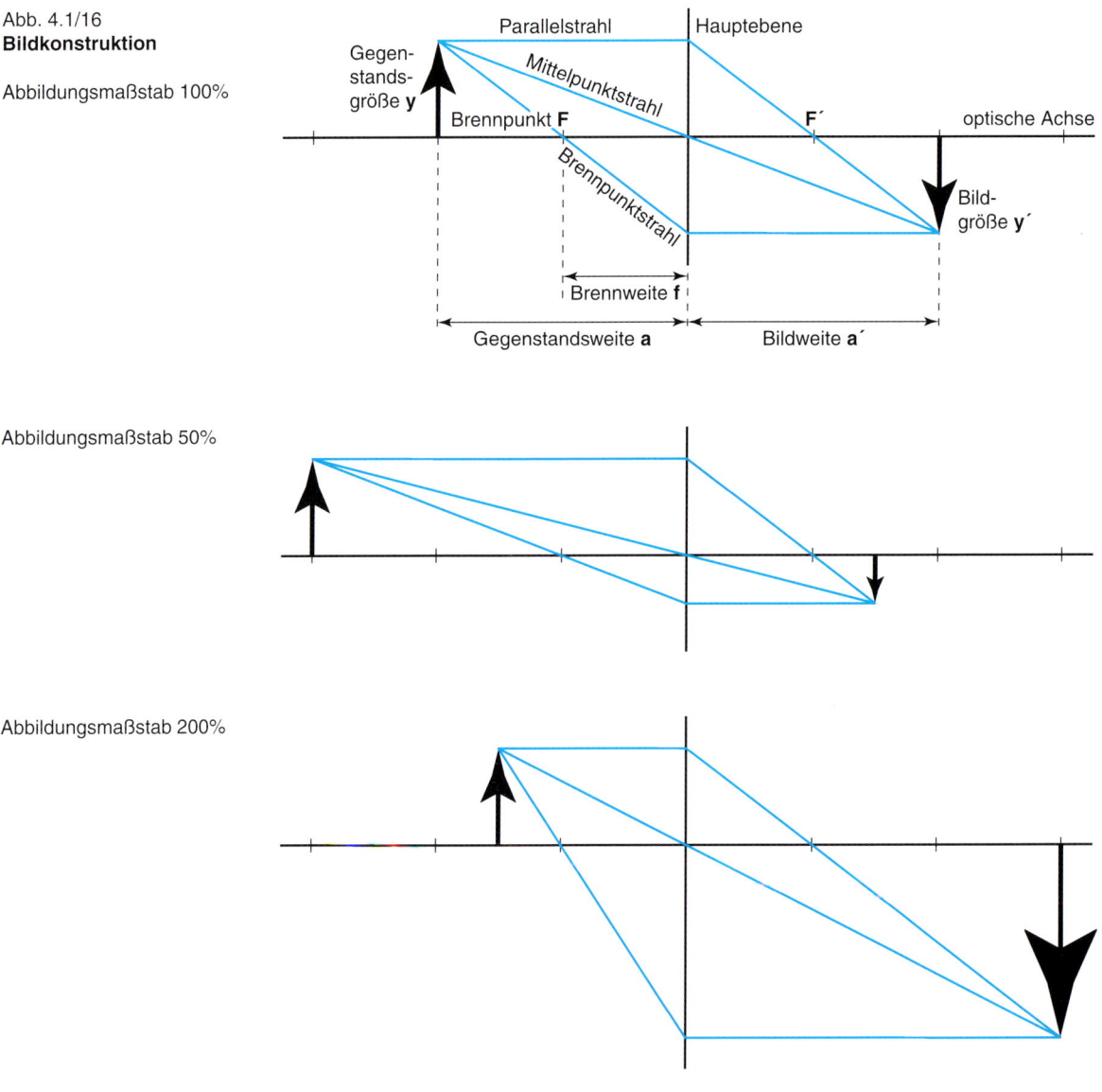

4.1.4.6 Bildkonstruktion

Die Bildkonstruktion an einer Linse erfolgt mit Hilfe von zweien der drei folgenden Strahlen:

- Parallelstrahl, er fällt vom Gegenstand parallel zur optischen Achse auf die Linse und wird in der Hauptebene zum Brennpunkt hin gebrochen.
- Mittelpunktstrahl, er verläuft direkt vom Gegenstand durch das Zentrum der Linse.
- Brennpunktstrahl, er fällt vom Gegenstand durch den Brennpunkt und von dort parallel zur optischen Achse durch die Linse.

Im Schnittpunkt entsteht der mit dem Gegenstandspunkt korrespondierende Bildpunkt.

Für die Bildkonstruktion bei Objektiven gilt jeweils die nächstgelegene Hauptebene.

Parallelstrahl

Mittelpunktstrahl

Brennpunktstrahl

Optische Achse
Die optische Achse ist die Symmetrieachse der Linsen. Auf ihr steht senkrecht die Hauptebene.

Hauptebene, Hauptpunkt
Objektive haben eine gegenstandsseitige und eine bildseitige Hauptebene. von ihr aus wird jeweils die Brennweite, Gegenstands- und Bildweite gerechnet. Die Hauptebene schneidet im Hauptpunkt die optische Achse.

Brennweite, Brennpunkt
Die Brennweite f ist der Abstand des Brennpunkts F vom Hauptpunkt H. Im Brennpunkt treffen sich die von einer Sammellinse gebrochenen Strahlen.

Gegenstandsweite, Bildweite
Die Gegenstandsweite a ist der Abstand zwischen Objekt y und Hauptpunkt. Die Bildweite $a´$ ist die Entfernung des bildseitigen Hauptpunktes zum Bild $y´$.

Abb. 4.1/17
Fotometrisches
Entfernungsgesetz

Bei doppelter Entfernung
wird die vierfache Fläche beleuchtet, d.h. ein Viertel der
Beleuchtungsstärke pro Teil-
fläche.

$$r_1^2 : r_2^2 = A_1 : A_2$$

$$r_1^2 : r_2^2 = E_2 : E_1$$

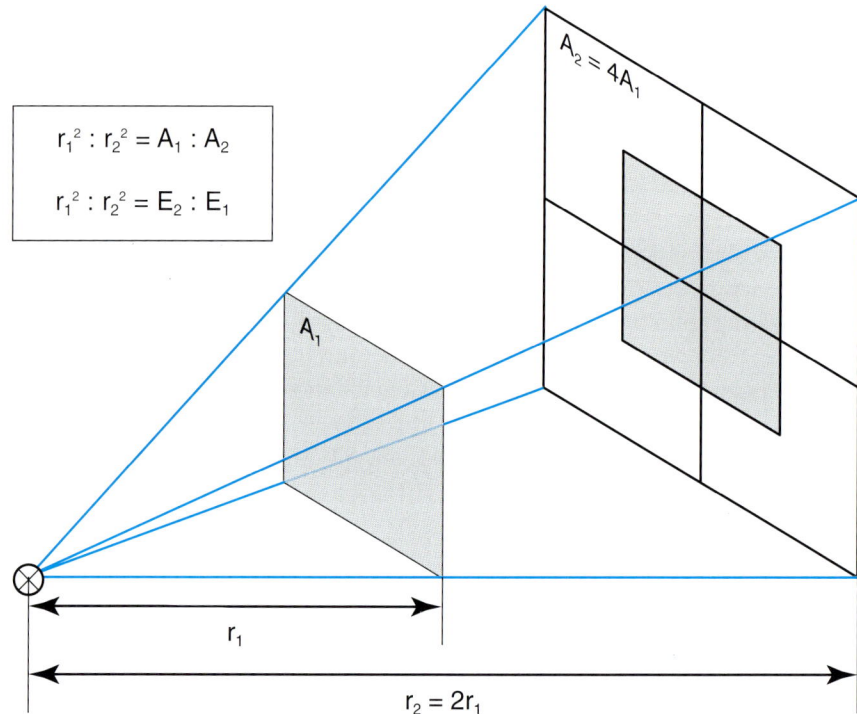

4.1.5 Lichttechnik

4.1.5.1 Lichttechnische Grundgrößen

Lichtstärke

Die Basis der Lichttechnik ist die von einer Lichtquelle ausgestrahlte Lichtenergie. Sie wird als Lichtstärke oder -intensität mit dem Formelzeichen I und der Einheit candela (cd) bezeichnet.

Lichtstrom

Das von einer Lichtquelle ausgestrahlte Licht heißt Lichtstrom. Er hat das Formelzeichen Φ und die Einheit Lumen (lm).

Lichtstrom =
Lichtstärke x Raumwinkel
Φ: Phi (griech.)
ϕ: phi (griech.)

Beleuchtungsstärke

Die Beleuchtungsstärke ist die Lichtenergie, die auf eine Fläche auftrifft. Das Formelzeichen ist E, die Einheit Lux (lx).

Beleuchtungstärke =
Lichtstrom/Empfängerfläche

Belichtung

Die Belichtung ist das Produkt aus Beleuchtungsstärke und Zeit. Aus ihr resultiert die fotochemische oder fotoelektrische Wirkung z.B. bei der Bilddatenerfassung. Die Belichtung hat das Formelzeichen H und die Einheit Luxsekunden (lxs).

Belichtung =
Beleuchtungsstärke x Zeit

4.1.5.2 Fotometrisches Entfernungsgesetz

Die Beleuchtungstärke ist umgekehrt proportional dem Quadrat der Entfernung zwischen Lichtquelle und Empfängerfläche.

Abb. 4.1/18
Densitometrische Messung

Geometrie der Aufsichts-
und Durchsichtsmessung

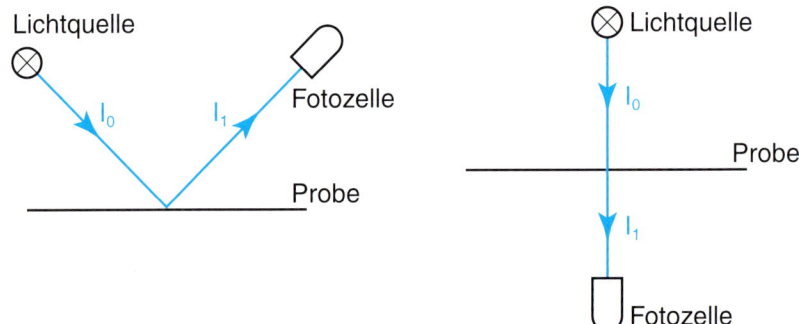

Abb. 4.1/19
Dichte – Rastertonwert

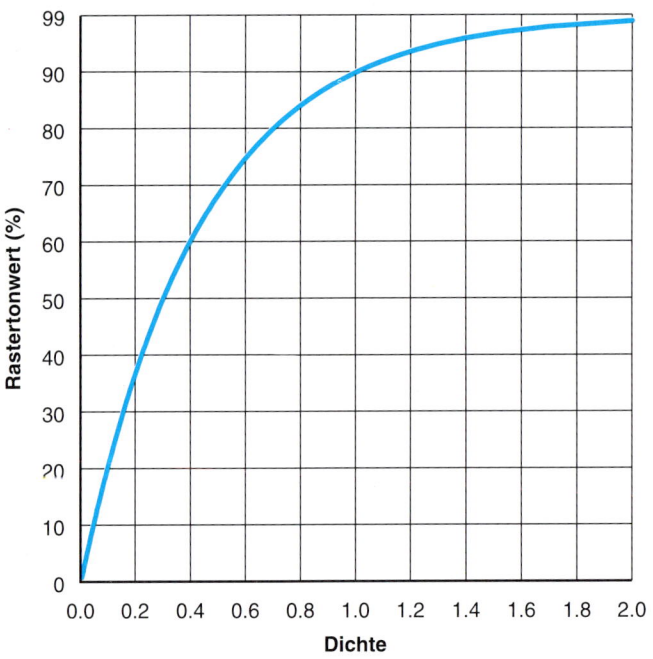

4.1.6 Densitometrie

In der Densitometrie wird die optische Dichte D von Vorlagen, Drucken und fotografischen Materialien gemessen. Zur Bestimmung der Dichte werden Densitometer verwendet.

Densitometrie = Dichtemessung

Das menschliche Auge empfindet Helligkeitsunterschiede nicht linear, sondern logarithmisch. Der Unterschied zwischen der Opazität O (Lichtundurchlässigkeit) von 1 und 100 wirkt auf das Auge also 2fach, nicht 100fach ($2 = \log 100$). Die Dichte wird deshalb durch die Logarithmierung der Opazität errechnet.

Die Opazität ist das Verhältnis der auftreffenden Lichtintensität I_0 zur durchgelassenen Intensität I_1.

Die Transparenz T (Lichtdurchlässigkeit) ist der Kehrwert der Opaziät, d.h. das Verhältnis der durchgelassenen Lichtmenge I_1 zur auftreffenden I_0.

Dichte D
$D = \log O$

Opazität O
$O = I_0 / I_1$

Transparenz T
$T = I_1 / I_0$

Halbtondichtemessung

Bei der densitometrischen Messung von Halbtönen, z.B. Dias oder Fotos, muss zunächst das Densitometer kalibriert werden. Dies geschieht durch eine erste Messung ohne Probe. I_1 wird damit gleich I_0 und somit zu 100% gesetzt. Bei der folgenden Messung auf der Bildstelle wird die durch die optische Dichte reduzierte I_1 gemessen. Die anschließende Berechnung im Densitometer ergibt die Bilddichte D.

$I_0 = 100\%$

Rasterdichtemessung

Die Rasterdichtemessung, auch integrale Dichtemessung, bestimmt als I_1 den Mittelwert aus gedeckter und ungedeckter Fläche. Dazu ist es notwendig, wenigstens 100 Rasterpunkte zu erfassen. Die Messblende ist deshalb mit einem Durchmesser von ca. 3 mm größer als bei der Halbtondichtemessung.

Die Kalibrierung efolgt auf einer nicht mit Rasterpunkten bedeckten blanken Filmstelle bzw. bei Aufsicht auf weißem Papier. Somit repräsentiert I_1 bei der Messung nur die rasterfreien Flächenanteile. Die Differenz zwischen 100% und I_1 ergibt den Rastertonwert (vgl. 6.1.6.3).

Rastertonwert
$= 100\% - I_1$

4.2 Farbtheorie

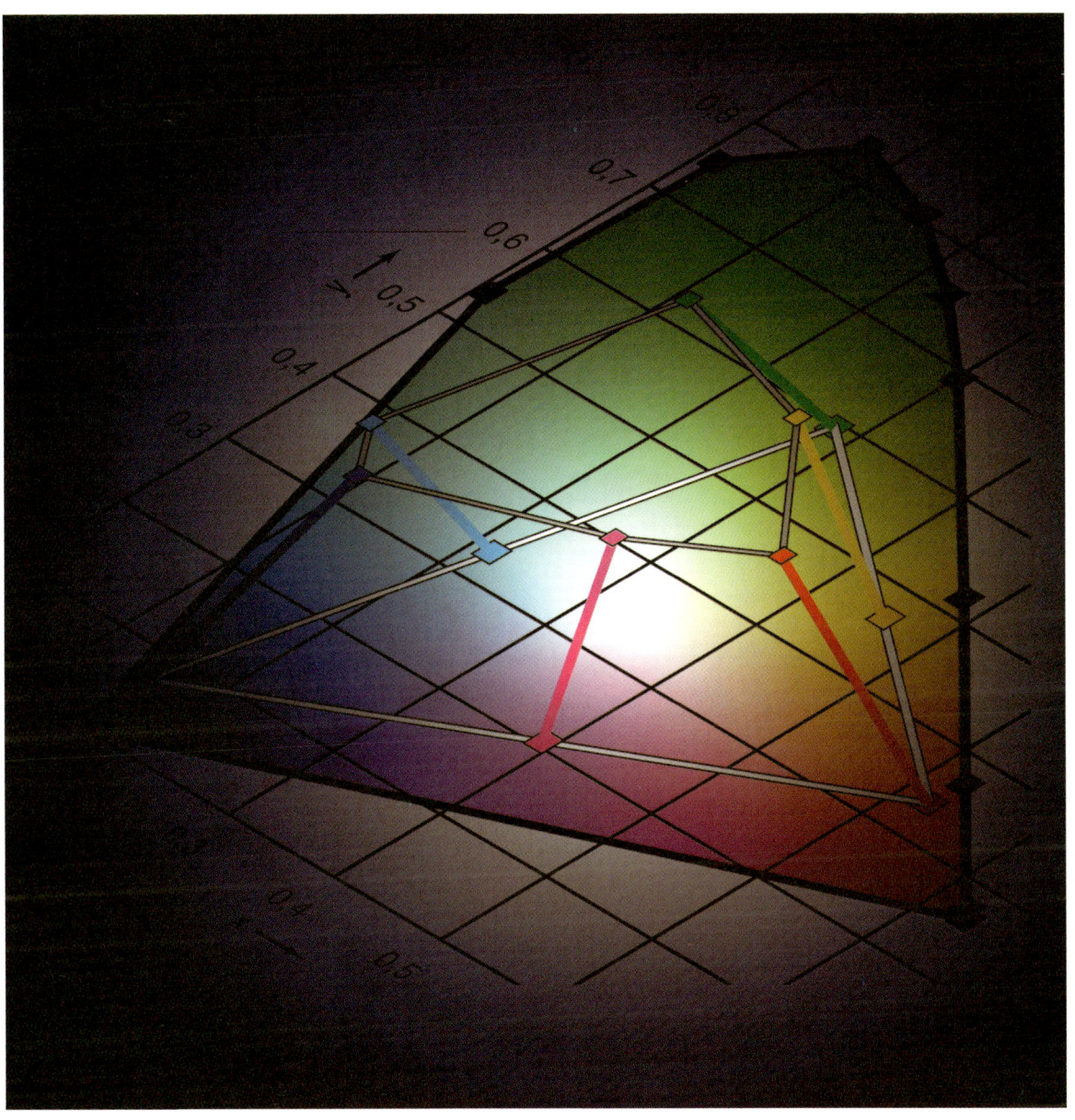

Abb. 4.2/1
Sind Sie farbtüchtig?

Hans E. J. Neugebauer schrieb in seiner Dissertation: „Zur Theorie des Mehr-farbenbuchdrucks" (Dresden 1935, S. 24):

„In diesem Kapitel soll die weitere Aufgabe behandelt werden, in wieweit es möglich ist, in einem rein automatisch ablaufenden Verfahren Farben der Na-tur durch Drucken getreu wiederzugeben. Die wiederzugebenden Farben müssen dabei selbstverständlich im Innern des im vorliegenden Kapitel be-schriebenen Körpers liegen, so daß insbesondere glänzende und selbst-leuchtende Gegenstände ausgeschlossen sind. Ferner wird davon abgesehen, daß unter Umständen die wiederzugebenden Gegenstände von einer Licht-quelle anderer Helligkeit und Energieverteilung als das gedruckte Bild bei der Betrachtung beleuchtet werden: Nur die Helligkeitsverhältnisse gegen Weiß sollen in der Natur und im Bild die gleichen sein."

Die Probleme sind heute die gleichen wie 1935, allerdings ergänzt um The-menstellungen wie Monitordarstellung, Crossmedia, digitale Druckverfah-ren und …

Abb. 4.2/2
Farbensehen – Farbmetrik

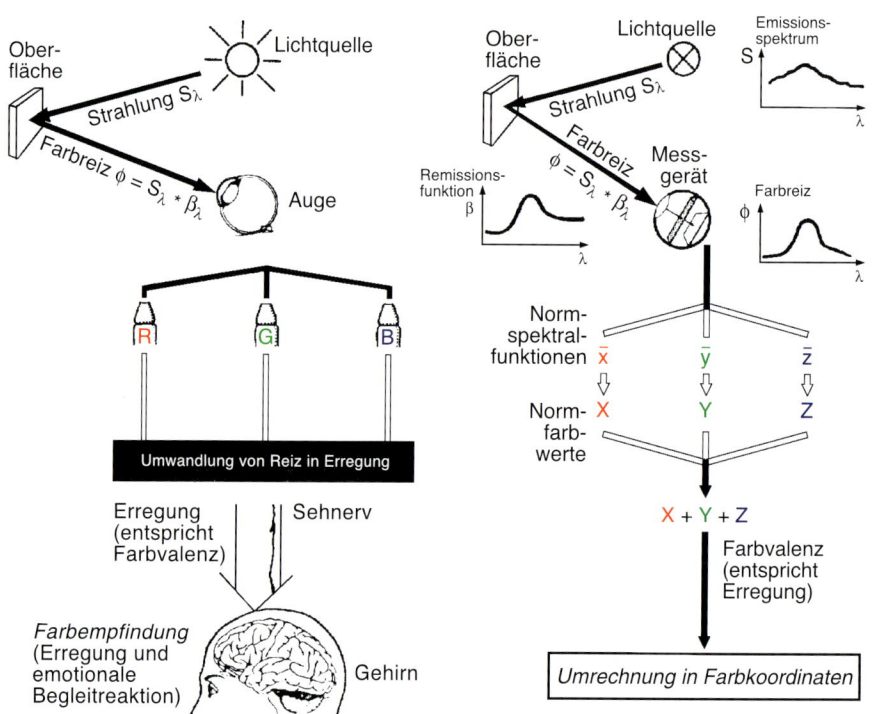

Abb. 4.2/3
Normspektralwertkurven

Empfindlichkeitsfunktion des
menschlichen Auges, Nor-
malbeobachter 2° Sehwinkel.
Die Normspektralwertkurven
des menschlichen Auges entsprechen den spektralen
Empfindlichkeitskurven eines
physikalischen Strahlungs-
empfängers.

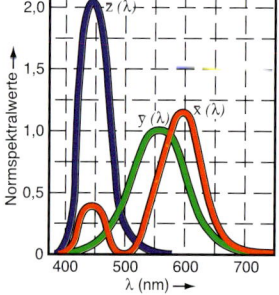

4.2.1 Farbensehen – Farbmetrik

Die eigentliche lichtempfindliche Struktur des Auges ist die Netzhaut. Sie enthält die Photorezeptoren (Stäbchen und Zapfen) sowie verschiedenartige Nervenzellen, die sich schließlich zum Sehnerv vereinen.

Die Rezeptoren wandeln als Messfühler den Lichtreiz in Erregung um. Nur die Zapfen sind farbtüchtig. Es gibt drei verschiedene Zapfentypen, die je ein spezifisches Photopigment besitzen, dessen Lichtabsorption in einem ganz bestimmten Wellenlängenbereich ein Maximum aufweist. Diese Maxima liegen im Rotbereich bei 600–610 nm (Rotrezeptor), im Grünbereich bei 550–570 nm (Grünrezeptor) und im Blaubereich bei 450–470 nm (Blaurezeptor).

Durch die Überschneidung der Absorptionskurven sprechen auf viele Wellenlängen mehrere Zapfentypen in unterschiedlicher Stärke an. Jede Farbe wird durch ein für sie typisches Erregungsverhältnis der drei Rezeptorentypen bestimmt.

Die Farbvalenz ist die Bewertung eines Farbreizes durch die drei Empfindlichkeitsfunktionen des Auges.

Pathologisch können eine oder mehrere Komponenten gestört sein oder ganz fehlen. Es kommt dann zu Farbsehstörungen, der Farbenschwäche oder Farbenblindheit. Diese Störungen werden über das X-Chromosom rezessiv vererbt. Sie treten daher bei Männern viel häufiger (ca. 8%) als bei Frauen (ca. 0,5%) auf.

Die Farbmetrik entwickelt Systeme zur quantitativen Erfassung und Kennzeichnung der Farbeindrücke (Farbvalenzen). Das menschliche Farbensehen wird messtechnisch erfassbar und ermöglicht somit eine objektive Prozesssteuerung des gesamten Workflows.

Die Normfarbwertanteile $x(\lambda)$, $y(\lambda)$ und $z(\lambda)$ kennzeichnen den geometrischen Farbort einer Farbe. Sie lassen sich einfach aus den Farbvalenzen (Normvalenzen) errechnen.

Farbensehen

Perzipieren, wahrnehmen, erfassen

Stäbchen und Zapfen

Farbmetrik
Farbvalenz

Normfarbwertanteile
→ 4.2.6.1

Abb. 4.2/4
Additive Farbmischung

Drei Lichtpunkte der Primärfarben RGB strahlen über-
einander und addieren ihre
Lichtenergie zu den drei Se-
kundärfarben CMY und der
Tertiärfarbe Weiß.

Abb. 4.2/5
Subtraktive Farbmischung

Drei Farbflächen mit den Primärfarben CMY überdecken
sich teilweise. Durch die la-
sierenden Druckfarben entstehen die drei Sekundärfar-
ben RGB und im Bereich der
dreifachen Überlappung als
Tertiärfarbe Schwarz.

Abb. 4.2/6
**Autotypische
Farbmischung**

Die gerasterte Fläche wird
von links mit weißem Licht
(RGB) beleuchtet. Die Teil-
flächen der Rasterelemente
absorbieren ihre Komple-
mentärfarben und remittie-
ren die übrigen Farben.
Wenn die Flächengröße
unterhalb des Auflösungs-
vermögens des mensch-
lichen Auges liegt, mischt
sich das remittierte Licht additiv im Auge zu einem Ge-
samtfarbeindruck.

Bedruckstoff

4.2.2 Farbmischungen

4.2.2.1 Additive Farbmischung, physiologische Farbmischung

Bei der additiven Farbmischung wird Lichtenergie verschiedener Spektralbereiche addiert. Die Mischfarbe (Lichtfarbe) enthält mehr Licht als die Ausgangsfarben. Sie ist somit heller.

Bei der additiven Mischung von Rot, Grün und Blau entsteht durch Addition der drei Spektralbereiche das komplette sichtbare Spektrum, d.h. Weiß.

Beispiele für die Anwendung der additiven Farbmischung sind: Monitor, Digitalkamera, Bühnenbeleuchtung, Addition der drei Teilreize (Farbvalenz) beim menschlichen Farbensehen (physiologische Farbmischung).

RGB
Rot, Grün und Blau

4.2.2.2 Subtraktive Farbmischung, physikalische Farbmischung

Bei der subtraktiven Farbmischung wird Lichtenergie subtrahiert. Jede hinzukommende Farbe absorbiert einen weiteren Teil des Spektrums. Die Mischfarbe (Körperfarbe) ist somit dunkler als die Ausgangsfarben.

Bei der subtraktiven Farbmischung von Cyan, Magenta und Gelb entsteht durch die Subtraktion (Absorption) der jeweiligen Komplementärfarbe (RGB) Schwarz.

Beispiele für die Anwendung sind: Farbdruck, künstlerische Mal- und Zeichentechniken.

CMY
Cyan, Magenta und Yellow
(Gelb)

→ 6.1.6.5

4.2.2.3 Autotypische Farbmischung

Die Mischung der Farben im Druck wird allgemein als autotypische Farbmischung bezeichnet. Sie vereinigt die additive und die subtraktive Farbmischung. Das remittierte Licht der nebeneinander liegenden Farbflächen mischt sich additiv im Auge (physiologisch), die übereinandergedruckten Flächenelemente mischen sich subtraktiv auf dem Bedruckstoff (physikalisch).

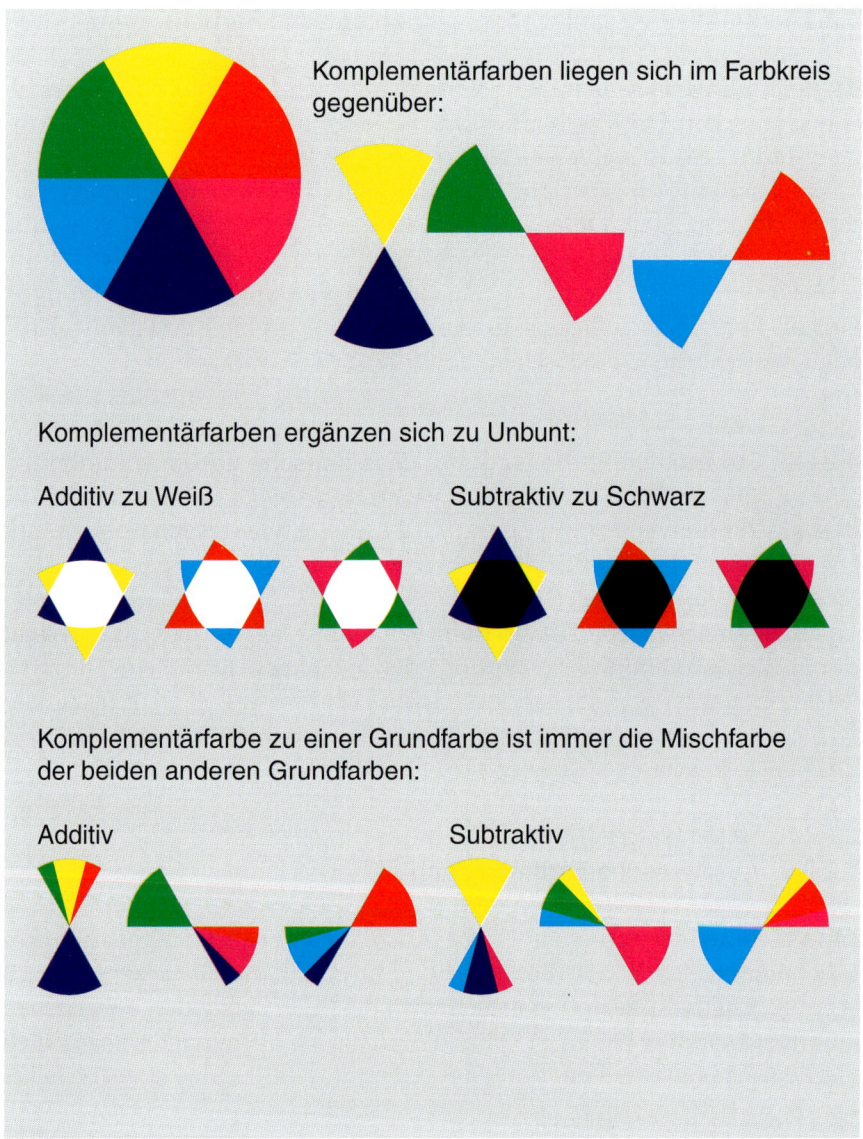

Abb. 4.2/7
Sechsteiliger Farbkreis

Komplement
(lat. Ergänzung)

Komplementärfarben liegen sich im Farbkreis gegenüber:

Komplementärfarben ergänzen sich zu Unbunt:

Additiv zu Weiß

Subtraktiv zu Schwarz

Komplementärfarbe zu einer Grundfarbe ist immer die Mischfarbe der beiden anderen Grundfarben:

Additiv

Subtraktiv

4.2.3 Farbordnungssysteme

4.2.3.1 Einteilung

Es gibt Dutzende Farbordnungssysteme mit ganz unterschiedlichen Ordnungskriterien. Die in der Medienproduktion gebräuchlichsten Systeme werden im Folgenden vorgestellt.

Farbmischsysteme

Farbmischsysteme orientieren sich an herstellungstechnischen Kriterien. Beispiele hierfür sind das System Itten und Hickethier, aber auch das RGB-System und das CMYK-System.

RGB, CMYK

Farbauswahlsysteme

Aus den Farben eines Bildes werden bestimmte Farben ausgewählt und in eine Farbpalette / Farbtabelle übertragen. Ein indiziertes Farbbild basiert auf einer Farbtabelle mit maximal 256 Farben. Diese Auswahl ist nicht genormt, sondern systembedingt verschieden.

Indizierte Farben

Farbmaßsysteme

Farbmaßsysteme basieren auf der valenzmetrischen Messung von Farben. Sie unterscheiden sich damit grundsätzlich von den Farbmischsystemen. Als Beispiele wären das CIE-Normvalenzsystem, das CIELAB-System und das CIELUV-System zu nennen.

CIE-Normvalenzsystem
CIELAB-System
CIELUV-System

4.2.3.2 Sechsteiliger Farbkreis

Das einfachste Farbordnungssystem ist der 6-teilige Farbkreis. Die 3 Grundfarben der additiven Farbmischung (RGB) und die 3 Grundfarben der subtraktiven Farbmischung (CMY) sind immer abwechselnd, entsprechend den Farbmischgesetzen, angeordnet.

Y, G, C, B, M, R

Magenta ist als einzige Grundfarbe nicht im Spektrum vertreten. Sie ist die additive Mischung aus den beiden Enden des Spektrums Blau und Rot. Durch die Kreisform wird das Spektrum geschlossen.

Abb. 4.2/8
RGB-, CYM-Farbraum

Die Tabellen bezeichnen die
Eckpunkte der Farbräume.
Beim CMY-Raum ist zusätz-
lich als vierte Farbe Schwarz
(K) für den Buntaufbau an-
gegeben.

256 Farbwerte, 0 bis 255
= 1 Byte Datentiefe
(1 Byte = 8 Bit, 2^8 = 256,
bit, engl. binary digit,
kleinste Informationseinheit)

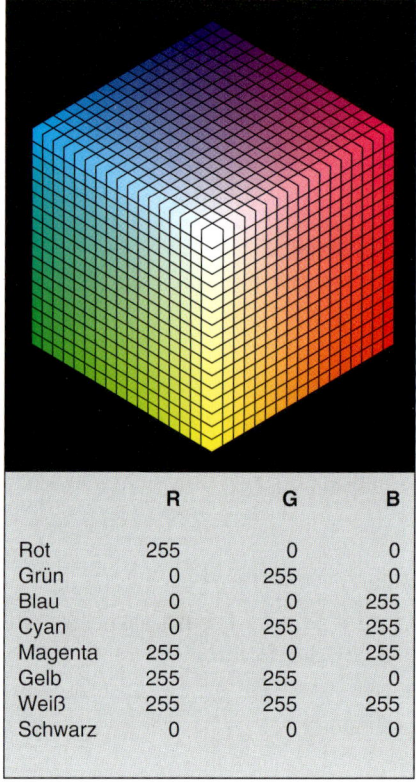

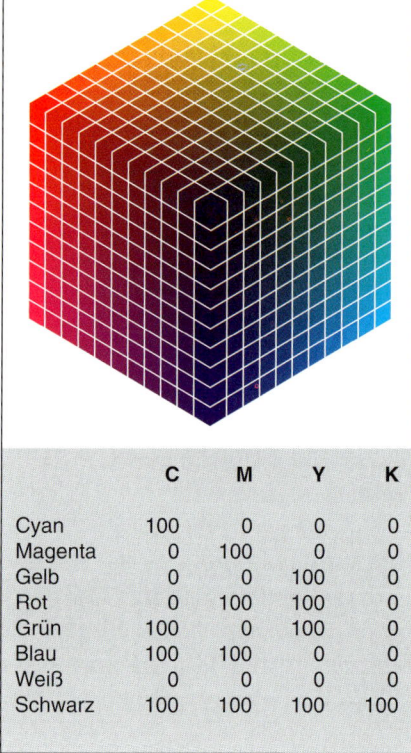

	R	G	B
Rot	255	0	0
Grün	0	255	0
Blau	0	0	255
Cyan	0	255	255
Magenta	255	0	255
Gelb	255	255	0
Weiß	255	255	255
Schwarz	0	0	0

	C	M	Y	K
Cyan	100	0	0	0
Magenta	0	100	0	0
Gelb	0	0	100	0
Rot	0	100	100	0
Grün	100	0	100	0
Blau	100	100	0	0
Weiß	0	0	0	0
Schwarz	100	100	100	100

4.2.3.3 RGB-System

Rot, Grün und Blau (RGB) sind die additiven Grundfarben. Alle Farben, die der Mensch sieht, setzen sich aus diesen drei Grundfarben zusammen. Folgerichtig basieren technische Anwendungen wie der Farbmonitor, die Digitalkamera und der Scanner auf dem RGB-System.

Das RGB-System ermöglicht keine absolute Farbkennzeichnung. Wie bei den als Druckfarben verwendeten subtraktiven Grundfarben CMY, sind herstellerbedingt unterschiedliche spektrale Werte vorhanden.

Beispiele für RGB-Farbräume sind: Der *sRGB*-Farbraum (standardRGB), er wird von vielen Soft- und Hardwareherstellern unterstützt; *CIE RGB* umfasst einen größeren RGB-Farbraum, er ist dadurch nicht in allen Komponenten realisierbar und schließlich *PAL/SECAM* für den aktuellen Farbfernsehstandard.

4.2.3.4 CMYK-System

Die Buchstaben CMY bezeichnen die Grundfarben der subtraktiven Farbmischung Cyan, Magenta und Gelb (Yellow). Beim Mehrfarbendruck wird zur Kontrastunterstützung noch zusätzlich Schwarz (Black) gedruckt. Die Koordinaten des Farbenraums sind die Flächendeckungen, mit denen die Farben gedruckt werden.

Da ein Farbraum durch vier Grundfarben überbestimmt ist, muss bei jedem CMYK-Farbraum die Grundfarbe Schwarz definiert werden. Die eindeutigste Definition ergibt sich, wenn keine Mischfarbe durch mehr als drei Grundfarben entsteht, nämlich entweder durch drei Buntfarben (Buntaufbau) oder durch zwei Buntfarben und Schwarz (Unbuntaufbau).

Je nachdem, auf welchem Papier, mit welcher Farbführung und nach welchem Bildaufbau die Grundfarben gedruckt werden, resultieren daraus andere farbmetrische Eckpunkte. Es gibt somit mindestens so viele CMYK-Farbräume, wie es unterschiedliche Kombinationen von Papier und Druckbedingungen gibt.

Additive Grundfarben

Farbmonitor, Digitalkamera, Scanner

sRGB, CIE RGB, PAL/SECAM

CIE
Commission Internationale de l´Eclairage (Internationale Beleuchtungskommission)

Subtraktive Grundfarben

Mehrfarbendruck

Buntaufbau, Unbuntaufbau
→ 6.1.6.4

Abb. 4.2/9
Indizierte Farben – Paletten

Die Nummern bezeichnen die Zuordnung in den Paletten (Farbtabellen).
Die Darstellung mit einer anderen Farbtabelle bedingt die geänderten Farben.

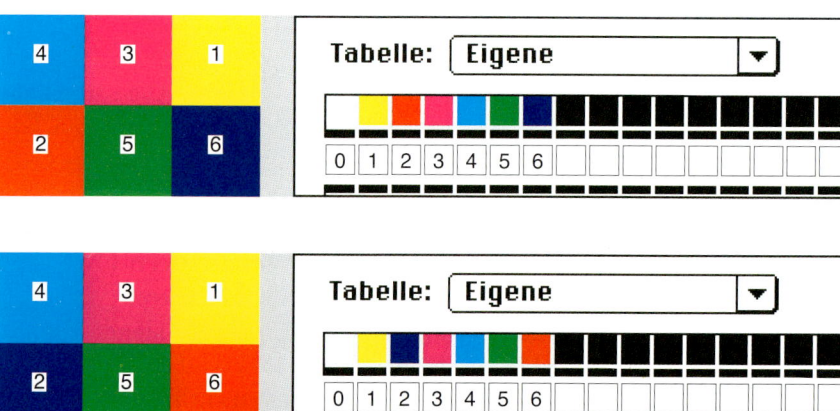

Abb. 4.2/10
Indiziertes Bild

Darstellung eines mit Adobe Photoshop selektiv indizierten Bildes mit der Mac- und der Win-Systempalette.
Die Farbverfälschung wird durch die unterschiedliche Belegung der Farbtabellen in den Paletten verursacht.

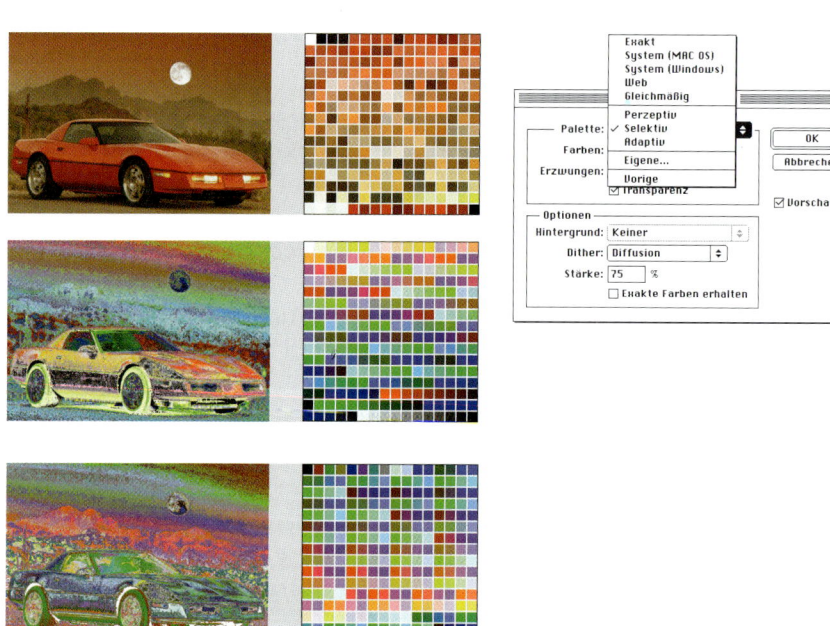

4.2.4 Farbauswahlsysteme – indizierte Farben

Indizierung

Das System der indizierten Farben ist weder ein Farbmischsystem noch ein Farbmaßsystem. Es ist ein Farbauswahlsystem. Ein indiziertes Farbbild basiert auf einer Farbtabelle mit maximal 256 Farben.

Die begrenzte Grafikfähigkeit einzelner Rechner und der geringe Speicherbedarf indizierter Bilder (8 Bit) bedingen eine Auswahl von 256 Farben. Diese Auswahl ist nicht genormt, sondern systembedingt verschieden.

Die Art und Position der Farben in den Systempaletten von Mac OS und Windows sind unterschiedlich. Hinzu kommen noch die flexibel oder exakt indizierten Bilder aus Bildverarbeitungsprogrammen wie Adobe Photoshop.

Bei der Indizierung läßt sich auch die Farbtiefe, d.h. die Anzahl der Bits für die Farbinformation pro Pixel, festlegen. *4 Bit/Pixel* stellt gleichzeitig $2^4 = 16$ Farben dar.

In den Farbtabellen/-paletten ist jede Stelle nummeriert. Wechselt die Palette, so bleibt die Farbnummer des Pixels im Bild gleich. Wenn die Nummer in der neuen Palette einer anderen Farbe zugeordnet ist, so wird diese gesetzt.

Bei der Mediaproduktion (z.B. Darsteller in Macromedia Director) ergibt sich die Problematik, dass das geladene Bild nicht mit der geladenen Palette harmoniert. Es kann dadurch zu absurden Farbverschiebungen kommen.

Browserunabhängige Farben

Bei der farblichen Gestaltung von Internetseiten und der Bildverarbeitung fürs Web ist nur eines bekannt: Die Seite wird mit einem Browser auf dem Monitor betrachtet. Monitoreinstellung, Gamma, Grafikkarte, Betriebssystem, Rechner, Art des Browsers sind alles unbekannte Variable. Um trotzdem eine möglichst konsistente Farbdarstellung und Sicherheit bei der Gestaltung zu haben, wurde die Web-Palette definiert.

Die Web-Palette umfasst die 216 Farben, die der Win- und der Mac-Systempalette gemeinsam sind. Netscape Communicator und der Microsoft Internet Explorer unterstützen diese Palette. Die 216 Farben wurden nach mathematischen, nicht nach gestalterischen Gesichtspunkten ausgewählt. Die RGB-Werte jeder Farbe haben 6 mögliche Einstellungen mit einer Schritt-

Maximal 256 Farben

Web-Palette
216 Farben

Abb. 4.2/11
Web-Palette

Farbtafel der 216 platt-
formunabhängigen Farben
und ihre dezimalen und
hexadezimalen Kennzahlen.

Die CMYK-Darstellung des
Drucks bedingt Abweichun-
gen von der Bildschirmdarstellung.

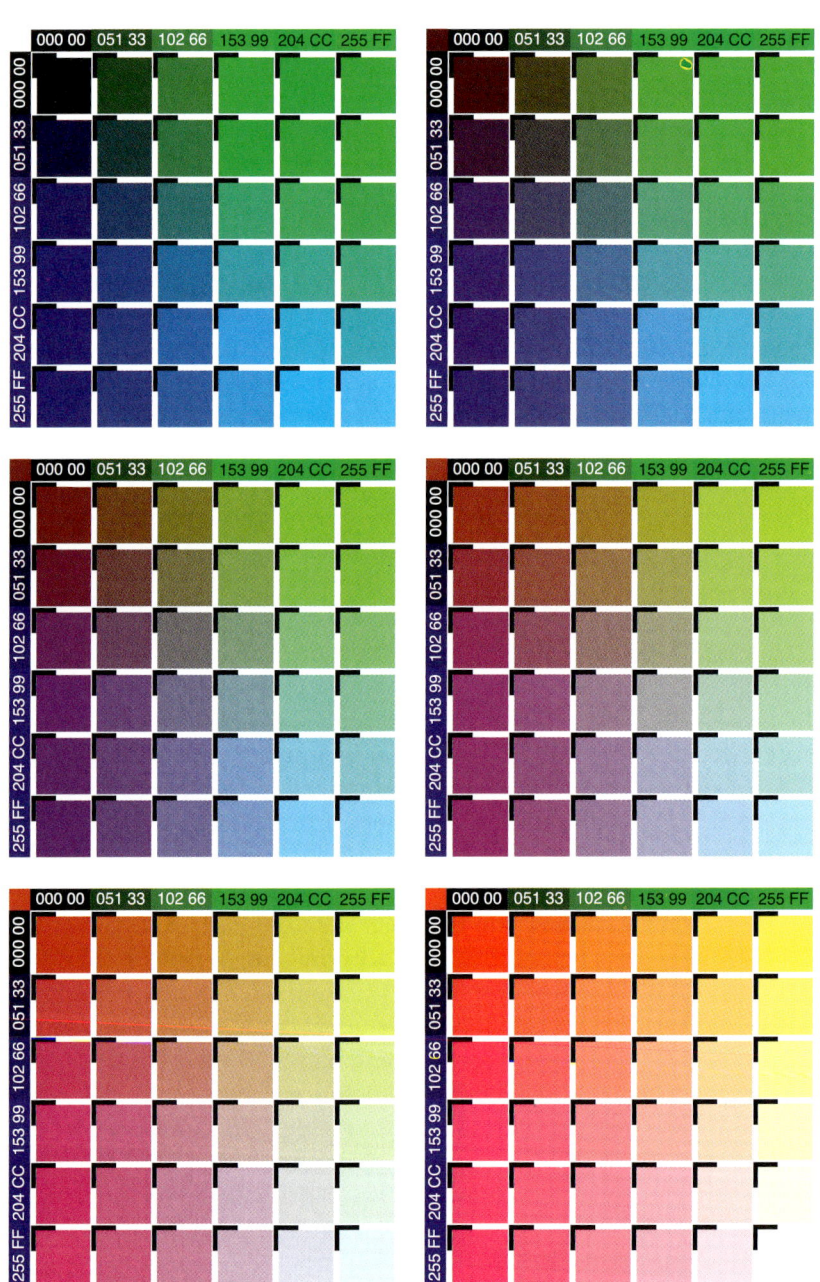

weite von 51: Im Dezimalsystem 0, 51, 102, 153, 204 und 255; im Hexadezimalsystem sind die Werte 00, 33, 66, 99, CC und FF. Die 6 x 6 x 6 Variationen ergeben 216 Möglichkeiten, d.h. Farben.

Die Web-Palette eignet sich sehr gut für die konsistente Gestaltung von Grafiken und Buttons. Für Bilder ist sie aber ungeeignet, da die Farbanzahl zu gering ist und durch das Dithering bei der Indizierung störende Muster und Strukturen erzeugt werden. Es empfiehlt sich bei Bildern die flexible Indizierung, bei der die 256 bildwichtigsten Farben ausgewählt werden, oder die Komprimierung mit JPEG, wobei die 24-Bit-Farbtiefe erhalten bleibt.

216 Farben

Dezimal
0, 51, 102, 153, 204, 255
Hexadezimal
00, 33, 66, 99, CC, FF

Lernziel: Die Web-Palette kennen.

Aufgaben: • Definieren Sie Farben nach den Regeln der Web-Palette hexadezimal.

• Stellen Sie sich die Farbe vor.

• Kontrollieren Sie Ihre Vorstellung in der Farbtafel. (I, P)

Abb. 4.2/12
**Relative spektrale Energie-
verteilung und Farbtempe-
ratur verschiedener Lichtquellen**

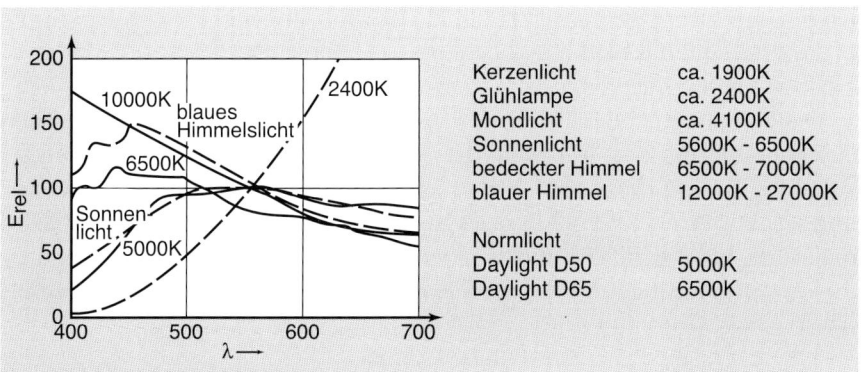

Kerzenlicht	ca. 1900K
Glühlampe	ca. 2400K
Mondlicht	ca. 4100K
Sonnenlicht	5600K - 6500K
bedeckter Himmel	6500K - 7000K
blauer Himmel	12000K - 27000K

Normlicht	
Daylight D50	5000K
Daylight D65	6500K

Abb. 4.2/13
**Remission der Euroskala-
Druckfarben CMY**

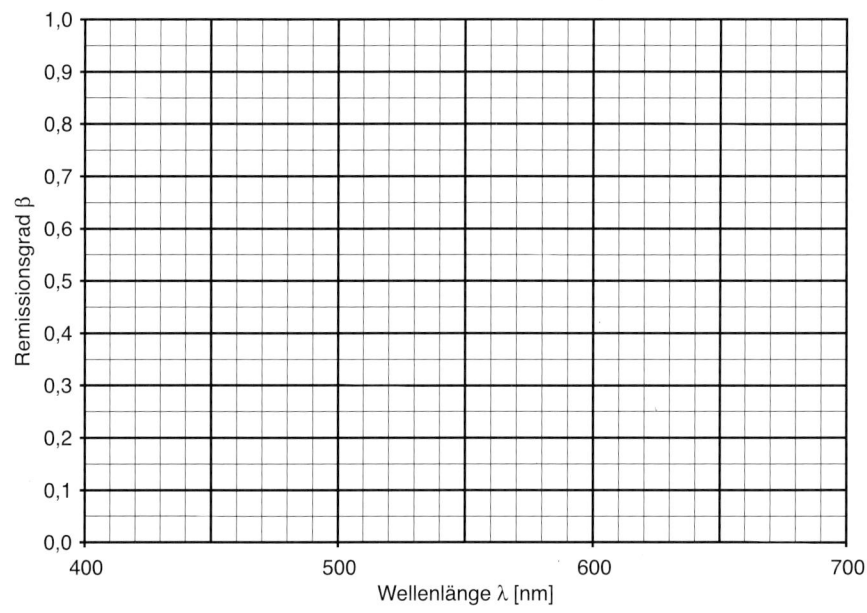

λ (nm)	C	M	Y
400	0,701	0,631	0,112
410	0,729	0,643	0,093
420	0,743	0,655	0,075
430	0,754	0,592	0,054
440	0,753	0,505	0,069
450	0,739	0,424	0,083
460	0,728	0,353	0,102
470	0,703	0,296	0,233
480	0,666	0,201	0,359
490	0,636	0,150	0,471
500	0,609	0,109	0,530
510	0,581	0,094	0,601
520	0,550	0,083	0,691
530	0,500	0,087	0,751
540	0,470	0,091	0,765
550	0,425	0,113	0,774
560	0,352	0,136	0,791
570	0,300	0,208	0,802
580	0,251	0,301	0,815
590	0,230	0,417	0,823
600	0,205	0,531	0,846
610	0,182	0,681	0,852
620	0,152	0,795	0,863
630	0,119	0,820	0,863
640	0,102	0,847	0,863
650	0,104	0,869	0,876
660	0,109	0,884	0,882
670	0,123	0,902	0,889
680	0,154	0,914	0,900
690	0,201	0,925	0,919
700	0,202	0,931	0,920

4.2.5 Emisson – Remission

4.2.5.1 Farbtemperatur

Wesentliches Kennzeichen einer Lichtquelle ist die spektrale Verteilung ihrer Strahlung (S_λ). Sie wird häufig mit der Farbtemperatur beschrieben.

Die Farbtemperatur K einer Lichtquelle ist die Temperatur des Schwarzen Strahlers, die ihm die gleiche Farbart, den gleichen Farbeindruck, gibt, wie sie die zu charakterisierende Lichtquelle hat.

Schwarzer Strahler
(Planck´scher Strahler) ist ein beheizter Hohlraum mit kleiner, die Strahlung aussendender Öffnung. Seine spektrale Verteilung ist als Funktion der Temperatur berechenbar.

4.2.5.2 Remissionskurven

Spektrale Remissionswerte geben Auskunft über die spektrale Zusammensetzung (Eigenschaft) einer Körperfarbe. Je höher der Remissionsgrad einzelner Wellenlängen ist, desto größer ist ihr Anteil an der Farbwirkung.

Ideale Farben – Reale Farben
Die spektrale Remission der idealen Skalenfarben CMY unterscheidet sich erheblich von der spektralen Strahlungsverteilung der realen Farben. Bei den idealen Farben werden jeweils zwei Spektralbereiche remittiert, der dritte Spektralbereich (Komplementärfarbe) wird absorbiert. Bei den realen Farben wird die Komplementärfarbe nicht vollständig absorbiert, die Eigenfarben werden nicht vollständig remittiert. Die Folge sind u.a. eine geringere Sättigung und Buntheit der realen Körperfarben.

Die remittierten Lichtfarben liegen im 6-teiligen Farbkreis neben der Körperfarbe; die absorbierte Lichtfarbe liegt gegenüber.

Sättigung
Buntheit

Reduziert durch Verweißlichung und Verschwärzlichung, Abweichungen von der idealen spektralen Funktion

Ideal-Weiß
Der spektrale Remissionsgrad $\beta(\lambda)$ einer ideal-weißen Oberfläche ist für alle Wellenlängenbereiche ($\Delta\lambda$): 1 bzw. 100%.

Remissionsgrad β
Weiß: $\beta = 1$

Abb. 4.2/14
CIE-Normvalenzsystem

Normfarbtafel mit Farb-
körper nach Rösch.
Die Farbtafel zeigt die Luft-
aufnahme des Farbkörpers.

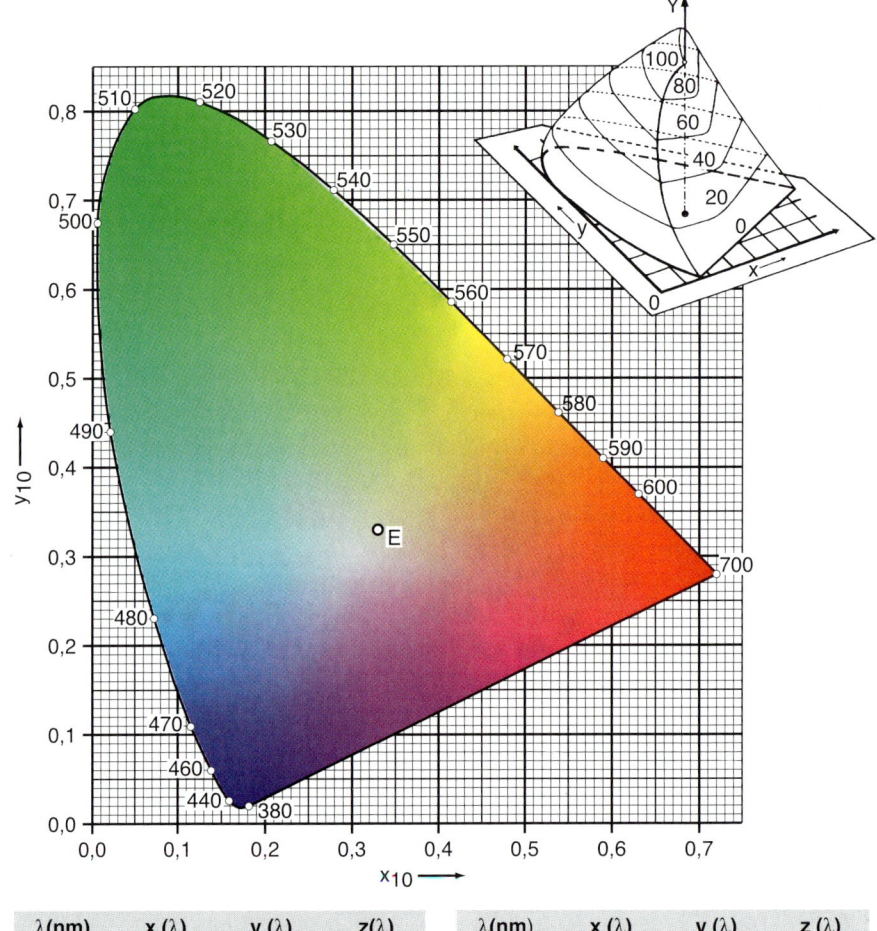

Abb. 4.2/15
Normfarbwertanteile

λ(nm)	x (λ)	y (λ)	z(λ)	λ(nm)	x (λ)	y (λ)	z (λ)
400	0,1733	0,0048	0,8219	540	0,2296	0,7543	0,0161
425	0,1703	0,0058	0,8239	550	0,3016	0,6923	0,0061
450	0,1566	0,0177	0,8257	575	0,4788	0,5202	0,0010
500	0,0082	0,5384	0,4534	600	0,6270	0,3725	0,0005
510	0,0139	0,7502	0,2359	650	0,7260	0,2740	0,0000
520	0,0743	0,8338	0,0919	700	0,7347	0,2653	0,0000

4.2.6 Farbmaßsysteme

4.2.6.1 CIE-Normvalenzsystem

Als eine der ersten internationalen Normen wurde 1931 von der CIE das Normvalenzsystem eingeführt. Das System basiert auf der Definition der Farbe als Gesichtssinn. Die subjektive Farbempfindung wurde durch eine Versuchsreihe mit verschiedenen Testpersonen auf allgemeine Farbmaßzahlen, den Farbvalenzen, zurückgeführt (Normalbeobachter).

CIE-Normvalenzsystem
1931
(Schuhsohle wg. Form)

Farbvalenz ist die Bewertung eines Farbreizes durch die drei Empfindlichkeitsfunktionen des Auges. Die Farbmaßzahlen X, Y und Z dienen zur eindeutigen Kennzeichnung einer Farbvalenz.

Farbmaßzahlen X, Y, Z

Die Normfarbwertanteile $x(\lambda)$, $y(\lambda)$ und $z(\lambda)$ kennzeichnen den geometrischen Farbort einer Farbe. Sie lassen sich einfach aus den Farbvalenzen (Normvalenzen) errechnen. Da die Summe der Normspektralwertanteile $x + y + z = 1$ ist, genügen die x- und y- Anteile zur Eintragung der Farbart als Farbort in die Farbtafel.

Normfarbwertanteile
x, y, z

Beschreibung

- Im Normfarbenraum sind alle sichtbaren Farben wiedergegeben.
- Die Spektralfarben (gesättigte Farben) liegen auf der unteren gekrümmten Außenlinie.
- Auf der unteren Geraden liegen die gesättigten Purpurfarben (additive Mischfarben aus Blau und Rot).
- Im Unbuntpunkt E ($x = y = z = 0{,}33$) steht senkrecht die Grauachse (Unbuntachse), Hellbezugswert Y = 0 : Schwarz, Y = 100 : Weiß.
- Additive Mischfarben liegen auf der Geraden zwischen den beiden Ausgangsfarben.

Unbuntachse, Grauachse
x = y = z = 0,33
Weiß: Y = 100
Schwarz: Y = 0

Farbortbestimmung

Zur Bestimmung des Farbortes einer Farbe genügen drei Kenngrößen:
- Farbton T, Lage auf der Außenlinie
- Sättigung S, Entfernung von der Außenlinie
- Helligkeit Y, Ebene im Farbkörper

Farbton T
Sättigung S
Helligkeit Y

Abb. 4.2/16
Prozess-Farbräume im Normvalenzsystem

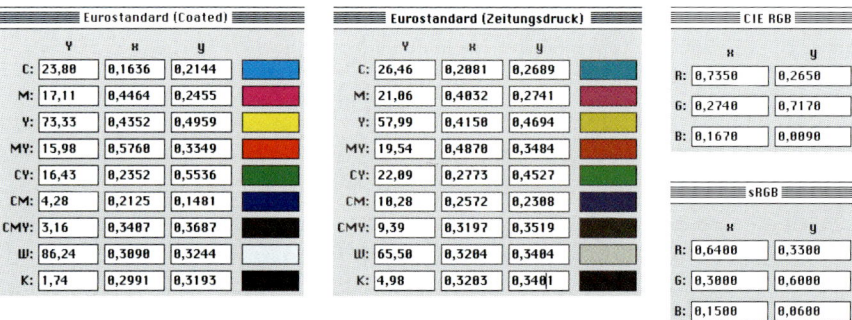

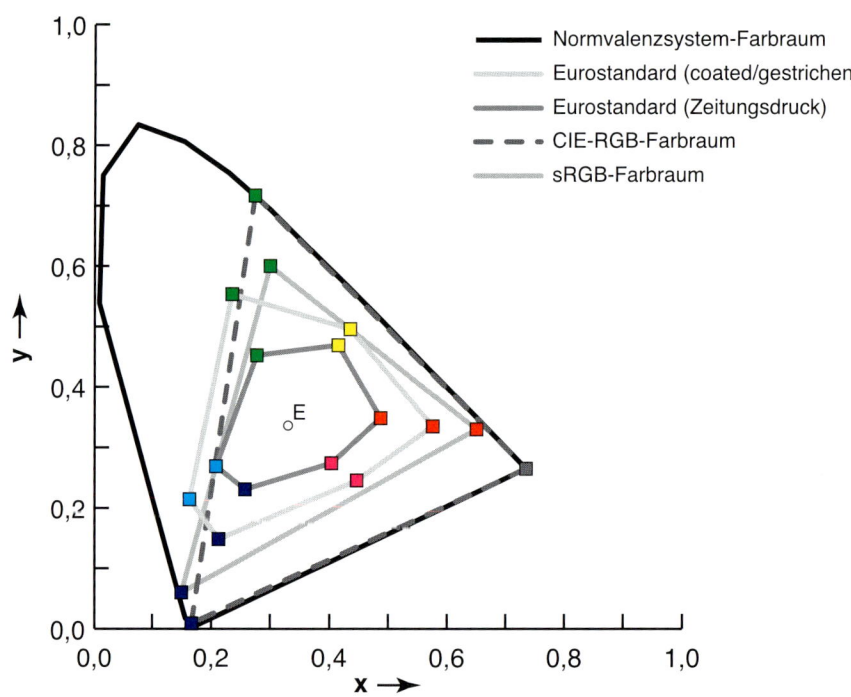

Lernziel: Die Grundlagen der Farbmetrik kennen.

Aufgaben: • Bestimmen Sie die Normspektralwertanteile für
$\lambda = 600$ nm in Abbildung 4.2/3.

• Zeichnen Sie die Remissionskurven in Abbildung
4.2/13.

• Konstruieren Sie die Normvalenzfarbtafeln mit den
Normfarbwertanteilen in Abbildung 4.2/15.

• Zeichnen Sie entsprechend der Abbildung 4.2/16
Farbräume in die Farbtafel ein. (I, P, L)

Abb. 4.2/17
Normvalenzsystem mit MacAdam-Ellipsen

Die Farben innerhalb der MacAdam-Ellipsen sind empfindungsgemäß gleich.

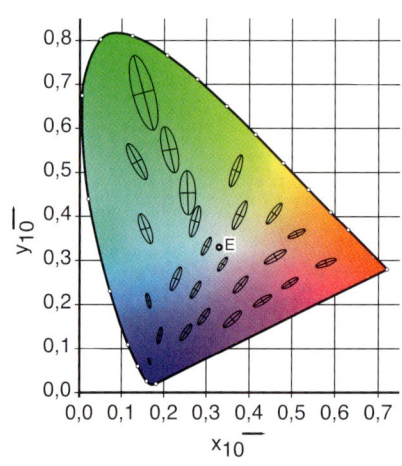

Abb. 4.2/18
CIELAB-System

Die Farbtafel zeigt den inneren Bereich der mittleren Ebene, L* = 50
a*/-a*-Achse: Rot/Grün
b*/-b*-Achse: Gelb/Blau
L* = 100:   Weiß
L* = 0   Schwarz

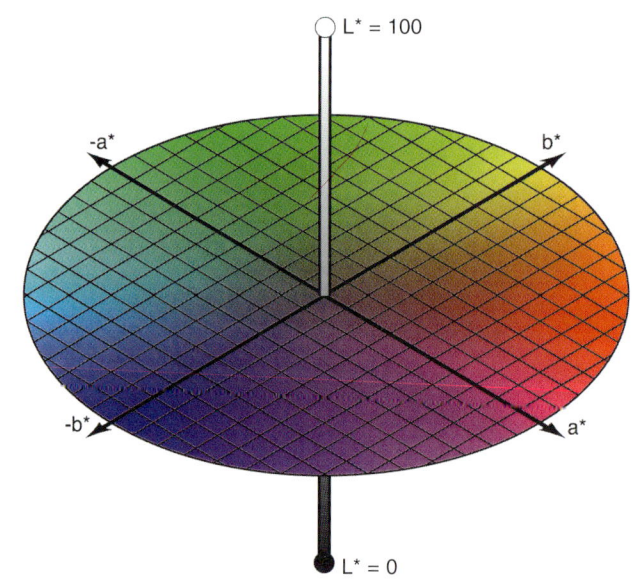

4.2.6.2 CIELAB-System

Der amerikanische Physiker David L. MacAdam untersuchte die Beziehung des visuellen und des geometrischen Farbabstandes im CIE-Normvalenzsystem. Er fand dabei heraus, dass Farben, die empfindungsgemäß nicht zu unterscheiden sind, im Blaubereich nur einen verhältnismäßig kleinen geometrischen Abstand aufweisen. Im Grünbereich erscheinen dagegen auch geometrisch weit entfernte Farben gleich. Die so genannten MacAdam-Ellipsen veranschaulichen dies. Alle innerhalb einer Ellipse liegenden Farben sind von der Bezugsfarbe im Mittelpunkt visuell nicht zu unterscheiden.

CIELAB-System
1976

MacAdam-Ellipsen

Die CIE führte 1976 einen neuen Farbraum ein. Im CIELAB-Farbsystem sind die beschriebenen Mängel des Normvalenzsystems durch eine mathematische Transformation behoben. In den letzten Jahren hat sich das LAB-System als Referenzmodell für die unterschiedlichsten Anwendungsbereiche bewährt.

Beschreibung

- Im L*a*b*-Farbenraum sind alle sichtbaren Farben wiedergegeben.
- Die Abbildung stellt das Innere des Farbenraums dar.
- Die gesättigten Farben (Spektral- und Purpurfarben) liegen auf der Außenlinie der mittleren Ebene (L* = 50).
- In der Mitte des Farbenraums steht senkrecht die Unbunt- bzw. Grauachse (a* = b* = 0; L* = 0 : Schwarz, L* = 100 : Weiß).

Unbuntachse, Grauachse
a* = b* = 0
Weiß: L* = 100
Schwarz: L* = 0

Farbortbestimmung

Zur Bestimmung des Farbortes einer Farbe genügen drei Kenngrößen:
- Helligkeit L* (Luminanz), Ebene im Farbkörper
- Sättigung C* (Chroma), Entfernung vom Unbuntpunkt
- Farbton H* (Hue), Richtung vom Unbuntpunkt

H* und C* werden auf zweierlei Arten beschrieben:
- Durch die Koordinaten a* und b* in der Farbebene
- Durch den Bunttonbeitrag ΔH^*_{ab} (Bunttonwinkel h*, a* = 0°, mathematisch positive Richtung) und den Buntheitsbeitrag ΔC^*_{ab}

Helligkeit L*
Sättigung C*
Farbton H*

Abb. 4.2/19
Bestimmung des Farbab-
stands ΔE

Schritt 1
Berechnung der
Diagonalen in der
Ebene a*/b*

$$c = \sqrt{(\Delta a^*)^2 + (\Delta b^*)^2}$$

Schritt 2
Berechnung der Diago-
nalen im Quader

$$c^2 = (\Delta a^*)^2 + (\Delta b^*)^2$$

wobei:

$$\Delta E = \sqrt{c^2 + (\Delta L^*)^2}$$

daraus folgt:

$$\Delta E = \sqrt{(\Delta a^*)^2 + (\Delta b^*)^2 + (\Delta L^*)^2}$$

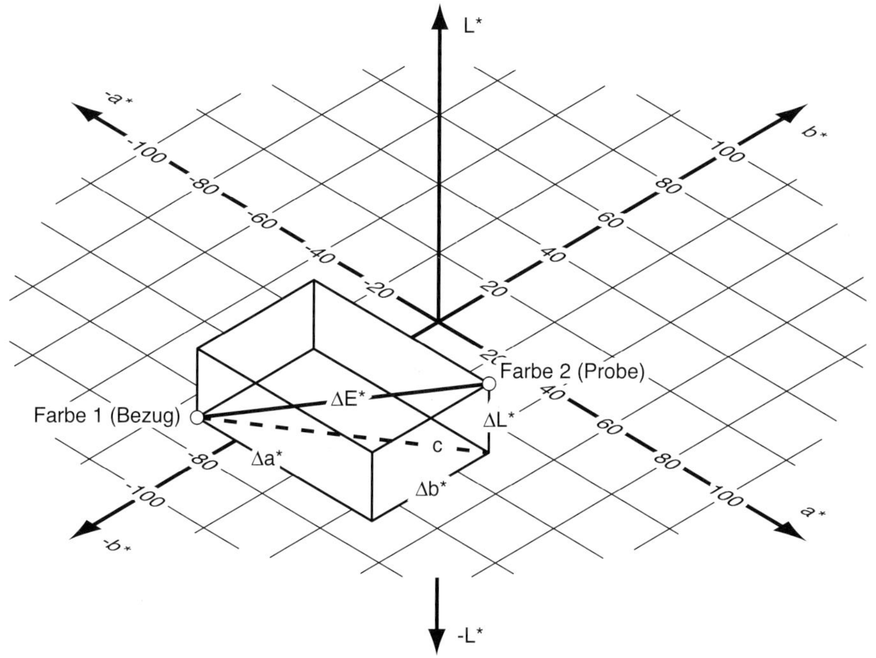

Abb. 4.2/20
Bewertung des Farbab-
standes ΔE

Die Farbdifferenzen werden
mit heller, dunkler, roter,
blauer, grüner, gelber, bun-
ter und unbunter bewertet.

Der Winkel von der
+a*-Achse zu einem
Radiusstrahl bildet den
Bunttonwinkel h^*_{ab}, der im
mathematisch positiven
Sinn gezählt wird.

Bezogen auf die Vorlage ergibt
sich folgende Bewertung:

Δ-Wert		
Die Probe ist		
bei ΔL*		
bei Δa*		
bei Δb*		
bei ΔC*		

Bezogen auf die Vorlage ergibt
sich folgende Bewertung
(positiv/negativ):

	ΔH*	a*	b*
Die Probe ist			
ΔH* in Q1			
ΔH* in Q2			
ΔH* in Q3			
ΔH* in Q4			

4.2.6.3 Farbabstand ΔE

Eine wichtige Aufgabe der Farbmetrik besteht darin, den visuellen Sinneseindruck *Farbe* messtechnisch erfassbar zu machen.

Im LAB-System entsprechen sich der visuelle Abstand und der geometrische Abstand zweier Farben. Der Farbabstand ΔE^* ist die Strecke zwischen zwei Farbörtern im Farbraum.

Visueller Farbabstand = geometrischer Farbabstand

Berechnung

Die Berechnung des Farbabstandes erfolgt nach dem Satz des Pythagoras: $c^2 = a^2 + b^2$. ΔE^* ist dabei die Diagonale eines Quaders, der aus Δa^*, Δb^* und ΔL^* gebildet wird.

$$\Delta E = \sqrt{(\Delta a^*)^2 + (\Delta b^*)^2 + (\Delta L^*)^2}$$

Der ΔE^*-Wert reicht zur Bewertung des Farbunterschiedes allein nicht aus. Zur genauen Beurteilung muss zusätzlich die Differenz der anderen Kenngrößen betrachtet werden.

Die Differenzen Δ sind immer die Differenzen zwischen Probe (Nachstellung, Istfarbe) und Bezug (Vorlage, Sollfarbe):

$$\Delta\text{-Wert} = Wert_{Probe} - Wert_{Bezug}$$

Bei ΔL^*, Δa^*, Δb^* zeigt das Vorzeichen die Richtung der Abweichung an.

Visuelle Bewertung

Farbabstand ΔE^*	Unterschiedsanteil	Note
1	unsicher erkennbar	1
2	gerade erkennbar	2
4	kleine Differenz	3
8	noch tragbare Diff.	4
16	große Differenz	5

Visuelle Bewertung des Farbabstandes ΔE^* nach der Empfehlung der FOGRA (Deutsche Forschungsgesellschaft für Druck- und Reproduktionstechnik e.V., München)

Abb. 4.2/21
Farbraumvergleich
Proof – Druck

Messung 1: D 50/2
Proof (Ozasol Pressmatch)

	L*	a*	b*
C	57,95	-37,51	-51,13
G	51,70	-66,52	36,87
Y	89,23	-5,74	97,82
R	52,72	64,57	54,8
M	51,43	73,03	6,88
B	22,73	21,84	-39,74

Messung 2: D 50/2
Druck (Offset, gestr., Euro)

	L*	a*	b*
C	55,80	-35,3	-49,52
G	49,62	-67,88	16,43
Y	88,74	-8,98	75,34
R	51,01	59,75	36,74
M	52,47	68,05	-10,83
B	26,27	16,88	-52,51

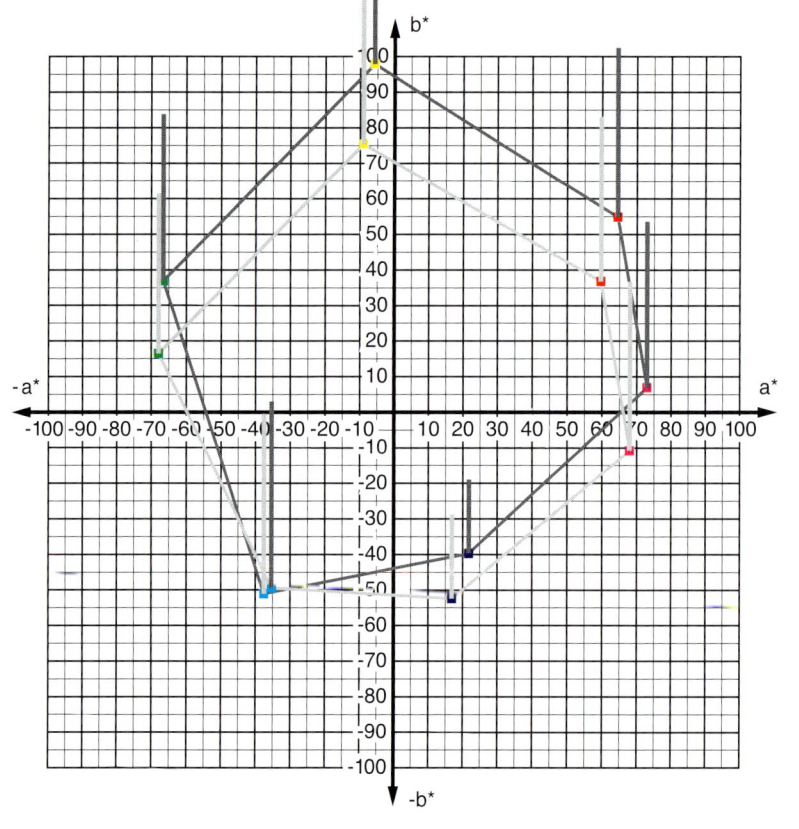

4.2.6.4 Farbraumvergleich

Die Farbörter der Prozessfarben bilden die Koordinaten des jeweiligen Farbenraums. Beim Vergleich von Normfarben verschiedener Hersteller mit der gleichen Farbbezeichnung, z.B. Magenta, zeigt sich, dass diese nicht einem identischen Farbort zugeordnet sind.

Für die Messung werden sechs Farbfelder mit C, M, Y und MY, CY, CM benötigt. Um die Abweichung vom Unbuntpunkt und die Graubalance bestimmen zu können, braucht man zusätzlich noch ein Feld mit CMY (dreifarbiges Schwarz) und ein Graubalancefeld. Die gewählte Lichtart, hier: Normlichtart D50/2 (5000 K, 2 Grad Beobachtungswinkel), muss für alle zu vergleichenden Messungen gleich sein. Die Ergebnisse der Messungen werden in das L*a*b*-Koordinatensystem eingetragen und die sechs Farbörter mit Geraden verbunden. Die Helligkeit L* wird als Senkrechte dargestellt.

Messfelder

> Lernziel: Die grafische Darstellung in in eine visuelle Vorstellung umsetzen.
>
> Aufgaben: • Vergleichen Sie die beiden Farbraumdarstellungen Abbildung 4.2/21. (I, P)
> • Welche Folgerungen ergeben sich daraus für die Praxis? (I, P)

Abb. 4.2/22
Farb-Dialogfelder und -Informationspaletten in verschiedenen Programmen

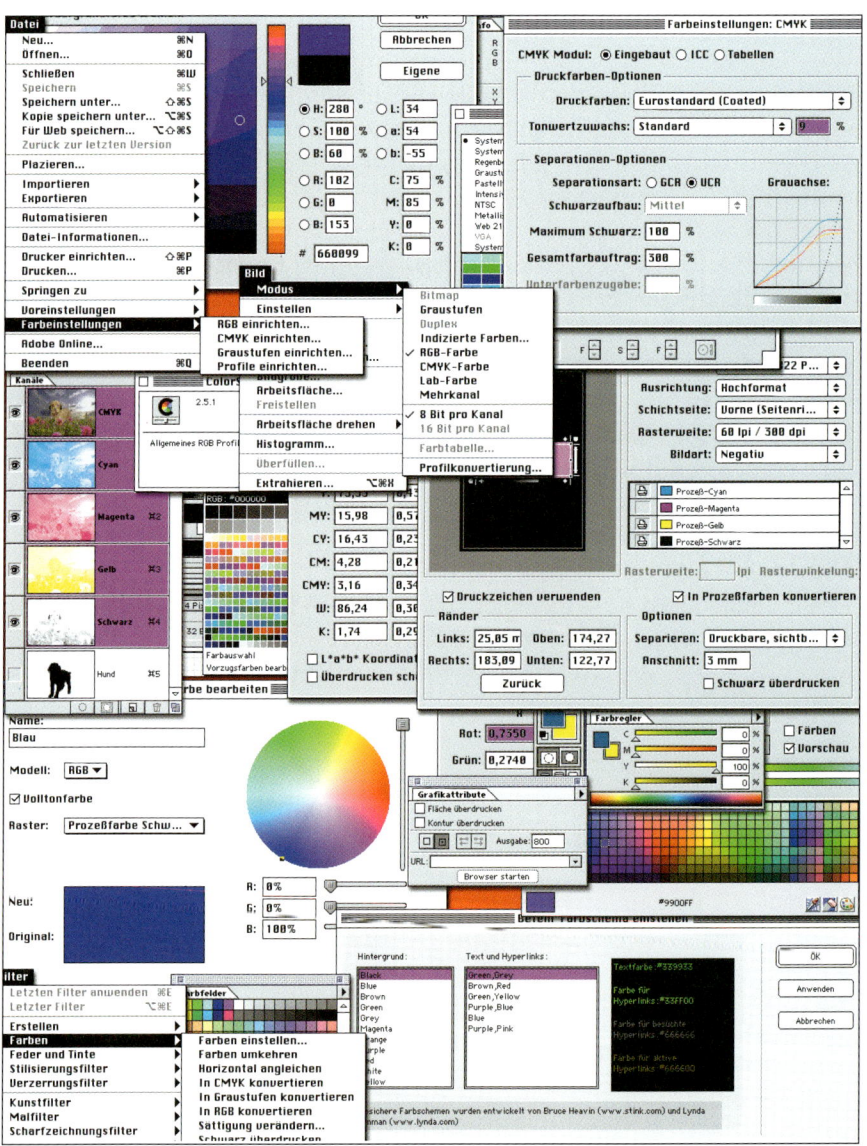

4.2.7 Farben definieren

Kommunikation über Farben bedingt eine eindeutige Bestimmung der Farben. Die Definition von Farben erfolgt je nach Prozess in unterschiedlichen Kategorien:

- Jeder Farbmodus basiert auf einem anderen Farbraum, der die jeweilig reproduzierbaren Farben bestimmt.

Farbmodus, Farbraum

- Im Druck sind neben den Prozessfarben CMYK auch Sonderfarben möglich.

Farbauswahl und -anzahl, Sonderfarben

- Der Farbton wird durch die Mischung der Prozessfarben bestimmt.

Farbanteil, Farbmischung

- Die Bittiefe pro Farbkanal bestimmt die Anzahl der darstellbaren Farbtöne.

Bittiefe

- Die Anzahl und Auswahl der Farben in der Farbpalette bestimmt die Farbdarstellung.

Farbpallette, Indizierte Farben

- Die Farbwiedergabe wird direkt durch die Parameter des Ausgabeprozesses bestimmt.

Sonderfarben

- Bei übereinander liegenden Objekten wird die vordere Form im Hintergrund nicht ausgespart. Im Druck entsteht dadurch eine Mischfarbe.

Überdrucken

- Das vordere Objekt wird in den Farbauszügen, die die Objektfarbe nicht enthalten, ausgespart.

Aussparen

- Um Blitzer, weiße Ränder, zu vermeiden, wird bei nebeneinander liegenden Objekten die Objektfläche etwas vergrößert (überfüllt), Regel: Hell unter Dunkel, d.h. die hellen Flächen werden breiter.

Überfüllen

Abb. 4.2/23
Schematische Darstellung eines Color-Management-Systems (CMS)

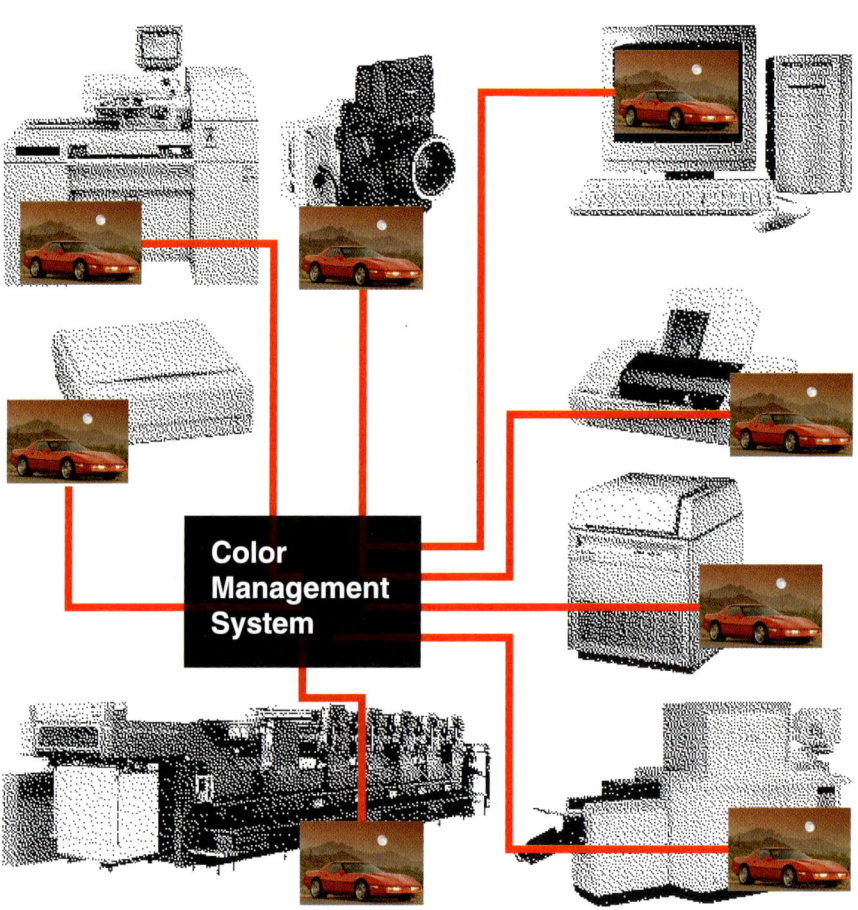

Color Management System

4.2.8 Color Management

4.2.8.1 Warum Color Management?

Die herkömmlichen EBV-Systeme waren geschlossene Systeme. Alle Komponenten vom Scanner bis zum Belichter kamen von einem Hersteller. Die Gerätecharakteristika waren bekannt und aufeinander abgestimmt. Bei den heutigen offenen Systemen ist dies anders. Hard- und Softwarekompatibilität garantieren keine Farbkonsistenz des Workflows.

Farbkonsistenz des Workflows

Einflussfaktoren

- Verschiedene Bilderfassungsgeräte, wie Flachbettscanner oder Digitalkameras, liefern bei der Erfassung der gleichen Vorlage, z.B. einem Dia, unterschiedliche Ergebnisse.

  Eingabegeräte

- Monitore haben unterschiedliche Phosphorfarben.

  Monitore

- Farbraumunterschiede zwischen Monitor und Druck können dazu führen, dass bei der Farbretusche nicht druckbare Farben eingeführt werden.

  Farbräume

- Die Separation von RGB in CMYK führt in verschiedenen Programmen, z.B. Photoshop oder LinoColor, zu unterschiedlichen Ergebnissen.

  Separation
  → 6.1.6.4

- Unterschiedliche Farbwiedergabe in verschiedenen Proofsystemen.

  Proofsysteme

- Visuelle Beurteilung unter nicht standardisierter Beleuchtung.

  Beleuchtung

- Schwankungen der Farbführung im Druckprozess.

  Druckprozess

- Unterschiedliche Druckfarben, Bedruckstoffe, Druckverfahren.

  Druckfaktoren

4.2.8.2 Color-Management-Systeme

Color-Management-Systeme (CMS) sollen die Probleme der Farbunterschiede zwischen den einzelnen Komponenten der Produktionskette lösen.

Ein CMS besteht aus dem CMS-Softwaretool zur Farbraumcharakterisierung, einem Spektralphotometer als Messgerät, genormten Testbildern, der Betriebssystemerweiterung und den Anwendungsprogrammen, die die Einbindung der Farbprofile erlauben.

Die Systemkomponenten müssen kalibriert sein.

Abb. 4.2/24
**IT8.7/1-1993-Referenz-
vorlage**

Das Portrait dient zu einer
ersten visuellen Beurteilung
der jeweiligen Bilddarstellung.

IT8-Referenzvorlagen

Vom ANSI, American National Standardisation Institute, sind standardisierte Vorlagen zur Farbcharakterisierung definiert worden. Der für unseren Bereich zuständige Ausschuss heißt IT8. Die ursprünglich nationale Normung wurde international übernommen.

Zu einzelnen Color-Management-Systemen (CMS) werden IT8-Referenzvorlagen als Digital-, Aufsichts- und Durchsichtsvorlagen geliefert. Die genormte Aufteilung der Vorlage ermöglicht die automatische Analyse durch das CMS bei der Erstellung eigener Profile.

Um die unterschiedliche Farbcharakteristik der einzelnen Aufnahmematerialien, z.B. von Kodak oder Agfa, zu berücksichtigen, werden die IT8-Referenzvorlagen auf verschiedenen Materialien angeboten.

Zur Erstellung der Druckprofile muss die IT8-Vorlage ausgedruckt werden. Das Ergebnis wird mit einem Spektralphotometer erfasst und in das CMS eingegeben.

ANSI
American National Standardisation Institute

ICC

Auf Initiative der FOGRA, Deutsche Forschungsgesellschaft für Druck- und Reproduktionstechnik e.V., München, wurde 1993 das ICC, International Color Consortium, von den Firmen Adobe, Agfa, Apple, Kodak, Microsoft, Silicon Graphics, Sun und Taligent gegründet. Ziel war die Definition und Standardisierung plattform- und geräteunabhängiger Profile zur Farbraumtransformation.

Seit 1995 ist mit ColorSync 2.0 von Apple die ICC-Profil-Implementierung über eine Betriebssystemerweiterung möglich. ICM 2 ist ab Windows 98 bzw. NT 5 das Standard-CM-Modul von Microsoft.

FOGRA
Deutsche Forschungsgesellschaft für Druck- und Reproduktionstechnik e.V., München

ICC
International Color Consortium

Abb. 4.2/25
**Handspektralphotometer
X-Rite 938**

Zur Aufsichtsmessung von
Vorlagen, Proofs, Farbmu-
stern, Drucken usw.

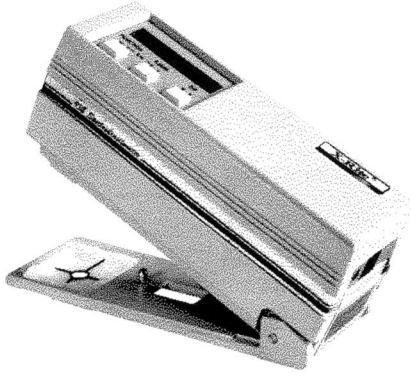

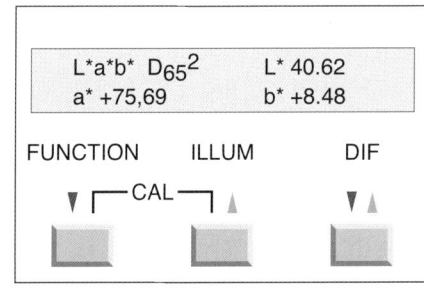

L*a*b* $D_{65}2$	L* 40.62
a* +75,69	b* +8.48

FUNCTION   ILLUM   DIF

▼ ┌─CAL─┐ ▲   ▼▲

Abb. 4.2/26
CM-Monitorprofil

Date: 2/10/1999 Time: 14:36
BEGIN_DATA_FORMAT

Sample_Name	XYZ_X	XYZ_Y	XYZ_Z	Lab_L	Lab_a	Lab_b
END_DATA_FORMAT						
BEGIN_DATA						
A1	0.08	0.08	0.14	0.75	0.09	-1.33
A2	2.31	1.09	11.95	9.75	33.18	-60.65
A3	7.46	3.36	39.21	21.44	51.69	-91.52
A4	13.72	6.08	72.11	29.61	64.48	-112.60
A5	3.37	6.81	1.12	31.37	-40.77	34.01
A6	5.65	7.86	13.14	33.68	-19.92	-22.74
A7	10.80	10.09	40.30	38.01	8.21	-64.40
A8	16.90	12.82	72.22	42.50	27.67	-90.47
A9	10.96	22.43	3.47	54.49	-61.58	51.97
B1	13.14	23.29	15.54	55.37	-50.33	8.42
B2	18.27	25.64	42.09	57.70	-30.50	-32.75
B3	24.69	28.57	75.55	60.40	-11.82	-62.50
B4	19.91	41.02	6.40	70.19	-75.98	63.28
B5	22.33	42.14	18.22	70.97	-67.78	29.04
B6	27.59	44.74	45.56	72.72	-52.94	-11.12
B7	33.62	47.20	78.42	74.32	-37.40	-40.93
B8	3.18	1.75	0.28	14.13	30.48	19.12
B9	5.52	2.81	12.30	19.25	40.70	-45.29
C1	10.65	5.09	39.48	27.00	54.52	-82.30
C2	16.74	7.75	71.41	33.45	65.76	-105.35

Spektralphotometrische Messung

Die Farbmessung mit einem Spektralphotometer ist denkbar einfach durchzuführen. Dabei hilft die Benutzerführung über Display oder PC- / Mac-Soft-
ware. Das Messgerät ist über eine Schnittstelle direkt mit dem Rechner verbunden oder wird nur zum Datenaustausch angedockt.

Gemessen wird die spektrale Remission / Emission in $\Delta\lambda$-Schritten. Die
Schrittweite beträgt meist 20 nm. Unterschiedliche Lichtarten (5000K, 6500K,
Lichtart C usw.) sowie die beiden Beobachtungswinkel 2° und 10° werden
über die Software simuliert. Zusammen mit den gespeicherten Normspek-
tralfunktionen werden die Normfarbwerte X, Y und Z errechnet. Sie bilden
die Basis für alle weiteren Berechnungen.

Normlichtarten
D50, 5000K
D65, 6500K

Profilerstellung

Die spezifischen Farbraumdaten des Eingabegerätes werden in einen gerä-
teunabhängigen, alle Farben umfassenden Referenz- bzw. Kommunika-
tionsfarbraum umgerechnet. Als Standard ist heute der CIELAB-Farbraum
allgemein anerkannt. Er wird von den meisten CM-Systemen unterstützt.
Die Ausgabefarbräume für Monitore, Proofer, Drucker und Druckmaschinen
leiten sich jeweils aus dem Referenzfarbraum ab.

Color Management ist nur dann sinnvoll und erfolgreich, wenn alle Work-
flow-Systemkomponenten kalibriert und konsistent sind. Die Farbcharakteristik, der Farbraum, jedes Gerätes muss bekannt sein. Sie wird im so genannten Geräteprofil beschrieben.

Für die Profilgenerierung werden von der CM-Software vorgegebene
Stützpunkte / Farbörter im Farbraum bestimmt. Ein Soll-Ist-Vergleich führt
zum tatsächlichen Geräteprofil. Die Daten sind in Color-Look-up-Tables festgehalten. Dabei können mehrere Profile in einer Transformationstabelle zu
einem Gesamtprofil zusammengefasst werden. Der Rechenvorgang bei der
Farbraumanpassung wird dadurch erheblich beschleunigt.

CLUT
Color-Look-up-Tables

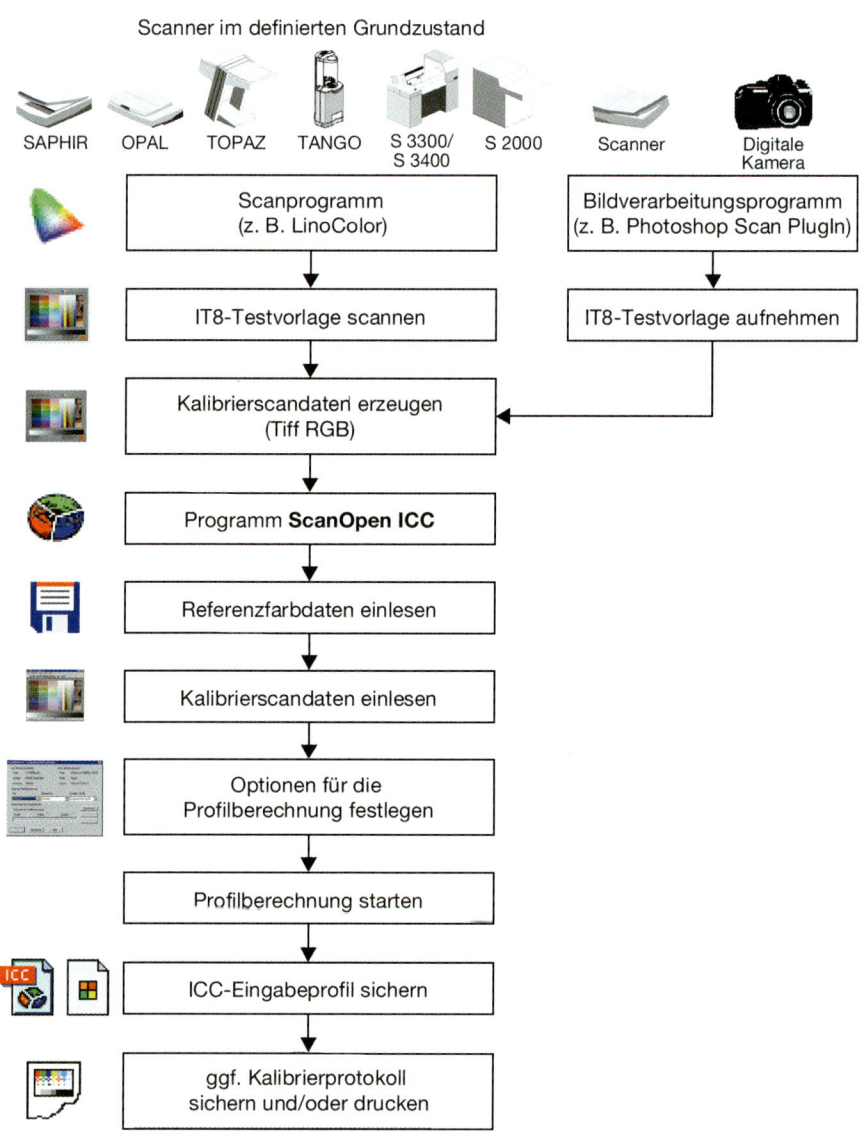

Abb. 4.2/27
**Erzeugung von
ICC-Eingabeprofilen
mit ScanOpen**
(Heidelberg)

Scanner im definierten Grundzustand

SAPHIR   OPAL   TOPAZ   TANGO   S 3300/   S 2000   Scanner   Digitale
                                    S 3400   Kamera

| Scanprogramm (z. B. LinoColor) | Bildverarbeitungsprogramm (z. B. Photoshop Scan PlugIn) |

IT8-Testvorlage scannen | IT8-Testvorlage aufnehmen

Kalibrierscandaten erzeugen (Tiff RGB)

Programm **ScanOpen ICC**

Referenzfarbdaten einlesen

Kalibrierscandaten einlesen

Optionen für die Profilberechnung festlegen

Profilberechnung starten

ICC-Eingabeprofil sichern

ggf. Kalibrierprotokoll sichern und/oder drucken

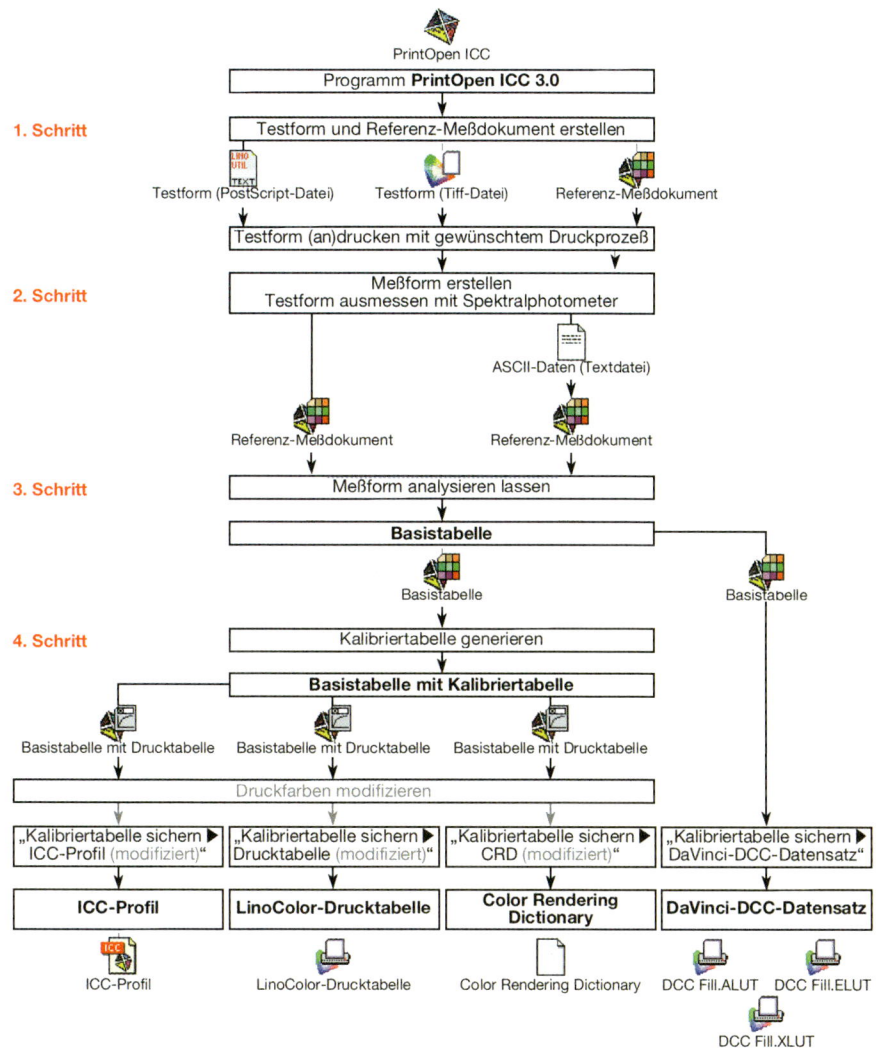

Abb. 4.2/28
**Generieren von Kalibrier-
tabellen mit PrintOpen**
(Heidelberg)

Abb. 4.2/29
Gamut Mapping im Norm-valenzsystem

Angleichung des RGB-Moni-torfarbraums an den CMYK-Druckfarbraum

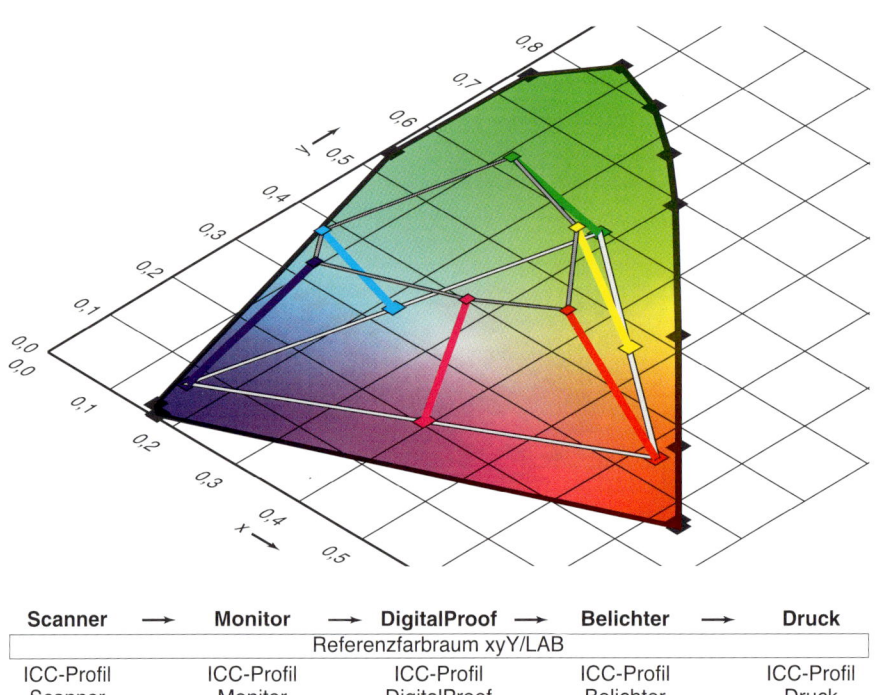

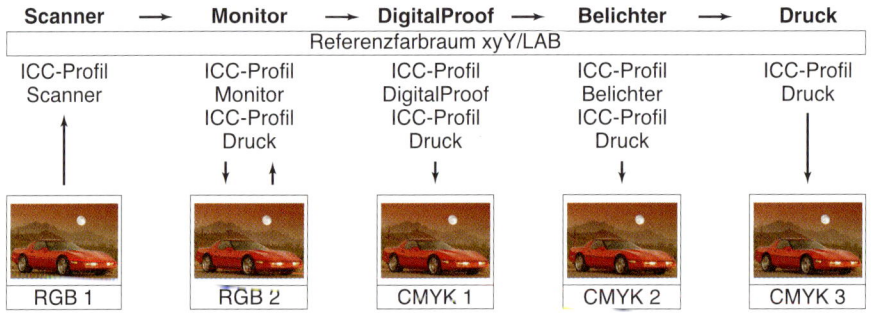

Scanner	→	Monitor	→	DigitalProof	→	Belichter	→	Druck
			Referenzfarbraum xyY/LAB					
ICC-Profil Scanner		ICC-Profil Monitor ICC-Profil Druck		ICC-Profil DigitalProof ICC-Profil Druck		ICC-Profil Belichter ICC-Profil Druck		ICC-Profil Druck
RGB 1		RGB 2		CMYK 1		CMYK 2		CMYK 3

4.2.8.3 Gamut Mapping

Der Farbraumumfang heißt auf englisch Color Gamut. Gamut Mapping ist somit die Farbraumanpassung. Die Farbräume des Workflows werden so aufeinander abgestimmt, dass jeweils nicht darstellbare Farben durch im Prozessfarbraum realisierbare Farben ersetzt werden. Oberstes Gebot ist dabei die Bewahrung des Bildcharakters.

Bei der Farbraumtransformation gibt es verschiedene Optionen, die je nach Bild und Anwendung zu wählen sind. Aufschluss über die konkrete Wirkung gibt nur eine Versuchsreihe.

- *Relativ farbmetrisch* verändert die Farben nicht, die sich innerhalb des Farbumfangs befinden, nicht. Farben außerhalb des Farbumfangs werden in Farben konvertiert, die am Rand des Zielfarbraums mit der gleichen Helligkeit liegen. Die Differenzierung der konvertierten Farben nimmt dadurch stark ab.
- *Absolut farbmetrisch* transformiert den Weißpunkt nicht. Die Farben werden direkt übernommen. Die Priorität liegt bei der exakten Erhaltung der Bildfarben, nicht beim Gesamteindruck.
- *Perceptual, wahrnehmungsgemäß,* transformiert den Ausgangsfarbraum so in den Zielfarbraum, dass die Bildwirkung möglichst originalgetreu erhalten bleibt. Die Position aller Farben wird dadurch grundsätzlich im Farbraum verändert.

Gammut Mapping (engl.)
Farbraumanpassung

Relativ farbmetrisch

Absolut farbmetrisch

Perceptual,
wahrnehmungsgemäß

4.3 Akustik

Abb. 4.3/1
**Übersicht äußeres Ohr,
Mittelohr und Innenohr**

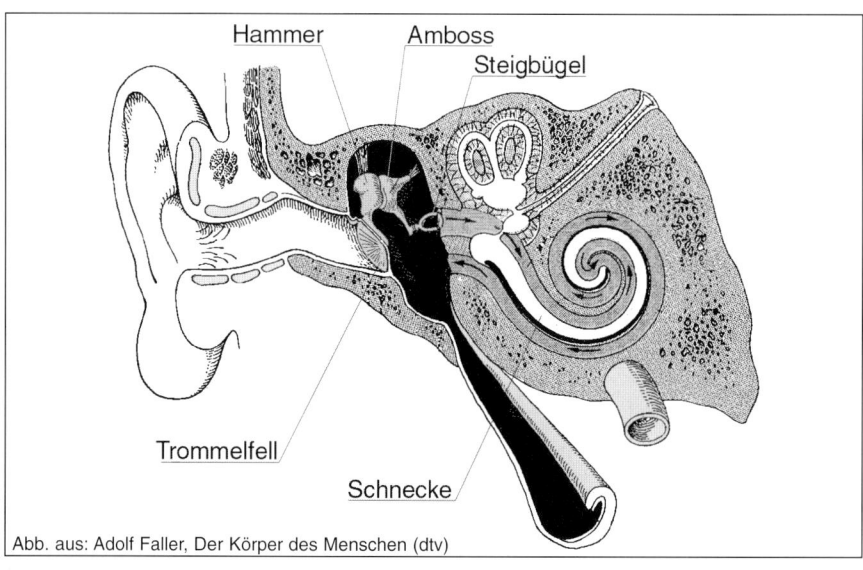

Hammer   Amboss
Steigbügel

Trommelfell

Schnecke

Abb. aus: Adolf Faller, Der Körper des Menschen (dtv)

Abb. 4.3/2
**Schnitt durch eine
Schneckenwindung des
menschlichen Ohres**

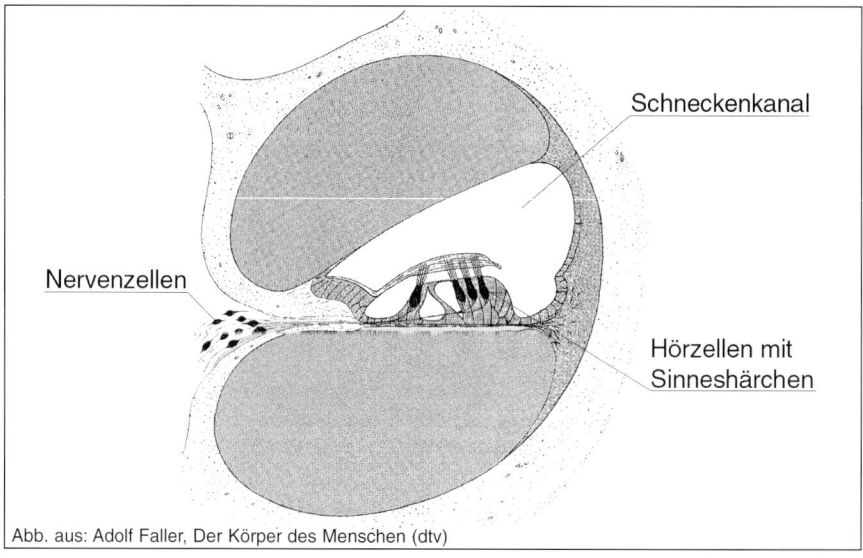

Schneckenkanal

Nervenzellen

Hörzellen mit
Sinneshärchen

Abb. aus: Adolf Faller, Der Körper des Menschen (dtv)

4.3.1 Schallentstehung und Hören

Können sich zwei Kosmonauten im Weltall unterhalten? Nein, da zur Übertragung der Worte von einem Kosmonauten zum anderen Materieteilchen als „Transportmedium" notwendig sind. Diese Teilchen sind im Weltall bekannterweise nicht vorhanden.

Unter Schall versteht man eine mechanische Schwingung von Materieteilchen, zum Beispiel von Luft. Dabei verdichten und verdünnen sich die Luftmoleküle abwechselnd und in zeitlich periodischer Wiederholung. Außerdem breitet sich die Schwingung als Schallwelle im Raum aus. Der Vorgang ist vergleichbar mit einem See, in den ein Stein geworfen wird. Auch hier werden Wassermoleküle in Schwingung versetzt und breiten sich in Form einer Welle aus.

Schall: mechanische Schwingung von Materie

Das menschliche Ohr dient als Schallempfänger. Die ankommenden Schallwellen gelangen über den äußeren Gehörgang zum Trommelfell. Dabei handelt es sich um eine dünne Membran, die durch den Schalldruck in Schwingung versetzt wird. Diese Schwingung wird im Mittelohr über die drei Gehörknöchel Hammer, Amboss und Steigbügel an das Innenohr weitergeleitet. Da das Trommelfell etwa 16mal größer ist als der Steigbügel und die Gehörknöchel zusätzlich eine Hebelwirkung erzielen, führt die Übertragung des Schalls vom Außen- zum Innenohr insgesamt zur Verstärkung des Schalldruckes um etwa Faktor 60. Das eigentliche Organ der Hörempfindung ist die so genannte Schnecke im Innenohr. Sie enthält härchenförmige Sinneszellen, die durch den Schalldruck verbogen werden und diese Information an den Schneckennerv weiterleiten. Dabei liefert die Anzahl an erregten Sinneszellen Informationen über die Lautstärke, der Ort der Rezeptoren innerhalb der Schnecke Informationen über die Tonhöhe. Über die zeitliche Verzögerung der ankommenden Informationen im rechten und linken Ohr ermittelt das Gehirn die Richtung, aus der der Schall kommt.

Hörvorgang des menschlichen Ohres

Eine einfache Prüfung des Gehörs kann folgendermaßen durchgeführt werden: Einer Testperson werden aus zunehmender Entfernung Zahlen zugeflüstert. Die Hörschärfe wird durch Zahlen zwischen eins und sechs ausgedrückt, wobei über eine Entfernung von sechs Metern normalerweise noch gehört werden sollte.

Einfacher Hörtest

Abb. 4.3/3
Zeit- und Frequenzverhalten eines Tones

Die obere Grafik zeigt das Amplituden-Zeit-Diagramm des Tones, also seinen zeitlichen Verlauf. Die untere Grafik stellt das Amplituden-Frequenz-Diagramm des Tones dar. Um das gesamte Frequenzspektrum des Hörbereichs abbilden zu können, ist die Frequenzachse logarithmisch geteilt.

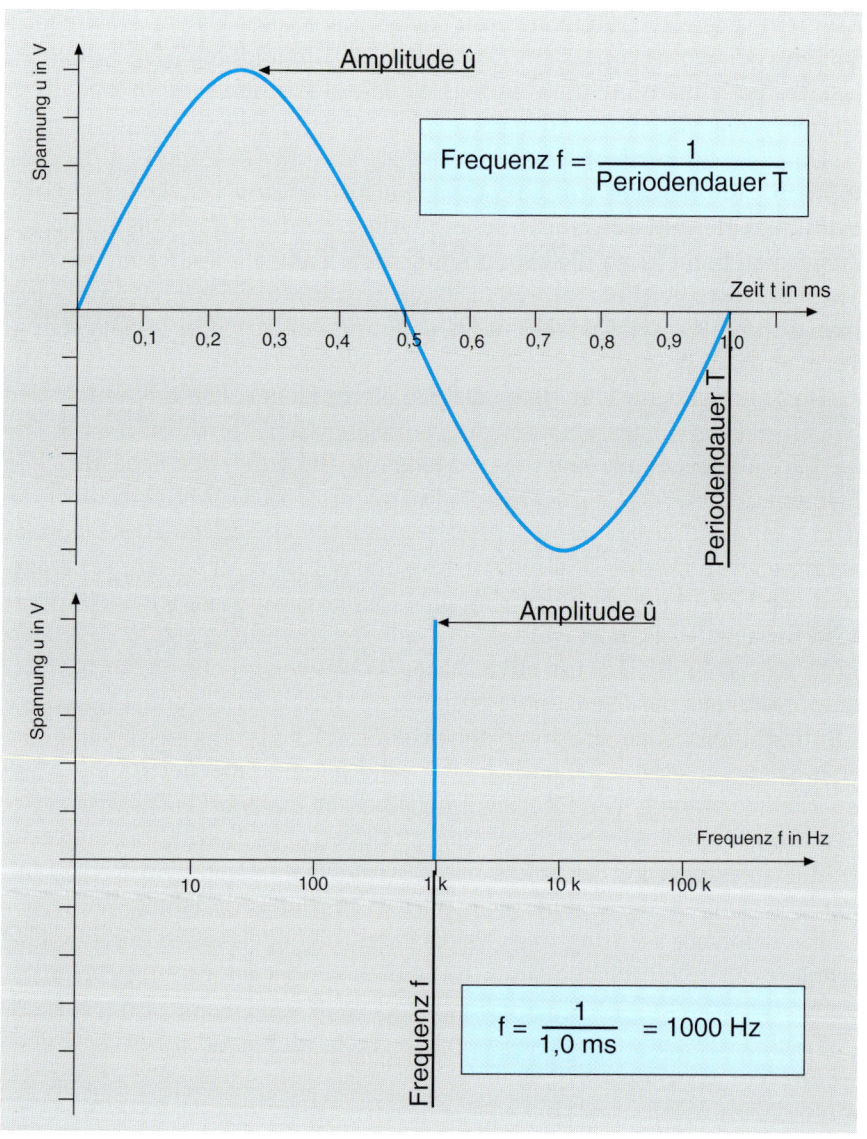

4.3.2 Kennwerte eines Tones

Eine rein sinusförmige Schwingung, wie auf der linken Seite gezeigt, wird als Ton bezeichnet. Töne kommen in der Natur nicht vor, können aber elektronisch erzeugt werden. Ein Ton klingt demzufolge sehr unnatürlich, wie jeder am Beispiel des Freizeichens beim Telefonieren bestätigen wird.

Ton:
sinusförmige Schwingung

Jeder Ton ist durch folgende Kennwerte charakterisiert: Die Dauer einer vollständigen Schwingung wird als Periodendauer T bezeichnet. Einheit der Periodendauer ist Sekunde [s]. Wesentlich wichtiger in der Audiotechnik ist der als Frequenz f bezeichnete Kehrwert der Periodendauer. Zu Ehren des Physikers Heinrich Hertz erhielt die Frequenz die Einheit Hertz [Hz]. Die Angabe 440 Hz besagt, dass 440 vollständige Schwingungen pro Sekunde stattfinden. Es handelt sich bei dieser Frequenz um den so genannten Kammerton a', auf den international alle Musikinstrumente eingestimmt werden.

Periodendauer T in s
Frequenz f in Hz

Kammerton a': 440 Hz

Die Frequenz ist das Maß für die Tonhöhe. Je höher die Frequenz ist, umso höher ist unsere Hörempfindung und umgekehrt. Wir Menschen hören Frequenzen von 16 Hz bis maximal 20.000 Hz oder 20 kHz. Mit zunehmendem Alter sinkt die obere Hörgrenze ab, so dass ältere Menschen eventuell bereits einen Ton von 10 kHz nicht mehr hören können. Unterhalb des Hörbereichs bei Frequenzen unter 16 Hz liegt der Bereich des Infraschalls, oberhalb der des Ultraschalls.

Frequenz:
Maß für Tonhöhe

Hörbereich

Infra- und Ultraschall

Die maximale Höhe einer Schwingung wird als Amplitude û bezeichnet. Sie repäsentiert die Stärke des Tones, das heißt, je größer die Amplitude eines Tones ist, desto lauter wird er gehört. Leider eignet sich die Amplitudenskala als Maß für die Tonstärke nicht direkt. Das liegt daran, dass unser Ohr die geniale Eigenschaft besitzt, Schallleistungen über einen riesigen Bereich von leisem Blätterrauschen bis zum Start eines Düsenjets wahrnehmen zu können. Auf einer linearen Amplitudenskala müssten demzufolge viele Zehnerpotenzen eingezeichnet werden – ein Ablesen von kleinen Änderungen wäre damit aber unmöglich. Eine geeignete Möglichkeit zur Darstellung großer Zahlenbereiche bietet die Verwendung einer logarithmischen Skala. Dieses Maß wird in der Audiotechnik als Pegel bezeichnet und bezieht die Amplitude û auf einen konstanten Bezugswert $û_0$. Danach wird der dekadische Logarithmus dieses Quotienten gebildet und dieser mit dem Faktor 20 multipliziert. Als Einheit des Pegelmaßes wird Dezibel [dB] verwendet.

Amplitude:
Maß für Tonstärke

Durch das logarithmische Hören ist der subjektive Unterschied zwischen ein und zwei Düsenjets etwa so groß wie zwischen einer und zwei Mücken. (Weber-Fechner-Gesetz)

Logarithmisches Pegelmaß in Dezibel [dB]

Abb. 4.3/4
Umrechnung einer linearen in eine logarithmische Skala

Einer linearen Änderung um Faktor 10 entspricht auf der logarithmischen Skala einer Änderung um 20 dB, da aus $\hat{u} = 10\,\hat{u}_0$ folgt:
20 log 10 = 20 dB

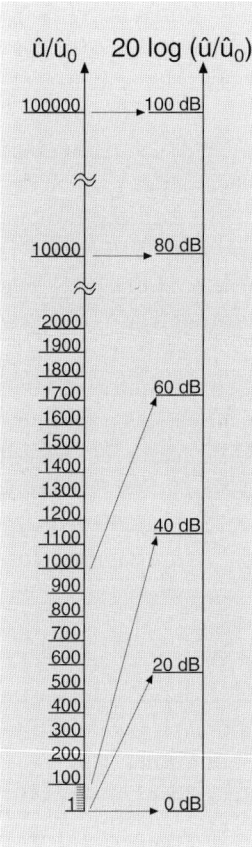

Abb. 4.3/5
Typische Aussteueranzeige einer Soundsoftware

Die 0-dB-Line wurde hier als Aussteuergrenze definiert. Diese Linie darf durch das Musiksignal nicht überschritten werden, weil es sonst zum Clipping (Abschneiden von Samplingwerten) kommt. Die Reduktion des Pegels um - 6 dB entspricht einer Halbierung der Amplitude, da aus $\hat{u} = 0{,}5\,\hat{u}_0$ folgt:
20 log 0,5 = − 6 dB

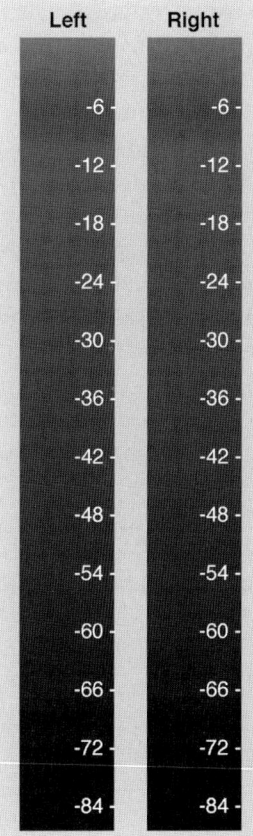

Die Umrechnung von Amplituden in logarithmische Pegel a erfolgt damit gemäß folgender Formel:

a = 20 x log (û/û$_0$)

Wie die Rechenbeispiele links zeigen, entspricht eine Pegeländerung von 20 dB einer Amplitudenänderung um Faktor 10, eine Pegeländerung von – 6 dB einer Halbierung der Amplitude. Ausgehend von der 0-dB-Linie eines Mischpultes, Verstärkers oder einer Soundsoftware kann der Tontechniker auf einfache Weise gewünschte Pegeländerungen vornehmen, wobei positive Werte immer Verstärkung, negative Werte immer Abschwächung (Dämpfung) des ursprünglichen Signals bedeuten.

Lautstärke in Phon

Abschließend ist zu erwähnen, dass auch die allgemein bekannte Lautstärke einer Schallquelle logarithmisch angegeben wird. Die Lautstärke ist ein Maß für die subjektive Schallempfindung und besitzt die Einheit Phon. Dabei spielen neben physikalischen auch physiologische Einflüsse eine Rolle. Als Bezugspunkt 0 Phon der Lautstärke wurde die Hörschwelle eines Tones mit einer Frequenz von 1000 Hz bei Jugendlichen gewählt.

Lernziel: Mit den Kenngrößen der Akustik rechnen.

Aufgaben:
- Welche Frequenz besitzt ein Ton mit einer Periodendauer von 0,5 ms? (L)
- Welche Periodendauer hat ein 880-Hz-Ton? (L)
- Die Amplitude eines Tones wird auf 10% reduziert. Wie viel dB entspricht diese Änderung? (L)
- Ein Tonsignal wird um 3 dB verstärkt. Um welchen Faktor ändert sich dabei seine Amplitude? (L)

Abb. 4.3/6
Zeit- und Frequenzverhalten eines Klanges

Der (sehr einfache) Klang besteht lediglich aus Grundton und drei Obertönen. Die Hüllkurve des Klanges ergibt sich durch punktweise Addition der vier Teilkurven.

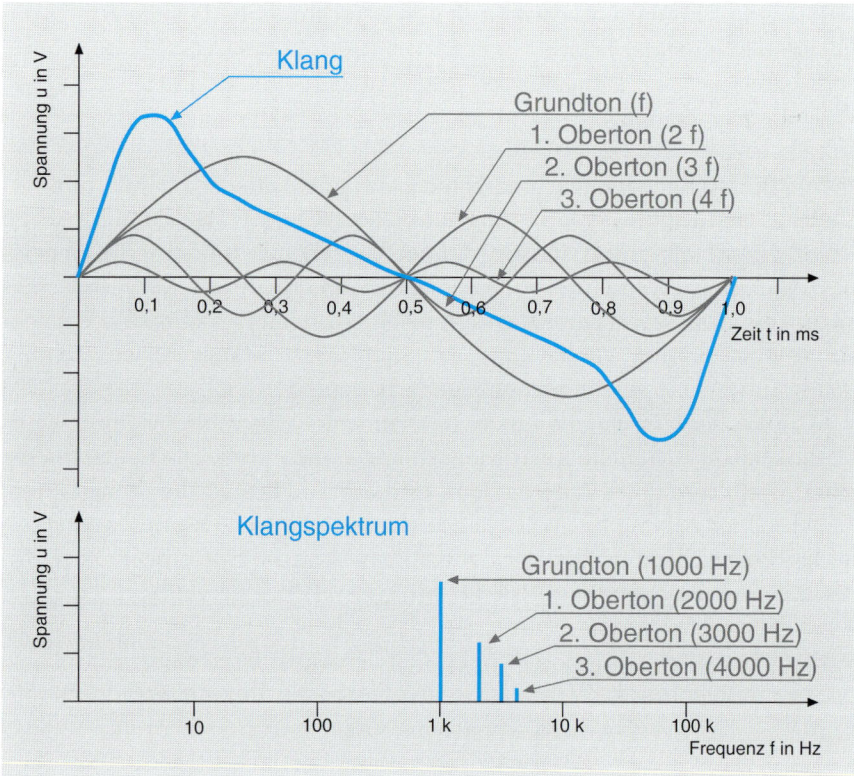

Abb. 4.3/7
Frequenzspektrum des Weißen Rauschens

Alle Frequenzen von 20 Hz bis 20 kHz sind vorhanden und besitzen die gleiche Amplitude.

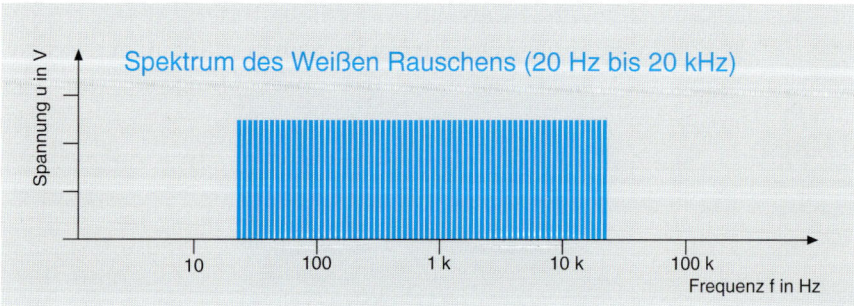

358 Akustik

4.3.3 Ton, Klang und Geräusch

Wie im vorherigen Abschnitt besprochen, handelt es sich bei Tönen um reine Sinusschwingungen, die unnatürlich und ungewohnt klingen. Ein Klang entsteht, indem zu einem Grundton mit einer Frequenz f weitere sinusförmige Schwingungen hinzugefügt werden. Sind die Frequenzen dieser so genannten Obertöne ganzzahlige Vielfache 2 f, 3 f, 4 f, … der Frequenz des Grundtones, spricht man von einem harmonischen Klang (vgl. Abbildung links). Mit zunehmender Frequenz der Obertöne nehmen ihre Amplituden ab. Die Summe des Grundtones mit allen Obertönen wird Klangspektrum genannt. Alle Instrumente und auch unsere menschliche Stimme besitzen ein charakteristisches Klangspektrum, das auch als Klangfarbe bezeichnet wird. Anhand der Klangfarbe ist es unserem Gehirn möglich, Instrumente und Stimmen zu erkennen und zu unterscheiden.

Geräusche entstehen immer dann, wenn sich nicht periodische Schwingungen überlagern. Die Frequenzen der Teilschwingungen stehen dabei in keinem gesetzmäßigen Zusammenhang. Ein Geräusch besteht demnach aus vielen Einzeltönen, deren Frequenzen dicht beieinander liegen. Beispiele hierfür sind plätscherndes Wasser, Schritte, Blätter im Wind oder das Knallen einer Tür. Für die Audiotechnik bedeutsam ist ein als Weißes Rauschen bezeichnetes Geräusch, bei dem alle Frequenzen mit gleicher Amplitude vorkommen. Weißes Rauschen dient zur Untersuchung des Übertragungsverhaltens von Audiokomponenten wie Verstärker oder Mikrofone. Untersucht wird dabei der so genannte Frequenzgang der Audiokomponente. Durch die Analyse der Frequenzen am Ausgang der mit Weißem Rauschen beaufschlagten Audiokomponente kann festgestellt werden, welche Frequenzen gedämpft und welche verstärkt worden sind. Sehr gute – aber auch sehr teure – Komponenten weisen einen nahezu linearen Frequenzgang auf, bei dem alle Frequenzen gleichermaßen verstärkt oder gedämpft werden.

Klang:
Ton und ganzzahlige Obertöne

Klangfarbe

Geräusch: Frequenzgemisch ohne festen Zusammenhang

Weißes Rauschen

Frequenzgang

Medienkonzeption

5.1 Briefing

Arten des Briefing

Briefing = **Erteilung eines Werbeauftrages an einen Medienbetrieb**

Re-Briefing = **Nachbesprechung des Auftrages mit dem Kunden nach der Auftragserteilung**

Eventuelle Korrektur- und Abstimmungsmöglichkeiten für Auftraggeber und -nehmer

De-Briefing = **Feedback durch den Auftraggeber nach Abschluss der Auftragsarbeiten hinsichtlich Qualität und Auftragsdurchführung**

Brand Review Meeting = **Alle am Werbe- und Kommunikationsprozess Beteiligten tauschen in festgelegten Abständen Meinungen und Informationen aus, um diese Prozesse zu verbessern und zu optimieren.**

Abb. 5.1/1
Briefing-Arten

5.1.1 Grundlagen des Briefing

5.1.1.1 Briefing-Arten

Briefing – ein Begriff in der Werbe- und Medienbranche, der ein weites Feld umfasst und schwierig zu definieren ist. In der eigentlichen Definition versteht man unter Briefing die Auftragserteilung für werbliche Arbeiten. Dabei kann es um die Entwicklung ganzer Kampagnen gehen, aber auch um die Ausarbeitung einzelner Aufträge.

Die Erteilung eines Auftrages kann an die Werbeabteilung eines Unternehmens, an eine Werbeagentur oder an eine Druckerei erfolgen. Oftmals sind Briefings mehrstufig angelegt. Das bedeutet, dass z.B. eine Werbeagentur einen Auftrag erhält. Daraus entwickeln sich bei einer größeren Marketingstrategie mit einem Medienmix mehrere Einzelbriefings an andere Agenturen und Druckereien.

Bei mehrstufigen Briefings besteht die große Gefahr der Veränderung und Abweichung von der ursprünglichen Vorgabe durch das Grundbriefing. Dies kann durch schriftliche oder mündliche Varianten und Interpretationen von Vorgaben entstehen. Letztere führen zu Veränderungen in der Auftragsdurchführung und damit zu mehr oder weniger großen Irritationen zwischen Auftraggeber und den einzelnen an der Ausführung Beteiligten. Daher gilt, dass immer derjenige, welcher ein Auftragsergebnis zu verantworten hat, immer direkt mit dem in Kontakt treten sollte, der den Auftrag durchführt. Alle Zwischenstufen mindern die Leistung, erhöhen die Fehlerquellen und damit die Kosten.

Grundbriefing

Mit Hilfe des Briefing informiert der Auftraggeber über die folgenden Punkte eines Auftrages:
- Punkt 1:
  Zweck und Bestimmung des Auftrages
- Punkt 2:
  Wichtige Bestimmungsgrößen im Umfeld des Auftrages

Je exakter der Auftraggeber diese Informationen ermittelt, umso sicherer kann er sein, dass der Auftrag seinen Wünschen entsprechend durchgeführt wird. Dabei muss ein Briefing für die Jahreskampagne eines großen Unternehmens ausführlicher ausfallen als der Auftrag für eine Einzelmaßnahme eines kleinen Handelsunternehmens. Entscheidend ist, dass alle wichtigen Daten und Fakten genannt werden. Zu wenig Information führt zu einer Leistungsminderung und damit zu einem schlechteren Ergebnis, zu viel Information erschwert die Selektion des Wichtigen vom Unwichtigen und verlängert die Vorbereitung eines Auftrages.

Neben der Art des Auftrages ist auch die Beziehung zwischen den Vertragspartnern von Bedeutung. Arbeiten die Partner schon längere Zeit erfolgreich miteinander, so kann die Informationsfülle geringer gehalten werden als bei zwei erstmals zusammenwirkenden Partnern. Da die Zusammenarbeit zwischen Kunde und Werbeagentur in der Regel langfristig angelegt ist, sammelt sich im Laufe der Zeit enormes Wissen. Dies führt tendenziell zu einem eher knappen und kurzen Briefing, da die Grundinformationen zumindest bei Routineaufträgen bekannt sind.

Arbeiten Vertragspartner das erste Mal an einem gemeinsamen Projekt, muss das Briefing ausführlicher ausfallen. Hier liegt es am Auftraggeber, alle auftragsrelevanten Fakten zu sammeln und darzubieten. Derjenige, der einen Auftrag erteilt, muss diesen so präzise darstellen, dass er ein Ergebnis bekommt, das seinen Wünschen und Vorstellungen entspricht. Andererseits hat derjenige, der einen Auftrag annimmt, die Pflicht, Sachverhalte zu erfragen und notwendige Informationen beim Auftraggeber abzurufen.

Um einwandfreie Arbeit zu leisten, müssen im Briefing die folgenden Punkte angesprochen und dargestellt werden:

- Angebotsumfeld
- Marketingstrategie
- Abgrenzung des Marktes
- Käuferverhalten
- Werbeziele
- Werbeobjekte
- Werbeetat
- Beurteilung der Werbung

Der Trend geht zu kurzen Briefings, wenn Kunde und Agentur lange zusammenarbeiten

Elemente des Briefing

Auf diese Punkte wird im Einzelnen noch genauer eingegangen. Nach einem Briefing, das ja einen Auftrag aus der Sicht des Auftraggebers präsentiert, sollte ein Re-Briefing vereinbart werden. Hier legt der Auftragnehmer nach Auftragsannahme sein Verständnis des Auftrages dar, um ein völliges Übereinstimmen zwischen den Vertragspartner zu erreichen. Unklarheiten, Missverständnisse und konzeptionelle Mängel können bei diesem Re-Briefing ausgeräumt und korrigiert werden. Ein Re-Briefing erhöht die Sicherheit bei der Auftragsabwicklung und schafft ein Klima für schnelles und effektives Arbeiten.

Re-Briefing

Am Ende aller Tätigkeiten für einen Auftrag sollte das De-Briefing stehen. Hierbei werden vom Auftraggeber Rückmeldungen über die Qualität der geleisteten Arbeit gegeben. Daraus können von beiden Seiten wertvolle Erkenntnisse über die weitere effektive Zusammenarbeit gezogen werden. Bei Unternehmen, welche über einen längeren Zeitraum hinweg zusammenarbeiten, hat sich im einen oder anderen Fall das so genannte „Brand Review Meeting" bewährt. Dabei treffen sich die Auftraggeber und die Mitarbeiter der Werbeagentur in regelmäßigen Zeitabständen. Bei diesen Meetings werden dann mir allen Beteiligten sämtliche durchgeführten Werbemaßnahmen, die sich daraus ergebenden Erfahrungen, Erfolge und Misserfolge besprochen. Solche regelmäßigen Meetings verbessern die Kommunikation zwischen Auftraggeber und Werber, führen zu besseren Ergebnissen und letztendlich zu einem partnerschaftlichen Verhältnis zwischen den Vertragsparteien.

De-Briefing

Brand Review Meeting

5.1.1.2 Das Angebotsumfeld

Für die erfolgreiche Umsetzung eines Werbeauftrages ist es erforderlich, dass sich die Hersteller der Werbemedien mit dem Umfeld des beworbenen Produktes beschäftigen und auskennen. Dazu bedarf es der Kenntnisse folgender Fakten:

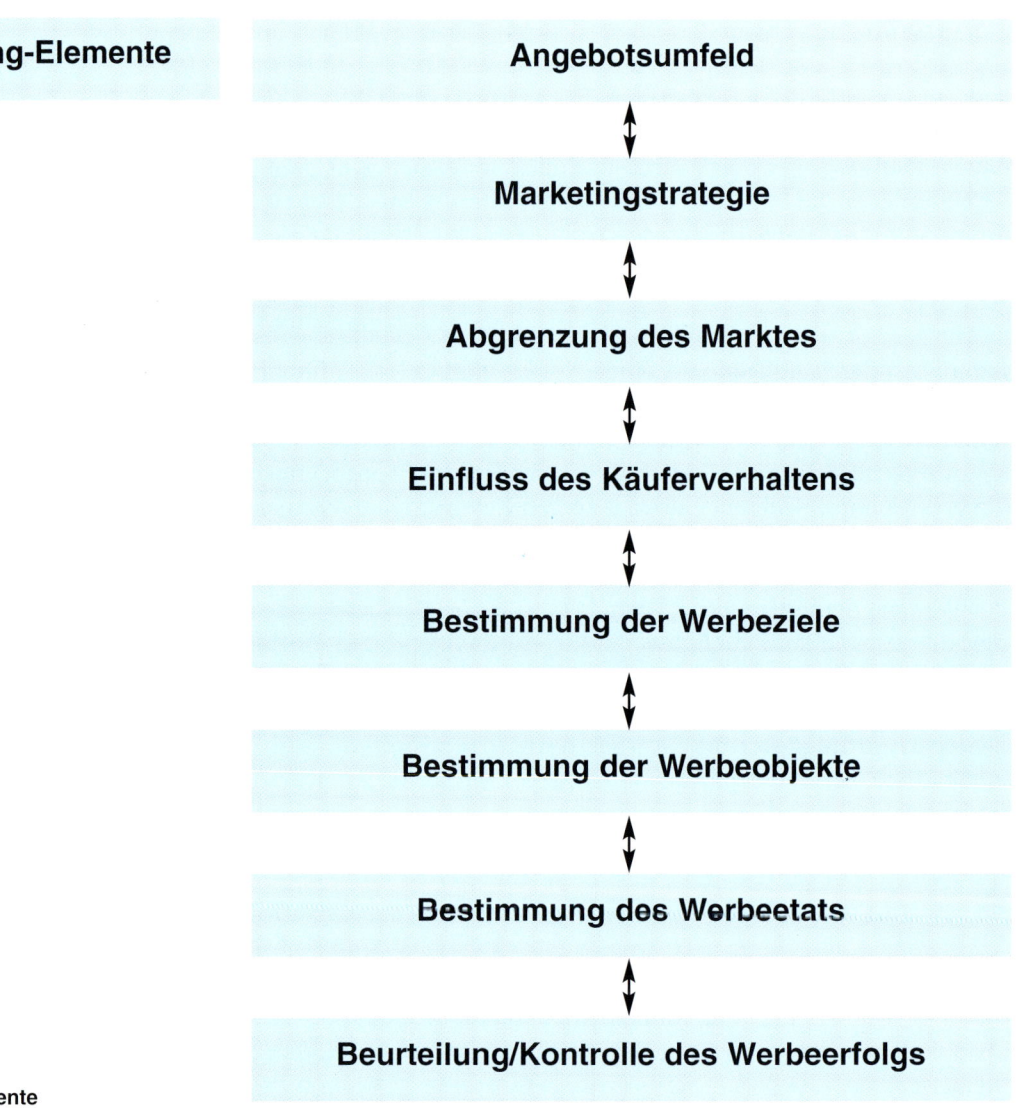

Briefing-Elemente

Angebotsumfeld

Marketingstrategie

Abgrenzung des Marktes

Einfluss des Käuferverhaltens

Bestimmung der Werbeziele

Bestimmung der Werbeobjekte

Bestimmung des Werbeetats

Beurteilung/Kontrolle des Werbeerfolgs

Abb. 5.1/2
Briefing-Elemente

- Markt
- Wettbewerber
- Abnehmer (Zielgruppe)
- Kommunikation
- Beworbenes Angebot
- Randbedingungen

Zu jedem dieser Faktoren werden geeignete Analysen durchgeführt, um die Auftragsabwicklung exakt an das Werbeprodukt anzupassen. Als erstes ist eine Marktanalyse zu erstellen, in welcher die Chancen und die Risiken des Produktes erfasst werden. Ergänzend dazu ist eine Bedarfsanalyse anzufertigen, in welcher vor allem die Absatzsituation des beworbenen Produktes dargestellt wird.

Marktanalyse Bedarfsanalyse

Für die Erstellung einer Werbekampagne sind Kenntnisse über die aktuellen Wettbewerber unerlässlich. Die Mitbewerber, deren Produkte und deren Werbeaktivitäten sind zu analysieren. Qualität, Image, Preis, Lieferfähigkeit, Marken- und Werbestrategie sind Punkte, die es zu untersuchen und zu bewerten gilt. Vor allem bei Markenartikeln gilt es, nicht nur den Blick auf die Marken-Mitbewerber und deren Werbestrategie zu lenken, sondern auch auf die Substitutionsgutanbieter und deren Aktivitäten zu achten. Substitutionsgutanbieter können zum Beispiel so genannte No-Name- bzw. Billiganbieter und deren Vermarktungsstrategie sein. So ist es zum Beispiel für ein Bekleidungshaus außerordentlich schwierig, hochwertigste Bekleidung anzubieten, wenn sich im Angebotsumfeld und Einzugsbereich eines solchen Hauses ein Outlet-Center befindet, welches die Markenware zu erheblich niedrigeren Preisen anbietet.

Kenntnisse über die Wettbewerber

5.1.1.3 Die Zielgruppe (Abnehmer)

Wichtige Informationen in Bezug auf die Zielgruppe sind Kenntnisse über deren Einstellungen zum beworbenen Produkt, Informations- und Entscheidungsverhalten beim Kauf, altersgerechte Zielgruppenansprache, Qualitätserwartungen und notwendiger Qualitätsanspruch an ein Produkt.

In die Überlegungen zur Werbestrategie für ein Auto muss zum Beispiel immer berücksichtigt werden, dass der durchschnittliche Käufer seine Kaufentscheidung etwa 21 Monate bedenkt, bevor er „sein" Auto kauft. Die Ent-

Abb. 5.1/3
Marktanalyse

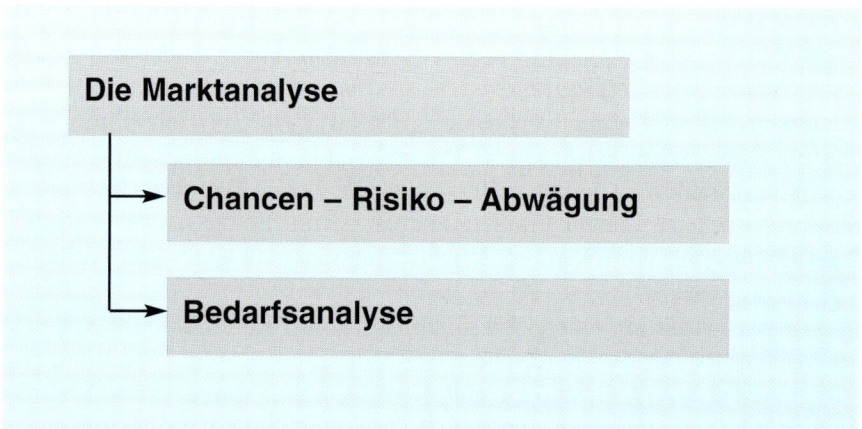

Abb. 5.1/4
Wettbewerbsanalyse

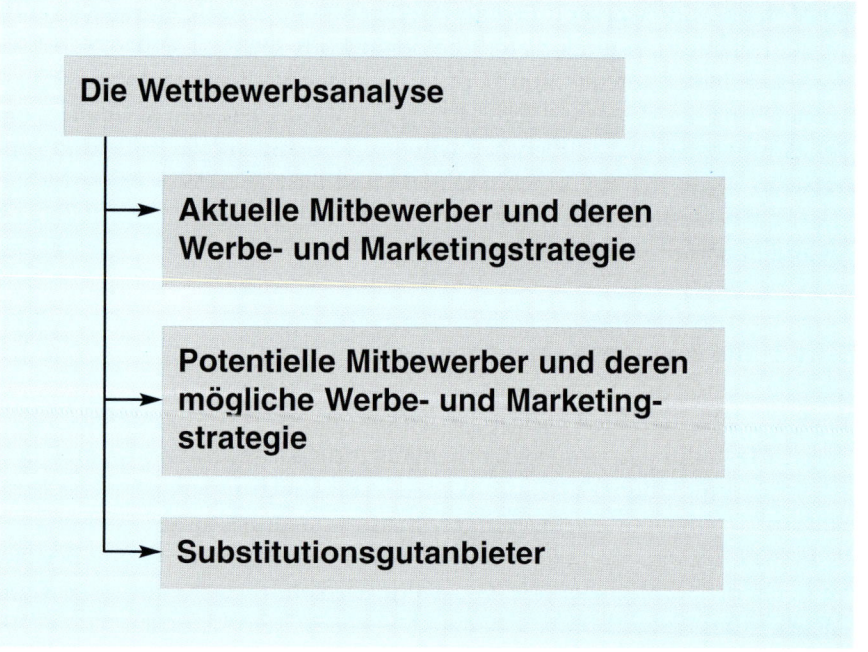

scheidung für eine Marke hat er aber in aller Regel schon wesentlich früher getroffen. Eine derartige Entscheidung hängt wiederum von den verschiedensten Faktoren ab. Die wichtigsten sind Markenakzeptanz und Markentreue, die Lifestyle-Orientierung (Käufer- bzw. Verwendungsstruktur), die Kaufsituation, das Kaufintervall, die Wahl des Einkaufsortes und vieles mehr. Entscheidend bei diesen Kenntnissen über die Zielgruppe ist, dass alle diese Informationen zu nutzen sind, um einen Teil der Abnehmer zu einem bestimmten Kaufverhalten zu animieren.

5.1.1.4 Leistung der Werbeagentur

Aufgrund der im Briefing genannten und festgehaltenen Informationen kann die Agentur einen Auftrag zur Erstellung von Medien abwickeln. Das Ziel ist, werbewirksame Medienprodukte termingerecht zu erstellen und auszuliefern. Diese Medienprodukte können Prospekte, Handzettel, Plakate, Rundbriefe, Kataloge, Videoclips, Internet-Auftritte und deren Aktualisierungen, CD-ROMs und anderes mehr sein. Um dieses zu erreichen, muss die Agentur ein gutes Kommunikationsklima zwischen Auftraggeber und Agentur herstellen, ebenso ist eine partnerschaftliche Verbindung zwischen Agentur und Medientechniker notwendig.

Auf einen kurzen Nenner gebracht, besteht die Leistung der Werbeagentur darin, Planung, Gestaltung und Durchführung einer Werbeleistung zu organisieren. Grundlage dieser Organisation ist das vom Kunden erbrachte Auftragsbriefing. Aus diesem Briefing leiten sich die einzelnen Planungsschritte für die Ausführung eines Werbeauftrages ab:

Leistungen einer Werbeagentur

- Grundlagenphase →
- Entwicklungsphase →
- Ausführungsphase →
- Strategiephase →
- Gestaltungsphase →
- Kontrollphase

Die Grundlagenphase ist in der Agentur dem Außendienst vorbehalten. Der so genannte „Kontakter" erarbeitet mit dem Kunden eine Beschreibung des Werbeauftrages. Er ist bei der Briefing-Erstellung behilflich, sofern dieses

Kontakter = Kundenberater und Außendienstmitarbeiter einer Werbeagentur

nicht beim Auftraggeber selbst durch Marketingspezialisten durchgeführt wird. Der Kontakter hat bei der Durchführung eines Auftrages eine wichtige Funktion: Er ist Vertreter des Kunden in der Agentur. Er muss die Vorstellungen des Kunden innerhalb der Agentur verdeutlichen. Dazu gehört ein ständiger Kontakt zum Kunden, zur Druckerei, zur Multimedia-Agentur und sonstigen an der Produktion Beteiligten.

In der Strategiephase werden die Marketingziele definiert und festgelegt, die Gestaltungsstrategie wird erarbeitet, gescribbelt und definiert, Zielgruppenansprache, Verkaufsförderung und Öffentlichkeitsarbeit werden besprochen. Zentrales Thema der Werbekonzeption ist die Gestaltungsstrategie. Hier wird die gedankliche Arbeit zur Visualisierung und Verbalisierung der Werbebotschaft erarbeitet. Die Werbebotschaft für die Vermarktung eines Produktes wird entworfen. Gleichzeitig wird die Übertragbarkeit der Werbebotschaft auf die unterschiedlichen Medien und Kommunikationsträger geprüft.

Spezialisten in einer Werbeagentur: Mediaplaner, Grafiker, Screen-Designer, Mediengestalter, Typografen, Psychologen, Drehbuchautoren, Texter usw.

An diesen Tätigkeiten sind verschiedene Spezialisten beteiligt: Kontakter, Mediaplaner, Grafiker, Screen-Designer und Mediengestalter entwerfen konzeptionelle und visuelle Darstellungen. Diese Entwürfe werden mit dem Auftraggeber abgesprochen und von diesem genehmigt. Damit kann von einer gesicherten und vom Kunden genehmigten Arbeitsbasis zur nächsten Herstellungsphase übergegangen werden.

Mit der Entwicklungsphase beginnt die eigentliche kreative Arbeit. Kreativ-Teams werden in Agenturen gebildet, die sich je nach Aufgabenstellung unterschiedlich zusammensetzen. Texter, Visualisierer, Grafiker, Illustratoren, Designer, Typografen, Psychologen, Mediaplaner, Sounddesigner und Drehbuchautoren arbeiten Hand in Hand an der Umsetzung einer Gestaltungsaufgabe. Das Erscheinungsbild wird in gemeinsamen Teamsitzungen erarbeitet. Die Ergebnisse von Marktanalysen, Meinungserhebungen, Interviews fließen in die gestalterische Tätigkeit ein. Man muss sich in dieser Phase in das Produkt, in die mögliche Zielgruppe und in den Endverbraucher hineinversetzen, um das zu bewerbende Produkt gut darstellen und verkaufen zu können. In dieser Entwicklungsphase eines Auftrages kommt vor allem in größeren Agenturen der Produktioner in das Team. Er muss die technische Realisierbarkeit beurteilen und überprüfen. Notwendige, vor allem kostensparende Änderungen können von dieser Person eingebracht und bei der späteren Ausführung berücksichtigt werden. Die frühe Einbeziehung des Produktioners ist hilfreich, da er in der Regel Kreatives verstehen und die technische Umsetzbarkeit sehr schnell beurteilen kann.

Die sich anschließende Gestaltungsphase setzt die entstandenen Rohentwürfe um. Hier müssen auf der Grundlage der entwickelten Texte, Bilder und Grafiken ansprechende Layouts gefunden werden. Exakte Layouts werden mit Hilfe digitaler Technologie erstellt. Ziel der Gestaltungsphase ist die präsentationsreife Form. Hier werden so viele weitgehend fertig gestaltete Werbemittel erstellt, dass für den Kunden eine Präsentation möglich ist. Nach erfolgter Präsentation kann sich der Kunde aufgrund der produzierten Werbemittel das Gesamtkonzept vorstellen. Der durch das Briefing definierte Auftrag wird hier in seiner praktischen Umsetzung deutlich.

Die nun folgende Ausführungsphase dient der kompletten Erstellung der Werbemittel. Dies kann in verschiedenen Medienbetrieben erfolgen: Druckerei, Reproanstalt, Multimedia-Agentur und Tonstudio sind mögliche Produktionsorte. Produktioner und Kontroller überwachen die Herstellung aller geplanten Medien und sorgen vor allem für einen termingerechten Ablauf der Produktion in den unterschiedlichen Unternehmen. Ziel ist die termingerechte Platzierung aller erstellten Medien an den vorgeplanten Media-Standorten.

Jede Werbemaßnahme folgt dem Grundsatz, dass möglichst nichts dem Zufall überlassen bleibt. Daher muss die Effektivität einer Werbekampagne in einer abschließenden Kontrollphase kontrolliert werden. Dies liegt im Interesse der Agentur und des Kunden. Die Agentur hat mit der Kontrolle einer Werbemaßnahme den Nachweis des Erfolges für ihre Arbeit. Jede Wirkung einer Werbekampagne lässt sich durch eine Erfolgskontrolle nachweisen: Verkaufserfolge, Steigerung des Bekanntheitsgrades einer Marke, Erfolg einer geplanten Aktion durch Publikumszulauf sind nur einige Beispiele.

Produktioner = technischer Fachmann in einer Werbeagentur. Verantwortlich für die technische Herstellung der Medienprodukte.

Präsentationsentwürfe für die Darstellung der Gestaltung und Planung einer Werbekonzeption.

Kontroller = Überwacht und kontrolliert die Einhaltung der Termine und der Kosten einer Medienproduktion in Zusammenarbeit mit dem Produktioner

Erfolgskontrolle nach dem Ende einer Werbekampagne ist unabdingbar.

Beurteilung der Werbung:

Henry Ford wird der Satz zugeschrieben, wonach er zwar wisse, dass die Hälfte seines Werbebudgets verschwendet sei, nur wisse er eben nicht welche Hälfte!

Heute ist es nicht anders: Alle Versuche, Ergebnisse einer Werbekampagne exakt zu beurteilen, sind bis heute unergiebig geblieben. Es bleibt immer ein Rest an Unklarheit über die Effektivität einer Kampagne bestehen. Dies wird sich wohl kaum ändern lassen.

5.1.2 Präsentation von Entwürfen

5.1.2.1 Präsentationsarten

Unter einer Präsentation versteht man die Vorstellung einer Sache. Der eigentliche Wortsinn reicht vom Zeigen einer Sammlung über die militärische Ehrenbezeugung bis zum Vorlegen eines Wechsels im Geschäftsleben. Im Bereich der Werbung versteht man darunter das Ausarbeiten einer werblichen Problemlösung und deren Vorstellung vor dem Kunden.

In der Regel wird bei einer Präsentation eine komplexe Lösung für ein Produkt mit allen denkbaren werblichen Varianten vorgestellt. Als Beispiel sei die Entwicklung einer Werbekampagne für ein Unternehmen genannt, die aus einem Medienmix im Print- und Nonprintbereich besteht. Hierbei werden alle geplanten Printmedien im Entwurf gezeigt, ebenso wie geplante Fernsehspots oder Internet-Aktivitäten. Neben dem Präsentieren der Werbemedien werden hier auch Kosten- und Mediapläne vorgestellt. Eine Präsentation enthält also nicht nur werbliche und konzeptionelle Elemente, sondern es werden auch rechtliche und finanzielle Aspekte angesprochen.

Unter den verschiedenen Präsentationsformen haben sich einige typische Varianten herauskristallisiert. Man unterscheidet

- Agentur-Präsentation
- Etat-Präsentation
- Konkurrenz-Präsentation
- Akquisitions-Präsentation

Die Agentur-Präsentation dient hauptsächlich der Selbstdarstellung. Sie kann auf Messen erfolgen, aber auch als Direktwerbung eingesetzt werden. Ziel ist immer die Gewinnung neuer Kunden. Die Agentur-Präsentation ist inhaltlich immer sehr allgemein: Sie konzentriert sich auf Leistungsangebot, Organisation und Arbeitsstil. Wachstumskurven der letzten Jahre können von der Dynamik ebenso berichten wie einige gut gelungene Beispiele aus der Agenturarbeit.

Zwischen großen Agenturen ist die Konkurrenz-Präsentation die klassische Form der Produktvorstellung. Drei bis vier Agenturen bewerben sich in aller Regel unter Konkurrenz- und Zeitdruck um die Übernahme und Betreuung eines neuen Werbeetats. Wer bei einer derartigen Präsentation mit klaren, übersichtlichen Layouts und einleuchtenden Konzepten und Etatverwendungen auftrumpfen kann, hat die Chance, aus einer derartigen Prä-

Präsentationsformen:
- Agentur-Präsentation
- Konkurrenz-Präsentation
- Etat-Präsentation
- Akquisitions-Präsentation

Agentur-Präsentation

Konkurrenz-Präsentation

Präsentationsarten

- **Agentur-Präsentation**

- **Konkurrenz-Präsentation**

- **Etat-Präsentation**

- **Akquisitions-Präsentation**

Abb. 5.1/6
Präsentationsarten

Für jede Präsentation ist zu klären

- **Präsentationsumfang**

- **Teilnehmerkreis**

- **Termin und Ort**

- **Präsentationsablauf**

- **Präsentationstechnik**

Abb. 5.1/7
Präsentation

sentation als Wettbewerbssieger hervorzugehen. Der Erfolg einer Konkurrenz-Präsentation hängt von der Vorbereitung ab: Marktanalysen, Verbraucherbefragungen, Leistungserwartungen, Kostenvorstellungen und Kostenverwendung, Ideen, Slogans, Bilder, Grafiken usw. müssen vorbereitet und in ansprechender und attraktiver Form vorgestellt werden. Einer Agentur entstehen hierbei erhebliche Kosten. Für Präsentationen kann die Agentur keine Kostendeckung erwarten. Als Richtsatz gilt: Zwei Drittel der Kosten trägt die Agentur, ein Drittel der Auftraggeber. Die Kostenbeteiligung sollte vor der Präsentation durch Angebot und Auftragsbestätigung formell vereinbart werden.

Eine Etat-Präsentation wird vereinbart, wenn in einer bestehenden Geschäftsverbindung die Werbestrategie für das folgende Etatjahr festzulegen ist. Zu den Themen gehören: Entwicklungen des Marktes, Veränderungen der Geschäftspolitik des Kunden, Umsatzentwicklung sowie eine Bilanz und Darstellung des vergangenen Werbejahres. Eine Etat-Präsentation ist genauso sorgfältig vorzubereiten wie eine Konkurrenz-Präsentation. Da Erreichtes schnell vergessen wird, ist es gut, wenn neue Ideen, neue Werbeaussagen und Slogans gefunden werden. Stichhaltige Begründungen können gegeben sowie Entwürfe und Layouts dargestellt und erläutert werden. Eine erfolgreiche Etat-Präsentation stellt die Beziehungen zwischen Auftraggeber und Agentur auf eine neue Basis für das folgende Geschäftsjahr.

Die Akquisitions-Präsentation versucht, einem potentiellen Kunden eine Problemlösung zu offerieren. Akquisitions-Präsentationen sind eine Möglichkeit für neu gegründete Agenturen und Designer-Teams, ins Geschäft zu kommen. Von etablierten Agenturen wird weniger Akquisition betrieben. Akquisition stellt ein gewisses Risiko dar: Kommt keine Geschäftsverbindung zustande, kann nicht mit Honorar gerechnet werden. Außerdem besteht die Gefahr, dass vorgetragene Ideen teilweise oder abgewandelt übernommen werden. Solche Plagiate lassen sich nicht ausschließen und sind rechtlich schwer anfechtbar.

Etat-Präsentation

Akquisitions-Präsentation

Akquisition = allgemein Anschaffung; speziell Kundenwerbung, Begriff wird auch häufig im Anzeigengeschäft von Zeitungen und Zeitschriften verwendet

Ablaufschema eines Werbeauftrages vom Briefing bis zur Erfolgskontrolle

Briefing → Re-Briefing

Entwicklung des Werbeauftrages → Entwicklung der Gestaltung

Präsentation → Planung + Ausführung d. Auftrages

De-Briefing → kurz + langfristige Erfolgskontrolle

Abb. 5.1/8
Vom Briefing zur Erfolgs-kontrolle

5.1.2.2 Präsentationsaufgabe und -umfang

Umfang und Aufgabe einer Präsentation müssen mit dem Auftraggeber abgestimmt werden. Der Umfang ist in der Regel durch das zur Verfügung stehende Honorar begrenzt. Deshalb ist die Festlegung wichtig, welche Werbemedien als Reinentwürfe ausgeführt werden sollen. Eine Möglichkeit, eine Präsentation kostengünstig zu erweitern, ist das Vorweisen von Scribbles und Layouts, die in der Entwicklungsphase des Auftrages entstanden sind. Damit wird die Entstehungsgeschichte und der damit verbundene kreative Prozess dokumentiert. Diese so genannte 1 : 1-Präsentation kann durch die Projektion von Diagrammen und Bildmaterial ergänzt werden.

Aufgabe einer Präsentation

Der Präsentationsumfang kann von ausgesuchten Teilaspekten bis zur Darstellung einer kompletten Kampagne reichen. Verständigt man sich auf die Darstellung eines kleinen Aspektes, kann die Werbe-Idee exemplarisch mit Hilfe eines Beispiels dargestellt werden. Ein mittlerer Aufwand ist erforderlich, wenn ein Auftraggeber einige repräsentative Sujets wie Anzeigen, Plakate und Internet-Auftritt sehen möchte. Muss eine komplette Kampagne vorgestellt werden, ist der Aufwand und Kapitaleinsatz hoch: Anzeigenserie, Plakate, Prospekte, CD-ROM, Messestand, Geschäftspapiere und anderes müssen erstellt werden.

Umfang einer Präsentation

Bei der Ausarbeitung der Präsentationsunterlagen ist Teamarbeit gefordert. Meist sind alle Mitarbeiter eines Kreativ-Teams an der Herstellung beteiligt: Art-Direktor, Konzeptionist, Texter, Mediengestalter, Grafiker, Fotograf, Etat-Direktor und häufig der Produktioner.

Ausarbeiten einer Präsentation

Bereits in der Entwicklungsphase eines Auftrages muss sich eine Agentur darüber klar werden, welcher Personenkreis an der Präsentation teilnehmen wird. Es ist ein Unterschied, ob vor dem Vorstand eines Großunternehmens präsentiert wird oder vor Marketingspezialisten, vor Ingenieuren oder Technikern. Alle weisen einen unterschiedlichen Zugang zur Werbung auf, sprechen unterschiedliche Sprachen und haben eigene Interessen.

5.1.2.3 Präsentationsablauf

Wie bei einer Theaterinszenierung müssen auch bei einer Präsentation dramaturgische Regeln beachtet werden. Die Rollen im Präsentationsteam müssen verteilt, abgestimmt und eingehalten werden. Es ist sinnvoll, die Präsentation mit allen Beteiligten zu trainieren und eine Art Generalprobe anzusetzen, damit bei der Präsentation vor dem Kunden die geplante Abfolge richtig in Szene gesetzt wird. Dabei ist der Eindruck wichtig, dass ein Team präsentiert, welches die gestellte Aufgabe geschlossen und zielorientiert im Sinne des Briefings und damit des Kunden erfüllen kann.

Eine Präsentation kann nach dem folgenden Schema ablaufen:
- Begrüßung und Dankesworte
- Vorstellung des Agentur-Teams und deren Funktion im Team
- Behandlung der Probleme und Chancen des Kunden und seines Unternehmens
- Erläuterung der Marketing- und Werbeziele
- Kennzeichen der Werbestrategie und verschiedener Aktionen
- Vorstellung der Gestaltungskonzeption
- Vorstellung einiger Werbemedien
- Diskussion im Teilnehmerkreis
- Schlusswort und Danksagung

→ 7.2

5.1.2.4 Präsentationstechnik

Zur Veranschaulichung des Inhalts einer Präsentation werden die verschiedensten Hilfsmittel herangezogen. Wichtige Hilfsmittel sind: Entwürfe, Skripte, Diaprojektion, Overhead(OH)-Projektion, Flipchart, Beamer. Hier ist für den jeweiligen Kunden die richtige Wahl des Hilfsmittels bzw. der Hilfsmittelkombination zu treffen.

Das Präsentieren von Entwürfen im Endformat darf bei keiner Präsentation fehlen: Scribbles, Layouts, Fotoabzüge bzw. -ausdrucke, Muster und

Prototypen z.B. von Verpackungen dürfen nicht fehlen. Besonders dreidimensionale Objekte wie Verpackungen, Displays oder Prospekte vermitteln eine gute Anschauung. Die 1 : 1-Präsentation von Werbemedien hat den Vorteil, dass der Kunde die Medien für sein Produkt betrachten, anfassen, herumreichen und befühlen kann. Damit entsteht von vornherein eine gewisse emotionale Spannung und Verknüpfung zum Medium.

Eine gute und erfolgreiche Präsentationstechnik ist die Projektion mit Hilfe von Diaprojektor oder Computer-Beamer. Im abgedunkelten Raum können die Teilnehmer durch keine anderen optischen Einflüsse abgelenkt werden. Sie werden sich auf das Gezeigte konzentrieren. In der Dunkelheit präsentierte Bilder mit hoher Leuchtkraft hinterlassen, vor allem wenn die Projektion sehr groß ist, einen ausgesprochen guten Eindruck beim Betrachter. Auch die Präsentation von Zahlen, Diagrammen und Tabellen kann mit Hilfe eines Beamers erfolgen. Viele Präsentationsprogramme lassen dabei eine wirkungsvolle Überblendtechnik zu, die durchaus zur Kompetenz- und Imagesteigerung einer Agentur beitragen kann.

Anstelle der Präsentation mit dem Beamer kann auch die OH-Projektion eingesetzt werden. Vor allem um wirtschaftliche Zusammenhänge darzustellen, hat sich diese Präsentationstechnik bewährt. Hierzu ist kein vollständig verdunkelter Raum notwendig und es ist zwischen den Teilnehmern eine Kommunikationsmöglichkeit gegeben. Die Herstellung der OH-Folien ist in der Agentur schnell, problemlos und kostengünstig mit dem PC zu bewältigen.

Bei der Darstellung grafischer oder typografischer Lösungen sind neben den 1 : 1-Entwürfen auch Scribbles, Bilder und Skizzen im Flipchart-Format möglich. Dabei sollte der betrachtende Personenkreis nicht zu groß sein, da die Lesbarkeit eingeschränkt ist. Bei einer größeren Teilnehmerzahl ist der elektronischen Präsentation der Vorzug zu geben.

Verfügt eine Agentur über einen oder mehrere begabte Zeichner, so können Präsentationen durch entsprechend gezeichnete Icons angereichert und aufgelockert werden.

Eine technisch und grafisch gut vorbereitete und dargebotene Präsentation ist die Visitenkarte eines Teams und führt in aller Regel zum Erfolg.

OH-Projektion ermöglicht leichten Kontakt zwischen Redner und Zuhörer.

Gewonnen – wir haben einen Kunden überzeugt!

Abb. 5.1/9
Präsentation eines Auftrages beim Kunden

Die vorliegenden Aufnahmen entstanden bei der Präsentation eines Werbekonzeptes für einen regionalen Radiosender. Präsentiert wurden Logo, Geschäftsausstattung, Anzeigenserie, Mikrofonbanner, Fahnen, Plakate, Comicfiguren u.a.

Die Präsentation wurde auf schwarzem Samtstoff dargeboten. Alle Printentwürfe wurden in Passepartouts mit Klarsichtdeckfolie vorgelegt und stehend präsentiert. Alle Objekte wurden als funktionsfähige Modelle vorgestellt und konnten getestet werden. Das Präsentationsteam war einheitlich in Schwarz gekleidet und die Rollenverteilung der Präsentation war klar definiert.

Zentrales Präsentationsmittel war das Mikrofon mit dem weithin sichtbaren Logo des Senders, das alle Botschaften und Informationen der Präsentation übermittelte.

Von oben nach unten: Logo, Mikrofonbanner, Plakat, Anzeigenserie, Visitenkarten, Mikrophonbanner.

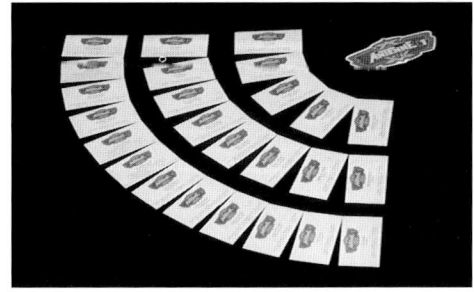

Lernziel: Briefing-Arten beschreiben und deren Aufgaben kennen.
Aufgabe: Beschreiben Sie die verschiedenen Briefing-Arten und deren Aufgaben bei der Auftragsgewinnung und -abwicklung. (I, P)

Lernziel: Die Bedeutung der Werbekonzeption erkennen.
Aufgabe: Warum ist es bei der Konzeption eines Werbeauftrages wichtig, über das Angebotsumfeld und die Werbekonzeption der Mitbewerber eines Produktes Bescheid zu wissen? (I, P)

Lernziel: Struktur der Werbe- und Medienindustrie beurteilen.
Aufgabe: Nennen Sie verschiedene Kategorien von Werbeagenturen und Werbeunternehmen. (I, P)

Lernziel: Leistungen einer Werbeagentur definieren.
Aufgabe: Welche Leistungen erbringt eine Werbeagentur für ihre Kunden? Versuchen Sie genau zu definieren, welche Leistungen Ihr Ausbildungsbetrieb für die Kunden anbietet. (P)

Lernziel: Tätigkeiten der Mitarbeiter innerhalb eines Medienbetriebes beschreiben.
Aufgabe: Untersuchen Sie die Aufgabenbereiche folgender Mitarbeiter einer Werbeagentur: Kontakter, Produktioner, Visualisierer, Layouter, Mediengestalter, Psychologe, Kontroller. (I, P)

Lernziel: Bedeutung der Präsentation für eine Agentur kennen.
Aufgabe: Erstellen Sie eine Präsentationskonzeption für einen Präsentationsablauf, in dem alle wichtigen Punkte herausgearbeitet und mit allen beteiligten Personen besprochen sind. (P)

5.2 Printmedien

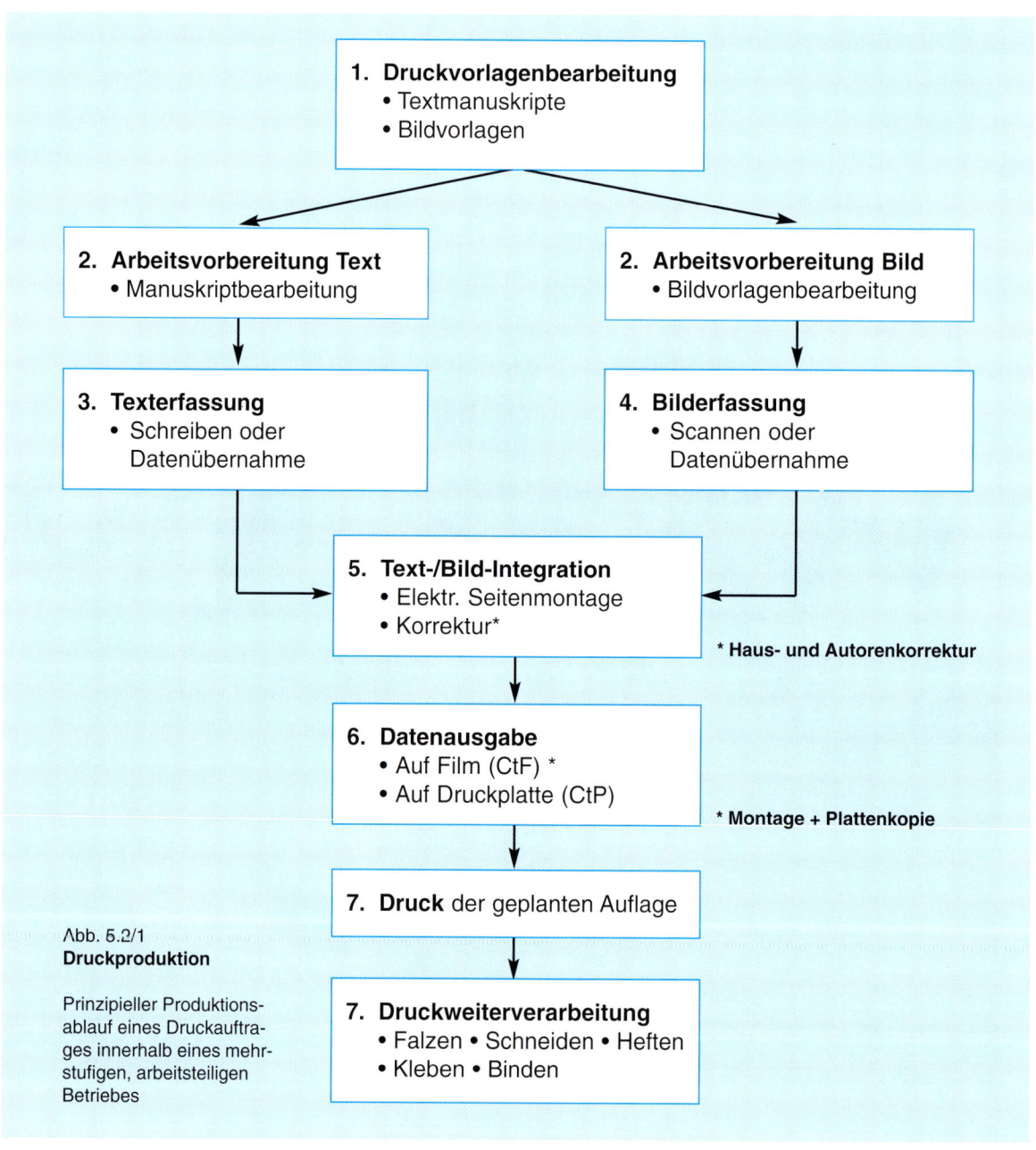

1. Druckvorlagenbearbeitung
- Textmanuskripte
- Bildvorlagen

2. Arbeitsvorbereitung Text
- Manuskriptbearbeitung

2. Arbeitsvorbereitung Bild
- Bildvorlagenbearbeitung

3. Texterfassung
- Schreiben oder
  Datenübernahme

4. Bilderfassung
- Scannen oder
  Datenübernahme

5. Text-/Bild-Integration
- Elektr. Seitenmontage
- Korrektur*

* Haus- und Autorenkorrektur

6. Datenausgabe
- Auf Film (CtF) *
- Auf Druckplatte (CtP)

* Montage + Plattenkopie

7. Druck der geplanten Auflage

7. Druckweiterverarbeitung
- Falzen • Schneiden • Heften
- Kleben • Binden

Abb. 5.2/1
Druckproduktion

Prinzipieller Produktionsablauf eines Druckauftra-
ges innerhalb eines mehr-
stufigen, arbeitsteiligen
Betriebes

5.2.1 Abwicklung eines Druckauftrages

Der größte Teil aller Arbeiten von Grafikern, Gestaltern, Designern und Typografen wird, trotz der stürmischen Entwicklung der elektronischen Medien, nach wie vor gedruckt. Die allgemeine Beschreibung eines Druckauftrages könnte wie folgt formuliert werden: Ausgehend von einer Text- und Bildvorlage soll eine genau definierte Anzahl gleicher Druckprodukte erzeugt werden. Der Auftraggeber verlangt von der Druckerei, dass seine Bild- und Textvorlagen faksimile produziert werden. Dies bedeutet, dass vor allem die Bild- und Grafikvorlagen originalgetreu reproduziert und gedruckt sein müssen.

Faksimile = originalgetreu oder vorlagengetreu

Daher muss es Ziel aller technischen Aktivitäten einer Druckerei sein, diesen Vorstellungen zu entsprechen. Dabei ist zu unterscheiden, dass Textvorlagen immer manuskriptgerecht umgesetzt werden. Der Text wird dabei in eine grafisch stimmige Form gebracht, welche dem Leser eine leichte Aufnahme des Inhaltes erlaubt. Der Text wird erst durch die entsprechende typografische Form, also durch die Anordnung der Schriftzeichen, Typoelemente und Bilder seiner Informationsfunktion gerecht. Die in den Text einer Seite integrierten Bilder müssen entsprechend der Bildvorlage reproduziert und gedruckt werden. Die gedruckten Bilder müssen also dem Vergleich zwischen Vorlage und Druckprodukt standhalten können. Nur wenn dieser Vergleich positiv ausfällt, hat die Druckerei gut gearbeitet.

Übrigens: Die meisten Rechtsstreitigkeiten zwischen Kunden und Druckereien gibt es wegen nicht ausreichender Qualität im Bereich der Bildreproduktion.

Ausgangspunkt jeder Printproduktion ist ein Textmanuskript und die dazugehörenden Bilder und Grafiken. Daraus ergibt sich als erste Produktionsstufe die Arbeitsvorbereitung.

5.2.1.1 Arbeitsvorbereitung Text

Handgeschriebene Manuskripte sind für die Textverarbeitung ungeeignet. Sie sind schlecht zu lesen und es können Lesefehler entstehen, welche später korrigiert werden müssen. Dies geht zu Lasten der Effektivität und ver-

Manuskriptberechnung

Bei der Anlieferung eines Manuskriptes muss als erstes der etwaige Umfang eines Werkes errechnet werden, um eine Vorstellung von der Seitenanzahl und der Druckbogenzahl zu erhalten. Diese Informationen sind für die Kalkulation des Werkes und für die Auftragsplanung wichtig. Für die Berechnung des Werkumfanges bedient man sich zweier Verfahren – der Berechnung nach Silben oder der Berechnung nach Buchstaben.

Berechnung nach Silben

Beispiel: Eine Druckseite enthält 25 Zeilen mit je 14 Silben. Das Manuskript besteht aus 180 Seiten. Auf jeder Manuskriptseite sind durchschnittlich 24 Zeilen mit je 20 Silben. Wie viel Druckseiten erhält das geplante Werk?

Lösung: Das Manuskript hat 20 Silben je Zeile x 24 Zeilen je Seite

$$= 480 \text{ Silben je Seite x 180 Seiten}$$
$$= 86\,400 \text{ Silben}$$

Das Werk hat 86.400 Silben

Berechnung der Zeilenzahl: $86\,400 : 14 \text{ Silben} = 6171,.. \approx 6172 \text{ Zeilen}$

Das sind $6172 : 25 = 246$ Seiten und 22 Zeilen $\approx$ **247 Seiten**

Ergebnis: Das 180-seitige Manuskript ergibt ein Druckwerk mit 247 Seiten.

Formel-lösung:
$$\frac{180 \times 24 \times 20}{25 \times 14} = 246,.. \approx 247 \text{ Seiten}$$

Formel:

$$\frac{B_M}{B_{SD}} = S_D \qquad = \text{Berechnung nach Buchstaben}$$

$$\frac{Z_M}{Z_{SD}} = V_D = S_D \qquad = \text{Berechnung nach Zeilen}$$

B_M = Buchstaben des Manuskriptes
B_{SD} = Buchstaben einer Druckseite
S_D = Gesamte Druckseiten
Z_M = Zeilenzahl des Manuskriptes
Z_{SD} = Zeilenzahl einer Druckseite
V_{DM} = Verhältnis von Druckzeilen zu Manuskriptzeilen

ursacht dem Betrieb vermeidbare Kosten. Daher sollte ein Manuskript maschinengeschrieben sein und entweder als Ausdruck aus einem Textverarbeitungsprogramm vorliegen und/oder als Datei zur Verfügung gestellt werden.

Ein Manuskript wird beim Satz in eine typografische Form gebracht – es wird gestaltet. Der Inhalt des Manuskriptes muss zumindest in der Grundtendenz richtig verstanden werden, um zu einer passenden Form zu finden. Hierbei sollte eine grobe Planungsskizze (Scribble) erstellt werden, aus der die spätere Form bzw. Textanordnung des Manuskriptes deutlich wird. Neben dieser gestalterischen Bearbeitung und Umsetzung ist das Manuskript eventuell noch stilistisch und orthografisch zu bearbeiten. Die Unsicherheit mit den neuen Rechtschreibregeln werden hier noch auf Jahre für Beschäftigung in der Druckindustrie sorgen.

Das Manuskript wird in der Arbeitsvorbereitung mit den notwendigen Angaben für die Produktion versehen. Dies sind:

- Satzbreite
- Schriftart
- Auszeichnungen
- Satzhöhe
- Schriftgrad
- Zeilenabstand
- Satzanordnung (Blocksatz/Flattersatz)
- Einzüge

Je besser und detaillierter diese Anweisungen für die weitere Verarbeitung des Textes sind, umso weniger Korrekturen werden später notwendig.

5.2.1.2 Arbeitsvorbereitung Bild

Die Vorbereitung der Bildvorlagen ist eine rein technische Arbeitsvorbereitung. Die gestalterischen Vorgaben für die Bilder müssen bei der Vorbereitung zum Scannen bereits vorliegen. Nach den gestalterischen Bildvorgaben werden die Bilder für den Scanvorgang vorbereitet und mit den entsprechenden technischen Angaben versehen.

Die Vorlagenvorbereitung hat im Wesentlichen drei Aufgaben für den Produktionsablauf zu erfüllen:

- Kontrolle der Vorlagen auf Vollständigkeit und Qualität.
- Vorlagenverbesserung im Hinblick auf die Verarbeitung. Es könnten

Sprachliche Änderungen dürfen an einem Manuskript nicht vorgenommen werden. Dazu ist ein Medienbetrieb nach dem Urheberrecht nicht befugt. Hat ein Manuskript stilistische Mängel, können Änderungen nur nach Absprache mit dem Autor/Verlag durchgeführt werden.

Abb. 5.2/2
Auszeichnungsmöglichkeiten für Schriften sind in der Abbildung unten dargestellt:

✓Normal	⌘⇧P
Fett	⌘⇧B
Kursiv	⌘⇧I
Unterstrichen	⌘⇧U
Wort unterstrichen	⌘⇧W
D̶u̶r̶c̶h̶g̶e̶s̶t̶r̶.̶	⌘⇧A
Konturiert	⌘⇧O
Schattiert	⌘⇧S
VERSALIEN	⌘⇧U
Kapitälchen	⌘⇧H
Hochgestellt	⌘⇧+
Tiefgestellt	⌘⇧-
Index	⌘⇧C

Abb. 5.2/3
Auftragsbearbeitung

Eine wichtige Aufgabe bei der Planung eines Medienauftrages ist organisatorischer Art. Kundendaten müssen angelegt oder aktualisiert werden, Mitarbeitertätigkeiten geplant, Maschinenbelegungen terminiert und Fremdaufträge mit Partnerfirmen besprochen werden. Dazu kommt die Bera-

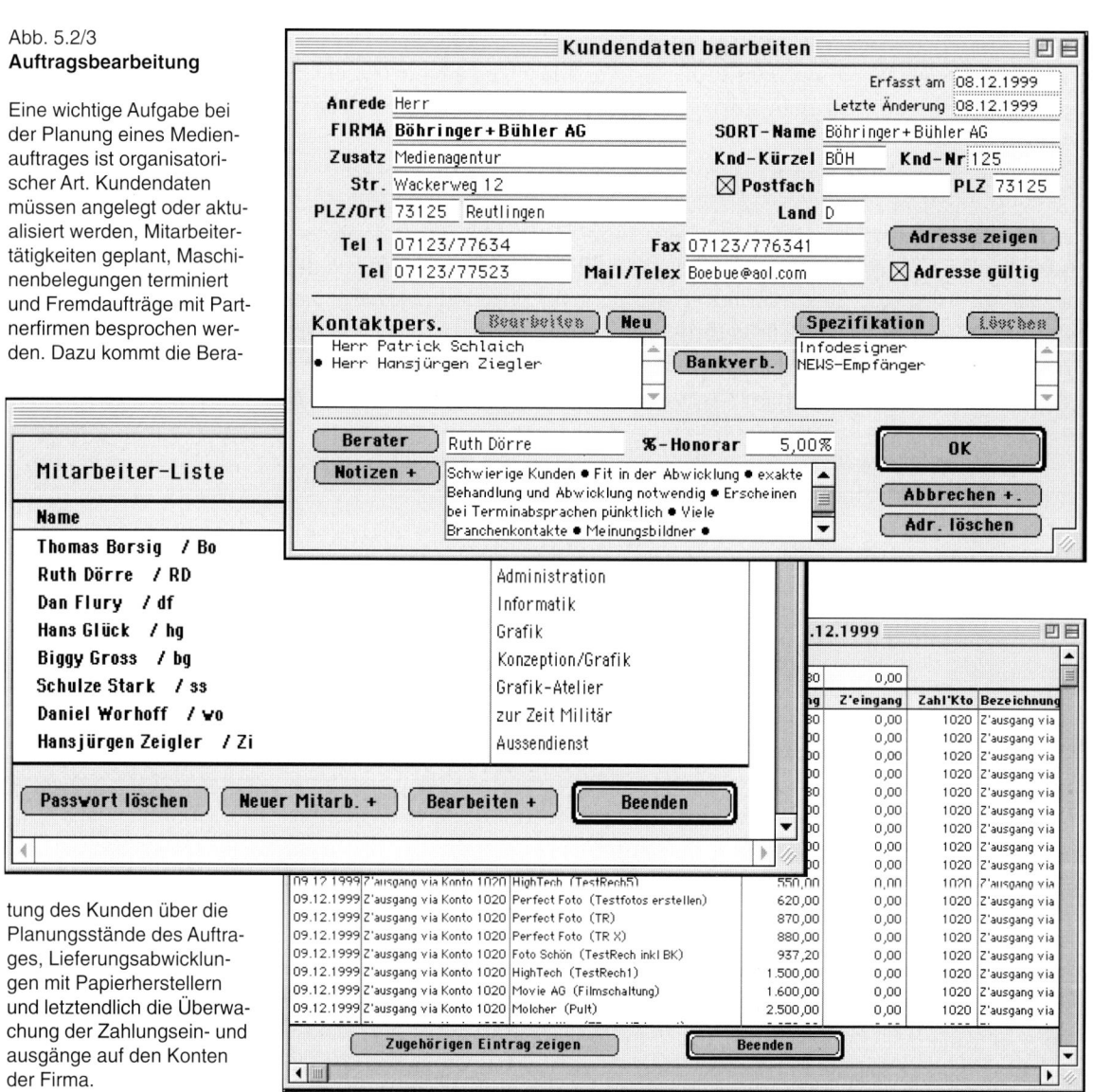

tung des Kunden über die Planungsstände des Auftrages, Lieferungsabwicklungen mit Papierherstellern und letztendlich die Überwachung der Zahlungsein- und ausgänge auf den Konten der Firma.

eventuell Duplikate oder Dias von schwierigen Bildern erstellt werden. Ziel sollte eine standardisierte Bildreproduktion sein, um die Kosten zu senken und einen gleichbleibenden Qualitätsstandard zu erhalten.

- Erstellen der Reproduktionsanweisungen. Hier sind alle Fragen so zu klären und zu formulieren, dass die eigentliche Reproduktion schnell und reibungslos durchgeführt werden kann. Die Repro- oder Scananweisungen sind in einer Auftragstasche festzuhalten, die den Produktionsprozess begleitet. Angaben zur Reproduktion können sein:

- Einfarbig
- Mehrfarbig
- Bildausschnitt
- Scanauflösung
- Termin
- Kontrollelemente

- Vergrößerung
- Verkleinerung
- Beschnitt
- Druckauflösung
- Dateiablage

- Strich
- Raster
- Rasterung
- Dateiformat
- Sonderfarben

Arbeitsvorbereitungsstationen liefern Disketten mit den auftragsbezogenen Scandaten an die Scanstation. Die Dateien beinhalten Auftragsname, Kundennummer, Auftragsbestandteile, Seitengröße, Reproduktionsmaßstab, Rasterweite und Scanauflösung, Gradationskorrekturen und die Anordnung der Dias auf dem Scanner. Die Auftragsdaten werden in die AV-Station eingelesen und zusammen mit den Scandaten zur weiteren Bearbeitung auf einer Magnetplatte gespeichert.

Wird die Bilderfassung mit Trommelscannern oder hochwertigen Flachbettscannern durchgeführt, gehört die Bestückung der Wechseltrommel oder der Diarahmen zur Arbeitsvorbereitung. Der Scanneroperator kann die so vorbereiteten Trommeln oder Rahmen in den Scanner einspannen und nach den mitgelieferten AV-Angaben sofort mit dem Scannen der Bildvorlagen beginnen.

5.2.1.3 Text-/Bild-Integration

Die erfassten Text- und Bilddaten werden in der Regel an eine Workstation mit Hilfe unterschiedlicher Datenträger geliefert. Hier werden die vorbereiteten Daten mit geeigneter Software zu einem digitalen Medienprodukt zusammengeführt. Text, Grafik und Bilddaten werden nach den Layoutvorgaben eines Mediendesigners am Bildschirm gestaltet. Dies kann, je nach Medienprodukt, außerordentlich schnell oder sehr zeitaufwendig sein. Das Ergebnis ist in jedem Fall ein gestaltetes digitales Medienprodukt, das nun als erstes auf seine Richtigkeit überprüft werden muss. Diese erste Korrektur nach dem elektronischen Seitenumbruch ist die Hauskorrektur. Hier werden

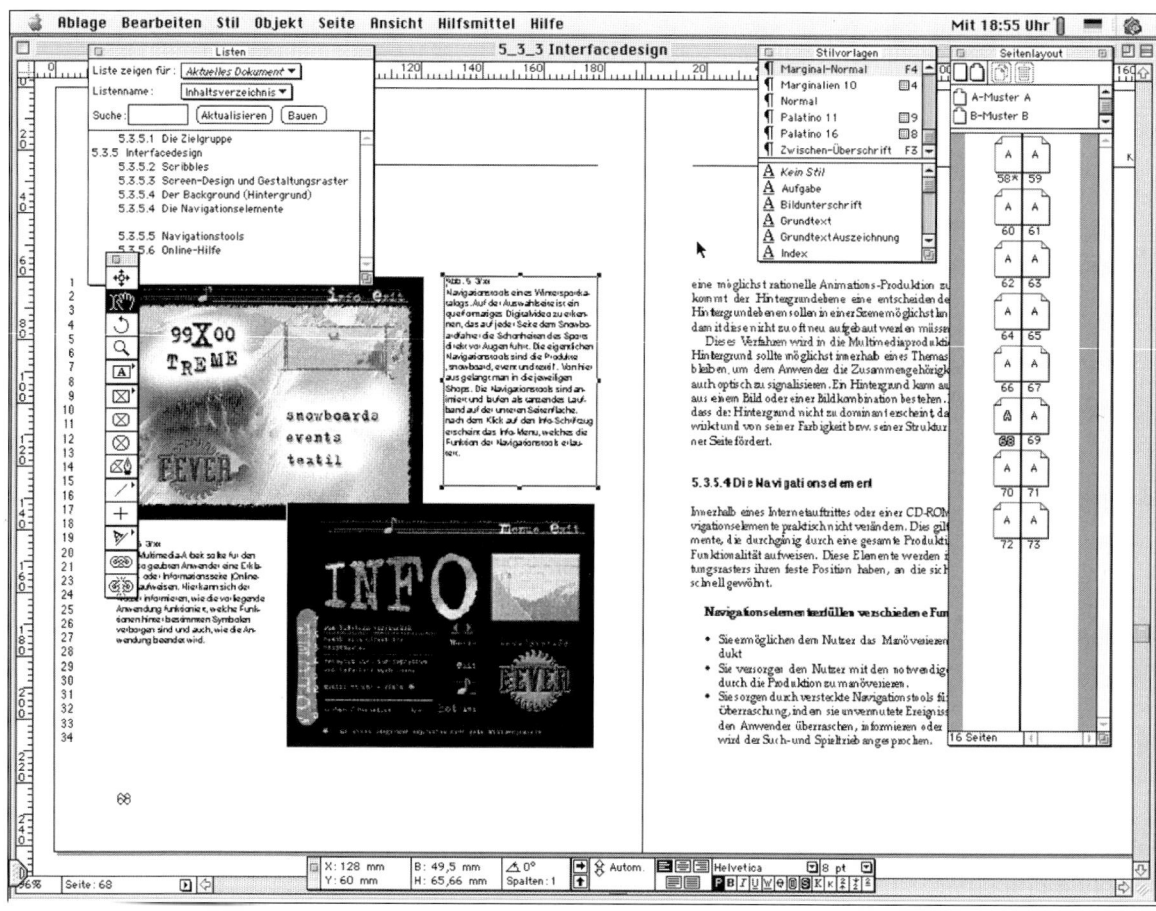

Abb. 5.2/4
Text-/Bild-Integration

an einem Personal-Computer mit einem Layoutprogramm, welches den Import von Text- und Bilddaten zulässt. Mit Hilfe eines derartigen Programms lassen sich bei richtiger Einstellung außerordentlich viele Funktionen automatisieren. Dadurch kann eine sehr schnelle und effektive Medienproduktion durchgeführt werden. Heute werden mit derartigen Programmen alle großen Publikumszeitschriften, Bücher, Zeitungen und Prospekte erstellt.
Das Beispiel zeigt eine Doppelseite aus der Produktion dieses Kompendiums der Mediengestaltung. Erkennbar sind die mitgeführten Listen, die definierten Stilvorlagen zur Textverarbeitung sowie die Layoutanordnung der Seiten eines Kapitels mit durchgehender automatischer Paginierung.

vom Korrektor des Medienbetriebes die einzelnen Seiten auf Fehler überprüft. Diese Korrektur bezieht sich in erster Linie auf die Rechtschreibung, es werden aber auch der Stand der Bilder und Grafiken sowie die Einhaltung der Layoutvorgaben geprüft.

Nach der Durchführung der Hauskorrektur erhält der Kunde seinen Korrekturabzug. Diese Korrektur wird als Autorenkorrektur bezeichnet – und sie ist gefürchtet. Manche Kunden schreiben während ihrer Korrektur ganze Bücher, Prospekte usw. um, so dass manchmal ein komplett neuer Umbruch erstellt werden muss.

Wichtig zu wissen ist die Verteilung der entstehenden Kosten: Die Hauskorrektur ist vom Medienbetrieb zu bezahlen und kann dem Kunden nicht in Rechnung gestellt werden. Hat ein Betrieb gut ausgebildete Mitarbeiter, welche die Technologie und die Rechtschreibung beherrschen, sind diese Kosten gering. Die Autorenkorrektur trägt der Kunde: Ist im Extremfall ein Neusatz notwendig, weil der Kunde ein neues Werk erdacht hat, muss er für die Kosten aufkommen. Wird ein Autor hier von einem Medienberater vor der Autorenkorrektur gut beraten, lassen sich die Kosten für ihn in vertretbaren Grenzen halten. Nach der Durchführung der Autorenkorrektur erfolgt die Druckfreigabe durch den Auftraggeber. Diese Druckfreigabe wird als Imprimatur bezeichnet. Nach der Druckfreigabe kann gedruckt werden.

Hauskorrektur: Erste Korrektur des Medienproduktes nach dem Seitenumbruch im Layoutprogramm durch die Druckerei.

Autorenkorrektur: Korrektur des Medienproduktes nach dem Seitenumbruch durch den Autor oder Verlag.

5.2.1.4 Datenausgabe auf Film

Imprimatur = Druckfreigabe

Der digitale Datenbestand, der nach der Text-/Bild-Integration vorliegt, kann auf unterschiedliche Art und Weise weiterverarbeitet werden. Die traditionelle Möglichkeit ist die Datenausgabe mit Hilfe eines PostScript-Belichters auf Filme. Diese Filme enthalten die kompletten Informationen einer Seite und werden nach dem Ausbelichten und Entwickeln zu einer Druckform montiert. Dabei werden die einzelnen Seiten so auf die Montageform aufgebracht, dass z.B. 16 Seiten auf einem Druckbogen gedruckt werden können. Dazu müssen die Seiten so ausgeschossen werden, dass sie nach

Abb. 5.2/5
**Einteilungs-
bogen für die
Bogenmontage**

Hier werden die
Angaben über
Formate, Aus-
schießen,
Zwischenschnit-
te, Formatbe-
schnitte, Falze
und Passkreuze
sowie Anlege-
marken festge-
legt. Dieser Ein-
teilungsbogen ist
die Grundlage für
das Zusammen-
stellen der ein-
zelnen Seiten ei-
nes Werkes zum
Druckbogen.

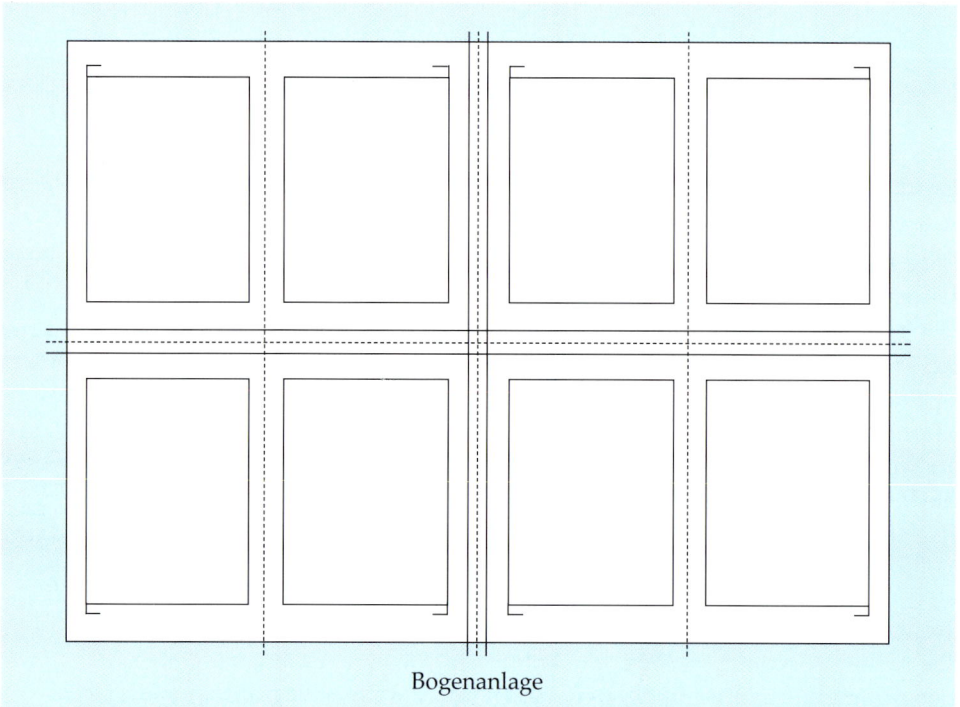

Bogenanlage

Abb. 5.2/6
**Ausgeschos-
sener Druck-
bogen**

Es handelt sich
hier um die äu-
ßere Form eines
16-seitigen
Druckbogens.
Der Druckbogen
wird nach den
Vorgaben des
Einteilungsbo-
gens in der
Buchbinderei ge-
falzt, geschnit-
ten, zusammen-
getragen und
zum fertigen Pro-
dukt gebunden.

dem Druck gefalzt, geschnitten und gebunden werden können. Dadurch entsteht ein Werk mit der richtigen Seitenreihenfolge.

Die Datenausgabe auf Film ist die „traditionelle" Variante. Nach dem Belichten und Entwickeln des Filmes wird die Bogenmontage durchgeführt. Die montierten Druckbogen werden mit Hilfe der Druckformkopie auf Druckformen übertragen und entwickelt. Diese Druckformen werden dann in die Druckmaschine eingespannt und der eigentliche Auflagendruck kann beginnen. Es ist nun die Aufgabe des Druckers, die auf der Druckform befindliche Text- und Bildinformation auf den Bedruckstoff zu übertragen. Dazu bedient er sich modernster Steuer- und Regelungstechnik, um eine gleichbleibende Druckqualität zu erreichen.

An planerischen Tätigkeiten fallen hier vor allem Material- und Zeitplanung an. Es müssen genügend Montagematerialien vorhanden sein, und es muss eine realistische Zeitspanne für die Bogenmontage eingeplant werden.

> Die Seiten einer Druckform müssen nach einem bestimmten Schema so zusammengestellt werden, dass sich die gemeinsam gedruckten Seiten nach dem Falzen des Druckbogens in der richtigen Reihenfolge befinden. Dieses Ausschießen der Seiten einer Druckform ist in den verschiedensten Varianten möglich.
> Siehe dazu auch „1 x 1 des Ausschießens" im Verlag Beruf und Schule Elmshorn.

5.2.1.5 Datenausgabe auf ein Drucksystem

Die nahezu vollkommene Digitalisierung aller Bereiche der Druck- und Medienindustrie wirkt sich vor allem in der Datenausgabe nach der Text-/Bild-Integration deutlich aus. Anstatt als Ausgabe einen Film zu erstellen, bietet es sich an, die Daten direkt auf eine Druckform oder ein Drucksystem auszugeben. Hier bestehen folgende Möglichkeiten:

Computer-to-Plate
Die Layoutdaten werden nicht auf dem Umweg über den Film auf die Druckform belichtet, sondern die digital gespeicherten Daten werden mit Hilfe eines Laserstrahls direkt auf die Druckform übertragen. Diese Direktbelichtung der Druckplatte wird Computer-to-Plate-Technik genannt. Es sind zwei prinzipielle Wege möglich: Die erste Möglichkeit bebildert die Druckform in speziellen Anlagen außerhalb der Druckmaschine. Dadurch kann die Druckmaschine während der Druckformherstellung drucken und hat keine Stillstandzeit. Dies ist aber bei der zweiten Möglichkeit der Fall, da die Bebilde-

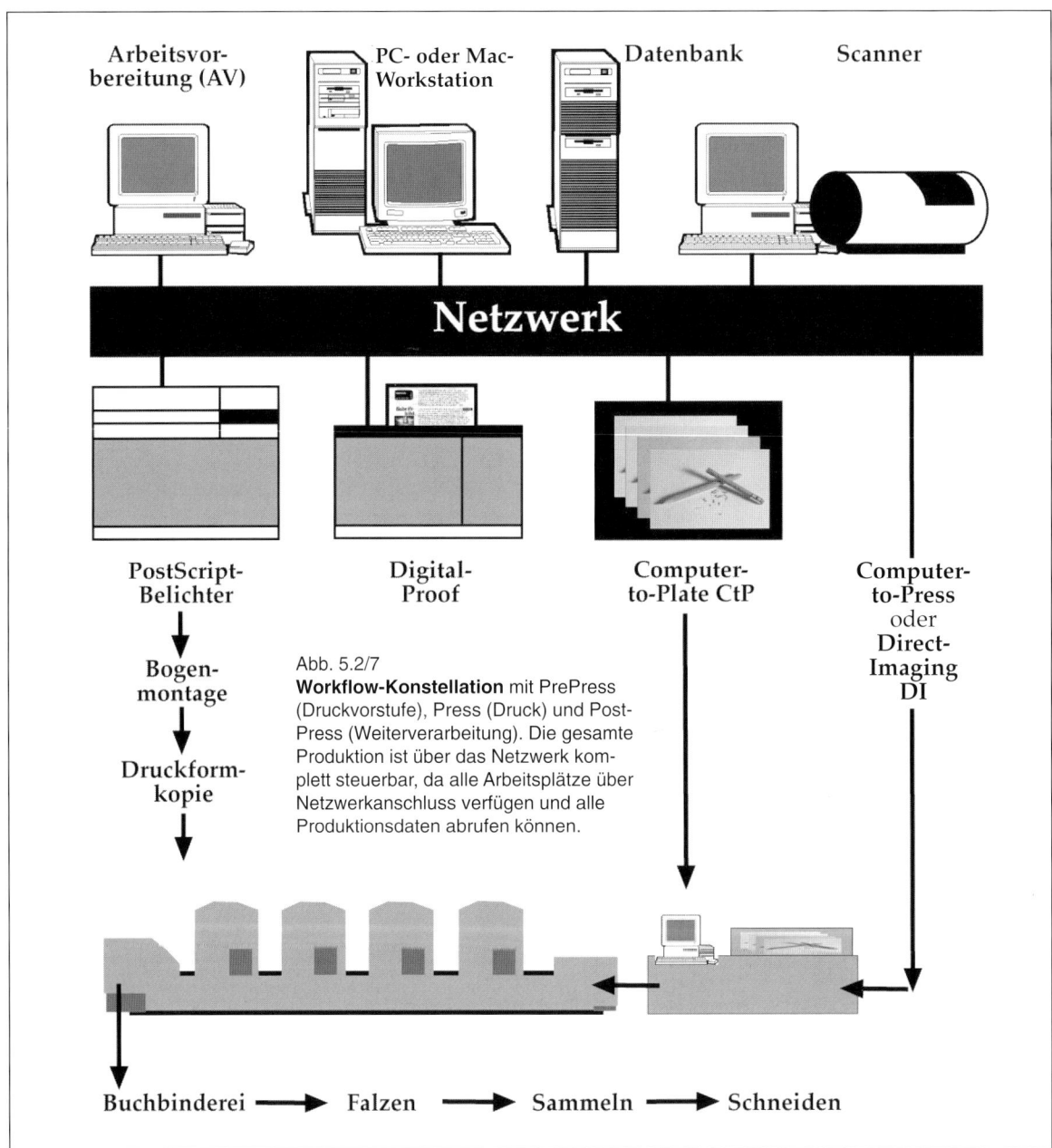

Arbeitsvor-bereitung (AV)

PC- oder Mac-Workstation

Datenbank

Scanner

Netzwerk

PostScript-Belichter

Digital-Proof

Computer-to-Plate CtP

Computer-to-Press oder Direct-Imaging DI

↓ Bogen-montage

↓ Druckform-kopie

↓

Abb. 5.2/7
Workflow-Konstellation mit PrePress (Druckvorstufe), Press (Druck) und Post-Press (Weiterverarbeitung). Die gesamte Produktion ist über das Netzwerk komplett steuerbar, da alle Arbeitsplätze über Netzwerkanschluss verfügen und alle Produktionsdaten abrufen können.

Buchbinderei ⟶ Falzen ⟶ Sammeln ⟶ Schneiden

rung der Druckform innerhalb der Druckmaschine stattfindet. Welche Variante die wirtschaftlich sinnvollere und schnellere ist, wird die technische Entwicklung der nächsten Zeit zeigen.

Computer-to-Press

Die fertigen Layoutdaten werden an einer RIP-Station für den direkten Druck auf einer Digitaldruckmaschine vorbereitet. Es wird keine Druckplatte im herkömmlichen Sinn erstellt, sondern bei jeder Umdrehung des Druckzylinders wird dieser aus dem Datenbestand neu bebildert. Das bedeutet, dass bei jeder Umdrehung des Druckzylinders das Druckbild komplett neu aufgebaut wird. Damit sind völlig neuartige Druckprodukte möglich. Da bei jeder Umdrehung ein neues Druckbild erzeugt wird, kann sich dieses Druckbild bei jeder Zylinderumdrehung verändern. Damit können zum Beispiel individualisierte Druckprodukte erstellt werden. Möglich sind kleine Prospektauflagen mit personalisierter Kundenansprache und Handbücher für speziell angefertigte Maschinen in kleinster Auflage, jeweils angepasst an die Ausstattung der Maschine. Präsentationen, Vorabauflagen, Testauflagen, Nachdrucke oder sogar das persönliche Buch mit der eigenen Familienchronik können mit einem Digitaldrucksystem erstellt werden. Voraussetzung für derartige digitale Leistungen einer Druckerei ist eine exakte Arbeitsvorbereitung und ein leistungsfähiges Netzwerkmanagement verbunden mit Kenntnissen über die Nutzung von Datenbanken.

Neben den hoch auflagigen Massendrucksachen für den Offsetdruck und dem Digitaldruck für die kleine Auflage bestehen durch neue Technologien noch weitere Möglichkeiten der Datenausgabe. Zu nennen ist hier der Druck von Großplakaten, Leinwände, City Light Poster und Bannerwerbung.

Unabhängig von der Datenausgabe sind für alle Vervielfältigungsvorgänge die entsprechende Papiermenge mit dem notwendigen Zuschuss, die Toner- oder Druckfarbe sowie die entsprechenden Druckhilfsmittel zu disponieren.

Abb. 5.2/8
Digitaldruckmaschinen

Oben: Heidelberg QUICK-MASTER-DI.
Unten: Xeikon-Bogenmaschine mit Außen- und Innenansicht. Diese A3-Maschinen können Druckbogen verarbeiten.

Abb. 5.2/9
**Mehrfarben-Offset-
Druckmaschine**

Heidelberg Speedmaster

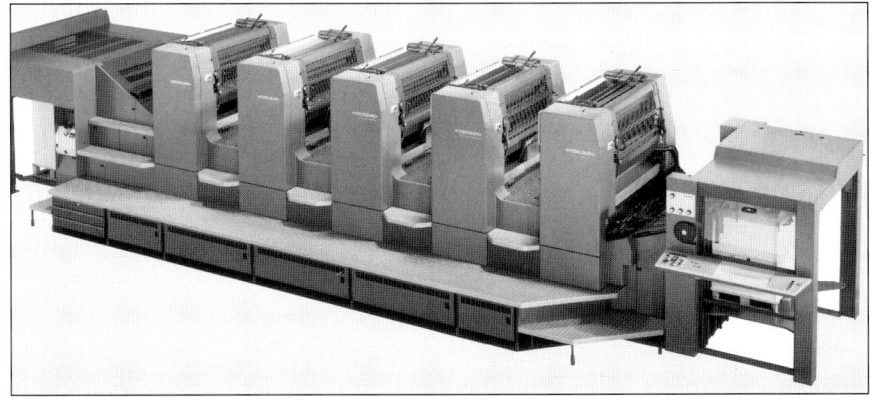

Abb. 5.2/10
Blick in Buchbinderei

Hier werden Druckbogen
nach dem Druck weiterver-
arbeitet, also geschnitten,
gefalzt und zum Endprodukt
zusammengefügt.

Abb. 5.2/11
Polar 92

Schneidemaschine mit digitaler Steuerung der Schnittfolge. Die Abbildung rechts
zeigt das Steuerungsmenü.

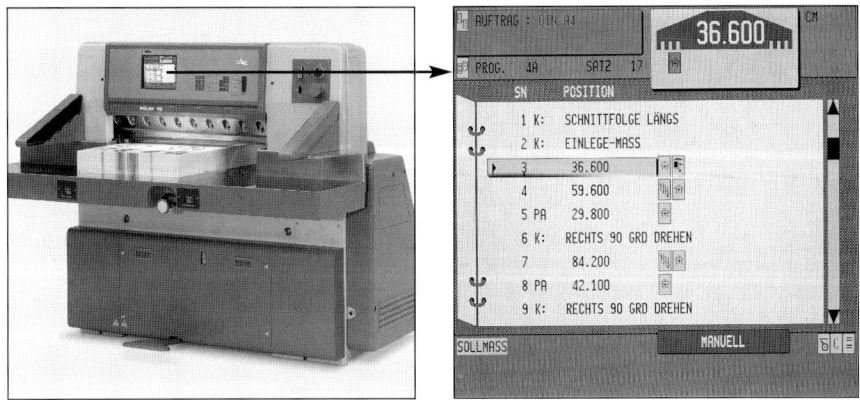

Alle Abbildungen: Heidel-
berger Druckmaschinen AG

5.2.1.6 Weiterverarbeitung und Versand

Der abschließende Produktionsprozess in der Herstellung gedruckter Informationen ist die Druckweiterverarbeitung in der Buchbinderei. Hier erhält die auf Druckbogen oder Papierrollen gedruckte Information ihre endgültige Form. Die letzte Stufe der Druckproduktion hat heute überwiegend industrielle Fertigungsmethoden. Maschinensysteme und Fertigungsstraßen übernehmen den größten Teil der Produktionsabläufe. Die handwerkliche Buchbinderei ist nur noch in wenigen Fällen von Bedeutung. Individuelle Bindearbeiten, Repräsentationsausgaben und die Restaurierung bibliophiler Werke werden hier gefertigt.

Die Druckweiterverarbeitung stellt Bedingungen an die vorausgehenden Produktionsstufen. Mediengestalter und Drucker müssen bei ihrer Arbeit die Endform des Produktes kennen. Die Arbeitsvorbereitung hat daher die Aufgabe, die Gestalt und Form des Endproduktes festzulegen sowie die Produktionsabläufe und den Materialbedarf aufeinander abzustimmen.

Für die Planung des Endproduktes sind folgende Kriterien wichtig: Wahl des Druckverfahrens und des Bedruckstoffes, Festlegung des günstigsten Formats, Wahl des Druckmaschinenformats und des Ausschießschemas, Auflage und Bogenzahl mit Zuschuss, Hilfszeichen für Druck und Buchbinderei, Einstecken und Kleben von Bogenteilen, Bildteilen, Karten, Buchdecken, Buchdeckengestaltung und Bindeart, Verpackung und Versand. Dies alles muss zu vertretbaren Kosten geplant und in aller Regel unter einer ungünstigen Terminplanung realisiert und an den Kunden verschickt werden.

Lernziel: Planungsabläufe in einer Druckerei verstehen.
Aufgabe: Untersuchen Sie die Planungsabläufe in Ihrem Unternehmen, die zur Auftragsabwicklung eingesetzt werden. Nehmen Sie Auftragstaschen, Materialscheine, Tageszettel u.ä. mit in Ihre Schule und vergleichen Sie die unterschiedlichen Arbeitsweisen in der Auftragsabwicklung. (P)

Abb. 5.2/11
Hilfszeichen

Eine kleine Auswahl an Hilfszeichen, die in der Druckerei und Buchbinderei Verwendung finden. Passmarken, Formatbegrenzungen und Farbkontrollstreifen werden in den unterschiedlichen Formen benutzt.

Siehe auch auf den folgenden Seiten die Planungshilfe Auftragstasche ...

5.2.2 Muster einer Auftragstasche

Auftrag-Nr.:_____

Ihr Ansprechpartner: _____

Auftrag erteilt durch: _____

Kunde/Anschrift

Telefonnummer: _____

Liefertermin: _____

Zulieferung ❐   Abholung ❐

Versand durch Firma: _____

Menge: _____   Format: _____   Rohformat: _____

❐ Prospekte   Material: _____   ❐ Layout erstellt: _____

❐ Zeitungen   Papierart: _____   ❐ Grafiken erstellt: _____

❐ Briefbögen   Seitenzahl:_____   Anzahl: _____

❐ Visitenkarten   Farben: _____   ❐ Bilder scannen/bearbeiten

❐ Aufkleber   _____   Anzahl: _____

❐ Schild   _____   ❐ Seitenmontage: _____

❐ Sonstiges: _____   ❐ Drucken/-art: _____

_____   ❐ Raster: _____   ❐ Weiterverarbeitung: _____

Bemerkungen: _____

_____

_____

_____

Vom Kunden erhalten: _____

_____

_____

Erhaltene Datenformate: _____

Daten abgesichert als/auf: _____

_____

❏ **Fremdarbeiten**

Firma / Art: _____ Liefertermin: _____

Firma / Art: _____ Liefertermin: _____

❏ **Autorenkorrektur**   ❏ Ja   ❏ Nein   Termin: _____

Texterfassung:

Menge: _____

Zeit:	Name:
Termin:	

Grafikerstellung:

Menge: _____

Art: _____

Farben: _____

Datenformat: _____

Programm: _____ Ablage: _____

Zeit:	Name:
Termin:	

Bilderfassung:

Scannen: ja / nein   Druckraster: _____   Auflösung: _____

Anzahl: _____   Formate: _____   Datenformat: _____

Bildbearbeitung: _____

❏ Farbe

❏ Schwarz / Weiß   ❏ Duplex

❏ Sonstiges: _____

Zeit:	Name:
Termin:	

Digitale Seitenmontage:

Programm: _____

Schriftdefinition: _____

Standard-Daten: _____

Angaben über Ausschießen, Bogen- / Seitenreihenfolge:

_____

_____

Zeit:	Name:
Termin:	

Hauskorrektur:

❐ Ja

❐ Nein

Zeit:	Name:
Termin:	

Ausführen der Autorenkorrektur:

Bemerkungen: _____

_____

_____

Zeit:	Name:
Termin:	

Belichtung:

Filmart: _____ pos./neg.   Größe: _____

Auflösung: _____

Raster: _____ SV/SR

Farbauszüge: _____

Nutzen: _____

Zeit:	Name:
Termin:	

Bogenmontage:

❐ Ausschießmuster

❐ Standbogen als Montagegrundlage

Zeit:	Name:
Termin:	

Plattenkopie:

Anzahl: _____

Größe/Format: _____

❐ Kopiekontrolle   ❐ Korrektur

Zeit:	Name:
Termin:	

Druck:

Druckart: _____

Maschine: _____

Zuschuss: _____ | Zeit: | Name:

Ausdruck: _____ | Termin:

Weiterverarbeitung:

❏ Prägen   ❏ Kleisterverarbeitung

❏ Nuten   ❏ Falzen

❏ Bohren   ❏ Stanzen

❏ Einstecken   ❏ Bemerkungen:

❏ Binden (Kleben)   _____ | Zeit: | Name:

❏ Binden (Faden)   _____ | Termin:

Versand:

Verpackung: _____

❏ Paketeanzahl: _____

❏ Kistenanzahl: _____

❏ Palettenanzahl: _____

❏ per Bahn   ❏ per UPS

❏ per Post   ❏ per OPD | Zeit: | Name:

❏ per Selbstabholer   ❏ per Flug / Schiff | Termin:

Lernziel: Verschiedene Formen gedruckter und digitaler Auftragsbearbeitung kennen.

Aufgabe: Die vorliegende Auftragstasche ist nicht auf jede betriebliche Gegebenheit anwendbar, sondern bedarf der Anpassung an den jeweiligen Betrieb. Vergleichen Sie die Unterlagen Ihres Betriebes mit dem Muster und optimieren Sie nach den betrieblichen Bedingungen. (P)

5.3 Digitalmedien

Abb. 5.3/1
Grundstruktur einer linearen Präsentation

Je nach Einstellung kann die Präsentation einmal oder x-mal vorgeführt werden. Bei Dauerbetrieb wird die dargestellte Schleife bis zum Beenden der Präsentation mittels eines Tastaturbefehls durchlaufen.

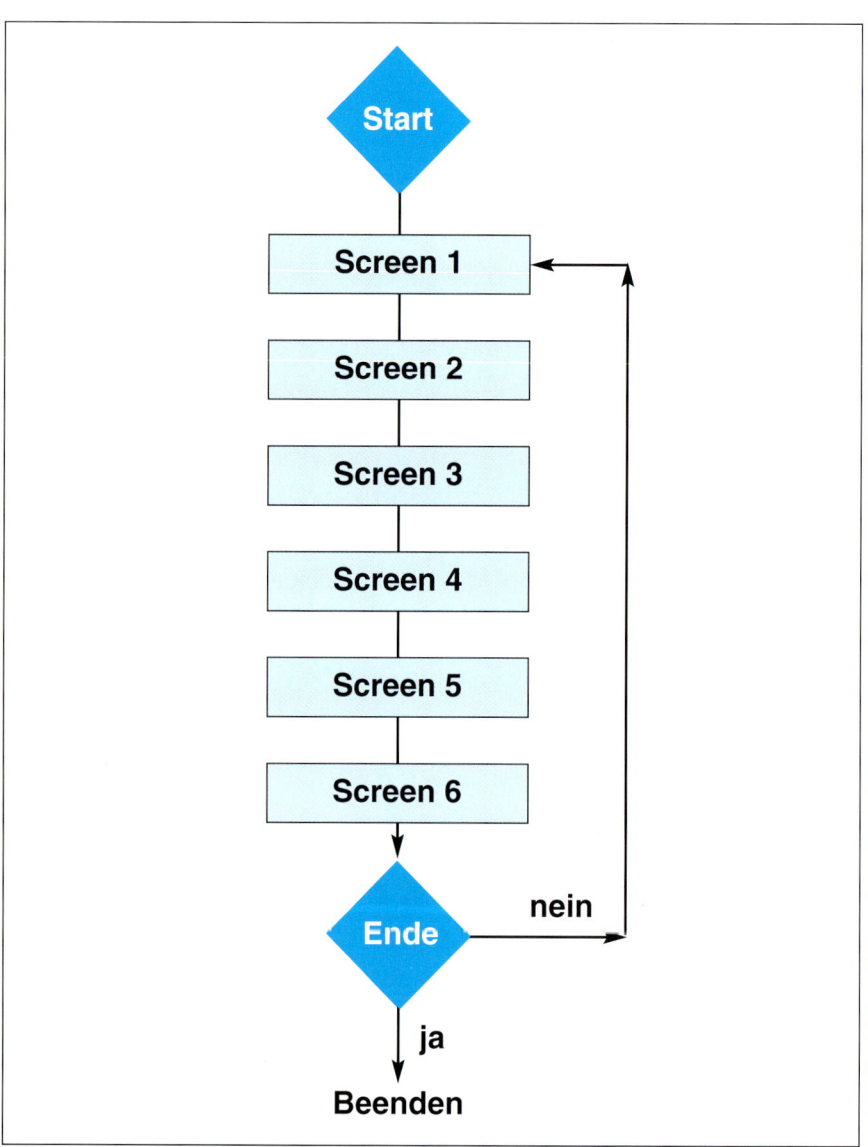

5.3.1 Strukturierung multimedialer Produkte

5.3.1.1 Grundstrukturen multimedialer Produkte

Eine Multimedia-Produktion ist immer für den Computerbildschirm als Zielmedium zu erstellen. Dabei unterscheidet man:
- Selbstablaufende lineare Präsentationen
- Interaktive Präsentationen mit Verzweigungen

Selbstablaufende Präsentationen werden in Kaufhäusern, bei Arbeitsämtern, bei Messen und ähnlichen Gegebenheiten eingesetzt. Kennzeichen dieser Präsentationen ist, dass sie nach dem Start z.B. auf einem Messestand stundenlang ablaufen und die Bildfolge jeweils automatisch in einem festgelegten Rhythmus wechselt. Der Nutzer hat nur die Möglichkeit, die Präsentation zu starten, anzuschauen und zu beenden. Weitere Eingriffsmöglichkeiten werden dabei nicht angeboten (siehe Abbildung 5.3/1).

Diese linearen Präsentationen sind relativ schnell und problemlos zu produzieren, da keine komplexen Strukturüberlegungen anzustellen sind. Abbildung 5.3/1 zeigt die Grundstruktur einer derartigen Präsentation. Nach dem Startaufruf wird der erste Screen gezeigt. Der Wechsel vom ersten zum zweiten Screen erfolgt nach einer vordefinierten Zeit, z.B. 5 Sekunden. Dabei wird von Screen eins zu Screen zwei mit einer Überblendung gewechselt. Dies erfolgt für die weiteren Screens genauso. Nach Screen sechs ist die Entscheidung zu treffen, ob ein Beenden der Präsentation erfolgt oder ob die Diaschau wiederholt wird. Diese Entscheidung wird bei den Abspielvorgaben der jeweiligen Präsentation vordefiniert.

Für die Erstellung einfacher linearer Präsentationen sind auf dem Softwaremarkt geeignete medienintegrative Programme für das Macintosh- und Windows-Betriebssystem verfügbar z.B. PowerPoint, Tool Book oder Director. Alle genannten Programme erlauben das Erstellen linearer Präsentationen, individuelle Zeitsteuerungen für den Präsentationsablauf sowie die Einbindung von Sound- und Videodateien.

Die interaktive Präsentation mit Verzweigungsmöglichkeiten ist von der Planung her wesentlich komplexer. Kennzeichen dieses Produktes ist, dass der Nutzer nach dem Start selbst entscheiden kann, welche Inhalte einer

Lineare Präsentationen

Medienintegrative Programme z.B. Macromedia Director

Abb. 5.3/2
**Grundstruktur einer ver-
zweigten Präsentation**

Bei einer verzweigten Präsentation bestehen mehrere
Entscheidungsmöglichkei-
ten für den Nutzer eines
interaktiven Multimedia-Produktes.

Im abgebildeten Beispiel
gelangt der Nutzer nach
dem Start zum Hauptmenü.
Von dort kann er per Mausklick auf Screen 1, Screen 6
oder zum Beenden-Screen
gelangen. Von Screen 1 bis
5 und Screen 6 bis 10 kann
der Inhalt der Präsentation
nur linear betrachtet werden
– es besteht keine Möglichkeit von diesen Screens
zum Ende zu gelangen.
Dies ist nur über das Hauptmenü möglich.

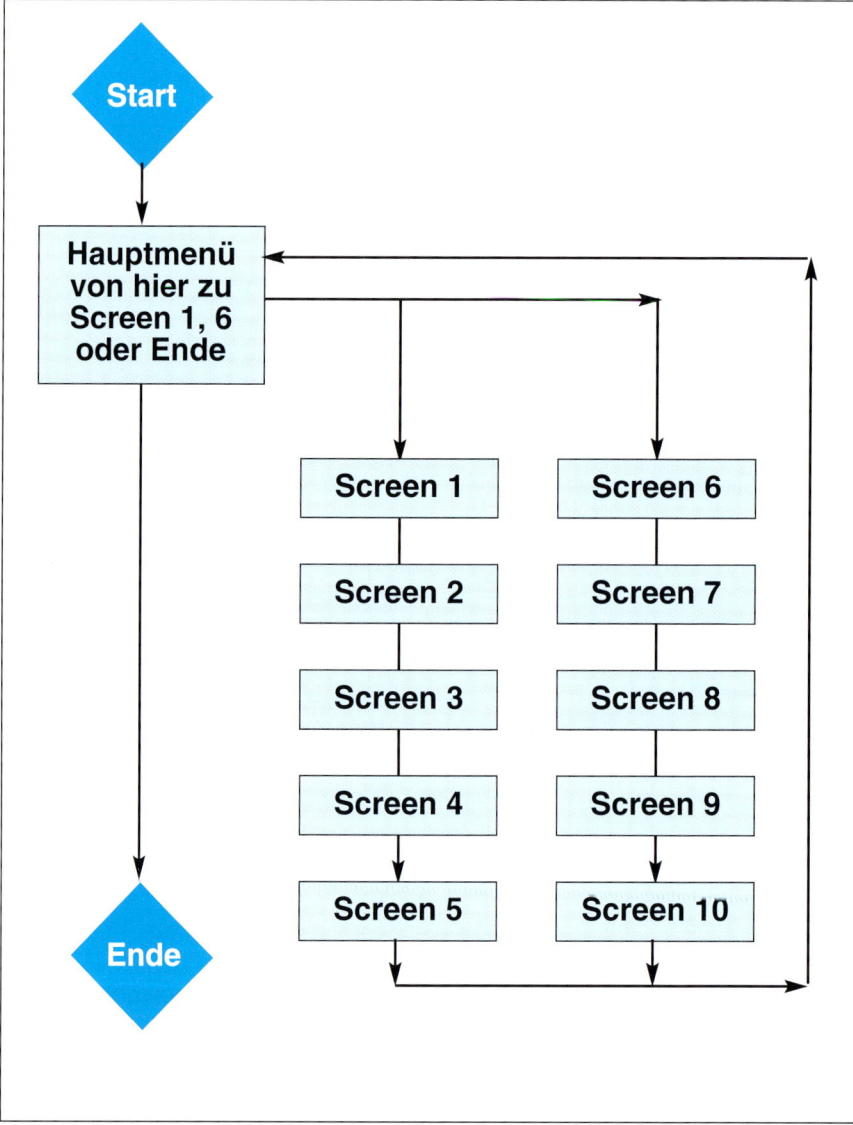

interaktiven Präsentation er betrachten möchte. Ein solches Planungsschaubild zeigt Abbildung 5.3/2 auf der gegenüberliegenden Seite.

Für jedes Dia/Screen ist anzugeben, welche Bilder, Texte, Hintergründe, Sounds und Filme notwendig sind. Die festgelegten einzelnen Dateielemente und deren Zusammenführung zu einer Multimedia-Produktion ist exakt zu planen.

Interaktive verzweigte Präsentation. Ähnliche Planungsüberlegungen sind auch bei der Gestaltung von WWW-Seiten anzustellen.

5.3.1.2 Planungsablauf eines MM-Projektes

In Abbildung 5.3/3 ist der Planungsablauf für ein MM-Projekt dargestellt. Vom Kunden erhält man die Themenstellung (1). Am Anfang der Entwicklung einer MM-Applikation steht die Beschreibung des Projektes, ein Exposé mit der Projekt-Idee. Hierin wird die Nutzung und die für die Umsetzung wichtige Funktionalität des Produktes beschrieben. Ebenso sollen die Zielgruppe und der Markt dargelegt werden. Daraus ergibt sich auch die notwendige Zusammensetzung der späteren Produktionsgruppe.

→ **Abb. 5.3/3**

Um die Kalkulation der Kosten des Projektes zu ermöglichen, ist es notwendig, das zur Verfügung stehende Quellen- und Datenmaterial für die geplante Produktion zu beschreiben bzw. die Notwendigkeit bestimmter Daten darzulegen. Häufig besteht die Möglichkeit, von bereits gedruckten Produkten Text- und Bilddaten zu übernehmen und aufzubereiten. Die Zweitverwertung von Daten ist in der MM-Produktion zwischenzeitlich üblich. Weiterhin ist ein Zeit-, Kosten- und Zahlungsplan für die Produktion aufzustellen.

Quellen- und Datenmaterial

Mehrfachnutzung von Daten

Zeit-, Kosten- und Zahlungsplan

Nach dieser Themenstellung wird ein Angebot und eine erste Präsentation erarbeitet. Diese erste Präsentation für den Kunden zeigt, wie ein Produkt aussehen könnte, welche Funktionalität vorgesehen ist und wie die Ablaufsteuerung erfolgen kann. Der Fachbegriff für die erste Präsentation ist Treatment. Diese Vorabplanung ist bereits aufwendig und wird dem Kunden normalerweise in Rechnung gestellt.

Treatment

Ist der Auftrag erteilt, erfolgt die Erarbeitung einer Grobplanung (2). Hierbei wird die geplante Ablaufstruktur und das benötigte Material definiert

Grobplanung

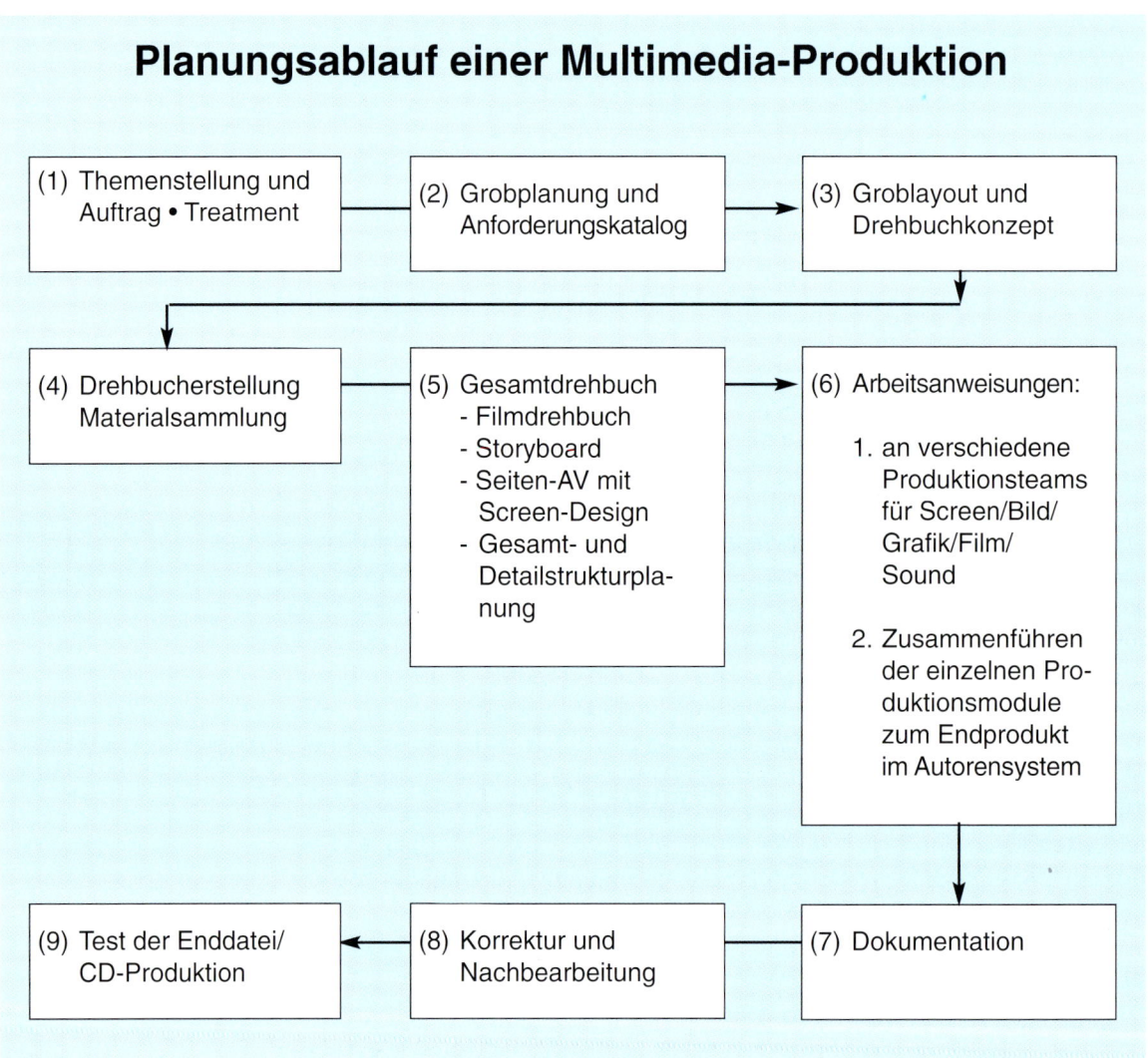

Planungsablauf einer Multimedia-Produktion

(1) Themenstellung und Auftrag • Treatment

(2) Grobplanung und Anforderungskatalog

(3) Groblayout und Drehbuchkonzept

(4) Drehbucherstellung Materialsammlung

(5) Gesamtdrehbuch
- Filmdrehbuch
- Storyboard
- Seiten-AV mit Screen-Design
- Gesamt- und Detailstrukturplanung

(6) Arbeitsanweisungen:

1. an verschiedene Produktionsteams für Screen/Bild/ Grafik/Film/ Sound

2. Zusammenführen der einzelnen Produktionsmodule zum Endprodukt im Autorensystem

(9) Test der Enddatei/ CD-Produktion

(8) Korrektur und Nachbearbeitung

(7) Dokumentation

Abb.5.3/3
Planungsablauf einer Multimedia-Produktion

von der Themenstellung, Ideenfindung und Programmierung bis zur Umsetzung auf den Datenträger und in einem Anforderungskatalog zusammengestellt. Dieser Katalog enthält die Textanforderungen, die benötigten Bilder, Filme, Sounds, Hintergründe, Farbdarstellungen, Farbanforderungen usw. In diesem Anforderungskatalog wird alles erfasst, was für die spätere Produktion notwendig ist – alle diese Anforderungen ergeben später digitalisierte Arbeitsdateien.

Anforderungskatalog oder Pflichtenheft

Der nächste Schritt ergibt sich aus dem gesammelten Material: Das Groblayout (3) mit der Drehbuchkonzept wird erstellt – die Produktion nimmt Gestalt an. Das Drehbuchkonzept und die Drehbucherstellung (4) ergänzen sich. Hier sind die Übergänge fließend. Das Drehbuch wird nach den Bildschirmseiten erstellt, es wird ein so genanntes Screen-Layout gescribbelt. Dazu verwendet man Planungs- oder Stichwortkarten. Die Abbildung 5.3/4 zeigt ein Muster einer solchen Planungskarte.

Drehbuchkonzeption und Drehbucherstellung

5.3.1.3 Planungskarten

Auf Planungskarten werden alle Dateielemente festgehalten, die für den zugehörigen Screen notwendig sind. Konkret bedeutet das in diesem Beispiel: Es liegt der Entwurf für „Screen 2" mit dem Namen „Hauptmenü" vor. Es werden die Funktionalität dieser Bildschirmseite kurz erläutert und die verwendeten Texte, Bilder, Videos und Animationen festgehalten. Dazu sollten die jeweiligen Dateinamen erscheinen, damit in der späteren Produktion sofort darauf zugegriffen werden kann.

→ **Abb. 5.3/4**
Planungs- oder Stichwortkarten für das Screen-Layout

Für jeden Screen ist eine Planungskarte anzulegen, aus der alle notwendigen Dateielemente, Verknüpfungen zu anderen Screens, Video- oder Animationseffekte und Farben (Farbsysteme) zu ersehen sind.

Da ein Multimedia-Produkt aus vielen solcher Einzel-Screens besteht, ergibt sich eine Vielzahl von Einzelkarten, die in der Masse unter dem Begriff Storyboard zusammengefasst werden. Für größere Produktionen ergeben sich daher außerordentlich umfangreiche Planungsunterlagen bzw. Arbeitsanweisungen (6). Diese Unterlagen müssen für die Produktion exakt aufbereitet werden, damit das Schreiben und Programmieren im gewählten Autorensystem reibungslos abläuft.

Storyboard

Auftrag: **Marbach-CD**	Layout-Screen-Nr.: **03**
Screen-Nr.: **02 Hauptmenü**	Ebene-Nr.: **01**

Text: Haupt- und Landge-
stüt Marbach*

Geschichte (M2)
Gestütshöfe (M3)
Warmblutzucht (M4)
Araberzucht (M5)
Zuchtprüfungen (M6)
Ausbildung (M7)
Attraktionen (M8)
Beenden (M9)

Textklammer = Modul-Nr.

Screenshot 1

Geschichte
Gestütshöfe
Warmblutzucht
Araberzucht
Zuchtprüfungen
Ausbildung
Attraktionen
Beenden

Haupt -und Landgestüt Marbach

Grafik/Grafikformate/Bearbei-
tung:
Wappen Gestüt.PIC
Hintergrund Gelb
Systemfarbpalette
RGB 100/100/0

Verzweigungen:	von 02 Hauptmenü nach Modul 02 – 09
Funktionen:	Zu Modul 02 – 08 und zurück zum Hauptmenü
	Zu Modul 09 und Beenden
Effekte und Animationen:	Laufschrift* beim ersten Öffnen von links nach rechts bis zum Stand Mittelachse Wappen. Geschwindigkeit normal
Übergänge:	Pixelweise auflösen schnell. Nur bei ersten Klicks zu einem Modul. Bei Rückverzweigung kein Übergang.

Video/Dateiart/Bearbeitung:
entfällt

Sound/Dateiart/Bearbeitung:
entfällt

Hinweise:
Standardbutton für 2–9
Rollover

Zu jeder Planungskarte kommen noch die Anweisungen (Drehbuch) für das Digitalisieren, Schneiden und eventuelle Vertonen von Videofilmen hinzu. Diese Angaben werden zu den einzelnen Produktionsteams geschickt. Man erstellt also für jeden Screen eine Planungsunterlage und fasst diese zu einem Gesamtdrehbuch zusammen.

Das Gesamtdrehbuch umfasst alle notwendigen Angaben und Planungen für die einzelnen Elemente einer MM-Produktion. Daraus ergeben sich die Arbeitsanweisungen für die einzelnen Produktionsstationen:

- Videodigitalisierung
- Digitaler Videoschnitt
- Videovertonung
- Audioerfassung
- Audiobearbeitung
- Bilderfassung
- Bildbearbeitung
- Grafikerstellung
- Hintergrunderstellung
- Buttonerstellung
- Texterfassung
- Textbearbeitung

Stehen die einzelnen Elemente für die Produktion zur Verfügung, kann das Zusammenführen und Erstellen der einzelnen Screens zum Gesamtprodukt beginnen. Dazu bedient man sich in den meisten Fällen entsprechender Standard-Autorensysteme – die Programmierung mit einer Programmiersprache, etwa „C", ist in der Regel zu zeitaufwendig. Dazu kommt die Schwie-

Drehbuch/Schnittanweisungen für Digitalvideos

Gesamtdrehbuch

Abb. 5.3/4

Planungskarte

„Hauptmenü" mit vollständiger Dokumentation eines Screens. Auf der Karte wird die Funktionalität der Bildschirmseite beschrieben, die verwendeten Medien mit Dateinamen sind aufgeführt und die Verzweigungsoptionen zu den einzelnen Seiten bzw. Modulen werden genannt.

Das Screen-Design der Monitorseite ist im Bildschirmfeld mit dem Originalbild dargestellt. Die Schriftgrößen werden auf einem verbindlichen AV-Blatt festgelegt und sind für alle Screens der Produktion gültig.

Die abgebildete Karte mit dem fertigen Screen wurde zu Dokumentationszwecken nach Abschluss der Produktion erstellt und dient unter anderem auch für den Kunden zur Korrektur der einzelnen Screens.

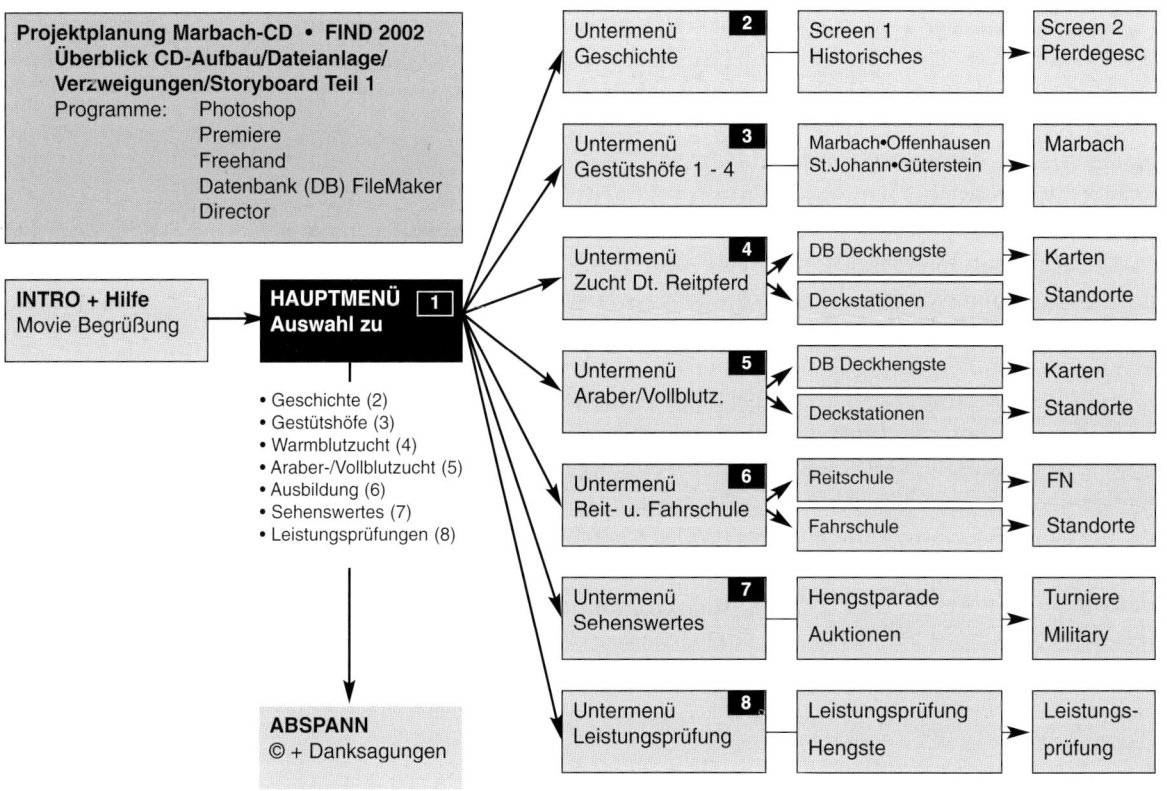

Abb. 5.3/5

Ausschnitt aus dem Planungsschema einer Multimedia-Produktion für eine interaktive CD

Im Bild ist ein Ausschnitt der Gesamtplanung dargestellt. Nach dem Start der CD erscheint die Bedienungsanleitung (Hilfe), die bei Bedarf übersprungen werden kann. Von dort gelangt der Nutzer zum Hauptmenü. Hier erreicht man per Mausklick die einzelnen Module der CD-ROM, die zum Teil mit Datenbanken (DB) hinterlegt sind. Zu jedem Modul wurde noch ein Detailplan erstellt.
Die Abbildung 5.3/6 zeigt einen derartigen Detailplan für das Modul 6.

rigkeit der Aktualisierung bei einer programmiergestützten Applikation. Aktualisierungen bei einem Autorensystem sind weniger zeitaufwendig und daher kostengünstiger.

5.3.1.4 Navigation

Neben dem optischen Erscheinungsbild einer Multimedia-Applikation, die auf die Zielgruppe abgestimmt sein muss, kommt der Navigation innerhalb eines MM-Produktes eine entscheidende Bedeutung zu. Nur wenn die Navigation im Zusammenwirken mit dem Design dem Nutzer eine klare, logische und nutzerfreundliche Führung bietet, kann eine Produkt Erfolg haben.

Ein Multimedia-Produkt soll keine lose Ansammlung von Bildern, Filmen, Tönen und Texten sein, sondern ein zusammenhängendes Medium mit Verbindungen und Verzweigungen, mit Verweisen und Abkürzungen, mit versteckten oder offenen Hilfen, Hinweisen, „Gags" und Animationen. Kurz: Es soll interaktiv sein und zur Nutzung animieren.

Wie die einzelnen Screens miteinander verknüpft werden, welche Struktur und welchen Aufbau die Produktion bekommt, hängt vom Thema, vom Inhalt und von der Zielgruppe ab. Eines sollte aber bei allen Multimedia-Produkten gleich sein: Eine einfache Bedienung, der ein einfaches und übersichtliches Navigationssystem zugrunde liegt.

Bei der Entwicklung eines Navigationssystems sollte sich der Entwickler immer die folgenden Fragen stellen und aus der Sicht des Nutzers beantworten:

- Was finde ich in dieser Seite?
- Wo befinde ich mich im Moment?
- Wohin komme ich von hier aus?
- Wo bin ich schon gewesen?
- Wie komme ich zum Menü?
- Wie kann ich die Arbeit beenden?

Sollte bei allen Multimedia-Produkten gleich sein: Eine einfache Bedienung, der ein einfaches und übersichtliches Navigationssystem zugrunde liegt.

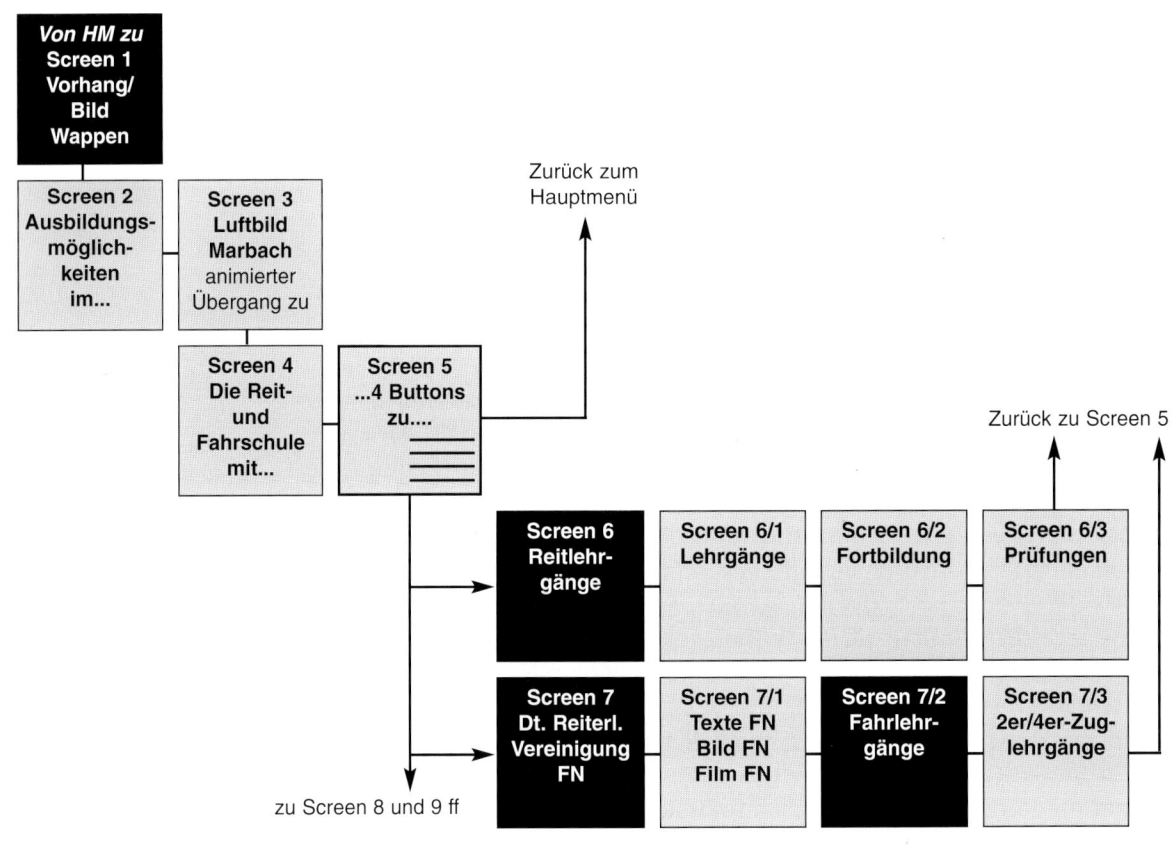

Abb. 5.3/6
Ausschnitt einer Detailplanung
mit Schaltwegen für ein Teil-Modul
einer interaktiven CD-ROM

Vom Hauptmenü aus erreicht man per Mausklick Screen 1 mit einer Animation, gelangt von dort automatisch zu Screen 2 und danach zu Screen 3/4 und 5. Von hier kann sich der Nutzer zu den einzelnen Kapiteln von Screen 6, 7, 8 und 9 bewegen (8 und 9 nicht abgebildet).
Am Ende eines jeden Kapitels erfolgt der Rückschritt zu Screen 5. Der Leser kann dann Beenden, ein neues Kapitel oder das Hauptmenü aufrufen.
Innerhalb der einzelnen Kapitelstränge hat der Leser keine Möglichkeit, zum Hauptmenü zurückzukehren, er/sie kann allerdings von jedem Screen aus die Anwendung jederzeit beenden. Ebenso kann von jeder Seite aus die Bedienungsanleitung (Hilfe) aufgerufen werden. Dies ist im Schaltplan nicht ersichtlich, wird allerdings in einem Pflichtenheft zur Produktion vorgeschrieben.

Die erfolgreiche Beantwortung dieser Fragen hängt für den Nutzer vor allem davon ab, ob er sich ein Bild vom Aufbau und der Struktur der Multimedia-Anwendung machen kann. Wenn der Nutzer eine Struktur der Anwendung gedanklich im Kopf hat und sich in diese „hineindenken" und damit umgehen kann, hat der Entwickler gute Arbeit geleistet.

5.3.1.5 Lineare Struktur

Die lineare Struktur ist am Anfang dieses Kapitels dargelegt worden. Sie erscheint für eine Multimedia-Anwendung nicht sehr originell zu sein, bietet aber für kleinere Arbeiten eine Reihe von Vorteilen. Es entfallen langwierige Erklärungen zur Bedienung, da der Anwender in der Regel nur die Möglichkeit besitzt, sich vorwärts zu bewegen.

→ **Abb. 5.3/1**
Grundstruktur einer linearen Präsentation

Mögliche Anwendungen für lineare Strukturen sind Lernsysteme, Prüfungen, Intelligenztests. Gemeinsam ist allen Anwendungen, dass die Informationen aufbauend dargestellt werden. Jede Seite setzt das Wissen oder die Information der vorhergehenden voraus.

Im Bereich der Werbung werden solche linearen Anwendungen für selbstablaufende Präsentationen auf Messen, Buchhandlungen oder in Kaufhäusern eingesetzt. Der „Nutzer" kann die Präsentation nur passiv aufnehmen, ein aktives Eingreifen in die Präsentation ist nicht vorgesehen. Daher spricht man hier auch von einer Präsentation und nicht von einer Multimedia-Anwendung. Eine Multimedia-Anwendung setzt immer Interaktivität voraus!

5.3.1.6 Jumplineare Struktur

Eine Variation der linearen Struktur stellt die jumplineare Navigation dar. Dabei handelt es sich um eine lineare Anordnung der Screens, es besteht aber die Möglichkeit, von der Titelseite oder einer Auswahlseite auf jede Seite direkt zu „jumpen", also zu springen.

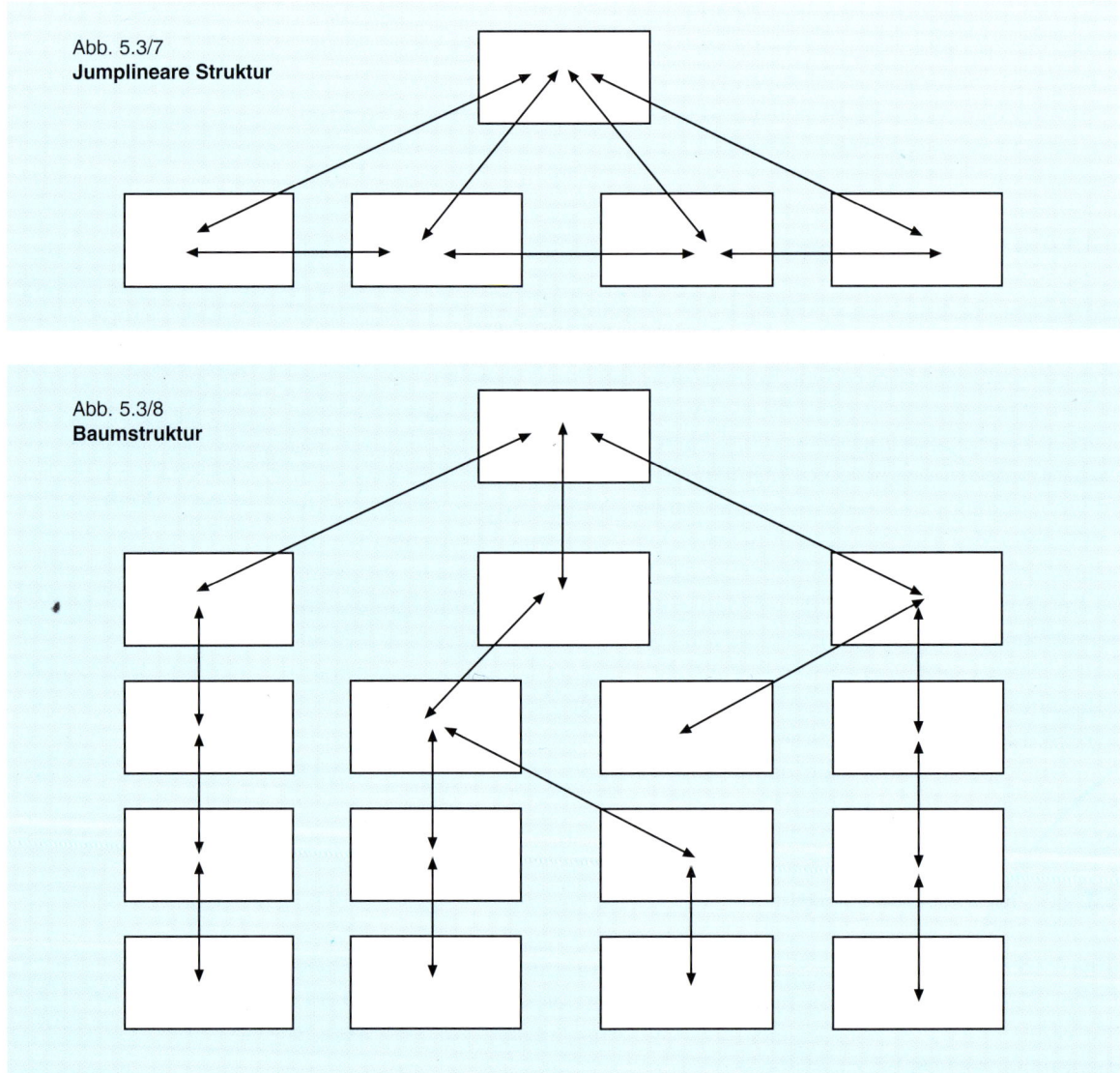

Abb. 5.3/7
Jumplineare Struktur

Abb. 5.3/8
Baumstruktur

Diese Struktur findet sich bei den sogenannten Kiosksystemen wieder. Hier geht es darum, z.B. Touristen über die Hotels in einer Stadt zu informieren. Auf einer Auswahlseite werden alle Hotels auf einem Stadtplan dargestellt. Klickt man auf ein gewünschtes Hotel, gelangt man zu dem Screen mit der ausführlichen Hotelinformation. Von dort kommt man wieder auf die Auswahlseite zurück oder kann im Hotelverzeichnis weiterblättern.

Kiosksysteme
→ **Abb. 6.5/4**

Die lineare oder jumplineare Struktur ist für die Aufarbeitung komplexer Themen nicht geeignet. Dazu sind die Möglichkeiten der Interaktivität nicht genügend ausgeprägt.

5.3.1.7 Baumstruktur

Das Navigieren in einem System mit Baumstruktur ermöglicht es dem Nutzer, sich auf den Ästen und Zweigen einer MM-Anwendung zu bewegen. An jeder Verzweigung kann eine andere Richtung eingeschlagen werden. Allerdings besteht zwischen den einzelnen Ästen keine Querverbindung. Will man also von einem Screen zu einem anderen gelangen, der sich auf einem anderen Ast befindet, so muss man in der Hierarchie bis zur ersten gemeinsamen Verzweigung zurückgehen, um am anderen Ast aufsteigen zu können.

Baumstruktur ermöglicht eine leichte Orientierung für den Nutzer.

Dies ist nicht unbedingt ein Nachteil, da sich der Anwender in einer solchen Baumstruktur relativ leicht zurechtfinden kann. Die Orientierung ist hier einfach zu lernen und für den Anwender klar und übersichtlich. Der Anwender hat immer Kenntnis über seinen „Standort" und kann sich daher gut mit dem Inhalt der MM-Anwendung auseinandersetzen.

5.3.1.8 Netzstruktur

Eine netzartig strukturierte Multimedia-Anwendung weist für den Nutzer keine eindeutige und klare Hierarchie auf. Es existieren kleinere Untersysteme, die miteinander vernetzt sind. Dabei können einige Seiten als so genannte Knoten fungieren. Diese Knoten sind mit einer Hauptmenüseite ver-

Netzstruktur bietet keine eindeutige und klare Struktur und ist für den Nutzer schwerer zu durchschauen.

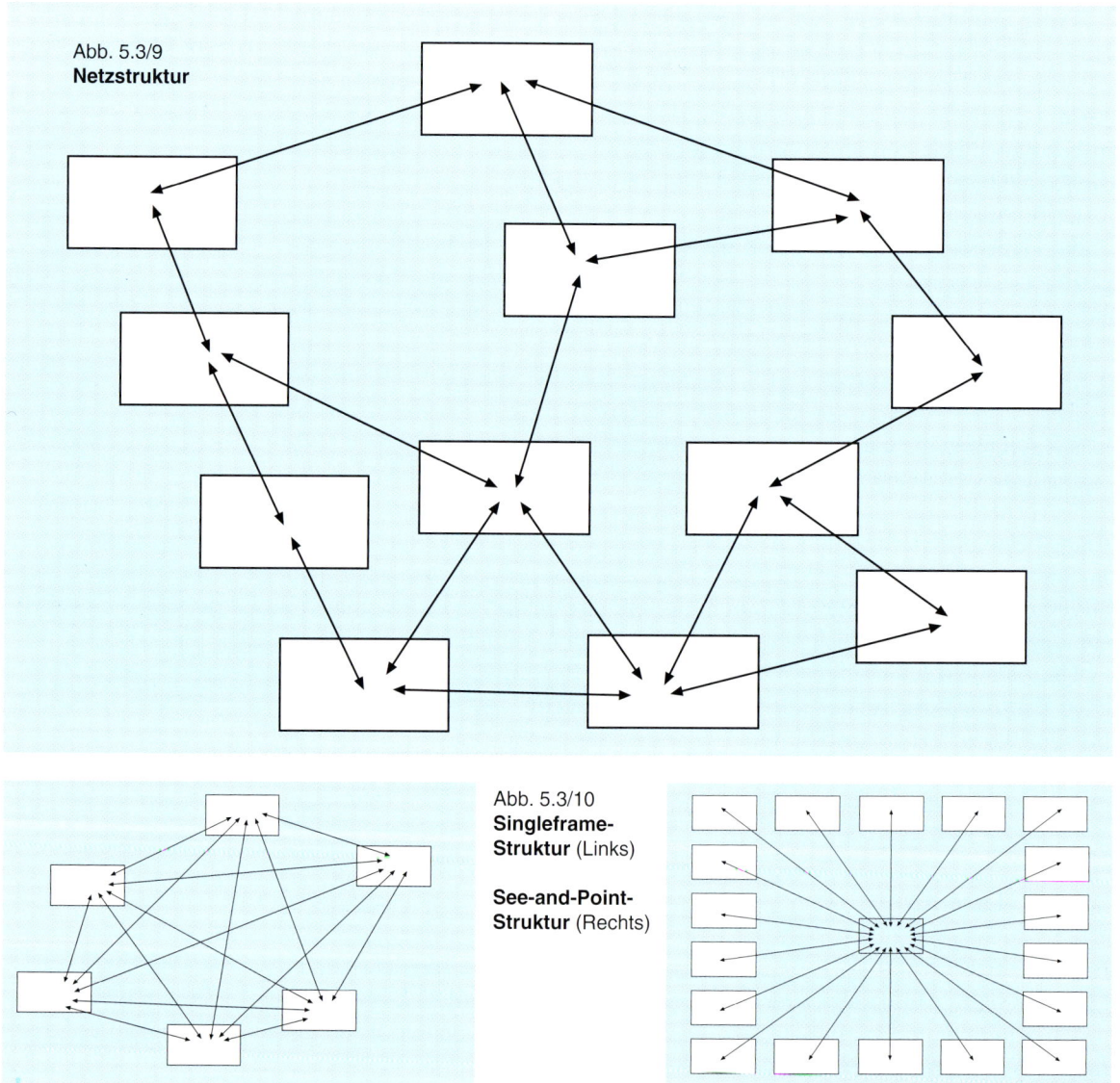

Abb. 5.3/9
Netzstruktur

Abb. 5.3/10
Singleframe-Struktur (Links)

See-and-Point-Struktur (Rechts)

gleichbar und erleichtern das Navigieren innerhalb eines Untersystems. Von diesen Knoten gelangt man zu den angrenzenden Seiten. Eine Netzstruktur mit den darin enthaltenen Knoten weist eine gewisse Unübersichtlichkeit auf. Daher sind hier hohe Anforderungen an die Navigationselemente zu stellen. Der Nutzer muss mit Hilfe klarer, übersichtlicher und sprachlich eindeutiger Navigationselemente durch die Multimedia-Anwendung geführt werden.

Netzstrukturen sind dann sinnvoll, wenn es darum geht, dem Nutzer einen möglichst hohen Grad an Interaktivität zur Verfügung zu stellen. Dies ist für Produkt- und Firmenpräsentationen angebracht, kann aber auch für die Darstellung eines Freizeitparkes auf CD-ROM genutzt werden, wo sich der Anwender auf den verschiedenen Wegen, die ein solcher Park bietet, von einer Attraktion zur anderen durchsuchen muss. Standardbeispiel ist aber eine Lexikonanwendung, basierend auf einem Datenbanksystem.

Netzstrukturen ermöglichen einen hohen Grad an Interaktivität für den Nutzer.

5.3.1.9 Singleframe-Struktur

Der Nutzer erlebt die Singeframe-Struktur als eine einzige Seite. Auf dieser Seite ändert sich je nach ausgelöster Aktion etwas. Allerdings ändert sich nicht die komplette Seite, sondern der Nutzer bewegt sich innerhalb verschiedener, optisch nahezu gleicher Seiten mit jeweils einer spezifischen Änderung. Für den Betrachter der Seite entsteht der Eindruck, als ob er sich immer auf derselben Seite befindet.

Singleframe-Anwendungen lassen für den Nutzer keine Seitenstruktur und keine Hierarchie erkennen.

Bei einer Singleframe-Struktur besteht keine Hierarchie. Es gibt kein Hauptmenü und keine Unterseiten. Jede Seite bzw. jedes Frame ist gleichberechtigt. Anwendung findet diese Struktur vor allem bei Produkten, die eine einfache Anwendung aufweisen müssen. Für den Nutzer ist es eine außerordentlich klare Sache, da er sich mit keiner Struktur und Hierachie auseinandersetzen muss. Es wird nur eine Seite genutzt, auf welcher sich einzelne Darstellungen und Elemente ändern. Als Anwendungsbeispiel kann hier ein Lexikon genannt werden, bei dem sich nur die Bild- und Textelemente ändern, der Seitenaufbau aber immer gleich bleibt.

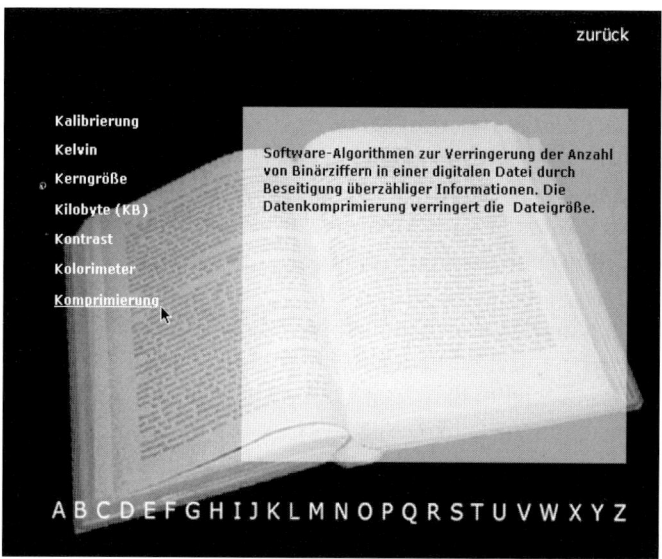

Abb. 5.3/11
Singleframe-Struktur eines Lexikons

Je nach Wahl des Buchstabens wechseln die
Auswahlwörter und die Erklärungen dazu. Der
Bildhintergrund bleibt bei jeder Auswahl gleich.
So erhält der Leser immer eine ruhige und gleich-
mäßige Hintergrundstruktur, die das Lesen des
Textes erleichtert.

Abb. 5.3/12
See-and-Point-Struktur eines Stadtführers

Das Ausklappmenü ist deutlich zu erkennen.
Es erscheint, wenn der Leser mit dem Cursor
über den Namen des Ortes fährt. Der Leser
kann dann entscheiden, ob er dieses Informationsfeld lesen, drucken oder wieder verlassen möchte. Wie auf dem Bild erkennbar, ist
noch ein zweites Informationsfeld in Form eines QuickTime-VR-Filmes auf dieser Seite
versteckt. Dieser Film kann auf die gleiche
Weise aufgerufen werden.

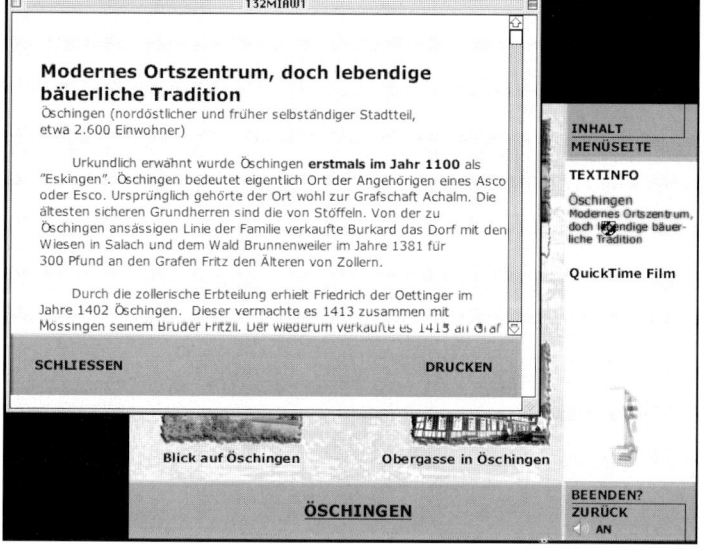

5.3.1.10 See-and-Point-Struktur

Die See-and-Point-Struktur ist eine Weiterentwicklung der Singleframe-Struktur. Die Informationen liegen alle auf einer einzigen Seite. Klickt der Nutzer auf ein Detail einer Information, klappt über der Information eine Zusatzseite auf. Bei nochmaligem Klicken oder nach einem bestimmten Zeitintervall schließt sich diese Zusatzseite wieder. Auf dieser Zusatzseite können sich Animationen, Texte, Videos und Sounds befinden, die als Unterstützung der Grundinformation abgespielt werden.

Ist die Zusatzinformation abgeschlossen, kann der Nutzer von der Hauptseite aus mit einem Link zur nächsten Zusatzseite gehen, die sich wiederum über der Hauptseite öffnet und neue Informationen darstellt. Grundsätzlich besteht die Option, dass jede dieser Zusatzseiten die Möglichkeit anbietet, die Information zu drucken.

Diese See-and-Point-Struktur ist nur für kleinere Informationssysteme oder für Untermenüs größerer Präsentationen geeignet, da sich auf einem Frame sonst zu viele Navigationselemente mit Informationen verbergen. Dies kann unübersichtlich werden und den Nutzer zu der Frage führen: Was habe ich bereits gesehen und was nicht?

> See-and-Point-Struktur ermöglicht eine schnelle Information des Nutzers durch aufklappbare Zusatzseiten mit Text, Bild, Video, Sound und Animation.

Lernziel: Navigationsstrukturen erkennen und analysieren.

Aufgaben:
- Betrachten und analysieren Sie verschiedene Multimedia-Anwendungen auf CD-ROM und aus dem Internet. (P)
- Erstellen Sie für diese Anwendungen ein Schaltplankonzept und zeichnen Sie diese Schaltpläne nach den oben beschriebenen Strukturen. Ordnen Sie die erstellten Schaltpläne den einzelnen Schaltplanstrukturen zu und versuchen Sie dabei zu hinterfragen, ob eine andere Struktur für die analysierte Anwendung sinnvoll oder denkbar wäre. (P)

Abb. 5.3/13
Bildschirmgrößen

Bildschirmgrößen (Angaben in Pixel)
im Vergleich bei jeweils gleicher Auflösung.

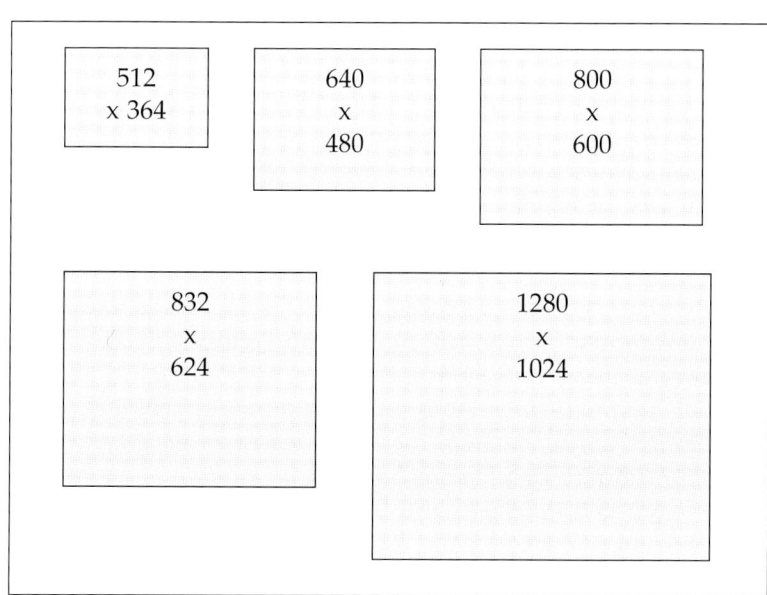

Abb. 5.3/14
Zusammenhang

Der Zusammenhang zwischen Bild-
schirmgröße, Speicherbedarf und
Auflösung wird durch unten stehende
Tabelle verdeutlicht.

Breite	Höhe	Bezeichnung	Speicherbedarf eines Bildes bei			Auflösung (Mac)	Diagonale	
			8 Bit	16 Bit	24 Bit Farbtiefe			
Pixel	Pixel		kByte	kByte	kByte	dpi	inch	cm
640	480	14"	300	600	900	72	11,1	28,2
800	600	S-VHS	469	938	1406	72	13,9	35,3
832	624	Mac 16"	507	1014	1521	72	14,4	36,7
1152	768	19"	864	1728	2592	72	19,2	48,8
1280	1024	21"	1280	2560	3840	72	21,6	55,5

5.3.2 Technische Planungsüberlegungen

5.3.2.1 Bildschirmanpassung

In Multimedia-Anwendungen wird weitgehend mit Rastergrafiken gearbeitet, daher muss die Bildschirmgröße der Zielgeräte bereits bei der Produktionsplanung berücksichtigt werden. Kleinster gemeinsamer Nenner für Computerbildschirme ist heute der 14-Zoll-Monitor mit 640 x 480 Bildpunkten. Die Standardauflösung ist 72 dpi, dies ergibt eine Bilddiagonale von 28,2 cm.

Nur durch die Beschränkung auf ein Standard-Bildschirmformat kann die breite Anwendung einer Multimedia-Applikation auf verschiedenen Rechnern und Systemplattformen gewährleistet werden.

Produktionsgröße für Multimedia-Anwendungen sind derzeit 15- oder 17-Zoll-Monitore bei einer Größe von 640 x 480 oder 800 x 600 Pixeln.

5.3.2.2 Bildformate im Vergleich

In Abbildung 5.3/13 sind die gängigen Bildschirmgrößen im Vergleich bei jeweils gleicher Auflösung dargestellt. Die Tabelle in Abbildung 5.3/14 zeigt den Zusammenhang zwischen üblichen Bildschirmgrößen, den zugehörigen Diagonalen, der Auflösung und den Speicherbedarf.

Für MM-Produktionen sollten Formate über 800 x 600 Pixel vermieden werden, da von den Grafikkarten dann entsprechend mehr Leistung gefordert wird. Vor allem Animationen über den gesamten Monitor, aber auch Filme werden insbesondere bei größeren Farbtiefen entsprechend langsamer dargestellt. Außerdem nimmt der Speicherbedarf bei großen Bildschirmdiagonalen deutlich zu.

→ **Abb. 5.3/13 und 5.3/14**

Produktionsformate über 800 x 600 Pixel sollten bei MM-Anwendungen vermieden werden, da bei vielen Anwendern die Grafikkarten überfordert sind.

5.3.2.3 Farbtiefe und Bildmodus

Die meisten Anwendungen laufen heute auf Windows-PCs. Bei älteren Home-PCs ist die Farbwahl häufig eingeschränkt. Ein Teil der installierten Systeme verfügt noch über 256 Farben. Bei einer MM-CD sollten als Minimalvoraussetzung 256 Farben (Farbtiefe 8 Bit) vorgegeben werden. 32.768 Far-

Abb. 5.3/15
Monitoreinstellung

eines Multimedia-PC für eine gute
Wiedergabe von Bild, Text, Grafik und
Videoelementen. Rechts ist die Einstel-
lung eines Kathodenstrahl-Monitors ge-
zeigt, unten die Einstellung eines LCD-
Monitors.

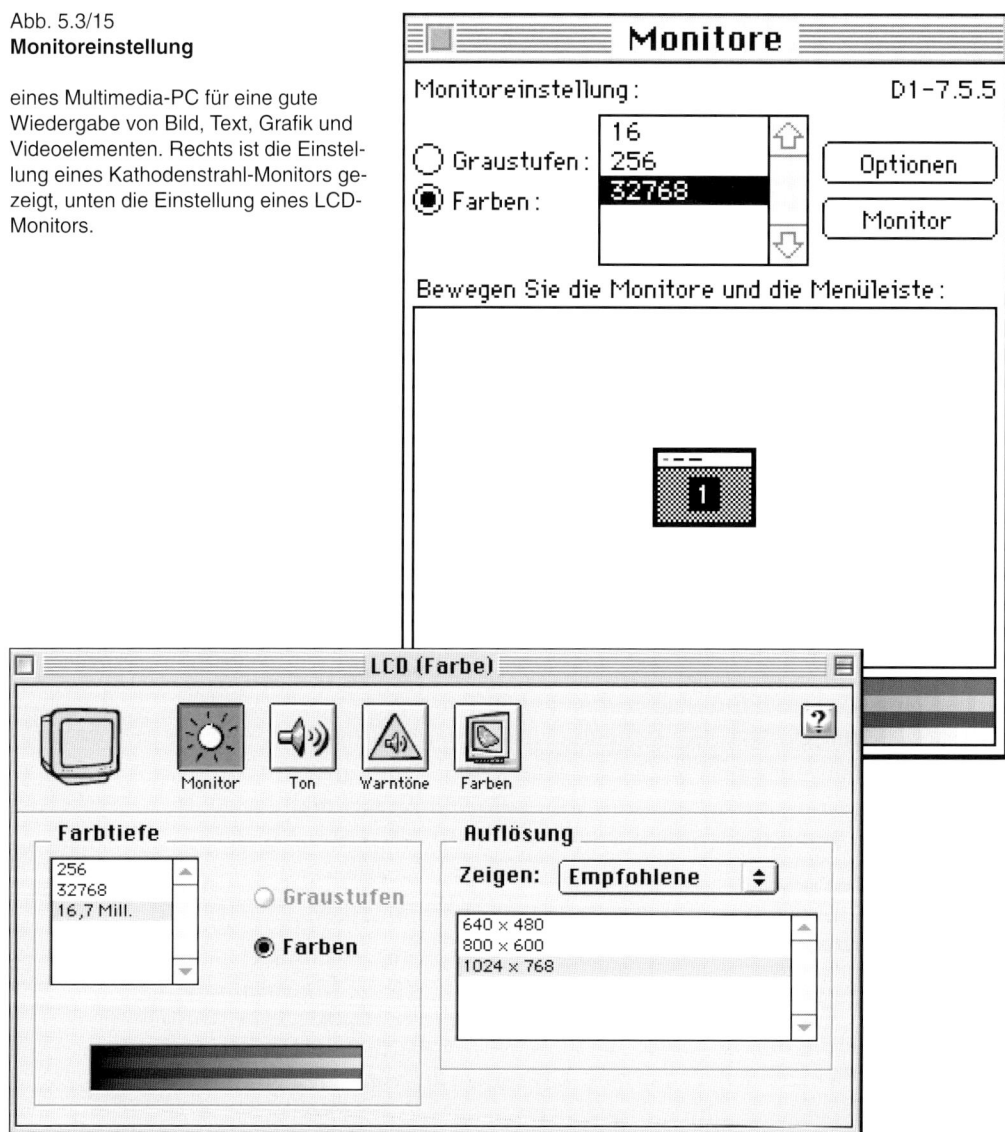

ben (Farbtiefe 16 Bit) sind besser, da Digitalvideo-Darstellungen mit Hilfe von QuickTime oder AVI auf 16-Bit-Technik aufbauen. Alle Videodarstellungen werden damit optimiert. Digitalvideos können auch auf einem Monitor mit 256 Farben dargestellt werden, zeigen dann aber deutliche Tonwertabrisse.

→ 6.1.3

Macintosh- und Windows-Systeme verwenden unterschiedliche Systemfarbtabellen bzw. -paletten. In diesen Paletten sind die gebräuchlichsten Farben gleichmäßig repräsentiert, so dass sich bei Bildern, Hintergründen usw. nur geringe Farbabweichungen ergeben.

Um Bilder für ein 8-Bit-System zu optimieren, verwendet man den Modus „8-Bit-indizierte Bilder" statt RGB. Bei der Übertragung von RGB-Bildern auf ein anderes System kann es zu starken Abweichungen kommen, da die Farbtabellen für diese Bilder sich erheblich voneinander unterscheiden. Ein Bild kann also auf einem Macintosh ganz anders aussehen als auf einem PC. Es ist daher besser, für eine systemübergreifende Hybrid-CD mit indizierten Bildern zu arbeiten, da hier die Abweichungen geringer ausfallen.

Ein weiteres Problem bei MM-Produktionen sind Farbverläufe. Auf allen Systemfarbtabellen sind nur ganz bestimmte stufenlos fließende Farbverläufe möglich. Dies sind die Verläufe Rot – Schwarz, Blau – Schwarz, Weiß – Schwarz. Andere Verlaufsfarben bereiten Schwierigkeiten – daher müssen geplante Verläufe getestet werden. Oft ist es besser und für den Nutzer angenehmer, wenn man keine Verläufe verwendet.

Farbverläufe sind kritisch!

Zusammenfassung
- Farbtiefe 8 Bit = 256 Farben <u>besser</u> Farbtiefe 16 Bit = 32.768 Farben
- Farbtiefe von mehr als 16 Bit führt zu Darstellungsverzögerungen bei Animationen
- Möglichst keine Farbverläufe bei Hybrid-CDs (oder nur getestete Farbverläufe verwenden)
- Bildmodus „indizierte Farben"

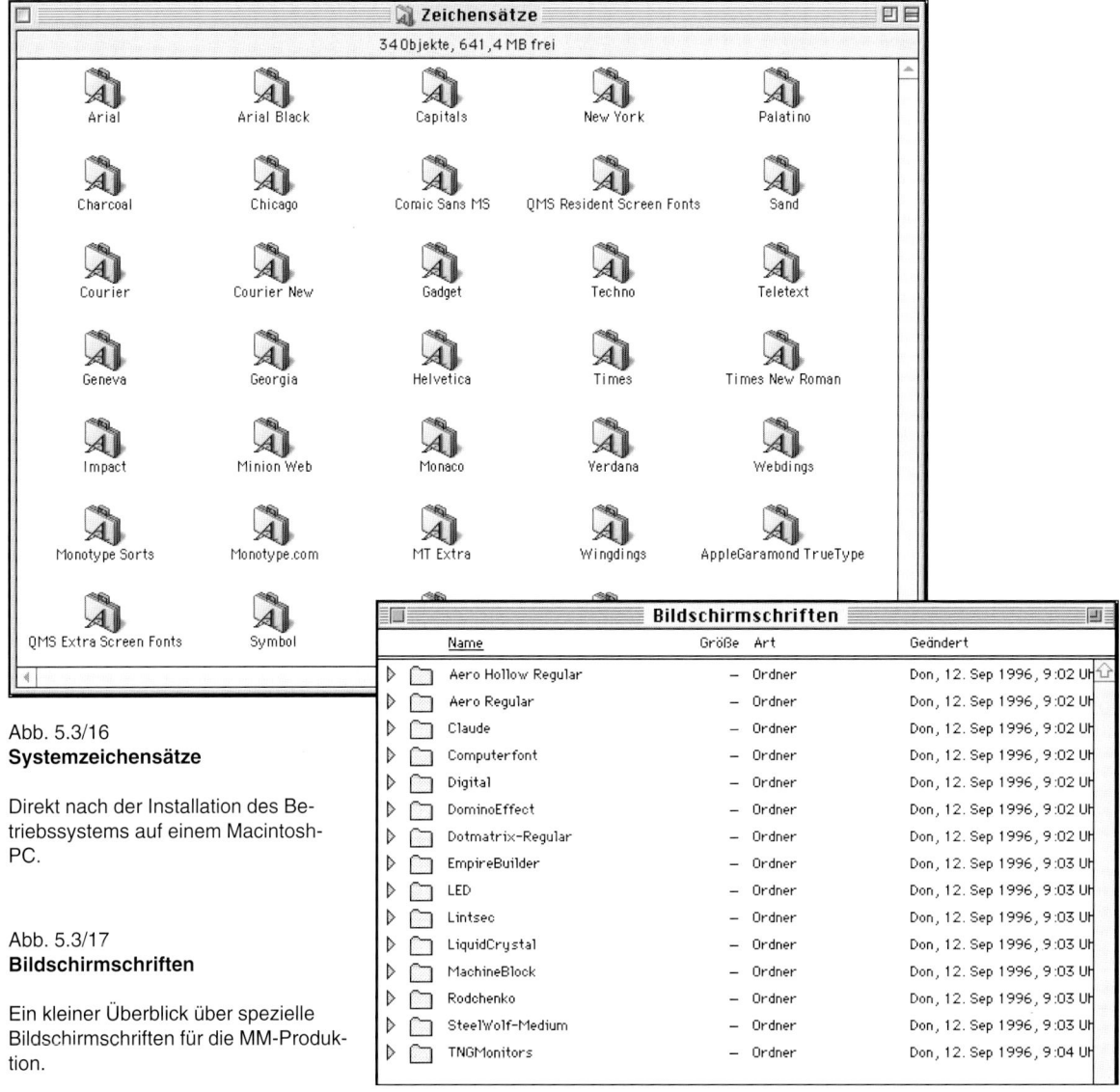

Abb. 5.3/16
Systemzeichensätze

Direkt nach der Installation des Betriebssystems auf einem Macintosh-PC.

Abb. 5.3/17
Bildschirmschriften

Ein kleiner Überblick über spezielle Bildschirmschriften für die MM-Produktion.

5.3.3 Schrift in der MM-Produktion

5.3.3.1 Technische Aspekte der Schrift

In diesem Abschnitt soll nicht auf gestalterische Aspekte eingegangen werden, sondern vor allem auf die technischen Gesichtspunkte bei der Schriftanwendung innerhalb einer MM-Produktion.

Eine der wichtigsten Entscheidungen im Vorfeld einer MM-Planung ist die Wahl der Schriften. Grundsätzlich können alle Schriften verwendet werden, solange sie am Monitor eine vertretbare Lesbarkeit aufweisen. Besser ist es jedoch, Schriften zu nutzen, die speziell für Bildschirmdarstellungen geschaffen wurden. Davon gibt es zwischenzeitlich eine große Auswahl mit ausgezeichneter Lesbarkeit (Abbildung 5.3/17).

Bei der Wahl einer Schrift ist zu beachten, dass MM-Anwendungen häufig auf Zeichensätze zurückgreifen müssen, die sich im System des Anwenderrechners befinden. Wenn z.B. bei einer CD-ROM-Anwendung eine geplante Schrift nicht zur Verfügung steht, wird vom System eine Ersatzschrift eingefügt – dies hat einen veränderten Zeilenumbruch zur Folge. Die MM-Anwendung ist damit nicht mehr brauchbar.

Bei einer Reihe von MM-Systemen wird die Schrift in der Player- oder Projektor-Version als Bitmap-Grafik berechnet. Dann greift der Rechner nicht auf Systemschriften zurück. Folgende Regel muss beachtet werden: Ist eine Schrift in der Multimedia-Anwendung editierbar, muss sie dem Betriebssystem zur Verfügung stehen.

Hauptkriterium für die Wahl einer Schrift ist deren Lesbarkeit am Monitor.

5.3.3.2 Regeln für die Schriftanwendung

Für Multimedia-Anwendungen ebenso wie für WWW-Seiten sollten in der Praxis nur Schriften Verwendung finden, die auf den verschiedenen Computersystemen vorhanden sind. Nur dann hat der Endanwender keine Probleme durch veränderte Zeilenumbrüche zu befürchten. Dies gilt für MM-Produkte, die mit editierbaren Schriftanwendungen arbeiten.

Abb. 5.3/18
Schriftgrößen für Multimedia-Projekte

Ab der Größe 18 p sind Schriften am Monitor ordentlich lesbar. Das bedeutet für den Nutzer, dass eine größere Textmenge über einen längeren Zeitraum ermüdungsfrei gelesen werden kann.

Schriftgrößen für Multimedia-Projekte:

Textpassage in der Originalgröße 18 p

Textpassage in der Originalgröße 24 p

Textpassage in der Größe 36 p

Abb. 5.3/19
Buttongrößen für Multimedia-Projekte

Derartige Buttons oder Schaltknöpfe sollten in Multimedia-Anwendungen so groß dimensioniert sein, dass auch der ungeübte Computeranwender diese Navigationshilfen mit seiner Maus „gut trifft"!

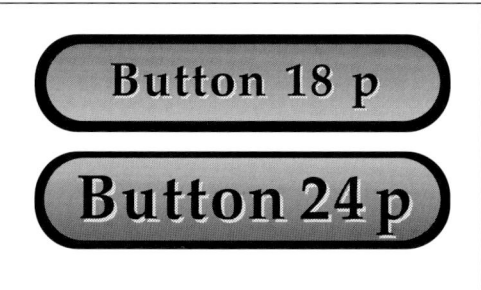

Als Schriften für Headlines u.ä. können auch Nicht-Systemschriftschnitte verwendet werden, sie sollten aber in eine Pixelgrafik umgewandelt werden!

Wird eine Schrift benutzt, die nicht im System vorhanden ist, sollten die notwendigen Schriftfonts der CD-ROM beigefügt werden, damit sie der Anwender selbst installieren kann. Eleganter ist dies mit einer Installationsroutine zu lösen, welche die benötigten Schriftschnitte beim ersten Start in das System installiert. (Allerdings ist dies nicht unbedingt im Sinne aller Computeranwender, da bei vielen CD-ROM-Anwendungen sowieso viel Unnötiges installiert wird.)

Die schlechte Lesbarkeit von Schriften auf Computerbildschirmen zwingt dazu, bestimmte Schriftgrößen nicht zu verwenden: Für Textpassagen ist die Größe von 18 p nicht zu unterschreiten. Überschriften, plakative Aussagen oder Buttons sollten in Schriftgrößen von 18 bis 24 p gesetzt werden.

Bei Bildschirmlayouts sollte fetten Schriftschnitten der Vorzug gegeben werden, da Buchstaben auf dem Monitor mindestens 2 Pixel Strichstärke haben sollten, um gut lesbar zu sein. Dies gilt insbesonders für Bildschirme mit niedrig auflösender Lochmaske – hier ist eine zu dünne Schrift dann sehr schlecht lesbar.

Werden MM-Produktionen auf S-VHS-Bändern ausgegeben, sollten keine Schriftgrößen unter 24 p verwendet werden, da Schriften auf Fernsehbildschirmen noch schlechter lesbar sind als auf Computerbildschirmen!

Für den Produzenten sind hier allerdings Rechtsprobleme zu beachten: Das Recht zur Verbreitung einer Schrift in einem MM-Produkt muss vom Lizenzinhaber (z.B. Adobe, Linotype) erworben werden. Diese Lizenzrechte sind vom MM-Produzenten zu klären und gegebenenfalls zu erwerben, nicht vom Anwender.

Ausgabe einer MM-Produktion auf Videoband erfordert in der Planung die Beachtung einer Mindestschriftgröße.

Abb. 5.3/20
Wege der Datenverarbeitung in der MM-Produktion

Es erfolgt eine Dreiteilung in der Datenpräparation. In der Bildherstellung werden Halbtonbilder und Grafiken erstellt.

Bei der Bearbeitung der Videodaten wird aus den Rohschnitten der Schnitt nach Drehbuch mit entsprechender Vertonung durchgeführt. Dazu kommt noch die Erstellung von Tondateien für Eröffnungsmelodien, Klick- und Schaltgeräusche u.ä. Diese Dateien werden ohne Videoverknüpfungen in die Multimedia-Produkte integriert.

Erst wenn alle Bild-, Grafik-, Audio- und Videodateien komplett bearbeitet und fertig gestellt sind, sollte die Zusammenführung zum Endprodukt im Autorensystem erfolgen. (Diese Wunschvorstellung lässt sich in der Praxis oft nicht umsetzen – da läuft vieles parallel.)

Die Herstellung der Textdateien erfolgt in vielen Fällen direkt im Präsentations- oder Autorensystem. Wenn Texte aus einer Datenbank aufgerufen und mit der MM-Applikation verknüpft werden, dann müssen die Daten vor Produktionsbeginn erstellt und aufbereitet sein.

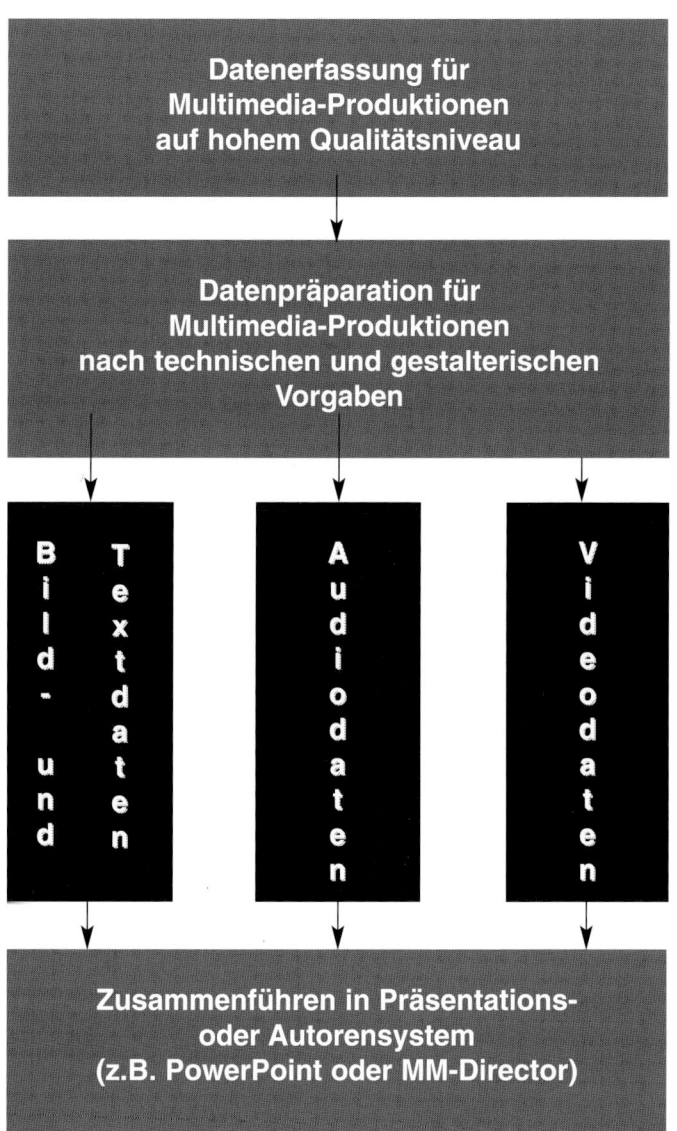

5.3.4 Beschaffung und Aufbereitung von Bild-, Audio- und Videomaterial

Ein wichtiger Schritt besteht in der Beschaffung und Erstellung des notwendigen Bild-, Audio- und Videomaterials. Dabei ist wichtig, dass mit hochwertigen Daten gearbeitet wird. Das Scannen von Bildmaterial sollte in einer hohen Auflösung und hohen Farbtiefe erfolgen. Dies ist notwendig, um Ausschnitte, Vergrößerungen und Verkleinerungen zu erstellen. Erst in einem letzten Arbeitsgang werden die notwendige Farbtiefe, Auflösung und Modus eingestellt. Eine günstige Quelle für hochwertige Bilder ist z.B. die Kodak Photo CD, auf der verschiedene Qualitäten für die unterschiedlichen Anwendungen abgespeichert sind.

Werden Bilddaten erfasst, sollte dies immer so geschehen, dass eine Zweitverwertung erfolgen kann. Die Zweitverwertung kann die CD-ROM, ein Internetauftritt oder auch das Druckprodukt sein. Alle Optionen sollten bei der Datenerfassung berücksichtigt werden.

Das Ausgangsmaterial für Videosequenzen muss hochwertig sein. Es kann nicht mit Videos gearbeitet werden, die nicht professionellen Bildformaten entsprechen, Standard sind hier S-VHS-Videos. Eine schlechte Videokopie sollte ebenfalls nicht als Ausgangsmaterial benutzt werden, da dann eine notwendige Nachbearbeitung sehr aufwendig ist und die digitale Umsetzung nicht überzeugt.

Ebenso gilt für die Aufnahme der Audiosequenzen ein hoher Qualitätsanspruch. Eine Umsetzung in das für die Applikation nötige Format kann zu einem späteren Zeitpunkt erfolgen. Sehr häufig bringen solche Umsetzungen Qualitätsverluste. Daher sind sehr gute Ausgangsmaterialien notwendig.

5.3.4.1 Struktur der Datenerfassung

Die vorgenannten Arbeiten gliedern sich in die Datenerfassung auf einem qualitativ möglichst hohen Niveau, die Datenpräparation, bei der die Daten für ihre spezielle Nutzung in der Anwendung in das dafür notwendige Format umgewandelt werden und die Zusammenführung der Daten in einem Präsentations- oder Autorensystem.

Randnotizen:

Hochwertige Bild-, Audio- und Videodateien

Auflösung in 1 : 1-Größe
300 dpi
Farbtiefe 16 oder 32 Bit

Kodak Photo CD

Zweitverwertung oder Mehrfachnutzung von Daten

S-VHS-Video

Hohe Audioqualität

Vertiefende Informationen dazu
→ 6.2 Sound
→ 6.3 Video

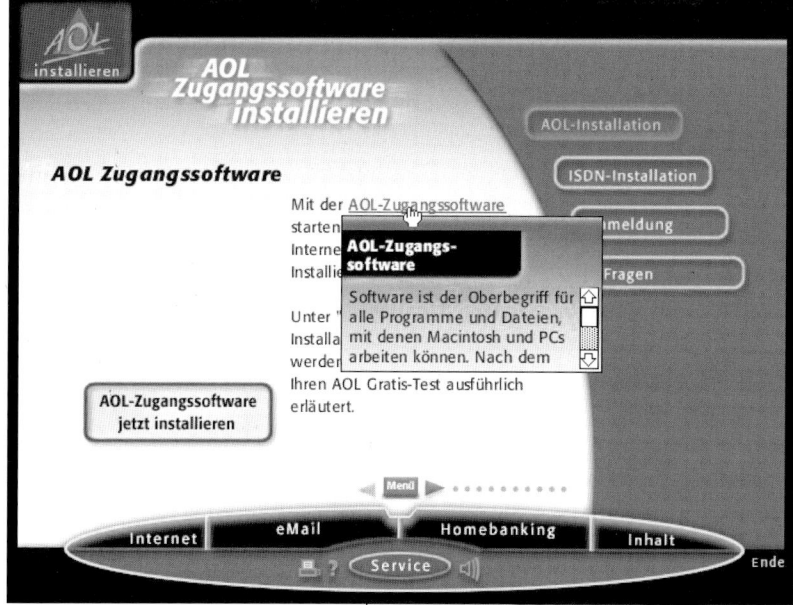

Abb. 5.3/21
Interface-Design

Beispiel für die Installation einer Zugangssoftware des Internet Anbieters AOL von einer CD-ROM. Das Design ist von einer klaren und eindeutigen Benutzerführung gekennzeichnet. Die Lesbarkeit der Buttons ist sehr gut, Aufklapp-Menüs erläutern bestimmte Vorgänge, welche dem Nutzer unklar sein können.

Abbildungen verkleinert dargestellt

Abb. 5.3/22
Interface-Design

Geschäftsbericht der Firma Porsche. Neben dem Geschäftsbericht über das Berichtsjahr wird der Nutzer durch spielerische Elemente wie einen drehbaren Sportwagen, Schalthebel, animierte Buttons zum „Spielen" und „Entdecken" aufgefordert. Dabei bleibt die Grundstruktur klar erkennbar, Hilfsinstrumente sind jederzeit aufrufbar und die Lesbarkeit ist hervorragend gewahrt.

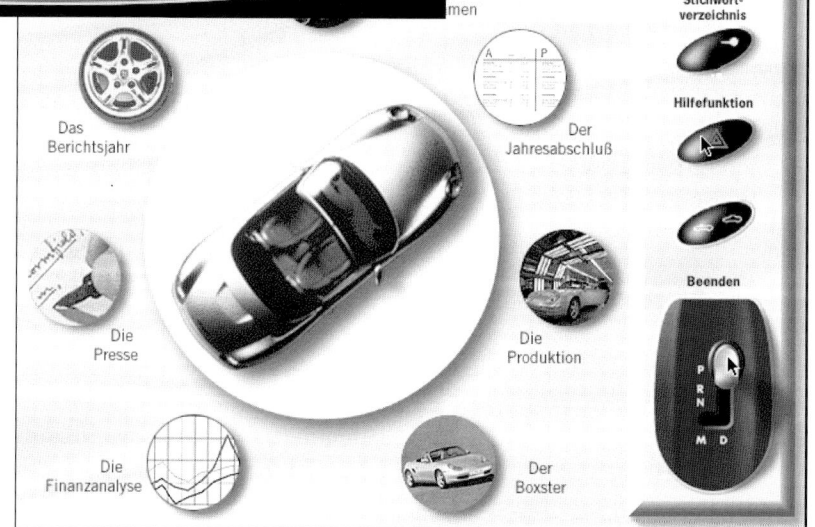

5.3.5 Interface-Design

Multimedia erfordert die Verknüpfung mehrerer Hardwarekomponenten wie Computer, Monitor, Lautsprecher, CD-ROM, Modem, ISDN-Karte, Sound- und Grafikkarte. Gemeinsam funktionieren diese Komponenten und ergeben einen Multimedia-Arbeitsplatz. Vor dieser Ansammlung technischer Gerätschaften sitzt der Mensch und versucht, mit Hilfe dieser Maschine einen Kommunikationsvorgang zur Informationsgewinnung in Gang zu setzen. Er benötigt die passende Software, um mit der Maschine zu „kommunizieren". Diese Software muss eine entsprechend aufbereitete Oberfläche aufweisen, um die Kommunikation weitgehend störungsfrei zu ermöglichen. Man spricht bei der Gestaltung dieser Oberfläche auch vom so genannten „Human Interface" – damit ist die Schnittstelle zwischen Mensch und Maschine gemeint, die eine Kommunikation ermöglicht.

Human Interface – Schnittstelle zwischen Mensch und Maschine

Multimedia-Kommunikation ist eine Kommunikationsform zwischen Mensch und Maschine. Grundlage dieser Kommunikationsform ist die Sprache. Durch die Sprache zwischen Mensch und Maschine wird eine Handlung ausgelöst. Dabei darf man unter Sprache nicht nur das gesprochene Wort verstehen, sondern es sind alle Informationsmöglichkeiten eines Computersystems als Transporteur der Kommunikation denkbar: Zeicheneingabe durch die Tastatur, Mausklicks zur Auslösung eines Navigationslinks, Spracheingabe zur Steuerung des Druckers. Die Qualität dieser Interaktion zwischen Mensch und Maschine wird entscheidend durch das Design der Softwareoberfläche bestimmt. Das Design des Human Interface beeinflusst, ob eine Multimedia-Applikation ankommt, ob sie gefällt und genutzt wird oder ob sie ganz schnell im digitalen Papierkorb landet.

5.3.5.1 Zielgruppe

Vor dem Entwurf einer Multimedia-Präsentation steht die Frage nach der Zielgruppe. Welches Ziel verfolgt ein Multimedia-Projekt, welche Zielgruppe soll angesprochen werden? Die Kenntnisse über die Zielgruppe hat entscheidenden Einfluss auf die Gestaltung, Darstellung des Inhalts und das Er-

Entwicklungsstufen des Interface-Designs

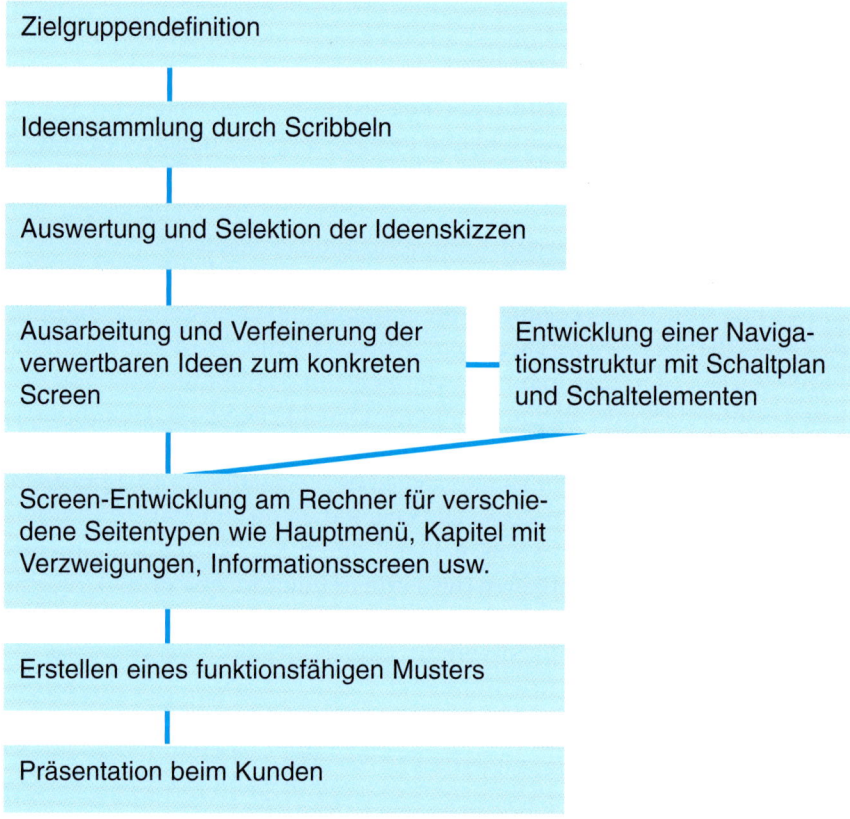

Zielgruppendefinition

Ideensammlung durch Scribbeln

Auswertung und Selektion der Ideenskizzen

Ausarbeitung und Verfeinerung der verwertbaren Ideen zum konkreten Screen

Entwicklung einer Navigationsstruktur mit Schaltplan und Schaltelementen

Screen-Entwicklung am Rechner für verschiedene Seitentypen wie Hauptmenü, Kapitel mit Verzweigungen, Informationsscreen usw.

Erstellen eines funktionsfähigen Musters

Präsentation beim Kunden

Abb. 5.3/23
**Entwicklungsstufen
des Interface-Designs**

scheinungsbild. Es ist ein Unterschied, ob eine Lern-CD-ROM für Jugendliche und junge Erwachsene erstellt wird oder ob ein interaktiver Geschäftsbericht für die Käufer eines teuren Sportwagens produziert werden soll. Vor Beginn allen Designs steht daher die Frage nach der Zielgruppendefinition. Dies ist sehr teuer und aufwendig und wird in aller Regel nur bei großen Aufträgen neu erstellt. Zielgruppendefinitionen können bei Marktforschungsunternehmen nach den unterschiedlichsten Kriterien abgefragt werden.

Ist das Einkaufen oder das Erstellen einer ausführlichen Zielgruppendefinition zu aufwendig und zu teuer, so kann selbst ein Profil der Zielgruppe erstellt werden. Dazu müssen Informationen selbst recherchiert und zusammengetragen werden. Ein derartiger Fragenkatalog könnte beispielsweise folgende Fragen enthalten:

- Wie hoch ist das Lebensalter der Zielgruppe?
- Verfügen Sie über Erfahrung im Umgang mit dem Computer?
- Verfügen Sie über Erfahrung im Umgang mit Multimedia-Anwendungen?
- Welcher Einkommensgruppe gehört die Zielgruppe an?
- Welche Bildungsabschlüsse haben die meisten Mitglieder der Zielgruppe?
- Welche Berufe sind in der Zielgruppe vertreten?
- Verfügen Sie über Sprachkenntnisse? Wenn ja, welche?
- Was für Freizeitgewohnheiten hat die Zielgruppe?
- Welche Einstellungen zu … hat die Zielgruppe?

Wenn das Thema des MM-Projektes und die Zielgruppe feststehen, ist zu klären, welche Inhalte, welche Informationen der Zielgruppe vermittelt werden sollen. Wenn diese Inhalte noch nicht konkret vorliegen, ist spätestens an dieser Stelle der Inhalt zu strukturieren. Die Textstruktur bildet das Skelett des MM-Projektes. Daraus entwickelt sich die Seitenstruktur – es wird festgelegt, welche Informationen zu welchem Screen gehören. Es entstehen Kapitel, Titel, Verweise, Gruppen und Themen, die zusammengehören. Wenn sich dann die verschiedenen Seiten bzw. Screens herauskristallisiert haben, beginnt man damit, die einzelnen Informationen auf einzelnen Musterscreens

Zum Thema Zielgruppe: Weitere Definitionen und Erklärungen siehe auch in Kapitel 5.1 Briefing.

Abb. 5.3/24
Scribble

Ideen und Gedankenskizzen – schnell erstellt mit Bleistift oder Filzschreiber.

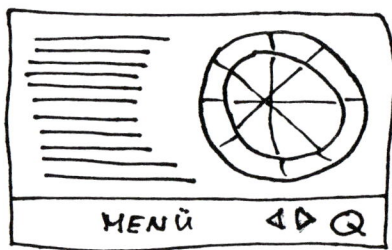
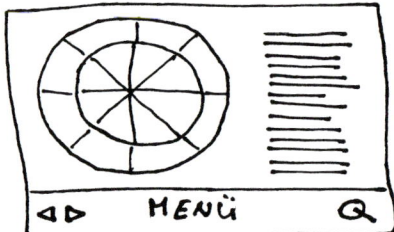
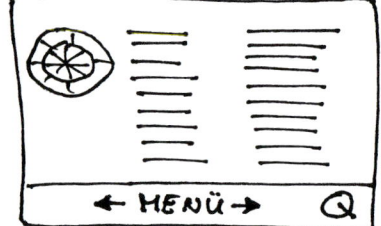

Abb. 5.3/25
Scribble

Ideen und Gedankenskizzen – schnell erstellt und eingefärbt. Nach einer solchen Ideenskizze ist der Aufbau eines Screen-Entwurfs in einem Grafik- oder Bildbearbeitungsprogramm schnell und effektiv möglich.

zu übertragen, um einen Überblick über das geplante MM-Projekt zu erhalten.

Dabei müssen nun Ideen entwickelt werden, wie das optische Erscheinungsbild der Arbeit aussehen könnte. Für diese kreative Tätigkeit muss kein Computer verwendet werden. Papier, Bleistift und farbige Marker sind hier die geeigneten Werkzeuge, um Scribbles der Screens herzustellen.

Keine kreative Tätigkeit am Computer! Dies geht besser mit Bleistift, Farbmarker und Papier.

5.3.5.2 Scribbles

Skizzieren Sie verschiedene Ideen, die Sie zum gestellten Thema haben. Gehen Sie vor wie bei einem Brainstorming. Halten Sie alle Ideen, Gedanken, Geistesblitze bildlich fest. Bewerten Sie vorerst keine der Skizzen, es ist gleichgültig, ob Ihnen die eine oder andere Skizze vorerst gefällt oder nicht. Lassen Sie Ihren Ideen freien Lauf und stören Sie diesen Gedanken- und Ideenfluss nicht.

Skizzieren

Brainstorming

Legen Sie nach einiger Zeit die Brainstorming-Skizzen weg. Die entstandenen Entwürfe, die entwickelten Kontroll- und Steuerelemente, Navigationstools, Gestaltungsraster, Bildideen, Seitenaufteilungen, Farbentwürfe und Grafikmodule, Vorder- wie Hintergrundbilder, angedachte Seitenübergänge und Animationsideen – lassen Sie alles liegen und machen Sie etwas anderes.

Nach dieser ersten Phase ist es sinnvoll, die Skizzen mit den Text- und Bildmaterialien gedanklich zu vernetzen, um bereits eine erste Struktur innerhalb der Scribbles zu erhalten. Filtern Sie die besten Ideen heraus und gehen Sie daran, diese weiter auszuarbeiten.

Gute Ideen herausfiltern

Die Entwürfe, welche Ihrer ersten Überprüfung standgehalten haben, können weiterverfolgt und konkretisiert werden.

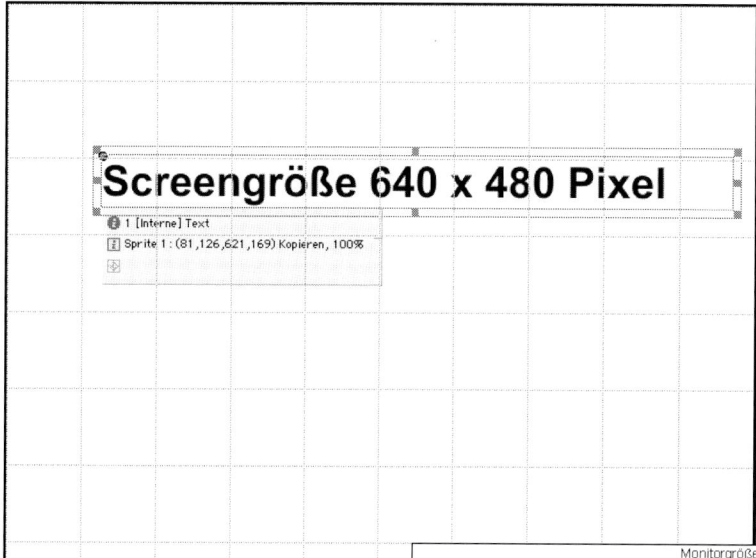

Abb. 5.3/26
Die Bühne eines Autorensystems, aufgeteilt nach dem voreingestellten Grundraster des Programms

Auf diese Darstellungsoption kann bei der Verwendung eines Gestaltungsrasters zurückgegriffen werden. Damit lassen sich exakte AV-Skizzen für jeden geplanten Screen erstellen.

Abb. 5.3/27
Einteilung eines Monitors in ein Rastersystem

Die Rastergröße ist 20 x 20 Pixel, die Spaltenbreite beträgt 10 Rasterzellen = 200 Pixel, der Raum zwischen den Spalten beträgt eine Rasterzelle. Zum Rand des Monitorformats ist jeweils ein Abstand von einer Zelle an jeder Seite festgelegt.

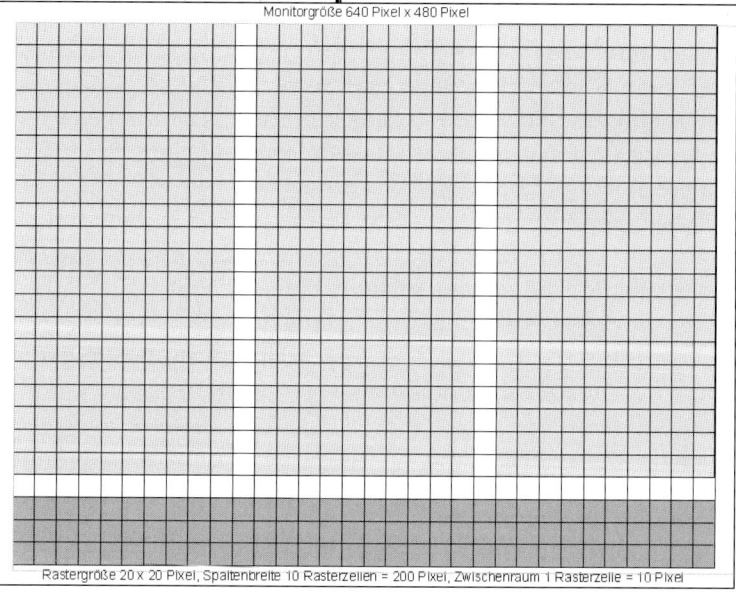

5.3.5.3 Screen-Design und Gestaltungsraster

Computer- und Fernsehbildschirme sind in der Regel querformatig angelegt. Damit sind ganz andere Anforderungen an die Gestaltung, Aufteilung und Umsetzung der Ideen zu richten als an das gewohnte Hochformat aus der Printproduktion.

Multimedia-Produkte „senden" auf verschiedenen Sinneskanälen. Die Gefahr einer Reizüberflutung durch optische Gags, verwirrende Animationen, häufige Soundwechsel und unsinnige Navigationsgeräusche besteht durchaus und sollte in die zielgruppenabhängigen Planungsüberlegungen mit einbezogen werden. Um zumindest in der Navigation, der Leseführung und der optischen Zusammengehörigkeit verschiedener Kapitel eine klare Struktur zu entwickeln, hat sich das Gestaltungsraster in der Multimedia-Produktion bewährt.

Das einheitliche Aussehen der Seiten muss gewährleistet werden. Es kann mit Hilfe des Gestaltungsrasters sichergestellt werden, dass der Titel eines Kapitels immer an der gleichen Stelle erscheint, dass Bilder immer an der „gewohnten" Stelle eingeblendet werden und dass Hilfefunktionen immer an der gleichen Position auf dem Screen gefunden werden. Die einzelnen Elemente einer Seite werden, wie von einer unsichtbaren Linie geführt, immer an die gleiche Stelle positioniert. Die Übersichtlichkeit einer Multimedia-Anwendung wird dadurch außerordentlich erhöht. Die Navigation durch die Kapitel und Seiten wird erleichtert. Dem Multimedia-Anwender wird durch eine klare Struktur der Seiten eine Orientierungsmöglichkeit gegeben, die in der Regel gerne angenommen wird.

Die einzelnen Screens müssen nicht nur horizontal und vertikal strukturiert sein, sondern sollten auch in die dritte Dimension hinein geplant werden. Der Screen-Designer unterscheidet zwischen einer Hintergrundebene und den Elementen, die vor diesem Hintergrund agieren. Als Hintergrund können eine einfarbige Fläche, ein abgesoftetes Bild, eine Bildkombination oder mehrere wechselnde Bilder verwendet werden. Der Hintergrund ist immer der weitgehend statische Teil des Screens. Er verändert sich kaum, höchstens von Kapitel zu Kapitel oder von Thema zu Thema.

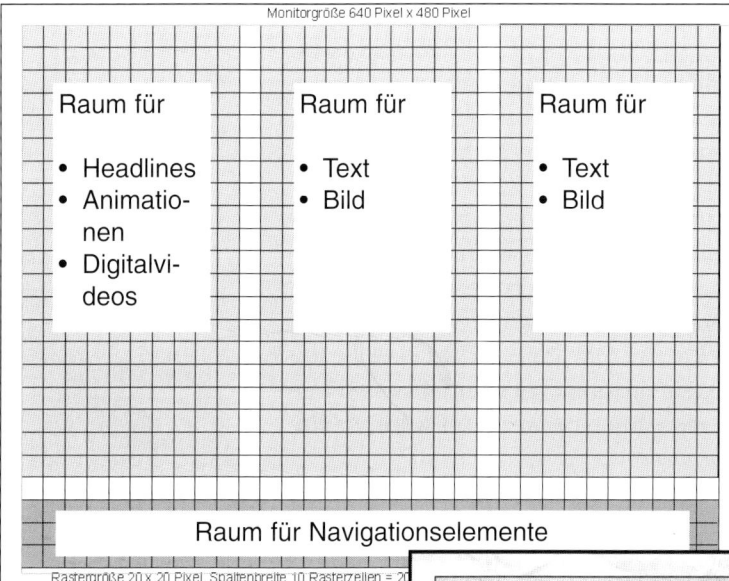

Monitorgröße 640 Pixel x 480 Pixel

Raum für
- Headlines
- Animatio-
  nen
- Digitalvi-
  deos

Raum für
- Text
- Bild

Raum für
- Text
- Bild

Raum für Navigationselemente

Rastergröße 20 x 20 Pixel, Spaltenbreite 10 Rasterzeilen = 2

Abb. 5.3/28
Screen-Design mit Gestaltungs-raster

Einteilung eines Monitors in ein Ra-stersystem. Der untere Bereich ist für die Navigationselemente vorgesehen, die drei Spalten sind für Bild, Text, Ani-mation und Digitalvideo reserviert. Animationen und Digitalvideos dürfen bei diesem Beispiel nur in der linken Spalte positioniert werden. Texte kön-nen in der mittleren und rechten Spalte platziert werden und dürfen ein- oder zwei Spalten haben.

Abb. 5.3/29
Umsetzung nach dem oben darge-stellten Gestaltungsraster.

Die konsequente Nutzung des Raster-systems ist auf der gezeigten Seite gut erkennbar. Das Bild Goethes ist zwei-spaltig und wechselt mit einem Roll-over zum Farbenkreis. Die dritte Spalte ist mit Informationen versehen, welche den Leser auf die nächste Seite ver-weisen.
Als unmittelbare Navigationselemente sind vier Textbuttons vorhanden, die es dem Leser ermöglichen, sich durch die CD-ROM zu bewegen. Daneben befin-den sich noch versteckte Navigations-elemente auf der Seite, die nur durch „Zufall" entdeckt werden sollen.

Goethes Farbenlehre

Goethe sah in der Farben-lehre mehr einen Gegen-stand der Philosophie. In Zusammenarbeit mit dem Maler Otto Runge ent-wickelte Goethe zwischen 1806 und 1810 die Farb-kreise, die bis heute noch das Grundalphabet der Farbenlehre darstellen. Goethes Experiment be-stätigte, daß die vom Auge ans Gehirn gelieferten Informationen dem

[Quit]   [Index]   [back]   [next]

Vor der Hintergrundebene agieren alle anderen wechselnden Elemente wie Animationen, Bilder, Texte, Navigationselemente und Digitalvideos. Passend zu jedem Element wird oder kann entsprechender Sound unterlegt werden.

Bei der Gestaltung der einzelnen Screens muss sich der Designer immer wieder vor Augen führen, dass die Benutzerfreundlichkeit der Multimedia-Arbeit das Wichtigste ist. Ob Internetseite oder CD-ROM – wenn der Nutzer einen Screen zum ersten Mal aufruft, muss er sich sofort damit zurechtfinden. Ist dies nicht der Fall, verlässt er die Anwendung und der Zweck der Seite ist verfehlt.

Erstellen Sie viele gestalterisch gleichartige Seiten. Der Anfang eines Kapitels, Textgruppen, Anordnung von Animationen, Digitalvideos und andere auf einer Seite vorkommende Elemente sollten immer gleichartig positioniert und auf die gleiche Art und Weise genutzt werden können.

Ein wichtiger Punkt ist die Übersichtlichkeit einer Seite. Muten Sie dem Nutzer keine überfüllte Seite zu. Verteilen Sie Informationen auf mehrere Screens und reduzieren Sie die Inhalte auf das Wesentliche. Hierbei muss häufig eine redaktionelle Bearbeitung der Texte stattfinden. Eine gute Zusammenarbeit zwischen Screen-Designer, Online-Redakteur und Programmierer ist daher bei der Screen-Entwicklung unerlässlich.

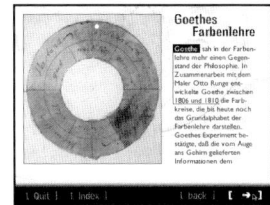

Die Abbildung auf der gegenüberliegenden Seite zeigt den Originalscreen mit dem Bild Goethes. Nach einem Rollover über das Wort „Farbkreis" erscheint dieser aus Goethes Veröffentlichung zur Farbenlehre aus dem Jahr 1810.

Ein Gestaltungsraster kann sich innerhalb einer Anwendung durchaus ändern, um die Arbeit gefällig und abwechslungsreich zu gestalten. Allerdings müssen gleichartige und sinnverwandte Seiten stets das gleiche Gestaltungsraster aufweisen, um eine optische Zusammengehörigkeit deutlich zu dokumentieren.

5.3.5.4 Background (Hintergrund)

Das wichtigste Autorensystem in der Multimedia-Produktion ist der Macromedia Director. Dieses Programm entstammt ursprünglich der Welt der Trickfilmherstellung Hollywoods. Bei der Herstellung von Trickfilmen wird eine Ebenenunterteilung vorgenommen, um eine möglichst rationelle An-

Abb. 5.3/30
Navigationstools

Navigationstools eines Wintersportka-
talogs. Auf der Auswahlseite ist ein
querformatiges Digitalvideo zu erkennen, das auf jeder Seite dem Snow-
boardfahrer die Schönheiten des
Sports direkt vor Augen führt. Die eigentlichen Navigationstools sind die
Produkte „snowboards, events und
textil". Von hier aus gelangt man in die
jeweiligen Shops. Die Navigationstools
sind animiert und laufen als tanzendes
Laufband auf der unteren Seitenfläche.
Nach dem Klick auf den Info-Schriftzug
erscheint das Info-Menü, welches die
Funktion der Navigationstools erläutert.

Abb. 5.3/31
Online-Hilfe

Jede Multimedia-Arbeit sollte für den
nicht so geübten Anwender eine Erklä-
rungs- oder Informationsseite (Online-
Hilfe) aufweisen. Hier kann sich der
Nutzer informieren, wie die vorliegende
Anwendung funktioniert, welche Funktionen hinter bestimmten Symbolen
verborgen sind und auch, wie die Anwendung beendet wird.

imationsproduktion zu erreichen. Dabei kommt der Hintergrundebene eine entscheidende Bedeutung zu. Die Hintergrundebenen sollen in einer Szene möglichst lang beibehalten werden, damit diese nicht zu oft neu aufgebaut werden müssen.

Dieses Verfahren wird in die Multimedia-Produktion übernommen. Der Hintergrund sollte möglichst während eines Themas oder innerhalb eines Kapitels gleich bleiben, um dem Anwender die Zusammengehörigkeit der Screen-Abfolge auch optisch zu signalisieren. Ein Hintergrund kann aus einfarbigen Flächen, aus einem Bild oder einer Bildkombination bestehen. Dabei ist zu beachten, dass der Hintergrund nicht zu dominant erscheint, dass er nicht zu unruhig wirkt und von seiner Farbigkeit bzw. seiner Struktur her die Lesbarkeit einer Seite fördert.

Hintergrundkonstanz innerhalb eines Kapitels

5.3.5.5 Navigationselemente

Innerhalb eines Internet-Auftrittes oder einer CD-ROM werden sich die Navigationselemente praktisch nicht verändern. Dies gilt vor allem für die Elemente, die durchgängig durch eine gesamte Produktion immer die gleiche Funktionalität aufweisen. Diese Elemente sollten innerhalb des Gestaltungsrasters ihre feste Position beibehalten, an die sich der Anwender sehr schnell gewöhnt.

Navigationselemente müssen konstante Funktionen aufweisen.

Navigationselemente erfüllen verschiedene Funktionen:
- Sie ermöglichen dem Nutzer das Manövrieren durch ein MM-Produkt.
- Sie versorgen den Nutzer mit den notwendigen Informationen, um durch die Produktion zu navigieren.
- Sie sorgen durch versteckte Navigationstools für die eine oder andere Überraschung, indem sie unvermutete Ereignisse ablaufen lassen, die den Anwender informieren oder unterhalten. Dadurch wird der Such- und Spieltrieb angesprochen.

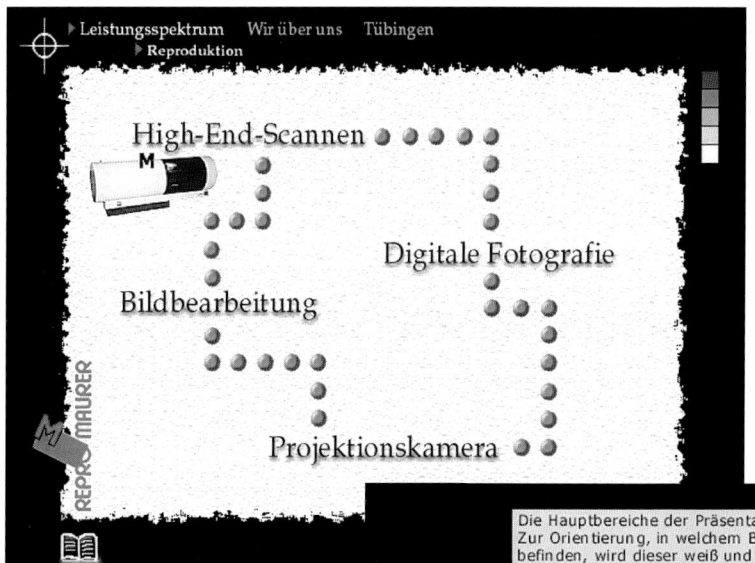

Abb. 5.3/32
Selbstdarstellung eines Medien-betriebes

Die Gestaltung richtet sich in ihrem optischen Erscheinungsbild nach den in der Reproduktion vorkommenden Elementen wie Graukeil (= Lautstärkeregler), Passmarken, Auszugsbeschriftung wie in Layoutprogrammen (= Navigation und Orientierung). Auf dem Hintergrund eines Büttenpapiers läuft die Firmenpräsentation ab. Dort befinden sich die Navigationselemente. Durch Cursor- und Rollover-Änderungen werden die Navigationstools hervorgehoben und informieren den Nutzer über die Aktionsmöglichkeiten.

Abb. 5.3/33
Hilfefenster

Beim Klick auf das „i" dieser Firmenpräsentation erscheint das Informationsfenster der Online-Hilfe. Der Nutzer kann sich ausführlich informieren, wie die vorliegende Präsentation funktioniert, was auf der CD enthalten ist und wie die Präsentation beendet wird. Diese Hilfefunktion steht dem Nutzer auf jedem Screen zur Verfügung. Ein Hinweis zu dieser Online-Hilfe befindet sich auch auf dem Cover der CD-ROM.

Arten von Navigationselementen

Die für einen Multimedia-Anwender sofort erkennbaren Navigationselemente sind auf dem Haupt- oder Auswahlmenü und den einzelnen Screens deutlich sichtbar angeordnet. Mit Hilfe dieser Navigationselemente (odertools) wird der Anwender durch die Vielzahl der Screens geführt und sollte im günstigsten Fall mit Hilfe der Navigationsinformation immer genau wissen, wo er sich gerade befindet.

Navigationstools sind vergleichbar mit den Bedienungselementen eines CD-Players. Sie sind immer verfügbar, in ihrer Funktionalität klar definiert und lassen den Anwender jederzeit gezielt an einen bestimmten Punkt einer CD-ROM oder Internetseite springen.

Im Gegensatz zu den sichtbaren Navigationstools gibt es in der Multimediaproduktion noch die versteckten Navigationstools. Dies sind Verknüpfungen zu interessanten Elementen einer Produktion, die nicht auf den ersten Blick erkennbar sind. Die versteckten Verküpfungen sind durch „Rollover-Effekte" erkennbar: Dies kann eine Änderung des Cursors sein, eine ausgetauschte Darstellung eines Bildes, eine Textfarbenänderung, ein Sound oder ähnliches. Man bezeichnet diese Art der Navigationstools auch als „Hot Spots" und meint damit Bereiche auf einem Screen, die auf die Berührung mit dem Mauscursor reagieren. Hot Spots dienen vor allem dazu, die interaktive Gestaltung eines Screens attraktiver zu machen. Der Nutzer soll auf diese Art zu Teilen einer Präsentation geführt werden, die über die sichtbare Navigation hinausgehen.

Neben den versteckten Verknüpfungen existieren noch die so genannten Hyperlinks. Diese kommen vor allem bei Internetseiten zum Einsatz. Sie ermöglichen die Verknüpfung zwischen einer Textstelle und einer anderen Seite. So ist es z.B. durch einen Hyperlink möglich, von der Hompage der Stadt Reutlingen direkt auf die Homepage der Partnerstadt in Ungarn zu gelangen (und zurück). Die Technik der Hyperlinks kann auch auf CD-ROMs zum Einsatz kommen. Sinn macht die Hyperlink-Verknüpfung allerdings nur dort, wo viel Text vorhanden ist und eine Verknüpfung von Textstelle zu Textstelle, z.B. bei Lexikas, angezeigt ist.

Rollover-Effekte werden auch Mouse-Over-Effekte genannt. Fährt man mit der Maus über ein Navigationselement, so erscheint ein andersfarbiger Button. Dadurch erkennt der Nutzer, dass hier eine Funktion aufgerufen werden kann.

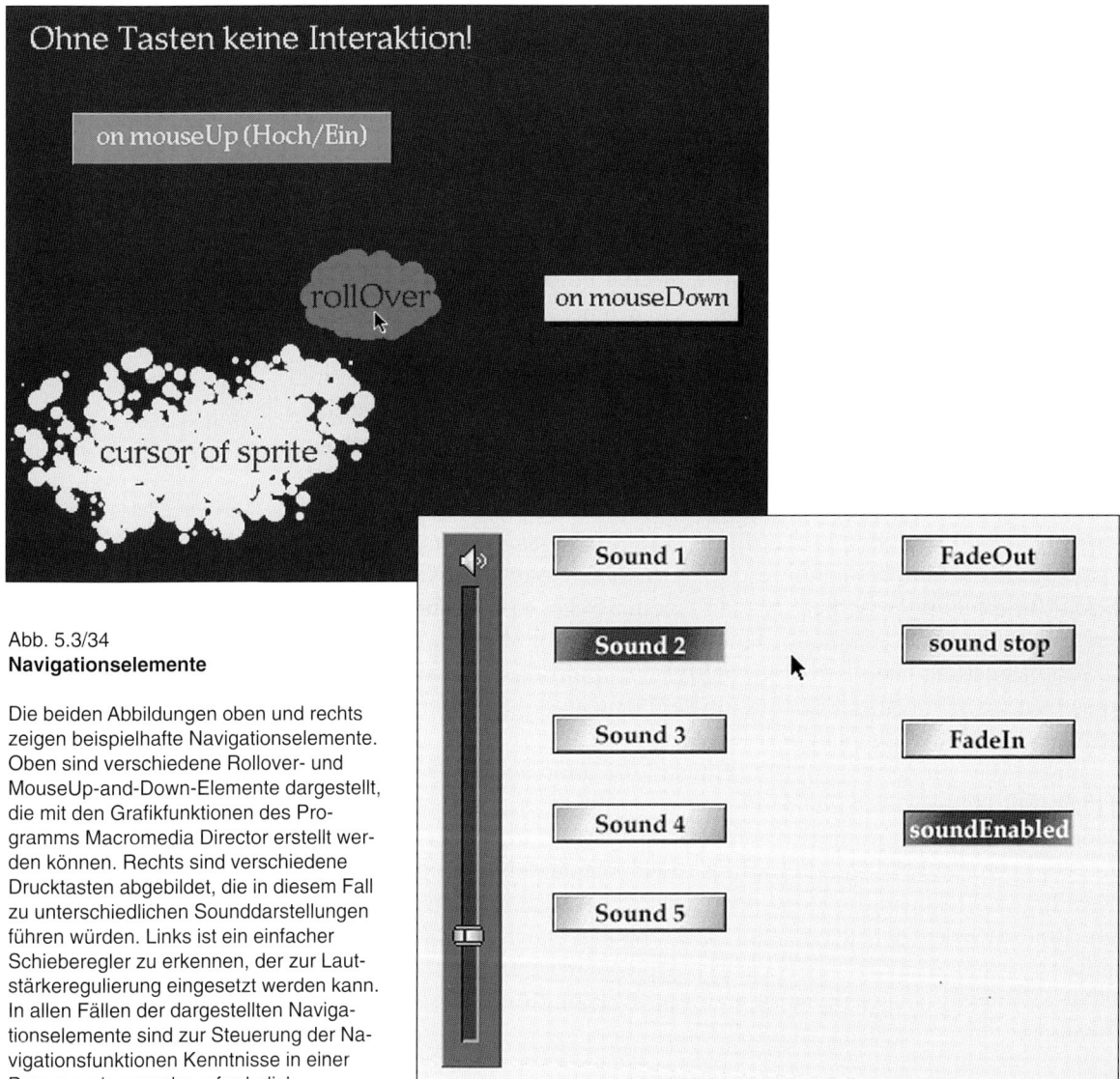

Abb. 5.3/34
Navigationselemente

Die beiden Abbildungen oben und rechts
zeigen beispielhafte Navigationselemente.
Oben sind verschiedene Rollover- und
MouseUp-and-Down-Elemente dargestellt,
die mit den Grafikfunktionen des Programms Macromedia Director erstellt werden können. Rechts sind verschiedene
Drucktasten abgebildet, die in diesem Fall
zu unterschiedlichen Sounddarstellungen
führen würden. Links ist ein einfacher
Schieberegler zu erkennen, der zur Laut-
stärkeregulierung eingesetzt werden kann.
In allen Fällen der dargestellten Navigationselemente sind zur Steuerung der Na-
vigationsfunktionen Kenntnisse in einer
Programmiersprache erforderlich.

Die Navigationselemente sollten von der grafischen Gestaltung her immer so erstellt werden, dass enthaltene Schriften einen hohen Farbkontrast aufweisen und gut lesbar sind. Bei Rollovern muss durch die Wahl der Farben eine deutliche Interaktionsfunktion signalisiert werden. Schieberegler und ähnliche „Werkzeuge" sollten so dimensioniert sein, dass auch der weniger geübte Computeranwender diese noch gut mit der Maus treffen und bewegen kann.

Die permanent notwendigen Navigationselemente sollten immer an der gleichen Stelle eines Screens platziert werden, um dem Nutzer eine gewisse „Navigationsgewohnheit" zu ermöglichen. Er soll sich auf den Inhalt konzentrieren und sich nicht dauernd auf neue Steuerungsmechanismen einstellen müssen. Die Platzierung der Navigation kann allenfalls bei größeren Arbeiten von Kapitel zu Kapitel wechseln, bei kleineren Präsentationen sollte hier die Navigationsstruktur gleich bleiben.

Beachten Sie bei der Gestaltung eines Screens folgende Regel:

Aus Untersuchungen zu Lesegewohnheiten ergab sich: Leser erwarten auf dem oberen linken Teil einer Seite (Screens) immer etwas Neues, die Aufmerksamkeit für diesen Teil der Seite ist hoch. Unten rechts auf einem Screen ist die Aufmerksamkeit gering. Hier sollten sich ständig wiederholende Elemente befinden, die nicht einer dauernden Beobachtung unterliegen müssen.

5.3.5.6 Online-Hilfe

Ein gut geplantes Multimedia-Projekt erhält eine Online-Hilfe, um dem Anwender immer zur Seite zu stehen, wenn er sich in der Anwendung trotz bester Vorsätze „verlaufen" hat. Diese Online-Hilfe sollte von jeder Seite aus abrufbar sein und dem Anwender erläutern, welche Funktionalitäten und Inhalte verfügbar sind. Auch sollte eine kurze Erläuterung zum Beenden der Arbeit gegeben werden (vergleiche Abbildung 5.3/33).

Der Trend geht zur Zeit eher zu versteckten oder sehr dezent sichtbaren Navigationsleisten. Innerhalb dieser Navigationsleisten muss die Lesbarkeit durch entsprechende kontraste gewahrt bleiben. Manchmal eine schwierige Gestaltungsaufgabe mit widersprüchlichen Anforderungen ...

Die Lesegewohnheiten unserer Anwender sollten wir kennen.

Abb. 5.3/35
Farbe und Schrift

Cyan + Magenta
Gelb + Magenta
Cyan + Gelb
Cyan + Grün

Beurteilen Sie die Lesbarkeit und Lesefreundlichkeit der Farbkompositionen mit dem Text.

Schrift als
Farbkontrast zum
Hintergrund

Schrift als
Farbkontrast zum
Hintergrund

Schrift als
Farbkontrast zum
Hintergrund

Schrift als
Farbkontrast zum
Hintergrund

Abb. 5.3/36
Farbverlauf und Schrift

Schrift als
Farbkontrast zum
Hintergrund

Schrift als
Farbkontrast zum
Hintergrund

Abb. 5.3/37
Strukturierter Farbhintergrund und Schrift

Schrift als
Farbkontrast zum
Hintergrund
Schrift als
Farbkontrast zum
Hintergrund

Schrift als
Farbkontrast zum
Hintergrund
Schrift als
Farbkontrast zum
Hintergrund

5.3.6 Farben

Grundsätzlich zeigt der Monitor die RGB-Farben, der Druck aber die CMYK-Farben. Bildschirmfarben sind Leuchtfarben, welche von der Leuchtschicht des eingesetzten Monitors abhängen. Stellen Sie mehrere Monitore nebeneinander, Sie werden kaum einen mit identischer Farbwiedergabe sehen. Weiterhin spielt die Grafikkarte bei der Farbwiedergabe eines Monitorbildes eine entscheidende Rolle. Nur Designer, Mediengestalter und Fachleute, von denen farbechtes Arbeiten verlangt wird, setzen farbkalibrierte Monitore ein. Die bei einer SVGA-Karte möglichen 16,7 Millionen Farben täuschen gewaltig. Längst nicht alle Farben zeigt der Monitor tatsächlich, vor allen Dingen werden nicht alle Farben gleichartig dargestellt. Der Monitor hat farblich Stärken und Schwächen!

Die Stärken des Monitors liegen im Blau- und Violettbereich. Die Schwächen im Orange- und Gelbbereich. Die Farben wirken schmutzig. Rot leuchtet nicht und schwarz wirkt stumpf. Alle metallischen Farben müssen durch normale Farben simuliert werden. Glänzende oder matte Farben können ebenfalls nicht dargestellt werden. Farben für das Internet beschränken sich zumeist auf wenige 256 Farbmöglichkeiten.

Blau- und Violettfarbtöne zeigt der Monitor besonders gut.

5.3.6.1 Farbwahl

Kräftige Farben und deutliche Farbkontraste, ohne dass es zu Flimmereffekten kommt, sollten ausgewählt werden. Der Einsatz mediengerechter Farben ist grundsätzlich anzustreben. Der Druck weist andere mediengerechte Farben auf als ein Monitor oder Beamer. Farben sind insbesondere unter dem Aspekt der Lesbarkeit von Texten anzuwenden. Vermeiden Sie zu viel Farben, vermeiden Sie Farbverläufe, da viele Computergrafikkarten nur 256 Farbstufen haben oder das Internet die Anzahl der Farbstufen einschränkt. Legen sie keine farbigen Strukturen in den Hintergrund, die Texte werden schwer lesbar. Vermeiden Sie Farbhintergründe und farbige Texte, welche sich gegenseitig stören. Der Text, die Grafik, das Diagramm, das Bild, die Animation muss immer klar und deutlich erkennbar sein. Reduzieren Sie die Dateien auf 30 kB bis 50 kB, so dass sie aber optisch noch immer attraktiv wirken!

Dateigröße von 30 kB bis 50 kB anstreben.

5.4 Medienrecht

5.4.1 Urheberrecht

5.4.1.1 Definition des Urheberrechts

Bei diesem Kapitel handelt es sich um eine Darstellung rechtlicher Zusammenhänge.
Dabei werden ganz bewusst die Begriffe der Juristen nicht durch umgangssprachliche Wörter ersetzt, auch wenn sich dies im einen oder anderen Fall dadurch etwas „hölzern" liest.

Ein typisches Beispiel ist der Rechtsbegriff Lichtbildwerk, der so im Gesetzestext steht – gemeint sind damit Fotos, Filme und Videos.

Abgeleitet davon ist z.B. der Begriff Lichtbildspieltheater, gemeint ist damit ein Kino.

In dem Moment, in dem jemand ein Buch, ein Musikstück, eine Software, einen Film oder ein multimediales Produkt erstellt, ist seine Arbeit urheberrechtlich geschützt. Ein „Eintrag" des geschaffenen Werkes in ein öffentliches „Urheberrechtsregister" – wie im Marken- oder Patentrecht – ist in Deutschland weder erforderlich noch möglich.

Wer seine Werke dennoch als urheberrechtlich geschützt kennzeichnen möchte, der kann sie mit dem „©" versehen. Das Zeichen macht nach deutschem Recht und überall dort, wo das „Revidierte Berner Übereinkommen" (RBÜ) gilt – also in den meisten Staaten Europas – jedoch keinen rechten Sinn: Entweder handelt es sich von Haus aus um ein urheberrechtlich geschütztes Werk – dann bedarf es des Hinweises nicht – oder aber das erstellte Dokument besitzt keine Werkqualität, genießt also keinen Urheberrechtsschutz – dann verhilft auch das Copyright-Zeichen nicht zum gewünschten Schutz. Auf der anderen Seite kann ein Hinweis darauf, dass der Autor davon ausgeht, sein Machwerk sei urheberrechtlich geschützt, natürlich auch nicht schaden! Potentielle Urheberrechts-Verletzer werden so gewarnt und auf mögliche Konsequenzen eines Urheberrechtsverstoßes hingewiesen.

5.4.1.2 Bedeutung des Urheberrechts

Das Urheberrecht schützt persönliche geistige Schöpfungen auf dem Gebiet der Musik, Wissenschaft, Kunst und Literatur. Dabei beinhaltet der Begriff Schöpfung, dass es sich bei einem Werk um etwas Neues oder um etwas Künstlerisches handeln muss. Das Urheberrecht schützt also die Schöpfungen von verschiedenen Personen wie bildende Künstler, Fotografen, Schriftsteller, Designer, Grafiker, Architekten, Programmierer, Komponisten und Regisseure. Der auf künstlerisch und technischem Gebiet kreativ Schaffende wird vor fremdem Zugriff auf seine Arbeitsergebnisse geschützt. Damit sichert ihm das Urheberrecht eine Beteiligung am wirtschaftlichen Nutzen, der aus seinen kreativen Leistungen gezogen werden kann.

Das Urheberrecht dient also den Schöpfern geistiger Leistungen und schützt deren Eigentum in immateriellen und materiellen Sinne. Weiter schützt das Urheberrecht vor Nachahmungen und Ausbeutung der Leistungen des Urhebers.

Geschützt sind:

- Sprachwerke wie Schriftwerke, Reden und Computerprogramme
- Musikwerke
- Werke der Pantomime
- Werke der Tanzkunst
- Werke der bildenden Kunst und deren Entwürfe
- Werke der Baukunst und deren Entwürfe
- Werke der angewandten Kunst (z.B. Gebrauchsgrafik) und deren Entwürfe
- Lichtbildwerke (Fotos, Filme und Videos)
- Wissenschaftliche oder technische Darstellungen
- Bearbeitungen, die eine besondere geistige Leistung des Bearbeiters darstellen, darunter fallen vor allem Übersetzungen
- Sammelwerke, die aus Einzelwerken oder unterschiedlichen Beiträgen zusammengestellt sind und eine eigene geistige Schöpfung darstellen bezüglich der Auslese oder Zusammenstellung
- Datenbanken (§ 4 (2) UrhG vom 01.01.98)

Die oben dargestellte Auflistung entspricht in gekürzter Form § 2 Abs. 1 UrhG. Diese Liste ist nur beispielhaft, nicht abschließend zu sehen. Es ist also jederzeit möglich, dass im Laufe der Zeit neue schutzfähige Werkarten hinzukommen können.

Wesentlicher Punkt zur Einordnung als schützenswertes Werk ist die Frage nach der persönlichen geistigen Schöpfung. Eine solche wird angenommen, wenn folgende Merkmale zutreffen:

- Wahrnehmbare Formgestaltung
- Geistiger Gehalt
- Persönliche bzw. individuelle Schöpfung

Immaterieller Rechtsschutz = Geistiger Rechtschutz an einer Idee (z.B. Komposition)

Materieller Rechtsschutz = Rechtsschutz an einer Sache (z.B. Bild, Plastik)

Eine Urteils- und Entscheidungssammlung zum Multimedia-Recht findet sich unter folgender Adresse: http://www.netlaw.de/urteile

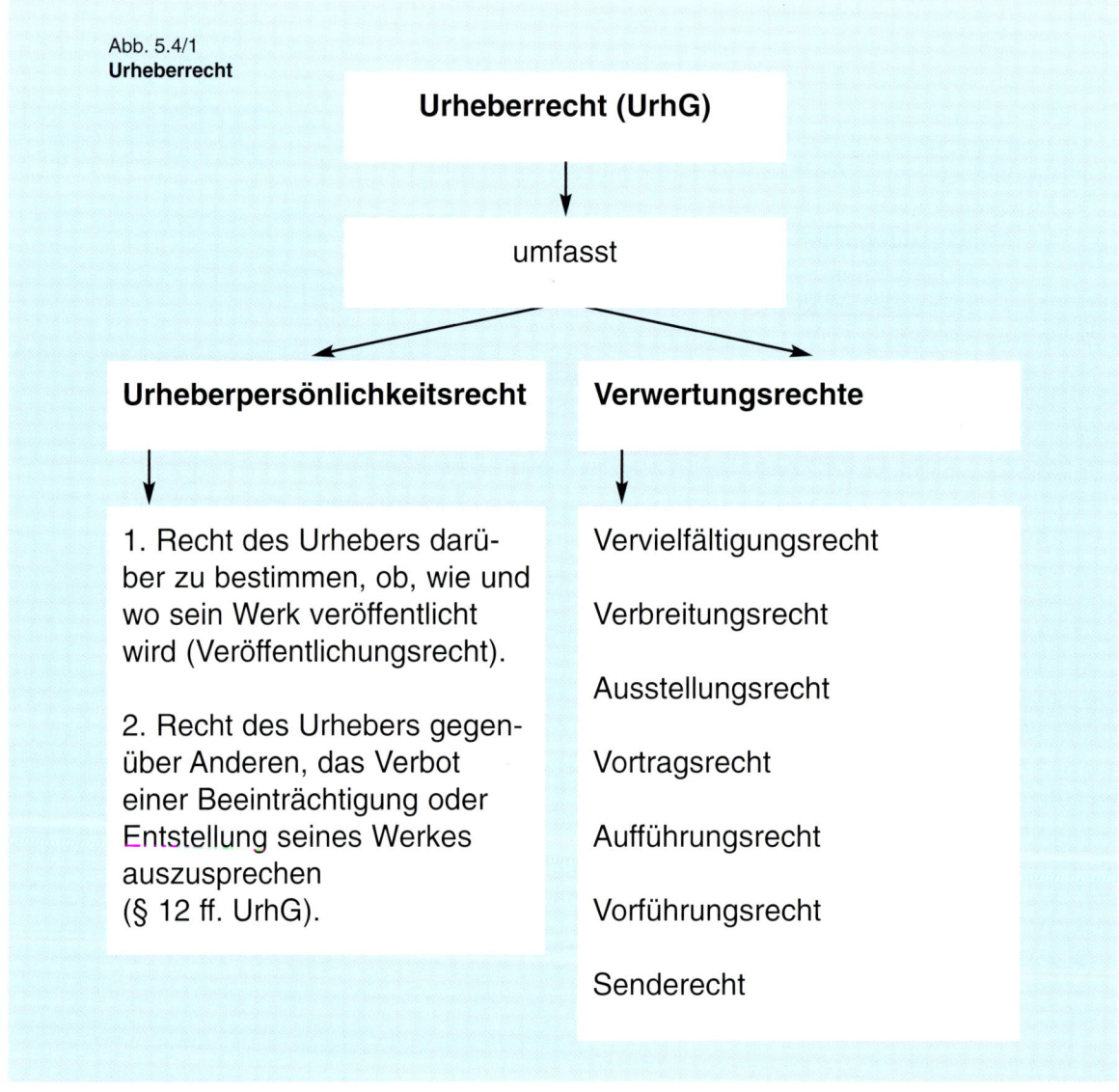

Abb. 5.4/1
Urheberrecht

Urheberrecht (UrhG)

umfasst

Urheberpersönlichkeitsrecht

1. Recht des Urhebers darüber zu bestimmen, ob, wie und wo sein Werk veröffentlicht wird (Veröffentlichungsrecht).

2. Recht des Urhebers gegenüber Anderen, das Verbot einer Beeinträchtigung oder Entstellung seines Werkes auszusprechen (§ 12 ff. UrhG).

Verwertungsrechte

Vervielfältigungsrecht

Verbreitungsrecht

Ausstellungsrecht

Vortragsrecht

Aufführungsrecht

Vorführungsrecht

Senderecht

5.4.2 Werkarten

5.4.2.1 Schrift- und Sprachwerke

In dieser Werkgruppe werden Schriftwerke und Sprachwerke unterschieden. Zu den Schriftwerken gehören unter anderem Romane, Erzählungen, Gedichte, Liedertexte, Drehbücher, Abhandlungen wissenschaftlicher oder politischer Art, Zeitungs- und Zeitschriftenartikel.

Sprachwerke umfassen Vorträge, Ansprachen, Vorlesungen, Predigten, Interviews, Reportagen u.ä.

Schrift- und Sprachwerke müssen individuelle persönliche Schöpfungen des Verfassers sein, um Urheberrechtsschutz zu bekommen. Die schöpferische Leistung liegt begründet in

- der Art der Gedankenführung und -formung,
- Sammlung, Auswahl, Anordnung und Einteilung eines Stoffes,
- im Inhalt des Schriftwerkes. Geschützt sein können erdachte Charaktere wie Romanhelden, die erdachte Umgebung oder der entsprechende Handlungsablauf.

Grundsätzlich gilt: Je mehr sich Texte und Reden auf die vollständige und exakte Wiedergabe von Tatsachen beschränken, umso eher scheidet Urheberrechtsschutz aus.

5.4.2.2 Werke der Musik

An die schöpferische Qualität wird bei Musik ein geringerer Maßstab angelegt als bei den Sprachwerken. Geschützt ist klassische Musik, Improvisationen des Jazz, diverse Formen moderner Musik ebenso wie Schlager der Unterhaltungsmusik. Auch Geräusche von Computern oder ähnlicher technischer Geräte sind schutzfähig, wenn der Komponist ihren Einsatz und ihre Wirkung bestimmt und aus den vielfältigen Gestaltungsmöglichkeiten eine individuelle Musikform findet und kreiert.

→ 5.4.5

Abb. 5.4/2
Werke mit Urheberrecht

Werke mit Urheberrecht

Kennzeichen der Werke

- Wahrnehmbare Formgestaltung

- Geistiger Gehalt

- Persönliche bzw. individuelle Schöpfung

Sprachwerke
- Schriftwerke
- Reden

Musikwerke

Werke der bildenden Kunst
- Kunstwerke
- Angewandte Kunst
- Baukunst

Lichtbilder, Lichtbildwerke
- Lichtbildähnliche Bilder (Digitalfotos)
- Filmwerke/Laufbilder

Bearbeitungen

Datenbanken, Sammelwerke

5.4.2.3 Werke der bildenden Kunst

Darunter sind optisch wahrnehmbare und schöpferisch gestaltete Gegenstände bzw. Kunstwerke zu verstehen. Man unterscheidet Werke der Kunst, der angewandten Kunst und Bauwerke.

Kunstwerke

Hierzu gehören Werke der Bildhauerei, Malerei und Grafik. Dies sind Plastiken, Statuen, Gemälde, Aquarelle, Zeichnungen, Holzschnitte,Lithografien, Radierungen, Kollagen, Bühnenbilder usw. Es kommt nicht auf das Material und die Herstellungsart des Kunstwerkes an, sondern darauf, dass eine persönlich-schöpferische Leistung erkennbar ist. Die bisherige Rechtssprechung definiert dies folgendermaßen: Kunstwerke richten sich nach den im Leben herrschenden Anschauungen oder nach dem durchschnittlichen Urteil des für Kunst empfänglichen und mit Kunstdingen einigermaßen vertrauten Menschen. Erforderlich ist ein ästhetischer Gehalt, der mindestens einen so bescheidenen Grad erreicht haben muss, dass nach dem im Leben herrschenden Anschauungen noch von Kunst gesprochen werden kann (Bundesgerichtshof 1998). Diese Auffassung des BGH wird heute nicht mehr allgemein geteilt – besonders die Passage „des erforderlichen ästhetischen Gehaltes" wird von vielen Vertretern neuer Kunstformen sehr kritisch hinterfragt. In Zeiten, in denen Veränderungen politischer, ökologischer und gesellschaftlicher Natur durch Kunstformen dargestellt werden, ist die Frage nach der ästhetischen Komponente in der Kunst sicherlich hinterfragenswert.

Bildhauerei, Malerei, Grafik

Angewandte Kunst

Alle Werke, welche der angewandten Kunst zugeordnet werden können, unterscheiden sich von den Kunstwerken durch ihren Gebrauchszweck. Zu den Werken der angewandten Kunst gehören folgende Produkte:
- Kunstgewerbe
- Künstlerische Industrieprodukte wie Möbel, Besteck, Lampen usw.
- Textilien

- Modeerzeugnisse
- Gebrauchsgrafik
- Werbegrafik

Bei den genannten oder ähnlichen Produkten geht es immer um eine Verbindung zwischen der Funktionalität des Erzeugnisses und der schönen, ansprechenden Form.

Bei der Frage, ob es sich bei einem Produkt um ein Werk der angewandten Kunst oder um einen nicht künstlerischen Gebrauchsgegenstand handelt, kommt es auf Folgendes an: Weist die Gestaltung des Produkts eine Form auf, die eine hohe Gestaltungsqualität besitzt? Kann dieses nach allgemeiner Anschauung bejaht werden, wird von einem Werk der angewandten Kunst gesprochen.

Rechtsbeispiele zur angewandten Kunst

Um die Problematik, Gebrauchsgrafik in der Kategorie der angewandten Kunst einzugliedern, etwas zu verdeutlichen, seien an dieser Stelle zwei Beispiele angeführt.

Grundsätzlich gilt: Logos und informierende Zeichen genießen nur ausnahmsweise Schutz. Nur wenn sie besonders originell und komplex sind, sind sie schützenswert. Ansonsten gibt es nur den Schutz vor unlauterer Nachahmung und vor Verwendung durch andere nach dem Wettbewerbsrecht.

Beispiel „Atomkraft? Nein danke" – Aufkleber mit Sonne und Schriftzug: Das Landgericht Frankfurt musste 1982 klären, ob dieser Aufkleber schutzwürdig sei oder nicht. Es führte dazu aus: „Das Zeichen erfährt eine schöpferische Ausprägung durch das lächelnde Strichgesicht in eigentümlich gezackter Umrandung des roten Gesichtsfeldes mit der Umschrift. Das Strichgesicht weist dabei einen charakteristischen Schwung auf, der ihm einen freundlichen, gleichsam verbindlich lächelnden Gesichtsausdruck verleiht. Dieser leitet über zu der höflichen *Nein danke*-Formulierung in der Umschrift. Diese individuelle Ausprägung des Gesamtwerkes erzeugt eine eigenschöpferische Wirkung, welche den Schutz des Urheberrechtes begründet".

Abb. 5.4/3
Atomkraft Nein danke

Aufkleber mit Sonne und
Schriftzug

Urheberrechtsschutz wurde dagegen verweigert beim Namenszug „DIE GRÜNEN" in Verbindung mit einer Sonnenblume. Hier sagte das Oberlandesgericht München 1989: „Die von der Klägerin verwendete Schrift ist seit langem bekannt ... Weder die Größe ... noch der Fettdruck stellen eine Besonderheit dar ... Es handelt sich um ein Schriftbild, das alltäglich ist, dem keine Eigentümlichkeit zukommt. Dasselbe gilt für die Farbgestaltung. Der Druck in Grün stellt keine Besonderheit dar. Urheberrechtsschutz besteht auch nicht für die dem Namenszug „DIE GRÜNEN" zugeordnete Darstellung einer Sonnenblume. Der Darsteller hat nicht eine Blume erfunden, sondern es handelt sich um die Nachbildung einer in der Natur vorkommenden Pflanze ... Der Entwurf hat sich weitgehend an die natürliche Form der Sonnenblume angelehnt. Auf Anhieb ist nicht zu erkennen, welche Änderung gegenüber einer wirklichen Sonnenblume besteht ... Auch die Kombination des Schriftzuges „DIE GRÜNEN" mit der Darstellung der Sonnenblume kann nicht als schutzfähig angesehen werden. Es handelt sich somit lediglich um die Zusammenführung zweier gängiger Gestaltungen".

Abb. 5.4/4
Logo der Partei „Die GRÜ-NEN" mit Sonnenblume

Das abgebildete Logo ist eine Variante des Parteilogos vor der Vereinigung der Parteien Bündnis 90/Die Grünen zu einer Bundespartei.

Soweit zwei Urteile zur Schutzfähigkeit von Gebrauchsgrafik. Überprüfen Sie Ihre eigenen Arbeiten nach den Erfordernissen dieser beiden Urteile der OLG Frankfurt und München.

Abb. 5.4/5
Der schiefe Turm von Pisa

Eine schützenswerte Bau-
kunst - urheberrechtlich und
auch sonst ...

Baukunst

Zur Baukunst werden Gebäude, Brücken, Denkmäler, Türme usw. gezählt. Die Schutzfähigkeit von Bauwerken im Rahmen des Urheberrechts hängt vor allem davon ab, wie stark ein Bauwerk durch seine Funktion bestimmt wird. Je mehr die Funktion und das Umfeld das Bauwerk bestimmen, umso schwieriger ist es, einen Urheberrechtsschutztitel zu erlangen.

Schutzfähig sind allerdings Entwurfszeichnungen, Skizzen und Modelle der Architektur. Ebenso schutzfähig sind Werke und Modelle der Innenarchitektur, der Park- und Gartengestaltung.

5.4.2.4 Lichtbildwerke und Lichtbilder

Eine Sonderstellung nimmt der Berufsstand der Fotografen ein. Geschützt sind nicht nur Fotografien bzw. Lichtbildwerke mit künstlerischer Qualität, sondern auch „normale Lichtbilder".

Lichtbildwerke sind Fotografien, welche eine bessere Aufnahmequalität aufweisen als die alltägliche Aufnahme. Lichtbildwerke haben eine künstlerische Aussage und werden daher anderen Werkarten im Schutz gleichgestellt. Ob ein künstlerisch wertvolles Foto mit einer persönlich-geistigen Schöpfung vorliegt, kann mit Hilfe der folgenden Merkmale überprüft werden:
- besonderer Bildausschnitt
- Aufnahmestandpunkt
- Licht- und Schattenkontraste
- Schärfen und Unschärfen
- ungewohnte Bildperspektiven
- Anerkennung in der Fachwelt

Mit der Feststellung, dass es in der Fotografie außerordentlich schwierig sei, zwischen künstlerisch wertvollen Lichbildwerken und normalen Lichtbildern zu unterscheiden, werden Fotografien grundsätzlich als Lichtbilder geschützt. Das bedeutet, dass jedes fotografische Bild generell geschützt ist. Der wesentliche Unterschied besteht in der *Länge der Schutzfrist*: Der Schutz für

Lichtbilder erlischt *50 Jahre* nach dem ersten öffentlichen Erscheinen eines Bildes bzw. 50 Jahre nach seiner „Herstellung", wenn das Bild nicht veröffentlicht wurde. Die Einordnung einer Fotografie in die Gruppe der Lichtbildwerke bewirkt eine Frist von *70 Jahren* nach dem Tod des Fotografen.

Digitale Bildaufnahmen

Bilder, die direkt elektronisch aufgezeichnet werden, sind weder Lichtbilder noch Lichtbildwerke, da die Lichtstrahlen nicht auf einen strahlempfindlichen Film treffen. Da solche Bilder aber unter „Benutzung des Lichts" entstehen, sind sie als lichtbildähnliche Erzeugnisse einzustufen. Sie sind daher in gleicher Weise geschützt wie herkömmliche Lichtbilder und es besteht somit ein Urheberrechtsschutz.

Wenn eine herkömmliche Fotografie mit Hilfe eines Scanners digitalisiert wird, entsteht kein neues Bild. Es wird lediglich eine Vorlage mit Hilfe der Elektronik reproduziert. Das entstandene digitale Bild ist eine Kopie des Originals und daher nicht schutzfähig.

Anders sieht es aus, wenn aus mehreren eingescannten Bildern bzw. Bildvorlagen ein neues Bild elektronisch kombiniert und retuschiert wird. Dadurch wird ein neues lichtbildähnliches Erzeugnis geschaffen, das den Charakter eines Lichtbildwerkes mit dem entsprechenden Urheberrechtsschutz beanspruchen kann.

Da zu den digitalen Bildern auch Fernsehbilder gehören, deren Herstellungs- bzw. Sendeweg eine Kombination von realen Filmbildern und digital gesendeten Bilddaten darstellt, ist die Frage nach der Schutzfähigkeit gestellt. Der Bundesgerichtshof hat dazu festgestellt, dass ein ausgestrahltes Fernsehbild urheberrechtlich zu schützen ist, unabhängig davon, ob es ein weniger aktueller Filmbericht ist oder ob eine direkt gesendete Liveübertragung vorliegt.

Abb. 5.4/6
Ein klarer Fall – Fernsehsendungen sind urheberrechtlich geschützt!

Abb. 5.4/7 **Schutzfristen**

Überblick über die Schutzfristen im Urheberrecht

Werkart	Schutzdauer
Lichtbildwerke	70 Jahre nach dem Tod des Urhebers
Lichtbilder	50 Jahre nach dem Erscheinen des Lichtbildes 50 Jahre nach dem Herstellen des Lichtbildes, wenn es nicht veröffentlicht wurde
Darbietung von Künstlern	25 Jahre (z.B. Zaubertricks)
Rechte von Sendeunternehmen	25 Jahre (Rundfunk und Fernsehanstalten)
Rechte von Filmherstellern	70 Jahre (analog dazu Videofilme)
Rechte von Bildfolgen und Tonfolgen (Laufbilder)	50 Jahre
Rechte an Tonträgern	25 Jahre
Rechte an digitalen Präsentationen	25 Jahre

Filmwerke, Laufbilder

Filmwerke wie Werbefilme, Spielfilme, Kulturfilme usw. sind in ihrer Anordnung und Auswahl des Inhaltes individuelle persönlich-geistige Schöpfungen, die urheberrechtlich schützenswert sind.

Je mehr sich ein Film aber auf die authentische und vollständige Wiedergabe eines Ereignisses beschränkt, desto kleiner ist der individuelle Gestal-
tungsspielraum und umso schwerer ist einem solchen Film ein Urheberrechtsschutz zuzuordnen. So sind z.B. Berichte des politischen Tagesgesche-
hens in Berlin lediglich fotografierte Ausschnitte des wirklichen Gesche-
hens, sie stellen keine Filmwerke dar und haben keinen Urheber-
rechtsanspruch.

Abb. 5.4/8
Filmauschnitt

Venedig – Perle am Mittel-
meer

Laufbilder sind Bildfolgen, die nicht die Qualität eines Filmwerkes erreichen und somit nicht als Filmwerk geschützt sind. Im Gegensatz zum Film
mit 70-jähriger Schutzfrist sind derartige Werke nur 50 Jahre geschützt.

Die Qualität interaktiver CD-ROMs mit ihren zum Teil außerordentlich
hohen kreativen Ausprägungen ist im Urheberrechtsgesetz nicht exakt definiert. Hierzu sind entsprechende Urteile zur Schutzdauer durch höhere Gerichte abzuwarten.

5.4.2.5 Wissenschaftliche oder technische Darstellungen

Unter diese Art der geschützten Werke werden Konstruktionszeichnungen,
Stadtpläne, Landkarten, Tabellen, statistische Daten und Übersichten, Lehr-
materialien usw. gezählt. Für derartige Darstellungen besteht Urheberrechtsschutz. Es kann bei wissenschaftlichen und technischen Darstellungen
zu Überschneidungen mit anderen Werkarten kommen. Dies ist jedoch unproblematisch. Entscheidend ist, dass ein Urheberrechtsschutz besteht.

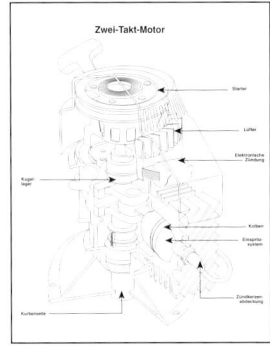

Abb. 5.4/9
Technische Darstellung

Ein Motor, von einem Me-
diengestalter erstellt.

5.4.2.6 Bearbeitungen

Übersetzungen und andere Bearbeitungen eines Werkes, die persönliche geistige Schöpfungen des Bearbeiters sind, werden unbeschadet des Urheberrechtes am bearbeiteten Werk wie selbständige Werke behandelt. Dies ist der Fall bei der Übersetzung eines Romans aus der französischen in die deutsche Sprache. Der Übersetzer erstellt ein neues, noch nicht dagewesenes Sprachwerk mit einem eigenen Urheberrecht. Gleiches gilt, wenn ein Roman von einem Grafiker in einen Comic-Strip umgezeichnet wird. Es entsteht auch hier ein neues grafisches Werk nach einer sprachlichen Vorlage.

5.4.2.7 Datenbanken

Abb. 5.4/10
Datenbanken

Der Zugriff auf Datenbanken ist durch das UrhG und Datenschutzgesetz geregelt. Unbefugte Zugriffe sind nicht gestattet, die Zugangsberechtigung muss durch die Verantwortlichen klar geregelt werden.

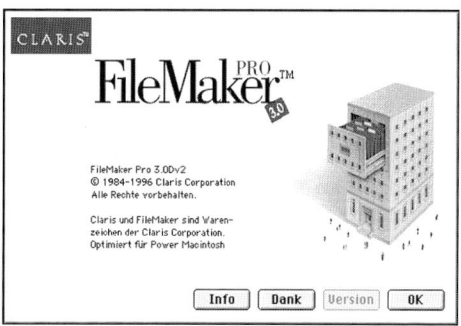

Das UrhG sieht im § 4 neben dem Schutz von Sammelwerken (z.B. Sammlung von Gedichten zu einem Thema von verschiedenen Autoren) auch den Schutz von Datenbanken vor. Hierbei liegt eine von der Europäischen Union 1996 erlassene Richtlinie zugrunde, die besagt, dass ein unerlaubter Zugriff auf Datenbanken nicht bestehen darf. Dies trifft auf Produktionsdatenbanken ebenso zu wie auf Datenbanken bei Verwaltungen oder Vereinen. Ein unerlaubter Zugriff auf bestehende Datenbanken ist demnach nicht zulässig. Da Datenbanken in aller Regel keine persönliche geistige Schöpfung darstellen, ist nach der Logik des Urheberrechts eigentlich keine Schutzwürdigkeit gegeben. Da der Inhalt einer Datenbank aber sensible, personenbezogene Verknüpfungen zulassen kann, ist eine Datenbank immer schutzwürdig und ein unerlaubter Zugriff durch entsprechende Einrichtungen zu verhindern. Dies gilt auch für Datenbanken auf CD-ROM, deren Inhalt nicht einfach weiterverwendet oder verkauft werden darf. So dürfen die Daten einer Telefonnummern-CD-ROM nicht dazu benutzt werden, um z.B. die Sozialstruktur eines Wohngebiets nach statistischen Kriterien für eine Marketingmaßnahme zu erheben.

5.4.3 Rechte eines Urhebers

5.4.3.1 Urheberpersönlichkeitsrechte

Aus dem Urheberrecht heraus ergeben sich konkrete Rechte, die einen Beziehungs- bzw. Rechtszusammenhang zwischen dem Urheber und seinem Werk herstellen. Man nennt diese Rechte die Urheberpersönlichkeitsrechte. Zu diesen zählen insbesondere:

- Veröffentlichungs- und Rückrufrecht
- Recht auf Anerkennung der Urheberschaft und Nennung des Urhebers
- Recht gegen Entstellung des Werkes
- Grundsatz der Unübertragbarkeit

Das aus dem Urheberpersönlichkeitsrecht abgeleitete Recht der Veröffentlichung eines Werkes ist für die Druck- und Medienindustrie sicherlich das bedeutendste Recht.

Veröffentlichungsrecht – für die Druck- und Medienindustrie ein bedeutendes Rechtsgut

5.4.3.2 Veröffentlichungsrecht

§ 12 UrhG: „Der Urheber hat das Recht zu bestimmen, ob und wie sein Werk zu veröffentlichen ist".

§ 12 UrhG

Das Urheberrechtsgesetz sagt also, dass ausschließlich der Urheber das Recht hat, darüber zu bestimmen, wie sein Werk veröffentlicht, das heißt der Öffentlichkeit zugänglich gemacht wird. Das Veröffentlichungsrecht gilt nur für die Erstveröffentlichung. Die Entscheidung eines Buchautors, sein Werk zu veröffentlichen, ist unwiderruflich. Sie kann nicht zurückgenommen werden. Beispiel: Erscheint ein Roman als Erstausgabe in einem Verlag, ist das Buch veröffentlicht. Soll jetzt eine Buchclubausgabe gedruckt werden, gibt es kein neues Recht für diese Veröffentlichung. Der Verwerter (Buchclub) muss allerdings die notwendigen Verwertungsrechte erwerben. Diese sind unabhängig vom Veröffentlichungsrecht. Der Urheber kann aber auch bei einer Buchclubausgabe seines Werkes nach § 13 UrhG verlangen, dass er als Urheber benannt wird. Auf dieses Recht kann nicht verzichtet werden.

Abb. 5.4/11
Verwertungsrechte

Verwertungsrechte

Verwertung in körperlicher Form	**Verwertung in unkörperlicher Form**
Vervielfältigung	Öffentliche Wiedergabe durch
Verbreitung	Vortrag
Ausstellung	Aufführung
Bearbeitung	Vorführung
Verbindung mit anderen Werken	Sendung
	Wiedergabe durch Bild- und Tonträger
	Wiedergabe durch Funksendungen

5.4.4 Verwertungsrechte

Das Recht eines Urhebers an seinem Werk ist nicht veräußerlich. Es bleibt bestehen, solange der Urheber lebt. Nach seinem Tod kann dieses Recht an seine Nachfahren vererbt werde.

Ein Urheber kann anderen Personen ein Verwertungsrecht einräumen. Grundsätzlich werden zwei Formen unterschieden: die körperliche Form und die unkörperliche Form der Verwertung. Die körperliche Form der Verwertung liegt dann vor, wenn das Werk „körperlich fixierbar" ist, also wenn es als Druckwerk, Videoband, CD-ROM, Mikrofilm, Schallplatte, Zeitschrift, Buch usw. vorliegt. Eine unkörperliche Verwertung ist dann gegeben, wenn ein Werk auf eine Leinwand projiziert oder auf einem Monitor ausgegeben wird. Die unkörperliche Verwertung hinterlässt einen Eindruck, ist aber nicht körperlich fixierbar. Beispiele dafür sind Kinofilme, Fernseh- und Rundfunksendungen.

> Das Recht eines Urhebers an seinem Werk ist nicht veräußerlich – es kann nicht verkauft werden!

5.4.4.1 Vervielfältigungsrecht

Das Vervielfältigungsrecht beinhaltet das Recht, von einem Werk Vervielfältigungsstücke herzustellen. Dabei ist das Verfahren und die Auflage der erstellten Stücke unerheblich. Eine Vervielfältigung ist auch die Übertragung eines Werkes auf Vorrichtungen zur wiederholten Wiedergabe von Bild- und Tonfolgen, also die Herstellung von CD-ROMs oder Videokassetten.

Die Digitalisierung eines Werkes mit Hilfe von Scannern und die elektronische Speicherung stellen Vervielfältigungen dar, die nur mit Zustimmung des Urhebers zulässig sind. Erneute Vervielfältigungen werden bei der Ausgabe eines Werkes über Drucker, bei der Speicherung auf einen anderen Datenträger oder bei der Übertragung auf ein anderes Rechnersystem getätigt.

Möchte ein Verlag ein urheberrechtlich geschütztes Werk vervielfältigen, muss er sich beim betreffenden Urheber das Recht dazu vertraglich einräumen lassen. Das in dem Verlagsvertrag ausgehandelte Vervielfältigungsrecht kann dabei auf eine Auflage beschränkt sein oder mehrere Auflagen berücksichtigen. Hier besteht die Möglichkeit, im Rahmen eines entsprechenden Vertrages verschiedene Varianten anzuwenden.

> Siehe hierzu auch
> Delp/Lutz
> **Der Verlagsvertrag**
> Verlag Franz Rehm
> ISBN 3-8073-0791-5

5.4.4.2 Verbreitungsrecht

Rechtsfolge:

Vervielfältigungsrecht
▼
Verbreitungsrecht

Das Verbreitungsrecht (§ 17 UrhG) ist das Recht, das Original eines Werkes oder ein Vervielfältigungsstück für die Öffentlichkeit auf den Markt zu bringen. Beim Verbreitungsrecht handelt es sich um ein körperliches Recht. Es muss also ein real anfassbares Stück, z.B. ein Buch vorhanden sein, das vertrieben wird. Das setzt die Herstellung eines Werkes voraus. Also steht vor dem Verbreitungsrecht das ausgenutzte Vervielfältigungsrecht, das ein Verlag vom Autor (= Urheber) zur Produktion erworben haben muss.

Die Wiedergabe in unkörperlicher Form fällt nicht unter das Verbreitungsrecht. So ist es zum Beispiel bei Musiksendungen zulässig, dass dort ein Orchester rechtmäßig erworbene Noten aus dem Ausland spielt, obwohl keine Verbreitungsgenehmigung für die Bundesrepublik vorliegt. Bei Rundfunk- und Fernsehsendungen handelt es sich um einmalige Verbreitungshandlungen, bei denen vor allem das Urheberrecht berücksichtigt werden muss, weniger ein nicht klar definierbares Verbreitungsrecht.

Ein wichtiger Gesichtspunkt beim Verbreitungsrecht ist die regionale Gültigkeit. Hat ein Urheber einer Vervielfältigung und Verbreitung seines Werkes zugestimmt, ist dies nicht beschränkt auf den deutschsprachigen Raum. Seit 1995 gilt die Zustimmung eines Urhebers zur Veröffentlichung und Verbreitung seines Werkes für den gesamten Raum der Europäischen Union einschließlich der Schweiz.

5.4.4.3 Senderechte

Das Senderecht ist das Recht, ein Werk durch Funk, Ton- oder Fernsehrundfunk oder ähnliche technische Einrichtungen der Öffentlichkeit zugänglich zu machen. Dabei werden folgende Formen unterschieden:

Das Erstsenderecht, d.h. die Verbreitung der Programmsignale durch ein Rundfunk- oder Fernsehunternehmen steht dem Urheber zu.

Die Weiterleitung durch Kabel ist ein neuer Sendevorgang, vor allem wenn dadurch ein größerer Personenkreis erreicht und der übliche Empfang verstärkt wird. Die Weiterleitung einer Sendung durch Kabelsysteme muss vertraglich gesondert geregelt werden.

Strittig ist derzeit die Frage, ob die Wiedergabe digitaler Daten von CD-ROM oder durch Datenfernübertragung rechtlich eine Sendung oder eine Projektion ist. Tendenziell urteilen die Gerichte dazu, darin eine Sendung zu sehen. So ist z.B. die Wiedergabe von Bildern oder Videos in einem Museum durch einen PC rechtlich einer Sendung gleichzusetzen, bei welcher der Museumsbesucher den jeweiligen „Sendetermin" durch Knopfdruck festlegt. Rechtlich hat der Urheber dieser Nutzungsart bzw. Sendung seiner Bild-, Text-, Sound- und Videodaten zugestimmt.

Ähnliche Überlegungen sind auch für die immer mehr verbreiteten Kiosksysteme zutreffend.

→ 6.5.3 → **Kiosksysteme**

5.4.4.4 Copyright

Das Copyright ist das Urheberrecht an einem veröffentlichten Werk. Ursprünglich galt der Copyright-Vermerk nur im amerikanisch-englischen Raum. Das Urheberrecht wurde mit dem ©-Zeichen und dem Eintrag in das Copyright-Register wirksam. Die Gültigkeit des ©-Zeichens war nur in den USA gegeben. Dabei ist zu berücksichtigen, dass das amerikanische Urheberrecht den Verleger vor wirtschaftlichem Schaden schützt, nicht den Autor wie im europäischen Urheberrecht.

Durch das Welturheberrechtsabkommen ist das Urheberrecht und seine formalen Seiten vereinheitlicht worden. Es gelten Werke heute in allen Ländern als geschützt, wenn das ©-Zeichen in Verbindung mit dem Namen des Urhebers und der Jahreszahl der Erstveröffentlichung in die Titelei eines Werkes aufgenommen werden. Für Nordamerika und Kanada muss zusätzlich eine Registrierung beim Copyright Office erfolgen. Dies gilt auch, wenn ein Titel in Europa für den amerikanischen Markt verlegt wird.

Zur Copyright-Anmeldung in den USA schreiben Sie an das:
„Register of Copyright"
Copyright Office
Library of Congress
Washington D.C.20559

Abb. 5.4/12
**Impressum einer
Regionalzeitung**

PFULLINGER
GENERAL-ANZEIGER

Verleger und Herausgeber
Dr. Karl Ratgeb

Verlag und Druck: Pfullinger
Generalanzeiger GmbH Postfach
2013, Bahnstr. 12, 72793 Pfullingen
Fon 07123/987-0, **Fax** 07123/9871,
Telex Verlag und Redaktion 72 98,
Fax der Anzeigenabteilung 07123
-9872, **Fax der Abteilung Vertrieb** 07123/9872

Geschäftsführung und Verlagsleitung: Dr. Karl Ratgeb

Geschäftsstellen:

Pfullingen Bahnstraße 12
            Presse-Center
Reutlingen Marktplatz 10
            Presse-Center
            Fon 07123/23 44 23
            Fax 07123/23 44 44
Bad Urach Marbacher Straße 2
            Fon 07125/75 44 50
            Fax 07125/75 44 51

Redaktion:

Chefredakteur: Franz v. Dungen
Stellv.: Gregor Jungwirth, Chef
vom Dienst: Eberhard Neumayer,
Politik: Franz v. Dungen, Gregor

Jungwirth, Nachrichten: Elke
Höngen, Wirtschaft: Alfons
Engelbrecht, Winfried Schütz,
Baden-Württemberg: Konrad
Sesterheim, Sport: Alfons Beck,
Lokales: Jürgen Fuchs, Regionales:
Christine Friese, Jens Beck-Proför,
Wochenend- und Jugendmagazin:
Hans Stelzenmaier u. Ingo Lück.

Anzeigenleitung: Karl Schneller

Für Verlag und Redaktion bestimmte Sendungen nicht an einzelne Personen richten. Für unverlangt eingesandte Manuskripte
kann keine Gewähr übernommen
werden. Rücksendungen nur,
wenn Porto beiliegt.

Der monatliche Bezugspreis beträgt bei Lieferung durch den Zusteller 32,50 DM, bei Postzustellung 35,80 DM. Wird der Bezug
an mindestens 22 aufeinanderfolgenden Erscheinungstagen unterbrochen, entfällt ein voller Bezugspreis. Abbestellungen sind
bis zum 15. eines Monats schriftlich an den Verlag zu richten.

Bei Nichterscheinen infolge höherer Gewalt oder durch Störungen
des Arbeitsfriedens besteht kein
Anspruch auf Lieferung oder Entschädigung. Zur Zeit gilt Anzeigenpreisliste Nr. 45 vom 1.1. 2000

5.4.4.5 Zeitungsimpressum

Jedes Druckwerk muss ein Impressum, d.h. eine aufgedruckte Ursprungs- und Haftungsangabe, enthalten. Nach den Landespressegesetzen (LPG), dem Urheberrechtsgesetz, dem Warenzeichenrecht und dem Wettbewerbsrecht besteht diese Impressumspflicht. Alle Produkte der Urheberrechtsindustrien müssen ein Impressum tragen. Dazu zählen das Druck- und Verlagswesen, Zeitungs- und Musikverlage, Tonträger-, Film- und Videoindustrie, Rundfunk, Fernsehen, Werbung, Design, Kunsthandel usw.

Lesen Sie die Landespressegesetze (LPG) Ihres Bundeslandes und suchen Sie heraus, welche Vorgaben für das Impressum einer Tageszeitung und für Zeitschriften enthalten sind.

Der Aufbau und der Inhalt eines Impressums sieht wie folgt aus:
- Name der Firma
- Drucker mit Anschrift
- Verleger oder Herausgeber mit Anschrift
- Verantwortlicher Redakteur mit vollständigem Vor- und Zunamen. Bei mehreren verantwortlichen Redakteuren muss die Verantwortlichkeit exakt zugeordnet werden.
- Verantwortlicher für den Anzeigenteil
- Verantwortlicher für den Zeitungsmantel
- Wirtschaftliche Beteiligungsverhältnisse müssen offengelegt werden (gilt nur für Bayern, Sachsen und Hessen nach den dortigen LPG)

5.4.4.6 Buchimpressum und ISBN

ISBN = International Standard Book Number/Internationale Standard-Buchnummer

Die Rechtsgrundlagen für den Abdruck ergeben sich aus dem Welturheberrechtsabkommen. Der Aufbau ist ähnlich dem des Zeitungsimpressums. Es muss das Copyright, Erscheinungsjahr, der Name des Urhebers, Autor und Verlag mit Anschrift genannt werden. Weiter ist die Auflagenzahl zu nennen, ebenso die Kurztitelaufnahme für die Deutsche Bibliothek (Grundlage Pflichtexemplargesetz) und innerhalb der Europäischen Union ist die ISBN auf der Copyrightseite abzudrucken.

Zu erwerben bei der Buchhändler-Vereinigung GMBH
Standard-Buchnummern-Verwaltung
Großer Hirschgraben 17
Frankfurt/Main

Mindestabnahme 100 Nummern

Die ISBN-Nummer hat 10 Stellen. Es gibt die Unterscheidung nach Klein- und Großverlagen. Die Nummern sind wie folgt aufgebaut:

Nummer für Kleinverlag: 3-92327-55-9

3	= Gruppennummer für Deutschland
92327	= Verlagsnummer für Tiplit-Verlag Hamburg
55	= Titelnummer für das einzelne Buch des Verlages hier Buch Nr. 55 von Nr. 0 -99 = 100 Titelnummern
9	= Computerprüfziffer

Nummer für Großverlag: 3-406-34407-0

3	= Gruppennummer für Deutschland
406	= Verlagsnummer für C.H. Beck`sche Verlagsbuchhandlung in München
34407	= Titelnummer für das einzelne Buch des Verlages
0	= Computerprüfziffer

Renaissance der Buchkultur

In letzter Zeit hat sich eine Renaissance der Buchkultur herausgearbeitet. Für das Impressum bedeutet dies, dass auch einige juristisch nicht notwendige Angaben gemacht werden können. Sie dienen der Verbreitung des Wissens um das Kulturgut Schrift und Buch sowie deren korrekte und vorbildliche Anwendung. Diese zusätzlichen Angaben können sein: Schriftname und -größe, Buch- und Umschlagdesign, Lektorat und Mitarbeiter an diesem Buch. Diese Angaben können in der Titelei vor oder nach der ISBN-Nummer und dem Copyright gedruckt werden.

5.4.5 Musikverwendung und GEMA

5.4.5.1 Funktion der GEMA

Im Bereich der juristisch so bezeichneten „unkörperlichen Verwertung" von Musikstücken sollen die Urheber angemessen am wirtschaftlichen Nutzen ihrer Werke beteiligt werden. Etwa dadurch, dass die Urheber bzw. Komponisten prozentual an den vom Anbieter und Verbreiter eines Musiktitels erzielten Einnahmen beteiligt werden. Ausschlaggebend ist der geldwerte Vorteil, den der Anbieter durch die Nutzung der Musik erreicht. Geldwerte Vorteile sind dabei in erster Linie Abonnements- oder Einzelnutzungsgebühren, aber auch etwaige Werbe- und Sponsorengelder.

Bei der Nutzung von Musikbeiträgen sollte der Betreiber einer WWW-Seite oder der Hersteller einer CD-ROM mit der Gesellschaft für musikalische Aufführungs- und mechanische Vervielfältigungsrechte (GEMA) in Stuttgart Kontakt aufnehmen. Die GEMA nimmt die urheberrechtlichen Interessen der meisten Musikautoren wahr. Darunter versteht man vor allem die Verwertungsrechte bei Orchester-, Bigband- und Kapellenmusik. Die Verwertungsrechte für so genannte Songtexte liegen in der Regel bei den verschiedenen Musikverlagen bzw. deren Verwertungsgesellschaften.

Bei der Musikverwertung innerhalb einer interaktiven CD-ROM wird der Kostensatz für die Verwertungsgebühr nach der Länge der verwendeten Titel festgelegt. Dies kann je nach Autor und Musikstück unterschiedlich sein und muss bei der GEMA abgefragt werden. Dies sollte man bereits am Beginn einer Produktion abklären, da die Gebühren eine nicht unerhebliche Kalkulationsgröße sein können.

Herdweg 63
Direktion Stuttgart
Postfach 10 17 53
70015 Stuttgart
Fon 07 11/2 25 26

In den anderen Bundesländern befinden sich jeweils entsprechende GEMA-Niederlassungen. Die Anschriften erfahren Sie unter

www.gema.de

Außerdem befinden sich hier außerordentlich hilfreiche Veröffentlichungen zum Nutzungsrecht von Musik in den Medien. Eine lesenswerte Internet-Anschrift!

5.4.5.2 GEMA-freie Musik-CDs

GEMA-freie Musik wird für die Multimedia-Produktion von einschlägigen Softwarehäusern angeboten. Zumeist findet sich der Hinweis auf dem Booklet, dass die Musikstücke frei und ohne Gebühren nutzbar sind. Diese Aussage ist mit Vorsicht zu genießen: Nur die GEMA besitzt in jedem einzelnen Fall das Recht festzulegen, ob ein Musiktitel lizenzfrei ist oder nicht!

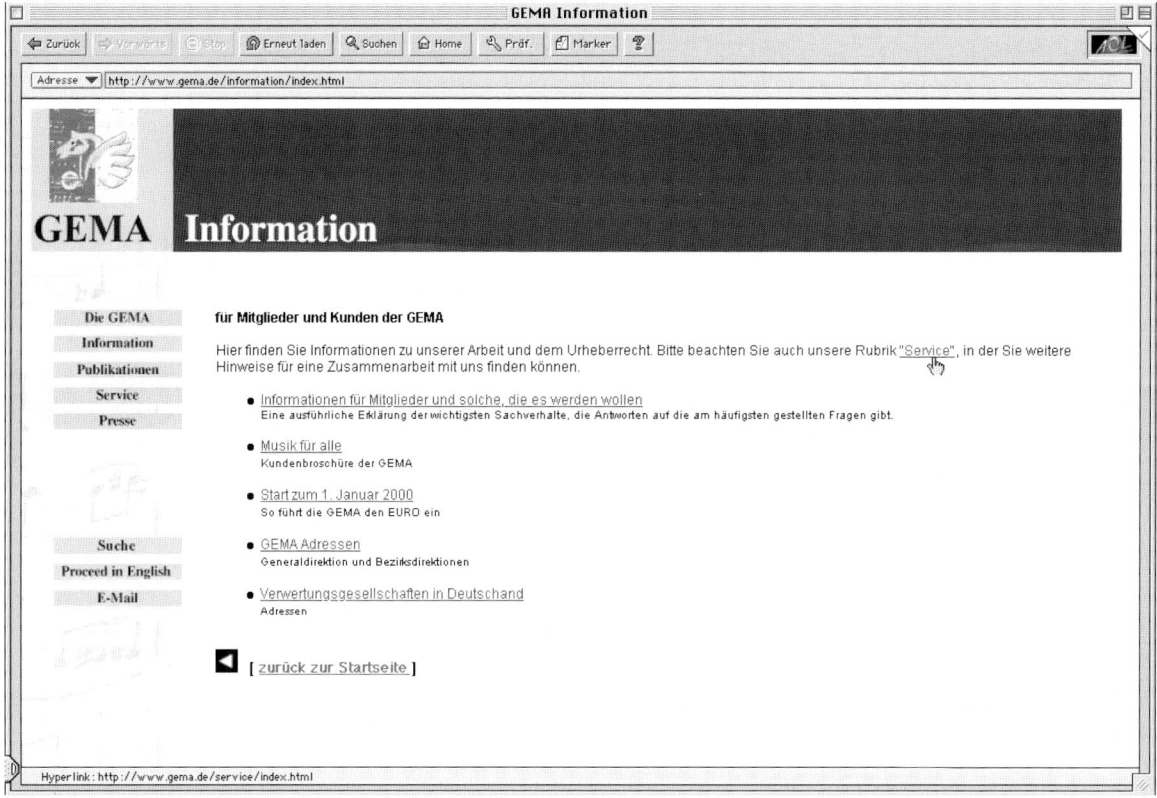

Abb. 5.4/13
GEMA-Seite im Internet

Zur Information über die
Gebühren bei der Verwen-
dung von Musiktiteln kann
die Seite **www.gema.de**
aufgerufen werden. Weiter
findet man hier auch die Anschriften aller Verwertungsgesellschaften.

In Zweifelsfragen ist es unbedingt ratsam, mit einer Liste der geplanten Musiktitel eine urheberrechtliche Abklärung mit der GEMA herbeizuführen, um eine hohe Produktions- und Kostensicherheit zu gewährleisten. Diese Anfrage an die GEMA sollte vor Produktionsbeginn erfolgen.

5.4.5.3 Verwertungsgesellschaften (VG)

Die bekannteste Verwertungsgesellschaft für die Vertretung der Interessen von Urhebern ist die bereits angesprochene *GEMA*. Darüber hinaus gibt es noch die *VG Wort*, die *VG Bild-Kunst* und etwa 100 weitere Verwertungsgesellschaften in Europa. Verwertungsgesellschaften müssen grundsätzlich kostenlos darüber Auskunft geben, ob sie Nutzungsrechte an einem bestimmten Werk oder bestimmte Einwilligungsrechte beziehungsweise Vergütungsansprüche für einen Urheber wahrnehmen. Es wird in der Regel vermutet, dass alle Rechte an Musiktiteln von der GEMA vertreten werden. Dies ist bei vielen großen Musiktiteln jedoch nicht immer der Fall. Musiktitel mit großen Aufführungsrechten sind z.B. Musicals, Operetten, Opern u.ä. Die Aufführungs- und Musikrechte liegen hier in den meisten Fällen beim Urheber oder dessen Verlag.

Verwertungsgesellschaften müssen jedermann auf dessen Verlangen zu angemessenen Bedingungen Nutzungsrechte einräumen. Für die Rechtseinräumung werden Gebühren verlangt, die in einem Tarifwerk der jeweiligen Verwertungsgesellschaft festgelegt sind.

Verwertungsgesellschaften
Beispiele:

GEMA
VG Wort
VG Bild-Kunst
GÜFA
GWFF

Verwertungsgesellschaften in Deutschland finden Sie auf der GEMA-Seite im Internet → **Abb. 5.4/13**

Abb. 5.4/14
Multimedia-Recht im Internet

Eine der informativsten Seiten im Internet zum Themenbereich Urheber-, Multimedia- und Online-Recht ist auf **www.netlaw.de** zu finden. Kompetent, verständlich und informativ werden aktuelle Entwicklungen für Medienschaffende aufbereitet und aktualisiert.

Informieren Sie sich über aktuelle Entwicklungen im Multimedia-Recht im Internet, laden Sie sich interessante Informationen auf Ihren Rechner und diskutieren Sie diese im Hinblick auf Ihre betrieblichen und privaten Erfahrungen.

Lernziel: Bedeutung des Urheberrechts kennen.

Aufgabe: Welche Werke schützt das Urheberrecht. Erstellen Sie eine Tabelle mit schutzwürdigen Werken und unterscheiden Sie dabei nach den Kriterien Sprachwerke, Musikwerke, Werke der bildenden Kunst, Lichtbilder, Sammelwerke und Datenbanken. (I)

Lernziel: Rechtsverhältnisse an Bildwerken verstehen.

Aufgabe: Gehen Sie der Frage nach, wie analoge und digitale Bildwerke urheberrechtlich geschützt werden können. Denken Sie dabei nicht nur an Fotografien, sondern auch an Bildfolgen im Fernsehen oder bei Multimedia-Produkten. (I)

Lernziel: Probleme von Datenbanknutzungen erkennen.

Aufgabe: Überlegen Sie, wo Ihre Daten bei öffentlichen, gewerblichen und privaten Datenbanken gespeichert sein können. Wie soll oder muss der Schutz dieser Datenbanken beschaffen sein, damit nicht jeder Ihre persönlichen Daten lesen oder gar nutzen kann? (I)

Lernziel: Die Bedeutung des Copyright wissen.

Aufgabe: Suchen Sie die Rechtsgrundlagen für das Copyright-recht und unterscheiden Sie die europäischen und nordamerikanischen Regelungen. (I)

Lernziel: Rechtsrecherche im Internet durchführen.

Aufgabe: Besuchen Sie die gezeigten Seiten im Internet und finden Sie Informationen über die GEMA, deren Aufgaben und deren Preise für Musikrechte heraus. (P)

Viele der nebenstehenden Fragen können mit Hilfe dieses Kapitels beantwortet werden. Einige tiefergehende Fragen sind aber nur durch Informationen aus dem Internet erschöpfend zu beantworten. Dazu noch einige hilfreiche www-Adressen:

www.bundestag.de
www.internet-marketing.de
www.cyberlaw.com
www.marktplatz-recht.de
www.europa.eu.int/en/com
   m/spc/cg/de
www.spiegel.de

5.5 Medienkalkulation

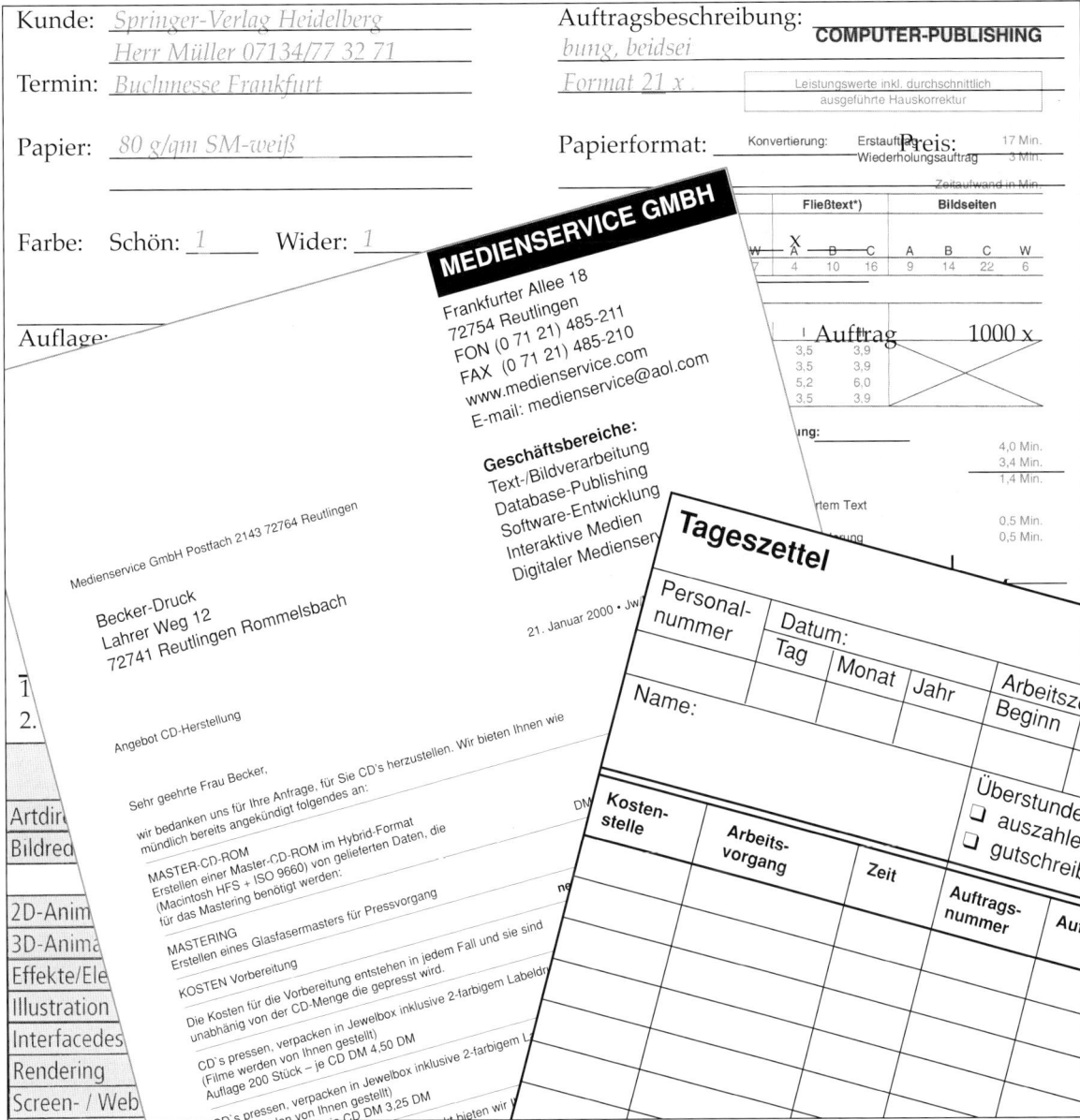

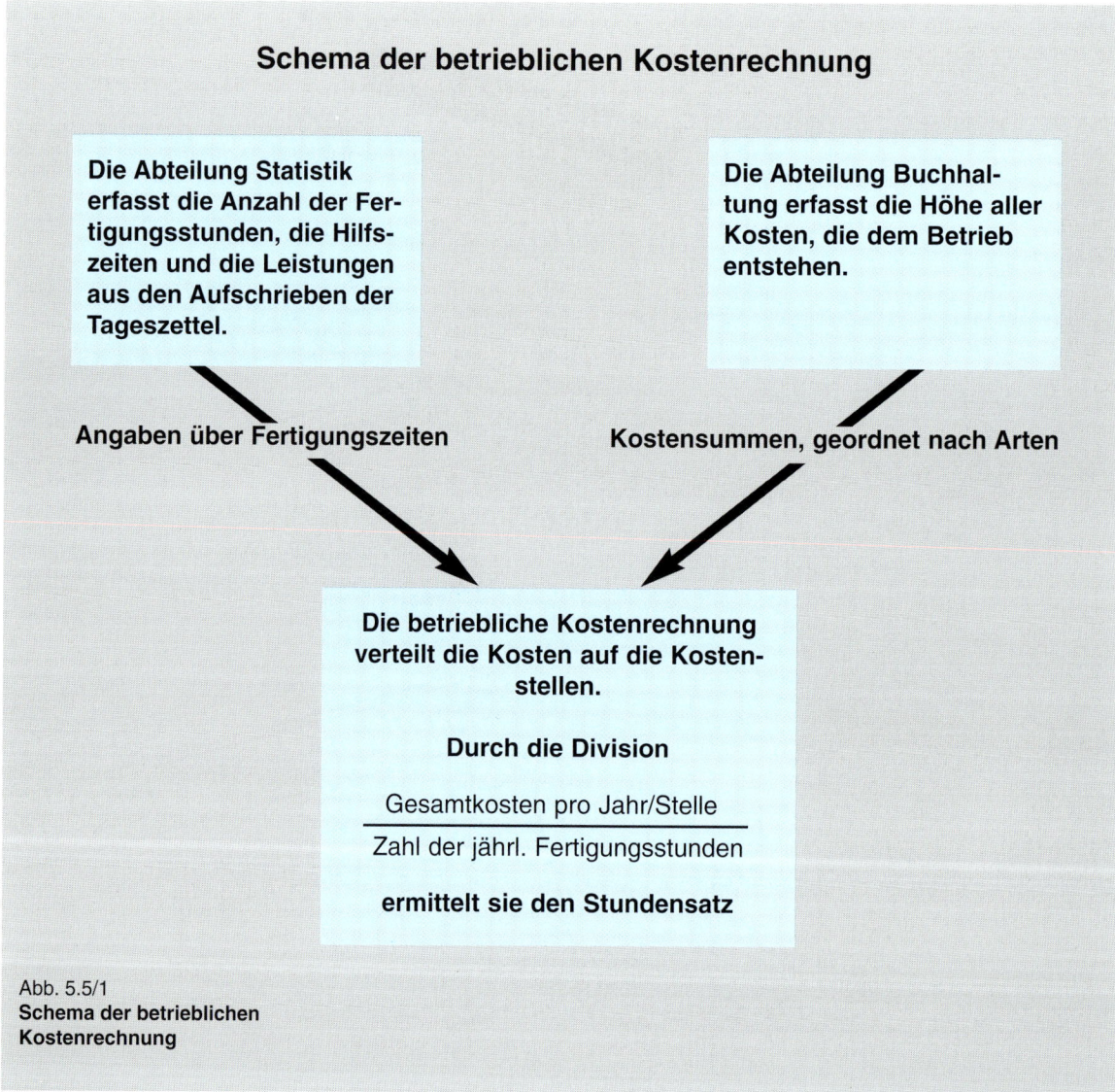

Abb. 5.5/1
**Schema der betrieblichen
Kostenrechnung**

5.5.1 Einführung

Vor einer Auftragserteilung an einen Medienbetrieb möchte der Kunde in aller Regel wissen, zu welchen Kosten das Medienprodukt erstellt werden kann. Er lässt dazu von mehreren Betrieben Angebote ausarbeiten, um dann den geeigneten Betrieb für sein Produkt auszusuchen. Der Betrieb muss zur Angebotserstellung den Preis des gewünschten Produktes möglichst genau kalkulieren. Dies ist erforderlich, da er mit günstigen Preisen am Wettbewerb teilnehmen möchte, andererseits darf er nicht unter den eigenen Herstellungskosten produzieren und verkaufen.

Zur Kalkulation gehören sehr gute Kenntnisse der technischen Fertigung, da jeder einzelne Produktionsschritt berücksichtigt werden muss. Für jeden Produktionsschritt muss die Fertigungszeit eingeschätzt und der Materialverbrauch berücksichtigt werden.

Eine Kalkulation kann nicht erstellt werden, wenn die Selbstkosten einer Arbeitsstunde in den verschiedenen Fertigungsstufen nicht bekannt sind. Nur mit Hilfe der Selbstkosten ist es möglich, durch die Multiplikation des Stundensatzes mit der Fertigungszeit die Fertigungskosten eines Auftrages zu errechnen.

Beispiel: Der Zeitbedarf für den Satz eines Formulars auf einem PC beträgt 5,5 Stunden, der Stundensatz beträgt 82,50 DM. Ergebnis: 453,75 DM Fertigungskosten für die Formularherstellung.

Die Berechnung der Selbstkosten für eine Fertigungsstunde ist die Aufgabe der betrieblichen Kostenrechnung. Der Betrieb wird dazu in Kostenstellen aufgeteilt. Dies sind zum Beispiel Arbeitsstationen wie Workstations, Macintosh-Konfigurationen, digitale Foto- und Videoaufzeichnung, Scanner-Operating, Druckformherstellung, Druckmaschinen, Buchbindereimaschinen usw.

Die Kosten der Abteilungen, die keine Produkte erstellen, müssen auf die Fertigungskostenstellen umgelegt werden. Solche Abteilungen sind zum Beispiel die Buchhaltung, Geschäftsleitung, Telefonzentrale, Hausmeister, Kalkulationsabteilung, Werbung, Materialverwaltung und Versand.

Die Kosten eines Medienproduktes werden für die Angebotserstellung erfasst.

Selbstkosten einer Arbeitsstunde

Die Umlegung der Kosten der unproduktiven Kostenstellen (Buchhaltung, Kalkulation) auf die Fertigungskostenstellen geschieht durch die so genannten Gemeinkostenzuschläge.

Aufgaben der Buchhaltung

Die Buchhaltung eines Betriebes erfasst die Kosten und gliedert sie nach Kostenarten wie Löhne, Heizung, Strom, Wasser, Miete, Versicherung, Verbrauchsmaterial u.a. In der betrieblichen Kostenrechnung werden nun die von der Buchhaltung ausgewiesenen Kostensummen entsprechend dem tatsächlichen Verbrauch und Anteil auf die produzierenden Kostenstellen umgelegt.

Beispiel: Die Kostenstelle Heidelberger T-Offset DIN A3 hat einen geringeren Stromverbrauch als eine 5-Farben-Speedmaster-Druckmaschine. Ebenso ist der Platzbedarf sehr verschieden. Stromkosten und Miete müssen deswegen nach errechneten oder geschätzten Größen unterschiedlich auf die Stundensätze verteilt werden.

Durch diese Verteilungsrechnung ermittelt man die Gesamtkosten, die dem Betrieb an den verschiedenen Kostenstellen entstehen. Dazu zwei Beispiele nach Platzkostenrechnungen vieler Betriebe:

Ein Arbeitsplatz zur elektronischen Bildverarbeitung kostet jährlich 142.800,– DM, ein Arbeitsplatz zur elektronischen Seitenmontage 151.500,– DM. Zur Kalkulation müssen die Stundensätze, das heißt die Selbstkosten pro Fertigungsstunde für die Produktionsstellen, bekannt sein.

Berechnung der Selbstkosten pro Fertigungsstunde

$$\text{Selbstkosten pro Fertigungsstunde} = \frac{\text{Gesamtkosten pro Jahr}}{\text{Zahl der jährl. Fertigungsstunden}}$$

Die Fertigungsstunden, die Hilfszeiten (z.B. Wartung, Programme installieren) sowie Leistungen der einzelnen Kostenstellen für die einzelnen Aufträge ergeben sich aus den Aufzeichnungen in den Tageszetteln der Mitarbeiter.

Für die oben angegebenen Arbeitsplätze ergeben sich folgende Stundensätze, wenn für den EBV-Arbeitsplatz 1200 Fertigungstunden pro Jahr angenommen werden und für die Seitenmontage 1500 Fertigungsstunden.

EBV = 119,– DM / Std.

Montage = 101,– DM / Std.

5.5.2 Abschreibung

Alle Maschinen, Geräte und Einrichtungen eines Unternehmens verlieren durch Gebrauch an Wert. Neben diesem Wertverlust kommt noch eine Wertminderung durch den technischen Fortschritt. Eine ältere Computeranlage ist für die Produktion nicht mehr so wertvoll wie eine neue, schnellere und besser arbeitende. Diese Wertminderung der Anlagegüter wird als Abschreibung bezeichnet. Die jährlichen Abschreibungsbeträge sind sowohl für die Buchhaltung wichtig, weil jede Abschreibung den Betriebsgewinn vermindert, aus dem die Einkommens- und Körperschaftssteuer errechnet wird, wie auch für die Ermittlung der Selbstkosten einer Kostenstelle.

Die Wertminderung der Betriebseinrichtung wird nämlich durch Einrechnen der Abschreibung in die Selbstkosten über die verkaufte Ware wieder „hereingeholt". Auf diese Weise sollen sich während der Nutzungsdauer einer Maschine die finanziellen Mittel für eine Neuanschaffung ansammeln. Das materielle Geschäftsvermögen wird also durch die Abschreibung nicht kleiner, sondern nur in Geldmittel umgewandelt.

Die steuerlichen Abschreibungssätze für Maschinen und Geräte sind von den Finanzbehörden festgelegt und richten sich nach der voraussichtlichen Nutzungsdauer. Für Maschinen und Geräte der Druck- und Medienindustrie wird die Gebrauchsdauer sehr unterschiedlich angesetzt. Zwei Beispiele: Computer sind mit einer Nutzungsdauer zwischen zwei und fünf Jahren anzusetzen, Druckmaschinen zwischen 8 und 12 Jahren.

Beispiel: Ein Filmbelichter im Format DIN A3 kostet mit Fracht und Aufstellung 55.000,– DM. Die Wertminderung, gleichmäßig auf die Gebrauchsdauer von 5 Jahren verteilt (so genannte lineare Abschreibung), ergibt den Abschreibungssatz.

> Neuwert in Prozent : Nutzungsdauer = Abschreibungssatz
> 100%   5 Jahre   =   20%
>
> Die jährliche Abschreibung beträgt 20% vom Anschaffungswert
> 20% von 55.000,– DM = 11.000,– DM

Die Wertminderung von Maschinen und Geräten muss rechnerisch erfasst werden.

Steuerliche Abschreibungssätze und Nutzungsdauer

Aufgabenbereiche der Kalkulationsabteilung

Vorkalkulation oder **Angebotskalkulation**

Schätzen des Zeitbedarfs
      + Materialbedarfs

Daraus errechnet sich der geschätzte
            Selbstkostenpreis der Fertigung
      + Gewinn

_____

ergibt Nettoverkaufspreis
      + Mehrwertsteuer

_____

ergibt den errechneten Bruttover-
kaufspreis

Nachkalkulation

Aus den Tageszetteln werden die tatsächlich
benötigten

Fertigungszeiten

_____

und aus den Materialverbrauchsscheinen das
wirklich verbrauchte

Material

_____

für einen Auftrag zusammengerechnet.

Die **Nachkalkulation** ermittelt die tatsächlich
entstandenen Selbstkosten eines Auftrages.

Durch Vergleich von vorkalkuliertem Verkaufs- oder Angebotspreis und Nachkalkulation ergibt sich
der

Gewinn

oder

Verlust

an einem Auftrag

Abb. 5.5/2
**Aufgabenbereiche der Kalkulations-
abteilung**

Der Belichter ist zwei Jahre in Betrieb:

Neuwert	–	Abschreibung	=	Buchwert (Restwert)
55.000,– DM	–	22.000,– DM	=	33.000,– DM

Lernziel: Verschiedene kalkulatorische Kenngrößen errrechnen.

Aufgaben: Bearbeiten Sie die nachfolgenden Aufgaben:

Ein Mittelklassewagen für den Kontakter einer Agentur kostet 50.000,– DM. Die Gebrauchsdauer beträgt bei Normalnutzung (ca. 20.000 km/Jahr) durchschnittlich sechs Jahre.

- Errechnen Sie den Abschreibungssatz. (L)
- Errechnen Sie die jährliche Wertminderung des Fahrzeuges. (L)
- Errechnen Sie die Wertminderung in 2,5 Jahren. (L)
- Wie hoch ist der Buchwert nach 3,5 Jahren? (L)

Für eine leistungsfähige Druckmaschine beträgt der jährliche Abschreibungssatz 12,5% und die jährliche Abschreibung 78.750,– DM.

- Errechnen Sie den Anschaffungswert. (L)
- Errechnen Sie die geschätzte Gebrauchsdauer. (L)
- Errechnen Sie, welcher Betrag auf eine Fertigungsstunde entfällt, wenn bei 2-Schicht-Betrieb jährlich 2900 Fertigungsstunden an der Maschine geleistet werden. (L)

Der Abschreibungssatz für Schriften beträgt 16%. Errechnen Sie dafür die geschätzte Gebrauchsdauer! (L)

Lernziel und Aufgaben

5.5.3 Kalkulatorische Zinsen

Wer über Kapital verfügt, versucht es rentabel anzulegen. Im oft zitierten „Sparstrumpf" arbeitet Geld nicht, wird es dagegen auf ein Bankkonto eingezahlt, in Sparverträgen oder Wertpapieren angelegt, erbringt es Zinsen.

Beispiel 1: Frau Maier kauft sich ein Auto für 40.000,– DM. Durch diese Kapitalanlage in eine unproduktive Maschine entgehen ihr Zinsen, die sie bekommen würde, wenn sie den Betrag gewinnbringend angelegt hätte. Bei einem Zinssatz von 5% sind dies jährlich 2000,– DM entgangene Zinsen.

Beispiel 2: Herr Müller kauft das gleiche Fahrzeug ganz oder teilweise auf Kredit. Er muss daher über die Tilgungsbeiträge hinaus Zinsen bezahlen.

Definition kalkulatorische Zinsen

In beiden Beispielen fallen durch den Autokauf Kosten an, die als kalkulatorische Zinsen bezeichnet werden. In Beispiel 1, beim Kauf aus den vorhandenen Eigenmitteln, sind sie weniger spürbar, weil nichts zu zahlen ist, sondern ein kalkulatorischer Gewinn entgeht. Deswegen werden diese Kosten oft übersehen. Beim Kauf mit Fremdkapital in Beispiel 2 sind die Kosten für den Käufer deutlich spürbar, da sie seinen Etat zusätzlich belasten.

Aus den beiden angeführten Beispielen wird ersichtlich, dass es notwendig ist, bei der Kostenrechnung so genannte kalkulatorische Zinsen einzurechnen, gleichgültig, ob es sich um Eigenmittel oder um aufgenommenes Geld handelt.

Lernziel: Berechnung kalkulatorischer Zinsen durchführen
Aufgaben: Errechnen Sie die kalkulatorischen Zinsen (6%) für folgende Anschaffungen:
- Computerarbeitsplatz 15.000,– DM (L)
- DTP-Trommelscanner 45.000,– DM (L)
- Laminiergerät 1.300,– DM (L)

Wer sein Kapital in ein Unternehmen investiert, tut dies in der Absicht, daraus eine größere Rendite als bei der Anlage auf ein Bankkonto zu erwirtschaften. Diese Spekulation erfüllt sich nicht, wenn der Betrieb keinen oder nur einen geringen Gewinn abwirft. Diese Spekulation auf einen Gewinn ist Teil des unternehmerischen Risikos.

Außer dem Eigenkapital muss zur Finanzierung von Betriebseinrichtungen in aller Regel auch Fremdkapital aufgewendet werden. In die Selbstkosten werden kalkulatorische Zinsen eingerechnet, um so den entgangenen Zins aus dem Eigenkapital bzw. die entstehenden Schuldzinsen für das Fremdkapital über die verkaufte Ware wieder „hereinzuholen".

Die Berechnungsmethode ist hier anders als bei den obigen Beispielen: Eine Maschine verdient im Laufe ihrer Nutzungsdauer ihren Anschaffungspreis über die Abschreibung. Der Betrieb kann das dadurch hereingekommene Geld auf ein Konto stellen oder erneut investieren. Aus diesem Grunde ist es richtig, die kalkulatorischen Zinsen nur aus dem jeweiligen Restwert zu berechnen. Bei der Neuanschaffung einer Maschine sind die Beträge hoch, bei einer verbrauchten Maschine niedrig. Damit die Selbstkosten jedoch mit einem gleichmäßigen Betrag belastet werden und ein Vergleich der Kosten mit anderen Betrieben möglich ist, nimmt man daher stets den halben Neuwert einer Maschine und den gleichbleibenden Zinssatz von 6,5%.

Bei den beiden Beispielen mit dem Autokauf war diese Berechnungsart nicht angebracht, da die Wertminderung zumindest bei privatem Gebrauch nicht über die verkaufte Ware hereinkommt. Das privat genutzte Auto ist vom finanziellen Standpunkt aus eine völlig unrentable Kapitalanlage, ein Verlustgeschäft ersten Ranges.

Unternehmerisches Risiko

Festlegungen zur Berechnung der kalkulatorischen Zinsen

Lernziel: Berechnung kalkulatorischer Zinsen durchführen.

Aufgaben: Errechnen Sie für die aufgeführten Arbeitsplätze die kalkulatorischen Zinsen pro Jahr! Die genannten Summen sind die Kosten der Neuanschaffung.
- Belichter 55.000,– DM. (L)
- PC-Arbeitsplatz mit Flachbettscanner 19.000,– DM. (L)

Berechnungsgrundlage im Text beachten. Zinssatzhöhe und Neuwert-Prozentsatz sind festgelegt!

5.5.4 Fertigungszeit – Hilfszeit

Die wesentliche Tätigkeit eines Mediengestalters z.B. in der Fachrichtung Medienoperating ist die technische Herstellung eines Medienproduktes mit Hilfe eines Personal-Computers und der angeschlossenen Peripheriegeräte. Die für die Herstellung direkt verwendete Zeit dient unmittelbar der Produktion – deshalb spricht man von produktiven Stunden oder von Fertigungsstunden.

Fertigungsstunden dienen umittelbar der Erstellung eines Medienproduktes. Die dafür aufgewendeten Zeiten können dem Kunden bzw. Auftraggeber direkt in Rechnung gestellt werden.

Neben der eigentlichen Produktionstätigkeit muss ein Mediengestalter einen Teil seiner Arbeitszeit für die Wartung seines Arbeitsplatzes aufwenden. Darunter fällt z.B. das Installieren neuer Programme, das Defragmentieren der Festplatte oder die Wartung eines Filmbelichters. In diesen Zeiten wird nicht produktiv gearbeitet – man spricht hier von unproduktiven Stunden oder Hilfsstunden oder Hilfszeiten.

Hilfsstunden dienen der allgemeinen Betriebsbereitschaft. Sie werden nicht durch einen bestimmten Auftrag verursacht und können deshalb nicht direkt auf Aufträge verrechnet werden.

Beispiele für Fertigungs- und Hilfszeiten verschiedener Kostenstellen (KS) eines Medienbetriebes sind auf der Tabelle der nächsten Seite dargestellt.

Für einen Auftrag werden nur die Fertigungsstunden verrechnet. Durch die kalkulierten Stundensätze müssen jedoch die gesamten Kosten, also auch die Kosten für die Hilfsstunden abgedeckt werden.

Die Ermittlung der Selbstkosten pro Fertigungsstunde ist Ihnen bekannt. Diese Selbstkosten pro Fertigungsstunde werden auch Stundensatz genannt.

KS Satz	KS Reproduktion	KS Montage	KS Druck
Fertigungszeiten sind zum Beispiel:			
Texterfassung	Scannen	Bogenmontage	Drucken
Hilfszeiten sind zum Beispiel:			
Schriftinstallation	Auswechseln und Reinigen von Scannertrommeln	Reinigungsarbeiten	Reinigungsarbeiten Wartung

Wird nun der Stundensatz ermittelt, ist das Verhältnis zwischen Fertigungszeit und Hilfszeit entscheidend. Bei gleichen Gesamtkosten zweier Kostenstellen wird der Stundensatz umso niedriger sein, je größer die Zahl der Fertigungsstunden ist.

Beispiel: In einem Betrieb stehen zwei PC-Systeme, welche im Jahr pro System Gesamtkosten von 60.000,– DM verursachen. Darin enthalten sind Löhne, Abschreibungen, Miete, Strom, Heizung und Verwaltungskosten. Folgende Verteilung der Fertigungs- und Hilfszeiten wurden für die beiden Systeme ermittelt:

	PC-System 1	PC-System 2
Gesamtarbeitszeit / Jahr	1800 Stunden	1800 Stunden
davon Fertigungszeit	1400 Stunden	1600 Stunden
Hilfszeiten	400 Stunden	200 Stunden
Errechneter Stundensatz	42,85 DM	37,50 DM

Ermittlung des Stundensatzes bei unterschiedlichen Fertigungs- und Hilfszeiten

Abb. 5.5/3
Tageszettel (Muster) zur Zeiterfassung

Der Tageszettel dient der Erfassung der Produktionszeiten an den einzelnen Kostenstellen innerhalb eines Betriebes. Des weiteren ist er Grundlage für die Lohnerfassung für den einzelnen Mitarbeiter, der hier seine geleistete Arbeit einträgt.
Die Kostenkontrolle der einzelnen Kostenstellen mit Hilfe des Arbeitszettels ist die Grundlage für die Nachkalkulation eines Auftrages, da die geplanten Soll-Zeiten mit den tatsächlich benötigten Ist-Zeiten verglichen werden können.

Tageszettel

Personal-nummer	Datum:			Arbeitszeit		Gesamtzeit ohne Pause	Gut-Std.	Fehl-Std.	Soll	Ist
	Tag	Monat	Jahr	Beginn	Ende					

Name:	Überstunden: ❑ auszahlen ❑ gutschreiben	Ausfallstunden: von bis Anlaß:	Abteilungs-leiter:

Kosten-stelle	Arbeits-vorgang	Zeit	Auftrags-nummer	Auftrag	Menge
			Gesamtstunden		

5.5.5 Nutzungsgrad

Den Anteil der Fertigungsstunden an der Gesamtarbeitszeit bezeichnet man als Nutzungsgrad. Der Nutzungsgrad gibt an, zu welchem Prozentsatz die gesamte Arbeitszeit direkt für die Produktion genutzt wurde.

$$\text{Nutzungsgrad} = \frac{\text{Fertigungsstunden} \times 100}{\text{Gesamtarbeitszeit}}$$

Errechnen Sie für die beiden Beispiele mit den PC-Arbeitsplätzen den prozentualen Nutzungsgrad.

Die folgende Tabelle soll Ihnen einen Einblick in die Höhe des Nutzungsgrades verschiedener Kostenstellen geben:

Computersatz	80–85%
Offsetdruckmaschinen	83–86%
PC-Videoschnittplatz	60–70%
Bogenmontage	85–88%
Scanner	75–80%

Quelle: Kalkulationshandbuch Druck- und Medienindustrie

Bundesverband Druck + Medien Wiesbaden

Die Höhe des Nutzungsgrades hängt von verschiedenen Faktoren ab. Hier sind einmal die ergonomischen Bedingungen zu nennen, die einen Arbeitsablauf erleichtern und beschleunigen können. Da bei vielen digitalen Arbeitsplätzen der Nutzungsgrad vom Durchsatz der Daten abhängt, kommt der Organisation des so genannten Workflows eine entscheidende Bedeutung zu. Daneben spielt die Leistungsfähigkeit, Motivation und der Ausbildungsstand der eingesetzten Mitarbeiter eine große Rolle beim Verhältnis Fertigungs- zu Hilfszeiten.

Lernziel: Nutzungsgrad des eigenen Arbeitsplatzes kennen.

Aufgabe: Erkundigen Sie sich nach der Höhe des kalkulatorischen Nutzungsgrades für Ihren Arbeitsplatz. (P)

5.5.6 Platzkostenrechnung

Der Stundenlohn eines jungen Druckers an einer Fünf-Farben-Offsetdruckmaschine beträgt etwa 25,– DM, der Stundensatz an der gleicher Maschine liegt bei etwa 350,– DM. Der junge Drucker, der diese Stundensätze erfährt, fragt sich unwillkürlich, warum diese Diskrepanz zwischen seinem Lohn und dem verrechneten Stundensatz für den Kunden besteht. Bekommt die Differenz zwischen dem Lohn des Druckers und dem Preis, den der Kunde bezahlt, der Chef?

Mit der Aufstellung einer Platzkostenrechnung soll diese Diskrepanz in den Summen geklärt werden. In der Darstellung der Platzkostenrechnung wird absichtlich der Arbeitsplatz eines Druckers als Beispiel herangezogen, da es sich hier um größere Investitionssummen handelt als im PC-Bereich der Medienvorstufe. Außerdem kann man sich aus Anlass der Platzkostenrechnung solch einen Arbeitsplatz einmal anschauen und sich über dieses Tätigkeitsfeld der Medienbranche informieren …!

Die Aufstellung einer exemplarischen Platzkostenrechnung soll aufzeigen, wie sich die Kosten zusammensetzen, wie sie errechnet und auf die Fertigungsstunden umgelegt werden.

5.5.6.1 Schema einer Platzkostenrechnung

Auf einen Arbeitsplatz anfallende Kosten:

Kostengruppe 1

Lohnkosten	der Arbeitsplatzbesetzung (Fachkraft + Hilfskraft)
Sonstige Löhne	Kostenanteil für Abteilungsleiter, Korrektor, Materiallager, Sekretariat u.ä.
Urlaubslohn	tarifvertraglich vereinbarte Lohnzuschläge
Feiertagslohn	im Jahr durchschnittlich 10–12 bezahlte Feiertage
Lohnfortzahlung	im Krankheitsfall
Sozialkosten	Arbeitgeberanteil zur Sozialversicherung
Freiwillige Sozialkosten	Weihnachtsgeld, Essenzuschüsse, Prämien, Zusatzversicherungen u.ä.

Die Summe der **Kostengruppe 1** sind die **Personalkosten.**

Kostengruppe 2

Wasch-, Putz- und Schmiermittel	
Kleinmaterial	Werkzeuge, Klebebänder, Kleinmaterial
Strom, Gas, Wasser	Die Stromkosten werden nach einem Verteilerschlüssel umgelegt. Dieser berücksichtigt die Anschlusswerte der Maschinen, Geräte, Beleuchtung und die Einschaltzeit.
Instandhaltung	Kosten für Reparaturen, Ersatzteile, Kundendienst usw.

Die Summe der **Kostengruppe 2** sind die **Fertigungsgemeinkosten.**

Kostengruppe 3

Miete, Heizung	Diese Kosten werden nach dem anteiligen Flächenbedarf des einzelnen Arbeitsplatzes auf die Kostenstellen umgelegt.
Abschreibung	Je nach geplanter Nutzungsdauer
Kalkulatorische Zinsen	6,5% auf halben Neuwert

Die Summe der **Kostengruppe 3** sind die **Miet- und kalkulatorischen Kosten**

Die Summe der **Kostengruppen 1 bis 3** sind die **Fertigungskosten.**

Kostengruppe 4

VV-Kosten	Anteilige Kosten für Verwaltung (Buchhaltung, Lohnabrechnung, Kalkulation, Telefon, Geschäftsleitung, usw.) Anteilige Kosten für Vertrieb (Fuhrpark, Versand, Werbung).

Die Umlage der Kosten erfolgt mit einem Prozentanteil* auf die Fertigungskosten.

Die Summe der **Kostengruppen 1 bis 4** sind die **Selbstkosten.**

---

* Der Prozentanteil variiert von Betrieb zu Betrieb und ist abhängig von der Größe der Verwaltung, Vertrieb usw.

5.5.6.2 Die Berechnung der Miete und Heizung

Die Berechnung der Miete und Heizung erfolgt nach der Gesamtfläche des Betriebes. Wir nehmen an, dass der Betrieb eine Fläche von 1500 m^2 aufweist.

Die Ausgaben für die Miete belaufen sich auf 9500,– DM pro Monat. Die jährlichen Heizungskosten betragen 28.500,– DM. Daraus lassen sich die Miet-und Heizkosten pro Quadratmeter Nutzfläche im Jahr errechnen.

Die Kosten für die Miete betragen bei 9500,– DM / Monat : 1500 m^2 = 6,33 DM pro Quadratmeter im Monat. Die Miete pro Quadratmeter beträgt dann 6,33 DM x 12 Monate = 75,96 DM pro Quadratmeter im Jahr.

Die Kosten für die Heizung belaufen sich bei 28.500,– DM : 1500 m^2 auf 19,– DM pro Quadratmeter im Jahr.

5.5.6.3 Berechnung der kalkulatorischen Zinsen

Die Investitionskosten für eine Druckmaschine betragen z.B. 500.000,– DM. Zur Berechnung wird der halbe Wert der Maschine genommen. Dies sind 250.000,– DM. Davon 6,5% ergeben kalkulatorische Zinsen von 16.250,– DM.

5.5.6.4 Berechnung der kalkulatorischen Abschreibung

Der Anschaffungswert der Beispielmaschine beträgt 500.000,– DM. Der Abschreibungssatz beträgt 10%. Dies ergibt eine jährliche Abschreibung von 50.000,– DM, verteilt auf die Nutzungsdauer von 10 Jahren.

5.5.6.5 Berechnung des Verwaltungs- und Vertriebskostenanteils (VV-Kosten)

Der angesetzte Prozentsatz ergibt sich aus dem Verhältnis von produzierendem zu verwaltendem Personal. Bei einem angenommenen Prozentsatz von 33% bedeutet dies, dass ein Unternehmen 33% verwaltendes Peronal und 67% produzierendes Personal aufweist.

5.5.7 Platzkostenrechnung für eine Druckmaschine

Arbeitsplatzbesetzung 1 Drucker   Stundenlohn DM 35,–
                       1 Hilfskraft Stundenlohn DM 17,– Platzbedarf   100 qm
                                                          Stromanschlusswert   40 kW
                                                          Investitionshöhe   DM 500.000,–

Kosten des Arbeitsplatzes bei einer Jahres-Arbeitszeit von 1800 Stunden (inkl. 300 Hilfsstunden)

1. **Lohnkosten** [(35,– DM + 17,– DM) x 1800 Stunden] =   DM 93.600,–
2. **Sonstige Lohnkosten**
    (z.B. Abteilungsleiter anteilig bei 10 Mitarbeitern)   DM 9.300,–
3. **Zuschlag** für freiwillige und gesetzliche **Sozial-
    leistungen, Urlaubsgeld, Feiertagslohn, Lohnfortzah-
    lung im Krankheitsfall** (45% der Zeile 1 und 2)   DM 46.332,–

4. **Summe der Personalkosten**   DM 149.232,–

5. **Fertigungsgemeinkosten**
    (Wasch-, Putz- und Schmiermittel, Kleinteile u.ä.)   DM 10.000,–
6. **Strom** (40 kW + Deckenbeleuchtung 700 Watt + Ab-
    stimmlampe 400 Watt = 41,10 kW x –,21 DM/kW ergibt
    8,63 DM pro Stunde x 1800 Std =   DM 15.534,–
7. **Wasser**   DM   600,–
8. **Instandhaltung** (geschätzt)   DM 10.000,–
9. **Miet**e (siehe Punkt 10)
10. **Heizung** (Miet- und Heizkosten belaufen sich auf

weiter nächste Seite …

95,– DM/qm. Flächenbedarf der Maschine ist 100 qm)	DM 9.500,–	
11. **Kalkulatorische Abschreibung**	DM 50.000,–	
12. **Kalkulatorische Verzinsung**	DM 16.250,–	
13. **Summe**		DM 111.884,–
14. **Summe der Fertigungskosten**		DM 261.116,–
15. **VV-Kosten** (33% auf die Summe der Fertigungskosten von Ziffer 14)		DM 86.168,28
16. **Gesamtkosten des Arbeitsplatzes** (Ziffer 14 + Ziffer 15)		DM 347.284,28

Berechnung des Stundensatzes

Gesamtstunden...................... 1800 Std.
Hilfsstunden.......................... 300 Std.
Fertigungsstunden................. 1500 Std.

Stundensatz = Gesamtkosten : Fertigungsstunden

   = 347.284,28 : 1500 = **231,52 DM/Std.**

Lernziel: Stundensatz des eigenen Arbeitsplatzes kennen.
Aufgabe: Erkundigen Sie sich nach der Berechnungsgrundlage und nach der Höhe des Stundensatzes für Ihren Arbeitsplatz. (P)

Abb. 5.5/4
Angebotsschreiben

Nahezu jedem Auftrag geht
ein Angebotschreiben vor-
aus, das in Form und Auf-
machung eine Visitenkarte
der Firma sein soll.

MEDIENSERVICE GMBH

Frankfurter Allee 18
72754 Reutlingen
FON (0 71 21) 465-211
FAX (0 71 21) 465-210
www.medienservice.com
E-mail: medienservice@aol.com

Geschäftsbereiche:
Text-/Bildverarbeitung
Database-Publishing
Software-Entwicklung
Interaktive Medien
Digitaler Medienservice

Medienservice GmbH Postfach 2143 72764 Reutlingen

Becker-Druck
Lahrer Weg 12
72741 Reutlingen Rommelsbach

Angebot CD-Herstellung   29. August 2000 • Jw/Ki

Sehr geehrte Frau Becker,

wir bedanken uns für Ihre Anfrage, für Sie CDs herzustellen. Wir bieten Ihnen wie
mündlich bereits angekündigt folgendes an:

MASTER-CD-ROM
Erstellen einer Master-CD-ROM im Hybrid-Format
(Macintosh HFS + ISO 9660) von gelieferten Daten, die
für das Mastering benötigt werden: DM 170,–

MASTERING
Erstellen eines Glasfasermasters für Pressvorgang   DM 1200,–

KOSTEN Vorbereitung   **netto DM 1370,–**

Die Kosten für die Vorbereitung entstehen in jedem Fall und sie sind
unabhänig von der CD-Menge, die gepresst wird.

CDs pressen, verpacken in Jewelbox inklusive 2-farbigem Labeldruck
(Filme werden von Ihnen gestellt)
Auflage 200 Stück – je CD DM 4,50 DM   **DM 900,–**

CDs pressen, verpacken in Jewelbox inklusive 2-farbigem Labeldruck
(Filme werden von Ihnen gestellt)
Auflage 500 Stück – je CD DM 3,25 DM   **DM 1625,–**

Nachauflagen zu einem späteren Zeitpunkt bieten wir Ihnen ebenfalls gerne an.

Ebenso kann der Label-Druck auch in mehr als 2 Farben erfolgen. Sollte Ihnen
der im Preis enthaltene 2-farbige Labeldruck nicht genügen, müssten wir dies
noch seperat anbieten.

Die Lieferzeit beträgt ca. 10–14 Tage ab Eingang der Daten. Sollte eine schnellere
Auftragsabwicklung notwendig sein, kann dies gegen einen Aufpreis von 20% durchgeführt werden.

Für Rückfragen stehen wir jederzeit gerne zur Verfügung.

Mit freundlichen Grüßen

5.5.8 Einführung in die Kalkulation

In der Kalkulation unterscheidet man zwei Kalkulationsbegriffe, die vor allem durch den Zeitpunkt der Kalkulationserstellung definiert werden: Vor- und Nachkalkulation. Die Vorkalkulation wird auch als Angebotskalkulation bezeichnet.

Die Vorkalkulation errechnet den Preis für ein gewünschtes Medienprodukt. Auf der Basis dieser Berechnungen wird dem Kunden ein Angebot unterbreitet. Als Berechnungsgrundlagen liegen häufig nur eine Beschreibung des Auftrages, Skizzen oder unfertige Entwürfe bzw. Screenshots vor. Mit Hilfe dieser wenigen Unterlagen muss der Kalkulator jeden Arbeitsgang, der für die Produktion eines Auftrages notwendig ist, berücksichtigen und die benötigte Herstellungszeit schätzen. Es muss festgestellt werden, wie viel Zeit z.B. für Texterfassung, Scannen, Bildbearbeitung, Drucke oder die buchbinderische Weiterverarbeitung aufgewendet wird. Ebenso wird eingeschätzt und berechnet, welche Materialien und Werkstoffe für die Auftragsabwicklung notwendig sind.

Vorkalkulation oder Angebotskalkulation

Kenntnisse über die Zusammenhänge der Medienproduktion und Kalkulationsgrundlagen der verschiedenen Verbände der Druck- und Medienbranche helfen dem Kalkulator bei dieser verantwortlichen Tätigkeit.

Die Vorkalkulation muss außerordentlich sorgfältig ermittelt werden. Dies gilt für die Vollständigkeit aller notwendigen Produktionsschritte, die Berücksichtigung der optimalen Produktionsabläufe und für die rechnerische Richtigkeit. Werden durch Fehler zu hohe Preise ermittelt, ist ein Betrieb am Markt nicht wettbewerbsfähig. Zu niedrig kalkulierte Preise führen zu Verlusten.

Nach der Fertigstellung eines Medienproduktes wird durch die Nachkalkulation des Auftrages die tatsächlich benötigte Zeit- und Materialaufwendung aus den Tageszetteln der einzelnen Mitarbeiter und den angegebenen Materialverbräuchen berechnet. Durch den Vergleich der Vorkalkulation mit der Nachkalkulation werden Gewinn oder Verlust eines Auftrages ermittelt.

Nachkalkulation: Berechnung der tatsächlichen Kosten eines Auftrages

Die Ergebnisse der Nachkalkulation dienen nicht nur zur Ermittlung der Gewinne und Verluste des Auftrages, sie sind gleichzeitig Grundlage für zukünftige Angebote an die Kunden. Daneben kann durch exakte Nachkalkulation jede Kostenstelle im Fertigungsablauf überprüft werden. Dauert an ei-

Abb. 5.5/5
Schema
Medienkalkulation

Fertigungskosten

+   Materialkosten
Fremdleistungskosten
Materialgemeinkostenzuschlag

=   Herstellungskosten

+   Gewinnzuschlag in %

=   Nettopreis

+   Versand und Verpackungskosten (VV-Kosten)

+   Mehrwertsteuer (MWST)

=   Endpreis (Bruttopreis)

ner Fertigungsstelle im Betrieb ein geplanter Ablauf immer wesentlich länger als kalkuliert, so kann der Kalkulator diese Schwachstelle im gesamten Fertigungsablauf analysieren. Dies kann dazu führen, dass ein Fertigungsablauf optimiert, eine technische Verbesserung geplant oder eine personelle Veränderung durchgeführt werden.

Die Nachkalkulation dient der Schwachstellenanalyse im Fertigungsprozess. Nur durch die exakte Nachkalkulation werden die tatsächlichen Leistungen eines Betriebes transparent.

5.5.8.1 Schema einer Medienkalkulation

Die *Fertigungskosten* ergeben sich aus der Summe aller Selbstkosten, die in der Produktion entstehen. Darunter fallen alle Fertigungsstunden an den verschiedenen Maschinen und Geräten eines Medienbetriebes. Hierzu gehören zum Beispiel Fertigungsstunden in der Texterfassung und -verarbeitung, Bilderfassung und -verarbeitung, Filmbelichtung, Montage und Plattenkopie, Druck und Druckweiterverarbeitung. Der Kalkulator muss neben der Zeiterfassung an den einzelnen Kostenstellen noch die verbrauchten Materialien und deren Preis berechnen. Dazu zählen z.B. folgende Materialien: Filme, Papier mit notwendigem Zuschuss, Druckfarben, Materialien der Weiterverarbeitung usw.

→ **Abb. 5.5/6**
Tabellen zur Kosten- und Leistungsrechnung

Den *Materialkosten* werden auch die Kosten für *Fremdleistungen* zugeordnet. Unter Fremdleistungen versteht man alle Teilleistungen der Fertigung, die an einen anderen Produktionsbetrieb vergeben werden. Dies können Teilleistungen wie Ausbelichten von Dateien, Druck einer Auflage oder buchbinderische Arbeiten sein.

Alle für einen Auftrag notwendigen Materialien und Fremdleistungen müssen termingerecht geordert und bezahlt werden. Durch diese Tätigkeiten der betrieblichen Materialwirtschaft entstehen Beschaffungs-, Finanzierungs-, Lagerungs- und Transportkosten. Diese Kosten werden durch den *Materialgemeinkostenzuschlag* auf jeden Auftrag zugeschlagen. Abhängig von der Höhe der entstandenen Materialkosten werden hier unterschiedliche Sätze zwischen 5% und 30% verrechnet.

Abb. 5.5/6-1
Kalkulationsgrundlagen

Tabelle der Gemeinkosten-
Zuschlägssätze der Druck-
industrie.

Quelle: Kalkulationshand-
buch Druckindustrie

Hrsg.: Bundesverband
Druck und Medien,
65187 Wiesbaden,
Biebricher Allee 79

Gemeinkosten-Zuschlagsätze

Betriebsart	TL/AV* %	Verwaltung %	Vertrieb %	gesamt %
Akzidenzen Bogen	8,0	22,0	18,5	48,5
Rolle	7,5	11,0	7,5	26,0
Werke/Zeitschriften	12,5	13,5	7,0	33,0
Zeitungsdruck	8,0	11,0	3,0	22,0
Siebdruck	8,0	12,0	13,5	33,5
Endlosformulardruck	13,0	12,0	9,0	34,0
Reproduktionstechnik	10,0	25,0	16,0	51,0
Kartonagen/Etiketten	11,0	24,0	7,0	42,0

*TL/AV = Technische Leitung/Arbeitsvorbereitung

Abb. 5.5/6-2
Kalkulationsgrundlagen

Löhne und Lohnzusatzko-
sten mit eingerechneter
Lohnerhöhung.
Eine angenommene 3%ige
Lohnerhöhung wirkt sich auf
den Stundensatz mit rund
1,2% aus.

Quelle: Kalkulationshand-
buch Druckindustrie

Hrsg.: Bundesverband
Druck, 65187 Wiesbaden,
Biebricher Allee 79

Löhne und Lohnzusatzkosten		**3%ige Lohnerhöhung**
Lohn	68.687,–	70.748,–
Gesetzliche Sozialkosten	14.424,–	14.857,–
Freiwillige Sozialkosten	1.305,–	1.305,–
Summe Personalkosten	84.416,–	86.910,–
Summe Arbeitsplatzkosten z.B. Druckmaschine	326.964,–	329.458,–
Summe	**411.380,–**	**416.368,–**

411.380,– : 1757 Stunden/Jahr = 234,13 DM/h = 100,00%

416.368,– : 1757 Stunden/Jahr = 236,97 DM/h = 101,21%

Die Summe der Fertigungs- und Materialkosten sind die *Herstellungskosten*. Diese Kosten stellen den finanziellen Aufwand dar, mit dem ein Betrieb einen kalkulierten Auftrag produzieren kann.

Auf die Herstellungskosten wird ein *Gewinnzuschlag* berechnet, der vom Unternehmer frei festgelegt werden kann. Der Gewinnzuschlag ist stark abhängig von der Konkurrenzsituation und liegt in der Medienbranche meist zwischen 5% und 10%. Der daraus resultierende Preis ist der so genannte *Nettopreis*.

Bei einer Reihe von Medienprodukten erhöht sich der kalkulierte Nettopreis durch hohe *Verpackungs- und Vertriebskosten* (so genannte VV-Kosten). Dies ist zum Beispiel bei hochwertigen Druckprodukten wie Katalogen oder Bildbänden der Fall. Ebenso können z.B. CD-ROM-Kataloge hohe Vertriebskosten verursachen, wenn weltweite Portokosten für das Versenden eines solchen Auftrages mitkalkuliert werden müssen.

In die Kalkulation muss die Mehrwertsteuer mit eingerechnet werden. Dies ergibt in der Addition aller Kalkulationsbestandteile den *Endpreis*, den der Kunde nach der Abwicklung des Auftrages bezahlen muss.

Bei den meisten Aufträgen enthält ein Angebot neben dem Endpreis für das angefragte Produkt noch den *1000-Stück-Preis*. Oft wird noch der Preis für weitere 1000 Exemplare eines Produktes angegeben. Dieser Preis ist meistens relativ günstig, um dem Kunden einen Anreiz für eine höhere Bestellmenge zu geben.

5.5.9 Vorkalkulation Offsetdruck

Kunde: *Springer-Verlag Heidelberg*
Herr Müller 07134/77 32 71
Termin: *Buchmesse Frankfurt*

Auftragsbeschreibung: *Kalkulationsbeschrei-*
bung, beidseitig, schwarz bedruckt.
Format 21 x 29,7 cm

Papier: *80 g/qm SM-weiß*

Papierformat: *61 x 86 cm*   Preis: *70,– DM*
pro 1000 Bogen

Farbe: Schön: *1*   Wider: *1*

Druckformat: *43* x *30,5 cm*
Nutzen: *2*

Auflage:			Auftrag	1000 x
Stückzahl			*10.000*	*1.000*
Bogenanzahl ohne Zuschuss			*5.000*	*500*
Zuschuss für Auflage Auftrag	Druck *5* % + Bubi *2* % = *7* %		*350*	
Zuschuss für Auflage 1000 weitere	Druck *4* % + Bubi *2* % = *6* %			*30*
Bogenanzahl mit Zuschuss			*5.350*	*530*

Fertigungs/Kostenstellen	Kosten pro Stunde	Leistung pro Stunde	Σ Std.	DM	DM
1. Satzherstellung	*120,– DM*	*Texterfassung*	*2*	*240,–*	
2. Bildherstellung	*150,– DM*	*Scans/Retusche*	*1*	*150,–*	
3. Umbruch	*120,– DM*	*Umbruch*	*1,5*	*180,–*	
4. Filmherstellung	*100,– DM*	*Belichten*	*0,5*	*50,–*	
5. Montage	*80,– DM*	*Seitenmontage*	*0,5*	*40,–*	
6. Plattenkopie	*100,– DM*	*Plattenkopie*	*0,5*	*50,–*	
7. Einrichten + Druck	*200,– DM*	*Druck*	*0,5*	*100,–*	*20,–*
8. Weiterverarbeitung	*150,– DM*	*Schneiden usw.*	*0,5*	*75,–*	*15,–*
9. Fertigungskosten				*885,–*	*35,–*

9.	Fertigungskosten	*885,–*	*35,–*
10.	+ Materialkosten (Film, Papier, Farbe, Platten, Fremdleistungen ...)	*114,–*	*22,–*
11.	= Herstellungskosten	*999,–*	*57,–*
12.	+ Gewinn in Hundert *10%*	*88,90*	*5,70*
13.	Kalkulationspreis Auftrag (Nettopreis)	*1087,90*	
	Kalkulationspreis pro 1000 weitere Exemplare (Nettopreis)		*62,70*
14.	Versand- und Verpackungskosten	*0,–*	**0,–**
15.	Mehrwertsteuer *16%*	*174,06*	*10,03*
16.	Endpreis (Bruttopreis)	**1261,96**	*72,73*

5.5.9.1 Technische Einzelheiten zur Vorkalkulation Offsetdruck

Zum besseren Verständnis der einzelnen Kalkulationsschritte werden in den folgenden Ausführungen die wichtigsten Operationen für jede Zeile der Kalkulation so dargestellt, dass es mit den entsprechenden Informationen möglich sein sollte, eine eigene Kalkulation für ein Medienprodukt zu erstellen.

Zeile Kunde: Hier ist der Kunde erfasst, der Ansprechpartner, die Kurzbeschreibung des Auftrages und der vorgegebene Liefertermin.

Zeile Papier: Es wird mit dem Papierformat 61 x 86 cm in zwei Nutzen zum Umschlagen gedruckt. (Die Skizze zur Einteilung des Druckbogens ist auf der nächsten Seite abgebildet.) Die Angabe Schön- und Widerdruck zu zwei Nutzen gedruckt bedeutet, dass nach dem Druck auf jedem Druckbogen zwei Exemplare der Kalkulationsbeschreibung vorhanden sind. Nach dem

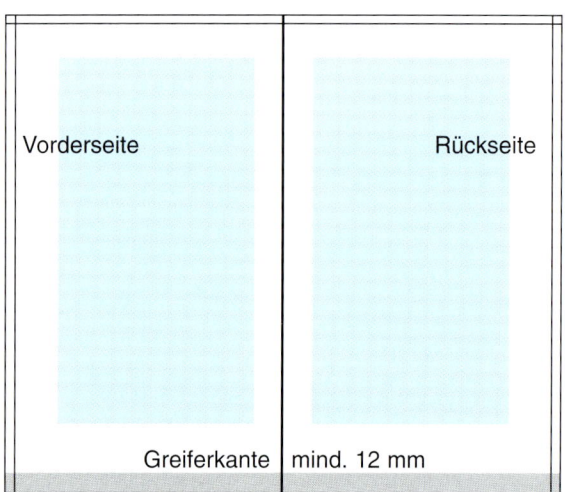

- Greiferkante mit 12 mm
- Seitlicher Beschnitt für verschiedene Hilfs- zeichen von je 5 mm
- Hinterer Beschnitt 4 mm

Druck muss der Druckbogen beschnitten werden, um die beiden Exemplare zu trennen. Zusätzlich zu dem Trennschnitt sind noch die Formatschnitte auszuführen, um vorhandene Formatzeichen, Passkreuze und Ziehmarken zu entfernen. Der Arbeitsaufwand hierfür ist in *Zeile 8* mit einer halben Stunde angesetzt worden.

Zeile Auflage: Es müssen 10.000 Beschreibungen abgeliefert werden. Da zu zwei Nutzen gedruckt wird, müssen 5000 Bogen im angegebenen Druckformat beschafft werden. Da der Drucker zum Einrichten der Maschine einen Zuschuss benötigt, werden hier 5% zu 5000 Bogen dazugegeben. Der Buchbinder benötigt zum Einrichten und Vorbereiten der Schneidemaschine ebenfalls einige Bogen, die mit 2% Zuschuss berechnet werden. Insgesamt muss für die Auflage von 5000 Druckbogen eine Bogenanzahl von 5350 Bogen (mit Zuschuss) zur Verfügung stehen, um den Auftrag sachgerecht abwickeln zu können. Für das Angebot von 1000 weiteren Drucken muss die zusätzliche Bogenanzahl vorhanden sein.

Zeile Satzherstellung bis *Zeile Weiterverabeitung:* Hier werden die Leistungen der einzelnen Kostenstellen erfasst. Dabei werden die Kosten pro Stunde angegeben, die erbrachte Leistung für den Kunden wird in Kurzform dargestellt und die für den Auftrag geschätzte Zeit wird festgehalten. In der Auftragsspalte erscheinen dann die für den Kunden errechneten Kostensätze der jeweiligen Kostenstelle.

Zeile Fertigungskosten: Die errechnete Summe aller Kostenstellen von 1 bis 8 ergeben die Fertigungskosten eines Auftrages ohne Materialien. Zu diesen Fertigungskosten werden in der

Zeile Materialkosten noch die benötigten Materialien hinzugerechnet.

Zeile Herstellungskosten: Die Summe der Fertigungskosten und der Materialkosten ergibt die Herstellungskosten.

Zeile Gewinn: Hier wird der Gewinnzuschlag in Hundert eingerechnet. Ab der Zeile Fertigungskosten wird jeweils in der Auftragsspalte und in der Spalte für 1000 weitere Drucke das Angebot für den Kunden errechnet.

Zeile Kalkulationspreis: Es werden zwei kalkulierte Preise angezeigt. Zuerst wird der Auftragspreis dargestellt. Dieser Preis erscheint beim Kunden im Angebot als Nettopreis. Daneben ist der Kalkulationspreis für weitere 1000 Drucke angegeben. Dieser Preis wird dem Kunden für weitere Drucke angeboten. Da der Stückpreis hier niedriger liegt, wird der eine oder andere Kunde vielleicht für eine Marketingmaßnahme eine höhere Auflage herstellen lassen.

In den folgenden Zeilen werden die *Versand- und Verpackungskosten* sowie die *Mehrwertsteuer* zugeschlagen, um dem Kunden einen Bruttopreis im Angebot zu geben.

5.5.9.2 Das Angebot

Aus der innerbetrieblichen Vorkalkulation erstellt der Kalkulator für den Kunden ein Angebot, aus dem der Kunde ersehen kann, welchen Preis er für sein geplantes Medienprodukt bezahlen muss. Aus dem Angebot darf nicht nur der Preis hervorgehen, sondern es sollte dem Kunden deutlich gemacht werden, wie sein Auftrag abgewickelt wird und welche Dienstleistungen er von seinem Medienbetrieb im Zusammenhang mit einem Auftrag noch erwarten kann. Ein Angebot ist immer auch eine Marketingmaßnahme mit erheblicher Wirkung nach außen, auch wenn einmal aus einem Angebot kein Auftrag wird.

Ein Angebot ist immer auch eine Marketingmaßnahme mit erheblicher Wirkung nach außen, auch wenn einmal aus einem Angebot kein Auftrag wird.

→ **Abb. 5/5.4**

Abb. 5.5/8
Angebotsstruktur
Multimedia

Wie werden Multimedia-
Dienstleistungen den Kun-
den angeboten?
59% werden Stundensatz-
orientiert mit Aufwandsan-
gabe angeboten, 41% wer-
den stückorientiert bzw.
pauschal angeboten. Es
wird hierbei nach Screens,
nach Element oder nach
Spieldauer abgerechnet.

Quelle: Multimedia Honorarleitfaden 1999/2000

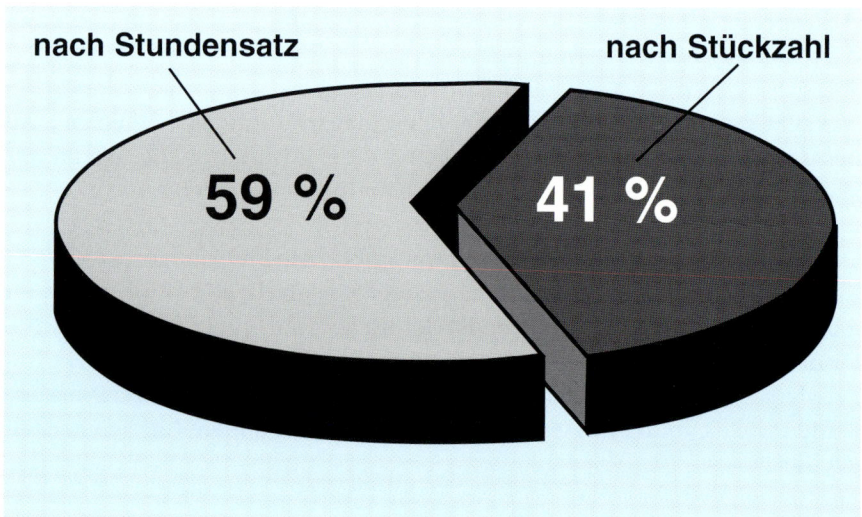

nach Stundensatz

nach Stückzahl

59 %

41 %

Die geheimen Zusatzkosten der Multimedia-Produktion:

- **Meetings**
- **Zusätzliche Präsentationen beim Kunden (Geschäftsleitung,**
  Vorstand oder Aufsichtsrat)
- **Lauffähige Vorab-Versionen für Messen oder Kunden**
- **Unvorhergesehene Korrektur- und Testläufe**
- **Autorenkorrekturen und nachträgliche Änderungen an be-**
  reits genehmigten Daten
- **Änderungen im Pflichtenheft**
- **Änderungen der Navigationsstruktur**
- **Zu viele unvorhergesehene Entscheidungsträger bei der**
  Freigabe durch den Kunden

Abb. 5.5/9
Zusatzkosten

Ein wichtiger Faktor der Kosten einer Multimedia-Produktion ist der „Faktor Kunde". Darunter versteht die
Agentur den Aufwand, der
durch zusätzliche und
schlecht planbare Kunden-
wünsche entsteht. Die
Spanne der Zusatzkosten
liegt zwischen null und 30%
und erreicht bei größeren
Kunden einer Agentur oft
den oberen Wert.

5.5.10 Multimedia-Kalkulation

5.5.10.1 Grundüberlegungen

Die große Anzahl der ähnlich wirkenden Multimedia-Produkte, die derzeit auf dem Markt anzutreffen ist, lässt folgenden Schluss zu: Bei gleichartig wirkenden Produkten muss der Produktionsaufwand vergleichbar und damit pauschal abschätzbar sein.

Dies ist falsch! Jedes Multimedia-Projekt ist eine Einzelfertigung, dessen Funktionalität, dessen Aussehen, Größe und Einsatz völlig unterschiedlich ist. Einem Multimedia-Produkt ist nicht anzusehen, welche Ausgangsmaterialien vorhanden waren, welche didaktische Konzeption erarbeitet werden musste und wie die Pflege etwaiger Updates vorgenommen wird.

Multimedia-Projekte können oftmals erst nach der Herstellung eines Prototyps oder sogar erst nach der Fertigstellung exakt beurteilt und kalkuliert werden. Dies erschwert die Erstellung eines Angebots ungemein, vor allem wenn es sich um einen mit Multimedia unerfahrenen Kunden handelt.

5.5.10.2 Neukunden ohne Multimedia-Erfahrung

Ein neuer Kunde, der sich erstmals mit dem Gedanken vertraut macht, seine Produkte oder Dienstleistungen mit Hilfe moderner Kommunikationsmedien anzubieten, benötigt eine situationsgerechte Beratung durch den Multimedia-Dienstleister. Dies bedeutet, dass eine auf den Kunden angepasste Markt- und Bedarfsanalyse zu erstellen ist. Dabei muss ein Vorschlag für den zukünftigen Kunden entwickelt werden, wie dessen Kommunikation bzw. Marketing durch multimediale Medien wirkungsvoll unterstützt werden kann. Für diesen Neukunden sollte ein Einstiegsangebot in die Multimediawelt erstellt werden, das durch Module und Funktionen Erweiterungen erfahren kann. Hat der Kunde Erfolg durch die neuen Kommunikationsmedien, kann das bestehende Einstiegsmodul durch geeignete weitere Module im Sinne des Kunden ergänzt werden.

Der Multimedia-Dienstleister verschafft sich bei einem Neukunden einen umfassenden Überblick über die Marktsituation des zukünftigen Auftraggebers. Danach gibt er dem Kunden einen umfassenden und verständlichen Einblick in die Möglichkeiten moderner Kommunikationsmedien. Damit verbunden ist ein Angebot für eine erste Multimedia-Dienstleistung, zugeschnitten auf den Bedarf des Kunden. Mögliche Erweiterungen, deren Funktion und Wirkung für den Kunden interessant sind, werden aufgezeigt. Unabdingbar ist für den Multimedia-Anbieter, dass er für seinen Neukunden bereits in dieser Phase eine Vorstellung entwickelt, wie sich ein Werbebudget z.B. für einen ständig zu betreuenden Internet-Auftritt entwickeln kann.

5.5.10.3 Kunden mit Multimedia-Erfahrung

Ein Unternehmen, das bereits auf Erfahrungen mit modernen Kommunikationsmedien zurückblicken kann, ist häufig von der Notwendigkeit zu überzeugen, ein Update eines bestehenden Altprojektes durchzuführen. Dies kann durch den technischen Fortschritt bedingt werden, durch veränderte oder erweiterte Angebote des Kunden oder durch ein neues Erscheinungsbild. Die von der Medienagentur zu leistende Überzeugungsarbeit ist umso leichter, je besser der Erfolg eines bisherigen Multimedia-Projektes als Marketinginstrument nachgewiesen werden kann. Ist dieser Nachweis gelungen, ist es sinnvoll, gemeinsam mit dem Kunden eine Marketingpolitik zu entwickeln, die auf eine Verbindung zwischen Multimedia und konventionellen Medien zielt.

Marketingstrategie mit dem Ziel einer Verbindung zwischen multimedialen Kommunikationsmedien und konventionellen Medien (Medienmix).

Im Unterschied zum Neukunden hat man beim Kunden mit MM-Erfahrung die Möglichkeit, individuelle Problemlösungen anzubieten. Diese Angebote, passend zur Branche, zu den Marketingproblemen und zur Zielgruppe des Kunden, legen häufig die Grundlage für eine längerfristige Zusammenarbeit.

Bereits in der Angebotsphase der Multimedia-Produktion können einem Kunden Kosten entstehen.

Dem Kunden muss zu Beginn eines Projektes deutlich gemacht werden, dass in der Multimedia-Produktion bereits in der Angebotsphase Kosten entstehen, die je nach Aufwand bereits sehr erheblich sein können und die dem Kunden berechnet werden.

5.5.10.4 Vorleistungen der Multimedia-Agentur

Nach den ersten Kundengesprächen wird eine Agentur in aller Regel die Idee eines Kunden für ein MM-Projekt bearbeiten und ausformulieren. Dies kann bis zur Erstellung eines Prototyps gehen und ist dann bereits mit einem erheblichen Aufwand verbunden. Die Multimedia-Agentur muss sich daher während der Angebotsphase mit der Frage auseinandersetzen, welche Vorleistungen einem Kunden in Rechnung gestellt und welche als kostenfreier Service eingestuft werden.

Wird eine Kundenidee entwickelt, Bilder gescannt, Texte erfasst, Schaltpläne entworfen und umgesetzt, so ist damit ein realer Aufwand verbunden, der zu bezahlen ist. Immer wieder ist die schwierige Fragen zu stellen, ab wann die Umsetzung eines Auftrags so kundenspezifisch ist, dass dafür ein Honorar verlangt werden kann. Dies ist sicherlich dann der Fall, wenn individuelle Analysen und Recherchen angestellt und kundenspezifische Prototypen oder Musterscreens produziert werden.

Für eine schnelle Kostenempfehlung oder einen unverbindlichen Kostenvoranschlag, die manchmal innerhalb eines Tages abgegeben werden müssen, sollte die MM-Agentur einige Angaben im Hintergrund haben:

Projekte können innerhalb eines Betriebes nach bestimmten Standards klassifiziert werden. Die Standards werden durch bereits realisierte Projekte gesetzt, bei denen der Kostenrahmen bekannt ist. Zur eigenen Orientierung und für den Kunden kann ein Preis-/Leistungsverhältnis angegeben werden:

- Einfacher Web-Auftritt mit 30 Seiten, einfaches und klares Screen-Design, Text wird geliefert, keine Sonderfunktionen, wenig Bilder: Preisrahmen 20.000,– bis 40.000,– DM.
- Web-Auftritt mit 50 Seiten, anspruchsvolles Screen-Design mit kleineren Effekten ohne Animationen, komplexere Navigationsstruktur und einfache Datenbankanbindung. Preisrahmen: 60.000,– bis 80.000,– DM.
- Web-Auftritt mit bis zu 150 Seiten, komplexes und animiertes Screen-Design, komplexe Navigationsstruktur, Sondermodule für Chat, Animationen, Datenbankanbindung: 140.000,– bis 160.000,– DM.

Multimedia-Projekt:
- Idee wird konzipiert
- Idee wird umgesetzt
- Bilder gescannt und bearbeitet
- Texte erfasst
- Prototyp wird erstellt
- Kosten müssen errechnet werden
- Eine Honorarforderung an den Kunden ist entstanden
 Fragestellung: Kann diese eingefordert werden oder nicht?

Ein schneller Kostenvoranschlag wird oft auch als so genannte Investitionsempfehlung an den Kunden weitergegeben. Der Begriff Investitionsempfehlung erklärt dem Kunden, welchen Betrag er in seine Werbung investieren sollte.

Pauschale Preis-/Leistungsverhältnisse für Web-Auftritte. Quelle: Recherchen der Autoren in der Wirtschaftsregion Mittlerer Neckar/ Großraum Stuttgart/ Reutlingen/Tübingen im Herbst 1999/2000.

Abb. 5.5/10
Schema Auftragsvergabe

Schematischer Ablauf einer
Multimedia-Auftragsvergabe
vom ersten Kundenkontakt
bis zum Produktionsbeginn.
Aus dem Ablauf wird deut-
lich, dass bis zur ersten Angebotskalkulation bereits eine Reihe von informativen
Gesprächen zwischen dem
Kunden und der Multime-
dia-Agentur stattfinden
müssen, um ein konkretes
Angebot kalkulieren zu können.
Grundsätzlich gilt, dass bei
der Produktion interaktiver
Medien nicht nur die Agentur bei der Planung und
Durchführung einen hohen
Arbeitsaufwand betreibt.
Auch der Kunde ist in einem
weit höheren Maß gefor-
dert, als dies bei einer Printproduktion üblich ist. Der
Kunde beurteilt Screens,
Schaltpläne und Naviga-
tionsstruktur. Er begutachtet
und beurteilt, muss Korrektur lesen, Animationen, Digitalvideos und Sounds beurteilen und freigeben.
Der Kunde selbst hat also
einen hohen Zeitaufwand
für sein späteres Medien-
produkt einzuplanen.

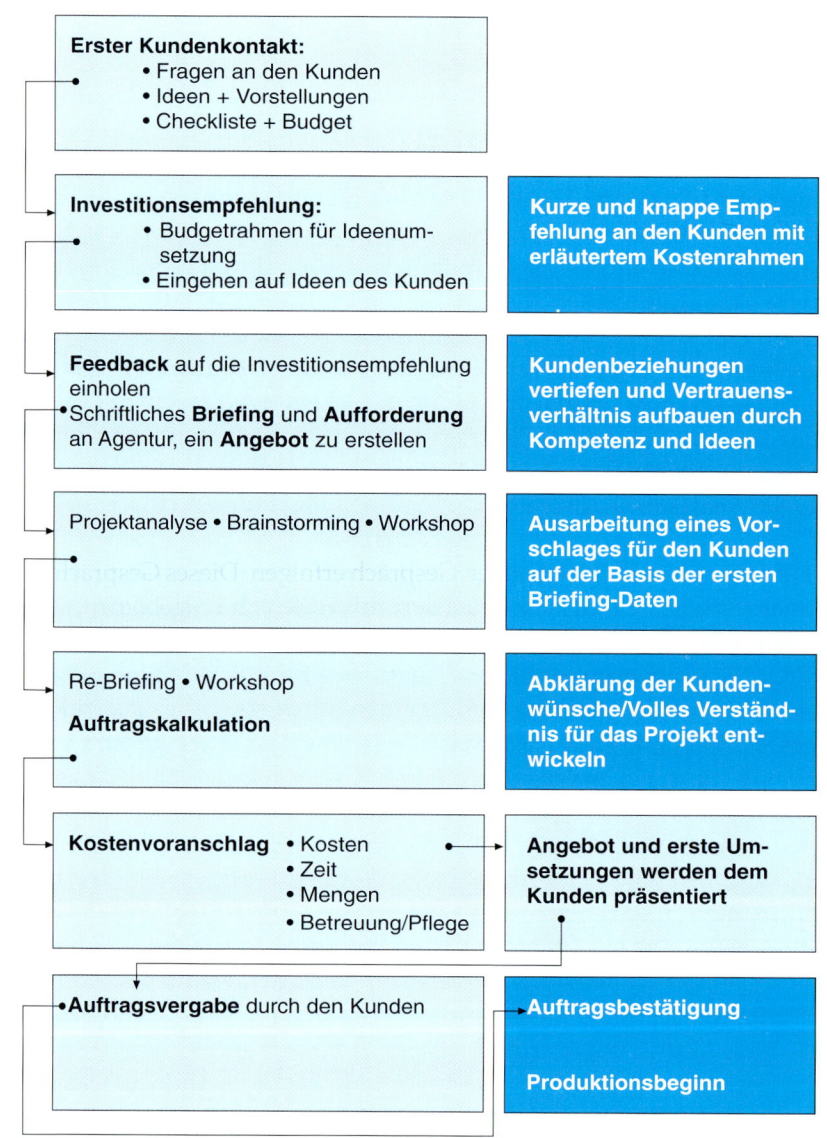

- Ähnliche Richtsätze, die nur als Hilfe gedacht sind, können auch für die Herstellung interaktiver CD-ROMs genannt werden:
Für die Produktion einer Seite bzw. eines Screens in einem Autorensystem wird im Durchschnitt mit einem Zeitaufwand von fünf Stunden gerechnet. Dies ist eine für erste Berechnungen geeignete Richtzeit, die mit dem betriebsindividuellen Stundensatz verrechnet werden kann. Eine grobe Erstkalkulation ohne genaue Grundlage des Daten-, Text- und Bildmaterials ist dann auf der Basis der gewünschten Screens möglich. Dies kann aber nur eine grobe Kalkulation sein, da die Herstellung von Animationen, Videos, Datenbankanbindungen und Soundverwendung die Herstellungskosten in die Höhe treiben.

Richtsätze für die Kalkulation interaktiver CDs

5.5.10.5 Das individuelle Angebot

Ein auf den Kunden abgestimmtes Angebot für ein Multimedia-Produkt kann nur nach einem persönlichen Gespräch erfolgen. Dieses Gespräch kann nach einem Briefing stattfinden, bei dem mit Hilfe von Fragebogen oder gezielten Fragestellungen eine genaue inhaltliche Definition für das geplante Projekt erfasst wird. Nach einem solchen Gespräch sollte feststehen, welche Funktionen, Datenbankanbindungen, Texte, Bilder, Videos, Sounds und Animationen in dem Projekt enthalten sein sollen. Außerdem kann zum jetzigen Zeitpunkt eine Screen-Gestaltung nach den Vorstellungen des Kunden entwickelt werden.

Abgestimmtes Angebot für ein Multimedia-Projekt

Mit diesen grundlegenden Informationen, die eine Funktionsbeschreibung, einen ersten Schalt- bzw. Verzweigungsplan, eine Mengendefinition für Bild- und Textscreens und eine Planung für eventuell weitergehende Animationen enthalten, kann eine erste konkrete Kalkulation erstellt werden. Die Basis für diese Kalkulation ist das Pflichtenheft, in welchem alle oben beschriebenen Funktionalitäten enthalten sind. Nach diesem Pflichtenheft lassen sich zwei kalkulatorische Leistungen errechnen:

Pflichtenheft als Grundlage der zu erstellenden Kalkulation. Aus dem Pflichtenheft lassen sich zwei kalkulatorische Leistungen errechnen.

- Grundkosten des MM-Projektes bis zur Funktionsreife
- Modulkosten für die Herstellung weiterer Einzelbausteine.

5.5.11 Struktur einer Multimedia-Kalkulation

Prozesse	Aktivitäten	Häufigkeit	Verrechnungseinheit
Projektmanagement	Projektplanung	Projektübergreifend	Pauschale / Tage / Stunden
	Konzeptvorschlag	Einmalig mit Anpassung und Pflege	Pauschale / Tage / Stunden
	Präsentation	Ein- bis mehrmalig	Pauschale / Stunden
	Projektcontrolling	Projektübergreifend	Pauschale / Tage / Stunden
	Briefing	Ein- bis mehrmalig	Pauschale / Stunden
Konzeption	Grobkonzept	Einmalig mit laufender Anpassung	Pauschale / Tage / Stunden
	Kreativkonzept	Einmalig mit Überarbeitung	Pauschale / Tage / Stunden
	Screen-Design	Einmalig	Pauschale / Tage / Stunden
	Basiskonzept mit Zeitplan u. Kalkulation	Einmalig mit Anpassung	Dienstleistung
	Pflichtenheft	Einmalig	Pauschale / Tage / Stunden
	Storyboard	Einmalig mit Anpassung und Pflege	Pauschale / Tage / Stunden
	Navigationskonzept	Einmalig mit Anpassung und Pflege	Pauschale / Tage / Stunden
	Marketingkonzept	Einmalig	Pauschale
	Materialrecherche	Einmalig	Pauschale / Tage / Stunden
	Textredaktion	Einmalig	Pauschale / Tage / Stunden
	Bildredaktion	Einmalig	Pauschale / Tage / Stunden
Produktion	Screen-Design	Mengenabhängig	Pauschale / Tage / Stunden
	Bildbearbeitung	Mengenabhängig	Pauschale / Tage / Stunden
	Videobearbeitung	Mengenabhängig	Pauschale / Tage / Stunden
	Audiobearbeitung	Mengenabhängig	Pauschale / Tage / Stunden

Prozesse	Aktivitäten	Häufigkeit	Verrechnungseinheit
	Animation 3D	Mengenabhängig	Pauschale/Tage/Stunden
	Animation 2D	Mengenabhängig	Pauschale/Tage/Stunden
	Texte	Mengenabhängig	Pauschale/Tage/Stunden
	Daten (-bank)	Mengenabhängig	Pauschale/Tage/Stunden
	Medienintegration	Mengenabhängig	Pauschale/Tage/Stunden
	Programmierung	Autorensystem	Pauschale/Tage/Stunden
	Programmierung	Programmiersprache	Pauschale/Tage/Stunden
Testphase	Inhouse-Testing		Pauschale/Tage/Stunden
	Feldtest		Pauschale/Tage/Stunden
	Serverintegration		Pauschale/Tage/Stunden
Gebühren + Rechte + Lizenzen	z.B. GEMA Musik- und Bild- rechte	Projektabhängig	Individuelle Abrechnung
Fremdleistungen	CD-ROM-Mastering	Einmalig	Pauschale
	Pressen	Mengenabhängig	Pauschale/Stück
	Verpackung	Mengenabhängig	Pauschale/Stück
	Booklet	Einmalig	Pauschale
	Konfektionierung	Mengenabhängig	Pauschal/Stück
Materialkosten	Datenträger	Mengenabhängig	Pauschale/Stück
	Verpackungsbox	Mengenabhängig	Pauschale/Stück
	Booklet	Mengenabhänig	Pauschale/Stück
Sonstiges	Nutzung von Servern	Mengenabhängig	Pauschale
	Produktwartung	Aufwandsabhängig	Pauschale

5.5.11.1 Erläuterungen zur Struktur der Multimedia-Kalkulation

Literaturhinweis für die Mediengestalter der Fachrichtung Medienberatung:

Multimedia-Kalkulations-Systematik

Das Werk enthält alle relevanten Arbeitsblätter und Formulare zur betrieblichen Multimedia-Kalkulation.

Weiterhin sind alle Formulare in einer mitgelieferten Excel-Datei erfasst und können sofort zu Kalkulationsübungen verwendet werden.

Anschrift:
Bundesverband Druck
Biebricher Allee 79
65187 Wiesbaden

Für alle Betriebe, die Mediengestalter in der Fachrichtung Medienberatung ausbilden, ist dieses Werk unbedingt für eine erfolgreiche Ausbildung zu empfehlen. Die Abschlussprüfungen in Kalkulation und Kostenrechnung werden alle nach dieser Systematik erstellt und geprüft.

Die auf den vorhergehenden Seiten dargestellte Struktur einer Multimedia-Kalkulation bedarf noch folgender Erläuterungen:

Die Multimedia-Kalkulation gliedert sich grundsätzlich in verschiedene *Prozesse* und *Aktivitäten*. Unter dem Begriff *„Prozess"* versteht man eine Kette von Aktivitäten gleicher oder ähnlicher Zielsetzung. *„Aktivitäten"* sind Handlungen oder Vorgänge im Rahmen der Herstellung eines Multimedia-Produktes. Sie sind die *kleinsten bewertbaren Einheiten* und bilden in ihrer Summe einen Teil eines Gesamtprozesses.

Der Gesamtprozess ist die Herstellung eines Multimedia-Produktes. Diese Herstellung ist durch verschiedenartige Prozesse wie Projektmanagement, Konzeption oder Produktion gekennzeichnet. Innerhalb der Produktion gibt es Aktivitäten verschiedener Kostenstellen, welche bestimmte Teilaufgaben wie Screen-Design, Videobearbeitung oder Programmierung erledigen. Die Summe aller Aktivitäten ergibt den Gesamtprozess der Herstellung. Wie häufig ein Teil dieses Gesamtprozesses erforderlich wird, ist abhängig von der Aufgabenstellung und kann nicht pauschal beantwortet werden. Bestimmte Aktivitäten ziehen sich durch ein komplettes Produkt hindurch. Ein Beispiel wäre die *Aktivität Projektcontrolling*. Diese Aktivität ist vom Projektverantwortlichen permanent durchzuführen, damit der Zeit- und Kostenplan eingehalten wird. Andererseits ist die *Aktivität Storyboarderstellung* nur einmal innerhalb eines Projektes notwendig und taucht daher im Kalkulationsschema in der *Häufigkeit* auch nur als einmal zu berechnen auf.

Die verwendete *Verrechnungseinheit* ist abhängig von der Aktivität. Viele Aktivitäten werden nach der derzeit gängigen Praxis pauschal berechnet. So werden die gesamten Aktivitäten, die zur Kundenakquisition gehören mit einem Pauschalbetrag abgegolten. Dies kann ebenso für Video- oder Soundbearbeitungen gelten, deren Kosten häufig mit Pauschalbeträgen in die Produktionskalkulation einfließen. Mit der folgenden Abbildung wird der Zusammenhang zwischen den einzelnen Produktionsschritten verdeutlicht. Für jede Phase der Herstellung müssen die einzelnen Prozesse und Akti-

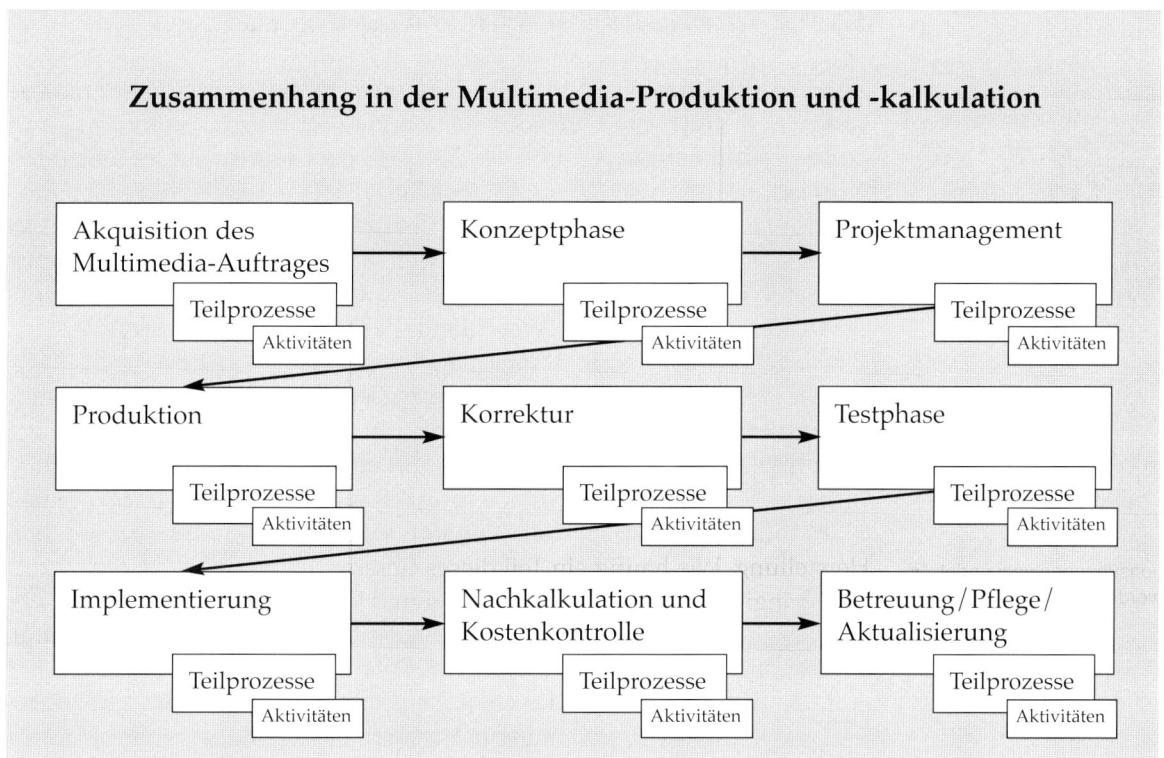

Zusammenhang in der Multimedia-Produktion und -kalkulation

vitäten sorgfältig geplant und kalkuliert werden. Dabei werden von der so bezeichneten *prozessbasierten Kalkulation* die Kosten in einer Vor- oder Angebotskalkulation ermittelt und mit Hilfe der Nachkalkulation auf ein – möglichst positives – Ergebnis hin überprüft. Daneben muss noch die gesamte *Ressourcen-* und *Terminplanung* für die Produktion erstellt werden. Während der Produktion ist diese Planung durch den Projektmanager permanent auf ihre Richtigkeit zu überprüfen. Bei Abweichungen sind die Planungen gegebenenfalls zu korrigieren und diese neuen Pläne allen Beteiligten bekannt zu geben. Die Planungskorrekturen betreffen in aller Regel die Terminplanung.

5.5.11.2 Zusatzkosten bei WWW-Produktionen

Bei der Kalkulation von WWW-Produktionen sind zusätzliche Kosten zu kalkulieren, die mit dem laufenden Betrieb und der Pflege von Internet-Auftritten zusammenhängen und das Werbebudget regelmäßig belasten. Die Kostenhöhe kann sehr unterschiedlich ausfallen – je nach Wahl des Internet-Service-Providers. Für die Ermittlung der Betriebskosten eines Internet-Auftrittes sollte eine Checkliste angelegt werden, nach der die Kosten ermittelt werden können:

- Server-Standort → Deutschland (Zielgruppe in Deutschland)
  - → Deutschland und gespiegelt in USA (Zielgruppe in Deutschland und internationale Zielgruppe)
  - → USA und Kanada (Internationale Zielgruppe)

- Internet-Service-Provider und deren Abrechnungsmodus

  - → Modell 1: Monatlicher Pauschaltarif für den verbrauchten Plattenplatz. Keine Beschränkung hinsichtlich des Datenverkehrs (Data-Traffics).
  - → Modell 2: Abrechnung nach Data-Traffic. Eine bestimmte Datenmenge pro Monat ist frei. Nach Überschreiten der Höchst-Megabyte-Grenze können hohe Zusatzkosten entstehen, wenn der Internet-Auftritt bei der Zielgruppe gut angenommen wird.

Modell 1 wird vor allem in den USA genutzt. Der Kunde hat damit einen festen Kostensatz und wird nicht dafür „bestraft", wenn seine Seite gut angenommen wird. Modell 2 findet sich häufig in Europa. Diese Art der Abrechnung führt zu hohen Zusatzkosten, wenn die Höchst-Megabyte-Grenze im Datenverkehr überschritten wird. Die Kosten pro überschrittenes Megabyte übertreffen den Grundbetrag für die Speicherplatzmiete oft um ein Vielfaches und verteuern den Internet-Auftritt erheblich. Auf diese zwei Arten der Abrechnung sollte eine Medien-Agentur hinweisen und möglichst aktuelle Angebote für den Betrieb eines Internet-Auftritts vorlegen können.

Die folgende Tabelle gibt einen Überblick über die zu ermittelnden Kosten:

Prozesse	Einmalig anfallende Kosten	Monatliche/ jährlich anfallende Kosten	Mengenbezogene (Megabytebezogene) Kosten
Monatlicher Basistarif	•	•	•
Registrierung, Einrichtung, Unterhalt eines Domainnamens z.B. „com", „de"	•	•	
FTP-Zugang zur Pflege der Website	•	•	
Mail-Verwaltung und Prüfung	•	•	•
Anmeldung bei Suchmaschinen / Online-Submitting	•		
Auswertungen	•	•	

Es wird allgemein empfohlen, dass die Verträge mit Internet-Service-Providern die Möglichkeit zulassen, die Kosten an die Nachfrage nach einer Seite durch Rabatte anzupassen.

Angebotskalkulation CD-ROM

Zeile	Prozesse	Kosten in DM
01	Akquisition	10.000,00
02	Konzeption	1.585,40
03	Projektmanagement	2.790,50
04	Produktion	15.492,80
05	Testphase	14.930,30
06	Rechte/Lizenzen	11.000,00
07	**Summe Prozesskosten**	**55.799,00**
08	Fremdleistungskosten	19.100,00
09	**Summe Prozess- und Fremdleistungskosten**	**74.899,00**
10	Verwaltungskosten (75,– DM + 30% auf Ziffer 09)	22.544,70
11	Materialkosten	3.000,00
12	Materialgemeinkostenzuschlag (20,– DM + 7% auf Ziffer 11)	230,00
13	**Summe Herstellkosten**	**100.673,70**
14	Vertriebskosten (10,– DM + 18,5% auf Ziffer 9)	13.866,31
15	**Summe Selbstkosten**	**114.540,01**
16	Gewinnzuschlag 10%	11.454,00
17	Zwischensumme	125.994,01
18	Provisionen 2%	2.519,88
19	Versandkosten	00,00
20	Sonstige Vertriebseinzelkosten (Pauschale)	2.600,00
21	Zwischensumme	131.113,89
22	Erlösschmälerungen 3%	3.933,41
23	Zwischensumme	135.047,30
24	**Kalkulierte Preisvorgabe**	**135.047,30**

5.5.12 Beispiel einer Multimedia-Kalkulation

Um eine vollständige Angebotskalkulation zu veranschaulichen, soll im Folgenden ein Projekt beschrieben und die dazugehörige Kalkulation dargestellt werden.

5.5.12.1 Projektbeschreibung

Für eine CD-ROM mit einer Auflage von 10.000 Stück soll eine Angebotskalkulation erstellt werden. Die Programmierung erfolgt auf HTML-Basis und das Projekt soll mit jedem üblichen Browser gelesen werden können. Eingebunden in das Projekt sind zwölf Fotos, sechs 3D-Animationen, 20 Buttons und zwölf Videoclips mit Interaktionsmöglichkeiten.

Die Akquise gestaltet sich außerordentlich aufwendig, da der Kunde noch keine Multimedia-Erfahrung besitzt. Der gesamte Bereich der Konzeption muss daher ausführlich aufbereitet und dokumentiert werden. Für das Projektmanagement bedeutet dies eine schwierige Planung, da Neukunden vereinbarte Termine (Abstimmungen, Korrekturen usw.) oftmals nicht einhalten. Daher ist die Planung mit Unsicherheiten verknüpft, die das Projektmanagement vermutlich erschweren.

Die Produktion ist für den Betrieb als normal einzustufen, da derartige Projekte schon mehrmals umgesetzt wurden. Schwierig wird die Testphase, da die fertige Arbeit auf unterschiedlichen Rechnersystemen zu prüfen und gegebenenfalls zu korrigieren bzw. anzupassen ist.

Nach dem Brennen der Ausgangs-CD wird für die Herstellung der Auflage eine Fremdfirma in Anspruch genommen. Die dafür anfallenden Kosten werden pauschal verrechnet, ebenso die anfallenden Materialkosten für CDs, Druck und Verpackung.

Der Gewinnzuschlag ist von Betrieb zu Betrieb verschieden. Die hier angenommenen 10% sind nicht unbedingt branchentypisch. Ebenso verhält es sich bei den Provisionen. Diese sind vor allem abhängig von den Verträgen der einzelnen freien Mitarbeiter und den innerbetrieblichen Provisionstabellen für die Außendienstmitarbeiter.

5.5.13 Beispiel einer Stundensatzberechnung

Diese vereinfachte Darstellung zur Stundensatzberechnung erlaubt es, den Stundensatz eines Mitarbeiters zu bestimmen. Der Stundensatz ergibt sich aus der Division der Gesamtkosten durch die effektiv abrechenbare Arbeitszeit des Mitarbeiters. Das Beispiel zeigt die Stundensatzberechnung für einen Informationsdesigner in gehobener Position.

Stundensatzkalkulation für Designer (1)

1 Jahr hat		365 Tage	

Davon gehen ab	104	Sonn- und Samstage
	30	Urlaubstage
	11	Feiertage
	13,5	Krankheits- und Schulungstage

= **206,5 Arbeitstage/Jahr**

206,5 Arbeitstage x 8 Stunden = tatsächliche Arbeitszeit	**1.652 Std.**
abzüglich 10% nicht abrechenbarer, interner Arbeitszeit	**165 Std.**

Bei der Errechnung der Personalkosten in der Kalkulation wird der Brutto-Stundenverdienst des Mitarbeiters zugrunde gelegt. Diese Summe steht im Arbeitsvertrag, zusammen mit der vereinbarten Arbeitszeit.

Angenommenes Jahresgehalt (Informationsdesigner)	**DM 81.600,00**
dividiert durch 12 (= monatlich)	**DM 6.800,00**

Die vertragliche Arbeitszeit beträgt monatlich durchschnittlich
21,5 Arbeitstage x 8 Std. = 172 Std. x 12 Monate = **2064 Stunden/Jahr**

DM 81.600 dividiert durch **2064 Stunden** ergibt einen **Stundenverdienst** von   **DM 39,53**

Stundensatzkalkulation für Designer (2)

1. Personalkosten

1.1 Entgelt für geleistete Arbeit
    1.1.1   effektiv abrechenbare Arbeitszeit

              x Brutto-Stundenverdienst (1487 Std. x DM 39,53)   DM   58.781,11
    1.1.2   nicht abrechenbare interne Arbeitszeit
              x Brutto-Stundenverdienst (165 Std. x DM 39,53)   DM   6.522,45

                                                              DM   **65.303,56** (100%)

1.2 Personalzusatzkosten*
+ Sozialversicherungsbeiträge und betriebliche Leis-
tungen (Fortbildung, Betriebsfeste, Essensgeld)   36,5%   DM   23.800,–
+ Vergütung für arbeitsfreie Tage
(Feiertage, Krankheitstage, Urlaub)   27,5%   DM   18.000,–
+ Sonderzahlungen (Urlaubsgeld, Weihnachts-
geld, vermögenswirksame Leistungen, Prämien)   18,8%   DM   12.300,–
                                        = $\sum$ 82,8%
1.3 Summe Personalkosten inklusive Personalzusatzkosten   **DM**   **119.403,56** (182,8%)

---

2. Ermittlung der Gemeinkosten

2.1   Verbrauchsmaterial der Abteilungen (Papiere, Zeichenbedarf,
      Fotomaterialien)   DM   7.500,–
2.2   Kosten des Arbeitsplatzes (Abschreibung, Wartung und Instandhaltung,
      Versicherungen, Zinsen für EDV-Einrichtungen, Zeichengeräte)   DM   14.700,–
2.3   Anteilige* Kosten von Management, Aquisition und allgemeiner Verwaltung DM   19.900,–
2.4   Anteilige* Beratungskosten (Patentanwalt, Berater für EDV und CAD,
      Organisation, Steuerberater, Rechtsanwalt)   DM   2.400,–

2.5	Anteilige Raumkosten (Gebäudereparaturen, Abschreibung bzw. Miete, Grundstückspflege und Instandhaltung der Räumlichkeiten, Rücklagen für Investitionen)	DM	9.500,00
2.6	Anteilige Energiekosten	DM	2.500,00
2.7	Anteilige* Kommunikationskosten (Telefon, Telefax, Porto)	DM	4.200,00
2.8	Anteilige Kosten der Kundenbewirtung	DM	2.800,00
2.9	Anteilige Reisekosten und KFZ-Kosten	DM	3.100,00
2.10	Anteilige Kosten der Eigenwerbung: Prospekte, Messen, Anzeigen, PR-Aktionen, Ausstellungen u.ä.	DM	9.900,00
2.11	Anteiliges kalkulatorisches Wagnis (Nacharbeitungen, Gewährleistungen, Forderungsausfälle)	DM	5.000,00
3.1	**Kosten Position 1 und 2**	**DM**	**200.903,56**
3.2	**Gewinnanteil 6 Prozent**	**DM**	**12.054,21**
4.	**Gesamtkosten Position 3.1 und 3.2**	**DM**	**212.957,77**

Ermittlung des Stundensatzes

Gesamtkosten inklusive Gewinnanteil : effektiv abrechenbare Arbeitszeit

212.957,77 DM : 1.487 Std   = **DM**   **143,21**

* Hinweis zum Begriff „Anteilig": Wenn von anteiligen Kosten die Rede ist, bedeutet dies, dass die entstandenen Gesamtkosten durch die Anzahl der abrechenbaren Mitarbeiter einer Firma oder einer Abteilung dividiert werden.

Der *Stundensatz* ist in der Medienbranche sicherlich der wichtigste Kostenfaktor, da der Anteil der Mitarbeiter am Gesamtprozess der Medienherstellung außerordentlich hoch ist. Neben dem Stundensatz werden bei der Kalkulation und Abrechnung eines Designauftrages folgende Positionen gesondert abgerechnet: *Material*, *Fahrtkosten*, *Reisezeit* und als eigene Position immer die *Mehrwertsteuer*.

Ein wichtiger Punkt in der Abrechnung eines Designauftrages ist das so genannte Design-Nutzungshonorar. Wegen dieses Honorars gibt es häufig Verwirrungen, da es nicht allgemein bekannt ist. Vor allem bei der Abrechnung und Nutzung von Logos, Strategieentwicklungen für Markenprodukte u.ä. kann diese Art der Abrechnung eingesetzt werden.

Es besteht die Möglichkeit – und dies wird meistens angewandt – dass das Nutzungshonorar einfach in die Stundenleistung integriert wird. Die Abrechnung für die Herstellung eines Auftrages enthält dann automatisch das Nutzungshonorar. Oftmals wird dieses nicht einmal direkt ausgewiesen. Wenn das Nutzungshonorar ausgewiesen wird, dann gibt es mehrere Möglichkeiten:

- Monatliches Fixum: Nur sinnvoll bei langfristig angelegter Zusammenarbeit zwischen Agentur und Kunde.
- Pauschalhonorar: Hier wird zur Abgeltung der Dienstleistung nach Abschluss der Konzeptionsphase ein Pauschalbetrag fällig.
- Umsatzbeteiligung: Die Agentur erhält ein Honorar, wenn die vereinbarten Umsatzzuwächse beim Kunden nach der Werbekampagne eingetreten sind. Eine Agentur ist dann sehr eng mit dem Erfolg oder Misserfolg der eigenen Arbeit und der des Kunden verbunden.
- Erfolgshonorar: Hierbei zahlt der Kunde nur ein Honorar, wenn es zu einem erfolgreichen Abschluss eines Werbeauftrages kommt. Es werden auch keine Abschlagszahlungen oder Zwischenrechnungen erhoben. Es wird nur im Erfolgsfall bezahlt.

Es gibt auch die Möglichkeit, verschiedene Honorarformen miteinander zu kombinieren. Versuchen Sie einmal, die Art der Kalkulation und Honorarabrechnung in Ihrem Betrieb zu erfahren?

Abb. 5.5/11
Stundensätze

Die wichtigsten Stundensätze der Multimedia-Produzenten vom Frühjahr 2000.

Quelle: Recherchen der Autoren in der Wirtschaftsregion Mittlerer Neckar/Großraum Stuttgart/ Reutlingen/ Tübingen.

Stundensätze für MM-Produkte

• Screen-Design	100,–	bis	200,– DM
• Bildbearbeitung	100,–	bis	200,– DM
• Videodigitalisierung	100,–	bis	150,– DM
• Soundübernahme	180,–	bis	200,– DM
• Konzeption/Planung	200,–	bis	250,– DM
• HTML-Programmierung	150,–	bis	200,– DM

Abb. 5.5/12
Auftragsstruktur

Die Abbildung zeigt die Verteilung der Multimedia-Produktion nach Auftragsvolumen in der Bundesrepublik Deutschland. Grundlage für diese grafischen Darstellungen sind ca. 700 MM-Betriebe.

Quelle: Vortrag Multimedia im Marketing-Club der IHK Reutlingen 1998

Auftragsstruktur multimedialer Produktionen

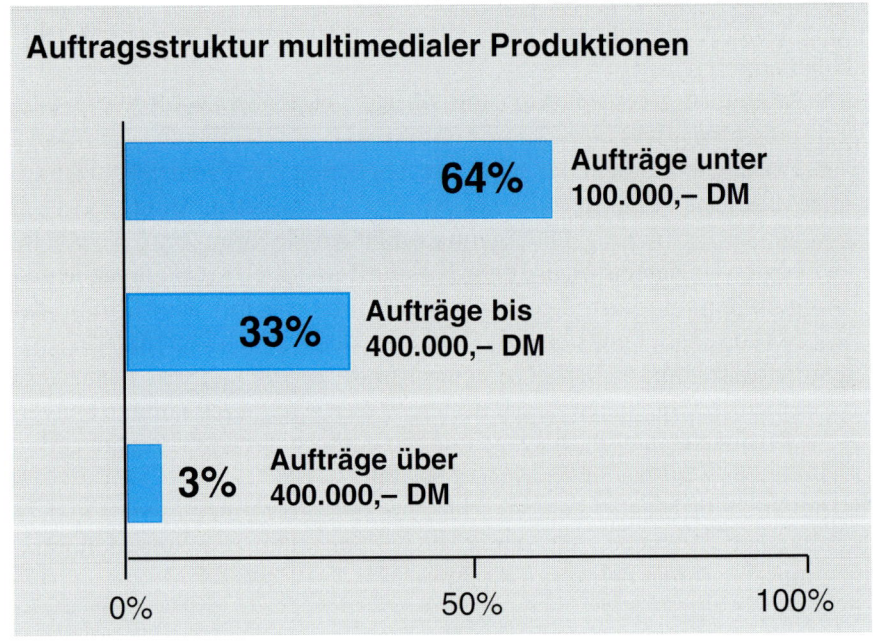

64% **Aufträge unter 100.000,– DM**

33% **Aufträge bis 400.000,– DM**

3% **Aufträge über 400.000,– DM**

0%   50%   100%

5.5.14 Struktur der MM-Branche

In der Bundesrepublik Deutschland gibt es zur Zeit etwa 700 Betriebe, die MM-Produktionen erstellen. 72% dieser Betriebe haben bis zu fünf Mitarbeiter und bearbeiten im Schnitt zwischen einem und drei Multimedia-Projekte pro Jahr.

Die Produktionskosten für multimediale Produkte lassen sich in drei Großgruppen einteilen:

- Gruppe 1:
  Einfachere Präsentationen zwischen 10.000,– und 50.000,– DM
- Gruppe 2:
  Aufwendige Präsentationen mit Verzweigungen und zum Teil mit Datenbankanwendungen liegen zwischen 50.000,– und 400.000,– DM
- Gruppe 3:
  Aufwendige CD-ROM-Präsentationen, Kataloge, Produktvorstellungen liegen über 400.000,– DM

64% aller Aufträge liegen unter 100.000,– DM, 33% aller Aufträge liegen in Preisbereichen von 100.000,– bis 400.000,– DM und nur 3% aller Aufträge liegen über 400.000,– DM.

Die Kosten und Zeiten eines Auftrages verteilen sich ungefähr zu 50% bis 60% auf die Grafik-, Layout- und Designerstellung, ca. 10% bis 20% entfallen auf Programmierung im Autorensystem, etwa 30% der Kosten sind für die Abwicklung, Planung und Administration eines MM-Auftrages anzusetzen.

Ein konkretes Beispiel zur Kostenvorstellung: Die bei den meisten Autofirmen erstellten CD-ROMs zur Markteinführung neuer Modelle liegen bei etwa 400.000,– DM Produktionskosten – dies wurde in einschlägigen Kreisen nachkalkuliert.

5.5.14.1 Kosten für digitale Dienstleistungen

Die Digitalisierung und Komprimierung von Videomaterial im 24-Bit-MPEG-2 Standard auf PC-Festplatte wird häufig, wie in Abbildung 5.5/11 nachzulesen, nach Rechnerstunden abgerechnet.

Eine andere, weit verbreitete Möglichkeit der Kalkulation und Abrechnung für Videodigitalisierung besteht darin, die Videoclips nach Minuten abzurechnen. Voraussetzung ist immer ein S-VHS- oder Betacam-SP-Ausgangsmaterial.

Preis pro Clip, bis zu einer Minute	DM 95,–
Preis pro Clip, je weitere Minute bei 2 bis 60 Min.	DM 44,–
Preis pro Clip, ab 61. Minute	DM 25,–

Sichten, Prüfen und Bewerten von Videomaterial
mit Vorbereiten zum Digitalisieren je Stunde   DM 230,–

Timecode-Überprüfung und Nachcodieren je Stunde   DM 230,–

Editieren von MPEG-Dateien je Stunde   DM 180,–

Digitalisieren und Komprimieren von Videomaterial im 8-Bit-MPEG-Format (zur Wiedergabe mit 256 Farben auf jedem PC ab 486er ohne Hardwarezusatz):

Preis pro Clip, bis zu einer Minute	DM 70,–
Preis pro Clip, je weitere Minute bei 2 bis 60 Min.	DM 40,–
Digitalisieren von Videobildern als Bitmap pro Bild	DM 10,–

Videodigitalisierung im AVI-Format für Datenraten
größer als 200 KB/s   DM 40,–

Wird bei den angegebenen Preisen zusätzlich der Ton mit digitalisiert, erhöhen sich häufig die angegebenen Sätze um etwa 20,– bis 30,– DM pro Clip.

Audiomaterial digitalisieren pro Minute	DM 30,–
Audiomaterial überprüfen und für die Digitalisierung vorbereiten pro Studiostunde	DM 230,–
Videoschnitt mit Effekten und Ton / Studiostunde	DM 230,–

Erstellen einer Video-CD mit digitalisierten Clips nach White-Book-Spezifikation einschließlich Hauptmenüseite.

Grundpreis	DM 400,–
Grafikseite	DM 35,–
mit Hyper-Button / Preis pro Button	DM 40,–

Preise weiterer digitaler Dienstleistungen:

Scannen von Papierbildern bis DIN A4 pro Bild	DM 23,–
Einlesen und Formatieren von Photo CD pro Bild	DM 8,–
Wandlung und Kompression (JPEG) von Bilddatenformaten auf PC / Mac pro Bild	DM 8,–
Beschreiben einer CD-ROM mit 680 MB Kapazität im ISO-9660-Standard	
bis 300 MB (inkl. CD-R)	DM 130,–
bis 680 MB (inkl. CD-R)	DM 160,–
Duplizieren einer CD-ROM / Video-CD / DVD	DM 98,–
ab 10 Stück	DM 80,–

Die angegebenen Preise sind Durchschnittspreise aus dem mittleren Neckarraum, erfragt im Frühjahr/Herbst 1999 und überprüft im Januar 2000.

Zum Teil können von diesen Preisen erhebliche Abweichungen am Markt auftreten. Diese Preisdifferenzen sind weitgehend durch die Art der eingesetzten Hardware und deren Stundensätze zu erklären.

Abb. 5.5/13
Focus Homepage

Die Focus Homepage
im Internet mit Werbe-
bannern ist eine der
meistgelesenen WWW-
Seiten in Deutschland.

5.5.14.2 Kosten der Online-Werbung

GEO Explorer	Homepage	450 x 50 Pixel	5800,–	DM pro Monat
TAZ-Online	Homepage	120 x 100 Pixel	5400,–	DM pro Monat
	Übersichtsseite	100 x 100 Pixel	4500,–	DM pro Monat
Spiegel Online	Homepage	130 x 80 Pixel	3200,–	DM pro Monat
	Centerpages	125 x 80 Pixel	2500,–	DM pro Monat
Stern Online	Homepage	84 x 52 Pixel	4800,–	DM pro Monat
	Übersichtsseite	100 x 110 Pixel	3000,–	DM pro Monat
Focus-Online	Homepage	432 x 50 Pixel	30.000,–	DM pro Monat
	Inhaltsverzeichnis		20.000,–	DM pro Monat
DM Online	Homepage	400 x 44 Pixel	3000,–	DM pro Monat
	Rubrikseite		2000,–	DM pro Monat
Familie & Co.	Homepage	500 x 50 Pixel	1500,–	DM pro Monat
	Treffseite	38 x 220 Pixel	700,–	DM pro Monat
Sport-Bild	Homepage	60 x 340 Pixel	3000,–	DM pro Monat

Die oben angegebenen Preise für eine Seite in einer der angegebenen Online-Dienste zeigt deutlich den Nachfrageeffekt der einzelnen Pages. Mit Abstand am häufigsten wird der Focus-Online-Dienst nachgefragt. Hier kann bereits am Samstag die reguläre Montagsausgabe mit den wichtigsten Informationen abgerufen und gelesen werden. Dies hat eine enorm große Nachfrage ausgelöst, welche sich auch in den Preisen/Monat oder Woche niederschlägt.

Medienproduktion

6.1 Bildverarbeitung

Abb. 6.1/1
Workflow Druckproduktion

Die für die Bildverarbeitung relevanten
Bereiche sind hervorgehoben.

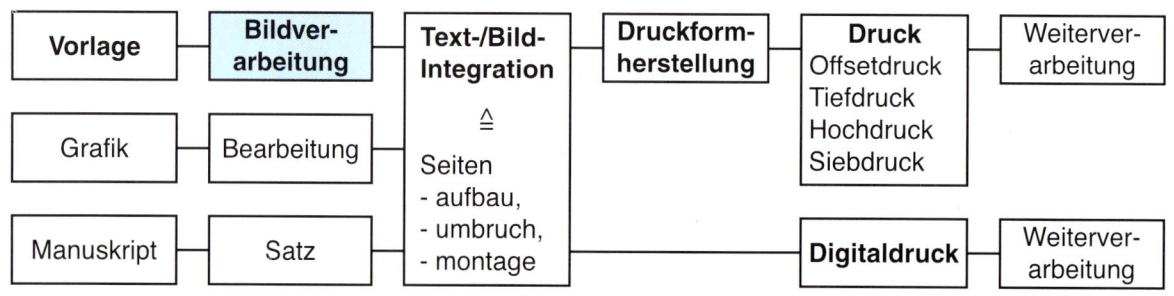

Abb. 6.1/2
Workflow Multimedia-Produktion

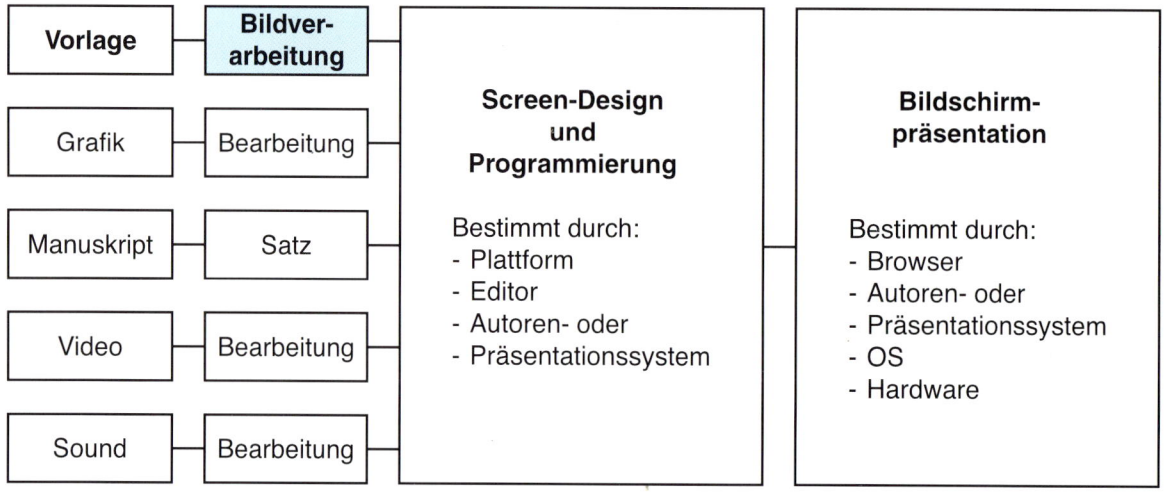

6.1.1 Workflow

Ursprünglich war Bildverarbeitung gleichbedeutend mit Reproduktion, d.h. der Umsetzung von Bildinformation in Kopiervorlagen für den Druck. Heute sind die klassischen Druckverfahren (Offsetdruck, Tiefdruck, Hochdruck und Siebdruck) nur noch eine Möglichkeit zur Vervielfältigung von Bildern. Neu hinzugekommen sind digitale Druckverfahren und die multimedialen Medien wie Internet und CD-ROM.

Jedes Medium stellt neben den allgemein gültigen Grundlagen spezielle Anforderungen an die Bildverarbeitung.

Die Variablen der verschiedenen Ausgabeprozesse müssen bei der Bildverarbeitung bekannt sein. Nur so können die spezifischen Anforderungen wie Auflösung, Farbmodus und Dateiformat berücksichtigt werden. Um den Forderungen der modernen Crossmedia-Produktion, der Mehrfachnutzung einer Bilddatei in verschiedenen Medien, gerecht zu werden, erfolgt die Bildverarbeitung medienneutral. Erst bei der Ausgabe als Datei oder als Film werden die verfahrensspezifischen Parameter angewandt.

Reproduktion

Druckverfahren

Internet, CD-ROM

Crossmedia-Produktion

Lernziel: Die Bereiche der Medienproduktion kennen.
Aufgabe: Stellen Sie den Workflow Ihrer Medienproduktion grafisch dar. (I, P)

Abb. 6.1/3
Vorlagen

• SW-Foto
• Farbdia
• SW-Strichvorlage
• farbige Strichvorlage

6.1.2 Vorlagen

Eine Vorlage ist das physikalische Medium der Bildinformation. Diese ist als optische Information gespeichert und muss deshalb zur Bildverarbeitung erfasst und in elektronische digitale Information umgewandelt werden.

Die grundsätzliche Unterscheidung der Vorlagen erfolgt nach der Art der Bildinformation in Halbton- und Strichvorlagen.

Halbtonvorlagen

Halbtonvorlagen bestehen aus abgestuften oder verlaufenden Ton- bzw. Farbwerten. Die überwiegende Zahl der Vorlagen sind Fotos (Aufsicht) oder Farbdias/-negative (Durchsicht).

Strichvorlagen

Strichvorlagen enthalten nur Volltöne, d.h. keine abgestuften Tonwerte. Die Vorlagen sind ein- oder mehrfarbig. Je nach Struktur und Größe der Farbflächen wird in Grobstrich, Feinstrich oder Feinststrich unterschieden.

Gerasterte Vorlagen

Gerasterte Vorlagen sind Drucke, die redigitalisiert werden. Dabei ist zu beachten, dass das Druckraster beim Scannen (z.B. mit Copydot von Farbauszügen) oder im Bildverarbeitungsprogramm entfernt werden muss, um ein Moiré im erneuten Druck zu verhindern.

> Lernziel: Die Vielfalt der Vorlagen kennen.
> Aufgabe: Sammeln und klassifizieren Sie einzelne Vorlagen. (I, P)

Halbtonvorlagen

Aufsichts- und Durchsichtsvorlagen

Strichvorlagen

Grobstrich, Feinstrich, Feinststrich

Gerasterte Vorlagen

Copydot

Moiré
Auffallende störende Musterbildung durch die Überlagerung regelmäßiger Strukturen, z.B. Raster.

Abb. 6.1/4
**Einteilung der Scanner und Digitalkameras für die Bildverarbeitung
mit Beispielen**

Bauprinzip	Vorlage	Lage Lichtquelle	Bildwandler	Farbtrennung	Digitalisierung
– Flachbett	– Strich	– Auflicht	– Charge	– Single-Pass	
– Trommel	– Text	– Durchlicht	Coupled	– Three-Shot	**Auflösung**
– Digitalkamera	– Halbton		Device		
	– Druck		(CCD)		– Physikalisch
	– Rasterfilm		– Zeilenchip		– Interpoliert
	(copydot)		– Flächenchip		
	– s/w, farbig		– Photomultiplier		**Datentiefe**
	– starr, flexibel,		(PMT)		
	3-dimensional				– 8 Bit
	– Foto				– 10 Bit
	– Negativ				– 12 Bit
	– Diapositiv				– 16 Bit
	– APS-Film				
	– Realität				**Farbmodi**
					– RGB
					– CMYK
					– LAB

Heidelberg Topaz
Flachbettscanner
Auflösung Farbe 3 x 8000 Bildelemente
S/W 12.000 Bildelemente
Abtastformat 305 x 457 mm Aufsicht
250 x 457 Durchsicht
Maßstabbereich 20 – 2500%
Dichtebereich 3.7
Datentiefe 16 Bit
B/H/T 700/900/1300 mm
Gewicht 150 kg

Nikon CoolPix 950
Digitalkamera
Auflösung 1600 x 1200 Bildpunkte
Objektiv entspricht 38 bis 115 Millimeter
bei f 2,6 bis 4,0
Optischer Sucher und LC-Display
Speicher 7 bis 180 Bilder auf 8-Mega-
byte CompactFlash-Karten
Verschluß 8 s bis 1/750 s
Blitz eingebaut und
Synchronanschluss
Empfindlichkeit wie ISO 80
Serieller Port und PAL-
Videoausgang
B/H/T
143/76,5/36,5 mm
Gewicht 350 g

Heidelberg Tango
Trommelscanner
3 Fotomultiplier
Abtastformat 480 x 450 mm
Maßstabbereich 20 – 3000%
Auflösung max. 11.000 ppi
Dichtebereich 3.9
Datentiefe 12 Bit
Walzendrehzahl 1800U/min
B/H/T 620/1507/660 mm
Gewicht 250 kg

6.1.3 Bilddatenerfassung

Die Bilddatenerfassung erfolgt heute üblicherweise mit Scannern oder Digitalkameras. Scanner sind Geräte zur optischen Abtastung und Digitalisierung von Bildern, meist in Form fotografischer Vorlagen. Digitalkameras erfassen 3D-Szenarien direkt, ohne eine fotografische Zwischenaufnahme.

Scanner
Digitalkamera

Häufig werden Scanner wie Fotokopierer benutzt: Die Vorlage wird eingelegt, der Scanbutton angeklickt und los geht´s. Mit der Digitalkamera wird geknipst. Was nicht stimmt, wird im Bildverarbeitungsprogramm gerichtet. Leider funktioniert das nicht auf diese Weise. Grundsätzlich können Bildinformationen, die beim Scannen oder mit der Digitalkamera nicht erfasst wurden, anschließend nicht bearbeitet werden. Voraussetzung für eine erfolgreiche Bildbearbeitung ist deshalb die optimale Bilddatenerfassung. Dazu gehört viel Übung und Erfahrung.

Lernziel: Die Geräte und Wege der Bilddatenerfassung kennen.
Aufgabe: Listen Sie die Geräte und Wege der Bilddatenerfassung mit ihren Spezifikationen auf. (I, P)

Abb. 6.1/5
**Halbtonscan mit dem
Opal-Plug-in
in Adobe Photoshop**

Grundeinstellungen:
• Scanformat
• Licht und Tiefe
• Schärfe
• Auflösung

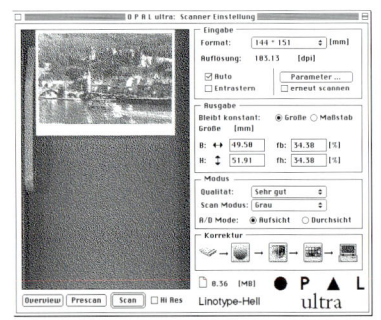
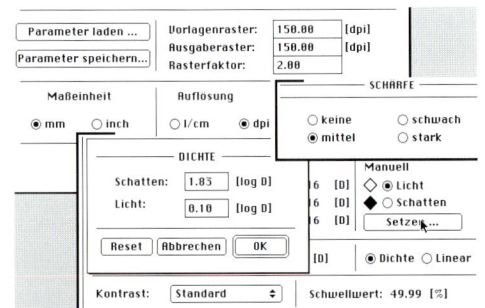

Abb. 6.1/6
**Variation der Tonwertein-
stellung**

Automatische Standardein-
stellung

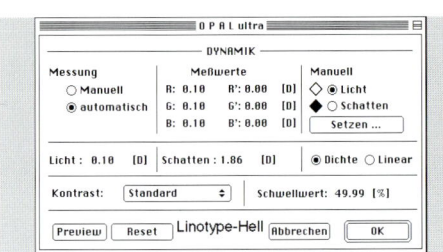

Automatische Einstellung
mit Aufhellung der Tiefen

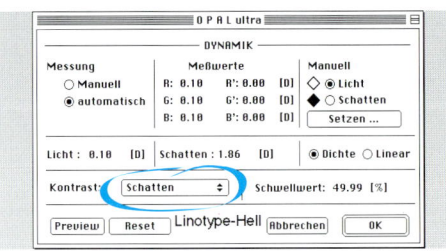

Falsche manuelle Ein-
stellung des Lichts und
der Tiefe

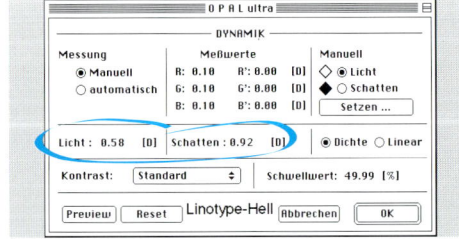

6.1.3.1 Halbtonvorlagen scannen

Beim Scannen von Halbtonvorlagen muss eine Reihe von Parametern beachtet werden:

Vorlage
- Aufsicht oder Durchsicht
- Grau oder farbig
- Dichteumfang, Kontrast
- Licht und Tiefe
- Charakteristik, bestimmende Tonwertbereiche
- Fehler, z.B. Farbstich, Unschärfe
- Vorlagengröße

Ausgabe
- Ausgabeprozess
- Bildgröße
- Bildausschnitt
- Auflösung
- Schärfe
- Gradation
- Farbmodus

Die einzelnen Begriffe der Übersicht werden später in diesem Kapitel ausführlich erklärt.

> Lernziel: Halbtonvorlagen scannen.
> Aufgabe: Scannen Sie verschiedene Halbtonvorlagen und protokollieren Sie die Parameter. (I, P)

Abb. 6.1/7
Auflösung

Grobstichscan mit verschiedenen Auflösungen

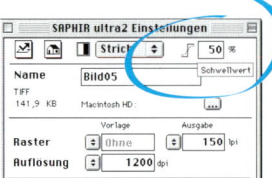

600 ppi   300 ppi   150 ppi   75 ppi

Abb. 6.1/8
Schwellenwert

Schwellenwerteinstellung im
Scanprogramm Linocolor

Feinststrichscan mit
verschiedenen Schwellen-
werten:
Rechts   50%
Links oben 70%
Links unten 30%

6.1.3.2 Strichvorlagen scannen

Das Scannen von Strichvorlagen unterscheidet sich grundsätzlich vom Scannen der Halbtonvorlagen.

Auflösung

Bei der Bilddatenerfassung wird die Bildinformation in Pixel zerlegt. Die Ausgabe auf einem Drucker oder Belichter erfolgt ohne die abermalige Umwandlung in Rasterelemente. Optimal ist deshalb, wenn die Scanauflösung gleich der Ausgabeauflösung ist. Bei hochauflösenden Ausgabegeräten sollte die Eingabeauflösung einen ganzzahligen Teil der Ausgabeauflösung betragen. Andere Auflösungsverhältnisse führen durch die notwendige Interpolation u.a. zu schwankenden Strichstärken.

Auflösung
Eingabeauflösung optimal im ganzzahligen Verhältnis zur Ausgabeauflösung

Schwellenwert

Der Schwellenwert bestimmt, welche Tonwerte Schwarz und welche Weiß werden. Bei der Abtastung ergibt sich zwangsläufig, dass an Kanten der Abtastpunkt keinen eindeutigen Tonwert, sondern z.B. halb Schwarz und halb Weiß erfasst. Da ein Strichscan als binäres System nur Schwarz oder Weiß enthält, muss über die Schwellwerteinstellung festgelegt werden, ob dieser Bildpunkt Schwarz oder Weiß gescannt wird.

    Wenn die Schwellwertfunktion des Scanprogramms nicht zum gewünschten Ergebnis führt, muss die Strichvorlage als Halbtonbild gescannt und dann in einem Bildverarbeitungsprogramm partiell nachbearbeitet werden. Die Wandlung erfolgt anschließend über die Schwellwertfunktion des Bildverarbeitungsprogramms.

Schwellenwert

Lernziel: Strichvorlagen scannen.
Aufgabe: Scannen Sie verschiedene Strichvorlagen und
protokollieren Sie die Parameter. (I, P)

Abb. 6.1/9
Farbtrennung in Scannern und Digitalkameras

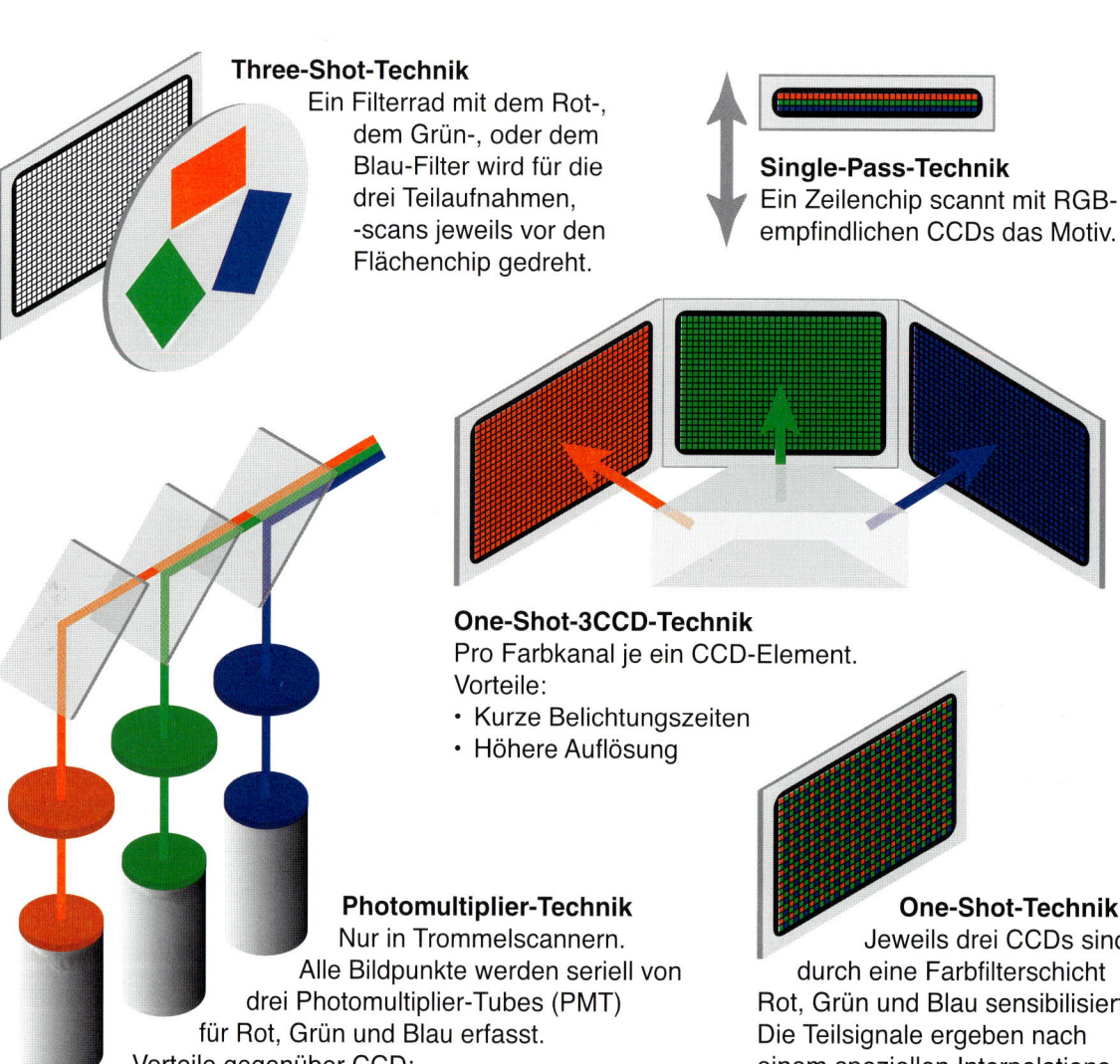

Three-Shot-Technik
Ein Filterrad mit dem Rot-, dem Grün-, oder dem Blau-Filter wird für die drei Teilaufnahmen, -scans jeweils vor den Flächenchip gedreht.

Single-Pass-Technik
Ein Zeilenchip scannt mit RGB-empfindlichen CCDs das Motiv.

One-Shot-3CCD-Technik
Pro Farbkanal je ein CCD-Element.
Vorteile:
• Kurze Belichtungszeiten
• Höhere Auflösung

Photomultiplier-Technik
Nur in Trommelscannern.
Alle Bildpunkte werden seriell von drei Photomultiplier-Tubes (PMT) für Rot, Grün und Blau erfasst.
Vorteile gegenüber CCD:
• Höherer Dynamikumfang durch Verstärkung
• Variablere Auflösung

One-Shot-Technik
Jeweils drei CCDs sind durch eine Farbfilterschicht Rot, Grün und Blau sensibilisiert. Die Teilsignale ergeben nach einem speziellen Interpolationsverfahren den Farbwert eines Pixels.

6.1.3.3 Digital fotografieren

Digital fotografieren vereint die Fotografie und die modere Bildverarbeitung am Computer. Ohne den Umweg über eine fotochemische Zwischenaufnahme kann das aufgenommene Bild sofort nach der Übertragung auf einen Computer mit einem Bildverarbeitungsprogramm digital bearbeitet werden. Außer den Regeln der Fotografie für eine gelungene Aufnahme sind zusätzlich noch einige Besonderheiten zu beachten. Diese ergeben sich aus der digitalen Erfassung des Motivs.

Bildverarbeitung

Regeln der Fotografie

Sensoren

Bei Digitalkameras ersetzen CCD-Elemente den fotochemischen Film. Die einzelnen CCDs wandeln das Licht in analoge elektrische Signale, die dann im A/D-Wandler der Kamera digitalisiert werden.

Die CCD-Elemente werden nach der Chip-Geometrie und dem Prinzip der Farbtrennung unterschieden. Kameras für Aufnahmen mit kurzen Belichtungszeiten, z.B. Sportaufnahmen, sind so genannte One-Shot-Kameras mit einem CCD-Flächenchip. Studiokameras für Stillleben arbeiten nach dem Prinzip der Single-Pass-Technik oder der Three-Shot-Technik. Der Vorteil dieser Verfahren ist die deutlich höhere Auflösung als bei der One-Shot-Technik. Ein Nachteil sind die langen Belichtungszeiten.

CCD
Charge Coupled Device, ladungsgekoppeltes Bauelement, Lichtsensor

One-Shot-Technik

Single-Pass-Technik
Three-Shot-Technik

Brennweite

Die CCD-Flächenchips sind kleiner als das Kleinbildformat. Daraus ergibt sich durch den veränderten Bildwinkel, dass jedes Objektiv wie ein Objektiv mit längerer Brennweite wirkt. Dies hat unter anderem Auswirkungen auf die Schärfentiefe oder den Einsatz von Weitwinkelobjektiven.

Bildwinkel
Längere Brennweiten

Lernziel: Digital fotografieren.
Aufgabe: Fotografieren Sie verschiedene Motive und protokollieren Sie die Parameter. (I, P)

Abb. 6.1/10
**Gradationskurve und
Gammaberechnung**

Die Vorlagen der 3 Bilder
haben unterschiedliche Ton-
wert- bzw. Dichteumfänge.
Im Druck sind sie einheitlich
in den Grenzen von Licht
(D = 0.02 = 5%) und Tiefe
(D = 1.3 = 95%). Dies entspricht dem Umfang von:
1.3 – 0.02 = 1.28.

Die Vorlagenumfänge wer-
den bei der Bilddatenerfassung auf den Prozessum-
fang reduziert. Je flacher die
Gradationskurve, quantifiziert durch den Gammawert,
desto stärker ist der Bildin-
formationsverlust. Mit der
Gradationssteuerung kann
der Gradationsverlauf entsprechend der Bildcharakteristik gewählt werden.

Tonwert-, Dichteumfang 1.34

Tonwert-, Dichteumfang 1.58

Tonwert-, Dichteumfang 1.73

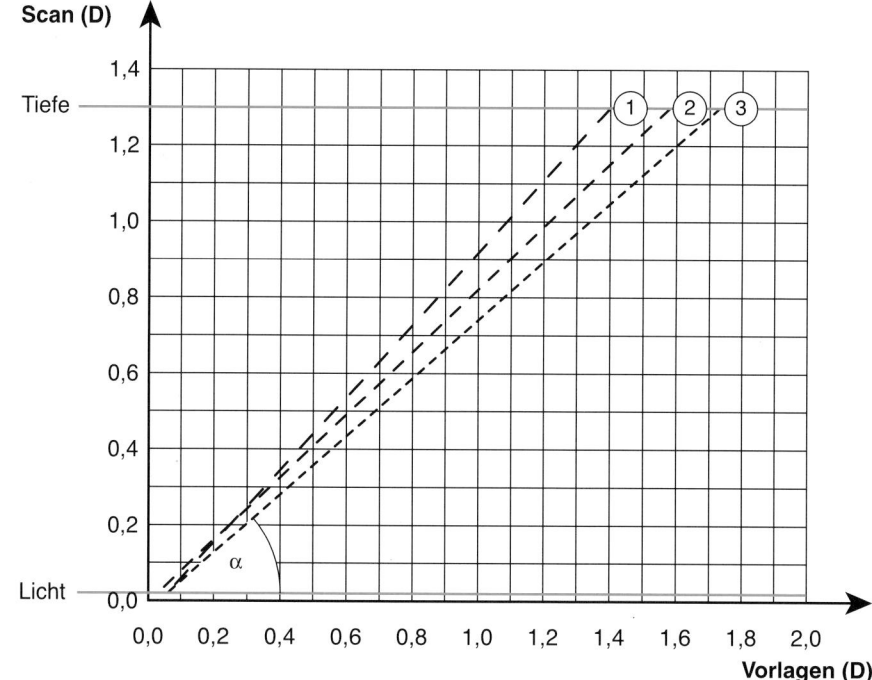

$$\tan \alpha = \frac{\text{Gegenkathete}}{\text{Ankathete}} = \frac{\text{Tonwertumfang (Scan)}}{\text{Tonwertumfang (Vorlage)}} = \gamma \text{ (Gamma)}$$

6.1.3.4 Licht und Tiefe

Jedes Bild wird durch das Licht, die hellste Bildstelle, und durch die Tiefe, die dunkelste Bildstelle, charakterisiert.

Licht und Tiefe sind bei Vorlagen abhängig von Motiv und Trägermaterial unterschiedlich. Bei digitalisierten Bildern werden Licht und Tiefe durch die Datentiefe bestimmt. Im Druck wird das Licht durch den Bedruckstoff bzw. den minimalen Farbauftrag, die Tiefe durch den maximalen Farbauftrag generiert. Die Darstellung von Licht und Tiefe auf dem Bildschirm erfolgt durch den jeweiligen Weiß- und Schwarzpunkt.

Licht und Tiefe sind von Vorlage zu Vorlage unterschiedlich, bezogen auf einen bestimmten Ausgabeprozess sind sie aber konstant. Grundsätzlich ist der Tonwertumfang von Vorlagen höher als der reproduzierter Bilder. Die Anpassung erfolgt bei der Bilddatenerfassung im Scanner oder in der Digitalkamera.

Licht und Tiefe

6.1.3.5 Gradation

Gradation bezeichnet die Tonwertabstufung zwischen Licht und Tiefe. Die grafische Darstellung erfolgt mittels der Gradationskurve. Der Verlauf der Gradationskurve wird durch ihre Steigung charakterisiert. Wie allgemein üblich wird die Steigung durch den Tangens des Steigungswinkels α definiert. Der Tangens α (tan α) wird bei der Gradation mit dem griechischen Buchstaben Gamma (γ) bezeichnet: $\gamma = \tan \alpha$.

Gradationskurve

Gamma γ

Bei der Bilddatenerfassung erfolgt zweierlei:
- Die Festlegung von Licht und Tiefe und somit die Reduzierung des Vorlagentonwertumfangs auf den Tonwertumfang des Bildverarbeitungssystems bzw. des Ausgabeprozesses.
- Die Steuerung der Tonwertverteilung zwischen Licht und Tiefe durch die Gradationseinstellung.

Abb. 6.1/11
5 Grundgradationen

Die proportionale Gradation wurde jeweils verändert.
Die Histogramme zeigen die neue Tonwertverteilung.

Die Grauskala (%) dient als Kontrollelement.

5 10 20 30 40 50 60 70 80 90 95 100

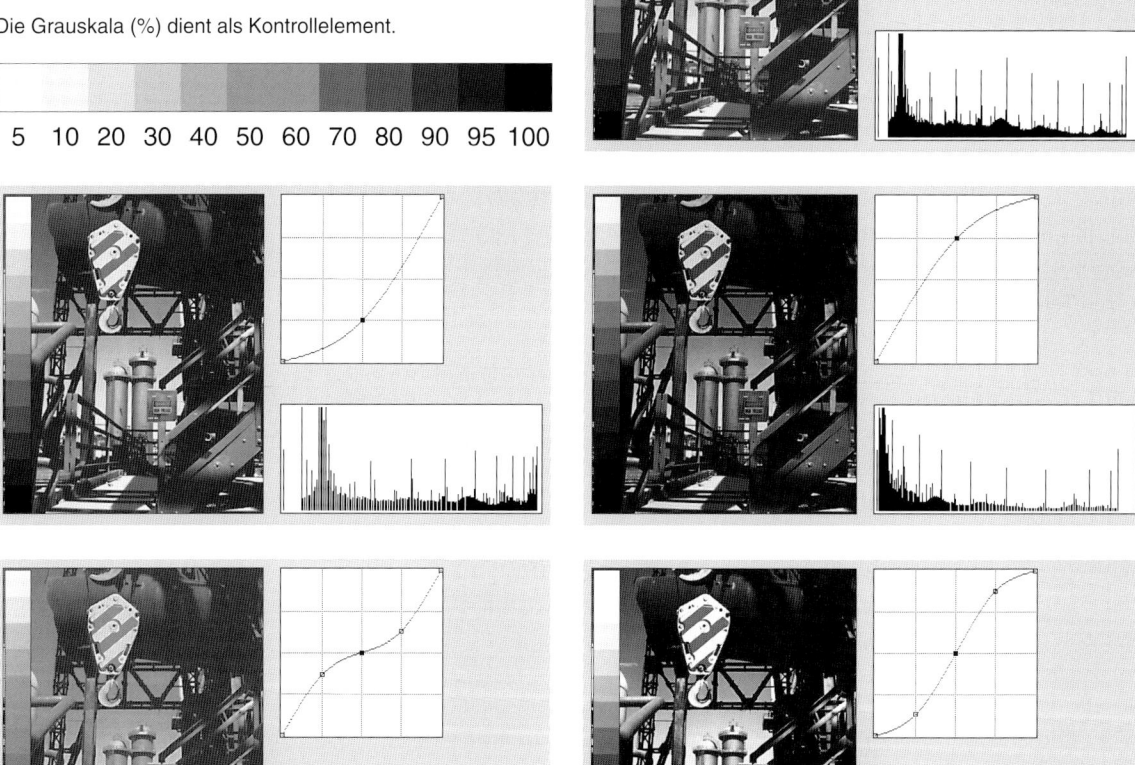

Die Gradationssteuerung bei der Bilddatenerfassung ermöglicht eine bessere Differenzierung der Tonwerte als die Gradationssteuerung im Bildverarbeitungsprogramm. Durch die größere Datentiefe bei der Bilddatenerfassung (10 Bit, 12 Bit oder 16 Bit entsprechen 1024, 4096 oder 65.536 möglichen Tonwerten) ist eine echte Auswahl der bildwichtigen Tonwerte möglich. Die Gradationssteuerung im 8 Bit-Bildverarbeitungsprogramm (256 mögliche Tonwerte) führt nur zu einer Verschiebung der vorhandenen Tonwerte. Standard ist $\gamma = 1$, d.h., der Tonwertumfang der Arbeitsdatei und der Tonwertumfang der Ausgabedatei ist gleich. Die Gradationskurve verläuft geradlinig mit 45°.

Gradationssteuerung

Datentiefe

Der lineare Verlauf der Gradationskurve bezeichnet die proportionale Tonwertübertragung. Alle Tonwertbereiche zwischen Licht und Tiefe werden gleichermaßen übertragen. Ein Aufsteilen der Gradationskurve in bildwichtigen Tonwertbereichen führt zwangsläufig zu einer Verflachung bei anderen Tonwerten, da die Grenzen von Licht und Tiefe nicht veränderbar sind.

Aufsteilen

Verflachung

Die Häufigkeit der einzelnen Tonwerte eines Bildes wird in vielen Bildverarbeitungsprogrammen in einem Histogramm (Säulendiagramm) dargestellt. In Adobe Photoshop findet sich diese Funktion unter Menü: *Bild > Histogramm ...* oder im Dialogfenster Menü: *Bild > Einstellen > Tonwertkorrektur ...* Dort können zusätzlich noch Einstellungen verändert werden.

Histogramm

Tonwertkorrektur

Lernziel: Die Gradationsveränderung zur Bildoptimierung einsetzen.

Aufgabe: Verändern Sie die Bildgradation um den Tonwertverlauf optimal an die Bildcharakteristik anzupassen. (I, P)

Abb. 6.1/12
Prinzip der A/D-Wandlung

1. Die analoge optische Information einer Abtastlinie wird bei der Abtastung in analoge elektrische Information gewandelt.

2. Das analoge Signal wird in Stufen quantifiziert, hier: 3 Bit = 2^3 = 8 Tonwerte.

3. Durch die zeitliche Taktung wird die Abtastlinie unterteilt. Die entsprechende Taktung führt zu quadratischen Pixeln.

4. Innerhalb eines Pixels kann es nur einen Ton- bzw. Farbwert geben. Dieser wird als Mittelwert aus den Werten der Flächeneinheit gebildet und in die Datentabelle ausgelesen.
   Das Licht ist mit:
   100% / 8 = 11,25%
   Flächendeckung definiert.

1. Analoges Signal

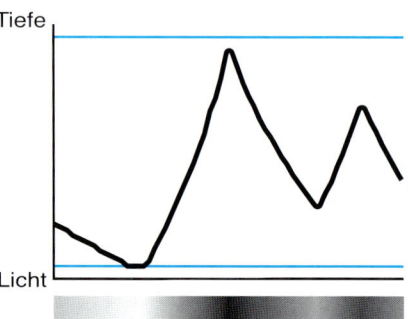

2. Quantifizierung

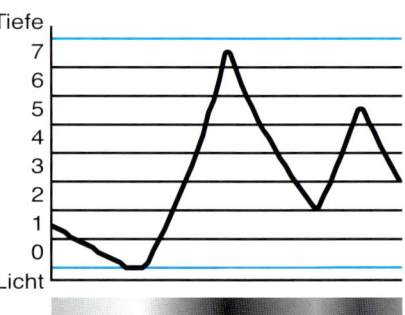

3. Taktung

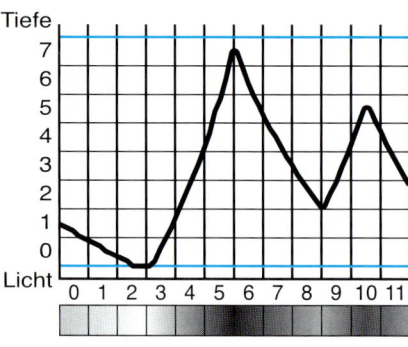

4. Mittelwertbildung

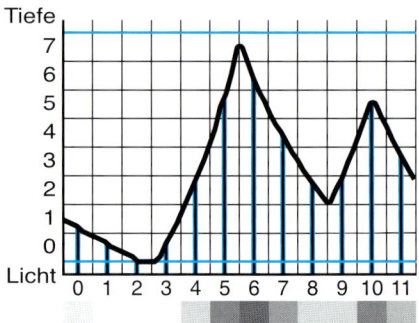

Datentabelle

Taktnummer	0	1	2	3	4	5	6	7	8	9	10	11
Dezimalwert	1	0	0	0	2	5	6	4	2	2	5	3
Dualwert	0001	0000	0000	0000	0010	0101	0110	0100	0010	0010	0101	0011
Rastertonwert	22,5	11,25	11,25	11,25	33,75	67,5	78,75	56,25	33,75	33,75	67,5	45,0

6.1.3.6 Analog-/Digital-Wandlung

Bei der Bilddatenerfassung im Scanner und in der Digitalkamera wird die analoge optische Information in analoge elektrische Information umgewandelt. Das Prinzip hierbei ist, vereinfacht ausgedrückt: Viel Licht – viel Strom. Damit die analogen Signale im Rechner verarbeitet werden können, müssen sie in digitale Signale gewandelt werden. Die Art der Analog-/Digitalwandlung (A/D-Wandlung) beeinflusst die weitere Bildverarbeitung.

Optische Information
Elektronische Information

Analoge Signale
Digitale Signale

Analoge Signale verändern sich kontinuierlich innerhalb eines zulässigen Wertebereichs. Sie können darin unendlich viele Werte annehmen. Die Grenzen des Wertebereichs sind Licht und Tiefe des Bildes. Bei der A/D-Wandlung wird das Signal durch die Quantifizierung endlich vielen Werten/Stufen zugewiesen. Das Signal verändert sich jetzt diskontinuierlich. Differenzierungen des analogen Signals sind, abhängig von der Datentiefe (Anzahl der Stufen) und dem Algorithmus der Quantifizierung, nicht mehr zu erkennen, da sie zu einer Stufe zusammengefasst wurden.

Quantifizierung

Datentiefe

Die Datenmenge pro Pixel wird auch mit den Begriffen Datentiefe, Farbtiefe oder Bittiefe bezeichnet. Somit bestimmt die Datentiefe gleichzeitig auch die Dateigröße des Bildes. Weitere Faktoren der Bilddateigröße sind die Auflösung und der Farbmodus.

Datentiefe, Farbtiefe, Bittiefe

Auflösung, Farbmodus

Lernziel: Den Zusammenhang zwischen Datentiefe und Dateigröße kennen.

Aufgabe: Wie groß ist die jeweilige Dateigröße eines digitalen Bildes mit 600 Pixel x 400 Pixel bei 1 Bit, 8 Bit, 24 Bit und 32 Bit Datentiefe. (I, P, L)

Abb. 6.1/13
Unscharfmaskierung
mit Adobe Photoshop

- *Schwellenwert* sucht jeweils zwei benachbarte Pixel, die eine Differenz in den Helligkeitswerten aufweisen.
- *Stärke* erhöht ihren Kontrast.
- *Radius* legt den Bereich fest, in dem jeder Pixel verglichen wird.

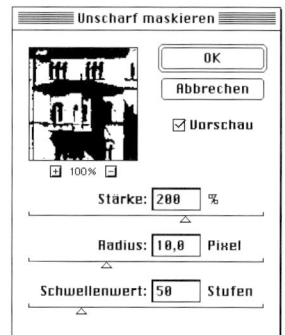

Abb. 6.1/14
Selektive Weichzeichnung
mit Adobe Photoshop

- *Radius* legt den Bereich fest, in den abweichende Pixel beim Weichzeichnen einbezogen werden.
- *Schwellenwert* bestimmt wie verschieden die Pixelwerte sein müssen, damit der Filter darauf angewandt wird.
- *Qualität und Modus* regeln die Art der Berechnung.

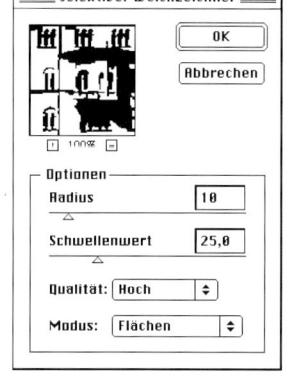

6.1.3.7 Bildschärfe

Bei der Bilddatenerfassung im Scanner und in der Digitalkamera treten grundsätzlich Unschärfen im Bild auf. Dies ist zum einen technisch bedingt wie z.B. durch die Größe der Abtastblende oder Überstrahlungseffekte der CCD-Elemente. Zum anderen führt auch die Interpolation bei der Bildberechnung zu Unschärfen. Es wird deshalb grundsätzlich bei der Bilddatenerfassung durch die entsprechende Software scharfgezeichnet. Die Funktion Scharfzeichnung heißt auch Unscharfmaskierung (USM) oder Detailkontrast. Der Begriff Detailkontrast beschreibt anschaulich das Prinzip der Scharfzeichnung: Der Kontrast benachbarter Pixel wird erhöht.

In der Nachbearbeitung digitaler Bilder kann die Bildschärfe nachträglich mit verschiedenen Funktionen beeinflusst werden. Stehen in einer Bildverarbeitungssoftware mehrere Funktionen zur Verfügung, so ist immer die mit der größten Bandbreite an Einstellungen zu bevorzugen.

Die Wirkung der einzelnen Einstellungen ist bei der Bildschirmdarstellung und bei verschiedenen Druckverfahren unterschiedlich.

Scharfzeichnungsfilter zeichnen unscharfe Bilder scharf, indem sie den Kontrast der benachbarten Pixel erhöhen.

Weichzeichnungsfilter glätten Übergänge, indem sie Durchschnittswerte der Pixel berechnen, die sich neben harten Kanten von Linien und Schatten mit deutlichen Farbübergängen befinden.

Störungsfilter werden verwandt, um fehlerhafte Bereiche eines Bildes, z.B. Staub und Kratzer, zu korrigieren, und um ungewöhnliche Strukturen zu erzeugen. Sie arbeiten wie die Scharfzeichnungs- und Weichzeichnungsfilter nach dem Prinzip des Pixelvergleichs.

> Lernziel: Die Wirkung der Scharf- und Weichzeichner kennen.
> Aufgabe: • Führen Sie eine Versuchsreihe mit verschiedenen Scharfzeichner- und Weichzeichnereinstellungen durch.
> • Protokollieren Sie die Parameter und Ergebnisse. (I, P)

Margin notes: Scanner · Digitalkamera · CCD-Elemente · Unscharfmaskierung Detailkontrast · Scharfzeichnungsfilter · Weichzeichnungsfilter · Störungsfilter · Pixelvergleich

Abb. 6.1/15
Dialogfeld „Bildgröße"
in Adobe Photoshop

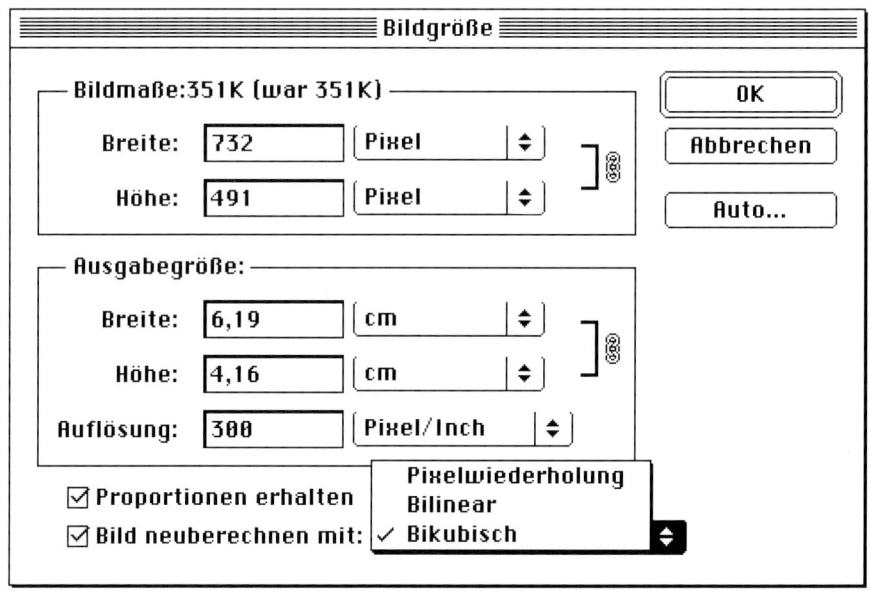

Abb. 6.1/16
Bildneuberechnung
Die Maße sind unverändert,
die Auflösung variiert.

150 ppi: Zwei benachbarte
Pixel.

75 ppi: Der Mittelwert der
beiden benachbarten Pixel
wird dem neuen Pixel zugewiesen.

300 ppi: Zwischen die vorhandenen Pixel werden zwei
neue Pixel eingefügt. Sie erhalten als Tonwerte die
Zwischenwerte der beiden
Ausgangspixel.

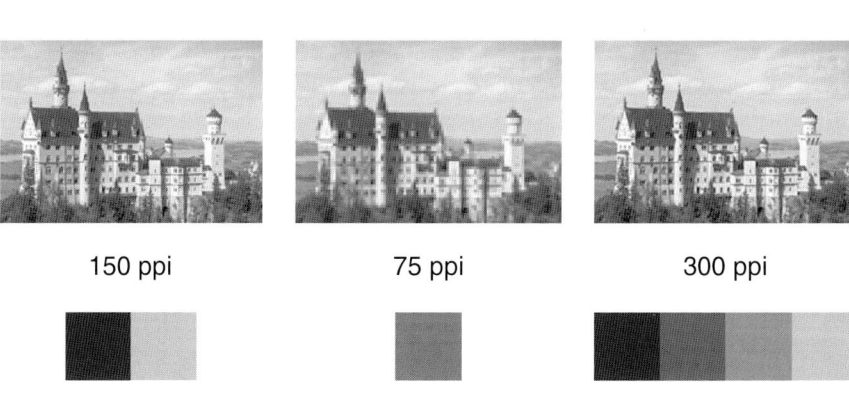

150 ppi   75 ppi   300 ppi

6.1.3.8 Bildgröße

Bei der Bilddatenerfassung werden die einzelnen Bereiche der Bildgröße fest-
gelegt:
- Geometrisches Format
- Auflösung
- Dateigröße

Die Neuberechnung eines Bildes ist in allen Bildverarbeitungsprogrammen
möglich. In Adobe Photoshop z.B. mit Menü *Bild > Bildgröße ...* Die Qualität
der Bildgrößenneuberechnung ist von mehreren Faktoren abhängig.

Neuberechnung

Die Interpolationsmethode bestimmt, wie den neuen Pixeln auf Basis der
im Bild vorhandenen Pixel Ton- und Farbwerte zugeordnet werden. Bei indizierten Bildern, z.B. GIF, ist „Pixelwiederholung" zu wählen, da hier keine neuen Farben eingerechnet werden. Bei Bilddateien in anderen Farbmodi, z.B. CMYK für den Druck, führen die Interpolationsmethoden „Bilinear"
oder „Bikubisch" zu besseren Ergebnissen. Die Einberechnung neuer Farben
ergibt weichere Übergänge und glattere Kanten.

Interpolationsmethode

Pixelwiederholung

Bilinear
Bikubisch

Durch die Vergrößerung werden, bei konstanter Auflösung, zusätzliche
Pixel eingefügt. Das Bild wird unscharf, weil die zusätzlich eingefügten Pixel als Ton- bzw. Farbwerte Mittelwerte der benachbarten vorhandenen Pixel zugewiesen bekommen. Nach der Neuberechnung muss scharfgezeichnet werden. Wenn die Anzahl der Pixel bei der Vergrößerung gleich bleibt,
sinkt die Auflösung des Bildes. Dies kann zu einer „Verpixelung" führen, d.h.
die Pixel bilden sich auf dem Bildschirm oder im Druck ab.

Vergrößerung

Die Verkleinerung führt zum Verlust von Pixeln und somit zum Verlust
von Bilddetails.

Verpixelung

Auf dem Monitor werden Bildpixel direkt in Monitorpixel umgewandelt.
Deshalb erscheint das Bild bei höherer Bildauflösung auf dem Bildschirm
größer. Dies hat aber keinen Einfluss auf die Bildgröße im Druck.

Verkleinerung

Monitordarstellung

Nachträgliche Bildgrößenänderungen führen meist zur Verringerung der
Bildqualität und sollten deshalb vermieden werden.

Verringerung der
Bildqualiltät

Abb. 6.1/17
Farbmodelle

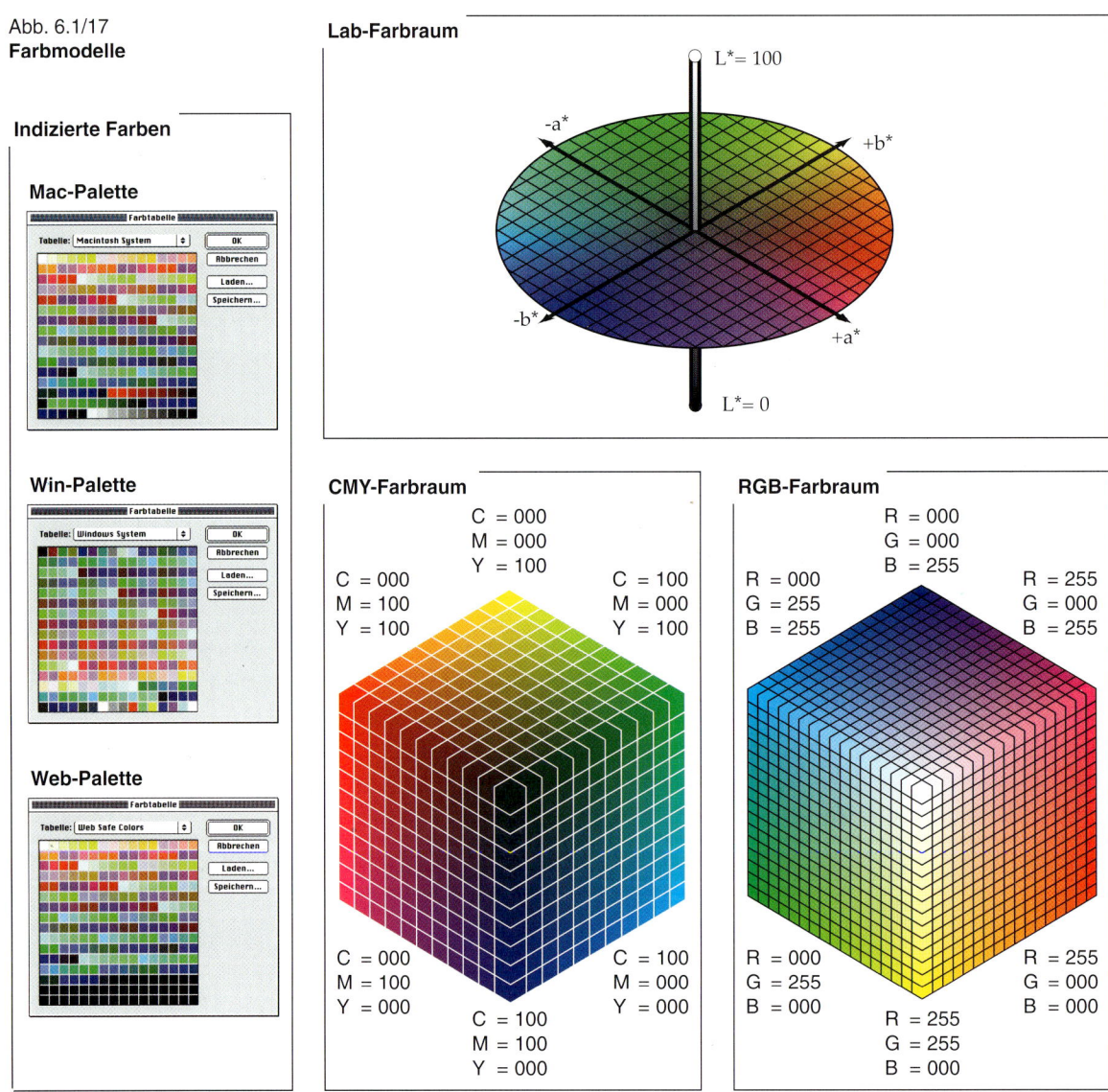

Indizierte Farben

Mac-Palette

Win-Palette

Web-Palette

Lab-Farbraum

L* = 100

-a*

+b*

-b*

+a*

L* = 0

CMY-Farbraum

C = 000
M = 000
Y = 100

C = 000
M = 100
Y = 100

C = 100
M = 000
Y = 100

C = 000
M = 100
Y = 000

C = 100
M = 000
Y = 000

C = 100
M = 100
Y = 000

RGB-Farbraum

R = 000
G = 000
B = 255

R = 000
G = 255
B = 255

R = 255
G = 000
B = 255

R = 000
G = 255
B = 000

R = 255
G = 000
B = 000

R = 255
G = 255
B = 000

6.1.3.9 Farbmodi

Der Farbmodus bestimmt, nach welchem Farbmodell die Farben eines digitalen Bildes aufgebaut sind.

Farbmodell

Die Wahl des Farbmodus ist abhängig von:
- Art der Bilddatenerfassung, z.B.: Scanner oder Digitalkamera, unterschiedliche Erfassungssoftware
- Bildverarbeitung, z.B.: Bestimmte Photoshop-Filter wirken nur im RGB-Modus
- Workflow, z.B.: Prozessunabhängige Bildarchivierung, Crossmedia-Produktion
- Ausgabeprozess, z.B.: Internet, CD-ROM oder Druck

Bilddatenerfassung

Bildverarbeitung

Workflow

Ausgabeprozess

Durch den Farbmodus werden folgende Faktoren bestimmt:
- Anzahl der Kanäle
  - Bitmap (Strich) mit 1 Bit Farbtiefe (1 Bit x 1 Kanal)
  - Graustufen mit 8 Bit Farbtiefe (8 Bit x 1 Kanal)
  - Indizierte Farben mit max. 8 Bit Farbtiefe (max. 8 Bit x 1 Kanal)
  - RGB mit 24 Bit Farbtiefe (8 Bit x 3 Kanäle)
  - LAB mit 24 Bit Farbtiefe (8 Bit x 3 Kanäle)
  - CMYK mit 32 Bit Farbtiefe (8 Bits x 4 Kanäle).

  Bitmap-Modus

  Graustufen-Modus

  Indizierte Farben-Modus

  RGB-Modus

  LAB-Modus

  CMYK-Modus

  Verschiedene Bildverarbeitungprogramme wie z.B. Adobe Photoshop können auch 16-Bit-Kanal-Bilder bearbeiten und importieren. Diese Bilder zeigen feinere Farbunterschiede, die Dateigröße ist jedoch wesentlich größer als die eines Bildes mit 8 Bit pro Kanal. Ein 16-Bit-Kanal-Bild kann jederzeit in ein 8-Bit-Kanal-Bild umgewandelt werden.

  16-Bit-Kanal-Bilder

- Dateigröße
- Dateiformat
- Anzahl der darstellbaren Farben
- Übernahmemöglichkeit der Bilddatei in andere Programme

Die einzelnen Farbmodi sind im Kapitel 4.2 „Farbtheorie" ausführlich beschrieben.

Abb. 6.1/18
Stempel-Retusche

Die Strommasten sollen aus dem Bild entfernt werden.

Mit dem Stempel-Werkzeug wird ein aufgenommener Teil des Bildes entsprechend der gewählten Einstellung und der jeweiligen Werkzeugspitze über eine andere Bildstelle gemalt. Die Pixel werden ersetzt. Zur Kontrolle und zum einfachen Widerrufen ist es sinnvoll in einer Ebenenkopie zu arbeiten.

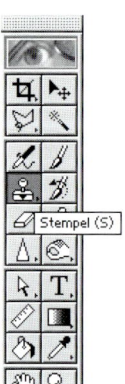
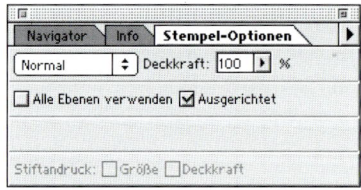
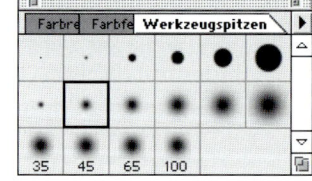

6.1.4 Bildbearbeitung

Die bei der Bilddatenerfassung bestimmten Bildparameter Auflösung, Licht und Tiefe, Gradation, Schärfe, Bildgröße und Farbmodus können bei der Bildbearbeitung noch modifiziert werden. Des Weiteren sind Bearbeitungen möglich, die nur einen geometrisch begrenzten Bereich des Bildes betreffen.

Geometrisch begrenzte Bildbereiche

6.1.4.1 Retusche

Mit der Retusche werden Bildmängel beseitigt. Je nach Aufgabenstellung werden unterschiedliche Filter und Werkzeuge angewandt (Bsp: →).

Die häufigsten Mängel sind:

Vorlagenmängel

- Staub, Fussel usw., meist durch mangelnde Sorgfalt beim Scannen
  - → Filter: Staub & Kratzer entfernen
  - → Stempel

  Staub, Fussel

- Schadstellen, durch z.B. Kratzer oder Knicke in der Vorlage
  - → Filter: Staub & Kratzer entfernen
  - → Stempel

  Schadstelle

- Unerwünschte Bilddetails, z.B. die Hochspannungsleitung im mittel-alterlichen Stadtbild
  - → Stempel

  Unerwünschte Bilddetails

- Rasterstrukturen und Moiré durch das Scannen gerasteter Vorlagen
  - → Weichzeichnungsfilter
  - → Filter: Störungen entfernen

  Vorlagenmoiré

Lernziel: Retuschen beurteilen und ausführen.
Aufgaben: • Analysieren Sie Vorlagen hinsichtlich der Not-wendigkeit Retuschen vorzunehmen.
   • Führen Sie Retuschen in Ihrem Bildverarbeitungs-programm durch. (I, P)

Abb. 6.1/19
Selektive Farbkorrektur

Die Auswahl erfolgt nach
Farbbereichen. Rot mischt
sich subtraktiv aus Magenta
und Gelb. Der Magentaanteil
wird Null gesetzt, der Gelb-
anteil bleibt.

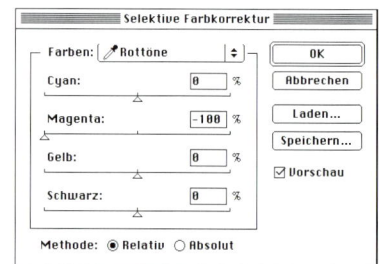

Abb. 6.1/20
LAB-Farbkorrektur

Vor der Korrektur muss die
Fläche maskiert werden.

Blau: Farbton = 140
        Sättigung = 0
        Helligkeit = 15

Rot: Farbton = – 82
        Sättigung = 0
        Helligkeit = 0

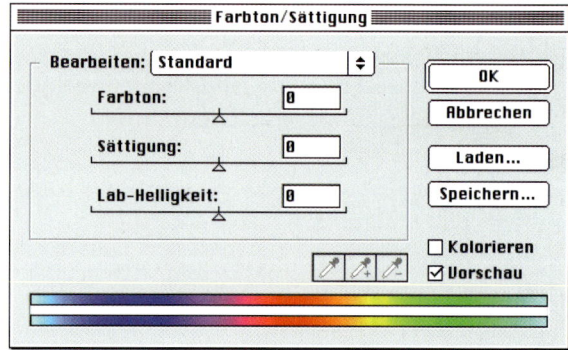

Abb. 6.1/21
Graubalance

Festlegen eines neutralen
Grautons im Farbwähler.
Der Himmel war nicht aus-
gewählt.
In Photoshop erfolgt die
Festlegung durch die
mittlere Pipette der Grada-
tionseinstellung.

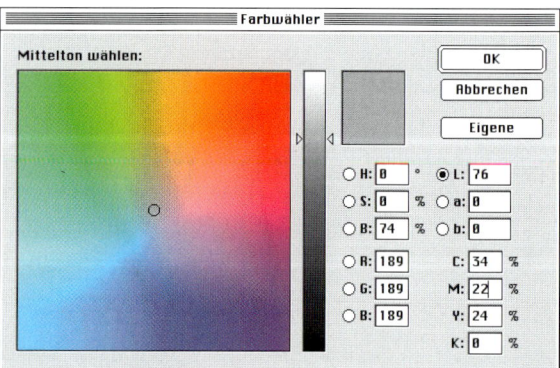

6.1.4.2 Farbkorrektur

Selektive Farbkorrektur

Zur selektiven Farbkorrektur wird der Farbereich ausgewählt, der die zu korrigierende Farbe enthält. Einige Programme ermöglichen zusätzlich die Feinjustierung des Farbbereichs.

Alle Farben, die dem selektierten Bereich zugeordnet sind, werden beeinflusst. Deshalb muss gegebenenfalls zu der Farbselektion noch die geometrische Maskierung erfolgen.

LAB-Farbkorrektur

In verschiedenen Bildverarbeitungsprogrammen sind Farbkorrekturen im LAB-Farbenraum möglich. Dabei ist es meist nicht notwendig, das Bild in den LAB-Modus zu konvertieren.

Durch die voneinander unabhängige Steuerung der drei Kenngrößen Farbton, Sättigung und Helligkeit sind komplexe Farbkorrekturen und sogar Umfärbungen einfach durchzuführen.

Farbton, Sättigung, Helligkeit

Graubalance

Das neutrale Grau steht stellvertretend für das ausgewogene Verhältnis der Teilfarben. Die nachträgliche Festlegung ist u.a. zum Farbstichausgleich notwendig.

Farbstichausgleich

Lernziel: Die Grundlagen der Farbkorrektur kennen.
Aufgabe: Führen Sie verschiedene Farbkorrekturen in Ihrem Bildverarbeitungsprogramm aus und protokollieren Sie die Methoden und Parameter. (I, P)

Abb. 6.1/22
Composing

6.1.4.3 Composing

Composing ist die Kombination zweier oder mehrerer Bilder zu einem neu-
en Bild. Dabei werden gegensätzliche Intentionen verfolgt:
- Der Betrachter soll/darf merken, dass das neue Bild so nie real war. Es
  muss insgesamt nur stimmig erscheinen.
- Der Betrachter soll/darf nicht merken, dass das neue Bild eine Foto-
  montage ist. Es muss im Charakter und Aufbau absolut real und
  harmonisch sein.

Grundsätzlich müssen bei jedem Composing folgende Bildparameter be-
achtet werden:
- Schärfe
- Farbcharakter
- Licht und Schatten
- Perspektive
- Größenverhältnisse
- Proportionen

Beim Composing mehrer Bilddateien gelten immer die Einstellungen von
Auflösung und Farbmodus der Zieldatei.

Lernziel: Die Besonderheiten des Composing kennen.
Aufgaben: • Analysieren Sie Bilder hinsichtlich Composing.
          • Führen Sie Composing in Ihrem Bildverarbeitungs-
            programm durch. (I, P)

Abb. 6.1/23
**Physikalische und
interpolierte Auflösung**

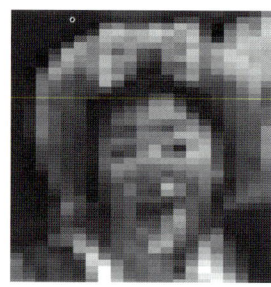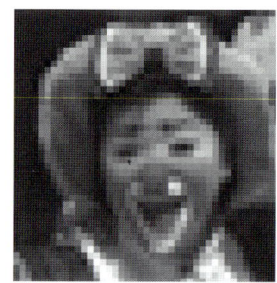

Die Zerlegung eines Bildes in Pixel bei der Bilddatenerfassung erfolgt in x- und y-Richtung. Die serielle Abtastung in y-Richtung ermöglicht eine erhöhte physikalische Auflösung durch die Verkürzung der Taktzeit (vgl. Abschnitt 6.1.3.6). Einfache Desktop-

Flachbettscanner bieten z.B. eine Auflösung von 600 x 1200 ppi. Die Auflösung in x-Richtung wird durch Interpolation hochgerechnet, so dass das digitale Bild wie üblich aus quadratischen Pixeln besteht.

Abb. 6.1/24
**Auflösung für den Druck
– das Verhältnis
Pixel : Rasterpunkt**

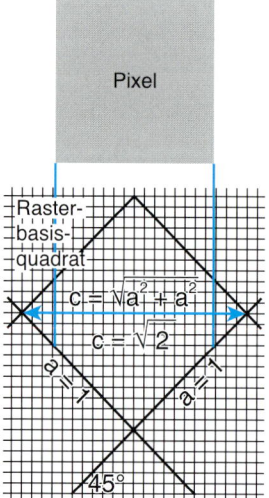

Die digitale Halbtonbildinformation der Pixel wird im RIP, Raster Image Processor (vgl. Abschnitt 6.1.6.3), in Rasterpunkte unterschiedlicher Größe umgesetzt. Dazu ist es notwendig, dass linear für jeden Rasterpunkt unabhängige Information zur Verfügung steht. Das Verhältnis Pixel : Rasterpunkt muss deshalb, wie in der Zeichnung dargestellt, bei einer Rasterwinkelung von 45° wenigstens $\sqrt{2}$: 1 betragen. Zur einfacheren Berechnung und um Spielraum für z.B. layoutbedingte nachträgliche Bildgrößenänderungen zu haben wird allgemein das Verhältnis 2 : 1 angewandt.

6.1.5 Digitales Bild

6.1.5.1 Auflösung

Die Auflösung wird als Anzahl der Pixel pro Streckeneinheit, Inch oder Zentimeter, angegeben (ppi oder ppcm). Sie ist ein Parameter der Bilddatenerfassung, kann aber, wie in Abschnitt 6.1.3.8 beschrieben, im Rahmen der Bildverarbeitung neuberechnet werden.

Die Auflösung ist vom Ausgabeprozess abhängig. Bei der autotypischen Rasterung im Druck soll das Verhältnis Pixel : Rasterpunkte 2 : 1 betragen. Für die frequenzmodulierte Rasterung und den digitalen Druck muss die notwendige Auflösung als Kenngröße des jeweiligen Prozesses bestimmt werden. Bei der Ausgabe auf dem Bildschirm beträgt die Auflösung üblicherweise 72 ppi. Auf PC-basierten Systemen ist auch eine Auflösung von bis zu 96 ppi möglich.

Pixel
engl. picture element, kleinste quadratische Flächeneinheit eines digitalen Bildes

Druck
Pixel : Rasterpunkt   2 : 1

Bildschirm
72 ppi oder 96 ppi

6.1.5.2 Datentiefe

Die Datentiefe gibt die Anzahl der Bit pro Kanal und Pixel eines Bildes an. Nach der Regel: *Mit n Bit lassen sich 2^n Informationen darstellen*, ist damit auch die Zahl der möglichen Ton- und Farbwerte beschrieben.

Im RGB-Modus mit z.B. 24 Bit Farbtiefe (8 Bit x 3 Kanäle) kann jede der 256 Stufen eines Kanals mit jeder Stufe der anderen Kanäle kombiniert werden. Daraus ergeben sich 256 x 256 x 256 = 16,78 Millionen Farben.

n Bit = 2^n Informationen

RGB
16,78 Millionen Farben

6.1.5.3 Farbmodus

Der Farbmodus gibt an, nach welchem Farbmodell die Farben eines digitalen Bildes aufgebaut sind. Die Wahl wird durch die medienunabhängige Archivierung und den Ausgabeprozess bestimmt.

Farbmodell

Abb. 6.1/25
Dateiformate in Photoshop

Die grau dargestellten Formate sind nicht wählbar, weil sie z.B. keine Kanäle oder nicht den entsprechenden Farbmodus unterstützen.

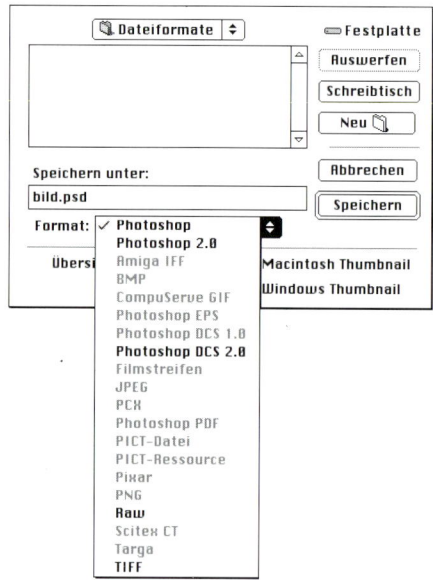

Abb. 6.1/26
Konvertierung von Vektordaten in Pixeldaten

Der durch Pfade auflösungsunabhängig beschriebene Buchstabe g wird mit einer bestimmten Auflösung in das Pixelformat konvertiert.

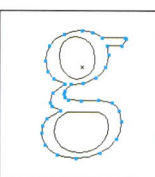

6.1.5.4 Dateiformat

Unter Dateiformat versteht man die innere logische Struktur einer Datei. Alle Bildverarbeitungprogramme bieten neben dem „programmeigenen" Dateiformat noch eine Reihe weiterer Dateiformate beim Abspeichern der Bilddatei an. Unterschiedliche Dateiformate erkennt man unter DOS / Windows am Suffix, der Extension des Dateinamens. Beim Speichern einer Datei in Photoshop auf dem Mac kann die Vergabe eines Suffix unter *Menü > Datei > Voreinstellungen > Dateien speichern ...* eingestellt werden.

Suffix

Welches der angebotenen Dateiformate zu wählen ist, hängt vom weiteren Verwendungszweck der Datei ab:

Verwendungszweck

- Bildverarbeitung: Programmeigenes Format, z.B. Photoshop PSD
- Layoutprogramm: Abhängig vom Importfilter, TIF oder EPS sind am weitesten verbreitet.
- Web-Editor: GIF, JPG und PNG
- Präsentationssystem: Abhängig vom Importfilter, z.B. BMP, TIF
- Autorensystem: Abhängig vom Importfilter, z.B. PIC, BMP oder TIF

6.1.5.5 Pixel und Vektor

Grafikdateiformate unterscheiden sich in der Art und Weise, wie sie Grafikinformationen darstellen: Entweder als Vektorgrafiken oder als Pixelbilder (Bitmaps). Zahlreiche Formate können beide Darstellungen in einer Datei enthalten, bei anderen schließen sie sich gegenseitig aus.

Grafikdateiformate

Bildbearbeitungsprogramme generieren Pixelbilder, auch Bitmaps oder Rasterbilder genannt. Pixelbilder verwenden für die Darstellung des Bildes ein Gitter oder Raster aus kleinen quadratischen Punkten, die als Pixel bezeichnet werden. Jedes Pixel eines Pixelbildes hat eine bestimmte Position und einen bestimmten Farbwert. Beispielsweise besteht ein Punkt in einem Pixelbild aus einer Ansammlung von farbigen Pixeln, die in ihrer Gesamtheit optisch den Punkt bilden.

Pixelbilder
Bitmaps, Rasterbilder

Abb. 6.1/27
Beschneidungspfad

Bei der Belichtung gilt der
Pfad (Vektoren) als Begrenzung und nicht die Pixel.

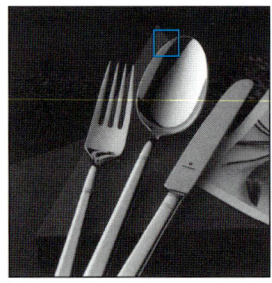 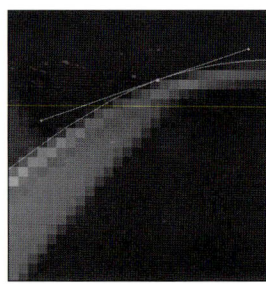 

Abb. 6.1/28
**Einbettung von Profilen
und Einstellungen**

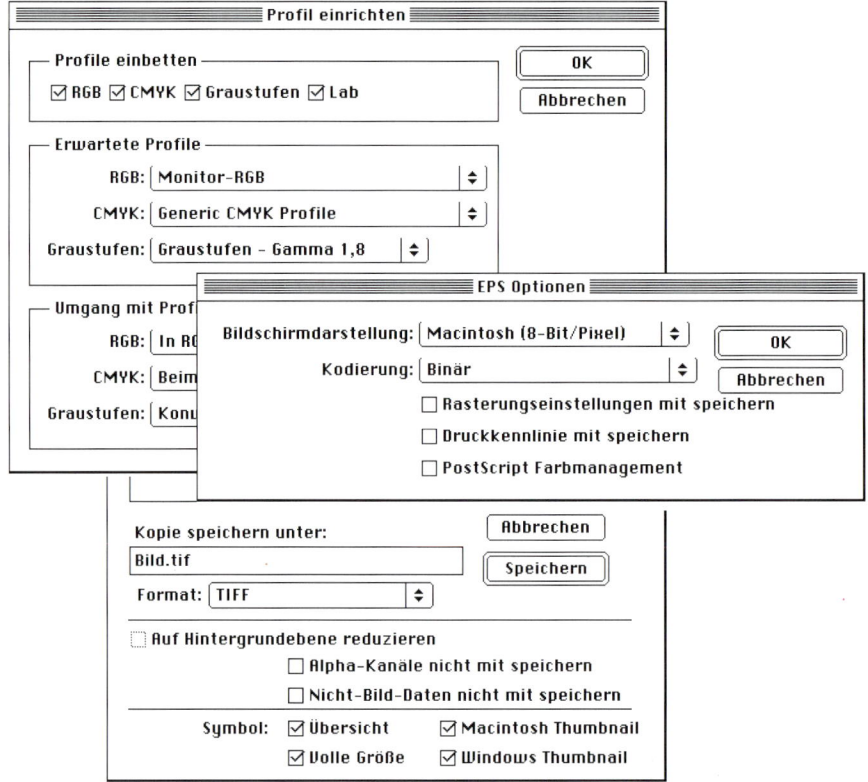

Beim Öffnen einer EPS-Datei mit Vektorgrafik, die mit einem anderen Programm erstellt wurde, konvertiert das Bildverarbeitungsprogramm die Vektorgrafik in ein Pixelbild.

Vektorgrafiken

Ein Pixelbild ist abhängig von der Auflösung, d.h., es enthält eine feste Anzahl an Pixeln, die die Bilddaten darstellen. Daher kann ein Pixelbild an Detail verlieren und „verpixelt" aussehen, wenn es stark vergrößert auf dem Bildschirm dargestellt oder mit zu niedriger Auflösung gedruckt wird.

Vektorgrafiken bestehen aus mathematisch definierten Linien und Kurven, so genannten Vektoren. Vektoren beschreiben Bilder anhand ihrer geometrischen Eigenschaften. Beispielsweise besteht ein Punkt in einer Vektorgrafik aus einer mathematischen Definition eines Kreises, der mit einem bestimmten Radius an einer bestimmten Stelle in einer bestimmten Farbe gezeichnet wird. Der Punkt kann verschoben, skaliert oder umgefärbt werden, ohne dass ein Qualitätsverlust entsteht.

Vektorgrafiken

Vektorgrafiken sind nicht abhängig von der Auflösung, d.h., sie werden nicht von einer festgelegten Anzahl Pixel definiert, sondern automatisch skaliert, so dass sie mit jedem Ausgabegerät und bei jeder Auflösung gestochen scharf erscheinen. Vektorbilder eignen sich am besten für Text (insbesondere in kleinen Schriftgrößen) und Grafiken wie z.B. Logos, die in jeder Größe klare Konturlinien erfordern.

Sowohl Vektorbilder als auch Pixelbilder werden am Bildschirm mit Pixeln dargestellt. Das liegt daran, dass Monitore zur Bilddarstellung ein Raster von Pixeln verwenden.

Bildschirmdarstellung

6.1.5.6 Eingebettete Einstellungen

Einzelne Dateiformate ermöglichen zum Abspeichern der reinen Bildinformation noch die zusätzliche Speicherung verschiedener Einstellungen wie:

- Alphakanäle aus Photoshop im TIF- und PNG-Format
- Rastereinstellungen, Druckkennlinie und Beschneidungspfade im EPS-Format
- ICC-Farbprofile z.B. im TIF- und EPS-Format

Alphakanäle

Raster, Druckkennlinie, Beschneidungspfad

ICC-Farbprofile

Abb. 6.1/29
**Anzeige des digitalen
Wasserzeichens in der
Titelleiste**

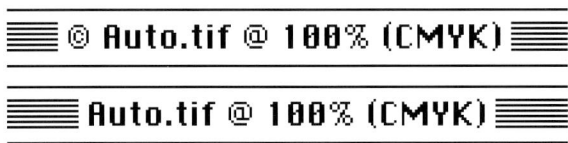

Abb. 6.1/30
**Copyright-Eingabe in der
Datei-Information**

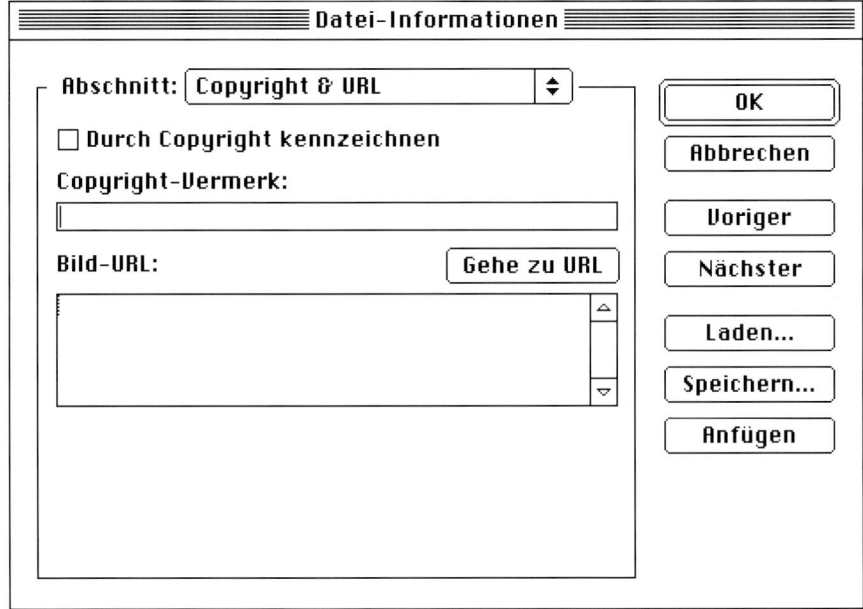

6.1.5.7 Digitales Wasserzeichen

Das digitale Wasserzeichen ist ein digitaler Code, der als Störung im Helligkeitskanal von Bildern gespeichert wird. Es ist praktisch unsichtbar und hat keinen Einfluss auf die Bildqualität. Die meisten Filter- und Bildoperationen beschädigen ihrerseits das Wasserzeichen nicht, weder in digitaler noch gedruckter Form, und das Wasserzeichen ist selbst nach dem Drucken und erneuten Einscannen des Bildes noch erkennbar.

Adobe Photoshop nutzt die Technologie Digimarc PictureMarc™. Damit können Copyright-Informationen in die Bilddatei eingebettet werden. Hat ein Bild ein Wasserzeichen, zeigt Photoshop ein Copyright-Symbol in der Titelleiste des Bildfensters an und aktualisiert den Abschnitt „Copyright & URL" des Dialogfelds „Datei-Informationen".

Digimarc PictureMarc™

Weitere Informationen zu eingebetteten Digimarc Wasserzeichen sind der Broschüre "Digimarc Watermarking Guide" zu entnehmen, die kostenlos von der Digimarc-Website (www.digimarc.com) heruntergeladen werden kann.

Lernziel: Die Parameter eines digitalen Bildes kennen.
Aufgabe: Bestimmen Sie die Parameter verschiedener digitaler Bilder und bewerten Sie diese hinsichtlich ihrer Bedeutung für den jeweiligen Workflow. (I, P)

Abb. 6.1/31
Drucker einrichten

Die Ansicht des Dialogfeldes
verändert sich je nach
Drucker, Druckertreiber und
Betriebssystem.

LaserWriter 8   8.6

Adobe Photoshop® 5.0 ⬍

Rasterung...   Rand...   ☐ Farbskala und Farbbalance ☐ Auszugsbeschriftungen
                                      ☐ Passermarken   ☐ Negativ
Druckkennlinie...   Anschnitt...   ☐ Schnittmarken   ☐ Schichtseite hinten (Seitenrichtig)
Hintergrund...   ☐ Bildunterschrift ☐ Falzmarken   ☐ Interpolation

                                                    Abbrechen   OK

Abb. 6.1/32
Druckkennlinie

Der im Druckkontrollstreifen
gemessene Wert wird in das
Dialogfeld eingegeben. Die
Differenz zwischen dem angegebenen Wert im Kontroll-
streifen und dem Messwert
ergibt den Druckzuwachs,
hier: 15%.

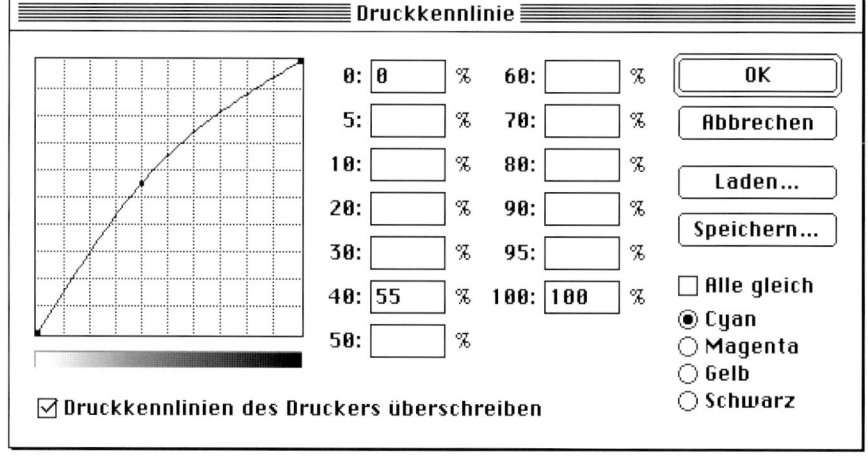

Druckkennlinie

0: 0 %   60: %   OK
5: %   70: %   Abbrechen
10: %   80: %
20: %   90: %   Laden...
30: %   95: %   Speichern...
40: 55 %   100: 100 %   ☐ Alle gleich
50: %   ⦿ Cyan
                           ○ Magenta
                           ○ Gelb
☑ Druckkennlinien des Druckers überschreiben   ○ Schwarz

6.1.6 Bilder für den Druck

Die Bildwiedergabe im Druck stellt eine Reihe verfahrenspezifischer Anforderungen an die Bildverarbeitung.

6.1.6.1 Dateiformate

Bilder werden meist nicht direkt ausbelichtet, sondern zum Seitenaufbau in Layoutprogramme wie QuarkXPress geladen. Hierzu ist die Abspeicherung in Austauschdateiformaten, üblicherweise TIF oder EPS, notwendig.

TIF, EPS

Das Tagged-Image File Format (TIF) unterstützt CMYK-, RGB- und Graustufen-Dateien mit Alphakanälen und Lab-, indizierte Farb- und Bitmap-Dateien ohne Alphakanäle. TIF unterstützt LZW-Komprimierung.

Das Format Encapsulated PostScript (EPS) kann für Lab-, CMYK-, RGB-, indizierte Farb-, Duplex-, Graustufen- und Bitmap-Dateien eingesetzt werden und kann Vektorgrafiken und Pixelbilder enthalten. Es unterstützt Beschneidungspfade, jedoch keine Alphakanäle.

6.1.6.2 Hilfszeichen

Bei direkter Ausbelichtung müssen noch Hilfszeichen wie Farbskala und Graubalancefelder sowie Passer-, Falz- und Schneidemarken auf den Farbauszügen mit ausgegeben werden.

6.1.6.3 Druckkennlinie

Die verschiedenen Prozessparameter der unterschiedlichen Druckverfahren mit ihren Druckfarbensystemen und Bedruckstoffen beeinflusst die Tonwertwiedergabe des Bildes. Der Zusammenhang ist in der Druckkennlinie dargestellt. Die Anpassung der Druckkennlinien kann entweder beim Scannen, im Bildverarbeitungsprogramm oder im RIP erfolgen. Bei der verfahrensunabhängigen und medienneutralen Bildverarbeitung und Bildarchivierung ist die Anpassung bei der Belichtung, also im RIP, zu bevorzugen.

Die drei waagerechten Farbflächen ergeben idealisiert den gleichen Farbeindruck. Bedingt durch die Druckparameter und die spektralen Mängel der Druckfarben zeigen sich Farbabweichungen. Diese Einflussfaktoren müssen bei der Separationsberechnung durch die Software berücksichtigt werden.

Abb. 6.1/33
Buntaufbau

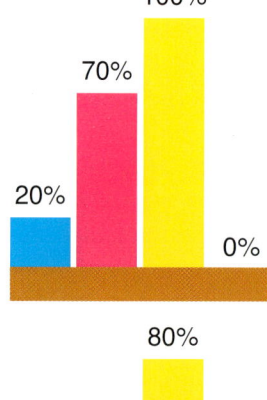

Der Farbton wird nur mit den drei Buntfarben aufgebaut. Die Verschwärzlichung erfolgt durch die geringste Buntfarbe, hier: Cyan.

Abb. 6.1/34
Unbuntaufbau

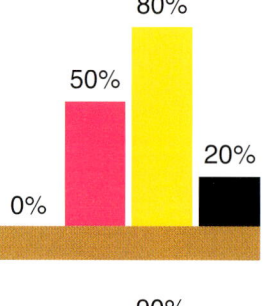

Der Unbuntanteil wurde aus den drei Buntfarben entfernt. Da der Unbuntanteil dem Anteil der geringsten Buntfarbe entspricht, wird dieser Farbton nur aus Magenta, Gelb und Schwarz aufgebaut. Die Verschwärzlichung erfolgt ausschließlich durch Schwarz.

Abb. 6.1/35
**Teilbuntaufbau/
Buntaddition**

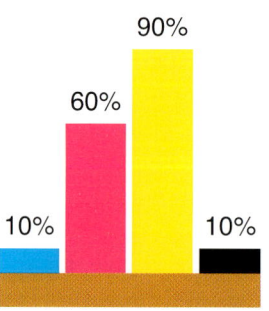

Der Unbuntanteil wird nur teilweise, hier zu 50%, dem Schwarzauszug zugewiesen. Die restlichen Unbuntanteile werden zu den Buntfarbenanteile addiert.

6.1.6.4 Farbseparation

Unter Farbseparation versteht man die Umrechnung der digitalen Bilddaten aus einem gegebenen Farbenraum, z.B. RGB, in den CMYK-Farbraum des Mehrfarbendrucks.

 CMYK-Farbraum

 Die Separation erfolgt entweder im Scanner (Scansoftware), im Bildverarbeitungsprogramm oder bei der Datenausgabe (RIP-Software).

RIP
Raster Image Processor

 Die drei subtraktiven Grundfarben CMY ergeben, bedingt durch spektrale Mängel, im Zusammendruck kein Schwarz.

 Mit der Separation wird festgelegt, ob und mit welchem Anteil die Verschwärzlichung der Tertiärfarbe durch die Komplementärfarbe (Buntaufbau) oder durch Schwarz (Unbuntaufbau) erfolgt.

 Bei der Farbtrennung werden schwarze Flächen in allen Farbauszügen mit Farbe belegt. Dies ergibt, bei 100% Flächendeckung pro Farbauszug, im Druck 400% Flächendeckung. Die maximale druckbare Flächendeckung liegt aber bei 280–320%. Deshalb werden die Buntfarben, die unter dem Schwarz liegen, reduziert.

UCR
Under Color Removal,
= Unterfarbenreduzierung

 Schwarz dient nur zur Kontrastverstärkung in den Tiefe, den neutralen dunklen Bildteilen. Alle bunten Farbtöne werden dreifarbig mit CMY aufgebaut.

 Das Schwarzpositiv wird zum jeweiligen Farbnegativ addiert. Dies führt zu einer geringeren Positivdichte in den Buntfarbauszügen an allen Stellen, die nachher noch mit Schwarz bedruckt werden.

 Alle Farbtöne eines Bildes, die aus drei Grundfarben aufgebaut werden, enthalten einen Unbuntanteil. Dieser Unbuntanteil entspricht idealisiert dem Anteil der geringsten Buntfarbe in allen drei Buntfarbauszügen.

GCR
Gray Component
Replacement,
= Unbuntaufbau

 Der Unbuntanteil wird in den Buntfarbauszügen von der jeweiligen Positivdichte abgezogen und zum Schwarzpositiv addiert. Da der Anteil der geringsten Buntfarbe von Farbton zu Farbton wechselt, muss diese Berechnung für jedes Pixel durchgeführt werden.

Abb. 6.1/36
Separationsarten
(Einstellung, Schwarzanteil/Gesamtfarbauftrag, Farbauszug)

UCR
CMYK 95/300

GCR - ohne
CMYK 0/300

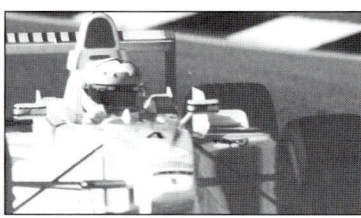

UCR
Cyan-Auszug

GCR - ohne
Cyan-Auszug

UCR
Magenta-Auszug

GCR - ohne
Magenta-Auszug

UCR
Gelb-Auszug

GCR - ohne
Gelb-Auszug

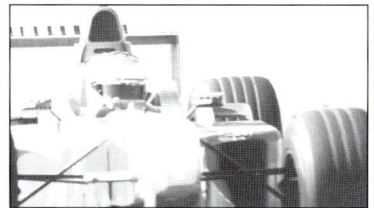

UCR
Schwarz-Auszug

GCR - ohne
Schwarz-Auszug

Keine Schwarz-
anteile, da das
Bild komplett
bunt aufgebaut
ist.

GCR - mittel
CMYK 95/300

GCR - maximum
CMYK 95/300

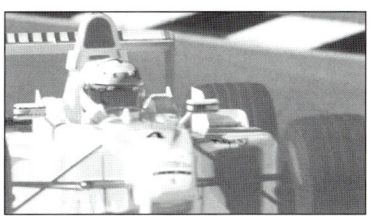

GCR - mittel
Cyan-Auszug

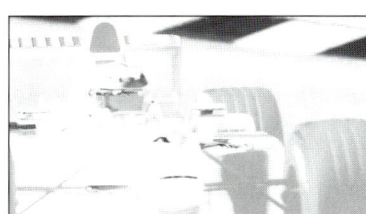

GCR - maximum
Cyan-Auszug

GCR - mittel
Magenta-Auszug

GCR - maximum
Magenta-Auszug

GCR - mittel
Gelb-Auszug

GCR - maximum
Gelb-Auszug

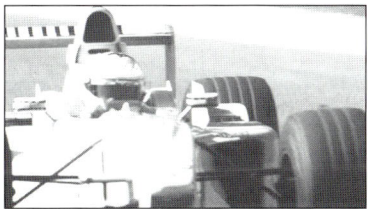

GCR - mittel
Schwarz-Auszug

GCR - maximum
Schwarz-Auszug

Abb. 6.1/37
Rasterkenngrößen

Rastertonwert
Anteil der bedruckten
Fläche in Prozent

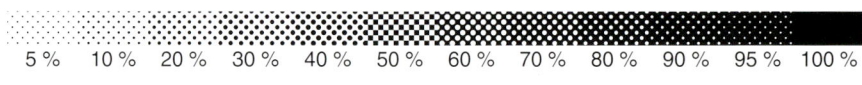

5 %   10 %   20 %   30 %   40 %   50 %   60 %   70 %   80 %   90 %   95 %   100 %

Rasterweite
Anzahl der Rasterelemente
pro Streckeneinheit,
Linien pro cm (lpcm),
lines per inch (lpi)

Rasterpunktform
Form der Rasterelemente,
z.B. Punkt oder Ellipse

Rasterwinkelung
Lage der Rasterelemente
zur Bildachse, DIN 16547:
C 75°, M 15°, Y 0°, K 45°

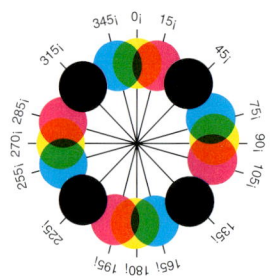  

Abb. 6.1/38
**Mit unterschiedlichen
Verfahren gerastert:**

• amplitudenmoduliert,
  autotypisch
• frequenzmoduliert
• Linienraster

6.1.6.5 Rasterung

Der Druck von Tonwerten, d.h. von Helligkeitsstufen, ist nur durch die Rasterung möglich. Die Bildinformation wird dabei einzelnen Flächenelementen, den Rasterpunkten, zugeordnet. Form und Größe dieser Elemente sind verfahrensabhängig. Grundsätzlich liegt die Rasterteilung immer unterhalb des Auflösungsvermögens des menschliches Auges. Das von der bedruckten Fläche zurückgestrahlte Licht mischt sich im Auge zu so genannten unechten Halbtönen.

Amplitudenmodulierte Rasterung
Die amplitudenmodulierte, autotypische Rasterung findet u.a. im Offsetdruck ihren Einsatz.
- Die Mittelpunkte der Rasterelemente sind gleichabständig.
- Die Fläche der Rasterelemente variiert.
- Die Farbschichtdicke ist grundsätzlich in allen Tonwerten gleich.

Frequenzmodulierte Rasterung
Die frequenzmodulierte Rasterung wird vor allem in digtitalen Druckverfahren angewandt.
- Die Anzahl und Lage der Rasterelemente variiert.
- Die Fläche der Rasterelemente ist gleich.
- Die Farbschichtdicke ist grundsätzlich in allen Tonwerten gleich.

Effektraster
Durch die Wahl der Art der Rasterelemente, z.B. Linien- oder Kornraster, wird zusätzlich zur Tonwertdarstellung noch eine bestimmte grafische Bildwirkung erzielt.

Echte Halbtöne
Dreidimensional, d.h. variable Farbschichtdicke bzw. Farbintensität

Unechte Halbtöne
Zweidimensional, d.h. konstante Farbschichtdicke und variable Flächenanteile der Rasterelemente

Amplitudenmodulierte, autotypische Rasterung

Frequenzmodulierte Rasterung

Abb. 6.1/39
Rationale Rasterung

Durch die rationalen Gesetz-
mäßigkeiten der PostScript-
Rasterung ist die Positionie-
rung einer Rasterzellenecke
nur auf die Ecke eines Dots
möglich. Der Tangens des
Rasterwinkels muss ein
ganzzahliges Verhältnis
haben: $\tan \alpha = a/b$.
Die Größe eines Dots ergibt
sich aus der Belichter- bzw.
Druckerauflösung.

① Rasterweite, bei gegebener Rasterwinkelung
sind nur bestimmte Ras-
terweiten möglich

② Superzelle, hier mit neun
Subzellen (Rasterzellen)

③ Rasterwinkelung, 14,04°
statt 15° und 74,95° statt
75°, da das rationale
Verhältnis eingehalten
werden muss

④ Punktaufbau für unter-
schiedliche Rasterwinke-
lungen

⑤ Anzahl der möglichen
Tonwerte bei unter-
schiedlicher Rasterweite,
dargestellt sind jeweils
die oberen vier Reihen
einer quadratischen Ras-
terzelle mit der Raster-
winkelung 0°.

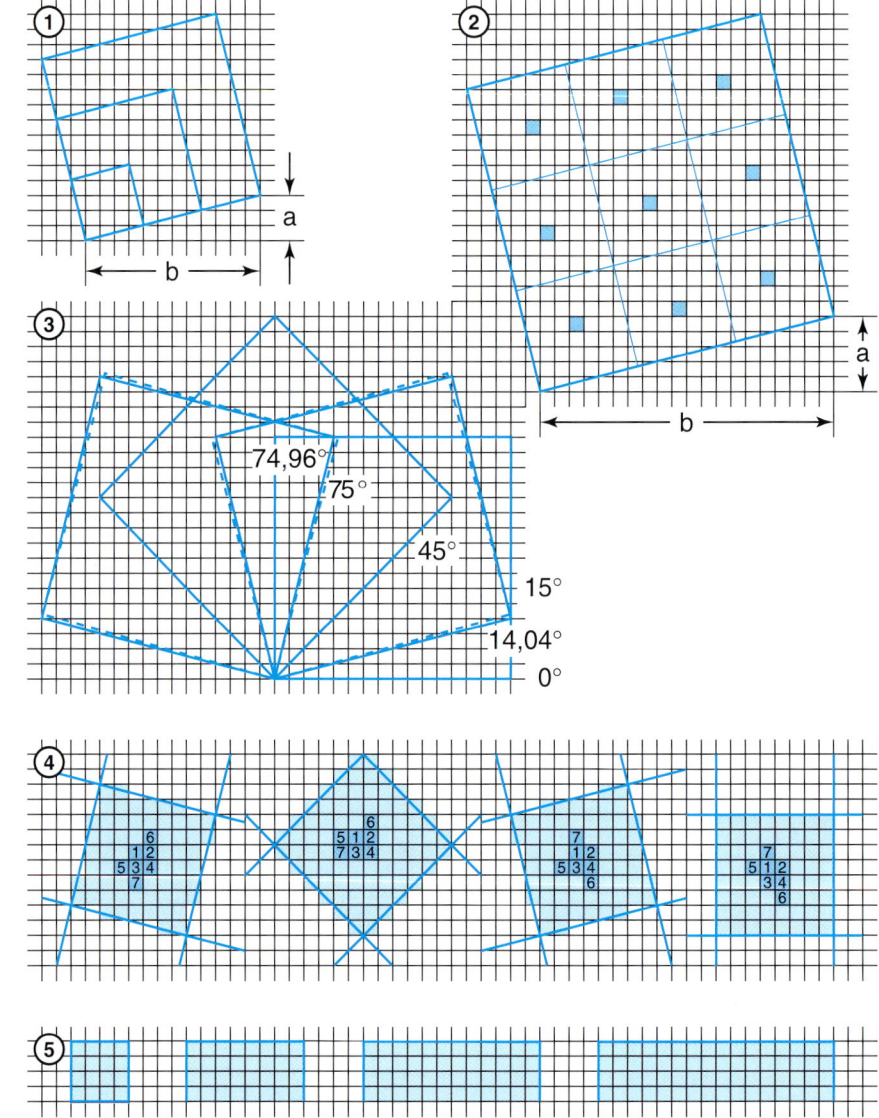

Rasterpunktbildung

Der einzelne Rasterpunkt entsteht innerhalb einer Rasterzelle, auch Basis- oder Rasterquadrat genannt. Die Größe einer Rasterzelle wird durch das Verhältnis der Belichter- bzw. Druckerauflösung zur Rasterweite bestimmt. Abhängig vom Tonwert der Pixel werden unterschiedlich viele Dots in der Rasterzelle angesteuert. In der Rasterkonfiguration ist die Reihenfolge festgelegt. Die Liste wird bei der Rasterberechnung im Raster Image Processor (RIP) erstellt. Dabei werden, neben der Punktgröße (Rastertonwert), auch die Rasterwinkelung, die Rasterweite und die Rasterpunktform berechnet.

In der Praxis kommen zwei RIP-Typen zum Einsatz: Hardware-RIPs sind Rechner, in denen die RIP-Software auf speziell angepasster Hardware läuft. Bei Software-RIPs findet der RIP-Vorgang (Rippen) auf Standardhardware statt.

Rasterzelle

Dot
= Recorderelement, Belichter-, Druckerpixel, kleinste Einheit der Belichter- bzw. Druckermatrix

Hardware-RIP
Software-RIP

Anzahl der Tonwerte

Die Anzahl der möglichen Tonwerte entspricht den möglichen Rasterpunktgrößen. Sie wird durch die Anzahl der Dots pro Rasterzelle bestimmt. Bei gegebener Belichterauflösung stehen die Zahl der möglichen Tonwerte und die Rasterweite in umgekehrtem Verhältnis.

Max. Anzahl der Tonwerte: Belichterlinien je Rasterzelle^2 + 1
Die 1 steht für Papierweiß, d.h., kein Dot ist belichtet.

Superzellen

Um eine möglichst optimale Annäherung an die Rasterwinkel von 15° und 75° zu erreichen, werden sehr große Zellen, sog. Superzellen, gebildet die wiederum in einzelne Subzellen (Rasterzellen) unterteilt werden. Die Superzellen entsprechen den Anforderungen der rationalen Rasterung: Ganzzahliger Tangens des Rasterwinkels. Die Subzellen liegen mit ihren Mittelpunkten auf dem statistischen Mittel der Rasterwinkelung.

Die tatsächliche Anzahl der Tonwerte wird durch den kleinsten druckbaren Rasterpunkt beschränkt:
Lichterpunkt von 5%
= 256 Dots/100%
= 2,56 Dots x 5
= 12,8 Dots ≈ 13 Dots.
Dies ergibt von 5% bis 95%
256 −13 −13 = 230 Tonwerte.

Abb. 6.1/40
Überfüllungseinstellungen
in Adobe Illustrator 8.0

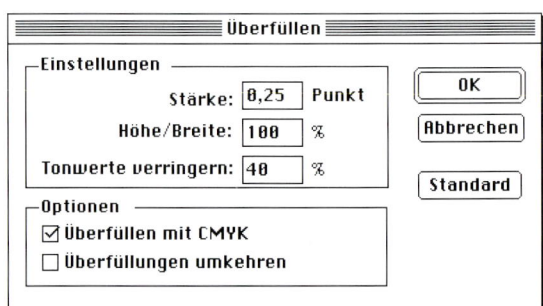

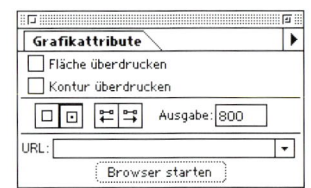

Abb. 6.1/41
Ohne Überfüllung und mit Überfüllung

Abb. 6.1/42
Überfüllung
Das hellere Objekt überlappt den dunkleren Hintergrund

Unterfüllung
Der hellere Hintergrund überlappt das dunklere Objekt

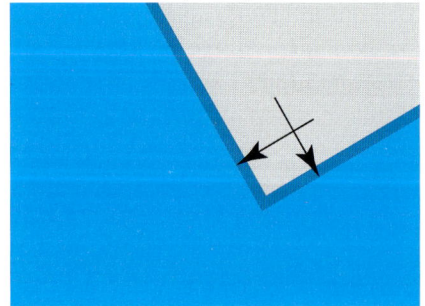

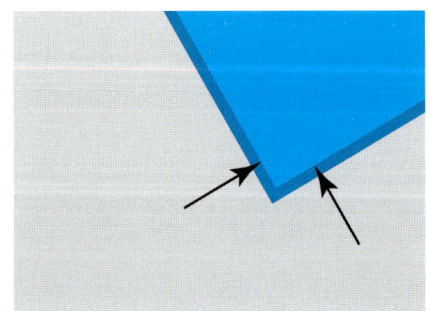

6.1.6.6 Überfüllung

Die Prozessfarben eines Bildes werden in den konventionellen Druckverfahren, wie Offset- oder Tiefdruck, von einzelnen Druckformen nacheinander auf den Bedruckstoff übertragen. Nebeneinanderliegende Farbflächen
müssen deshalb über- bzw. unterfüllt sein damit keine Blitzer, d.h. weiße
Kanten, entstehen.

- Überfüllung: Objekt überlappt Hintergrund.
- Unterfüllung: Hintergrund überlappt Objekt.

Überfüllung
Unterfüllung

Überfüllungs-/Unterfüllungsregeln

- Halbtonbilder werden nicht überfüllt.
- Alle Farben werden unter Schwarz überfüllt.
- Gelb wird unter Cyan, Magenta und Schwarz überfüllt.
- Hellere Farben werden unter dunklere Farben überfüllt.
- Reines Cyan und reines Magenta werden zu gleichen Teilen überfüllt.
- Um zu vermeiden, dass die Überfüllungslinie durchscheint, kann der
  Tonwert der Überfüllungsfarbe, z.B. Gelb, geändert werden.
- Grafik ist vor dem Überfüllen auf ihre endgültige Größe zu skalieren.
- Bei der Überfüllung von Text steht die Lesbarkeit im Vordergrund.
  Alternativ: Überdrucken des Hintergrunds.

Überfüllungen können mit speziellen Überfüllungsprogrammen wie Trap-
Wise oder in den jeweiligen Grafik- und Layoutprogrammen angelegt werden.

Lernziel:　Die Funktion von Überfüllung kennen.

Aufgabe:
- Stellen Sie fest, welche Möglichkeiten zur Überfüllung die von Ihnen eingesetzte Grafik- und Bildverarbeitungssoftware hat.
- Legen Sie Überfüllungen an. (I, P)

Abb. 6.1/43
Bildgrößeneinstellung
in Adobe Photoshop

Nur die metrische Bildgröße
ändert sich mit der Veränderung der Bildauflösung. Die
Anzahl der Bildpixel und somit die Größe der Bild-
schirmdarstellung bleibt
gleich.

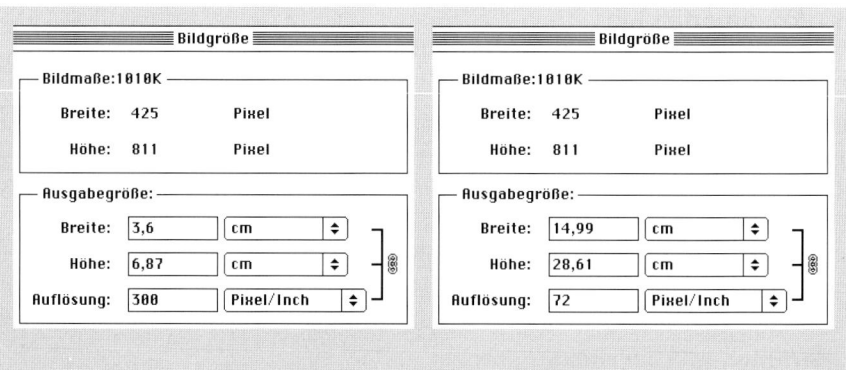

Abb. 6.1/44
Bildschirmeinstellungen
Apple Powerbook

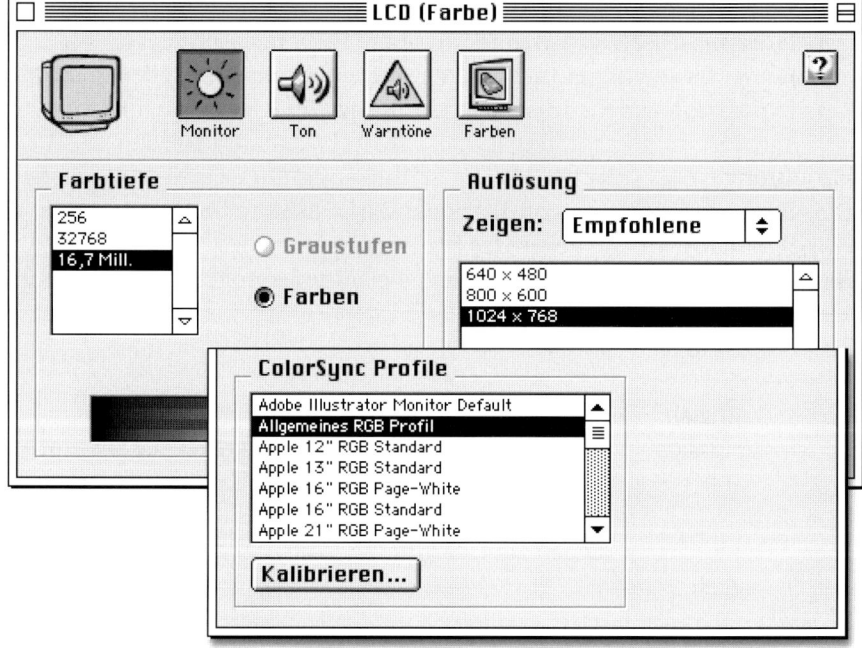

6.1.7 Bilder für Multimedia

Anforderungen

Bilder für die Multimedia-Produktion müssen zwei Hauptanforderungen genügen:

- Geringe Dateigröße, um kurze Ladezeiten zu ermöglichen.
- Optimale Farb- und Detaildarstellung auf allen Plattformen.

Diese beiden Forderungen widersprechen sich. Je nach Priorität der einzelnen Anwendung muss eine individuelle Lösung gefunden werden.

Farbmodi

Als Farbmodi sind RGB, indizierte Farben, Graustufen oder Schwarz-Weiß mit jeweils unterschiedlicher Datentiefe möglich.

Bildgröße

Die geometrische Bildgröße wird durch die Anzahl der Pixel in der Breite und in der Höhe festgelegt, nicht durch die Auflösung in Pixel pro Streckeneinheit. Da das Verhältnis Bildpixel zu Bildschirmpunkten von der gewählten Monitorauflösung abhängt, variiert die tatsächliche Darstellungsgröße.

Variablen

Die Bilddarstellung im Internet ist von einigen Variablen des Zielrechners abhängig, die bei der Produktion nicht oder nur unzureichend berücksichtigt werden können:

- Betriebssystem, Plattform
- Grafikkarte
- Monitor
    -einstellungen,
    -größe,
    -auflösung
- Browser
    -typ,
    -version
- Fenstergröße
- ...

Geringe Dateigröße
Optimale Farbdarstellung

Farbmodi

Bildgröße

Abb. 6.1/45
GIF-Export

Export eines indizierten Bildes aus Adobe Photoshop
für das Internet

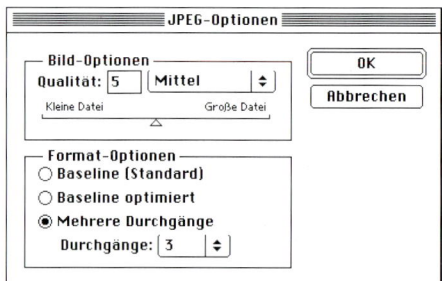

Abb. 6.1/46
PNG-Einstellungen

in Adobe Photoshop mit
Kompressionsfiltern

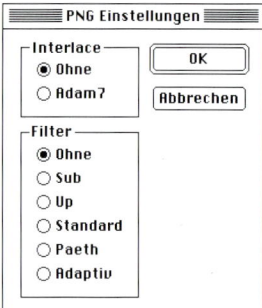

Abb. 6.1/47
JPEG-Einstellungen
in Adobe Photoshop

Arbeitsfläche

Die meisten Produktionen basieren heute, Frühjahr 2000, auf der Bildschirmauflösung von 800 x 600 Pixeln. Davon geht bei Internetseiten noch der Bereich der Browsersteuerung ab, die effektive Fläche ist also noch kleiner.

800 x 600 Pixel

6.1.7.1 Online – Internet

Hintergrundbild,
Bild

Einbindung

* Hintergrundbild
  `<body background="bild.gif">`
* Bild
  `<img src="bild.gif" width=400 heigth=300>`

Dateiformate

Es gibt derzeit drei Bilddateiformate, die in Browsern dargestellt werden
können:

* GIF – Graphic Interchange Format
  Maximal 256 Farben, Animationsmöglichkeiten, Komprimierung
  durch LZW (Lempel-Ziv-Welch, Entwickler dieses verlustfreien auf
  Mustererkennung bzw. Pixelwiederholung basierenden Verfahrens)
  Ein GIF-Bild kann gespeichert oder exportiert werden. Die Export-
  funktion in Adobe Photoshop ermöglicht zusätzlich das Transparent-
  stellen wählbarer Farben.

  GIF
  Graphic Interchange Format

* JPEG – Joint Photografic Experts Group
  16,7 Mio Farben, ohne Animation, hohe Kompression durch DCT
  (Discrete Cosine Transform, verlustbehaftete Gruppenbildung)

  JPEG
  Joint Photografic Experts
  Group

* PNG – Portable Network Graphic
  16,7 Mio Farben, 256 Transparenzstufen, erst ab Browserversionen 4.x, wählbares Kompressionsverfahren, ohne Animation.

  PNG
  Portable Network Graphic

Abb. 6.1/48
PICT-Einstellungen

in Adobe Photoshop,
links: RGB-Bild
rechts: Graustufen-Bild

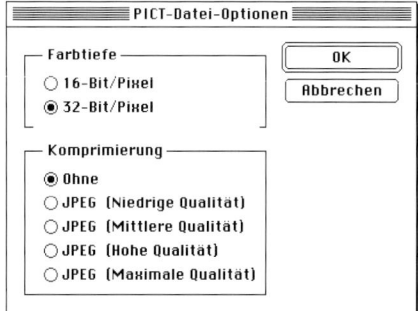
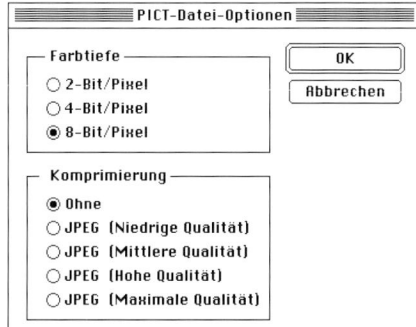

Abb. 6.1/49
BMP-Einstellungen

in Adobe Photoshop,
RGB-Bild

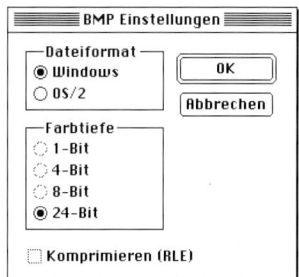

6.1.7.2 Offline – CD-ROM/DVD

Für die Offline-Produktion stehen, neben den Internet-Dateiformaten, noch andere wie z.B. PICT, BMP oder TIFF zur Verfügung.

- Das PICT-Format ist ein gebräuchliches Format zum Datenaustausch auf dem Macintosh.

  Beim Speichern eines RGB-Bildes im PICT-Format kann zwischen 16-Bit- oder 32-Bit-Farbtiefe gewählt werden. Graustufenbilder können als 2-Bit-, 4-Bit- oder 8-Bit-Bild gespeichert werden.

PICT
Mac Picture-Format

- BMP ist das standardmäßige Windows-Bitmap-Format und wird auf DOS- und Windows-kompatiblen Computern verwendet.

  Die Bilddatei kann entweder als Format Microsoft Windows oder OS/2 und mit einer Farbtiefe von 1 Bit bis 24 Bit gespeichert werden. Für 4-Bit- und 8-Bit-Bilder steht auch die Komprimierung Run-Length-Encoding (RLE) zur Verfügung. Diese Komprimierung ist verlustfrei.

BMP
Windows-Bitmap-Format

Lernziel: Die Bildparameter für die MM-Produktion kennen.
Aufgabe: Bestimmen Sie die Parameter verschiedener Bilder und bewerten Sie diese hinsichtlich ihrer Bedeutung für den jeweiligen Workflow. (I, P)

6.2 Sound

Abb. 6.2/1
Komponenten eines „kleinen" Tonstudios zur Sprach- und Musikaufnahme, Bearbeitung und Wiedergabe von Sounds

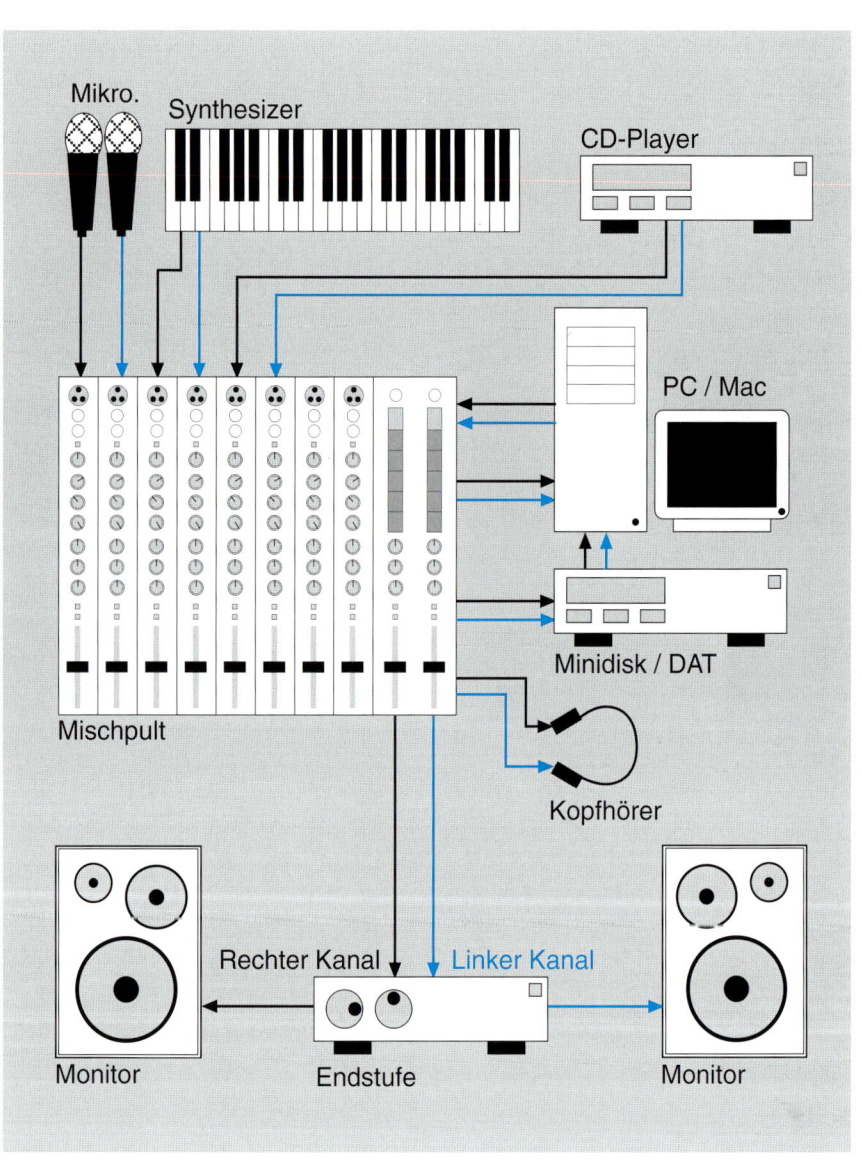

6.2.1 „Kleines" Tonstudio

Wer einmal während einer spannenden Szene eines Krimis den Ton abgestellt hat, der weiß um dessen dramaturgische Bedeutung. Neben Kamera- und Lichtführung stellt die Vertonung einer Filmproduktion eine der wesentlichen Herausforderungen dar.

Im Bereich der Multimedia-Produktionen wird der „Sound" oft stiefmütterlich behandelt, was sicher daran liegt, dass die Produktionsfirmen in der Regel im grafischen Bereich angesiedelt sind. Dennoch trägt der Auswahl des Sounds wesentlich zum Erfolg oder Misserfolg eines multimedialen Produktes bei. Bei größeren Produktionen wird daher die Nachvertonung in externen Tonstudios durchgeführt, da nur dort das benötigte Equipment und vor allem das Know-how vorhanden ist.

Sound für Multimedia-Produktionen

Die große Leistungsfähigkeit heutiger Computer hat es möglich gemacht, dass bereits mit relativ geringem Budget Tonaufnahmen in hoher Qualität erzielt werden können. Die Abbildung auf der linken Seite zeigt die wichtigsten Komponenten eines „kleinen" Tonstudios, das für wenige Tausend Mark eingerichtet werden kann und mit dem eine Soundproduktion in semiprofessioneller Qualität möglich ist. In Anbetracht der Tatsache, dass der Endbenutzer den Sound letztendlich über zwei primitive, an eine billige Soundkarte angeschlossene Lautsprecher abhört, kann auf Hi-Fi (Highfidelity) auch durchaus verzichtet werden.

Herzstück eines Tonstudios bildet das Mischpult, an das eingangsseitig Mikrofone, elektronische Instrumente oder auch CD-Player angeschlossen werden. Die einzelnen Signale können nun individuell vorverstärkt und abgemischt werden und verlassen das Mischpult als Summensignal in Richtung Endstufe und Abhör-Lautsprecher. Zur digitalen Bearbeitung des Tonsignals wird dieses entweder über eine Soundkarte direkt auf Festplatte oder alternativ auf einem DAT- oder Minidisk-Recorder aufgezeichnet. Damit der digitale Sound während seiner Bearbeitung abgehört werden kann, muss die Soundkarte umgekehrt über das Mischpult mit Endstufe und Lautsprecher verbunden werden. Der fertig bearbeitete Sound kann im geeigneten Dateiformat direkt in das Multimedia-Produkt eingesetzt werden.

Komponenten eines Tonstudios

Abb. 6.2/2
**Schematische Darstellung
einer Sprecherkabine**

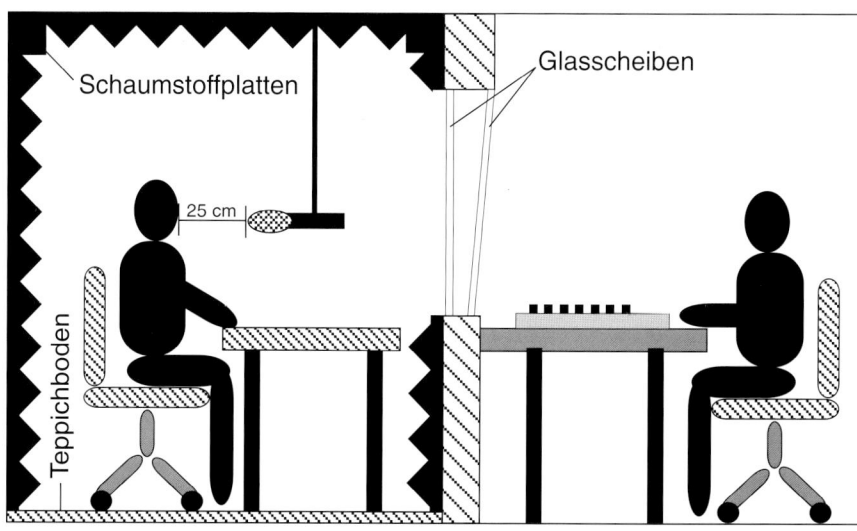

Abb.6.2/3
**Foto einer Sprecher-
kabine**

6.2.2 Sprecherkabine

Wir leben in Zeiten einer stetig vorhandenen Lärmkulisse. Sei es das Ticken einer Uhr oder das Summen eines Rechners – die sprichwörtliche Ruhe gibt es nicht einmal auf dem Friedhof. Gerade diese ist aber die Voraussetzung für eine Sprachaufnahme. Aus diesem Grund ist es unerlässlich, entsprechende Vorkehrungen in Form einer Sprecherkabine zu treffen. Dabei ist es ausreichend, einen etwa zwei bis vier Quadratmeter großen Bereich eines Raumes durch Zwischenwände abzutrennen. Als ideal und kostengünstig erweisen sich dazu Holz- oder Gipskartonplatten, die mit Dämmmaterial gefüllt werden. Die Tür zur Kabine sollte doppelwandig sein und gut abgedichtet werden. Um Sichtkontakt zwischen Sprecher und Tontechniker zu ermöglichen, befindet sich in der Vorderwand der Kabine ein aus zwei Glasplatten bestehendes Fenster. Durch Schrägstellung sowie unterschiedlichem oberen und unteren Abstand der Scheiben voneinander wird verhindert, dass es zu stehenden Schallwellen zwischen den Scheiben kommen kann. Außerdem entstehen so keine störenden Spiegelungen.

Konzeption einer Sprecherkabine

Auch wenn kein Laut von außen in die Kabine dringt, so ist sie für Aufnahmen akustisch zu „hart". Dies bedeutet, dass die Wände der Kabine den Schall reflektieren und diese Reflexionen die Aufnahme negativ beeinflussen würden. Eine Aufnahme soll möglichst „trocken" erfolgen. Bei der späteren digitalen Bearbeitung können dann nach Wunsch zum Beispiel Hall, Echo oder Chorus hinzugefügt werden. Um aus den harten akustisch weiche Wände zu machen, ist es erforderlich, diese mit einem schallabsorbierenden Material auszukleiden. Dazu gibt es prinzipiell mehrere Möglichkeiten:

Akustisch hart – akustisch weich

- Geraffte, schwere Vorhänge
- Pyramidenförmige Schaumstoffplatten (Verpackungsmaterial)
- Gelochte Akustikplatten mit Hinterfüllung aus Filz- oder Schaumstoff

Die Qualität der aufgezählten Materialien nimmt von oben nach unten zu, der Preis pro Quadratmeter allerdings auch.

Auf dem Boden sollte ein möglichst langfloriger Teppichboden verlegt werden, mit dem auch Tisch und Tür beklebt werden können. Die Summe dieser Maßnahmen ergibt einen schalltoten und akustisch weichen Raum.

Abb. 6.2/4
**Prinzip eines dynami-
schen Mikrofons**

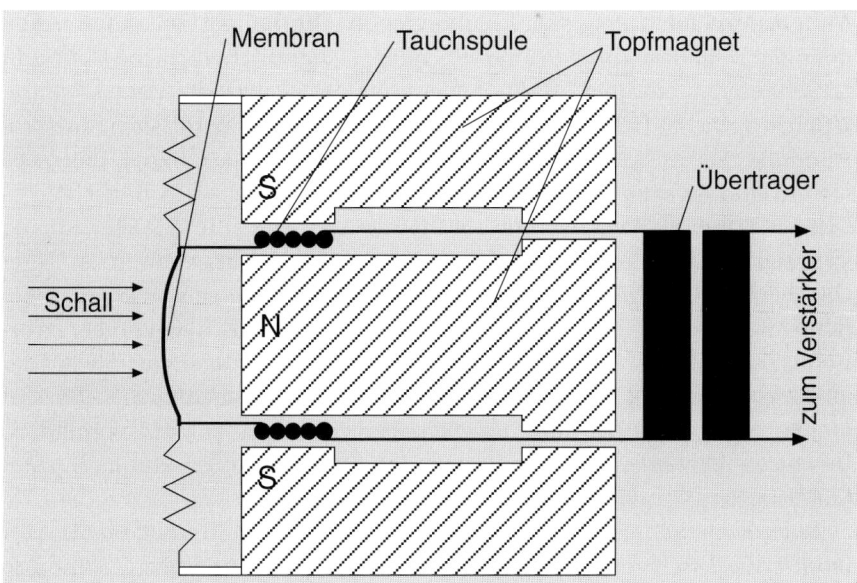

Abb. 6.2/5
**Prinzip eines statischen
Mikrofons**

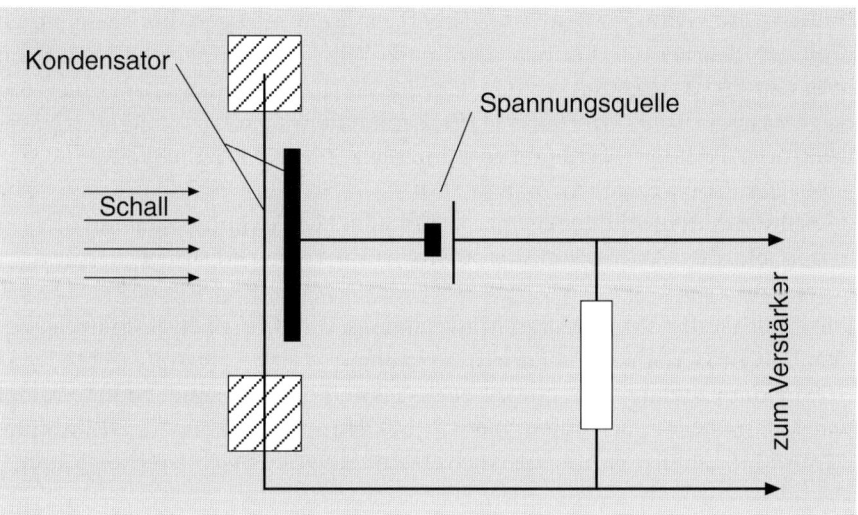

6.2.3 Mikrofon

Mikrofone werden auch als elektroakustische Wandler bezeichnet. Funktionell sind sie durchaus mit unserem Ohr vergleichbar, da sie ebenfalls zur Umsetzung von mechanischen Luftschwingungen in elektrische Signale dienen. Qualität hat dabei ihren Preis: für ein High-End-Mikrofon müssen mehrere Tausend Mark veranschlagt werden. Dennoch gibt es auch gute Mikrofone in der Preislage um fünfhundert Mark, so dass die Relation zu den übrigen Komponenten des „kleinen" Tonstudios gewahrt bleibt.

Mikrofone:
elektroakustische Wandler

Dynamisches Mikrofon

Beim dynamischen Mikrofon trifft der ankommende Schall auf eine Membran und versetzt diese in Schwingung. Die Schwingung überträgt sich auf eine an der Membran befestigte Tauchspule. Dabei handelt es sich um einen langen, aufgewickelten Kupferdraht, der sich im Inneren eines Magneten befindet. Durch die Auf- und Abbewegung der Spule innerhalb des Magnetfeldes wird eine schwache elektrische Wechselspannung erzeugt. Die Schwingungen der Spannung folgen dabei genau den Luftschwingungen des Schalls. Das elektrische Signal wird im Mischpult vorverstärkt und kann nun digitalisiert und gespeichert werden. Dynamische Mikrofone sind sehr robust und eignen sich daher ideal für den Einsatz auf der Bühne.

Live-Einsatz

Statisches Mikrofon

Im Studio werden bevorzugt statische Mikrofone eingesetzt. Bei diesem Mikrofontyp bilden die bewegliche Membran zusammen mit einer Gegenelektrode einen so genannten Kondensator. Dieses Bauelement dient – vergleichbar mit einer Batterie – zur Trennung elektrischer Ladungen. Dabei ist die Spannung am Kondensator abhängig vom Abstand der beiden Elektroden. Die Änderung des Abstandes wird durch den Schalldruck hervorgerufen. Die hierdurch entstehende Wechselspannung wird über einen Widerstand gemessen und anschließend verstärkt. Statische Mikrofone sind hochwertiger als dynamische, zeigen also kaum Verzerrungen. Nachteilig ist die benötigte Speisespannung, die aber gewöhnlich als so genannte Phantomspannung vom Mischpult zur Verfügung gestellt wird.

Studio-Einsatz

Abb. 6.2/6
Schematische Darstellung eines 8-Kanal-Mischpultes mit vergrößerter Darstellung eines Eingangskanals

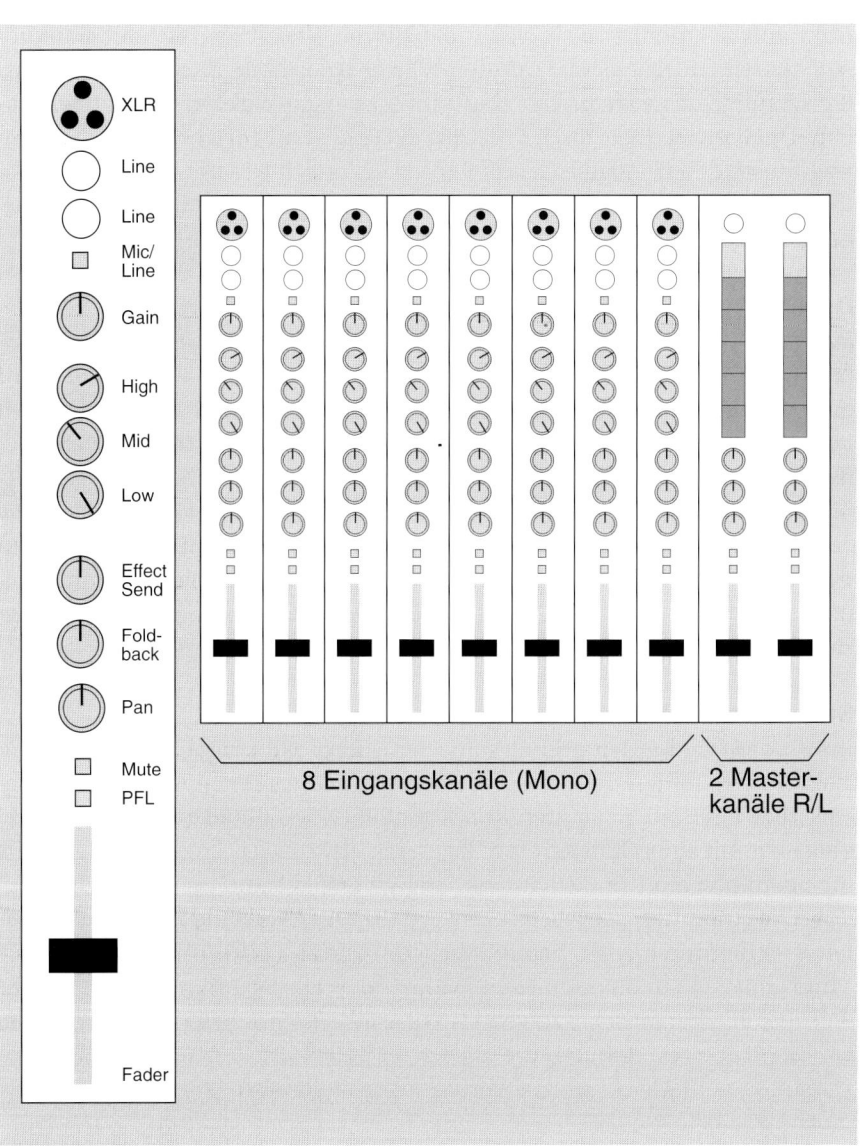

XLR

Line

Line

Mic/Line

Gain

High

Mid

Low

Effect Send

Fold-back

Pan

Mute

PFL

Fader

8 Eingangskanäle (Mono)

2 Master-kanäle R/L

6.2.4 Mischpult

Auf den ersten Blick wirken die vielen Knöpfe und Regler eines Mischpultes äußerst verwirrend. Bei genauerem Hinsehen zeigt sich, dass jedes Mischpult modular aufgebaut ist und aus 8, 16, 32 oder mehr identischen Kanälen besteht. Die Komponenten *eines* Kanals sollen im Folgenden kurz zur Sprache kommen:

Modularer Aufbau

Eingänge (Inputs)

Aufgrund ihrer geringen Spannungen müssen Mikrofone an niederohmige XLR-Buchsen angeschlossen werden. Für elektronische Instrumente oder Bandmaschinen stehen hochohmige Line-Eingänge für Klinkenstecker zur Verfügung. Größere Mischpulte ermöglichen das Umschalten zwischen XLR- und Line-Eingang.

Mikrofon oder Instrument?

Eingangsverstärker (Input Gain)

Mit Hilfe des Gain-Reglers ist eine individuelle Vorverstärkung jedes Kanals möglich. Da ein Mikrofon ein deutlich schwächeres Eingangssignal liefert als beispielsweise ein Keyboard ist eine unterschiedliche Vorverstärkung notwendig und sinnvoll. Die Stellung der Schieberegler (Fader) kann dann für alle Kanäle auf gleicher Position bleiben.

Vorverstärkung

Klangregelung (Equalizer)

Zur Klangregelung stehen zwei, drei oder mehr Drehknöpfe zur Anhebung oder Absenkung des Klanges innerhalb bestimmter Frequenzbereiche zur Verfügung. Als Höhen werden dabei Frequenzen oberhalb von 10 bis 12 kHz und als Tiefen Frequenzen unterhalb von 50 bis 100 Hz bezeichnet.

Klangregelung

Effektwege (Effect Sends)

Größere Mischpulte bieten die Möglichkeit, jeden Kanal an ein oder mehrere Effektgeräte wie Hallgerät, Kompressor oder Expander anzuschließen. Mit dem zugehörigen Drehknopf wird eingestellt, welcher Anteil des Signals zum Effektgerät geführt wird.

Einsatz von Effektgeräten

Abb. 6.2/7
8-Kanal-Mischpult Studio-master Typ 102

Abb. 6.2/8
Schema eines 16-Kanal-Mischpultes mit 4 Sub-gruppen

Die Auswahl der gewünsch-ten Subgruppe erfolgt per Taster am Eingangskanal.

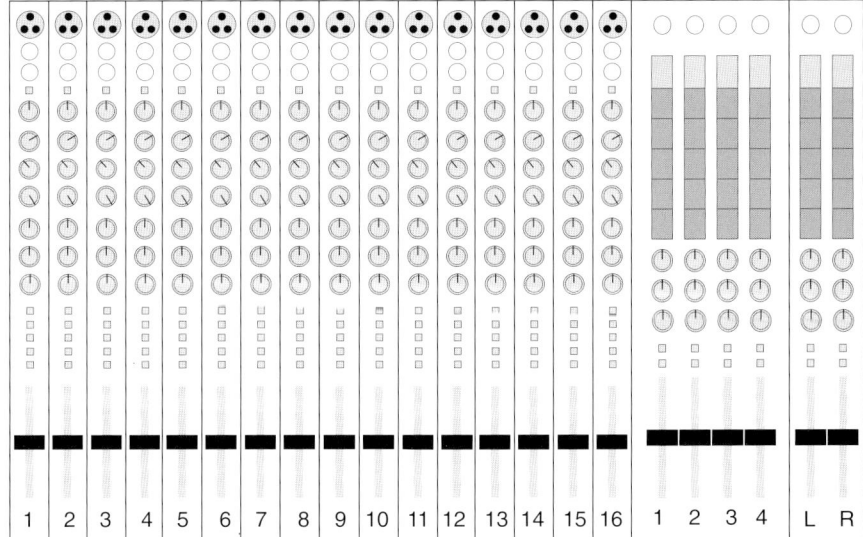

Monitorwege (Foldback)

Der Monitor-Send-Regler bestimmt, welcher Signalanteil zur Monitoranlage geführt wird. Diese dient den Musikern zum Mithören ihrer eigenen Musik.

Mithören für Musiker

Panoramaregler (Pan-Pot)

Mit diesem wichtigen Regler wird festgelegt, wie das ankommende Mono-Signal auf die beiden Stereo-Ausgänge verteilt werden soll. Wird der Pan-Pot ganz nach links gedreht, so erscheint das Signal nur auf dem linken Kanal, nach rechts gedreht nur auf dem rechten Kanal. In Mittelstellung liegt das Signal gleichmäßig auf beiden Ausgangskanälen.

Linker oder rechter Kanal?

Stummschaltung (Mute)

Der Schalter ermöglicht die Ein- und Ausschaltung des gesamten Kanals.

Kanal abschalten

Vorhören (Pre Fader Listening)

Vor allem bei Live-Auftritten ist es unerlässlich, dass der Tonmischer die Möglichkeit hat, einen Kanal über Kopfhörer anzuhören, ohne ihn mit Hilfe des Faders zuvor auf den Ausgang geben zu müssen.

Kanal über Kopfhörer hören

Schieberegler (Fader)

Durch die Stellung des Faders wird die Lautstärke festgelegt, mit der das Signal an die beiden Masterkanäle übergeben wird.

Verstärkung des Summensignals

Subgruppen

Während bei kleinen Mischpulten die Signale der Eingangskanäle direkt auf die beiden Masterkanäle L/R geführt werden, enthalten große Pulte zusätzliche als Subgruppen bezeichnete Kanäle. Diese ermöglichen das Zusammenfassen mehrerer Kanäle zu einer Einheit. Ein typisches Anwendungsbeispiel ist das Abmischen eines Schlagzeuges, da hierfür mehrere Mikrofone benötigt werden. Durch das Gruppieren der Schlagzeugkanäle in einer Subgruppe wird der Abgleich mit den anderen Instrumenten wesentlich einfacher.

Gruppieren mehrerer Kanäle

Abb. 6.2/9
Digitale und analoge Aufzeichnungsmedien im Vergleich

Der Klirrfaktor ist ein Maß für die Verzerrung eines Signals. Der Dynamikbereich gibt den Abstand zwischen lautestem und leisestem Signal an, die noch verarbeitet werden können. Der Frequenzgang defi-niert die speicherbaren Frequenzen mit Toleranzbereich. Plus bzw. Minus zwei Dezibel bedeutet dabei, dass das Signal bei der Aufzeichnung um zwei Dezibel verstärkt oder gedämpft werden kann.

Medium	Analoge Aufzeichng	Digitale Aufzeichnung		
	Tonband	**Hard-Disc**	**Mini-Disc**	**DAT**
Träger-material	Magnetband	Magnetische Platte	Magneto-optische Scheibe	Magnetband
Klirrfaktor	0,3%	0,01%	0,01%	0,01%
Dynamik	60 dB	90 dB	90 dB	90 dB
Frequenz-gang	20 kHz ± 2dB	20 kHz ± 0,5dB	20 kHz ± 0,5dB	20 kHz ± 0,5dB
Laufzeit	120 min	nach Plattengröße	74 min	120 min
Abnutzung	ja	nein	nein	gering
Kopier-verluste	ja	nein	nein	nein
Empfind-lichkeit	hoch	sehr gering	gering	mittel
Zugriffszeit	hoch	sehr gering	gering	hoch

6.2.5 Digitale Aufzeichnung

Bereits vor etlichen Jahren hat die Digitalisierung im Audiobereich ihren Siegeszug angetreten. Bevor die CD-ROM im Computer eingesetzt wurde, erschien Anfang der 80er Jahre die Audio-CD mit zugehörigem CD-Player auf dem Markt. Innerhalb kurzer Zeit wurde die Langspielplatte weitgehend vom Markt verdrängt, der Verkauf von CDs hat der Musikindustrie einen Milliardenumsatz beschert. Zwanzig Jahre später ist es das Internet, das ein ernst zu nehmender Konkurrent der Audio-CD zu werden scheint. Die Entwicklung geeigneter Verfahren zur Datenreduktion haben die Übertragung von Musikaufnahmen über dieses Medium möglich gemacht. Die momentan vorwiegend illegal vertriebenen MP3-codierten Sounds bereiten den großen Firmen der hart umkämpften Musikbranche enormes Kopfzerbrechen ...

Audio-CD

MP3

Durch die Entwicklung von hochwertigen Soundkarten wurde die professionelle Aufzeichnung von Sound am PC oder Mac möglich gemacht. Bei diesem so genannten Hard-Disc-Recording wird der vom Mischpult gelieferte Sound nach der Digitalisierung direkt auf Festplatte (Hard-Disc) gespeichert. Alternativ zur Aufzeichnung auf Festplatte kommen im Studio DAT-Recorder (Digital Audio Tape) und MD-Recorder (Mini-Disc) zum Einsatz. Im ersten Fall werden die digitalen Daten auf ein Magnetband gespeichert, im zweiten Fall kommt ein magneto-optisches Verfahren auf einer CD-ähnlichen Scheibe zum Einsatz. Alle drei Verfahren liefern qualitativ hochwertiges Soundmaterial und sind der konventionellen analogen Aufzeichnung in vielen Punkten haushoch überlegen (vgl. Tabelle).

Aufzeichnungsgeräte:
Hard-Disc (Festplatte)
DAT (Digital Audio Tape)
MD (Mini Disc)

Kennzeichen aller digitalen Aufzeichnungsverfahren ist, dass das vom Mischpult gelieferte analoge Musiksignal in ein Binärsignal umgewandelt werden muss. Bei der Wiedergabe eines digitalisierten Sounds muss umgekehrt eine Konvertierung von binär in analog erfolgen, da unser menschliches Ohr ein analog funktionierendes Organ ist. Die Komponenten zur Konvertierung in die eine oder die andere Richtung werden als AD-Konverter bzw. DA-Konverter bezeichnet. Sie stellen das kostspielige Herzstück einer Soundkarte, eines DAT- oder MD-Recorders dar.

AD-/DA-Konverter

Da bei der Digitalaufnahme eines Sounds im Vorfeld einige Parameter eingestellt werden müssen, sind Grundkenntnisse über die Arbeitsweise eines AD-Konverters unerlässlich:

Abb. 6.2/10
**Darstellung eines sinus-
förmigen Analogsignals
(Ton)**

Die Frequenz des Signals
ergibt sich aus dem Kehr-
wert seiner Periodendauer.

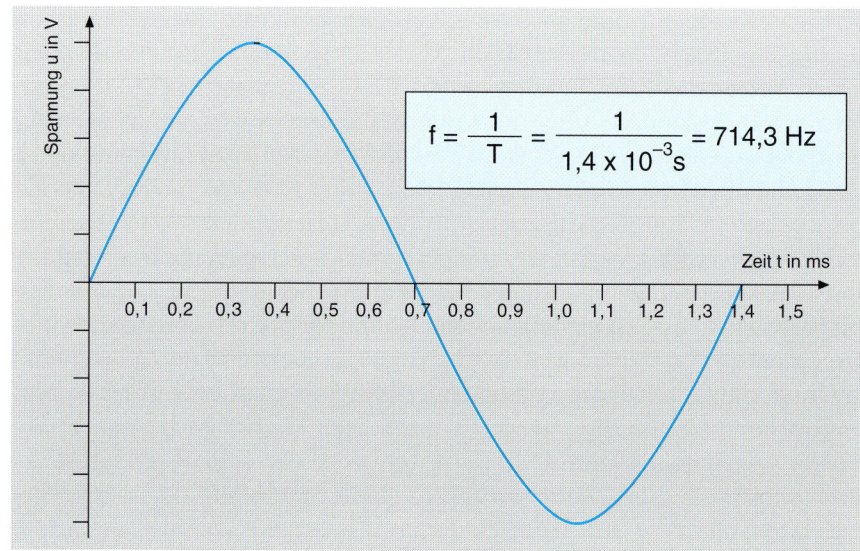

$$f = \frac{1}{T} = \frac{1}{1,4 \times 10^{-3}\,s} = 714,3\ \text{Hz}$$

Abb. 6.2/11
**Abtastung des sinusför-
migen Analogsignals**

Die Abtastung erfolgt alle
0,1 ms, so dass sich eine
Samplingrate von 10 kHz
ergibt. (Eine Samplingrate
von 1,428 kHz wäre gemäß
Shannon-Theorem aus-rei-
chend!)

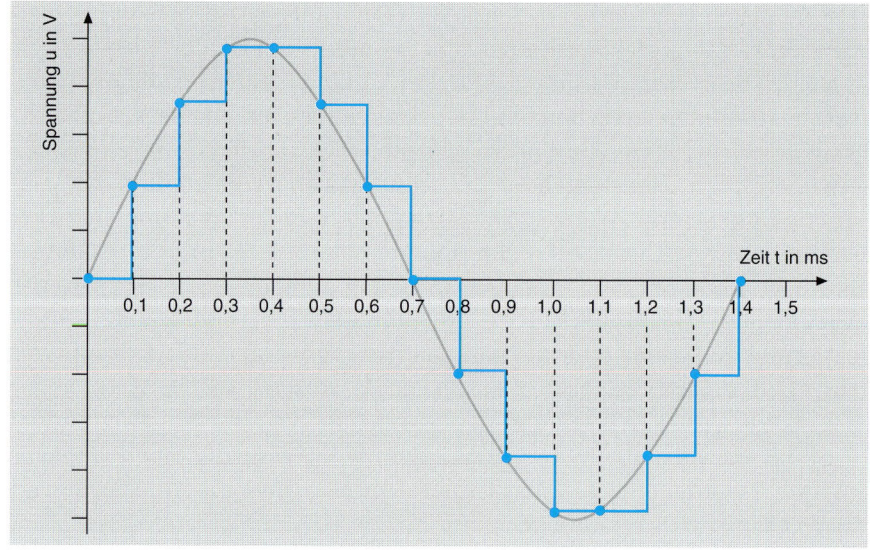

6.2.5.1 Sample and Hold

Ein Analogsignal zeigt einen zeitkontinuierlichen Verlauf. Dies bedeutet, dass zu jedem beliebigen Zeitpunkt eine elektrische Spannung messbar ist. Ein derartiges Signal enthält damit unendlich viele Informationen und ist durch einen Digitalrechner nicht verarbeitbar. Die Idee besteht darin, das Analogsignal in regelmäßigen Abständen abzutasten (Sample) und die Abtastsignale zwischenzuspeichern (Hold). Aus dem ursprünglich stetigen Signal wird dadurch die links gezeigte Treppenfunktion. Nun stellt sich die Frage, wie viele Abtastwerte pro Sekunde notwendig sind, um das Originalsignal reproduzieren zu können? Eine Antwort darauf gibt der Mathematiker Shannon mit dem nach ihm benannten Abtasttheorem: Die Abtastfrequenz f_A muss mindestens doppelt so hoch sein wie die maximal im Analogsignal vorkommende Signalfrequenz f_{Smax}. Konkret bedeutet dies: Der Hörbereich des Menschen endet bei etwa 20 kHz. Zur Abtastung einer Frequenz von 20 kHz muss die Abtastfrequenz (Samplingrate) doppelt so hoch, also 40 kHz gewählt werden. Technisch gängige Abtastfrequenzen sind:

Abtastung (Sampling)

Abtasttheorem

→ **4.3.2**

- 96 kHz sehr hohe Qualität für Studioeinsatz
- 44,1 kHz hohe Qualität, Samplingrate von Audio-CDs
- 22,05 kHz mittlere Qualität, für Multimedia oft ausreichend
- 11,025 kHz niedere Qualtität, nicht empfehlenswert

Technische Abtast-frequenzen

Eine Abtastung mit zu geringer Abtastfrequenz führt zum so genannten Aliasing-Fehler. Dieser macht sich beim Abhören dadurch bemerkbar, dass der Sound an Brillianz und Klarheit verliert und dumpfer klingt. Erwähnenswert ist hierbei, dass auch ein mit 44,1 kHz gesampeltes Signal qualitativ schlechter wird als das Original. Ursache ist, dass sich beim Abtastvorgang die Obertöne *über* 22 kHz störend auf das Abtastsignal auswirken. Als Gegenmaßnahme des Aliasing-Fehlers kommen wie im Bildbereich Antialiasing-Filter zum Einsatz.

Aliasing-Fehler

Dennoch gibt es auch heute noch Puristen, die aus Gründen der besseren Klangqualität nach wie vor auf die alten Vinyl-Scheiben zurückgreifen.

Abb. 6.2/12
**Digitalisierung der Abtast-
werte**

Im Beispiel wurde eine Codierung mit vier Bit gewählt,
womit insgesamt 16 Stufen
möglich sind. (Diese sind
nicht alle eingezeichnet.)

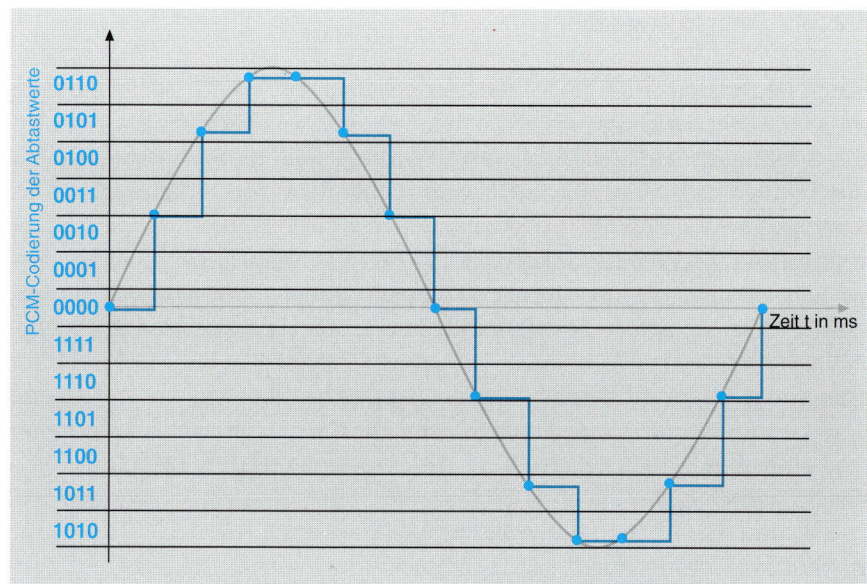

Abb. 6.2/13
**Symbolische Darstellung
des binären PCM-Daten-
stroms**

Die Binärdaten sind der obigen Abbildung Punkt für
Punkt von links nach rechts
entnommen.

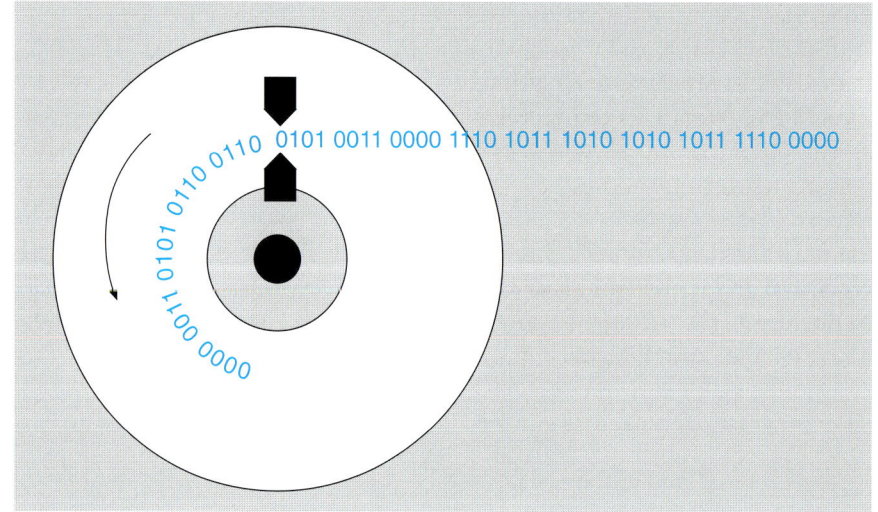

6.2.5.2 Digitalisierung

Auch wenn es einen anderen Anschein hat, ist ein Abtastsignal immer noch ein analoges Signal. Digitalisieren bedeutet, das analoge Abtastspektrum in Stufen einzuteilen und diese Stufen mit einem binären Code zu versehen. Die Anzahl der Stufen wird als Auflösung bezeichnet und wird in Bit angegeben. Es leuchtet ein, dass die Auflösung einen maßgeblichen Einfluss auf die Klangqualität haben wird. Soundkarten ermöglichen eine Digitalisierung mit einer Auflösung von

- 24 Bit (16,7 Mio. Stufen)   sehr hohe Qualität, Studioeinsatz, geplanter Standard für DVD
- 16 Bit (65.536 Stufen)   hohe Qualität, Audio-CDs, Multimedia-Produktionen
- 8 Bit (256 Stufen)   niedere Qualität, nicht zu empfehlen

Den abgetasteten und digitalisierten Werten werden Binärzahlen zugeordnet, die nun auf Festplatte, DAT-Band oder Mini-Disc speicherbar sind. Der hierbei durch die Stufenbildung grundsätzlich entstehende Fehler wird Quantisierungsfehler genannt. Bei einer Quantisierung mit 8 Bit ist dieser Fehler als deutliches Rauschen zu hören. Zur Minimierung des Quantisierungsfehlers wird bei CD-Playern der Trick angewandt, dass beim Abspielen durch Interpolation zusätzliche (Zwischen-)Stufen errechnet werden. Diese Technik wird als Oversampling bezeichnet.

Das auf den letzten Seiten beschriebene Verfahren zur Umsetzung analoger Signale in binäre Daten ist in der Technik unter dem Namen PCM-Verfahren (Puls Code Modulation) bekannt. Es wird neben seinem Einsatz im Audiobereich auch zur digitalen Übertragung von Sprache beim Telefonieren mittels ISDN verwendet. Eine Ablösung von PCM könnte durch moderne Bitstromverfahren wie DSD (Direct Stream Digital) erfolgen. Die Entwicklung bleibt aber noch abzuwarten.

Stufenzahl (Auflösung)

Technische Auflösungen

Quantisierungsfehler

Oversampling

PCM (Puls Code Modulation)

DSD (Direct Stream Digital)

Abb. 6.2/14
**Datenmenge in Abhängig-
keit der Kennwerte Samp-
lingrate, Kanalanzahl und
Auflösung bei der Digita-
lisierung von einer Minute
Sound**

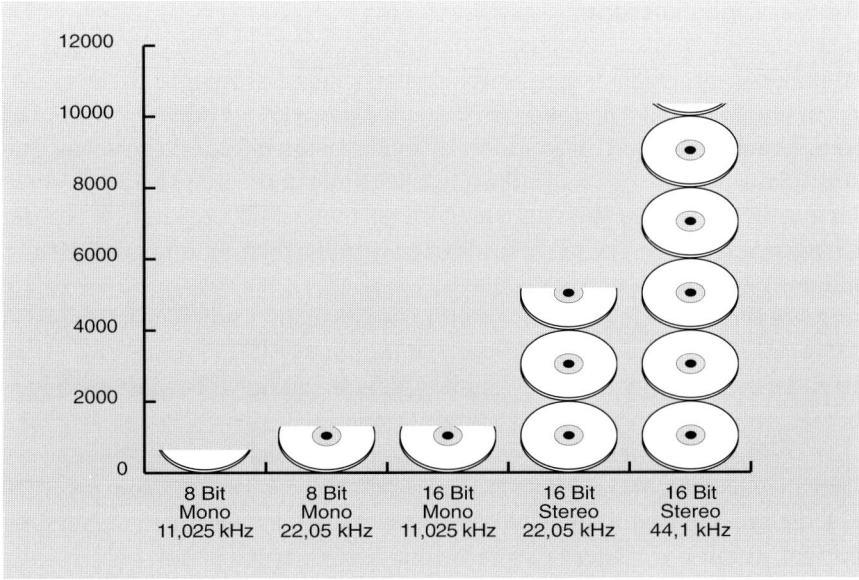

Lernziel: Sounddatenmengen berechnen.

Aufgaben:
- Welche Datenmenge ergibt sich bei einer zehnminütigen Sprachaufnahme mit folgenden Parametern: 16 Bit, Mono, 22,05 kHz? (L)
- Für eine CD-Produktion stehen für die Sounds insgesamt 80 MB zur Verfügung. Schlagen Sie geeignete Aufnahmeparameter vor, wenn Sie für die CD 30 Minuten Musik benötigen. (L)
- Welcher Datenstrom in KB/s ergibt sich bei der Übertragung von 2,5 Minuten Sound, der mit 8 Bit und 11,025 kHz in Mono aufgenommen wurde? (L)

6.2.6 Sounddaten

Ein Hinweis vorneweg: Der praktische Ablauf einer Aufnahme, die Nachbearbeitung des Sounds sowie dessen Einsatz im Multimedia-Produkt wird im Rahmen dieses Kompendiums *nicht* besprochen. Dies ist nur anhand eines konkreten Software-Tools möglich und findet sich deshalb im Workshop-Band. An dieser Stelle sollen einige allgemein gültige und damit softwareunabhängige Begriffe zum Thema Sounddaten zur Sprache gebracht werden.

Aufnahme und Nachbearbeitung von Sound im zweiten Band

An erster Stelle ist die Datenmenge zu behandeln. Auch wenn heute jeder „Supermarkt-PC" enorme Leistungsdaten aufweist, dann darf dies nicht zum Maß der Dinge gemacht werden. Eine Multimedia-Produktion soll nicht nur auf dem neusten Modell, sondern auch auf Rechnern lauffähig sein, die bereits einige Jahre alt sind. Bei der Datenübertragung via Internet stellt sich erst recht die Forderung nach möglichst geringen Datenmengen. Kenntnisse über die zu erwartende Datenflut bei der Digitalisierung von Sounds sind also nach wie vor notwendig.

Die Datenmenge M in Byte eines unkomprimierten PCM-Sounds ergibt sich als Produkt von Auflösung A in Bit, Abtastfrequenz f_A in Hz, Kanalanzahl Z und Aufnahmezeit t in s geteilt durch die Zahl 8:

M = (A x fA x Z x t) / 8

Datenmenge bei PCM-Sound

Eine einminütige Aufnahme in Stereo mit einer Auflösung von 16 Bit und einer Samplingrate von 44,1 kHz ergibt damit eine Datenmenge von:

M = [(16 x 44.100 x 2 x 60)/8] Byte = 10.584.000 Byte = 10,1 MB

Wird auf Stereo verzichtet und zusätzlich die Samplingrate halbiert, dann reduziert sich die Datenmenge auf ein Viertel, was immerhin noch 2,5 MB/min oder 43.691 B/s entspricht. Ein ISDN-Kanal überträgt gerade mal 8000 B/s. Zur Datenübertragung in Echtzeit wären demnach sechs ISDN-Kanäle notwendig. Die Rechnung zeigt, dass die Kompression von Sounddaten ein unerlässliches Thema ist.

Abb. 6.2/15
**Datenmenge von 16
Samplingwerten eines
mit vier Bit codierten
PCM-Sounds.**

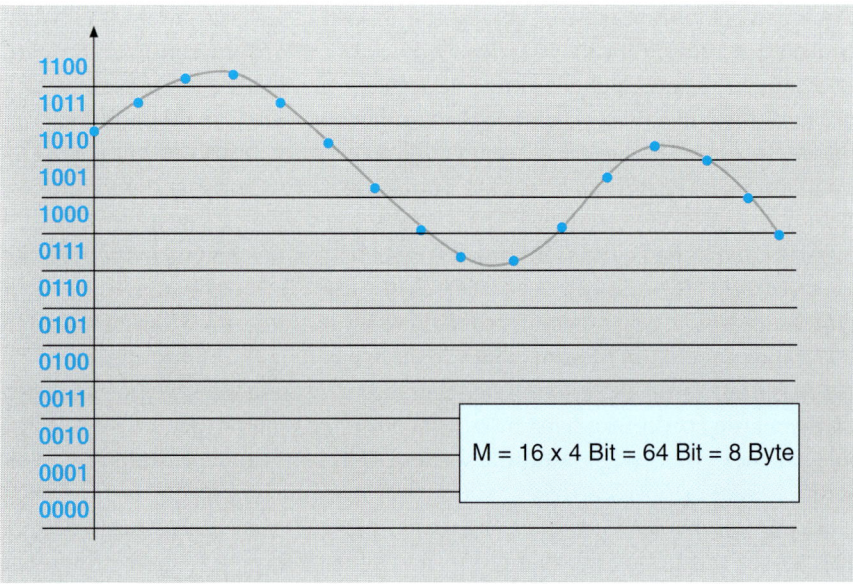

Abb. 6.2/16
**Datenmenge der 16 Werte
nach der Datenkom-
pression mit Hilfe des
ADPCM-Verfahrens**

Codiert wird hierbei nur die
Anzahl der Stufen, die sich
zwischen zwei Sampling-
werten ändert. Das Ver-
fahren eignet sich nur, wenn
diese Änderungen nicht besonders groß sind.

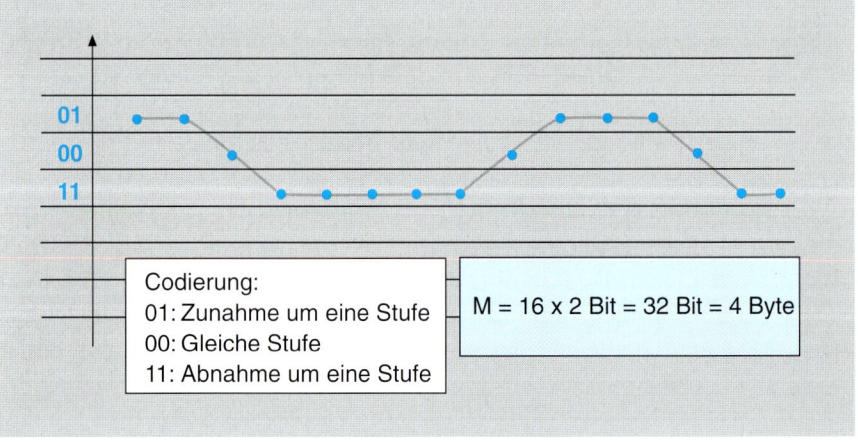

6.2.7 Dateiformate und Datenkompression

Bei der Auswahl eines Dateiformats zum Abspeichern des fertigen Sounds muss darauf geachtet werden, dass das gewählte Format auch durch die Autorensoftware importiert werden kann. Andernfalls ist die ganze Arbeit im Tonstudio umsonst gewesen. Die folgenden Dateiformate sind weit verbreitet und deshalb durch alle gängigen Programme importierbar:

Das ursprünglich aus der Windows-Welt stammende WAV-Format für PCM-Sounds ist mittlerweile auch durch viele Mac-Versionen der Autorensysteme importierbar. Ein Beispiel hierfür ist die Autorensoftware Director von Macromedia. Es eignet sich somit ideal für plattformübergreifende Produktionen. Nachteil des Formates ist, dass es keinerlei Datenkompression ermöglicht. Um diesen Nachteil auszuräumen, hat Microsoft ein ADPCM (Adaptive Delta PCM) genanntes Verfahren zur Datenkompression entwickelt. Wie auf der linken Seite gezeigt, werden dabei nicht die absoluten Zahlenwerte der Samplingdaten, sondern nur die Differenzen benachbarter Werte gespeichert. Dadurch wird eine Datenreduktion von bis zu 75% erreicht. Ein weiterer Vorteil von ADPCM ist, dass die komprimierte Datei ebenfalls die Dateiendung WAV besitzt und damit importiert werden kann.

WAV-Format

Kompression mit ADPCM

Das AIF(F)-Format (Audio-Interchange-Fileformat) war – wie der Name sagt – von Anfang an für den Austausch von Sounddaten zwischen unterschiedlichen Computerplattformen und -programmen gedacht. Auch dieses Format hat den Nachteil, dass es die Daten unkomprimiert speichert.

AIF-Format

Hohe Kompressionsraten, die allerdings mit zunehmenden Qualitätseinbußen verbunden sind, ermöglicht das SWA-Format (Shockwave Audio). Als Einsatzort dieses Formates ist vor allem an das Internet gedacht worden. Dabei wird eine als Streaming bezeichnete Technologie eingesetzt, die es ermöglicht, mit dem Abspielen einer Datei zu beginnen, noch während der Download über das Netz erfolgt.

SWA-Format

Der große Favorit im Internet ist derzeit ein als MP3 bekannt gewordenes Dateiformat. Dieser Abkömmling des für Videodaten entwickelten MPEG3-Standards ermöglicht ein sehr kompaktes Übertragen von Musik in brauchbarer Qualität – sehr zum Leidwesen der Musikindustrie!

MP3-Format

Abb. 6.2/17
Richtiger und falscher bzw. ungünstiger Anschluss von Lautsprecher an eine Endstufe oder an einen Vollverstärker.

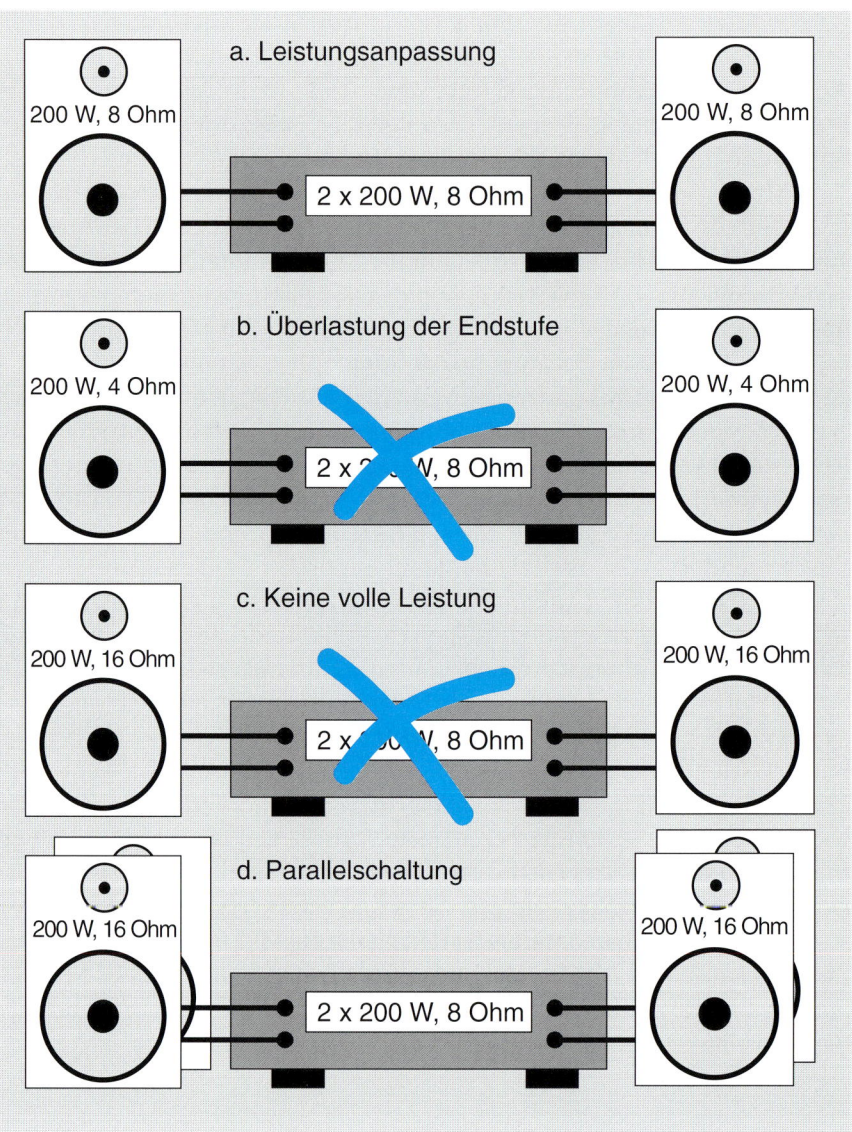

6.2.8 Verstärker

Die Ausgangsleistung von Mikrofonen, elektronischen Instrumenten oder Digital-Analog-Konverter ist viel zu gering, als dass damit ein oder mehrere Lautsprecher betrieben werden könnten. Die deshalb notwendige Verstärkung erfolgt in der Regel zweistufig mit Vor- und Endstufe. Aufgabe einer Vorstufe ist es, eine möglichst unverzerrte (lineare) Vorverstärkung des gesamten Frequenzbereiches zu liefern. Die auch Power Amplifier genannte Endstufe hingegen dient zur Leistungsverstärkung. Im HiFi-Bereich kommen meistens Vollverstärker zum Einsatz, die Vor- und Endstufe in einem Gerät integrieren. Im Tonstudio genügt der Einsatz einer Endstufe, da die Vorverstärkung bereits durch das Mischpult übernommen wird.

Vor- und Endstufe

Wesentlicher Kennwert einer Endstufe ist ihre Ausgangsleistung in Watt. Je höher der gewünschte Schalldruck ist, umso höher muss die Verstärkerleistung sein. Dabei ist für eine Anhebung des Schalldruckes um 3 dB eine Verdopplung der Leistung notwendig. Werden für 92 dB Schalldruck beispielsweise 1 Watt benötigt, sind dies für 95 dB bereits 2 Watt, für 98 dB 4 Watt. Die Betrachtung zeigt, weshalb für große Open-Air-Konzerte Endstufen mit einer Gesamtleistung von vielen Tausend Watt zum Einsatz kommen. Hier kommt das Problem hinzu, dass der Schalldruck mit wachsender Entfernung stark abnimmt. Der Verlust beträgt 6 dB bei Verdopplung der Entfernung. Beträgt der Schalldruck 1 m vom Boxenturm entfernt 100 dB, so sind dies in 2 m Abstand noch 94 dB, in 4 m Abstand 88 dB und in einer Entfernung von 128 m bleiben lediglich 58 dB.

Ausgangsleistung

Beim Anschluss von Lautsprechern an eine Endstufe muss darauf geachtet werden, dass die als Impedanzen bezeichneten Innenwiderstände der Lautsprecher an die Endstufe angepasst sind. Die Angabe „2 x 200 Watt bei 8 Ohm" auf der Endstufe sagt aus, dass bei einer Lautsprecher-Impedanz von 8 Ohm 200 Watt pro Kanal abgegeben werden können. Bei kleinerer Impedanz z.B. 4 Ohm wird die Endstufe überlastet, bei größerer Impedanz z.B. 16 Ohm kann die Endstufe nur etwa die Hälfte der Leistung an die Lautsprecher abgeben. Abhilfe könnte in diesem Fall die Parallelschaltung eines zweiten Lautsprechers liefern, da dadurch die Impedanz halbiert wird (vgl. Abbildung 6.2/17).

Innenwiderstand (Impedanz)

Abb. 6.2/18
Funktionsprinzip eines dynamischen Laut-sprechers

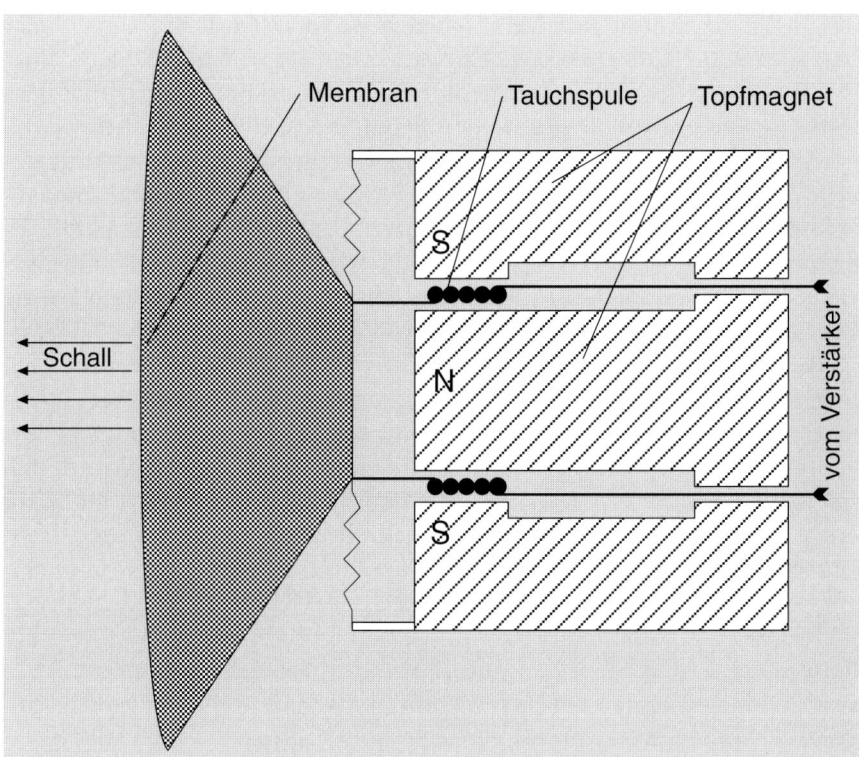

Abb. 6.2/19
HiFi-Anlage mit Drei-We-ge-Lautsprecher

Die Verteilung des Fre-quenzbereiches auf die drei Lautsprecher über-nimmt eine Frequenz-weiche.

6.2.9 Lautsprecher

Das letzte Kettenglied der Soundproduktion bildet der Lautsprecher. Zur Umwandlung des elektrischen Signals in mechanische Schallwellen wird beim Lautsprecher das Funktionsprinzip eines Mikrofons einfach umgekehrt. Auch er besteht aus einer in einem Magneten frei beweglichen Tauchspule, die mit einer Membran fest verbunden ist. Wird die Spule an eine Wechselspannung angeschlossen, beginnt sie innerhalb des Magnetfeldes zu schwingen. Die damit verbundene Schwingung der Lautsprecher-Membran überträgt die elektrische in eine mechanische Schwingung der Luftmoleküle. Bei großem Durchmesser der Membran (Tieftöner) werden bevorzugt tiefe Frequenzen erzeugt, bei kleinem Durchmesser (Hochtöner) bevorzugt hohe Frequenzen. Die meisten Lautsprecher-Systeme bestehen aus diesem Grund aus zwei oder drei Lautsprechern (Zwei- bzw. Drei-Wege-System) unterschiedlicher Durchmesser. Das Musiksignal wird dazu über eine so genannte Frequenzweiche in hohe, mittlere und tiefe Frequenzen aufgeteilt und danach dem Hoch-, Mittel- und Tieftöner zugeführt.

Tief- und Hochtöner

Frequenzweiche

Um dem Zuhörer ein Richtungshören zu ermöglichen, müssen mindestens zwei Lautsprecher im Raum platziert werden. Voraussetzung für diese als Stereo bezeichnete Art der Musikwiedergabe ist, dass das Musiksignal mit zwei Mikrofonen oder mit einem Stereo-Mikrofon aufgenommen worden ist. Wurde lediglich ein Mikrofon verwendet, wird von einer Mono-Aufnahme gesprochen. Ein Mono-Signal kann mit Hilfe des Pan-Reglers am Mischpult wahlweise auf den linken oder rechten Stereokanal gelegt werden. Alternativ kann das Signal auch beiden Kanälen zugeführt werden, so dass sich das Signal akustisch in der Mitte befindet.

Mono und Stereo

Für Lautsprecher gilt das eingangs über Mikrofone Gesagte: Qualität hat ihren Preis – für einen High-End-Lautsprecher muss ein fünfstelliger Betrag bezahlt werden. Leider ist es im Computerbereich gegenwärtig üblich, qualitativ miserable Lautsprecher an die ebenfalls qualitativ miserable Soundkarte des Computers anzuschließen. Musikgenuss wird deshalb zur Zeit nur aufkommen, wenn die Möglichkeit besteht, die Soundkarte des Computers mit der HiFi-Anlage zu kombinieren und somit die dort vorhandenen Lautsprecher zu nutzen.

Abb. 6.2/20
Mögliche Anordnung von MIDI-Instrumenten in Verbindung mit einem Sequenzer

Das Master-Keyboard dient einerseits zum Einspielen der Soundsequenzen in die Sequenzer-Software des PCs, anderseits zur Weitergabe der Daten vom PC an die beiden Synthesizer. Die MIDI-Kette kann bis 16 Instrumente verlängert werden.

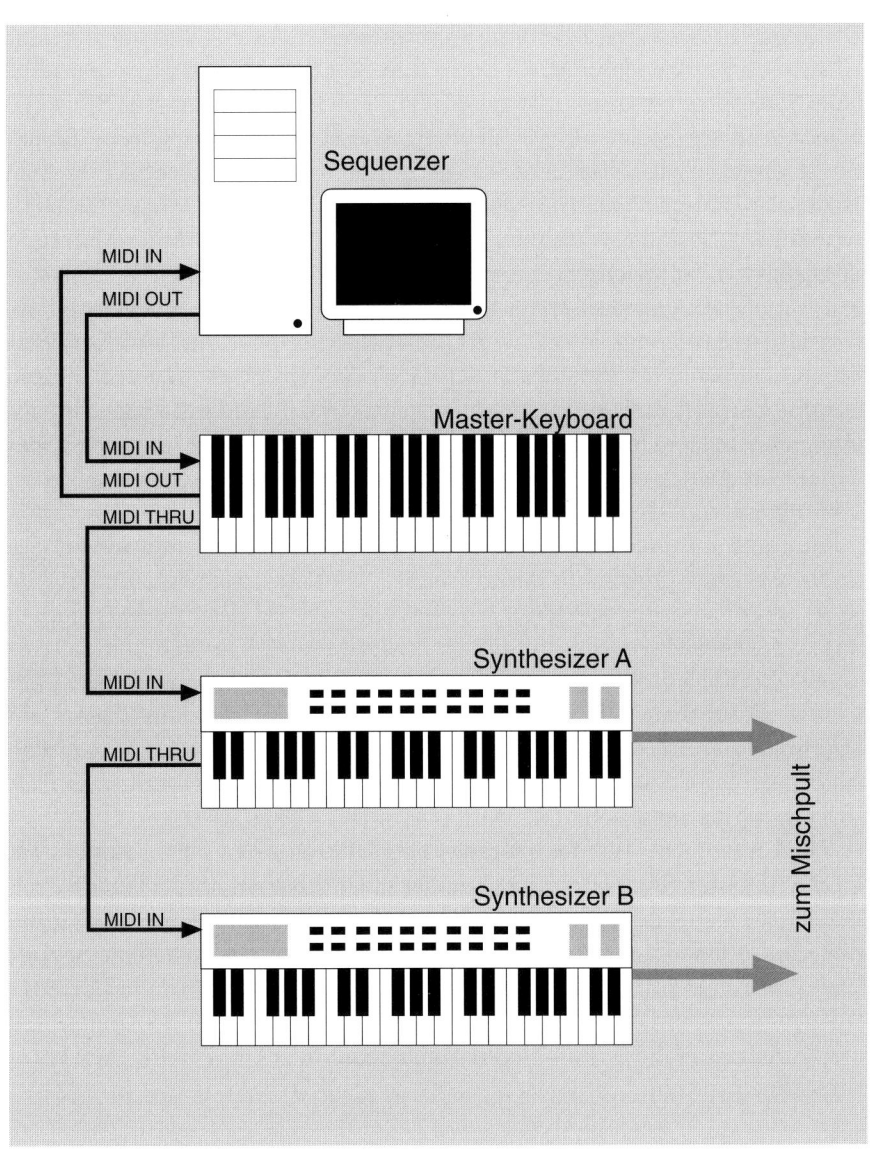

6.2.10 MIDI

Bei einer Abhandlung über Soundproduktion darf das Thema MIDI nicht fehlen. Es handelt sich dabei um eine 1983 definierte und standardisierte Schnittstelle zur Steuerung elektronischer Musikinstrumente (MIDI = Musical Instrument Digital Interface). Entscheidend dabei ist, dass keine Sounddaten übertragen werden, sondern lediglich Steuerinformationen wie zum Beispiel Tonhöhe, Tondauer, Tastendruck und Lautstärke. Diese Daten benötigen wesentlich weniger Speicherplatz als Sounddaten und eignen sich deshalb ideal zur Datenübertragung. Bis zu 16 MIDI-Instrumente oder -Geräte lassen sich zu einer „Kette" verbinden. Jedes Instrument bekommt einen MIDI-Kanal zugeteilt, so dass beim Abspielen einer MIDI-Komposition vom Computer jeder Synthesizer die im zugeordneten Daten erhält. Damit Synthesizer unterschiedlicher Hersteller austauschbar sind, definiert eine General MIDI genannte Norm Programm-Nummern für 128 Instrumente. Programm-Nummer 001 ist somit bei allen MIDI-Synthesizern das Akkustische Piano, 041 die Violine, 057 die Trompete usw.

Schnittstelle zur Steuerung elektronischer Musik

MIDI-Instrument/-Gerät

Zur Verbindung von MIDI-Instrumenten dienen Kabel mit fünfpoligen DIN-Steckern. Dabei werden drei Anschlüsse unterschieden:

- MIDI-IN: Eingang zum Empfangen von MIDI-Daten
- MIDI-OUT: Ausgang zum Senden von MIDI-Daten
- MIDI-THRU: Weiterleitung der MIDI-IN-Daten an weitere MIDI-Geräte

MIDI-Anschlüsse

An einen Computer können die MIDI-Instrumente mittels Adapter-Kabel an den Joystick-Anschluss (Gameport) der Soundkarte angeschlossen werden. Professionelle Lösungen setzen spezielle MIDI-Interface-Karten ein.

Die Software zum Arrangement von MIDI-Songs wird als Sequenzer bezeichnet. Über verschiedene Spuren lassen sich die benötigten Instrumente nacheinander einspielen und beliebig editieren. Ein Song kann somit Stück für Stück „zusammengebaut" werden. Beispielsweise könnte er mit einer Bass-Linie beginnen und das Schlagzeug im Anschluss ergänzt werden. Später lässt sich über Mikrofon und Mischpult eine Gesangsspur digitalisieren und hinzufügen. Gerade die Kombination von Audio- und MIDI-Spuren eröffnet dem Komponisten nahezu unbegrenzte Möglichkeiten.

Sequenzer-Software

6.3 Video

Norm	NTSC	PAL	PAL	PAL	SECAM
Standard	M	BG	M	N	BG DK L
Zeilen-frequenz	15734,264 +0,05 Hz	15625 +0,016 Hz	15734,264 +0,05 Hz	15625 +0,016 Hz	15625 +0,016 Hz
Zeilen-zahl	525	625	525	625	625
Halb-bild-frequenz	60 Hz	50 Hz	60 Hz	50 Hz	50 Hz
Farb-träger-frequenz	3579545 + 10 Hz	4433618,75 + 5 Hz	3575611,49 + 10 Hz	3582056,25 + 10 Hz	4286 + 20 Hz

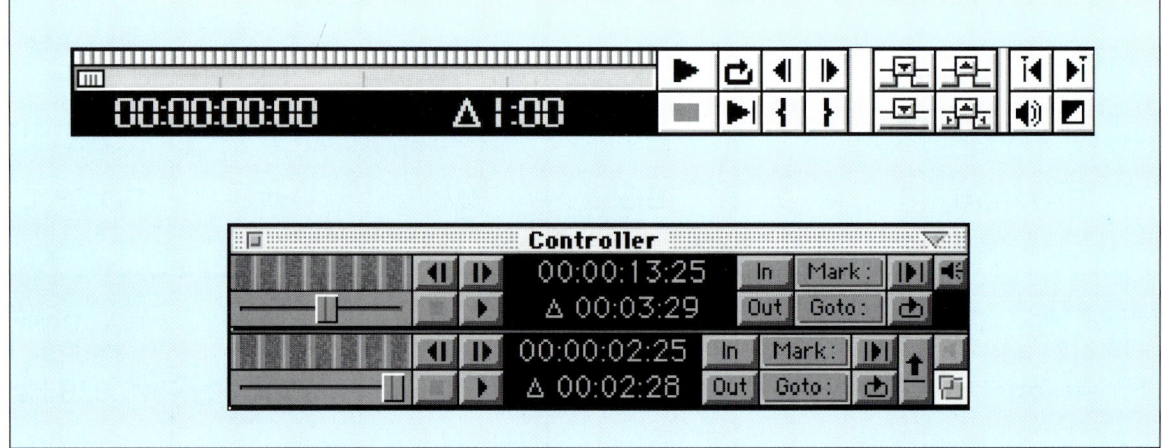

Abb. 6.3/1
Stunden:Minuten:Sekunden:Frames*

Zeitstandard, um die Länge eines Filmes oder Clips anzugeben. Der Film wird, wie in den Controller-Menüs zu sehen ist, immer in der gezeigten Zeit-Reihenfolge definiert. Die Zahl 00:00:13:25 besagt, dass ein Clip 13 Sekunden lang ist bei einer Timebase von 25 fps.
*(SMPTE -Timecode – Society of Motion Picture and Television Engineers. Diese Timecode-Standardisierung ermöglicht die eindeutige Adressierung eines jeden Frames innerhalb eines analogen oder digitalen Filmes).

Videonormen

NTSC-Verfahren: Die Fernsehübertragungsnorm wurde 1953 in den USA und Kanada vom National Television System Committee eingeführt. Dieses in den USA bis heute gebräuchliche System führte vor allem bei Hauttönen zu Farbübertragungsfehlern. Wegen dieser Übertragungsfehler erfolgte in Europa eine Modifikation des NTSC-Systems. 1962 wurde das PAL-System (Phase Alternation Line) zur Serienreife entwickelt und in Westeuropa (außer Frankreich) eingeführt. In Frankreich wurde 1957 das SECAM-Verfahren (secuentuella á mémoire) eingesetzt. Dieses Verfahren weist vor allem bei extremen und schnellen Farbwechseln deutliche Flimmereffekte auf.

6.3.1 Grundlagen der Videotechnik

Videofilme setzen sich, ebenso wie der klassische Film, aus einer Reihe einzelner Bilder zusammen. Diese einzelnen Bilder werden als Frames bezeichnet. Das Projizieren mehrerer Frames (Bilder) pro Sekunde erzeugt den Eindruck bewegter Bilder, da das Auge bzw. das Gehirn die Bilder nicht mehr einzeln wahrnehmen kann. Mit einer Framerate zwischen 24 und 30 Frames pro Sekunde (fps) werden flüssige, ruckelfreie und fortlaufende Bewegungsabläufe in Videofilmen erzeugt.

Die Framerate ist eine Grundeinheit für eine Information im Fernseh-, Video- und QuickTime-Video. Vor dem Zusammenstellen eines Filmes muss immer zuerst die Framerate oder die so genannte Timebase eingestellt bzw. kontrolliert werden. Die Timebase der westeuropäischen Fernsehnorm PAL beträgt 25 Frames für einen Ein-Sekunden-Clip, d.h. eine Sekunde Film enthält 25 Einzelbilder. In den USA / Kanada beträgt die Timebase 30 Frames in der dortigen NTSC-Videonorm.

Frame = Einzelbild eines Videofilmes

Framerate = Anzahl der Einzelbilder pro Sekunde

fps = Frames pro Sekunde

Timebase PAL = 25 fps

Timebase NTSC = 30 fps

6.3.1.1 Digitale „Filme"

Ein Videofilm speichert zeitabhängige Daten in einem Dateiformat, das wir Film nennen. Zeitabhängige Daten oder Medien sind Töne, Videofilme, Animationen, Herzschläge usw. Ein gemeinsames Merkmal ist dabei der kontinuierliche Strom an Informationen.

Digitale Filmdateien müssen – im Gegensatz zu einem „Stück Film" oder einem Kassettenband – keine kontinuierlichen Datenströme sein, sie können es aber sein. Digitale Filme können so genannte Zeiger auf anderswo gespeicherte Daten enthalten. Die Filme, welche auf CD-ROMs auf dem Markt sind, zeigen dies. Die tatsächlichen Videodaten sind auf der CD. Laden Sie den Film von der CD in ein beliebiges Videoschnittprogramm, wird nur das so genannte Plakat mit dem Zeiger geladen, der eigentliche Film bleibt auf der CD. Nehmen Sie die CD aus dem Laufwerk, wird der Film zwar noch angezeigt, kann aber nicht mehr abgespielt werden, da die Datei fehlt – der Zeiger findet sie nicht mehr. Filme können aber auch alle Filmdaten enthalten

Neue Projekteinstellungen

Allgemeine Einstellungen ▼

OK

Bearbeitungsmodus: QuickTime ▼   Erweiterte...

Abbrechen

Timebase: 25 ▼

Zeitanzeige: 25 fps Timecode ▼

Laden

Sichern

Aktuelle Einstellungen:

Vorige

Videoeinstellungen
Kompressor: Video
Framegröße: 320 x 240, Framerate: 25.00,
Farbtiefe: Tausend, Qualität: 100%

Nächste

Audioeinstellungen
Rate: 44100, Format: 16 - Stereo

Abb. 6.3/2
Projekteinstellungen

Vor Beginn eines Neuschnitts müssen die Vorgaben für das neue Filmprojekt getroffen werden. Im Programm Adobe Premiere (Version 5) sieht dieses Feld wie oben aus. Diese Vorgaben bestimmen die Timebase, die Framerate, das Komprimierungsverfahren sowie Vorschau- und Ausgabe-Optionen. Jedes neue Projekt wird mit diesem Dialogfeld „Projekteinstellungen" eröffnet.

Die Timebase bestimmt, wie viel Frames 1 Sekunde des Filmes enthält. Die Timebase beeinflusst die Art, wie Clips im Schnittfenster dargestellt und wie sie später als fertiger Film ausgegeben werden. Wenn unklar ist, mit welcher Framerate gearbeitet wird, sollte man eine hohe Einstellung verwenden, um keine Filmdaten durch die Umrechnungen zu verlieren. (Filmausgabe Endprodukt 15 fps = Arbeitsrate 30 fps, da dieser Wert ein Vielfaches von 15 darstellt).

und ungeteilt eingesetzt werden. Dann muss nicht auf ein anderes Speichermedium zurückgegriffen werden.

6.3.1.2 QuickTime

Bevor man sich mit dem digitalen Videoschnitt und noch eingehender mit dem Aufbau eines Videofilmes auseinandersetzt, sollte man sich die Struktur der Betriebssystemerweiterung QuickTime betrachten. Diese Systemerweiterung ermöglicht das Abspielen und Bearbeiten von digitalen Videofilmen und QuickTime-Virtuell-Reality-Filmen (QTVR).

QuickTime ist eine dreidimensionale Technologie: Sie enthält die Dimension der Höhe, der Breite und der Zeit. Diese drei Dimensionen müssen verwaltet und verarbeitet werden. Im Prinzip ist QuickTime ein Paket aus Systemsoftware-Routinen, neuen Dateiformaten und Kompressoren. Diese Softwarebausteine arbeiten so eng zusammen, dass Anwendungen zeitabhängige Daten speichern und laden können. Die Systemsoftware QuickTime arbeitet, um diese Lade- und Speichervorgänge durchführen zu können, mit folgenden separaten Softwarekomponenten:

- Movie Toolbox → für das Zeitmanagement eines Videos
- Image Compression Manager (ICM) → für die Komprimierung und Dekomprimierung der Videos verantwortlich
- Component Manager → Verwaltungsmanagement zur Unterstützung der Hard- und Software z.B. für Videobandmaschinen, Kameras, Video-Schnittsoftware, Lautsprecher, Mikrofon u.ä.

> Lernziele: Fachbegriffe der digitalen Videotechnik richtig anwenden.
>
> Aufgabe: Erläutern Sie die folgenden Begriffe und erklären Sie deren Bedeutung: Frame, Framerate, fps, PAL, NTSC, QTVR, ICM, Codec, JPEG, MPEG. (I)

QuickTime ist eine Systemsoftware-Erweiterung zum Abspielen und Bearbeiten digitaler Videofilme und Virtueller Räume (QTVR).

→ **Kapitel 6 in Band II - Workshop der Mediengestaltung**

Abb. 6.3/3
Zeitkoordinatensystem

eines Digitalvideos. Die Zeitskala besteht aus der benötigten Anzahl von
Zeiteinheiten. Eine Zeiteinheit entspricht in der Regel einer Sekunde. In
einer Sekunde werden z.B. 25 Einzelbilder abgespielt.

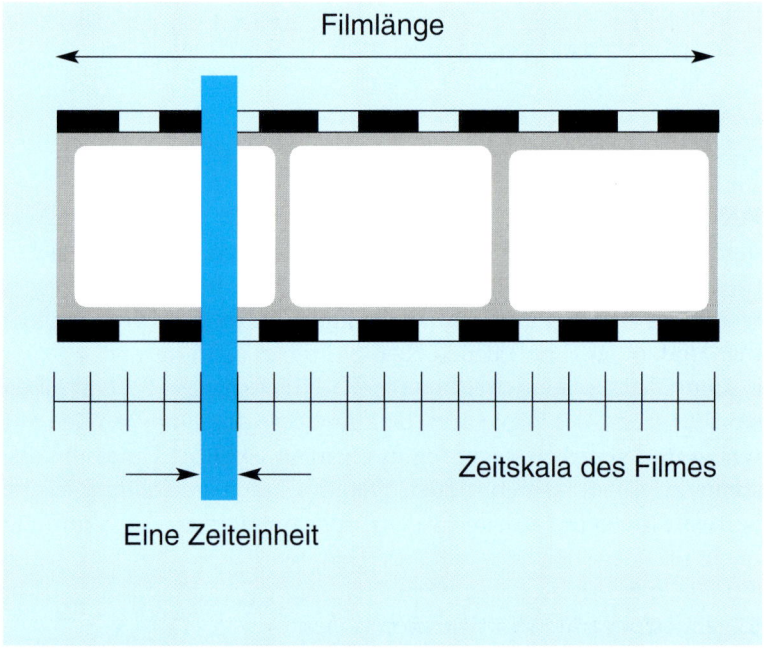

Abb. 6.3/4
Spuren

Die einzelnen Spuren eines Filmes,
dargestellt an realen Clips eines Mu-
sterfilmes. Die Spuren zeigen von oben
nach unten: Zeitleiste, Videospur A,
Überblendungsspur T, Videospur B, Videospur S1 und drei Audiospuren.
In dem Film enthalten sind Standbilder
im PICT-Format, Videoclips im Quick-
Time-Format und Audiodateien im Wav-
Format.

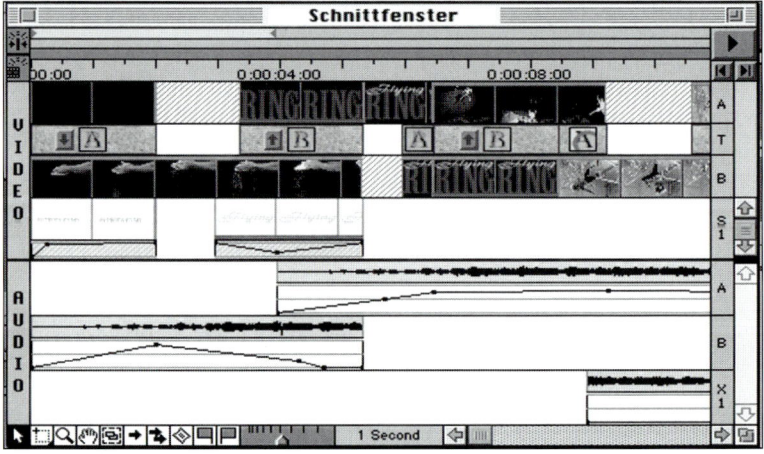

6.3.2 Aufbau eines digitalen Filmes/Videos

Filme haben wie Videobänder zwei verschiedene Spuren oder Tracks: eine Videospur und eine Audiospur. QuickTime-Filme besitzen diese Spuren ebenfalls, allerdings sind sie nicht auf zwei Spuren beschränkt, sondern können gleichzeitig mehrere Spuren im Video- und Audiobereich haben.

Jeder Videofilm besitzt eine Spur mit einer Zeitskala. Diese separate Spur steuert das Zeitmanagement des Filmes. Dabei steuert die Zeitbasis durch eine numerische Zeitskala (Sekunden) den Film. Positive Zahlen geben einem Film den gewohnten Vorlauf. Negative Zeitbasiswerte lassen einen Film rückwärts laufen.

Die Vorgaben der Zeitbasis und die Abspielrichtung (positive oder negative Zahlen) ergeben die Zeitrate (Timerate). Der Component Manager verwaltet die Takte der digitalen Filme und steuert den Zeitablauf derart, dass die Filme auf verschiedenen Rechnersystemen immer in der richtigen Geschwindigkeit ablaufen und dadurch keine „Sprünge" entstehen. Allerdings leidet darunter zum Teil die Synchronisation von Filmbild und Ton – vor allem auf älteren und langsameren Rechnersystemen.

Audio- und Videospuren

Zeitskala

6.3.2.1 Die Struktur digitaler Videos

Ein Film enthält mehrere Spuren, unter anderem eine Video- und eine Tonspur. QuickTime-Filme haben ihr eigenes Zeitkoordinatensystem – genau wie eine 70-mm-Filmrolle einen anderen Zeitbezugsrahmen aufweist wie ein Camcorder. Die zeitliche Dimension von QuickTime-Filmen wird durch ein Zeitkoordinatensystem angegeben, das eine Zeitskala und eine -dauer beinhaltet. Abbildung 6.3/3 verdeutlicht, wie QuickTime in einem Film die Zeit markiert. QuickTime synchronisiert die einzelnen Spuren, wenn der Film abgespielt wird.

→ **Abb. 6.3/3**

Der Film ist eine Anordnung mehrerer hierarchischer Spuren. Jede Spur ist in ihrer Anwendung klar definiert nach vorrangigen und nachrangigen Spuren. Ein Film kann im Prinzip eine unbegrenzte Anzahl von Spuren aufweisen. Diese Spuren können jeden Dateityp beinhalten, den QuickTime derzeit unterstützt. Diese Spuren sind eine flexible Anordnung von Daten-

Abb 6.3/5
Film, Spuren, Vorschau und Plakat

Film-Aufbau

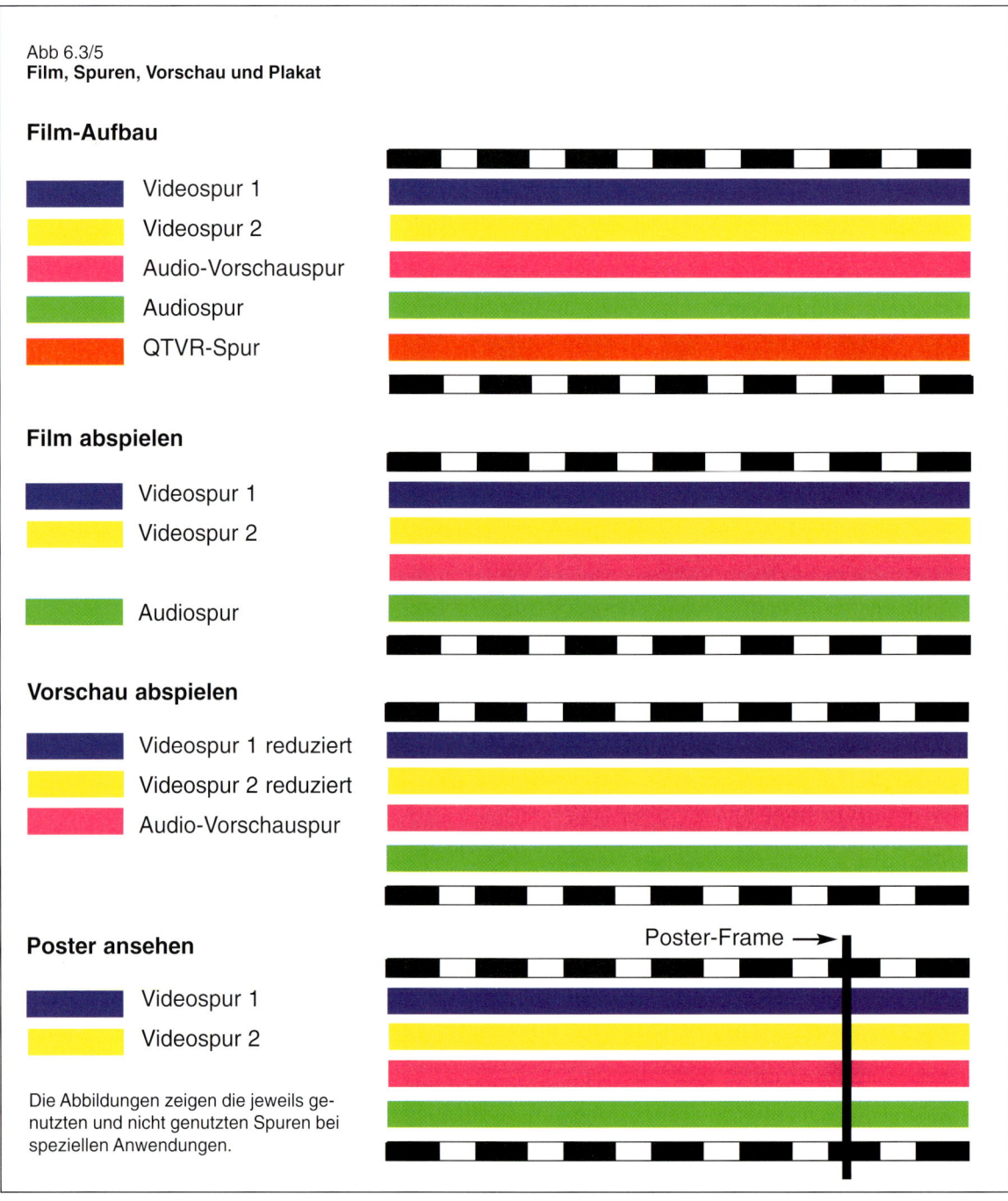

Videospur 1
Videospur 2
Audio-Vorschauspur
Audiospur
QTVR-Spur

Film abspielen

Videospur 1
Videospur 2

Audiospur

Vorschau abspielen

Videospur 1 reduziert
Videospur 2 reduziert
Audio-Vorschauspur

Poster ansehen

Poster-Frame →

Videospur 1
Videospur 2

Die Abbildungen zeigen die jeweils genutzten und nicht genutzten Spuren bei
speziellen Anwendungen.

strängen. Das Funktionieren bzw. Abspielen dieser Datenstränge wird durch die eingesetzte Software definiert, nicht durch die Hardware. Jede Spur in einem QuickTime-Film bezieht sich auf einen Satz von Mediendaten, den das Zeitkoordinatensystem des Filmes interpretiert. Die Dauer einer Spur kann variieren, ebenso können die einzelnen Spuren zu unterschiedlichen Zeiten des Filmes beginnen oder enden. Es kann Punkte innerhalb der Zeitskala des Filmes geben, an denen alle oder auch keine der Spuren aktiv sind.

6.3.2.2 Vorschau

Eine Vorschau ist eine verkürzte Version des Filmes. Beim Schneiden eines Filmes in einem Schnittprogramm nutzt man diese Vorschau zur Kontrolle des Schneideergebnisses. Man markiert hierbei einen bestimmten Filmabschnitt und lässt sich diesen Teil vorspielen, um einen Eindruck von der Schneidearbeit zu erhalten. Vorschaufilme haben eine andere Zeitdauer als der eigentliche Film. Eine Vorschau setzt sich zusammen aus reduzierten Videospuren, einer Audio-Vorschauspur, dem Startzeitpunkt und der Filmdauer. Hierbei werden die Anzahl der Filmbilder und mögliche Übergänge verkürzt gezeigt, da eine veränderte Timebase und eine veränderte Framerate (8 bis 15 Frames pro Sekunde) verwendet werden. Daher ist die Aussage der Vorschau vor allem bei komplexen Übergängen und Animationen sehr ungenau und wenig befriedigend. Es lohnt sich dann oftmals, eine kurze Filmsequenz in Echtzeit zu berechnen, um das wirkliche Ergebnis der Schneidearbeit zu betrachten.

Kontrolle der Schneideergebnisse

6.3.2.3 Plakate (Poster)

Ein QuickTime-Plakat ist kein farbiges Filmposter im Format 70 x 100 cm, das Sie zu jedem Film erhalten! Ein QuickTime-Plakat kommt von seinen Maßen her eher an eine Briefmarke heran. Ein Plakat ist die statische optische Darstellung eines Filmes und befindet sich an einem bestimmten Zeitwert im Zeitkoordinatensystem eines Filmes. Sie benutzen das Plakat als Markierung für die Position des Filmes auf dem Bildschirm und als optische Anzeige für den Inhalt des Filmes.

Plakate (Poster) sind meistens der erste Zeitwert bzw. das erste Bild eines Filmes. In einigen Programmen kann das Plakat jedoch beliebig aus dem Film ausgewählt werden. Man kann dann ein typisches Filmmotiv für den Clip auswählen. In Abbildung 6.3/6 ist das dafür notwendige Menü gezeigt. Hier wird allerdings nicht der Begriff „Poster" verwendet, sondern „Titelbild festlegen". In Abbildung 6.3/5 ist im untersten Bild das so genannte Poster-Frame eingezeichnet. Es befindet sich in dieser Darstellung nicht am Anfang des Videos, sondern im letzten Drittel. Es ist aus abspieltechnischer Sicht jedoch nicht unbedingt sinnvoll, das Poster so auszuwählen, da es beim Start immer notwendig ist, dass der Videofilm zum Anfang „zurückgespult" wird – und dies verzögert den Start innerhalb einer Multimedia-Applikation.

Abb. 6.3/6
Plakat oder Poster

Links: Plakat des Filmes Flying Rings, dargestellt im Programm QuarkXPress. Unterhalb des Plakats befinden sich die Steuerungselemente, welche das Abspielen des Filmes ermöglichen.
Rechts: Das Ausklappmenü hinter dem Filmsymbol zeigt die Variations- und Einstellmöglichkeiten eines Quick-Time-Videos in einer entsprechenden Multimedia-Anwendung auf dem PC.

→ Poster

6.3.2.4 Charakteristika von Filmen

Jeder QuickTime- oder Movie-Player-Film enthält folgende Informationen:

Die Filmdaten:
- Zeitpunkt der Erstellung
- Zeitpunkt der Änderung
- Zeitskala
- Dauer

Die Daten für die aktuelle Auswahl:
- Zeitpunkt der Auswahl
- Dauer der Auswahl
- Aktuelle Zeit

Die Abspieleinstellungen:
- Gewünschte Geschwindigkeit (Kann nicht immer eingestellt werden, sondern richtet sich zum Teil nach der Arbeits-/ Taktrate des Rechners)
- Gewünschte Lautstärke*

Die Vorschaudaten:
- Zeitpunkte der Vorschau
- Dauer der Vorschau

Die Plakat- oder Posterdaten:
- Zeitpunkt des Posters (Plakats)

Die räumlichen Eigenschaften:
- Matrix der Größeneinstellung und Auflösung

*Anmerkung zur Lautstärke: Die eingestellte Lautstärke eines Filmes setzt die im Ton-Kontrollfeld eingestellte Lautstärke außer Kraft. Wenn im Kontrollfeld auf „leise" gestellt wird, der Film aber eine laute Einstellung hat, wird er auch laut abgespielt (so ist dies zumindest vom System vorgesehen), aus der praktischen Anwendung heraus ergeben sich aber andere Situationen, d.h., die Lautstärke muss je nach Präsentations- oder Autorensystem nachgeregelt werden.

Lernziel: Struktur und Aufbau digitaler Videofilme erläutern.

Aufgaben: a) Beschreiben Sie das Zeitkoordinatensystem eines Videos. (I)

              b) Erläutern Sie die Aufgaben der einzelnen Videospuren, die sich innerhalb eines Digitalvideos befinden können. (I)

              c) Erklären Sie, was in der Digitalvideotechnik unter einem Poster verstanden wird. (I)

Abb. 6.3/7
Videodigitalisierung

Aufnahmefenster von Adobe Premiere zur Videodigitalisierung

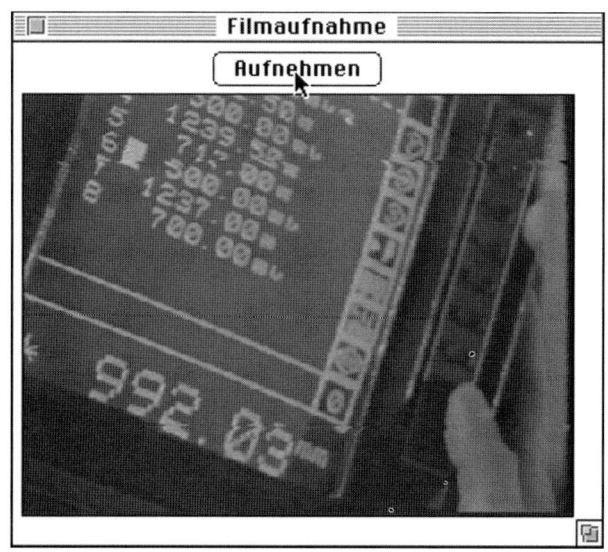

Abb. 6.3/8
MiroMotion DC 30

Wenn eine Videodigitalisierungskarte zum Aufnehmen verwendet wird, erscheint während der Aufnahme die unten abgebildete Information, das bewegte Videobild wird in jedem Fall ausgeblendet.
Es ist daher sinnvoll, an einem Arbeitsplatz zur Videodigitalisierung einen Kontrollmonitor zu betreiben.
→ **Abb. 6.3/9**

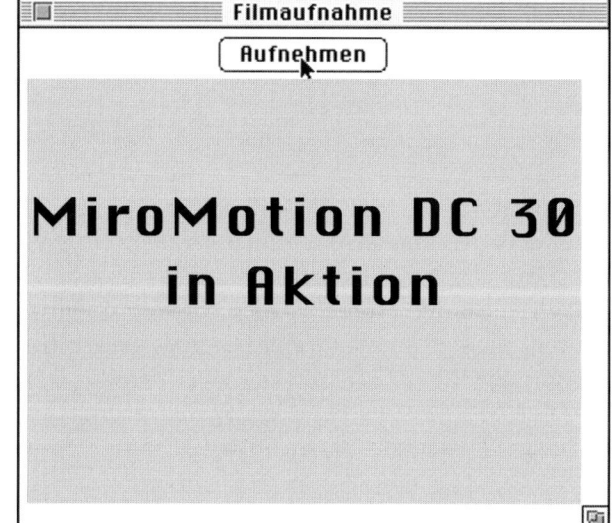

6.3.3 Aufnehmen/Digitalisieren von Videomaterial

Dieses Kapitel erläutert die Grundprinzipien der Videodigitalisierung. Es beschreibt, wie Sie Film- und Tonmaterial mit dem PC oder Mac durch Digitalisieren oder Aufnehmen des analogen oder digitalen Video- und Audiomaterials aufzeichnen und für den Videoschnitt vorbereiten können.

Es wird das Grundprinzip der Digitalisierung dargestellt. Im Einzelfall müssen die Einstellungen und Vorgaben der betreffenden Hard- und Software berücksichtigt werden.

6.3.3.1 Hardware-Voraussetzungen zur Digitalisierung

Für die Aufnahme von Videomaterial benötigen Sie eine S-VHS-Videoquelle (einen VCR, Camcorder oder Bildplattenspieler) sowie eine Digitalisierungskarte (auch als Video-Capture-Karte bezeichnet). Die Verbindungen zwischen den Hardwarekomponenten variieren entsprechend der eingesetzten Ausstattung. Sie müssen die Video-Ausgänge mit Ihrer Video-Digitalisierungskarte verbinden, in der Regel über einen Anschluss auf der Rückseite Ihres Computers. Wenn Ihre Digitalisierungskarte auch Audio unterstützt, muss auch die Audioquelle (normalerweise der Audio-Ausgang der Videoquelle) mit der Digitalisierungskarte verbunden sein. Beachten Sie hierbei die entsprechenden Vorgaben Ihrer Hardwarekomponenten.

Für das Digitalisieren von Videomaterial mit 30 bzw. 25 Vollbildern pro Sekunde werden ein schneller Computer, eine schnelle und vor allem große Festplatte (Zugriffszeit 10 ms oder weniger, Datenübertragungsrate von 3 MB/Sekunde) mit viel freiem Speicherplatz benötigt. Die Bildgröße, die Farbtiefe und die Framerate bestimmen, wie viele Daten aufgenommen werden müssen.

Jede dieser Einstellungen für sich bestimmt die aufzunehmende Datenmenge in erheblichem Umfang. Daher müssen Strategien entwickelt werden, um die benötigten Datenmengen zu reduzieren. Es ist dabei unumgänglich, auf Desktop-Computersystemen gewisse Kompromisse einzugehen – ein Videovollbild in bester Fernsehqualität ist mit Desktop-PCs nicht realisierbar.

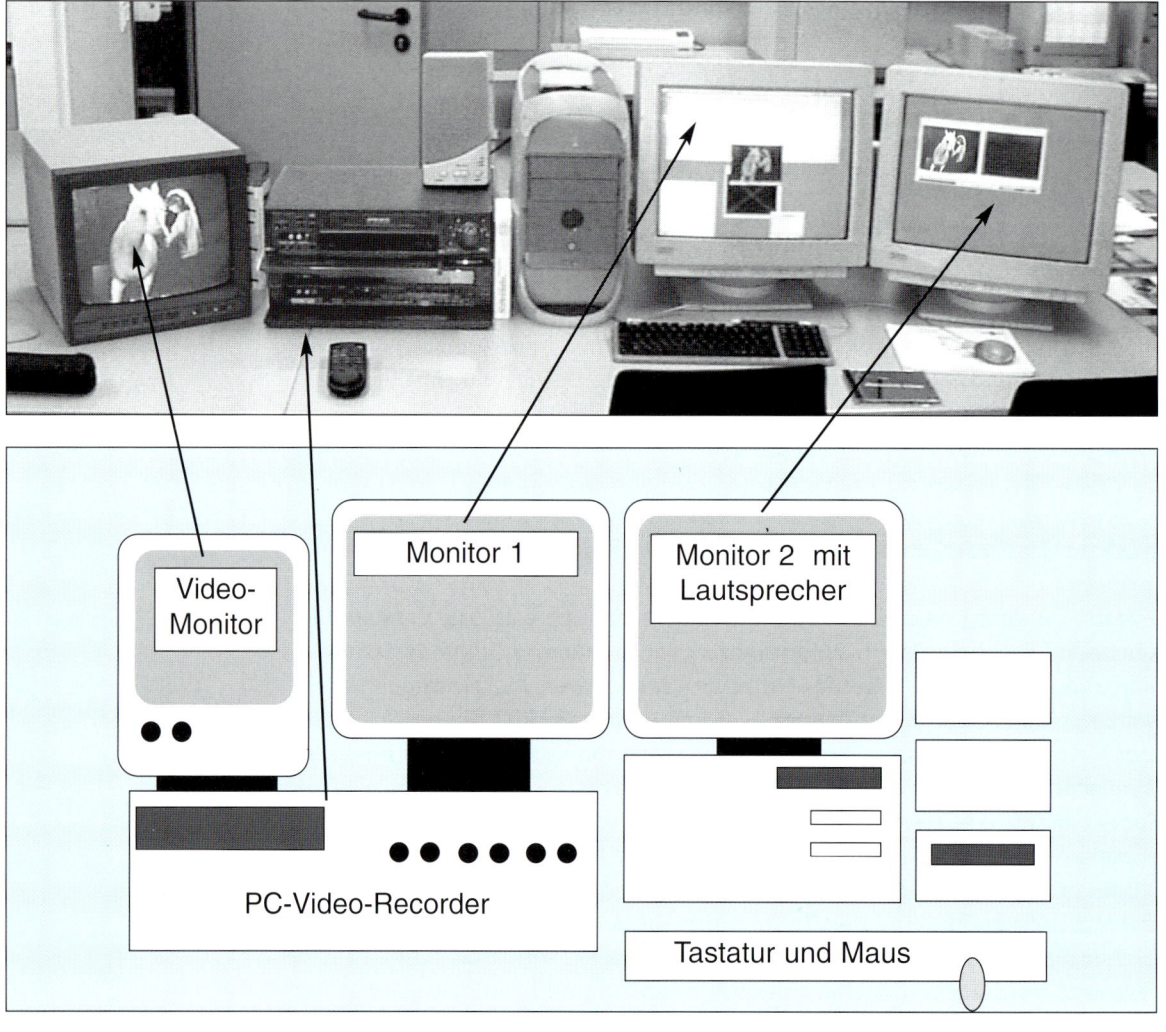

Abb. 6.3/9
Prinzipieller Aufbau eines Video-Digitalisie-
rungsplatzes.

Der Arbeitsplatz besteht aus einem schnellen PC
oder Macintosh mit einem Arbeitsspeicher von
>128 MB. Der Rechner ist mit einer Video-Digitali-
sierungskarte (z.B. MiroMotion) ausgestattet. Drei
Monitore vervollständigen die Ausstattung. Der Vi-
deomonitor ermöglicht die Kontrolle der Digitalisierung und die Auswahl der einzelnen Digitalisie-
rungssequenzen. Monitor 1 und 2 des Rechners

ermöglichen eine leichtere Verarbeitung der
digitalisierten Materialien, da mit vielen Untermenüs gearbeitet werden muss und das Schnittfenster immer vollständig sichtbar sein sollte.
Als Abspielgerät wird ein spezieller PC-Videore-
corder (z.B. Mitsubishi PC-Recorder) eingesetzt,
der über eine hohe Laufruhe und die entsprechenden Schnittstellen verfügt. Externe schnelle
Speicherplatten und ein CD-Brenner zur Datensicherung vervollständigen den Arbeitsplatz.

Es gibt drei Möglichkeiten der Datenreduzierung. Bei jeder Möglichkeit wird die Qualität reduziert – doch damit muss man leben!

6.3.3.2 Möglichkeiten der Datenreduzierung

- Komprimieren von Videodateien
- Verringern der Bildmaße des aufgenommenen Videos
- Verringern der Framerate des aufgenommenen Videos

Sie können Videodaten sowohl mit Hardware- als auch mit Software-Komprimierung reduzieren. Software-Kompressoren werden z.B. mit Adobe Premiere und Avid VideoShop mitgeliefert. Hierzu müssen Sie die entsprechenden Einstellungen in den jeweiligen Handbüchern nachschlagen.

Bevor die Videokomprimierung angesprochen wird, noch einige Anmerkungen zur Hardwareausstattung. Beachten Sie bitte Abbildung 6.3/9 auf der gegenüberliegenden Seite. Ein derartiger Arbeitsplatz ist in seiner Ausstattung aufwendig und teuer. Da es sich hierbei innerhalb einer Ausbildungseinrichtung oder eines Betriebes aber immer um einen einzelnen Digitalisierungsplatz handelt, lohnt sich bei einem entsprechenden Auftragsvolumen eine solche Investition. Mit dieser Anlage kann eine gute Qualität für die Multimedia-Produktion erreicht werden. Dieser aufwendige Arbeitsplatz ist darüber hinaus bestens dafür geeignet, mit einem Autorensystem zur Multimedia-Programmierung zu arbeiten. Auch hier sind zwei Arbeitsmonitore hilfreich, da die Zahl der Klappmenüs und Arbeitspaletten bei diesen Programmen zum Teil sehr hoch ist.

Abb. 6.3/10
Projektvorgaben

Mit dem Vorgaben-Dialogfeld nach dem Programmstart von Adobe Premiere wird die Einstellung für die Filmgröße, Kompressoren und Framerate gewählt. Hier sollte man für seine speziellen Bedingungen Versuche anstellen, um die optimalen Einstellungen für ein Projekt zu erhalten.

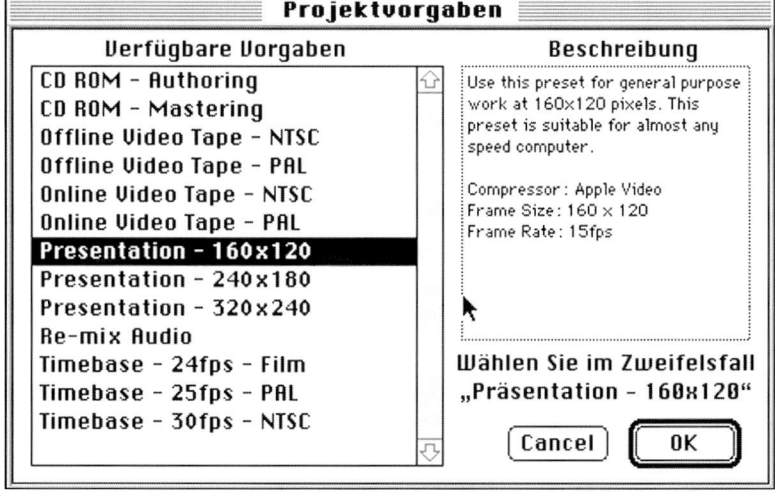

Abb. 6.3/11
Ausgabe-Optionen

Neben den Projektvorgaben sind am Beginn einer Produktion noch die Ausgabe-Optionen zu definieren. Hier wird festgelegt, mit welcher Framerate ein Video berechnet wird, welche Einstellungen die Audioausgabe erhält und mit welchem Kompressionsmodell die fertigen Filme kompiliert werden. Den Vorgaben des Programms kann man hier bis zu einem gewissen Grad folgen, da sich eine Reihe von Werten automatisch aus bestimmten Grundwerten ergeben. Hier sollten dann keine Änderungen vorgenommen werden.

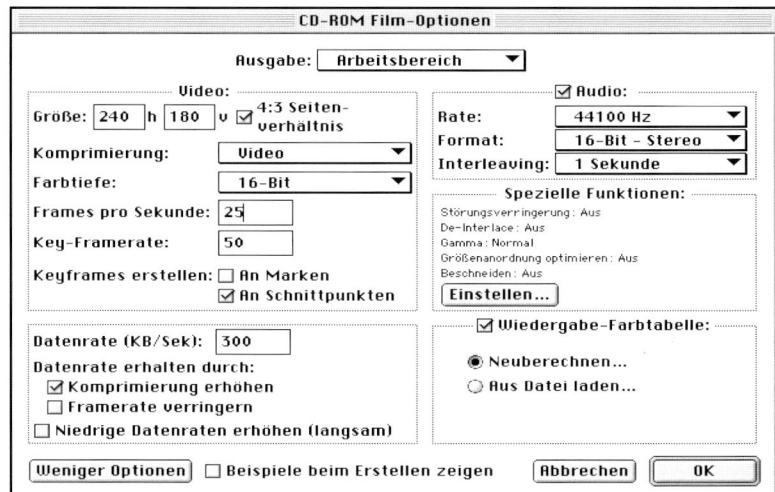

6.3.4 Digitale Videokomprimierung

Unter Komprimierung versteht man einen Vorgang des Entfernens oder Umstrukturierens von Daten mit dem Ziel, eine Datei zu verkleinern. Den meisten von Ihnen ist dieser Vorgang aus der digitalen Bildverarbeitung bekannt.

Digitale Videodateien sind sehr umfangreich und benötigen hohe Datenübertragungsraten zum Aufnehmen und Abspielen. Beim Berechnen einer Videodatei für Windows oder QuickTime komprimieren Sie die Videodaten, um die Dateigröße zu verringern und die Wiedergabe des Filmes zu vereinfachen. Für das Komprimieren und Dekomprimieren von Video für Windows oder QuickTime sind einige Komprimierungsalgorithmen, so genannte Codecs, verfügbar.

Vom Bildbearbeitungsprogramm Adobe Photoshop sind Ihnen die Plug-ins bekannt. Dies sind Software-Erweiterungen, die den Funktionsumfang des Programms ausweiten. Die Codecs sind mit diesen Plug-ins vergleichbar – sie vergrößern den Funktionsumfang der Videoschnittsoftware vor allem im Bereich der Videodigitalisierung.

Das Programm Adobe Premiere bietet eine Reihe von Codecs an, mit denen die Komprimierung durchgeführt werden kann. Weiter können von den verschiedenen Anbietern von Digitalisierungskarten (z.B. MiroMotion, Sony-Video-Motion) deren Kompressionsvorgaben in Verbindung mit Adobe Premiere eingesetzt werden.

6.3.4.1 Methoden der Datenkomprimierung

Codecs verwenden verschiedene Methoden des Entfernens und Umstrukturierens von Daten, um die Dateigröße zu verringern.

Verlustfreie Komprimierungsmethoden erhalten die Originaldaten der Bilder bzw. Filme und stellen sicher, dass die Bilder vor und nach der Komprimierung qualitativ gleich sind. Die meisten verlustfreien Komprimierungsmethoden verwenden eine Lauflängen-Kodierung. Dies ist ein Arbeitsprinzip, das fortlaufende Bereiche gleicher Farbe entfernt. Dieser Vorgang funktioniert sehr gut bei elektronisch erzeugten Bildern, in denen flä-

Codecs

Verlustfreie Komprimierungsmethoden

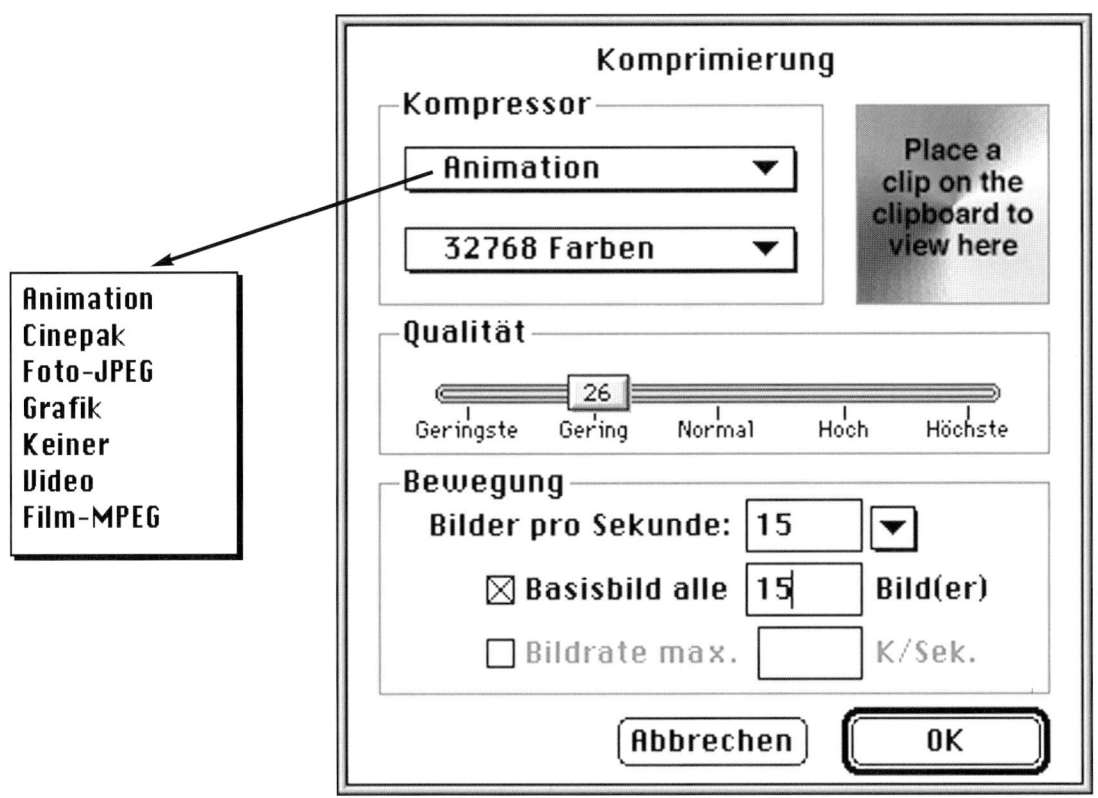

Abb. 6.3/12
Komprimierungseinstellung in Adobe Premiere

Im abgebildeten Feld ist die Komprimierung Animation eingestellt, die weiteren Komprimierungs-Codecs sind in
dem Aufklappmenü links zu sehen. Für
vertiefende Informationen sei hier auf
die Literatur zum Thema am Ende dieses Kompendiums verwiesen.

Beachten Sie bitte das Folgende: Bei
der Herstellung von Videoclips für
systemübergreifende Anwendungen
(Hybrid-CDs) muss auf den Cinepak-
Kompressor zurückgegriffen werden,
da er auf Mac und PC verfügbar ist.

chige Bereiche (z.B. Hintergründe) oft aus einer Farbe gebildet sind. In der Regel ist mit dieser Methode bei digitalen Videos kein großer Einsparungseffekt zu erreichen, da nur wenige Bilder einen gleichartigen und ruhigen Hintergrund aufweisen.

Verlustreiche Komprimierungsmethoden versuchen dagegen, Bildinformationen zu entfernen, die dem Betrachter nicht auffallen. Diese Methode bewahrt die Originaldaten nicht – Bildinformationen gehen verloren und können nicht wiederhergestellt werden! Die Datenmenge, die verloren geht, hängt vom Grad der Komprimierung ab. Diese Einstellung wird mit einem Schieberegler für die Bildqualität im Dialogfeld für die Ausgabe-Optionen bestimmt. Eine hohe Qualitätseinstellung hat einen geringen Informationsverlust zur Folge, eine niedrige Qualitätsstufe einen hohen Daten- und Qualitätsverlust des Filmes als Ergebnis.

Viele verlustreiche Kompressionsmethoden bewirken einen zusätzlichen Datenverlust, wenn die Bilder erneut komprimiert werden. Dieser Verlust ist abhängig von der Komprimierungsmethode. Als Beispiel sei der QuickTime-Video-Codec genannt: Er wurde so entwickelt, dass eine zweite Komprimierung zu einem sehr geringen Datenverlust führt. Der Codec registriert also eine bereits durchgeführte frühere Komprimierung.

Die räumliche Komprimierung, bei der Daten jedes einzelnen Frames komprimiert werden, ist immer eine verlustreiche Komprimierung. Die zeitliche Komprimierung, bei der Daten durch Vergleich der einzelnen Bilder über einen Zeitraum komprimiert werden, ist weitgehend verlustfrei. Häufige Nebeneffekte dieser Komprimierung sind das Verschwimmen, Streifen und Konturbildung im Film.

Framedifferenzierung ist eine zeitliche Komprimierung, bei der die für die Darstellung jedes Frames im Clip benötigte Datenmenge reduziert wird. Hier werden nur die Daten der Frames gespeichert, die Änderungen zum vorherigen Frame enthalten. Diese Art der Datenreduzierung eignet sich gut, wenn ein Film nur wenig Bewegung enthält und einen relativ hohen Anteil an Wiederholungen von einem Frame zum nächsten aufweist.

Verlustreiche Komprimierungsmethoden

Framedifferenzierung

Abb. 6.3/13
MiroMotion DC 30

Video-Digitalisierungskarte
zur Hardware-Komprimie-
rung von Videofilmen am
Macintosh oder PC.

MiroMotion DC30

Komplettes Digitalvideo-Schnittsystem zum Schneiden und Bearbeiten von Videos mit phantastischen Trick- und Überblendef-
fekten in perfekter S-Video-Qualität für professionelle Ergebnisse.

Digitalisierung in S-Video-Qualität:

- 50 Halbbilder pro Sekunde
- Motion-JPEG-Komprimierung in Echtzeit
- Volle PAL-Auflösung bis 768 x 576 Pixel
- Bis 3,5 MB/s direkt auf die Festplatte
- Echtfarbdarstellung
- Einsteckkarte mit PPC-Technik
- Alle Videonormen

6.3.4.2 Kompressoren in Videoschnittprogrammen

Animation: Lauflängencodierter Kompressor für Animationen und Standbilder, unterstützt 8-Bit-Video.

Cinepak: Kompressor für die Wiedergabe von 24-Bit-Video von CDs. Erreicht schnelle Komprimierungsraten auf dem Macintosh und dem PC. Es handelt sich um einen asymmetrischen Codec, d.h., er komprimiert langsam und dekomprimiert für die Wiedergabe sehr schnell.

Grafik: Wird verwendet, um Standbildfilme zu komprimieren. Für Bewegtbildfilme weniger geeignet.

Keiner: Aufnahmeoption für das Digitalisieren von analogen Videos in Echtzeit. Da keine Komprimierung angewendet wird, ergibt dies eine ausgezeichnete Filmqualität – benötigt allerdings enorme Festplattenkapazitäten!

Video: Dieser Kompressor eignet sich am besten zum Aufnehmen und Komprimieren von analogen Videos. Er ergibt eine qualitativ akzeptable Wiedergabe von der Festplatte oder CD. Er unterstützt die räumliche und zeitliche Komprimierung von 16-Bit-Video und hat eine Framerate von 10 fps und mehr.

MPEG: Für diese Hardware-Komprimierung benötigen Sie eine separate Videokarte. Nutzen Sie diese Methode, wenn sie zur Verfügung steht.

> Bei der Herstellung von Videoclips für systemübergreifende Anwendungen muss auf den Cinepak-Kompressor zurückgegriffen werden, da er auf Mac und PC verfügbar ist.

6.3.4.3 JPEG-Bilddatenkompression

Bei einem PAL-Fernsehbild beträgt die Auflösung 720 x 576 Pixel (Bildpunkte). Bei einer Farbtiefe von 24 Bit pro Bildpunkt und 25 Bildern pro Sekunde ergeben sich über 265 Millionen Bits pro Sekunde, die gesendet werden müssen. Dies entspricht einer Datenmenge von etwa 32 MByte, die pro Sekunde auf eine Festplatte übertragen werden müssen. Wenn längere digi-

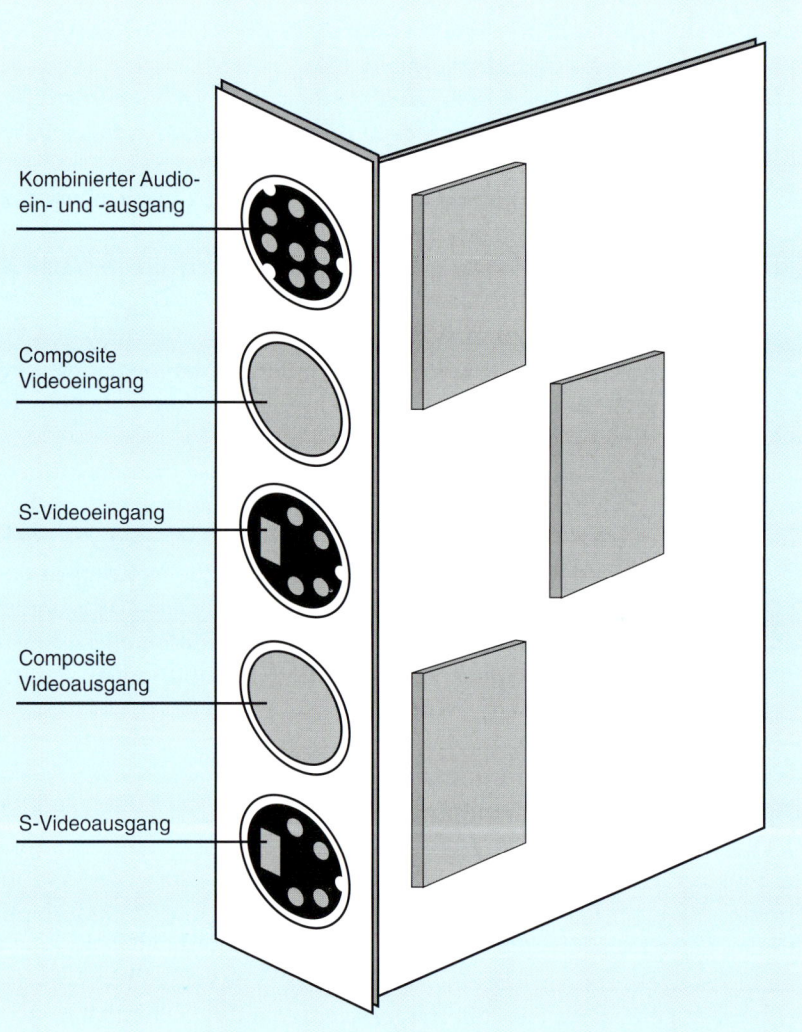

Abb. 6.3/14
**Video-Digitalisierungs-
karte**

**Kombinierter Audioein-
und -ausgang:** Hier kann
man Audioquellen wie Videorecorder, Mikrofon, CD-
Player usw. anschließen.
Ebenso können Ausgabege-
räte wie Lautsprecherboxen
oder der Audioeingang eines
Videorecorders zur Tonaus-
gabe genutzt werden. Zum
Teil werden Adapterkabel
benötigt.

Videoeingänge: Hier können alle gängigen Video-
quellen wie Videorecorder,
Kamera, Fernseher ange-
schlossen werden. Wichtig
ist hier, dass die Geräte immer mit gleichartigen Eingängen verbunden werden.
Das bedeutet: S-Videoaus-
gänge mit S-Videoeingän-
gen, Composite-Videoaus-
gänge mit Composite-Video-
eingängen. Es ist zur quali-
tätsvollen Digitalisierung
notwendig, dass immer
gleichartige Signale übertragen werden. Am nicht zum
Digitalisieren genutzten Videoausgang kann zur Bild-
kontrolle ein Fernseher oder
ein Kontrollmonitor ange-
hängt werden.
→ **Abb. 6.3/9**

Kombinierter Audio-
ein- und -ausgang

Composite
Videoeingang

S-Videoeingang

Composite
Videoausgang

S-Videoausgang

tale Videosequenzen übertragen und gespeichert werden müssen, ist dies ohne die Bilddatenkompression nicht möglich.

Ohne eine Video-Digitalisierungskarte erfolgt die Kompression über Software-Codecs, welche die Kompression bzw. Dekompression mit Hilfe der CPU durchführen. Das Aufzeichnen von Videosequenzen in voller Bildgröße und voller Bildanzahl auf eine Festplatte ist mit einem Codec-Verfahren nicht machbar.

Mit einer Digitalisierungskarte ist dies möglich, da diese einen Komprimierungsprozessor für die Bilddatenkomprimierung zur Verfügung stellt. Der integrierte Prozessor ermöglicht die Bilddatenkompression im JPEG-Kompressionsverfahren. Die JPEG-Kompression ist ein verlustbehaftetes Verfahren. Die Komprimierung erfolgt in mehreren Schritten:

Der erste Schritt der JPEG-Datenkomprimierung ist die Wandlung der RGB-Bilder in das YUV-Format (Y = Helligkeit / Luminanz, U und V liefern die Farbinformation / Chrominanz).

Der zweite Schritt ist das so genannte Chrominance-Subsampling. Dabei wird die Tatsache berücksichtigt, dass das menschliche Auge Helligkeitsunterschiede besser wahrnehmen kann als Farbunterschiede. Bei der Komprimierung bedeutet dies, dass Farbanteile zugunsten von Helligkeitswerten im Verhältnis 4 : 2 : 2 reduziert werden. Auf vier Helligkeitsinformationen kommen nur zwei Farbinformationen U und V. Wenn die Daten in dieser Form vorliegen, beginnt der rechenintensivste dritte Schritt.

Hierbei werden die Bildinformationen mit Hilfe der so genannten Diskreten Cosinus-Transformation (DCT) in eine leichter komprimierbare Form gebracht. Dabei wird unterschieden, welche Bildanteile für die Betrachtung wichtig sind und welche eher unwesentlich sind und damit ungenauer dargestellt werden dürfen.

Die nun folgende Lauflängencodierung reduziert Bereiche gleicher Farben und gibt nur deren Häufigkeit im Film an. Daran angeschlossen ist die JPEG-Codierung mit kurzen und langen Codes. Häufig vorkommende Werte erhalten lange, selten vorkommende kurze Codes zugeordnet.

Bei der Filmwiedergabe erfolgen die einzelnen Arbeitschritte in umgekehrter Reihenfolge.

Digitalisierungskarte mit integriertem Prozessor zur Datenkompression im JPEG- oder M-JPEG-Verfahren.

Komprimierungsabfolge

1. Wandlung RGB in YUV-Format
2. Chrominance-Subsampling CSS
3. DCT-Transformation
4. Lauflängencodierung
5. JPEG-Codierung

Dekomprimierungsabfolge

1. JPEG-Decodierung
2. Lauflängendecodierung
3. DCT-DeTransformation
4. Rückrechnung CSS
5. Rückrechnung in RGB

Abb. 6.3/15
Digitales Video aus dem Internet

Durch die Datenkomprimierung nach MPEG-2 und MPEG-4 ist die Übertragung von Videos und Ton in Computernetzen sowie digitales Fernsehen möglich. Die Abbildung zeigt den amerikanischen FOX-Sports-Sender, der rund um die Uhr Nachrichten- und Videoclips zu Sportereignissen sendet. Der User kann unter verschiedenen Angeboten wählen. Versuchen Sie es selbst unter der angegebenen www-Anschrift.

Technische Grundlage für die Möglichkeit des digitalen Fernsehens sind die Standards MPEG-2 (1994) und MPEG-4 (1999) zur Übertragung von Video- und Audiodaten. Eine ausführliche Übersicht über die MPEG-Standards erhält man auf der Internetseite www.mpeg.org.

6.3.4.4 MPEG-Standards

MPEG ist die Abkürzung für Motion Picture Expert Group – dies ist der Ausschuss, welcher die Standards für die Komprimierung und Dekomprimierung von Digitalvideos festlegt. Es gibt die Normen MPEG-1, -2, -4 und -7. Die MPEG-Normen beinhalten alle Festlegungen über die Komprimierung von Digitalvideos. Dabei wird meist vergessen, dass die Videokomprimierung immer Video und Ton umfasst. Daher ist bei MPEG auch immer die Tonkomprimierung und deren Standardisierung eingeschlossen.

MPEG-1 (1992)
MPEG-2 (1994)
MPEG-3 aufgegeben
MPEG-4 (1999)
MPEG-7 (2001[?])

Der älteste Standard ist MPEG-1 (oder ISO/IEC1112). Dieser Standard ermöglicht ein Videofenster von maximal 352 x 288 Pixel bei 15 – 25 fps. Die Soundrate bzw. Samplingrate liegt bei „mp1" bei 22 kHz und einem 8-Bit-Monoton. Diese Qualität begeisterte 1992 tatsächlich nur Computerfreaks und Videopioniere.

Mit MPEG-2 zeichneten sich ab 1994 deutlich bessere Möglichkeiten ab. Es gibt 11 Auflösungsstufen und datenstrombegrenzende Profile. Die höchste Stufe für hochauflösendes Fernsehen liegt bei 1920 x 1080 Pixeln und einer Übertragungsrate von ca. 10 MByte/s. Zum Vergleich: Das Fernsehen liefert eine Sendequalität von derzeit 720 x 576 Pixeln bei einer Datenrate von ca 1,5 MByte/s. Dies entspricht auch dem Standard für DVD-Video. Die niedrigste Stufe verwendet das alte MPEG-1-Fenster von 352 x 288 Pixeln, allerdings bei einer dreimal höheren Datenrate von jetzt 400 KByte/s.

MPEG-2-Audio unterstützt Samplingraten von 8, 11, 16, 22, 24, 32, 44 und 48 kHz. Weiter kann der Ton in bis zu 6 Kanälen codiert werden. Damit finden auch Raumklang-Systeme Unterstützung.

MPEG-4 (ISO/IEC14496) befasst sich mit der Übertragung von Videos und Ton in Netzen und legt Übertragungsstandards für Interaktion und Animation fest.

MPEG-7 ist zur Zeit in Entwicklung und soll Standards zur Medienrecherche schaffen. Damit könnten Videoclips in netzbasierten Datenbanken gesucht, aufgerufen und abgespielt werden. Einen Ansatz dazu zeigt das Sherlock-Suchsystem von Apple bereits im Vorgriff.

6.3.5 Drehbuch und Schnittanweisungen

Ein sinnvoller Videoschnitt erfordert zur Vorausplanung eine Drehbuch- und Schnittkonzeption. Diese Konzeptionen gehören zur Arbeitsvorbereitung.

An dieser Stelle soll nicht auf die dramaturgischen Aspekte eines Drehbuches eingegangen werden, sondern es sollen mehr die planerischen und organisatorischen Gesichtspunkte bedacht werden.

Das Drehbuch enthält alle Anweisungen zum Aufnehmen / Drehen eines Filmes mit der oder den Kameras. Dazu gehören alle Einstellungen, Drehorte, Textanweisungen, Skripte für Schauspieler, Beleuchter, Maske usw. Mit dieser Art von Drehbuch hat der Medienoperator am Schnittcomputer in der Regel nichts zu tun.

Beim digitalen Videoschnitt liegen im Normalfall alle Videos analog oder digital vor. Muss das Videomaterial noch digitalisiert werden, ergehen hierzu gesonderte Anweisungen. Diese geben die zu digitalisierenden Sequenzen sinnvollerweise mit Hilfe der Timecode-Steuerung an. Dies bedeutet z.B., dass die Szene 00:24:10:00 bis 00:28:30:00 digitalisiert werden muss. Nach dieser Zeitangabe lassen sich die einzelnen Teile einer Schnittproduktion zusammenstellen. Im Normalfall wird man noch einige Sekunden vor und nach der Zeitangabe digitalisieren, um Material für eventuelle Übergänge in Vorrat zu halten.

6.3.5.1 Das Schnittbuch

Für den eigentlichen Videoschnitt liegt im Regelfall ein Schnittbuch vor. Hierin sind alle digitalen Bestandteile der Produktion in der richtigen zeitlichen und dramaturgischen Reihenfolge zum Schneiden erfasst und mit bestimmten Anweisungen versehen.

Eine derartige Anweisung sehen Sie auf den nächsten Seiten abgebildet und mit einem Inhalt versehen, der selbst leicht in einem Videoschnittprogramm nachgebaut werden kann.

Die Anweisung enthält die Spalten Zeit, Film / Inhalt, Sprache / Text / Bild / Titel und Effekte / Überblendungen. Um diese einzelnen Spalten richtig zu bearbeiten und den Schnitt korrekt zu planen, sind Kenntnisse im jeweiligen Schnittsystem unabdingbar.

Ein Muster für eine Schnittanweisung ist auf den folgenden Seiten dargestellt.

Alle Angaben auf dieser Seite beziehen sich auf die dargestellte Schnittanweisung.

Spalte: Zeitspalte

Hier wird die ungefähr geplante Zeit für die einzelnen Sequenzen eingetragen. Daneben muss jeweils die Gegenrechnung für die geplante Gesamtdauer des Clips mitgeführt werden.

Spalte: Film/Inhalt

In dieser Spalte wird gescribbelt, geklebt und geschrieben. Die einzelnen Filmszenen werden in der richtigen Reihenfolge genannt und zu der nächsten Spalte in Beziehung gesetzt.

Spalte: Sprache/Texte/Bild/Titel

Prinzipiell ist dies eine Inhaltsspalte, die sich mit der Filmspalte überschneiden kann. Hier werden vor allem notwendige Sprach- und Musikteile benannt und zeitlich definiert. Texttafeln (Vorspann / Abspann) werden hier fixiert, Schriften und deren Farbe, Größe, Effekte usw. festgelegt.

Spalte: Effekte/Überblendungen

Alle gewünschten Effekte und Überblendungen werden, soweit es möglich ist, hier vorausdefiniert.

Eine derartige Schnittanweisung hat oftmals einen sehr theoretischen Charakter: Beim Schneiden sehen z.B. geplante Effekte anders aus und wirken nicht. Daher müssen die „Cutter" von dieser Anweisung abweichen dürfen. Dies wird dann zumeist auf einer darüber gelegten Folie mit Permanent-Schreibern festgehalten und später bei der Sichtung der fertigen Filme besprochen.

Schnittanweisung Produktion: *Clip 1 Urlaub Venedig-Sport*		
Zeit/Szene	Summe	Film/Inhalt
0,0	0,0	
0,5	0,5	

Teil *01* von *03*	Seite *01*
Sprache / Texte / Bild / Titel	Effekte / Überblendungen
Vorspanngrundbild: Verlauf Blau zu Rot Diagonal	Vorspanngrundbild nach Vorgabe erstellen
mit Texteinblendung: Venedig	Musikunterlegung Titel: Hank do
Kurzurlaub	
	Vorspann wechselt zu 1. Videofilmsequenz
mit i-Reisen	

Schnittanweisung Produktion: *Clip 1 Urlaub Venedig-Sport*

Zeit/Szene	Summe	Film/Inhalt
0,0	0,5	
0,5	1,0	
0,0	1,0	
0,25	1,25	

Venedig

Kurzurlaub mit i-Reisen

Film Venedig

Schwimmen

Teil *01* von *03*	Seite *02*
Sprache / Texte / Bild / Titel	Effekte / Überblendungen
	Vorspann wechselt zu 1. Videofilm-sequenz Venedig
Kein Text Keine Sprache	Übergang Vorspann-texttafel zu Film auf-klappend Mitte
	Musik wechselt Fade Out / Fade In
	Nach Film Wechsel zu Texttafel Sport 1 aufklappend Oben li
Texttafel 1. Sportart Schwimmen	

6.3.6 Grundsätzliches zu Aufnahmetechniken

Bedenken Sie, dass qualitativ hochwertige Ergebnisse im Bild- und Filmbereich eine sehr gute Ausbildung erfordern. Spitzenergebnisse können in der Regel nur ausgebildete Fachkräfte erreichen. Kooperieren Sie mit solchen Fachkräften, insbesondere wenn sie an Ihrer Schule / Ausbildungsstätte / Betrieb / Partnerfirma ausgebildet werden oder dort bereits tätig sind. Haben Sie keine Möglichkeit, Fachleute in die Projektarbeit zu integrieren, finden Sie nachstehend ein paar grundsätzliche Bemerkungen.

Am Beginn stehen immer Drehbuch und Layout. Wer mit dem Camcorder Filme gestalten möchte, muss zuerst eine schriftliche Ausarbeitung erstellen. Sie hilft Ideen und Gedanken zu sammeln und zu ordnen. Viele Geistesblitze verblassen, wenn sie in Worte gefasst werden. Ein Drehbuchautor merkt bereits beim Schreiben, ob sich eine ausgedachte Szene realisieren lässt, ob die Geschichte einen „roten Faden" hat, ob sie plausibel erscheint und ob sie sich zur „Visualisierung" eignet. Fehler lassen sich bereits hier korrigieren, noch ehe eine Minute Band bespielt wurde. Wer nach Plan vorgeht, vergisst wichtige Einstellungen nicht, die später mit viel Aufwand nachgedreht werden müssen. Anhand eines Drehbuches lässt sich der Film Szene für Szene abarbeiten. Mit dem Einsatz von Filmklappen wird jede Szene markiert. Hierzu wird ein Skript geführt, in welchem die einzelnen Einstellungen festgehalten sind. Es werden nur solche Szenen aufgenommen, die später auch verwendet werden. Zur Erstellung von Videofilmsequenzen bietet sich Gruppenarbeit besonders an, sie gelingt aber nur, wenn zuvor bis ins Detail geplant und ein Drehbuch als Grundlage erstellt wird. Wer ohne Konzept arbeitet, neigt dazu, einfach „draufloszufilmen". Später sitzt er vor einem Kassettenstapel mit vielen Stunden Material und muss entscheiden, wie daraus ein Film entstehen soll!

Benützen Sie bei den Dreharbeiten möglichst ein Stativ. Damit erreichen Sie ein absolut ruhiges Bild, exakte Kompositionen, saubere, gleichmäßige Schwenks, Auf-, Ab- und Überblendungen, Tricks, Schärfeverlagerungen und Programmierungen aller Art. Eine Mischung aus Hand- und Stativaufnahmen ist unmöglich, da dies der Zuschauer sofort erkennt und negativ registriert. Außerdem können Standort, Perspektive, Position, Be- und Ausleuchtung usw. bei Stativarbeit zuvor exakt bestimmt, bei Bedarf gezielt geändert und jederzeit nachvollzogen werden. Ausnahmen zur Stativarbeit gibt es bei schnellen Reportagen, extremen Perspektiven, unauffälligem Arbeiten oder subjektiver Kamera.

Helligkeit, Auflösung, Farbgebung und Fenstergröße der Filme sollte dem Wiedergabemedium Bildschirm angepasst sein. Werden Multimedia-Anwendungen über eine Projektion auf Leinwand gezeigt, wird die Wiedergabequalität der Filme wesentlich eingeschränkt. Viele Versuche mit selbst erstellten Videofilmen sind nötig, um entsprechende Erfahrungen zu sammeln, damit die gezeigten Filme wirklich gut werden.

Lernziel: Grundlegende Abläufe der Videoherstellung kennen.

Aufgaben:
- Erstellen sie ein Flussdiagramm, aus dem die einzelnen Herstellungsschritte einer Videoproduktion hervorgehen. Verwenden Sie dazu die korrekten Fachbegriffe. (I)
- Informieren Sie sich über die Möglichkeiten der Video- und Tonproduktion in der Umgebung Ihres Arbeitsplatzes. (P)

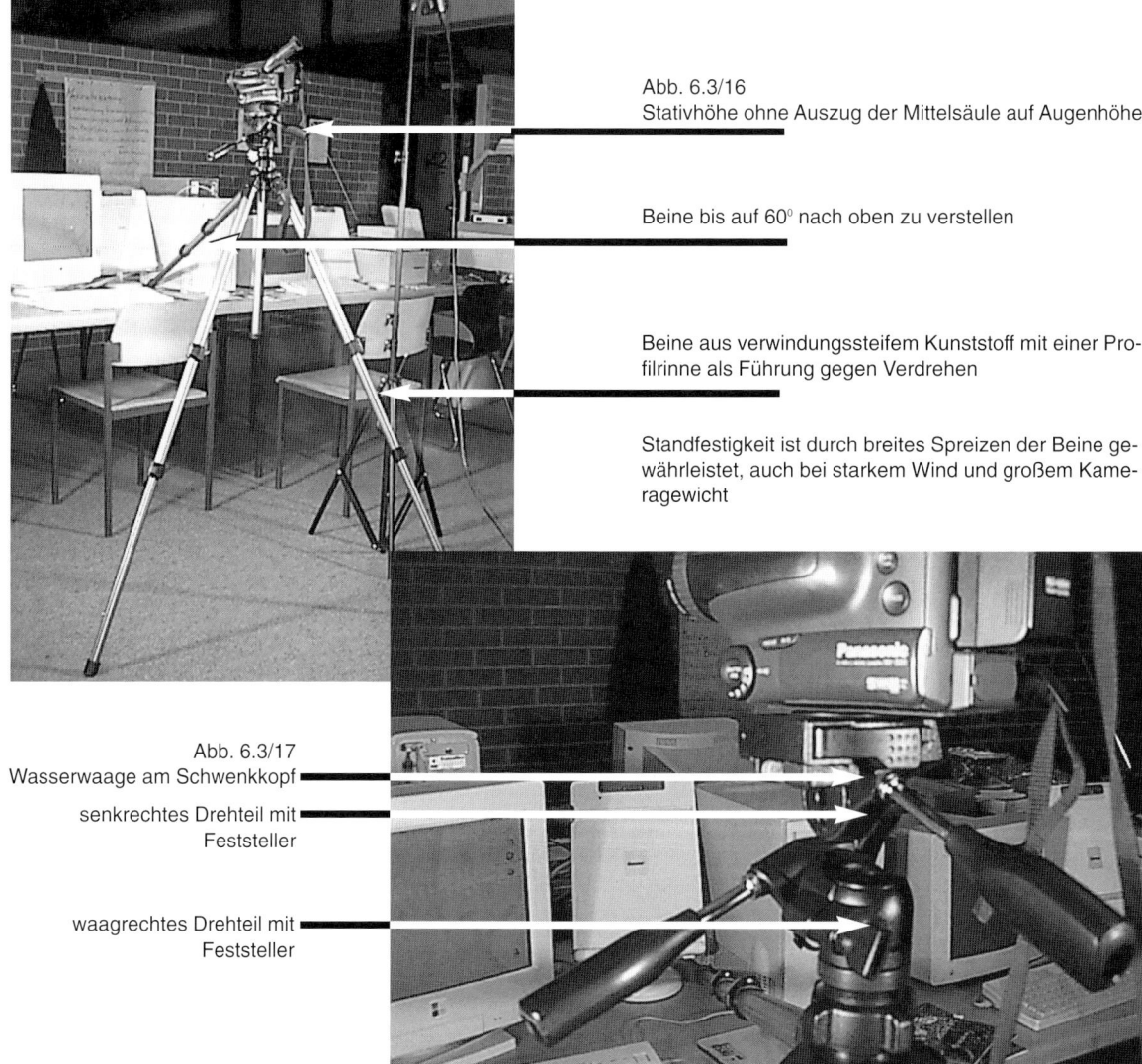

Abb. 6.3/16
Stativhöhe ohne Auszug der Mittelsäule auf Augenhöhe

Beine bis auf 60° nach oben zu verstellen

Beine aus verwindungssteifem Kunststoff mit einer Pro-
filrinne als Führung gegen Verdrehen

Standfestigkeit ist durch breites Spreizen der Beine gewährleistet, auch bei starkem Wind und großem Kame-
ragewicht

Abb. 6.3/17
Wasserwaage am Schwenkkopf

senkrechtes Drehteil mit
Feststeller

waagrechtes Drehteil mit
Feststeller

6.3.7 Stativ und Schwenkkopf

Der Einsatz eines Stativs ist für fast alle Aufnahmen, seien es Bilder oder Videofilme, unerlässlich. Die Stative sollten für den Einsatz sehr robust und bedienerfreundlich sein.

Tips zur technischen Ausführung eines Stativs:
- Gewicht so groß, dass das Stativ bei Außenaufnahmen mit Kamera auch bei kräftigem Wind nicht umfällt.
- Beine stufenlos ausziehbar und gut zu arretieren.
- Beine bis auf über 60^0 zur Vertikalen nach außen schwenkbar.
- Ausziehhöhe so groß, dass die Kamera ohne Verwendung der Mittelsäule in Augenhöhe montiert werden kann.
- Schwenkkopf in der Horizontalen und Vertikalen leicht und gleichmäßig drehbar, auf große „Reibflächen" achten.
- Schwenkkopf von senkrecht nach unten bis senkrecht nach oben ($\pm 90^0$) neigbar.
- Schwenkkopf wie in der Vermessungstechnik mit eingebauter Wasserwaage, damit das Stativ exakt „ins Wasser" gestellt werden kann.
- Gute Schwingungsdämpfung.

In verschiedenen Fachzeitschriften wurde eine große Anzahl von Stativen getestet. Es folgen deshalb einige Empfehlungen für die semiprofessionelle Anwendung: Zuvor noch ein wichtiger Satz aus den Testberichten: Es empfiehlt sich, beim Stativ nicht zu sparen, sonst erwirbt man ein Spielzeug und kein Werkzeug.

Stativhersteller:
- Cullmann CT 200   Fa. Cullmann, Langenzenn
- Gitzo GI 222 Report   Fa. Statec, Mainz
- Hama Delta-ProS   Fa. Hama, Monheim
- Manfrotto MA-075   Fa. Multiblitz, Köln
- Slik Able Pro 700 DX   Fa. gbb, Willich
- Slik Professional

Abb. 6.3/18
Leuchten

Verschiedene Leuchten-
typen in einem Fotostudio
warten auf ihren Einsatz ...

6.3.8 Beleuchtung

Ein Aufnahmeobjekt benötigt sehr gute Be- oder Ausleuchtung. Lassen Sie sich nicht von den Hochempfindlichkeitsangaben der Kamerahersteller blenden. Auch hochempfindliche Kameras benötigen gutes Licht. Gutes Licht ergibt gutes Bildmaterial, sowohl technisch (Farbe, Schärfe) als auch aussagemäßig. Außerdem kann man mit Licht sehr viele Effekte erzielen. Effektvolle Gestaltung braucht gekonnt eingesetzte Beleuchtung!

6.3.8.1 Aufnahmen im Freien

Die sanfteste Beleuchtung erhalten Sie mit Tageslicht bei bewölktem Himmel. Strahlender und fröhlicher wirken Aufnahmen bei strahlendem Sonnenschein, die Schatten formen plastischer, aber auch härter. Filmen oder Fotografieren Sie möglichst nicht um die Mittagszeit bei hochstehender Sonne, die Schatten werden zu hart, Gesichter seelenlos, da die Augen im Schatten liegen. Tricks mit Aufhellblitzen (Foto) oder Aufhellschirmen (Film) erfordern Kenntnisse und Routine. Vermeiden Sie, vor allem bei Porträtaufnahmen, farbige Hintergründe. Grüne Laubbäume, rote Sonnenschirme, blaue Wände verfälschen zum Beispiel Hauttöne so stark, dass dies nicht mehr akzeptabel ist.

Lernziel:	Einflüsse der farbigen Umgebung und der Tagesbeleuchtung (Morgenlicht, Mittagslicht, Abendlicht, hart, weich) auf die Aufnahmen erkennen.
Aufgabe:	Aufnahmeversuche mit Digital- und Videokamera: Porträtaufnahmen unter verschiedenen Umgebungsmotiven wie unter einem Laubbaum, vor einer farbigen Hauswand und weiteren farbigen Hintergründen. Werten Sie die Aufnahmen direkt am Bildschirm ohne Ergebnismanipulation aus! (P)

Abb. 6.3/19
Studiobeleuchtung

Übliche Studiobeleuch-
tung in einem Fotostu-
dio mit Hauptlicht,
Spitzlicht, Hintergrund-
beleuchtung und Auf-
hellung.

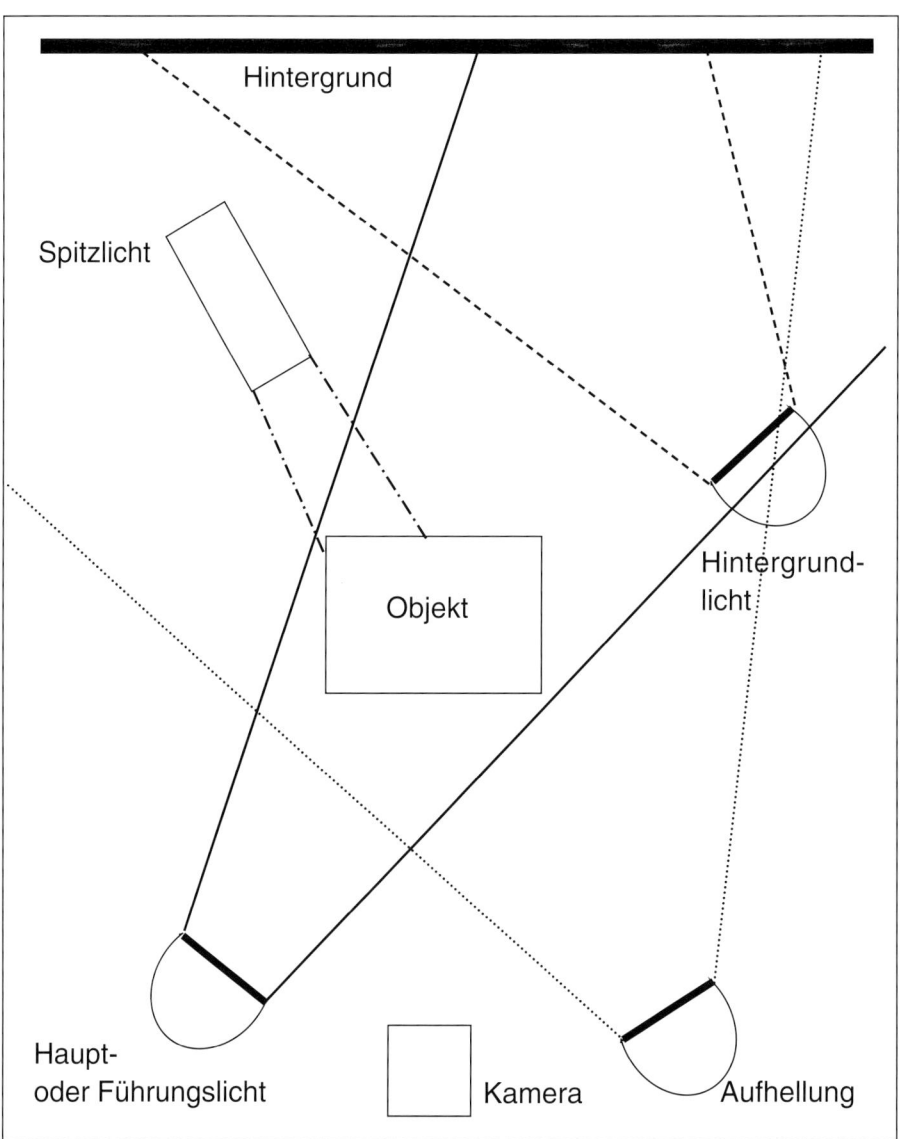

6.3.8.2 Studiobeleuchtung

Schwieriger, aber in ihrer Wirkung besser zu beeinflussen, sind Aufnahmen im Studio bei Kunstlicht. Es gibt eine große Anzahl von Scheinwerfertypen. Sie unterscheiden sich zumeist in der Leuchtfläche, der Farbtemperatur und in der Härte der Ausleuchtung. Blitzanlagen mit Einstell-Licht sind für die Fotografie besonders gut geeignet, beim Videofilmen aber ungeeignet.

Unabhängig vom Typ, ob Blitzlicht oder Scheinwerfer, gibt es eine standardisierte Beleuchtungsanordnung für Studioaufnahmen. Vier Scheinwerfer als Hauptlicht, Aufheller, Spitzlicht und Hintergrundlicht.

Standard-Beleuchtungsanordnung in einem Aufnahmestudio → siehe gegenüberliegende Seite

Das *Hauptlicht* steht seitlich neben der Kamera über Kopfhöhe des Objekts. Es ist das hellste Licht und bestimmt damit die Lichtführung, den Charakter des Bildes.

Der *Aufheller* mildert die harten Schatten des Hauptlichts, er ist schwächer als das Hauptlicht und soll keine eigenen Schatten erzeugen.

Das Verhältnis Hauptlicht zu Aufhellung sollte bei Video, das keine hohen Kontraste verarbeitet, bei 3 : 1 oder 2 : 1 liegen. Bei Porträts sollte die Aufhellung aus der Richtung der Kamera kommen. Gleichzeitig werden damit die „Lichtpunkte" in den Augen gesetzt (eye-light).

Das *Spitzlicht* ist schräg hinter dem Objekt steil von oben auf das Objekt gerichtet (freistellen vom Hintergrund).

Das *Hintergrundlicht* sollte dem Hintergrund durch Aufhellung Zeichnung geben und die Schatten an der Rückwand löschen.

Lernziel: Optimale Beleuchtung verschiedener Objekte erkennen und dokumentieren.

Aufgaben: • Erstellen Sie viele Aufnahmen mit vielen Beleuchtungsvariationen! Beginnen Sie mit einfachen farbigen Gegenständen und beurteilen Sie die Farbänderungen bei Ausleuchtungsvariationen. (P)

• Steigern Sie den Schwierigkeitsgrad bis zu menschlichen Objekten, insbesondere Gesichter. (P)

• Protokollieren Sie alle Einstellungen. (P)

Abb. 6.3/20
Analoge Videokamera

Panasonic Analog-Kamera mit 2-fach optischem Zoom

Abb. 6.3/21
Analoge Videokamera

Panasonic Analog-Kamera mit 8-fach optischem Zoom

Abb. 6.3/22
Digitale Videokamera

Sony Digital-Kamera mit integrierter Schulterstütze

Abb. 6.3/23
Digitale Videokamera

Sony Digital-Kamera, Fäustling (ohne Schulterstütze)

6.3.9 Videokameras

Videofilme auf einer CD-ROM oder gar im Internet erhöhen den Reiz eines interaktiven Mediums. Jedoch nur, wenn die Filme optimale Wiedergabequalität aufweisen (inhaltlich treffen wir hier keine Aussagen). Die Bedingungen zur optimalen technischen Wiedergabequalität wurden bereits aufgezeigt. Eine technisch schlechte Qualität des Videofilmes ergibt eine noch schlechtere Wiedergabequalität des Filmes nach dem Digitalisieren.

6.3.9.1 Analoge Videokamera-Ausstattung

Vollformater (kann auch als Schulterkamera eingesetzt werden), semiprofessionell mit S-VHS ausgestattet, optisches Zoom, Schärfe mit außen ablesbarer Skala (keine Innenfokusierung), bestmögliche Auflösung (400 Linien horizontal oder mehr). Die Lichtempfindlichkeit, sie wird in Prospekten in Lux-Werten angegeben, wobei die Lichtempfindlichkeit nicht entscheidend ist, da eine gute Aufnahmequalität immer eine sehr gute und helle Be- und Ausleuchtung erfordert, Klinkenstecker für Zusatzmikrofon, Normanschlüsse für die direkte Einspeisung des Videosignals in die Videokarte des Computers, Akku mit hoher Kapazität und Entlade-Lade-Station. Für Außenaufnahmen sollte man mindestens zwei Akkus zur Verfügung haben, in der kalten Jahreszeit besser drei und Bandmaterial in höchster Qualität.

6.3.9.2 Digitale Videokamera-Ausstattung

Semiprofessionell, optisches Zoom, Schulterkamera, bestmögliche Auflösung (470.000 Pixel / 400.000 Bildelemente oder mehr), sonst wie analoge Videokamera. Dem Digitalbereich gehört die Zukunft. Die Bildauflösung ist um den Faktor 10 höher als im Analogbereich, echte Standbilder können erzeugt werden, wodurch sich eine zusätzliche Digitalkamera erübrigt. Beim Übertrag auf den Computer entsteht kein Qualitätsverlust durch das sonst nötige Digitalisieren und die Digitaltechnik weist kaum Störungen durch Bandlauf oder sonstige äußere Einflüsse auf. Der DV-Standard definiert die

Datenrate unabhängig vom Inhalt der Signale konstant auf 3,6 MB. Die Dekomprimierung und Komprimierung der Videosignale findet bereits in der DV-Kamera beziehungsweise im DV-Recorder statt.

Analoge Videolösungen enthalten für eine Sekunde Videobild in deutscher PAL-Norm über 31 MB Informationen (768 mal 576 Bildpunkte mal 3 Farben mal 25 Vollbilder), dazu benötigt die Tonspur bis zu 200 KB pro Sekunde. Abgesehen vom enormen Speicherbedarf, der bei der Übertragung solcher Videosequenzen erforderlich wird, erreichen die wenigsten Festplatten die nötigen Datenraten von etwa 32 Megabyte pro Sekunde. Daher wird mit dem Motion-JPEG-Verfahren der analoge Datenstrom unterschiedlich stark komprimiert und das digitale Ergebnis auf die Festplatte gespeichert. Die erreichte Bildqualität hängt vom Grad der Komprimierung ab.

6.3.9.3 DV und Firewire

Firewire, nach dem Normungsgremium auch IEEE 1394 genannt, ist ein plattformübergreifendes Protokoll für Hochgeschwindigkeitsübertragungen über einen seriellen Bus. Die theoretischen Transferraten betragen 400 Megabits pro Sekunde. Bis zu 63 Geräte lassen sich an einen Firewire-Bus anschließen

Firewire ist ein von Apple entworfenes Protokoll für Hochgeschwindigkeitsverbindungen über einen seriellen Bus. Als erste Anwendung findet das Protokoll in der DV-Technik seinen Einsatz. Der große Vorteil dieser Technik liegt in den hohen Übertragungsraten, welche den Anforderungen von DV mehr als genügen und in der verlustfreien Übertragung der DV-Daten, da keine Signalverluste durch eine Analog-/Digital-Wandlung entstehen.

Die in Abbildung 6.3/22 und Abbildung 6.3/23 gezeigten DV-Kameras besitzen zusätzlich einen S-VHS-Normausgang, so dass die derzeit geläufigen Video-In/Out-PCI-Steckkarten benützt werden können. Die Vorteile der digitalen DV-Technik gehen hierbei verloren, da die DV-Signale in Analogsignale umzuwandeln sind.

Die durch den Firewire-Bus übermittelten binären Daten einer digitalen Videokamera auf eine Festplatte entsprechen einer ganz normalen Datenübertragung, wie wir sie z.B. von Kopiervorgängen kennen. Voraussetzung für diese Art der Datenübertragung ist, dass der Computer über eine FireWire-Schnittstelle verfügt und dass ein DV-Codec vorhanden ist. Der DV-Codes kann entweder als ein mit der FireWire-Schnittstelle verbundener Hardware-Chip sein oder er kann als Software-Codec vorliegen. Zum Beispiel verfügt das Programm Adobe Premiere über Software-Codecs und kann digitale Videoinformationen ohne weitere Umwandlungsschritte lesen. Der Anschluss und das Aufnehmen digitaler Videoinformationen erfolgt genauso wie das Aufnehmen analoger Videos. Eine Bemerkung zur Qualitätsverbesserung der Videos darf aber nicht fehlen: Die verwendete Festplatte sollte eine konstante Datenübertragungsrate von mindestens 3,6 MB/s gewährleisten. Ist dies der Fall, werden keine Frames beim Übertragen ausgelassen.

Digitale Videokameras komprimieren die Videodaten, um sie leichter bearbeitbar zu machen. Diese Komprimierung ist verlustbehaftet – trotzdem ist die Qualität digitaler Videos besser als die digitalisierter S-VHS-Videos.

Der Import digitaler Videos von Digitalkamera oder -recorder ist relativ problemlos. Folgende Schritte sind in aller Regel zu tätigen, unabhängig von der verwendeten Bearbeitungssoftware:

1. Schließen Sie die digitale Kamera bzw. den digitalen Recorder an den FireWire-Port an.
2. Markieren Sie die Digitalvideo-Datei von Ihrem Computer aus und kopieren Sie die Datei auf die Festplatte. Das Videoband oder die Kamera kann von Ihnen wie ein externes Laufwerk behandelt werden, so dass eine Datei direkt kopiert werden kann.
   (Manche Kameras/Recorder liefern für die Datenübertragung Software mit, das ist von Gerät zu Gerät unterschiedlich.)
3. Nachdem die Datei auf die Festplatte übertragen ist, kann sie wie jede andere Videosequenz in ein Schnittprogramm zur Bearbeitung importiert werden.

Lernziel:	Digitalisieren von Video- und Audiomaterial.
Aufgabe:	Versuchen Sie, eine Möglichkeit der Videodigitalisierung zu finden und führen Sie dort praktische Digitalisierungsübungen durch. Erstellen Sie über Ihre Ergebnisse ein Protokoll. (P)

Abb. 6.3/24
DV-Schnittstelle (Kamera)

Die Abbildung zeigt eine digitale Videokamera von vorne mit einer analogen und digitalen-Videoschnittstelle. Von hier aus wird die Verbindung zum Rechner mit einer entsprechenden DV-Schnittstelle hergestellt. Die dazu notwendigen Kabel und die Software befinden sich in der Regel im Lieferumfang einer Digitalkamera.

6.4 CD-ROM/DVD

Abb. 6.4/1
DVD- und CD-Brenner

Computerarbeitsplatz mit externer Festplatte, CD-ROM-Brenner (der CD-Brenner ist das erste SCSI-Gerät von oben) und darunter befindlichem DVD-Brenner.

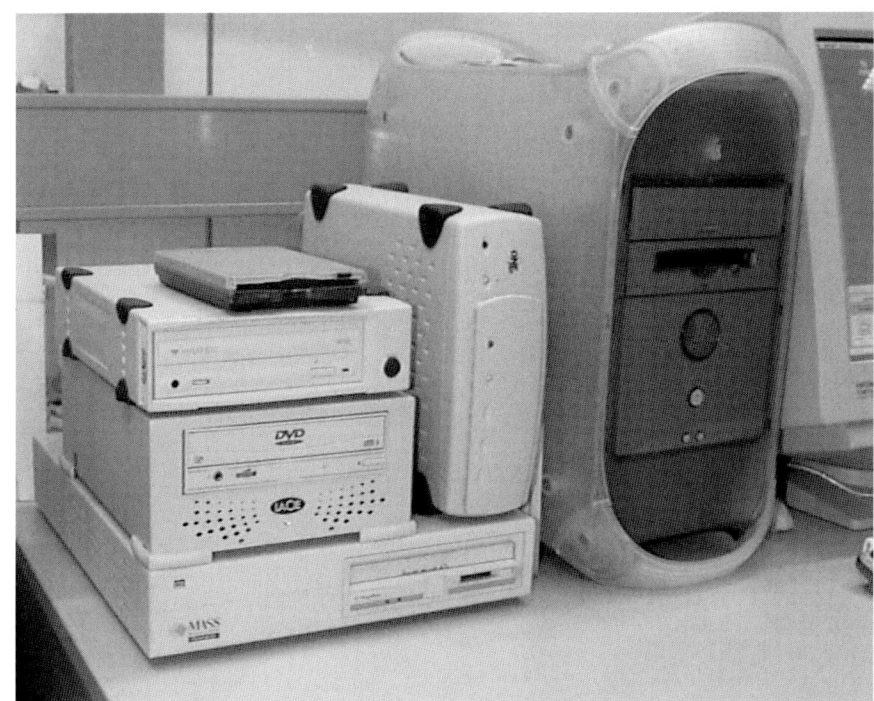

Abb. 6.4/2
DVD-Video-Player

Mit einem DVD-Video-Player können Videofilme in digitaler Bildqualität und mit Mehrkanal-Surround-Ton mit handelsüblichen Fernsehgeräten abgespielt werden. Mit Hilfe dieser digitalen Technologie ist es möglich, interaktiv in den Abspielprozess einzugreifen, Hintergrundinformationen abzurufen und z.B. die Lebensläufe von Schauspielern oder Kommentare der Filmemacher darzustellen.

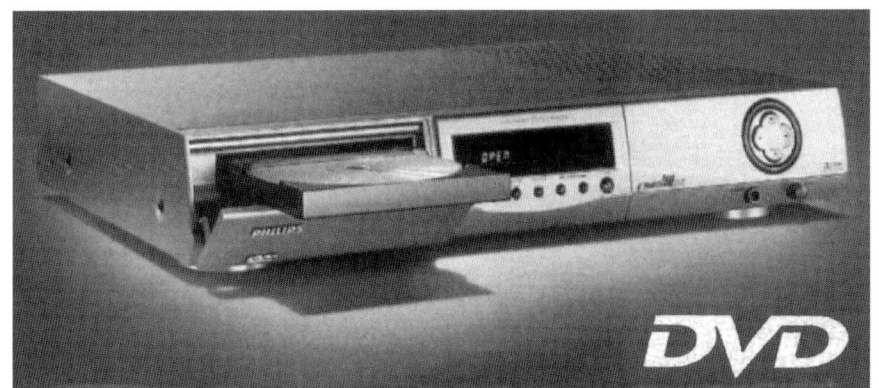

6.4.1 CD-ROM-Normierung

Eine CD-ROM herstellen kann heute jeder, der einen Personal Computer mit einem CD-Brenner sein eigen nennt. Das Medium CD ist mit einem Stückpreis unter vier DM so günstig geworden, dass selbst ein »Verbrennen« nicht ins Gewicht fällt. Kein heute verfügbarer Datenträger hat ein so günstiges Preis-/Speicher-Verhältnis wie die CD-ROM.

Seit über 13 Jahren gibt es die Compact-Disc oder CD, wie sie in der Kurzform genannt wird. Zuerst wurden die silbernen Scheiben dazu genutzt, um Audio-Informationen, also Musik, zu speichern. Diese Audio-CD hat die klassische schwarze Schallplatte nahezu vollständig vom Markt verdrängt.

Im PC-Bereich hat die CD-ROM etwa Ende 1991 ihren Siegeszug als Datenträger angetreten. Die ersten PC-genutzten Datenträger dienten als Speichermedium für größere Datenbestände. Den großen Durchbruch erlebte die CD-ROM, als neben dem CD-ROM-Laufwerk die Soundkarte zur Standardausstattung eines modernen Multimedia-PC wurde. Damit waren interessante, spannende und für ein breites Publikum nutzbare CDs für viele Anwendungsbereiche herstell- und verkaufbar.

Nachdem diese Entwicklung eingetreten ist und immer mehr Informationen, Präsentationen und Entertainment mit Hilfe der CD verbreitet werden, ist es für die Hersteller dieses Mediums unabdingbar geworden, tiefergehende Kenntnisse darüber zu erlangen.

6.4.1.1 Die farbigen Bücher

Alle Hersteller und Produzenten von Medienprodukten im Hard- und Softwarebereich benötigen weitgehend festgelegte Normen bzw. Standards, um einen sicheren Austausch von Daten zwischen verschiedenen Systemen zu ermöglichen. Im Bereich der CD tragen diese Standards die Bezeichnung »Bunte Bücher«, »Farbige Bücher« oder »RainbowBooks«.

1980 wurde das erste Buch dieser Reihe erstellt und mit einem bunten Einband in roter Farbe versehen – das Red Book mit den Festlegungen für die Audio-CD war entstanden. In den Folgejahren kamen weitere Bücher hinzu

„Normen" für die CD-ROM-Herstellung finden sich in den „Farbigen Büchern".

Abb.6.4/3
Die farbigen Bücher

Die so genannten Rainbow
Books enthalten alle Informationen und Spezifikationen zur Herstellung von
CD-ROMs und DVDs.

und die Idee der farbigen Umschläge wurde beibehalten. Die Rainbow Books waren geschaffen.

Für den CD-Bereich gibt es derzeit folgende Bücher, deren Inhalte von Bedeutung für die CD-ROM- und DVD-Herstellung sind:

- **Red Book (1980)** – Festlegungen für die Audio-CD.

- **Yellow Book (1982)** – Erweiterte Normen für Audio-CD und PC-genutzte CD-ROMs.

- **Green Book (1986)** – Grundlagen für die Produktion interaktiver CD-ROMs (CD-I) mit Zugriff auf Daten-, Audio- und Videoinformationen.

- **Orange Book (1990)** – **Teil 1**: Standard für die Magneto Optical Disk (MOD oder CD-MO). Dieser Standard und die dazu notwendigen CD-MO-Laufwerke haben sich nicht durchgesetzt.
  Teil 2: Standards für die Single-Session-CD-ROM und die Multi-Session-CD-ROM.

- **White Book (1991)** – Die Bilder lernen richtig laufen, eine Standardisierung für digitales Video entsteht für PCs und Video-Player.

- **Blue Book (1995)** – Standard für Mixed-Mode-CDs. Hier wird der Aufbau einer CD-ROM definiert, die sowohl in Audio-CD-Playern als auch in PC-CD-Laufwerken gelesen werden kann.

- **Digital Versatile Disk (1995/1996)** – Zur **DVD**-Technik existiert noch kein Rainbow-Book. Nur die Eckdaten für diese Technologie sind mehr oder weniger verbindlich festgelegt worden.
  Seit Frühjahr 1998 sind die ersten DVD-Laufwerke für 4,7 GByte-DVDs erhältlich. An den verbindlichen Standards wird noch gearbeitet.

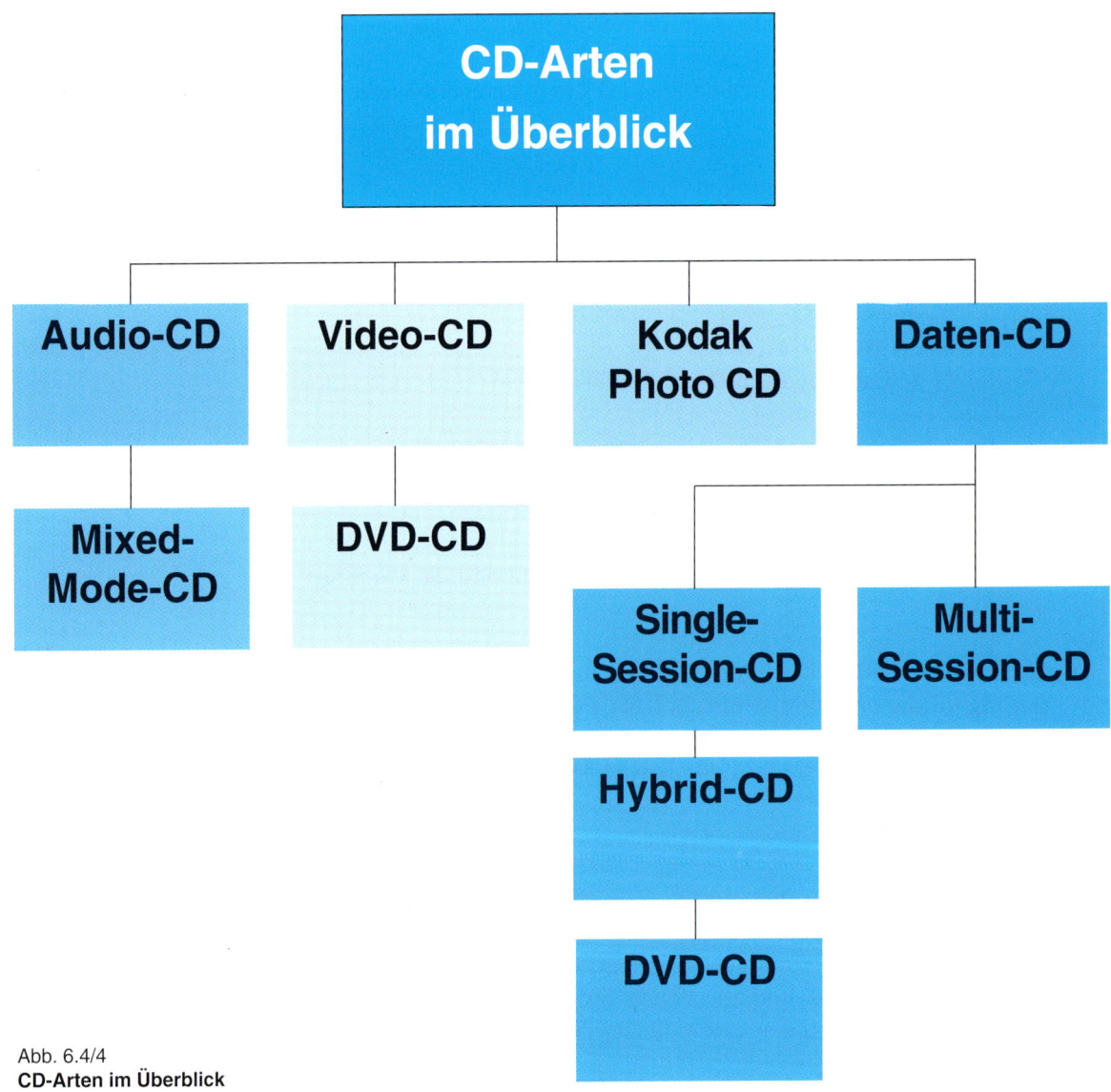

Abb. 6.4/4
CD-Arten im Überblick

6.4.2 CD-ROM

6.4.2.1 Audio-CD

Die Audio-CD ist die älteste CD-Art und hat im Prinzip nichts mit dem Computer zu tun, da sie für eigenständige Laufwerke konzipiert wurde. Die Audio-CD enthält Musik in Form digitaler Daten bzw. Informationen. Damit ist es möglich, eine Audio-CD mit Hilfe des CD-ROM-Laufwerks eines PCs anzuhören und die digitalen Musikdaten zu kopieren. Dies ist deswegen machbar, da sich die jetzige CD-ROM-Technik des PCs an der zuerst vorhandenen Audiotechnik orientiert.

Die in der Natur, der Schallplatte oder auf Tonband vorkommende analoge Musik wird digitalisiert. Dabei werden die Klänge abgetastet und mit Hilfe eines Analog-/Digital-Wandlers in digitale Werte (Zahlen) umgewandelt. Diese digitalen Werteketten aus Nullen und Einsen werden dann auf der CD gespeichert. Beim Abtasten durch den CD-Player oder das CD-ROM-Laufwerk wird dieser Vorgang durch einen Digital-/Analog-Wandler umgekehrt. Sie hören Musik!

Um den Musikgenuss zu gewährleisten, muss die Frequenz, mit der das analoge Musiksignal abgetastet wird, doppelt so hoch sein wie die höchste vom menschlichen Ohr wahrnehmbare Frequenz. Das menschliche Ohr kann Frequenzen bis etwa 20 kHz hören, daher werden die analogen Musiksignale mit 44,1 kHz abgetastet.

CD-ROM

Der preiswerte Universalspeicher für Daten und Programme ist die CD-ROM. CD steht für Compact-Disc und ROM für Read Only Memory. Die Abkürzung weist darauf hin, dass von der CD-ROM nur gelesen werden kann. Die Kapazität dieses Datenträgers beträgt bis zu 680 MByte.

Es werden nicht nur Produktionsdaten und Programme gespeichert, sondern auch andere Informationen wie Lexika, Spiele, Lernsoftware usw. Nachfolgend ein beispielhafter Überblick über die Nutzungsmöglichkeiten der CD-ROM:

- Ersatz für einen Stapel von Installationsdisketten

Marginalien:

Die Audio-CD ist die älteste CD-Art.

CD-ROM-Technologie orientiert sich an der Audio-CD.

Analoge Musiksignale werden mit 44,1 kHz abgetastet.

→ 6.2

Abb. 6.4/5
Musik-CDs

Eine kleine Auswahl aktueller Audio-CDs von Dixieland über Glenn Miller, Comedian Harmonists zur klassischen Oper.

Abb. 6.4/6
Daten-CDs

Eine Auswahl von Daten-CD-ROMs mit Programmen, Informationen aus Zeitschriften und Betriebsytem-Software.

- Herstellung eigener, betrieblicher oder schulischer Software-Archive
- Backup-Medium für die Datensicherung
- Speicherung von Präsentationen
- Speicherung eines Dokumentenarchivs
- uvm.

6.4.2.2 Aufbau der CD-ROM

Eine CD-ROM und eine Audio-CD sind vom physikalischen Aufbau her gleich. Lediglich die Art der Daten und die Dateiformate sind verschieden. Auf der CD-ROM werden die Nullen und Einsen, die als „Pits" und „Lands" auf der CD gespeichert sind, in vom PC interpretierbare Daten umgesetzt. Bei der Audio-CD werden die Speicherinformationen in Musik umgewandelt.

„Pits" und „Lands"

Beide CD-Arten unterscheiden sich also nur vom Dateninhalt und dessen Interpretation. Von den Abmessungen und vom physikalischen Aufbau her sind sie identisch.

Für ein CD-ROM-Laufwerk ist es kein Problem, sowohl auf eine Daten-CD zuzugreifen als auch eine Audio-CD abzuspielen. Die heutigen CD-ROM-Laufwerke basieren alle auf der gleichen mechanischen Technologie wie die Audio-CD-Player. Warum die Audio-CD-Technologie nicht bereits seit Beginn der 80er Jahre auch für Computer-CD-ROMs genutzt wurde, hat seine Ursache in der nicht ausreichenden Fehlerkorrektur der CD-ROM-Ausgabe. Bei Audio-CDs sind kurzzeitig auftretende Fehler beim Auslesen der Daten in der Wiedergabe vom menschlichen Ohr nicht wahrnehmbar und können daher toleriert werden. Beim PC führt ein Fehler auf der CD-ROM, also ein falsches Bit oder Byte in einem Datensatz, im schlimmsten Fall zum Absturz einer Anwendung oder des Rechnersystems. Computer haben eine deutlich niedrigere Fehlertoleranz. Erst als die Fehlerkorrektur beim Auslesen der Daten auf den PC eine Fehlerrate von $1 : 100.000.000$ aufwies, konnte die CD-Technologie auch für CD-ROMs im Computerbereich einge-

Eine Fehlerrate von $1 : 100.000.000$ bedeutet, dass auf $100.000.000$ richtig gelesene Bits ein falsch abgetastetes Bit folgen kann.

Abb. 6.4/7
Aufbau CD-ROM 1

CD-ROMs weisen einen
Durchmesser von 8 cm oder
12 cm auf. Die verkleinerte
Darstellung zeigt eine 12 cm
CD-ROM.

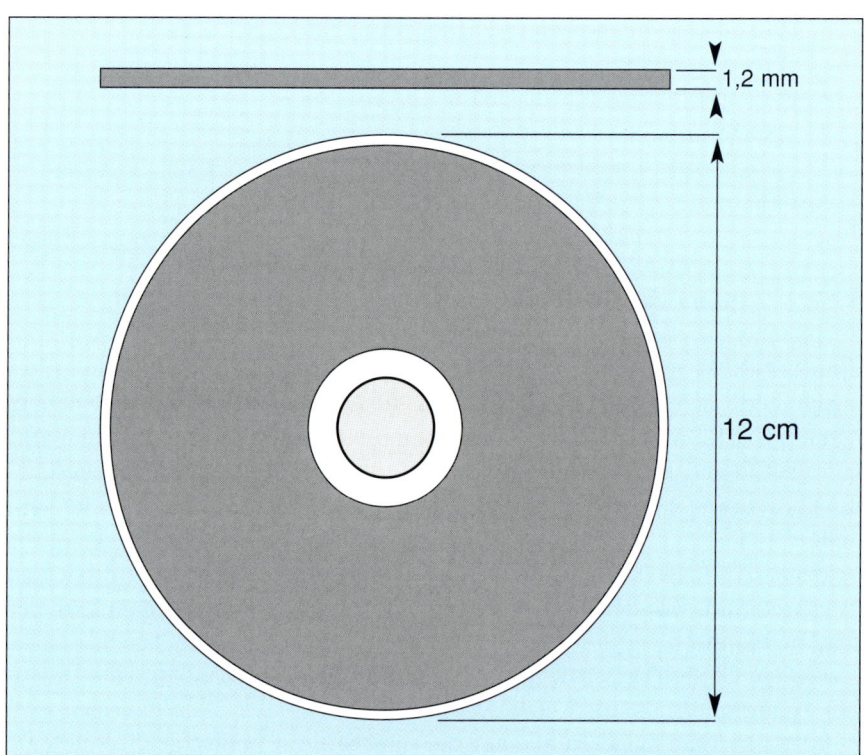

Abb. 6.4/8
Aufbau CD-ROM 2

Aufbau eines beschreibba-
ren CD-R-Rohlings (CD-Re-
cordable-Rohling)

1 = Trägerschicht aus
Kunststoff
2 = Aufzeichnungs-
schicht, bestehend
aus einem Farbstoff
3 = Reflexionsschicht
4 = Schutzschicht
5 = Oberflächenbe-
schichtung mit Label
und Titelfeld

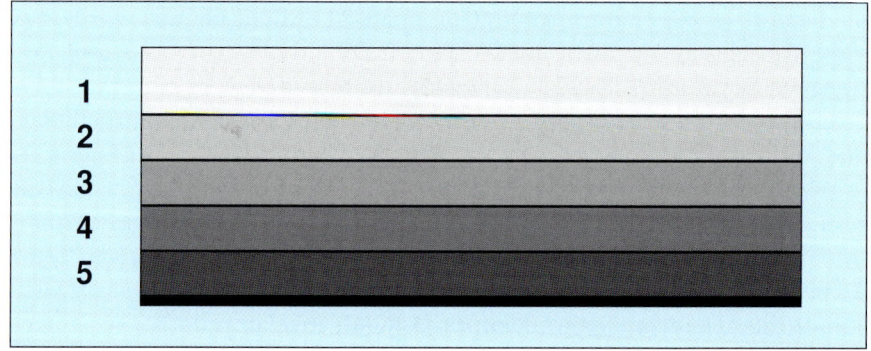

setzt werden. Die dazu notwendigen Spezifikationen finden sich im Yellow Book. Darin ist unter anderem festgelegt, dass zusätzlich zu den Audio-Fehlerkorrekturen ein erweitertes Verfahren genutzt wird, das eine Fehlerrate von 1 : 1 Billion (1 : 1.000.000.000.000) erreicht. Damit wurde der Einsatz der aus dem Audio-Bereich stammenden CD-ROM-Laufwerkstechnologie möglich.

6.4.2.3 Beschreibbare CDs

CDs haben eine Dicke von 1,2 mm und weisen einen Durchmesser von 8 cm oder meistens 12 cm auf. Sie können normalerweise nicht beschrieben, sondern nur gelesen werden. Um Daten selbst zu schreiben, gibt es beschichtete CD-Rs, die mit einem speziellen CD-Brenner einmal beschrieben werden können. Diese Technologie des einmaligen Beschreibens wird als WORM-Technologie bezeichnet. Dies bedeutet Write Once Read Many – also „Schreib einmal, lies häufig".

WORM-Technologie CD-R (Recordable) und CD-RW (ermöglicht mehrmaliges Beschreiben).

Jede CD-Größe ist mit verschiedenen Kapazitäten erhältlich, weil es bei den CD-Formaten unterschiedliche Speicherverfahren gibt. Die einen arbeiten mit einer Blockgröße von 512 KByte und die anderen mit 1.024 oder 2.048 KByte.

12-cm-Recordables haben den gleichen Durchmesser wie die Audio-CD und können ca. 650 MB Daten speichern. Die 8-cm-Recordable entspricht dem Durchmesser der Single-CD, die früher erhältlich war. Diese CDs haben sich am Markt nicht durchgesetzt, da sie nicht in alle CD-Player einlegbar waren. Die 8-cm-CDs können bis zu 220 MB Daten speichern.

Ein CD-Recordable-Rohling, also eine beschreibbare CD, besteht aus folgenden Schichten:

Schema des Aufbaus eines CD-ROM-Recordable-Rohlings siehe Abbildung 6.4/7 und 6.4/8

- Trägerschicht aus Kunststoff
- Aufzeichnungsschicht, bestehend aus einem Farbstoff
- Reflexionsschicht
- Schutzschicht
- Oberflächenbeschichtung mit Label und Titelfeld

Abb. 6.4/9
CLV-Verfahren

für optische Datenträger. Die Daten
werden beim Brennen einer CD von innen nach außen auf die CD aufgebracht.

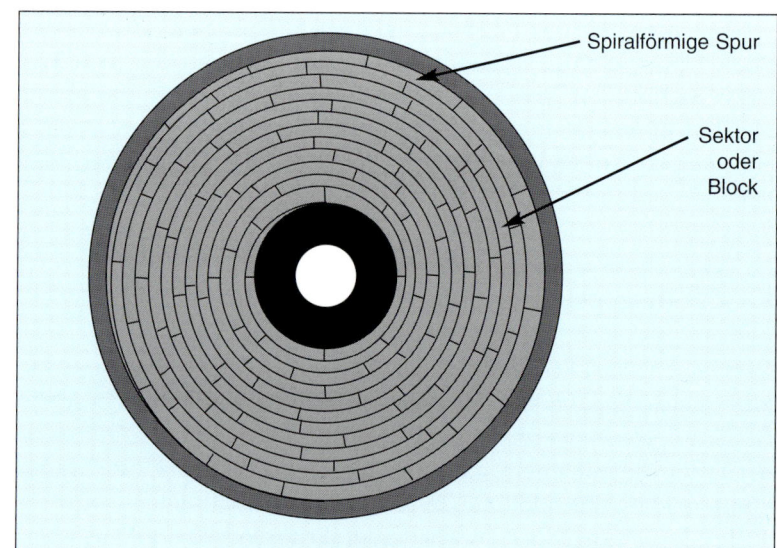

Abb. 6.4/10
CAV-Verfahren

für magnetische Datenträger. Zur Verdeutlichung der Unterschiede zwischen
den beiden Speicherungs- und Zugriffsverfahren ist Abbildung 6.4/10 gut geeignet. Die Daten werden hier in die
einzelnen Sektoren und Blöcke abgelegt.

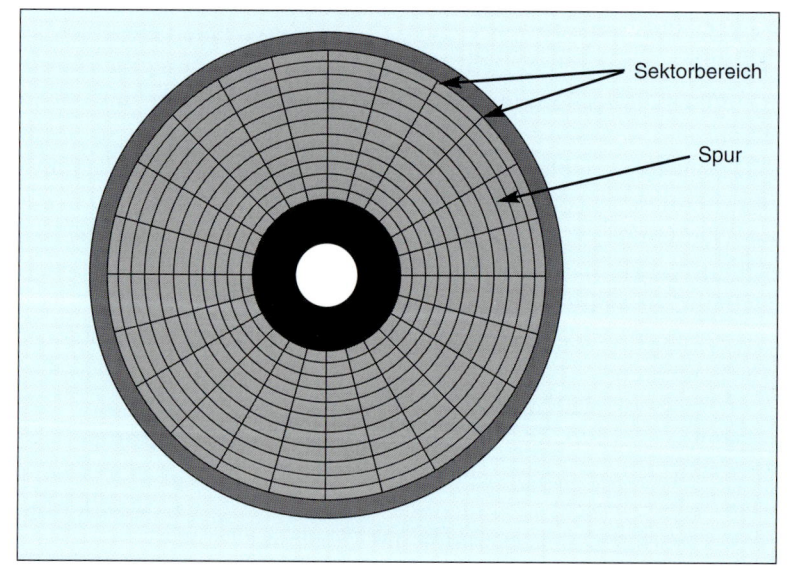

In die CD-Recordable ist eine spiralförmige Spur zur Führung des Laserstrahles eingelassen. Bei der Aufzeichnung der Daten werden die Farbstoffe von einem starken Laserstrahl aufgelöst. Dadurch ändert sich an diesen Stellen der Brechungsindex der Speicherschicht. Mit dieser Technik der Farbstoffauflösung ist die Information ähnlich wie in den feinen Vertiefungen einer herkömmlichen CD-ROM gespeichert. Während des Auslesevorgangs der Daten liest ein schwacher Lese-Laserstrahl die in die Aufzeichnungsschicht gebrannte Farbstoffveränderung und rekonstruiert durch den Wechsel der Brechungsindizes das aufgezeichnete Signal.

6.4.2.4 CLV-Verfahren

Die meisten CDs für die Nutzung am Computer arbeiten nach dem CLV-Verfahren. CLV ist die Abkürzung für „Constant Linear Velocity". Dieses Verfahren ist dem einer Schallplatte ähnlich. Abbildung 6.4/9 zeigt den spiralförmigen Aufbau einer CLV-Disc. Die Daten werden beim Brennen einer CD in einem linearen Datenfluss oder Datenstrom von innen nach außen auf die CD aufgebracht.

CLV-Verfahren = Constant Linear Velocity

Wird eine CD mit einem Laufwerk geschrieben oder gelesen, das in einfacher Geschwindigkeit arbeitet („Single Speed"), werden 150 Kilobyte Daten pro Sekunde geliefert. Dies entspricht 75 Sektoren oder Blöcken pro Sekunde. Jeder Sektor besteht aus zwei Kilobyte Daten (2048 Byte). Eine CD-ROM kann 330.000 Sektoren oder Blöcke enthalten. Umgerechnet ergibt dies eine Datenmenge pro CD von 330.000 Sektoren x 2048 = 675.840 KByte. Dies entspricht ca. 660 MB Speicherplatz auf einer CLV-formatierten CD-ROM.

Lesegeschwindigkeit für Single-Speed-CD-Laufwerk = 150 Kilobyte Daten pro Sekunde

Der einzelne Sektor/Block ist die kleinste unabhängig adressierbare Einheit auf einer CD. Die Adressierung erfolgt durch die Angabe in Minuten, Sekunden und hundertstel Sekunden. Sie beginnt am Anfang der Spirale und gibt die Zeit an, bis der gesuchte Track eingelesen ist.
Eine einfaches CD-ROM-Laufwerk liest 75 Sektoren pro Sekunde, wobei jeder Sektor 2 kB Daten enthält. Damit ergibt sich eine Datenübertragungsrate von 150 KB pro Sekunde.

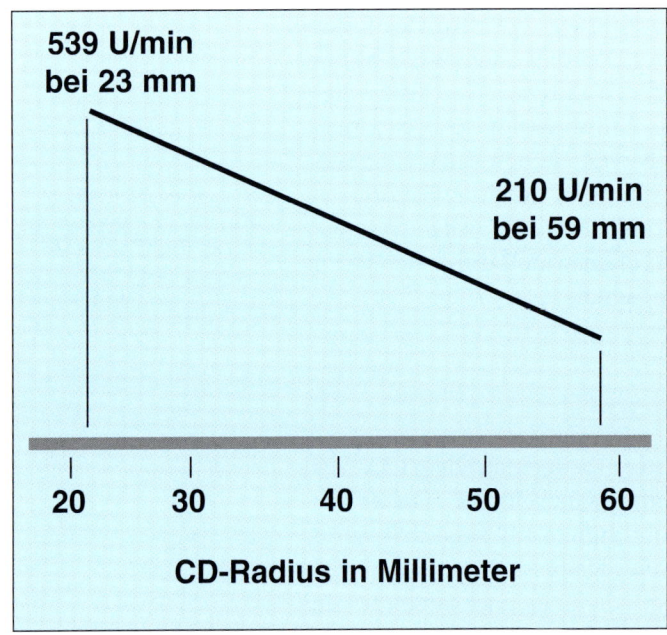

539 U/min
bei 23 mm

210 U/min
bei 59 mm

20   30   40   50   60

CD-Radius in Millimeter

Abb. 6.4/11
**Lesegeschwindigkeit eines CD-Lauf-
werkes**

6.4.2.5 Lesegeschwindigkeiten

Eine CD liest immer die gleiche Daten-menge pro Sekunde. Daher dreht sie sich schneller bei Zugriffen auf innere Tracks und langsamer bei Zugriffen auf äußere Tracks.

Der Vorteil des CLV-Verfahrens, dass mehr Informationen auf den äußeren Tracks gespeichert werden können, wird durch eine langsame Zugriffszeit erkauft. Das System muss im Extremfall lange warten, bis die Geschwindigkeit nach ei-nem Zugriff von ganz innen nach ganz außen wieder so konstant ist, dass ein Auslesen der Daten möglich ist.

Die Umdrehungsgeschwindigkeit be-trägt innen ca. 539 U/min (bei 23 mm), außen beträgt sie ca. 210 U/min (bei 59 mm). Abbildung 6.4/11 zeigt dies. Die Umdrehungsgeschwin-digkeit ist also abhängig von der Position des Lesekopfes.

Das Lesen einer CD beginnt immer auf den inneren Tracks. Die Latenzzeit beträgt innen 50 ms und außen 150 ms. Unter der La-tenzzeit wird die Zeit verstanden, die notwendig ist, bis sich der zu lesende Track unter dem Lesekopf befindet und die richtige Um-drehungsgeschwindigkeit erreicht ist, um Daten auszulesen.

Von entscheidender Bedeutung ist daher die Anordnung der Da-ten auf einer CD-ROM. Dateien, auf die sehr oft zugegriffen werden muss, sollten am weitesten innen abgelegt werden, um die Zu-griffszeit kurz zu halten. Die meisten ISO-Schreibsoftwarepakete er-lauben eine derartige Sortierung für die Schreibreihenfolge der Da-ten von innen nach außen.

CD-ROM-Laufwerke mit dieser Geschwindigkeit werden als Single-Speed-Laufwerke bezeichnet. Da diese Laufwerke den Anforderungen für multimediale Anwendungen nicht entsprechen, wurden schnellere Laufwerke mit höheren Umdrehungsgeschwindigkeiten entwickelt. Es kamen die Double-Speed-, Dreifach-Speed-, Vierfach-Speed- bis hin zu 55-Speed-Laufwerken auf den Markt. Bei doppelter Geschwindigkeit liest das Laufwerk 150 Sektoren pro Sekunde, die Datentransferrate beträgt dann 300 KB pro Sekunde. Bei einer weiteren Steigerung der Geschwindigkeit vervielfacht sich die Datenübertragungsrate entsprechend. Hierzu gilt folgende Formel:

Laufwerksgeschwindigkeiten von Single-Speed über Vierfach-Speed bis hin zu 55-Speed-Laufwerken

---

Übertragungsrate = Geschwindigkeit x 150 KByte

Für ein Achtfach-Speed-Laufwerk gilt dann:
Übertragungsrate = 8 x 150 KB = 1.200 KB Daten / Sekunde.

Lernziel: CD-Laufwerksgeschwindigkeiten beurteilen können.
Aufgabe: Berechnen Sie für die im Text aufgeführten Laufwerkstypen die Datenübertragungsraten und vergleichen Sie die berechneten Werte mit den Angaben in den Handbüchern Ihrer CD-ROM-Laufwerke in Schule und Ausbildungsbetrieb. (I)

Lernziel: CD-ROM-Aufbau kennen.
Aufgabe: Beschreiben Sie den Aufbau einer CD-ROM und erklären Sie, wie die Daten auf diesem Datenträger gespeichert werden. (I)

Typ 1: **Red-Book-Sektor** oder **Audio-Sektor**

2.352 Audio Sample Bytes

Typ 2: **Yellow-Book-Daten-Sektor Mode 1**

Sync	Header	**Nutzdaten**	Fehlerkorrektur
12 Bytes	4 Bytes	**2.048 Bytes**	288 Bytes

Typ 3: **Yellow-Book-Daten-Sektor Mode 2**

Sync	Header	**Nutzdaten**
12	4	**2.336 Bytes**

Typ 4: **CD-ROM-XA** und **Green-Book-Daten-Sektor Mode 2-Form 1**

Sync	Header	Subheader	**Nutzdaten**	FK
12	4	8	**2.048 Bytes**	280 Bytes

Typ 5: **CD-ROM-XA** und **Green-Book-Daten-Sektor Mode 2-Form 2**

Sync	Header	Subheader	**Nutzdaten**	FK
12	4	8	**2.324 Bytes**	4

Abb 6.4/12
Die fünf Sektortypen
Nutzdatenmengen nach den Definitionen der Rainbow-Books.
Sync = Synchronisations-Byte, FK = Fehlerkorrektur.

6.4.2.6 Datenmengen auf einer CD-ROM

Normalerweise geht man davon aus, dass auf einer CD-ROM eine Datenmenge von ca. 650 MB gespeichert werden kann. Tatsächlich variiert die verfügbare Datenmenge auf einer CD-ROM zwischen 650 MB und 750 MB Daten. Dies ist abhängig vom jeweiligen Datentyp. Daher muss hier auf die Spezifikationen von Datentypen der verschiedenen Rainbow-Books etwas genauer eingegangen werden.

Der beschreibbare Teil einer CD-ROM besteht immer aus mindestens drei Bereichen:

1. **Lead-in-Bereich:** Enthält das Inhaltsverzeichnis der CD-ROM.

2. **Programmbereich**: Enthält die Daten-, Audio-Sektoren bzw. Blöcke.

3. **Lead-out-Bereich:** Markiert das Ende einer CD bzw. einer Session.

Eine CD wird in Sektoren unterteilt. Ein solcher Sektor besteht aus 2.352 Bytes. Dies gilt für jegliche Art von CD. Je nach verwendetem Datentyp werden diese 2.352 verfügbaren Bytes pro Sektor unterschiedlich aufgeteilt und ergeben eine unterschiedlich nutzbare Datenmenge.

Es gibt zur Zeit fünf Sektortypen:

Typ 1	Red-Book-Sektor oder Audio-Sektor
Typ 2	Yellow-Book-Daten-Sektor Mode 1
Typ 3	Yellow-Book-Daten-Sektor Mode 2
Typ 4	CD-ROM-XA + Green-Book-Daten-Sektor • Mode 2-Form 1
Typ 5	CD-ROM-XA + Green-Book-Daten-Sektor • Mode 2-Form 2

Die jeweils möglichen Nutzdaten ersehen Sie aus Abbildung 6.4/12.

Sektoren vom Typ 1 werden nur von Musik-CDs verwendet. Die Speicherkapazität einer solchen Musik-CD wird in Minuten : Sekunden : Frames (1 Frame = 1 Sektor) angegeben.

Ein Audio-Sektor enthält 2352 Audio Sample Bytes. Da eine Audio-CD 333.000 Sektoren aufweist, beträgt die Datenmenge einer solchen CD = 333.000 Sektoren x 2352 Bytes. Dies ergibt ca. 744 MB Audiodaten.

Sektoren vom Typ 2 und 4 werden für Computerdaten verwendet. Dabei beträgt die Datenmenge für einen Sektor 2048 Bytes. Dies ergibt eine nutzbare Datenmenge von 333.000 Sektoren x 2048 Bytes, also ca. 650 MB Computerdaten. Eine Verknüpfung von Audio- und Videodaten mit Computerdaten lässt die Definition von Typ 2 nicht zu. Ist diese Verknüpfung notwendig, werden Typ-5-Sektoren verwendet.

Sektoren des Typ 5-Formats (CD-ROM-XA) lassen eine Mischung aus Computerdaten und komprimierten Audio- und Videodaten zu (XA steht für eXtended Architecture Typ 4 und 5). Sie werden vor allem bei Anwendungen genutzt, bei denen eine Datenverknüpfung zwischen diesen unterschiedlichen Datentypen notwendig ist. Ein Anwendungsbeispiel wäre eine CD-ROM mit Macromedia-Director-Daten und damit verknüpften Audio- und Videodateien. Dabei ist eine Änderung des Sektortyps von Typ 1 zu Typ 2 oder 4 auf einer CD möglich. Erst diese Änderung des Sektortyps ermöglicht eine gemeinsame Nutzung von Computer- und Audio-/Videodaten. Sektoren vom Typ 3 kommen nicht mehr zum Einsatz.

Lernziel:	Sektortypen und deren Nutzdatenmengen klassifizieren.
Aufgabe:	Untersuchen Sie verschiedene CD-ROMs aus Ihrem Bestand und versuchen Sie herauszufinden, welche Sektortypen vorliegen (Daten- und Musik-CDs). (P)

6.4.3 Kodak Photo CD

Die von der Firma Kodak auf den Markt gebrachte Photo CD ist, wie der Name bereits andeutet, eine CD-ROM, auf der vor allem Bilder gespeichert werden. Die Photo CD war als Alternative zum Papierbild gedacht, konnte sich aber im Heimbereich nicht durchsetzen. Ursache waren sicherlich der relativ hohe Preis und das Fehlen geeigneter Abspielgeräte bei Privatpersonen.

Für die professionelle Bildverarbeitung wird die Photo CD zunehmend von Druckereien und Agenturen genutzt. Bilder werden vom Negativ eingescannt und digitalisiert. Das Ergebnis wird im Photo CD-Format (PCD-Format) auf der Photo CD gespeichert und kann von dort mit verschiedener Software geöffnet und weiterverarbeitet werden.

Das Besondere des PCD-Formates besteht darin, dass mit einem Dateityp verschiedene Auflösungen erfasst werden. Vom Thumbnail (128 x 192 Bildpunkte) bis zu postergroßen Formaten (2.048 x 3.072 Bildpunkte) kann jeder Anwender die Auflösung nutzen, die für seine Ansprüche geeignet ist.

Der Aufbau und die physikalische Struktur der Photo CD entspricht dem anderer CDs – nur das verwendete Datenformat stellt einen neuen und zwischenzeitlich von vielen Grafik- und Bildbearbeitungsprogrammen unterstützten Standard dar. Mit Hilfe der Photo CD lassen sich Scankosten bei vertretbarer Qualität effektiv senken. Kodak bietet einen 72-Stunden-Service für die professionelle Nutzung der Photo CD an. Dies ist im Prinzip ein sehr schnell arbeitender Scanservice für die Medienindustrie, der allerdings noch selten genutzt wird.

Abb. 6.4/13
Kodak Photo CD

6.4.3.1 Struktur einer Photo CD

Im Ordner IMAGES sind, wie Abbildung 6.4/14 zeigt, die Bilder mit den Nummern IMG0001.PCD bis IMGnnnn.PCD abgelegt. Darin enthalten sind die Bilddateien, die allerdings nicht mit einem TIFF-, BMP- oder EPS-Bildformat vergleichbar sind.

In einem Image-Pack ist das Bild in fünf verschiedenen Auflösungen abgelegt. Dies dient nicht nur der Übersichtlichkeit, sondern vielmehr einer effektiven Komprimierung der Bilder.

Abb. 6.4/14
Verzeichnisstruktur einer Photo CD

Die Bilder und alle mit der Photo CD
zusammenhängenden Informationen
sind im Unterverzeichnis PHOTO_CD
abgespeichert.
• INFO.PCD enthält die Seriennummer,
Angaben über das Labor und die CD-
ROM.
• OVERVIEW.PCD enthält alle Über-
sichtsbilder der CD.
• START_UP.PCD enthält das Photo
CD-Logo.
• IMAGES – hier sind alle Bilder abge-
legt und durchnummeriert von IMG-
0001.PCD bis IMGnnnn.PCD.

Im Verzeichnis CDI werden alle Daten
abgelegt, die notwendig sind, um die
Photo CD auf einem CD-I-Player abspielen zu können.

Es gibt noch weitere Verzeichnisse, die
Daten für die verschiedenen Zwecke
aufnehmen. Diese Verzeichnisse können durchaus leer sein.

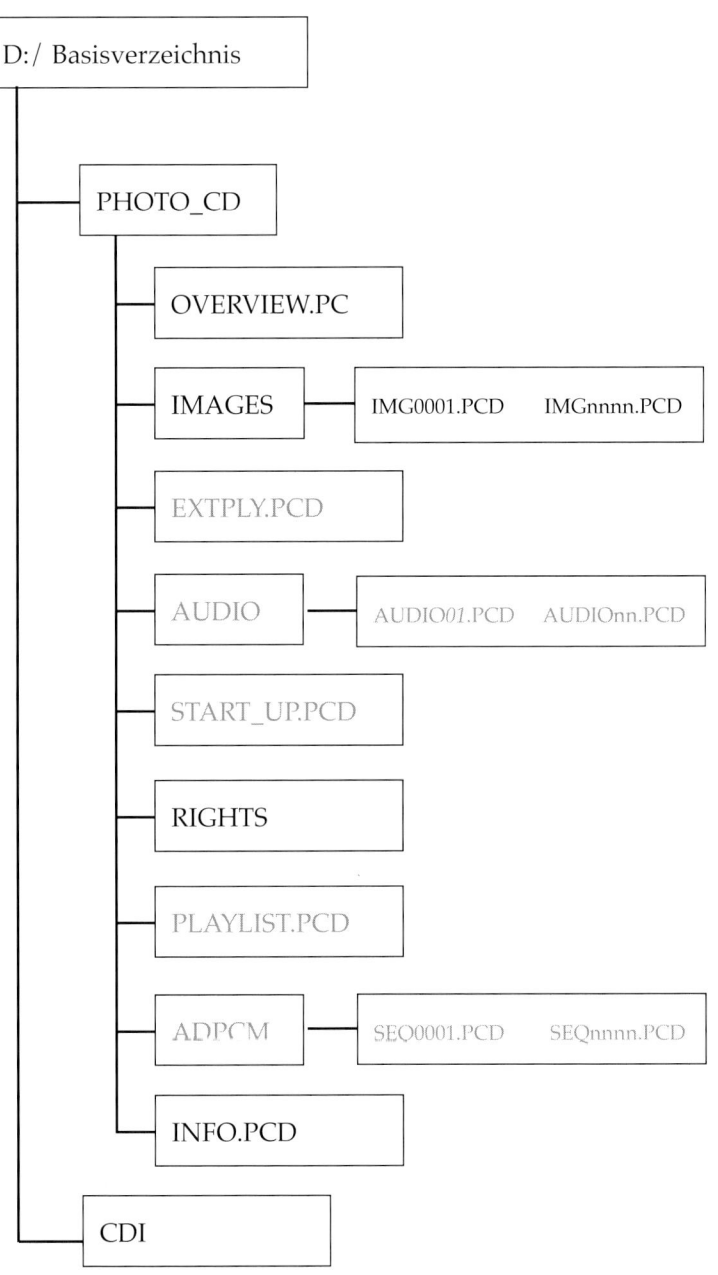

Ein 24 x 36-mm-Kleinbild wird mit einer Auflösung von 2.048 x 3.072 Pixeln gescannt und auf der CD abgelegt. Bei einer Speicherung im BMP-Format benötigt das Bild einen Speicherplatz von 18 MB – das entspräche gerade 30 Bildern auf der CD. Daher müssen die Bilddaten komprimiert werden. Dies geschieht mit Hilfe eines von Kodak entwickelten Verfahrens, das als Ergebnis ein ineinander verschachteltes Bild mit fünf verschiedenen Formaten auf die Photo CD ablegt:

Bildkomponente	Auflösung				
Base/16	128	Pixel	x	92	Pixel
Base/4	256	Pixel	x	384	Pixel
Base	512	Pixel	x	768	Pixel
4-Base	1.024	Pixel	x	1.536	Pixel
16-Base	2.048	Pixel	x	3.072	Pixel
64-Base	4.096	Pixel	x	6.144	Pixel

Dateistruktur des PCD-Files

Base, Base/4 und Base/16-Bilder liegen in unkomprimierter Form vor, 4-Base, 16-Base und 64-Base sind in komprimierter Form auf der CD abgelegt. Das 64-Base Format wird nur auf Anforderung auf die Photo CD gespeichert. Dieses Bildformat wird auf der so genannten Professional-CD für den Einsatz in Agenturen und Druckereien verwendet. Die Bilder werden in diesem Fall mit einem High-End-Scanner digitalisiert und kosten entsprechend mehr als die Standardauflösungen auf der Photo CD.

64-Base-Format für den professionellen Einsatz in Fotoqualität

Lernziel: Photo CD und deren Anwendung kennen.
Aufgabe: Erkundigen Sie sich nach den aktuellen Preisen und Herstellungszeiten für eine Photo CD im Umfeld Ihres Betriebes. Benutzen Sie eine Photo CD und beurteilen Sie die Bildqualität im Hinblick auf den Einsatz in der Medienproduktion. (P)

Abb. 6.4/15
DVD-Brenner

Die Abbildung zeigt einen
externen DVD-Brenner
(oberes SCSI-Gerät). DVD-
Brenner sind gleichzeitig
auch DVD-Lesegeräte bzw.
Laufwerke.

6.4.4 Digital Versatile Disc (DVD)

Unabhängig voneinander stellten 1995 zwei Firmengruppen unterschiedliche Datenträger vor, welche die Nachfolge des CD-Formates antreten sollten. Damit waren zwei unterschiedliche CD-Formate für den zukünftigen Markt geschaffen, was für die damaligen Anwender eine unerfreuliche und unklare Situation darstellte.

Im Oktober 1995 einigten sich die Firmen und stellten ein CD-Format vor, das die Vorteile beider Lösungen vereinte. Der gemeinsame Standard wurde DVD genannt, was zunächst für Digital Video Disc stand. Im Laufe der Entwicklungen wurde das neue Format dann entgültig in Digital Versatile Disc umbenannt (Versatile ist der englische Begriff für Vielseitigkeit). Damit wird durch den Namen bereits darauf hingewiesen, dass sich mit diesem DVD-Format die unterschiedlichen CD-Typen herstellen lassen.

DVDs haben wie herkömmliche CDs einen Durchmesser von 12 cm. Eine DVD besteht aus zwei Lagen, die Rücken an Rücken zusammengeklebt sind. Jede Lage besteht wiederum aus zwei Schichten. Jede Schicht kann bis zu 4,7 GByte Daten speichern. Zur Erinnerung: Eine herkömmliche CD kann etwa 0,7 GByte aufnehmen.

Die Kombination aus zwei Lagen und zwei Schichten ergibt eine DVD-Gesamtspeicherkapazität von

4 x 4,7 GB = 18,8 GByte Speicherkapazität pro DVD

In Verbindung mit dem MPEG-Komprimierungsverfahren kann eine Seite bereits einen kompletten Spielfilm mit maximal 135 Minuten aufzeichnen und wiedergeben.

Die Auswahl der einzelnen Schichten einer Seite geschieht durch einen Laser, der auf die unterschiedlichen Ebenen fokussiert wird. Um die unterschiedlichen Seiten anzusprechen, muss die CD in preiswerten DVD-Laufwerken umgedreht werden. In teureren Abspielgeräten befindet sich eine Laser-Abtasteinheit, die über eine doppelte Mechanik verfügt und die DVD von oben und unten liest.

Abb. 6.4/16
Laserlicht

Schnittbild eines Glaslasers.
Zwischen den beiden sphäri-
schen Spiegeln links und
rechts bildet sich kohärentes
Licht, welches aus dem teil-
durchlässigen Spiegel rechts
als energiereicher, paralleler
Strahl austritt.

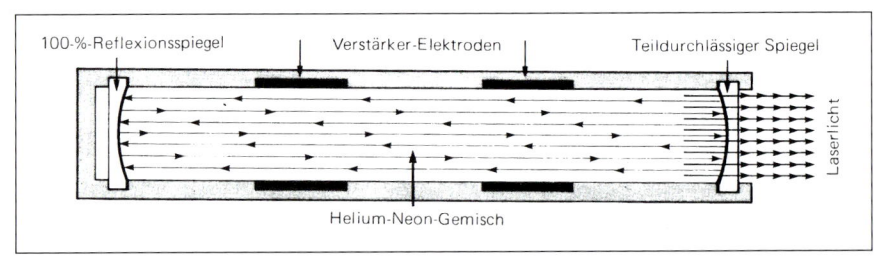

Abb. 6.4/17
Lasertechnik

Prinzip des Auslesens von
Daten aus einer CD-ROM.
Das obere Bild zeigt den Laserstrahl beim Auslesen einer Information. Das untere
Bild streut den Laserstrahl,
und es wird keine Information über die Fotodiode an
den Rechner weitergege-
ben.

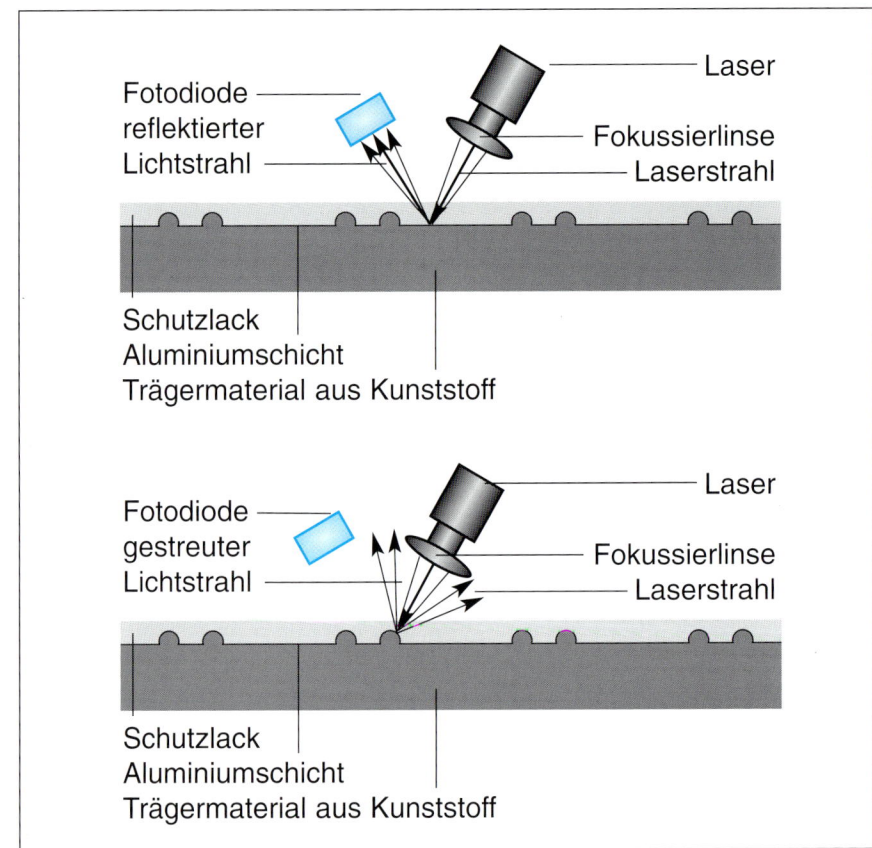

6.4.5 Laserlicht und CD-ROM-Technik

Der Laserstrahl ist die Schlüsseltechnologie in der CD-Technik. Albert Einstein stellte 1917 die Theorie der Lichtverstärkung auf. Darauf aufbauend gelang es dem Physiker Ted Mainman 1960 zum ersten Mal, Lichtwellen mit einer Wellenlänge von unter einem zehntausenstel Millimeter zu erzeugen. Dieses Forschungsergebnis in Kalifornien war die Geburtsstunde des Lasers.

Für alle, die es sich nicht merken können: Laser ist die Abkürzung für „Light Amplification by Stimulated Emmission of Radiation". Dies bedeutet übersetzt „Lichtverstärkung durch angeregte Strahlenemmission".

Laserlicht weist ein extrem gebündeltes Licht gleicher Wellenlänge und Schwingungsart, so genanntes kohärentes Licht auf. Die Lichtstärke eines Lasers ist um ein Vielfaches höher als die anderer Lichtquellen. Daher ist es z.B. möglich, mit Laserlicht digital gespeicherte Daten direkt auf prinzipiell eher lichtunempfindliche Druckplatten zu belichten. Die hohe Energiedichte und die Parallelität der Lichtstrahlen bewirken eine Belichtungsreaktion.

Zur Abtastung der Information auf einer CD-ROM wird ebenfalls Laserlicht eingesetzt. Dieser Laserstrahl wird über eine Fokussierlinse gebündelt und trifft auf die Oberfläche der CD. Die Oberfläche einer „silbernen Scheibe" besteht aus einem Schutzlack und einer darunterliegenden Aluminiumschicht. Die Informationen werden vom Laserstrahl ohne mechanischen Kontakt von innen nach außen spiralförmig abgetastet. Auf seinem Weg über die CD trifft der Laserstrahl auf Stellen, die plan sind, und auf Stellen, die wie kleine Hügel erhöht sind (Pits und Lands). Diese Hochs und Tiefs repräsentieren die Nullen und Einsen des binären Codes. Trifft der Laser auf eine flache Stelle, so wird der Strahl reflektiert und von einer Sensorzelle registriert. Trifft er auf eine Erhöhung, so wird der Strahl abgelenkt und auf die Sensorzelle fällt keine Licht. So entstehen aus den Zuständen Licht/kein Licht die Informationen Null und Eins.

Laser ist die Abkürzung für „Light Amplification by Stimulated Emmission of Radiation".

Pits und Lands

Lernziel: Laserlicht und dessen Anwendung im Medienbetrieb kennen.

Aufgabe: Stellen Sie fest, wo überall in Ihrer betrieblichen Umgebung Laserlicht eingesetzt wird. (P)

Abb. 6.4/18
CD-ROM-Treiber

Die CD-ROM-Treiber High Sierra und
ISO 9660 sind Bestandteil aller aktuellen Betriebssysteme und sind, wie in
der Abbildung eines Teils des Macin-
tosh-Betriebssystems, unter den Sy-
stemerweiterungen zu finden.

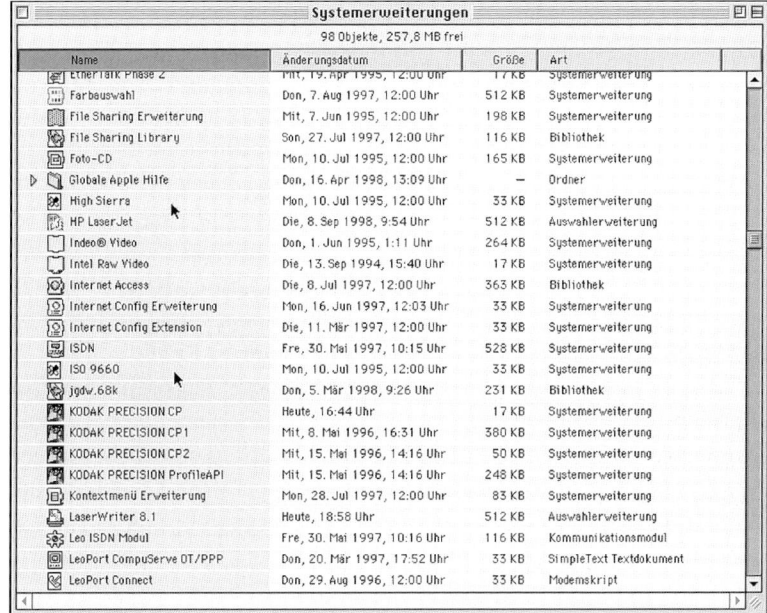

Abb. 6.4/19
System-Treiber

Betriebssystem-Treiber Foreign File Access für die Interpretation des ISO-For-
mates im Macintosh-Betriebssystem.
Bei Windows-Rechnern führt diese
Funktion der MSCDEX-Treiber durch.

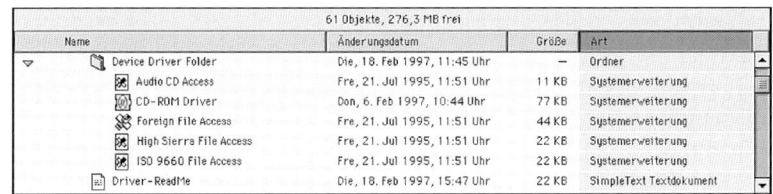

6.4.6 Dateisysteme und CDs

Die Art, wie ein Computer Daten auf einem Datenträger speichert, wird durch das Dateisystem organisiert. Das Dateisystem merkt sich, wo die Daten auf dem Datenträger abgelegt sind. Es speichert dazu die entsprechenden Stellen auf dem Datenträger, also die für eine Datei speicherrelevanten Sektoren und Spuren.

Auf einer Festplatte unter MS-DOS 6.22 oder Windows 3.x wird das so genannte FAT-Verfahren verwendet. Windows 95 benutzt das FAT-32-System. Dieses ermöglicht bereits lange Dateinamen und stellt eine Erweiterung des FAT-Systems dar. Dabei verwaltet das Betriebssystem eine Tabelle, von der aus es auf die Sektoren zugreift, in denen die eigentlichen Informationen gespeichert sind.

Andere Betriebssysteme verwenden andere Methoden der Dateiverwaltung. OS/2 arbeitet mit dem System HPFS, Windows NT setzt das von DOS übernommene FAT ein, bevorzugt aber das systemeigene NTFS-Dateisystem. Ebenso nutzt der Apple Macintosh ein eigenständiges Dateisystem. Man erkennt, dass jedes Betriebssystem mit einem eigenen Dateisystemformat arbeitet. Dies hat auch Auswirkungen auf die CD-ROM-Herstellung. Wird für eine CD-ROM das OS/2-Dateiformat HPFS verwendet, kann diese CD auf einem Rechner mit Windows 98 nicht angesprochen werden.

Damit eine CD-ROM auf möglichst vielen Rechnersystemen verarbeitet werden kann, muss ein Dateisystem verwendet werden, das von möglichst vielen Rechnerplattformen angesprochen und interpretiert werden kann. Da die Dateisysteme der verschiedenen Rechnerplattformen untereinander nicht kompatibel sind, haben sich die CD-Entwickler entschieden, ein eigenes Dateisystem nur für CD-ROMs zu entwickeln. Die Einbindung dieses Dateisystems in die unterschiedlichen Rechnerplattformen geschieht dann über Treiber, welche die auf einer CD-ROM gespeicherten Informationen so umsetzen, dass die jeweilige Rechnerplattform darauf zugreifen kann.

„Normen" für die CD-ROM-Herstellung finden sich in den farbigen Büchern
→ 6.4.1.1

Es gibt die folgenden CD-Dateiformate:
- High Sierra
- ISO 9660
- Joliet

Abb. 6.4/20
CD-ROM-Dateistruktur

Dateistruktur auf einer CD-ROM nach ISO 9660 vor dem Brennen mit einem CD-ROM-Brenner.
Man erkennt deutlich die Änderung der langen Dateinamen (grau dargestellt) in die Namenskonvention von ISO 9660. Die langen Namen werden auf Dateinamen mit acht Buchstaben, Punkt und einem Suffix mit drei Buchstaben reduziert.
Bei Hybrid-Produktionen sollte bereits in der Arbeitsvorbereitung eine Dateinamensstruktur nach ISO 9660 entwickelt werden, um die dargestellten Änderungen beim Brennen einer CD-ROM zu vermeiden.

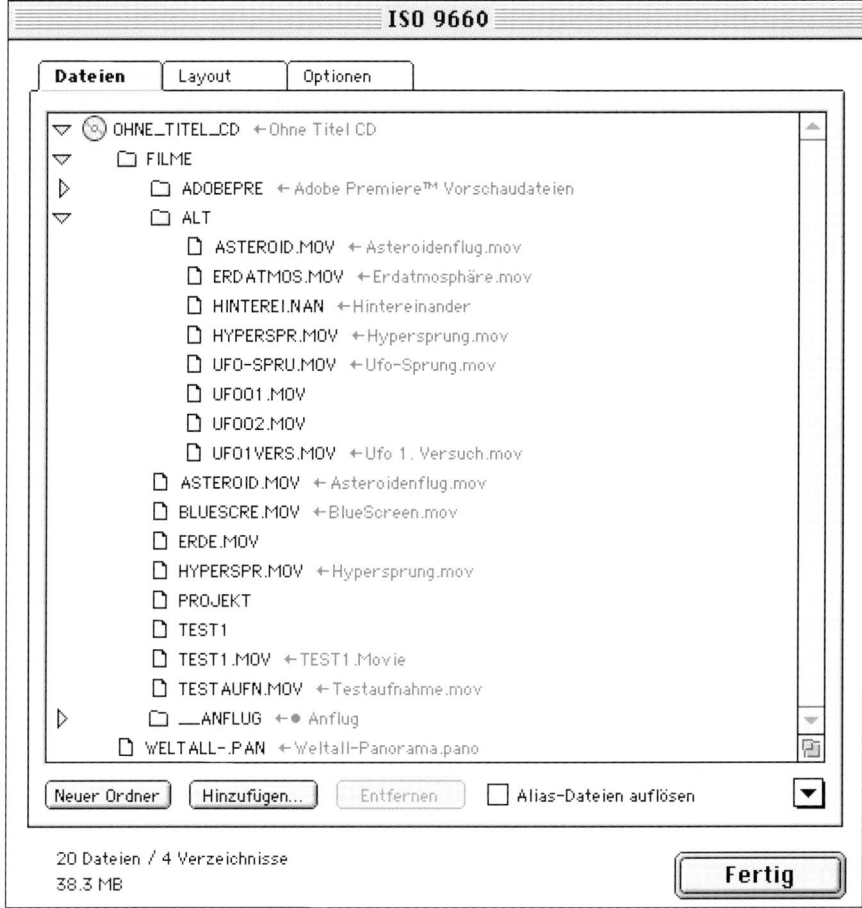

Das älteste Dateiformat für CDs ist das High-Sierra-Format. Es handelt sich dabei um einen Vorläufer des heute am meisten gebrauchten ISO-9660-Standards. Das High-Sierra-Format wurde unmittelbar nach Verabschiedung des Yellow-Book-Standards eingeführt, um 1982 ein universelles und plattformübergreifendes Dateisystem zur Verfügung zu haben.

6.4.6.1 ISO 9660

Die Dateistruktur ISO 9660 wurde 1987 als Green-Book-Anhang veröffentlicht. Damit war eine Standardisierung einer Dateistruktur erreicht, die von möglichst vielen Rechnerplattformen genutzt werden konnte. Der Datenaustausch zwischen DOS, Macintosh, OS/2, Windows u.a. war für den Einsatz professioneller Anwendungen möglich geworden.

Die Informationen liegen auf einer CD-ROM in 330.000 Sektoren. Jeder Sektor ist individuell ansprechbar. Dies ermöglichen die entsprechenden Treiber der Betriebssysteme. Bei DOS und Windows wird der CD-Extensions-Treiber verwendet, der die Bezeichnung MSCDEX hat. Beim Macintosh wird das Programm Foreign File Access (FFA) benutzt.

MSCDEX und FFA lesen die Daten von der CD-ROM im ISO-9660-Format und setzen sie so um, dass sie im eigenen Dateisystem des jeweiligen Rechners weiterverwendet werden können. Dadurch wird die Entwicklung von CD-ROM-Anwendungen recht einfach. Multimedia-Entwickler benötigen keine genauen Kenntnisse über die Hard- und Software-Hintergründe, um eine CD-ROM zum Laufen zu bringen – man sollte aber über Kenntnisse des ISO-9660-Formats und dessen Zusammenhänge verfügen. Ohne die Programme bzw. Treiber MSCDEX und Foreign File Access müsste ein Multimedia-Entwickler für jede auf dem Markt befindliche Computerplattform eigene Treiber programmieren, um die jeweils entwickelte CD-ROM lauffähig auszuliefern. Die Treiber MSCDEX und Foreign File Access sind mittlerweile fester Bestandteil der gängigen Betriebssysteme und sorgen für einen in aller Regel problemlosen Start eingelegter CD-ROM-Applikationen.

Abb. 6.4/21
Dateistruktur

Wahlmöglichkeiten für die Dateistruktur im Programm Toast-CD-ROM Pro. Dargestellt ist auf der Abbildung die Mac/ISO Hybrid-Einstellung. Diese Einstellung wird zur Produktion einer CD-ROM, lesbar für das Macintosh- und Windows-Betriebssystem genutzt. Auf der CD wird dann ein gemeinsam nutzbarer Datenbereich angelegt, der von beiden Rechnersystemen gelesen werden kann. In Abbildung 6.4/22 ist diese Struktur nochmals schematisch dargestellt.

Die untere Abbildung zeigt das Dateienfenster, nachdem man auf den Button ISO ..., sichtbar im oberen Bild, gedrückt hat. Diese ISO-Dateien enthalten farbige Darstellungen in Blau und Rot. Die blau dargestellten Dateien sind die gemeinsam genutzten Dateien für Mac und PC. Im abgebildeten Beispiel handelt es sich um Digital-Video-Dateien. Im Bild ist erkennbar, dass die Dateinamen, die nicht der ISO-Norm entsprechen, in normgerechte Dateinamen konvertiert wurden.

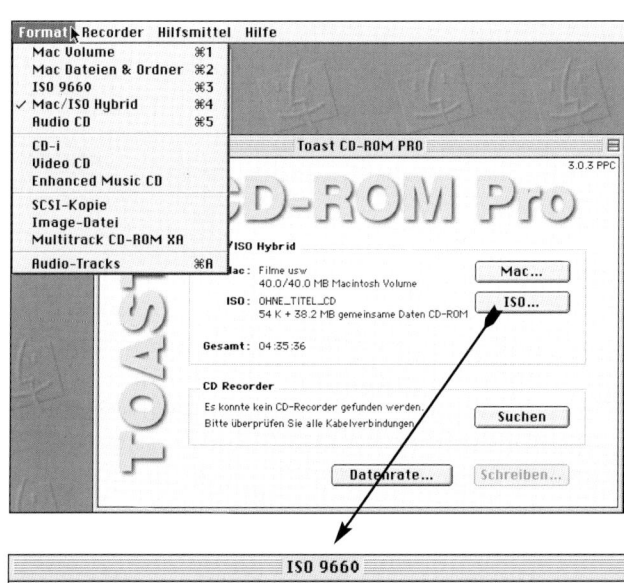

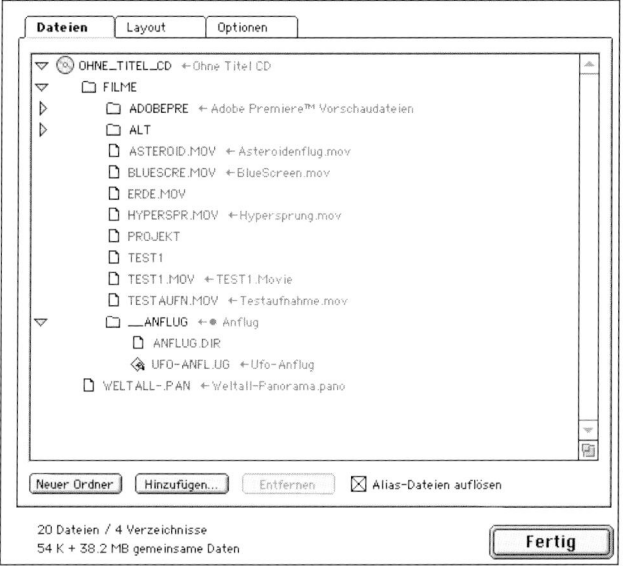

Wer CD-ROMs entwickelt und schreibt, kann auf die jeweilige Betriebs-system-Verzeichnisstruktur zurückgreifen. Er muss nicht ISO 9660 verwen-den. Auf PCs mit DOS oder Windows ist jedoch die Verwendung des ISO-Standards empfehlenswert. Die Gründe dafür sind einleuchtend: Die Zu-griffssoftware für die CD-ROM benutzt möglicherweise MSCDEX-Aufrufe, um die Eingabe-/Ausgabeoperationen nicht selbst erledigen zu müssen. Wird nach ISO-Dateistruktur gearbeitet, funktionieren z.B. COPY, TYPE und DIR-Befehle schneller und reibungsloser beim Datentransfer von CD-ROM zu PC-Festplatte und umgekehrt.

Lernziel:	Kennen lernen des ISO-Standards.
Aufgabe:	Suchen Sie die beschriebenen Programme und Trei-ber für den Datenaustausch mit CD-ROMs in Ihrem Rechner und stellen Sie dabei Lage, Größe und Da-teiart fest. Bei manchen Rechnern befinden sich „ReadMe"-Dateien bei dieser Software. Lesen Sie diese und lernen Sie dadurch den ISO-Standard besser ken-nen! (P)

Lernziel:	Kennen lernen des ISO-Standards.
Aufgabe:	Brennen Sie unterschiedliche CDs mit Hilfe der ver-schiedenen Einstellungen Ihres CD-Brenners und untersuchen Sie die Lauffähigkeit der CDs auf ver-schiedenen Rechnersystemen. (P)

Abb. 6.4/22
Hybrid-CD-ROM

Prinzipieller Aufbau einer Hybrid-CD.
In der Regel werden zurzeit die ISO-
Konventionen Level 1 bei der Herstellung noch beachtet. Maßgebend ist
aber immer die Angabe der Systemvoraussetzungen auf der CD-Hülle.
Im Mac- bzw. Windows-Teil liegen die
jeweils auf das Betriebssystem abgestimmten Inhaltsverzeichnisse der
CD-ROM. Dies können Datenbankanwendungen, Dateien für CD-ROM
gestützte Browseranwendungen oder
Dateien aus Autorensystemanwen-
dungen sein.

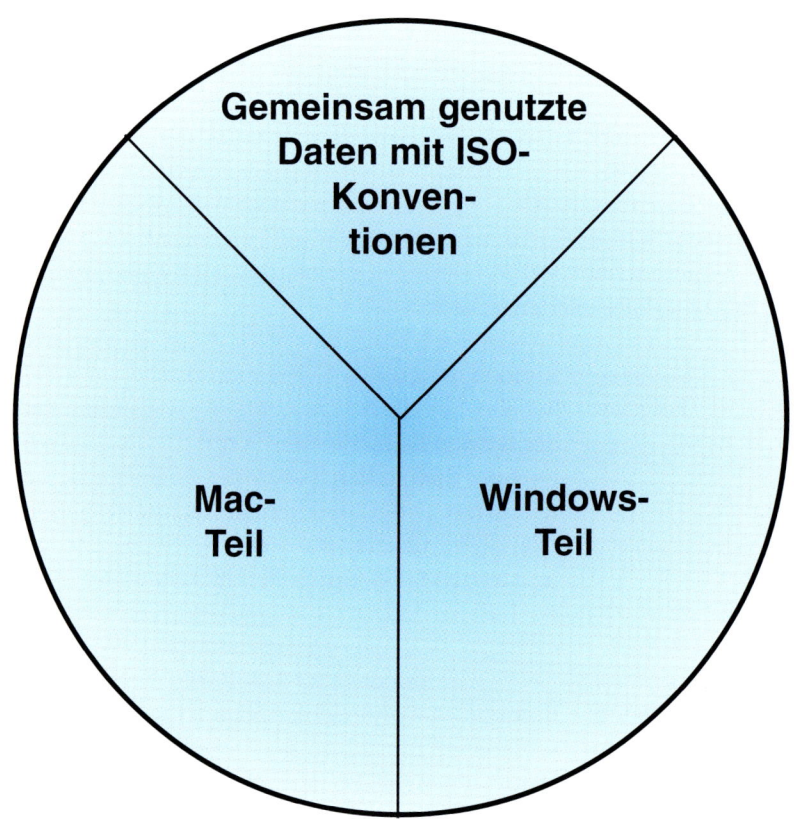

6.4.6.2 Hybrid-CD

Auf die nutzbaren Daten einer ISO-9660-CD-ROM kann von unterschiedlichen Betriebssystemen zugegriffen werden. Damit ist es möglich, einen Datenträger zu erstellen, der von verschiedenen Rechnerplattformen aus angesprochen werden kann. Man muss also nicht für jeden Betriebssystembereich eine eigene spezielle CD erstellen, sondern kann eine CD für viele Computeranwendung zur gemeinsamen Nutzung produzieren.

Ein Macintosh-Programm kann nicht auf einem Windows-PC laufen, aber der Datentransfer von Bild-, Text-, Sound- und Videodaten gestaltet sich problemlos. Auf jedem System, das auf eine Hybrid-CD zugreift, wird das vollständige Inhaltsverzeichnis angezeigt. Damit werden z.B. auf einem PC auch Macintosh-Programme dargestellt. Startet man nun ein solches „falsches" Programm von einer Hybrid-CD, wird man in aller Regel eine Fehlermeldung erhalten – ansonsten geschieht meistens nichts!

Wird eine Hybrid-CD für den Macintosh und für ein Windows-System erstellt, müssen dabei für gemeinsam genutzte Daten die ISO-9660-Konventionen berücksichtigt werden. Die Beachtung dieser Konvention ist derzeit recht umstritten, da moderne Betriebssysteme recht großzügig mit Dateinamen und deren Endungen umgehen können. Allerdings benötigen ältere Systeme wie Windows 3.11 (und das wird noch oft eingesetzt) eine strenge Einhaltung der Konventionen. Die Beachtung der ISO-Konventionen lässt sich bis zu einem gewissen Grad an den aufgedruckten Betriebssystemvoraussetzungen auf der CD-Hülle ersehen.

Lernziel: Die Organisation der Daten auf einer Hybrid-CD-ROM kennen.

Aufgabe: Erstellen Sie mit vorhandenen Daten eine Hybrid-CD-ROM für Mac und PC. Stellen sie danach bei eventuell vorhandenen Verknüpfungen bzw. Links fest, ob alle noch funktionsfähig sind. (P)

6.4.6.3 ISO 9660-Konventionen

Die vielfältige Nutzungsmöglichkeit der ISO-Standards bringt es mit sich, dass bei der Herstellung einer ISO-CD bestimmte Regeln beachtet werden müssen. Dies ist notwendig, damit ältere und neuere Betriebssysteme auch alle auf der CD-ROM verfügbaren Daten problemlos und ohne Veränderungen nutzen können.

Die Konventionen legen Folgendes fest:

- Dateiname darf maximal acht Zeichen aufweisen
- Suffix (Extension) mit drei Zeichen, getrennt vom Dateinamen durch einen Punkt
- Keine Suffix für Verzeichnisse
- Nur Großbuchstaben, Zahlen und Unterstriche
- Maximal acht Verzeichnisebenen

Beispiele für korrekte Dateinamen nach ISO 9660:

- **KAPITEL6.QXD** **• TEIL_006.TXT**   **• KOMPENDI.UMM**

Die beiden ersten Konventionen sind MS-DOS-Nutzern aus der Zeit vor Windows 95 geläufig. Ein Dateiname darf maximal aus acht Zeichen bestehen und eine Erweiterung (Suffix) aus drei Zeichen aufweisen. Es sind nur die Zeichen A bis Z, die Ziffern 0 bis 9 und der Unterstrich zugelassen. Unterverzeichnisse dürfen keine Erweiterungen enthalten. Die maximale Schachtelungstiefe beträgt acht Verzeichnisebenen, wobei das Hauptverzeichnis mitgerechnet wird. Zulässig ist also eine Hauptverzeichnisebene und sieben Unterverzeichnisse. ISO 9660 ist bei der Beachtung der Namens- und Verzeichniskonventionen sehr streng – strenger als MS-DOS. MS-DOS lässt Sonderzeichen in Dateinamen in begrenztem Umfang zu, ebenso können Verzeichnisse beliebig tief geschachtelt sein. Da diese ISO-Konventionen aus dem Jahre 1987 stammen und die Computerwelt sich seither rasant entwickelt hat, wurde die bestehende ISO-Konvention um den ISO-9660-Level 2 erweitert.

6.4.6.4   ISO 9660-Level 2 und 3

Die Weiterentwicklung der ISO-Konvention berücksichtigt vor allem die möglichen Veränderungen in der Namensstruktur von Windows 3.11 zu Windows 95.

Level-2-Konventionen:
- Dateinamenlänge von maximal 31 Zeichen
- Die anderen Konventionen bleiben erhalten

Level-3-Konventionen
- Dateinamenlänge von maximal 64 Zeichen
- Beliebige Zeichen für die Dateinamen
- Beliebige Staffelung der Unterverzeichnisse

Die neueste Entwicklung von ISO 9660 heißt, wohl in Anlehnung an William Shakespeares Drama, Romeo und Julia (Joliet) für die Windows-PC-Welt.

Romeo und Julia – Drama von William Shakespeare

Romeo-Konventionen
- Beliebige Zeichen für die Namensvergabe, alle Sonderzeichen erlaubt
- 256 Zeichen für Verzeichnisnamen erlaubt
- Beliebige Staffelung der Unterverzeichnisse
- Unicode-Zeichensatz als Nachfolger des ASCII-Zeichensatzes wird unterstützt.

Joliet-Konventionen
- Beliebige Zeichen für die Namensvergabe, alle Sonderzeichen erlaubt
- Maximal 64 Zeichen für Verzeichnisnamen
- Beliebig viele Verzeichnisebenen
- Verzeichnisnamen dürfen Suffix-Erweiterungen haben.

Abb. 6.4/23
Die CD-ROM wird schneller

Mit einer neuen Technik sollen Daten schneller von einer CD-ROM gelesen werden können. Bei der in Japan entwickelten Methode tasten sieben Laserstrahlen gleichzeitig die CD ab. Ein Multibeam-Detektor kann die übermittelten Daten simultan auswerten. Bei herkömmlichen CD-ROM-Laufwerken wird ein Laserstrahl verwendet. Höhere Lesegeschwindigkeiten lassen sich nur über höhere Umdrehungszahlen erreichen. Dies stößt an Grenzen. Selbst die aktuellen CD-Laufwerke mit 55facher Geschwindigkeit entfalten ihre maximale Leistung nur auf dem innenliegenden Spurabschnitt. Auf den äußeren Bereichen fällt die Lesegeschwindigkeit um über die Hälfte ab.

Erläuterungen zum nebenstehenden Bild „Die CD-ROM wird schneller":

zu 1: Das Laserlicht wird in sieben Strahlen aufgespalten, jeder liest eine eigene Spur auf der CD aus.
zu 2: Die sieben Laserstrahlen passieren einen Zwei-Wege-Spiegel.
zu 3: Eine Linse justiert die Laserstrahlen, damit sie korrekt auf die CD auftreffen.
zu 4: Die Strahlen werden von der CD-Oberfläche reflektiert und vom Zwei-Wege-Spiegel zum Multibeam-Detektor abgelenkt.
zu 5: Der Multibeam-Detektor kann die Informationen der sieben Laserstrahlen gleichzeitig verarbeiten. Folge: Höhere Lesegeschwindigkeit.

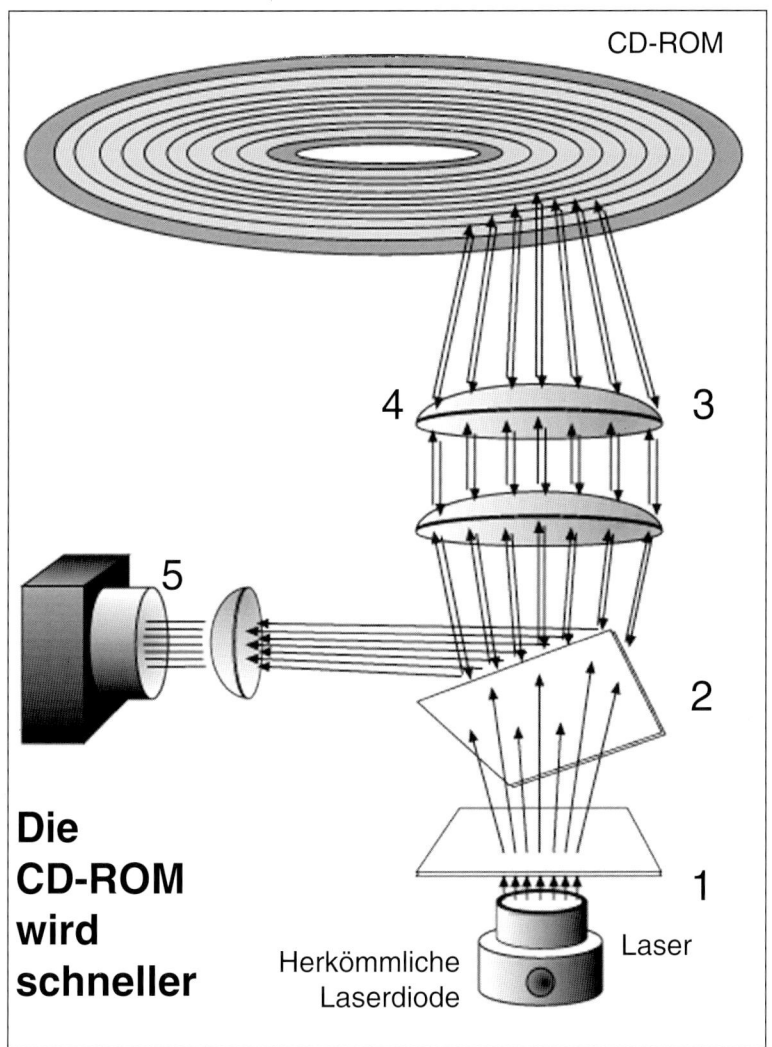

CD-ROM

4 3

5

2

Die CD-ROM wird schneller

1

Herkömmliche Laserdiode

Laser

6.4.6.5 ISO 9660 und die Dateilage

Bei einer magnetischen Festplatte hat man als Nutzer keine Möglichkeit und auch keine Veranlassung, die Lage seiner Dateien auf der Platte zu bestimmen. Grund dafür ist das CAV-Verfahren. Hierbei werden die Platten in Sektoren und Spuren unterteilt (siehe auch Abb. 6.4/9 und Abb. 6.4/10). Der äußere Bereich der Festplatte bewegt sich mit einer höheren Geschwindigkeit am Schreib-/Lesekopf vorbei als der innere Bereich. Innen werden die Daten daher mit einer höheren Dichte angebracht als außen. Diese Art der Datenspeicherung auf magnetischen Datenträgern führt zu einem konstanten Datenfluss bei gleichbleibender Drehgeschwindigkeit der Platte.

→ Abb. 6.4/9 und Abb. 6.4/10

CD-ROMs werden nach dem CLV-Verfahren beschrieben. Dabei spielt die Lage der Dateien für die Auslesegeschwindigkeit eine Rolle. Die Umdrehungsgeschwindigkeit am inneren Rand der CD-ROM beträgt 539 U/min und verringert sich, je weiter der Lesekopf nach außen wandert, auf 210 U/min. Die Zeit, bis sich der zu lesende Track unter dem Lesekopf befindet und die Umdrehungsgeschwindigkeit konstant ist, wird als Latenzzeit bezeichnet. Diese Zeit beträgt am Innenrand 50 ms und am Außenrand 150 ms.

Dateien, auf die oft zugegriffen werden muss, sollten daher weiter innen abgelegt werden, um die Zugriffszeit kurz zu halten. Seltener benutzte Dateien sollten weiter außen positioniert werden. Gute CD-Schreibsoftware erlaubt das Anordnen der Daten auf der CD-ROM. Da die Dateien von innen nach außen auf die CD-ROM geschrieben werden, muss die erste zu berücksichtigende Datei ganz innen bzw. vorne stehen und die nicht so häufig genutzte Datei wird als letzte in der Schreibreihenfolge angeordnet.

Beim Schreiben der CD werden die Dateistrukturen und -verzeichnisse an die ISO-Norm angepasst. Eine solche ISO-Verzeichnisstruktur wird auch als ISO-9660-Imagedatei bezeichnet. Sie ist das genaue Abbild einer CD-ROM auf einem magnetischen Datenträger.

Lernziel: Die Organisation der Daten auf einer CD-ROM kennen.
Aufgabe: Überprüfen Sie die Brenn-Software auf die Möglichkeiten der Datenorganisation auf einer CD. (P)

Abb. 6.4/24
Single-Session-CD

(rechts) mit einer vollständigen Datenstruktur, bestehend aus Lead-in-Bereich, Datenbereich und Lead-out-Bereich.

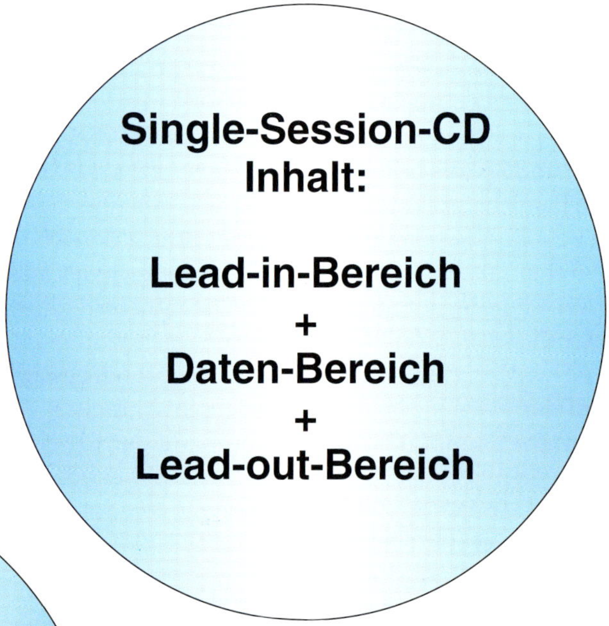

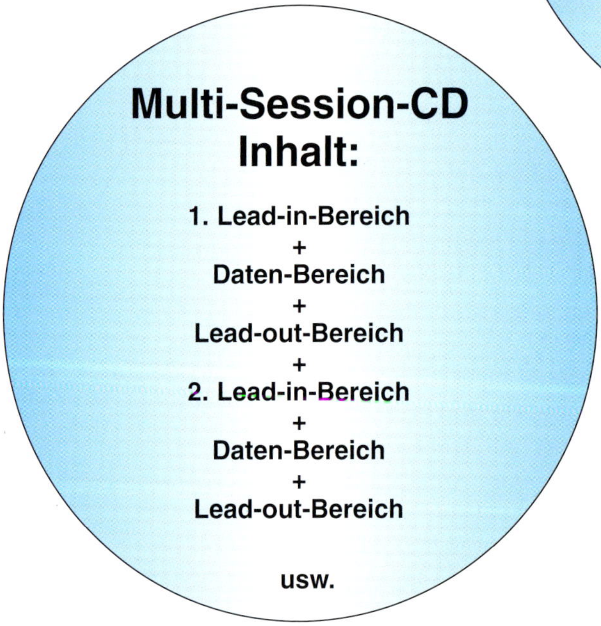

**Single-Session-CD
Inhalt:**

**Lead-in-Bereich
+
Daten-Bereich
+
Lead-out-Bereich**

**Multi-Session-CD
Inhalt:**

**1. Lead-in-Bereich
+
Daten-Bereich
+
Lead-out-Bereich
+
2. Lead-in-Bereich
+
Daten-Bereich
+
Lead-out-Bereich**

usw.

Abb. 6.4/25
Multi-Session-CD

(links) mit zwei vollständigen Datenstrukturen. Auf dem Monitor werden die zwei Sessions beim Macintosh-Betriebssystem als zwei separate Datenträger angezeigt. Je nach Größe der einzelnen Datenbereiche sind prinzipiell noch weitere Sessions möglich. Beim Windows-Betriebssystem wird jeweils nur die letzte aktuelle Session dargestellt, die anderen sind nicht sichtbar und es kann nicht auf die Daten zugegriffen werden.

6.4.6.6 Single-Session-CD-ROM

Eine Single-Session-CD besteht aus einer oder mehreren Tracks. Ein Track ist eine vollständige Datenstruktur, die beim CD-Recording in einem Arbeitsgang geschrieben wird. Eine Single-Session-Daten-CD enthält sämtliche Daten in einem einzigen Track. Der Lead-in-Bereich und der Lead-out-Bereich werden am Anfang bzw. am Ende des Datenbereichs des Tracks vorangestellt bzw. angehängt. Der Lead-in-Bereich enthält das Inhaltsverzeichnis mit sämtlichen physikalischen Adressen aller vorhandenen Daten. Das Inhaltsverzeichnis des Lead-in-Bereichs wird als Table of Contents (TOC) bezeichnet. Bei einer Single-Session-CD wird in aller Regel das jeweilige Dateisystem verwendet, also eine für den Apple Macintosh erstellte CD bekommt das Macintosh-Dateiverzeichnis.

Table of Contents (TOC)

Beim Schreiben einer CD wird der berechnete Lead-in-Bereich von der Schreibsoftware freigelassen. Dieser freie Speicherplatz wird nach dem Schreiben des Datensatzes und des Lead-out-Bereiches geschrieben, da erst dann die exakten Adressen für die einzelnen Datenelemente des Datensatzes existieren. Die Schreibreihenfolge bei der Herstellung einer Single-Session-CD ist also folgende:

1. Schritt: Schreiben des Datensatzes
2. Schritt: Schreiben des Lead-out-Bereiches
3. Schritt: Schreiben des Lead-in-Bereiches
4. Schritt: Schreiben des TOC

Die Vorgänge 2 bis 4 werden auch als Fixieren der CD-ROM bezeichnet. Der Datensatz wird auf der CD frühestens in die physikalische Adresse $0:2:0$ geschrieben, die Adressen von $0:0:0$ bis $0:1:9$ sind für Lead-in und TOC reserviert.

Fixieren der CD-ROM

Der Unterschied zwischen einer Daten-CD und einer Audio-CD besteht im Wesentlichen darin, dass hier der Lead-in-Bereich, TOC und Lead-out-Bereich direkt hintereinander vor die eigentlichen Audiodaten geschrieben werden.

6.4.6.7 Multi-Session-CD-ROM

Die Multi-Session-CD-ROM ist ein Datenträger, der in mehreren Arbeitsgängen geschrieben worden ist. Eine Session besteht dabei aus dem Lead-in-Bereich, dem TOC, dem Datenbereich und dem Lead-out-Bereich.

Multi-Session-CDs lassen sich nur mit Hilfe der CD-Recordable-Technologie und durch Fotolabors für die Kodak Photo CD herstellen.

Jede Session enthält einen eigenen Lead-in-Bereich mit TOC, Datenbereich und Lead-out-Bereich. Dies entspricht dem Standard der Single-Session-CD. Jede Session einer Multi-Session-CD wird im Prinzip auch als eigenständige CD erkannt und angesprochen, sofern die CD-ROM-Laufwerke dazu in der Lage sind. Zwischen der ersten und zweiten Session einer CD befindet sich eine „Lücke" von 14 MB. Eine CD mit vier Sessions weist drei Lücken auf, die 42 MB Speicherplatz beanspruchen.

Bei der Herstellung einer Multi-Session-CD sollte also immer bedacht werden, dass mit einer hohen Anzahl an Sessions immer relativ viel Speicherplatz für die Lücken verschenkt wird. Sinnvoll ist es also, viele kleine Sessions zu meiden und einige wenige, aber große Sessions zu brennen.

6.4.6.8 Herstellung der Multi-Session-Funktionalität

Wenn auf einer CD eine Session geschrieben wurde, wird zum Schluss überprüft, ob die erstellte Session abgeschlossen ist. Ist dies der Fall, wird die Session fixiert. Der Lead-in-, der Lead-out-Bereich sowie der TOC werden gespeichert. Zusätzlich zum Inhaltsverzeichnis wird noch die Multi-Session-Struktur in den TOC-Bereich geschrieben. Hierbei gibt es zwei Möglichkeiten, eine logische Struktur aufzubauen:

1. Bei einer Multivolume-CD wird jede Session einer Multi-Session-CD wie die Partition einer Festplatte behandelt. Eine derartige Multivolume-CD benötigt einen Treiber, mit der jede einzelne Session angewählt werden kann. Andernfalls kann zwar jede Session einzeln angesprochen werden, aber immer nur eine einzige Session steht im direkten Zugriff zur Verfügung.

2. Die Photo-CD-Multi-Session-CDs haben ihre Bezeichnung von der Kodak Photo CD erhalten, bei der dieses Verfahren zum Einsatz kommt. Bei einer Photo CD können Bild und Ton gleichzeitig abgespielt werden. Um beides synchronisieren zu können, müssen die Daten ineinander verschachtelt abgespeichert sein. Man nennt dieses Verfahren der Datenspeicherung Interleaving-Verfahren. Dieses ermöglicht, dass verschiedene Datentypen zeitgleich betrachtet werden können. Ursache hierfür ist das so genannte Photo CD ROM-XA-Format, das im September 1989 von Philips, Microsoft und Sony herausgegeben wurde. Es handelt sich dabei um eine Erweiterung des Standards für CD-ROMs. Man spricht bei diesem XA-Format auch vom Extended Yellow Book. Mit diesem Format, das die Integration von Musik, Sprache, Bilder, Fotos, Animationen und Videos ermöglicht, ist der Durchbruch für die interaktive Multimedia-CD-ROM auf dem PC erst möglich geworden.

Abb. 6.4/26
Optionen

ISO 9660 – Einstelloptionen im Programm Toast zur CD-ROM-Herstellung. Als Beispiel ist die Einstellung ei-

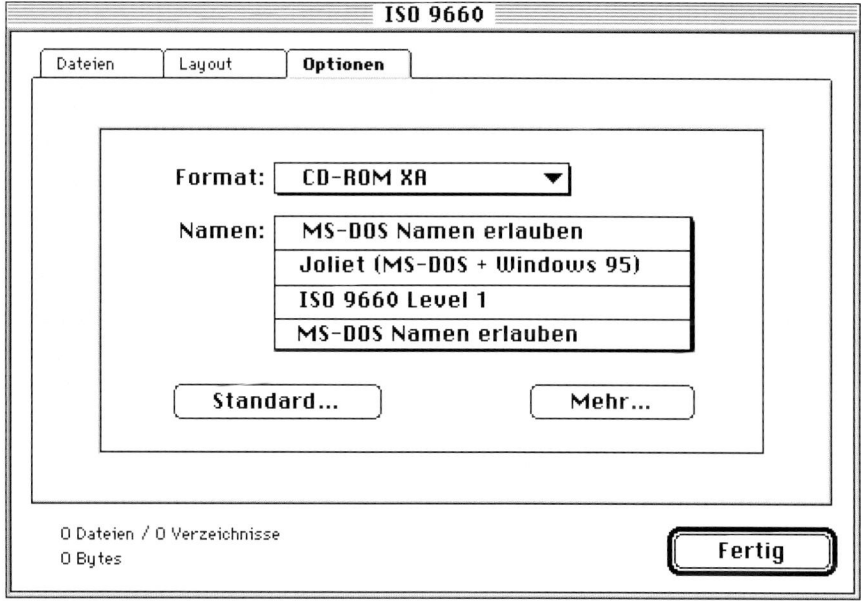

ner nach CD-ROM-XA-Standard zu schreibenden CD dargestellt. Die Einstellung muss unter den Optionen aufgerufen werden. Dies ist nur möglich, wenn unter dem Datenfenster der Software die versteckte Optionen-Palette gefunden wird.
→ **Abb. 6.4/21**

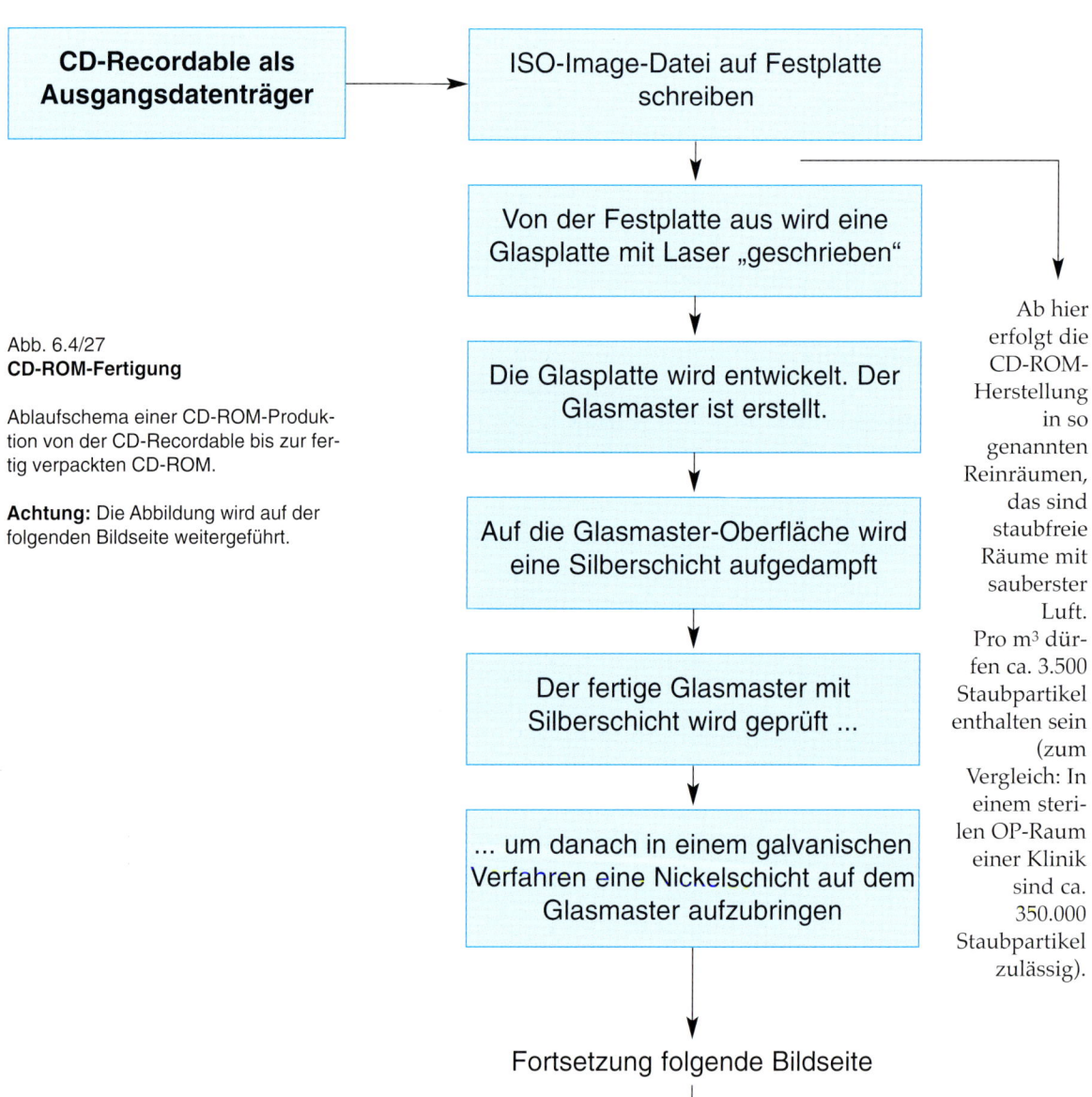

Abb. 6.4/27
CD-ROM-Fertigung

Ablaufschema einer CD-ROM-Produktion von der CD-Recordable bis zur fertig verpackten CD-ROM.

Achtung: Die Abbildung wird auf der folgenden Bildseite weitergeführt.

CD-Recordable als Ausgangsdatenträger

ISO-Image-Datei auf Festplatte schreiben

Von der Festplatte aus wird eine Glasplatte mit Laser „geschrieben"

Die Glasplatte wird entwickelt. Der Glasmaster ist erstellt.

Auf die Glasmaster-Oberfläche wird eine Silberschicht aufgedampft

Der fertige Glasmaster mit Silberschicht wird geprüft ...

... um danach in einem galvanischen Verfahren eine Nickelschicht auf dem Glasmaster aufzubringen

Ab hier erfolgt die CD-ROM-Herstellung in so genannten Reinräumen, das sind staubfreie Räume mit sauberster Luft. Pro m³ dürfen ca. 3.500 Staubpartikel enthalten sein (zum Vergleich: In einem sterilen OP-Raum einer Klinik sind ca. 350.000 Staubpartikel zulässig).

Fortsetzung folgende Bildseite

6.4.7 CD-Auflagen-Produktion

Es ist im Prinzip gleichgültig, welche Art von CD für eine Großauflage vorbereitet werden soll – der Herstellungsvorgang von der CD-Recordable zur CD-Auflage ist immer der gleiche.

Damit eine CD-Recordable als Ausgangsdatenträger für eine CD-Auflagenproduktion verwendet werden kann, muss sie bestimmte Eigenschaften aufweisen:

- Geschrieben in einem ISO-9660-kompatiblen Datenformat, um eine ISO-Image-Datei herzustellen.
- Im Disc-at-once-Schreibverfahren beschrieben.

Wenn die Daten für die spätere CD in einem korrekten Format vorliegen, wird aus der ISO-Image-Datei von einer Festplatte aus eine Glasscheibe beschrieben, die mit lichtempfindlichem Material beschichtet ist. Die eigentliche Mastering-Anlage besteht aus einem Drehteller, einem dazugehörenden Laserschreibkopf und einem Controller. Mit dem Laserschreibkopf wird die Glasscheibe beschrieben. Die Daten kommen von der Festplatte. Die Daten der ISO-Image-Datei schreibt der Laser spiralförmig von innen nach außen auf die CD-Spur. Die Dateninformationen werden durch mikroskopisch kleine Vertiefungen und Ebenen (Pits und Lands) fixiert. Anschließend wird der Glasmaster entwickelt und auf die informationstragende Oberfläche wird in einem Vakuum eine Silberschicht in einer Dicke von 100nm aufgedampft.

Im Prinzip ist der fertige Glasmaster mit der Silberschicht eine CD-ROM, die abgespielt werden kann. Daher wird im Produktionsprozess an dieser Stelle die Glasmaster-CD auf ihre Funktionsfähigkeit in einem CD-Laufwerk überprüft. Werden keine Fehler entdeckt, wird die Master-CD fertiggestellt.

Auf die Glasmaster-CD wird in einem galvanischen Prozess eine Nickelschicht aufgebracht, um den Metallmaster oder den so genannten „Vater" herzustellen. Dieser enthält die Pits und Lands in umgekehrter Form und könnte zur Herstellung der CD verwendet werden. Da der Verschleiß beim Pressen der Auflage hoch ist, werden noch zwei Herstellungsschritte durchgeführt. Es wird zunächst die so genannte „Mutter" hergestellt. Diese entspricht wieder dem Glasmaster und kann von einem Lesegerät gelesen werden. Von dieser Mutter wird nochmals eine Pressform gefertigt, die als

Fortsetzung Abb. 6.4/27
CD-ROM-Fertigung

Ablaufschema einer CD-ROM-Produktion von der CD-Recordable bis
zur fertig verpackten CD-ROM.

Achtung: Die Abbildung beginnt auf
der vorherigen Bildseite.

Von diesem vernickelten Glasmaster wird eine Metallform hergestellt (der Vater).

Davon wird ein zweiter Glasmaster erstellt (die Mutter).

Von dieser Mutterform wird eine Druckform produziert. Dies ist der eigentliche Druckstempel (Tochter).

Mit diesem Druckstempel wird die Auflage gepresst. Bei größeren Auflagen werden ...

... von der Mutterform mehrere Stempel (Töchter/Söhne) für die Parallelproduktion erstellt.

Pressen der CD-Auflage

CD-Beschichtung mit Aluminium oder Gold. Aufbringen einer Schutz-lackierung.

Labelaufdruck und die Konfektio-nierung der fertigen CD-ROM.

„Tochter" bezeichnet wird. Diese Pressform ist der eigentliche Produktionsstempel für die Auflagenherstellung.

Von der Mutterform können mehrere Tochterformen hergestellt werden. Dies ist dann sinnvoll, wenn bei großen Auflagen auf mehreren Produktionsbändern parallel gepresst werden muss.

Die Tochterformen werden in einer Gussform eingespannt und mit heißem Polycarbonat wird die eigentliche CD-ROM durch einen Druck von etwa 130 bar hergestellt. Diese Roh-CD kann noch nicht abgespielt werden. Sie muss noch eine Metallschicht aus Aluminium oder Gold erhalten. Auf diese Schicht wird ein Schutzlack aufgebracht, der ein Verkratzen und Oxydieren der Metallschicht verhindern soll. Der Schutzlack ist aus Kunststoff und wird in einer Stärke von etwa 10 Mikrometer (1/100stel Millimeter) aufgetragen.

Der Labeldruck ist der letzte Produktionsschritt bei der Herstellung einer CD-ROM. Dabei wird mit einer speziellen Druckfarbe, welche die Schutzschicht der CD nicht angreift, die notwendige Information über den Inhalt der CD aufgedruckt und mit Hilfe von UV-Licht getrocknet. Danach wird die CD konfektioniert und ist versandfertig.

Lernziel:	Den Herstellungsweg der CD-ROM nachvollziehen.
Aufgabe:	Beschreiben Sie die einzelnen Schritte zur CD-ROM-Herstellung. Beachten Sie, dass zur Herstellung der CD-ROM auch die Produktion der CD-Hülle gehört. (I) Verdeutlichen Sie den kompletten Herstellungsweg mit Hilfe eines Flussdiagramms. (I)

→ **Abb. 5.5/4**
Angebotsschreiben zur
CD-Herstellung

Abb. 6.4/28
CD-ROM-Verpackung

Bemaßung einer CD-ROM-
Verpackung mit Booklet und
Inlaycard.

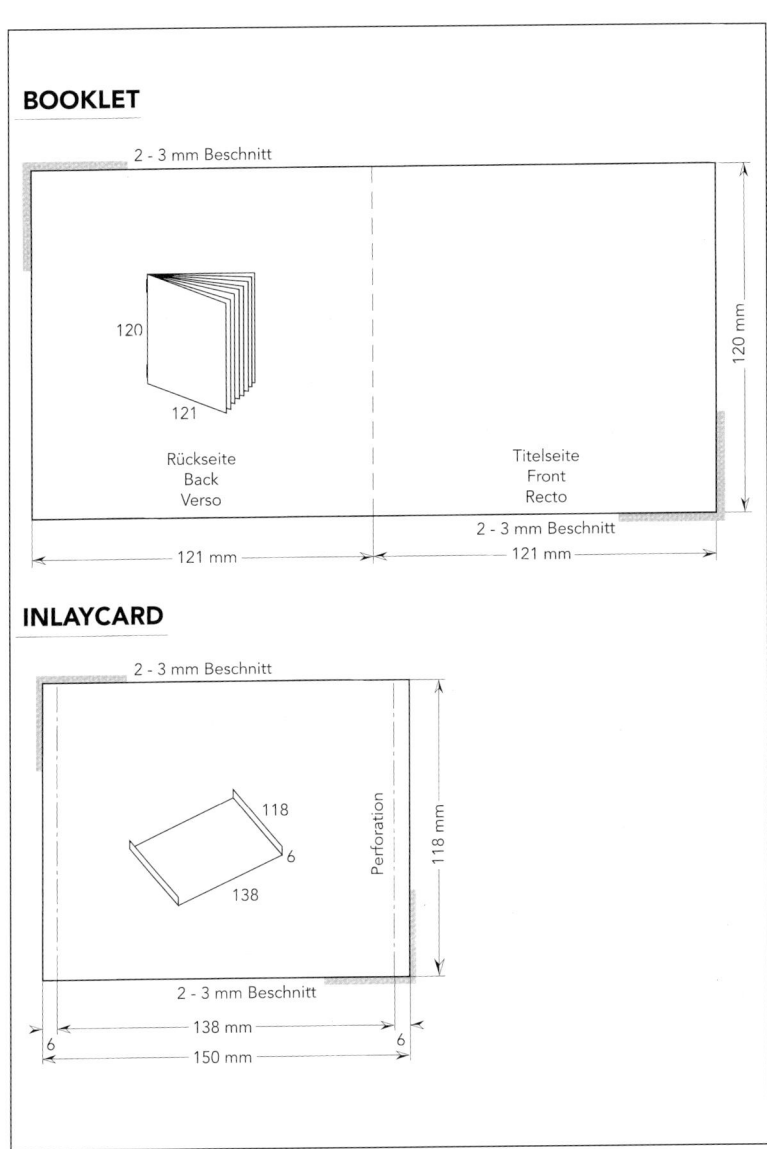

BOOKLET

2 - 3 mm Beschnitt

120

121

Rückseite
Back
Verso

Titelseite
Front
Recto

2 - 3 mm Beschnitt

121 mm

121 mm

120 mm

INLAYCARD

2 - 3 mm Beschnitt

118

6

138

Perforation

118 mm

2 - 3 mm Beschnitt

138 mm

6

6

150 mm

6.4.8 CD-Verpackung

Auf der gegenüberliegenden Seite ist die Bemaßung einer CD-ROM-Ver-packung mit Booklet und Inlaycard abgebildet. Diese Maße sind feststehen-de Werte und gelten für alle CD-ROM-Verpackungen mit Standard-Plastik-Verpackung.

→ **Abb. 6.4/28**

Neben den rein technischen Angaben zur Verpackung sollten auf einer CD-ROM-Verpackung noch eine Reihe von Angaben stehen, die dem Käu-fer und späteren Nutzer Hinweise auf die Voraussetzungen geben, unter de-nen die CD-ROM genutzt werden kann. Diese Angaben werden unter dem Stichwort Systemvoraussetzungen zusammengefasst. Dies könnte auf einer CD-ROM folgendermaßen aussehen:

Systemvoraussetzungen für CD-ROM Workshop Mediengestaltung

PC: mindestens 486 DX 4, Grafikkarte mit 256 Farben, 4fach-CD-ROM-Laufwerk, 16-Bit-Soundkarte, Win95/WinNT, empfohlen: Pentium 250, Grafikkarte mit 16 Bit Farbtiefe, 8fach-CD-ROM, QuickTime 3.0.

Macintosh: 68.040 oder PowerPC, Grafikkarte mit 256 Far-ben, 4fach-CD-ROM-Laufwerk, System 7.5, empfohlen: PowerPC, 8fach-CD-ROM, Grafikkarte mit 16 Bit Farbtie-fe, System 8.1.

Alle Inhalte dieser CD-ROM sind urheberrechtlich ge-schützt. Die gewerbliche Nutzung bedarf der ausdrückli-chen schriftlichen Genehmigung des Verlages.
© Springer-Verlag Heidelberg, Juni 2000

Manche Softwarehersteller (z.B. Macromedia) schreiben in ihren Lizenz-verträgen vor, dass ein Softwarelogo auf der CD-Hülle zu erscheinen hat. Dies muss im jeweiligen Lizenzvertrag vom CD-Produzenten nachgelesen werden.

Lizenzverträge der Soft-warehersteller lesen und beachten!

6.5 Medienintegration

Abb. 6.5/1
Medienintegration

Schlagworte der Zeit –
Medienintegration?
Mehrfachnutzung von Da-
ten? Crossmedia-Produk-
tion?

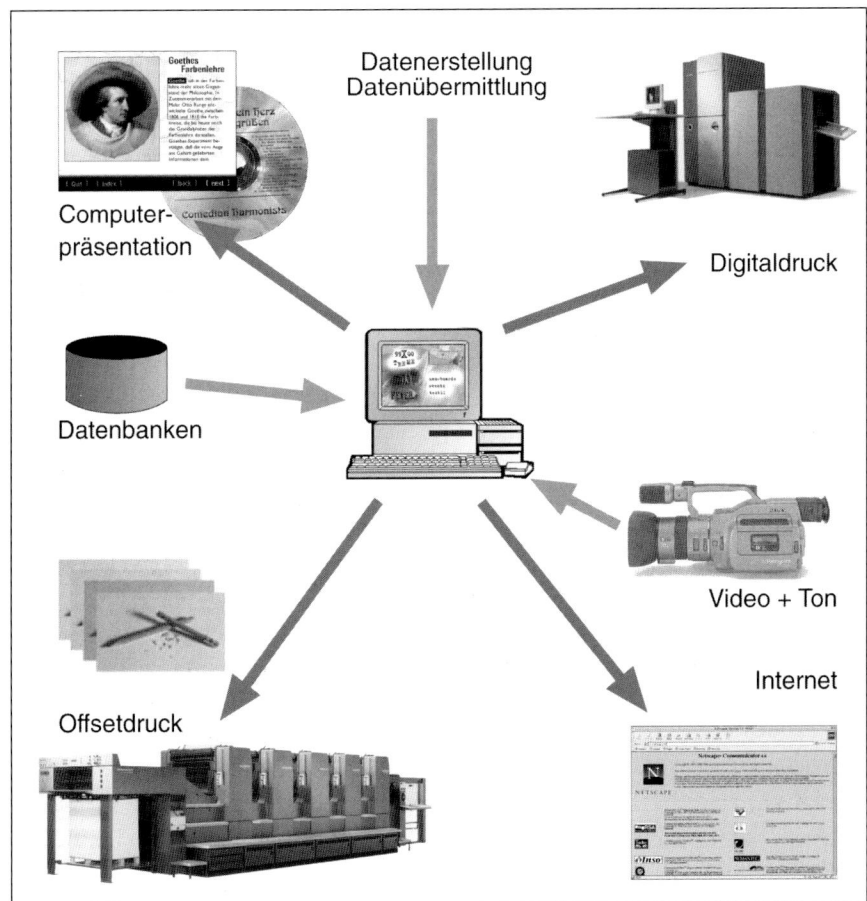

6.5.1 Schlagwort Medienintegration

„Seit 1990 betreuen wir Kunden von der Konzeptentwicklung bis zur gestalterischen, redaktionellen und technischen Umsetzung ihrer kommunikativen Ziele; seit 1996 intensiv auch im Bereich der Online- und CD-ROM-Medien. Wir verstehen uns als Producer von Anwendungen für das World Wide Web, das mobile Wap oder das Kabelbreitband-Internet, aber auch von Kunden und Mitarbeiterzeitschriften, Werbedrucksachen, interaktive CD-ROMs und als Wegbereiter für digitale Fernsehangebote", so die Internet-Werbung einer großen Werbe- und Medienagentur.

Wie kommt eine Agentur dazu, derartig viele Dienstleistungen über die gesamte Breite der Medienwelt anzubieten? Wo liegt der Schlüssel für diese Kompetenz? Die Antwort ist einfach und doch außerordentlich schwierig: Nur die Kenntnisse und auch Erfahrungen über die Möglichkeiten gedruckter und elektronischer Medien ermöglichen es einem Unternehmen, derartig breite und vielfältige Produkte anzubieten. Die Kenntnisse und Fertigkeiten (= Kompetenzen) der Mitarbeiter in den Bereichen Text, Grafik, Bild, Tabellen, Infografiken, Sound, Layout, Screen-Design, Video, Datenbanken, Downloads, HTML sowie Animation und deren Verknüpfung zu den unterschiedlichsten Medien ermöglichen diese Angebotsvielfalt.

Die Möglichkeiten gedruckter und elektronischer Medien in einem auf den Kunden abgestimmten Medienmix anzubieten, die Unternehmenskommunikation effektiver zu gestalten und für den Kunden Berater, Mediendienstleister und ein klein wenig auch Lehrender in Sachen Medien zu sein, zeichnen den modernen Mediengestalter aus. Kommunikationsprozesse im Spannungsfeld der Möglichkeiten der Medienbranche zu bewältigen ist das Ziel der Medienintegration. Die Abbildung 6.5/1 verdeutlicht dies schematisch. Schlagworte zum Medienmix sind hier:

- Digitaldruck
- Internet
- Interaktives Fernsehen
- Sound
- Bilder und Texte
- Server
- Offsetdruck
- Video
- E-Commerce
- Präsentation
- Datenbank
- Netze

Dienstleistung Medienintegration

Medienmix aus gedruckten und elektronischen Medien

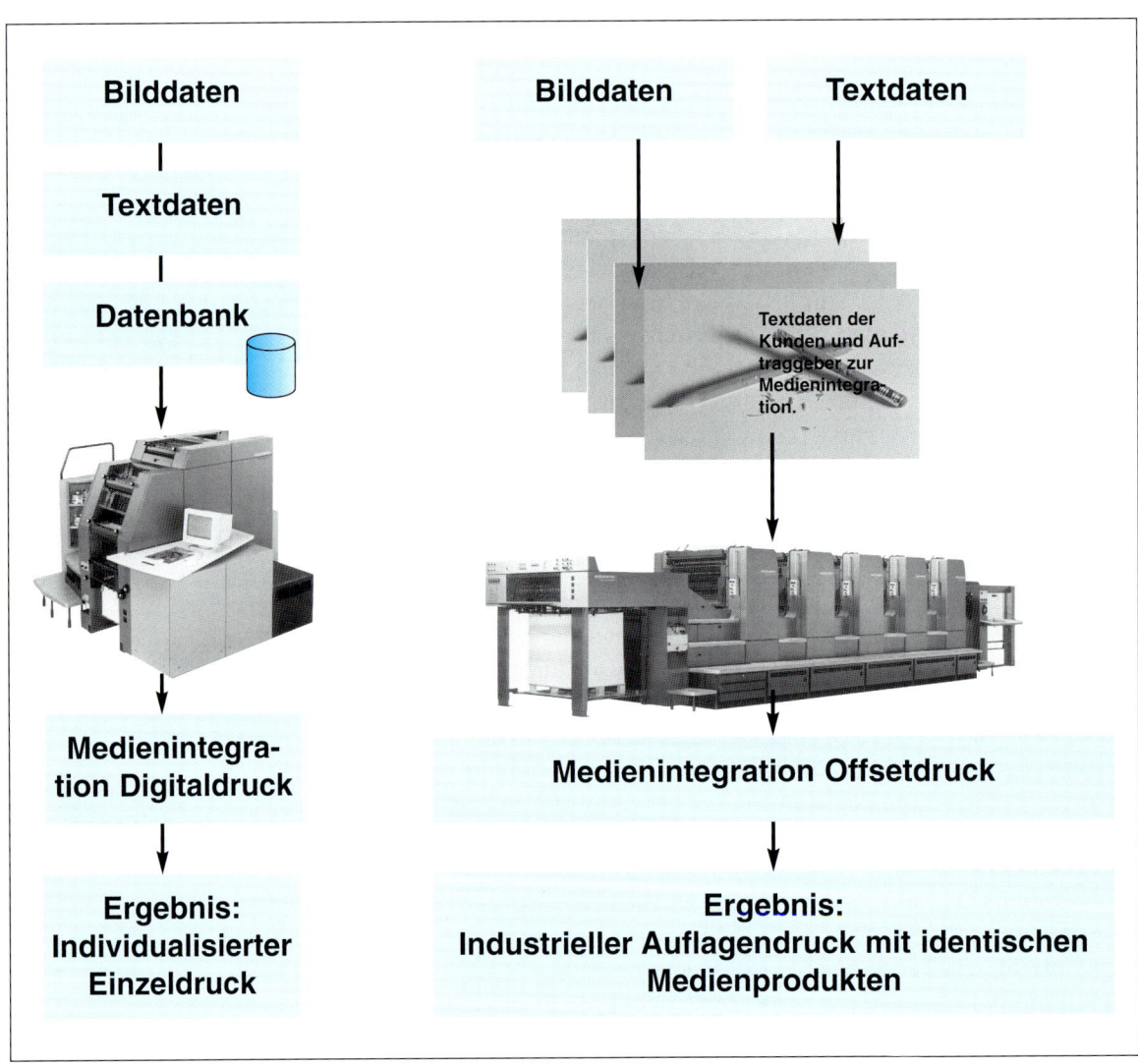

Abb. 6.5/2
Medienintegration Druck

6.5.2   Medienintegration in der Druckproduktion

Daten werden erfasst, erstellt oder abgerufen und stehen dem Medien-dienstleister zur Verfügung. Aus diesen verfügbaren Daten können die unterschiedlichsten Medien erstellt werden. Bilder und Texte, mit Hilfe eines Layoutprogramms elektronisch montiert, ergeben z.B. den klassisch gedruckten Katalog, den der Offsetdrucker in seiner Maschine mehrfarbig druckt. Das Ergebnis ist ein industriell erstelltes Medienprodukt, welches in einer hohen Auflage kostengünstig produziert wird. Jedes auf diesem Weg erstellte Produkt ist gleichartig – sie sind nicht voneinander unterscheidbar.

Alternativ kann aus einem erstellten Layout, das sich aus Texten und Bildern zusammensetzt, über ein Digitaldrucksystem in Verbindung mit einer Datenbank ein Katalog personalisiert ausgegeben werden. Jeder Kunde erhält damit seine persönliche Drucksache, er wird direkt angesprochen und fühlt sich dadurch in seinem „Wert" gesteigert.

Eine Möglichkeit in diesem Zusammenhang ist das so genannte „Printing on demand". Aus einer bestehenden Datenbank heraus können Drucke mit Hilfe einer digitalen Druckmaschine individualisiert werden. Jeder Druck, der die Druckmaschine verlässt, besitzt eine individuelle Note in Form einer persönlichen Anrede, eine andere Reihenfolge der Bilder, eine andere Zusammenstellung der Seitenreihenfolge o.ä. Diese Möglichkeit der datenbankgestützten digitalen Drucksysteme eröffnet interessante Möglichkeiten des Direktmarketing und der individuellen Kundenansprache. Grundlage dieser Technologienutzung ist das richtige Zusammenwirken von Text, Bild und Datenbank.

> Printing on demand = Drucken auf Abruf aus einer Datenbank. Die Abrufdatei wird als Demand File bezeichnet.

Voraussetzung, um die „Medienintegration Druck" zu handhaben, ist das richtige Erfassen der Text- und Bilddaten sowie die Erstellung und ständige Pflege einer Datenbank. Textdaten erfasst man im ASCII-Format, da dies in der Regel unabhängig von den Rechnersystemen importiert werden kann. Bilddaten sollten in einer hohen Qualitätsstufe gescannt werden. Liegen die Bilddaten in hoher Auflösung und guter Scanqualität auf einem Bildserver, können diese Daten für eine Crossmedia-Produktion genutzt werden. Beim Vorliegen hochwertiger Bilddaten ist es möglich, mit diesen sämtliche Print- oder Digitalmedien herzustellen. Die sich daraus ergebende Mehrfachnutzung von Daten sollte das Ziel medienintegrativen Arbeitens sein.

> → 6.7

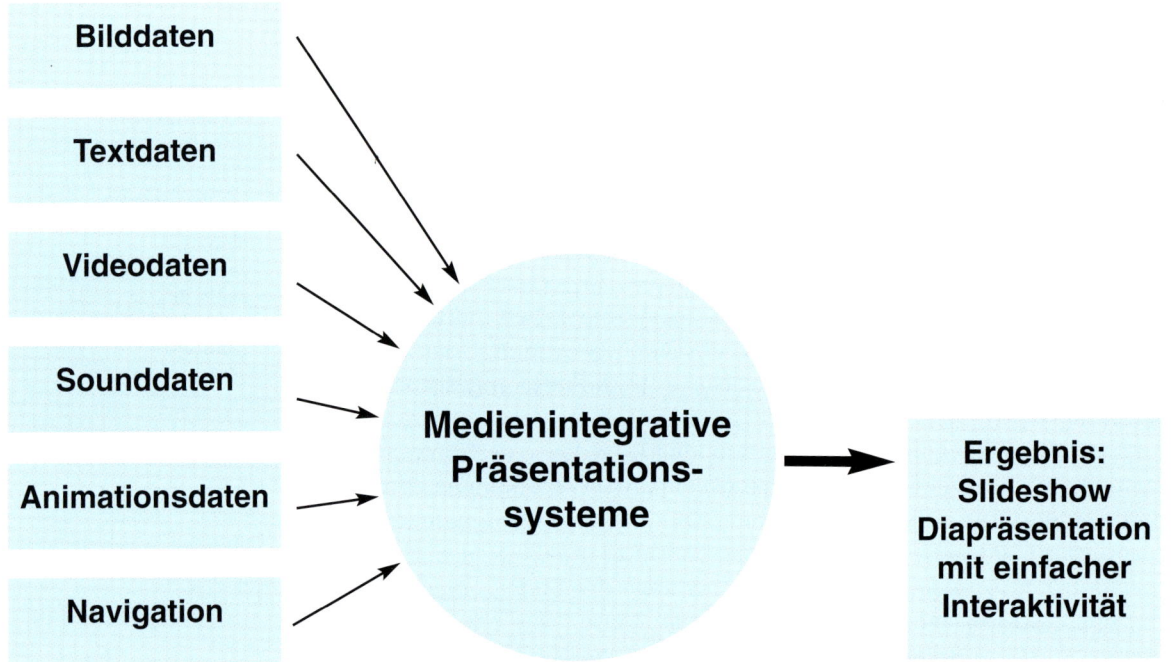

Abb. 6.5/3
**Medienintegrative Prä-
sentationssoftware**

verknüpft Text-, Bild-, Ani-
mations-, Video- und
Sounddaten zu einem
einfachen interaktiven
oder selbstablaufenden
Präsentationssystem.

6.5.3 Medienintegration in der Multimedia-Produktion

6.5.3.1 Präsentationsprogramme

Ein einheitliches Merkmal aller modernen Präsentationsprogramme ist, dass sie durchweg als „medienintegrative Software" gelten können. Darunter versteht man Softwarepakete, die in der Lage sein sollten, alle gängigen Text-, Bild-, Video-, Sound- und Animationsformate zu importieren und darzustellen.

Die meisten Anwender dieser Programme erstellen Business-Präsentationen für Vorträge, Produktvorstellungen auf dem Messestand oder ähnliches. Diese Programme werden wohl auch zukünftig ohne große multimediale Zusätze auskommen, da die Herstellung dieser Slideshows oder Diapräsentationen für den Anwender nicht zu komplex sein darf. Allerdings kann der Nutzer erwarten, dass aktuelle Präsentationsprogramme gewisse Möglichkeiten bei der Integration anderer Medientypen wie Digitalvideo, Animation oder Sound zulassen. Hierbei sehen die Möglichkeiten bei vielen Präsentationssoftwarepaketen eher düster aus. Medienintegrative Autorensysteme aktualisieren die Möglichkeiten zur Einbindung neuer Medientypen in der Regel sehr schnell, indem sie Zusatzfilter, Codecs oder Xtras auf ihrer Website anbieten. Bei einer Reihe von Herstellern der Präsentationsprogramme ist dies nicht so. Die Integration neuerer Animationsdateiformate oder von MPEG-2- oder MPEG-4-Videos ist nicht bei allen Softwarepaketen möglich.

Sollen von einer Multimedia-Produktion Medienelemente in eine Präsentationssoftware übernommen werden, müssen die Dateiformate überprüft und Dateien eventuell konvertiert werden, um die Funktionsfähigkeit sicherzustellen. Diese zum Teil unbefriedigende Importfähigkeit moderner Medientypen im Video- und Animationsbereich dient nicht der Medienintegration, sondern ist eher als Hemmschuh zu sehen. Dies ist um so bedauerlicher, als die modernen Projektionsgeräte Animationen und Videos zwischenzeitlich außerordentlich gut darstellen können. Die Schnelligkeit ist ausreichend, um Bewegtbildsequenzen zu projizieren. Damit und der Möglichkeit, MPEG-2- Videos wiederzugeben, wird ein großer Teil der Geräte sogar beworben.

Einige Beispiele für medienintegrative Präsentationssoftware:

- **Microsoft Powerpoint**
  www.microsoft.de
- **Netpresenter**
  www.netpresenter.com
- **Kai`s Power Show**
  www.scansoft.com
- **Astound**
  www.astound.com

Abb. 6.5/ 4
Kiosksysteme

Die Nutzung komplexer Autorensysteme ermöglicht unter anderem die Herstellung von Kiosksystemen wie Infoterminals an Flughäfen, Bahnhöfen, Schulen und Banken. Die Herstellung und Programmierung von Kiosksystemen ist ein Schwerpunkt des Multimedia-Geschäfts. Diese Systeme sind immer häufiger anzutreffen und die Informationsmöglichkeiten werden durch diese Systeme immer mehr verbessert.

Die Akzeptanz derartiger Systeme hängt von der Stabilität der Hardware (Kiosk) und von der Logik der Informationsaufbereitung durch den Designer ab. Dabei ist unerlässlich, dass auch ungeübte Computernutzer mit einem derartigen System zurechtkommen müssen.

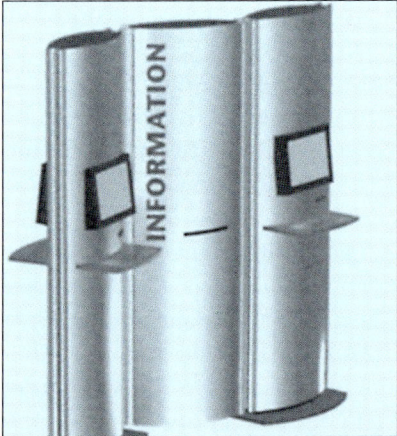

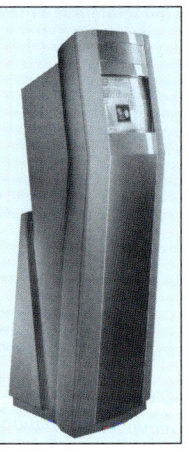

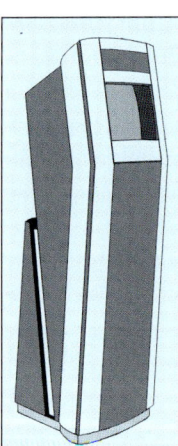

Ein weiteres Kriterium bei der Beurteilung einer Präsentationssoftware ist die Möglichkeit, erstellte Präsentationen in einen HTML-Code umzuwandeln. Damit soll die Möglichkeit geschaffen werden, bestehende Präsentationen ins Netz zu stellen. Dies ist durchaus nützlich und im Sinne der Medienintegration und der Mehrfachnutzung von Daten gedacht.

Die Hersteller der Präsentationsprogramme erlauben dabei, aus den Präsentationen einen HTML-Code zu generieren, wobei in den allermeisten Fällen Ani-mationen und Übergangseffekte verloren gehen. Die einzelnen Slides werden in der Regel zu JPEG-Bildern umgewandelt und sind damit in einem Browser darstellbar. Eventuell vorhandene Buttons werden zu einem HTML-Link konvertiert. Damit sind die Präsentationen im Prinzip für das Internet aufbereitet, in der Regel ist aber eine ausführliche Nachbearbeitung sowohl der Bilddarstellung, aber vor allem bei der Animation- und Videoeinbindung notwendig.

Eine Ausnahme von all dem hier Geschriebenen ist der in der Marginalienspalte aufgeführte Netpresenter. Diese Software bietet von ihrer Grundstruktur her eine Präsentationsmöglichkeit an, die sowohl ein Online- als auch ein Offline-Präsentieren in guter Qualität effektvoll zulässt. Dies trifft ebenso auf den Marktführer PowerPoint zu. Mit Hilfe des Windows-Media-Streaming-Formats lassen sich Präsentationen automatisch in einen Internet-Stream umwandeln, der mit Hilfe entsprechender Autorensoftware bearbeitet werden kann. Die dazu notwendige Software kann kostenfrei von der Microsoft-Website geladen werden.

Die Grenze zwischen Präsentationssoftware und multimedialem Autorensystem ist fließend. In diesem Grenzbereich angesiedelt ist z.B. das Programm „Mediator". Interaktions- und Animationsmöglichkeiten liegen deutlich über dem eines normalen Präsentationsprogramms. Eigene Grafiktools sowie die Einbindung einer Skriptsprache lassen diese Programmanwendung dann als sinnvoll erscheinen, wenn vollwertige Autorensysteme für eine Präsentation als zu mächtig empfunden werden.

Präsentationssoftware sollte sich problemlos in einen Web-Code umsetzen lassen ...

Die Grenze zwischen Präsentationssoftware und vollwertigem Autorensystem ist fließend.

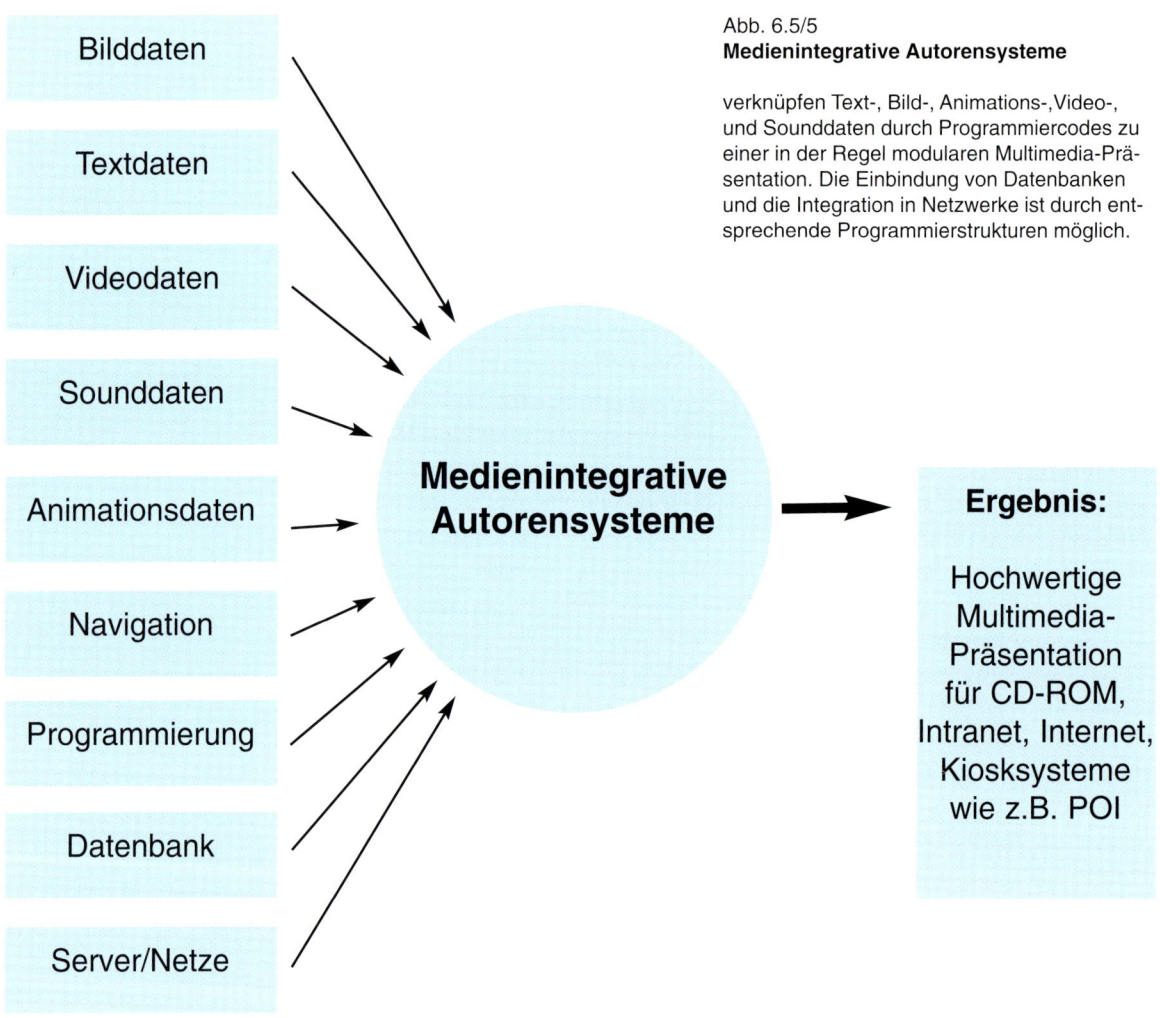

Abb. 6.5/5
Medienintegrative Autorensysteme

verknüpfen Text-, Bild-, Animations-,Video-, und Sounddaten durch Programmiercodes zu einer in der Regel modularen Multimedia-Präsentation. Die Einbindung von Datenbanken und die Integration in Netzwerke ist durch entsprechende Programmierstrukturen möglich.

6.5.3.2 Autorensysteme

Ein Merkmal aller Autorensysteme ist, dass sie alle als medienintegrative Programmumgebungen bezeichnet werden können. Außerdem besteht bei allen Systemen die Möglichkeit, Medienprodukte für unterschiedliche Ausgabesysteme wie CD-ROM, DVD oder Netzwerke zu erstellen. Des Weiteren können alle Autorensysteme mit eigenen oder mit Standarddatenbanken verknüpft werden.

Die perfekt gemachte Multimedia-Anwendung begeistert jeden Anwender. Doch der Weg dahin ist aufwendig. Die Text- und Bilddaten können häufig von einer anderen Medienproduktion übernommen werden. Hier ist ein durchgängiger Workflow von der Printproduktion bis zur Multimedia-Herstellung denkbar. Allerdings muss die Medienherstellung für alle anderen Teilprodukte, die in ein Autorensystem integrierbar sind, zusätzlich geplant werden. Drehbuchkonzeption, Videoschnitt, Soundauswahl und Bearbeitung erfordern nicht nur planerisches Wissen und Erfahrung, sondern die Übernahme der Daten in das Autorensystem muss so reibungslos erfolgen, dass am Ende eine Multimedia-Anwendung erstellt ist, die auf den wichtigsten Rechnerplattformen funktionsfähig ist.

Ein Problem eigener Art ist die Einbindung von Datenbanken in Autorensysteme. So besitzt das derzeit wichtigste Autorensystem für die Multimedia-Produktion, Macromedia Director keine eingebaute Datenbankfunktion. Für den Zugriff auf externe Datenbanken benötigt man hier ein so genanntes Xtra, also eine Programmerweiterung. Für kleinere Anwendungen ist die Möglichkeit gegeben, über die Listenverarbeitung den Aufbau einer Datenbank selbst vorzunehmen. Dabei bleibt allerdings der Vorteil, eine bereits bestehende Datenbank zu nutzen, auf der Strecke.

Aufgrund der Besonderheiten der Multimedia-Herstellung sind die Möglichkeiten des echten durchgängigen Medienworkflows und die Medienintegration von der Druckerei bis zum Multimedia-Dienstleister schwer umzusetzen. Nur in großen Medienbetrieben wird sich dies ansatzweise realisieren lassen, die kleine bis mittlere Druckerei bzw. Agentur muss ihren Workflow nach wie vor auftragsbezogen organisieren.

Einige Beispiele für medienintegrative Autorensysteme:

- **Macromedia Director**
  www.director.com
- **Macromedia Authorware**
  www.macromedia.com/software/authorware/
- **Flash**
  www.flash.com

Datenbanken
- Einfache Datenbank
- Relationale Datenbank

→ 6.7

Hilfreiche Websites zur Medienproduktion:

- www.directorworkshop.de
- www.startmovie.net
- www.lingopark.com

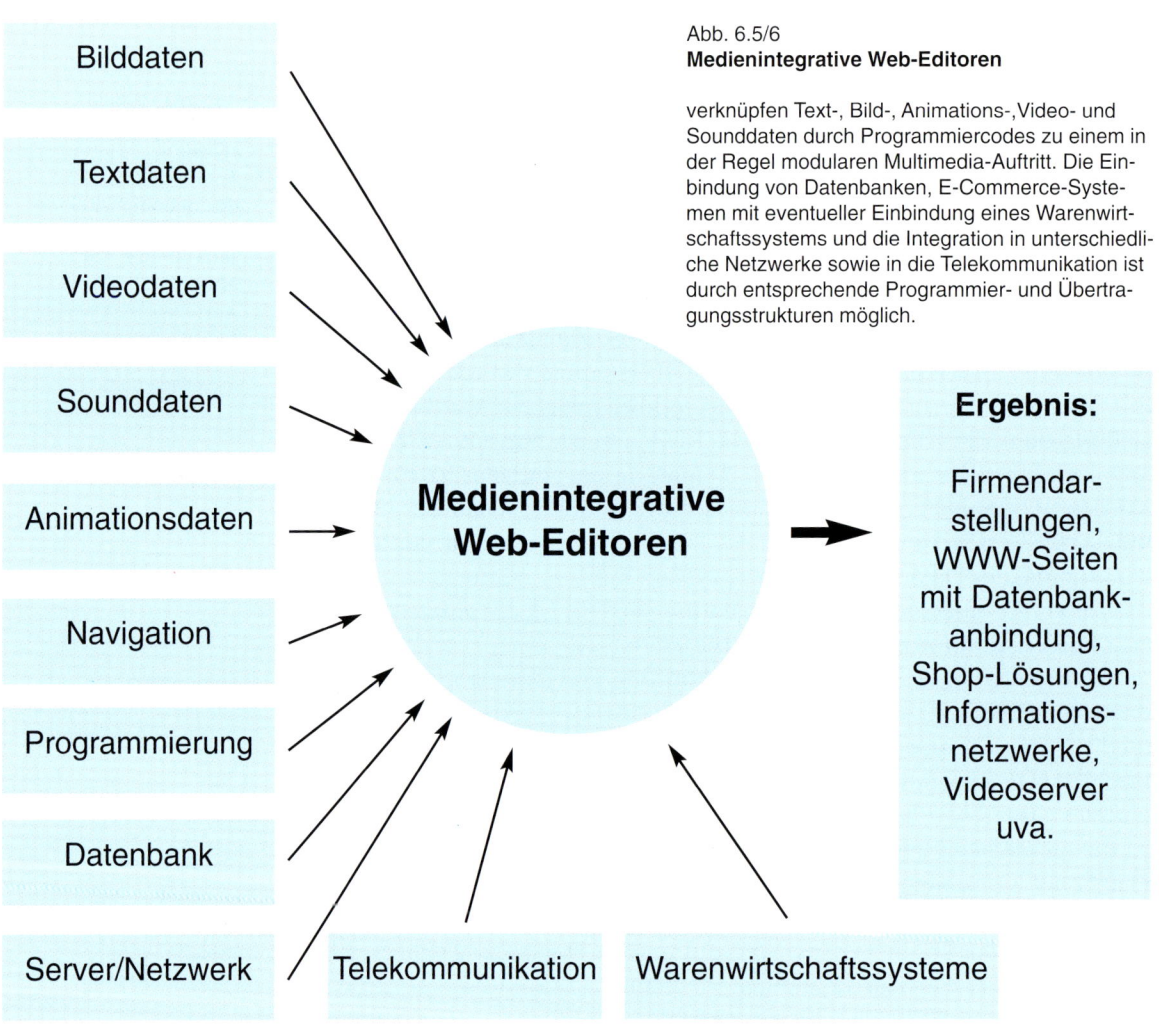

Abb. 6.5/6
Medienintegrative Web-Editoren

verknüpfen Text-, Bild-, Animations-,Video- und Sounddaten durch Programmiercodes zu einem in der Regel modularen Multimedia-Auftritt. Die Einbindung von Datenbanken, E-Commerce-Systemen mit eventueller Einbindung eines Warenwirtschaftssystems und die Integration in unterschiedliche Netzwerke sowie in die Telekommunikation ist durch entsprechende Programmier- und Übertragungsstrukturen möglich.

Bilddaten

Textdaten

Videodaten

Sounddaten

Animationsdaten

Navigation

Programmierung

Datenbank

Server/Netzwerk

Telekommunikation

Warenwirtschaftssysteme

Medienintegrative Web-Editoren

Ergebnis:

Firmendarstellungen, WWW-Seiten mit Datenbankanbindung, Shop-Lösungen, Informationsnetzwerke, Videoserver uva.

6.5.3.3 Web-Editoren

Wir Menschen haben über Jahrtausende hinweg neue, unbekannte Orte erforscht, bevor unsere Vorfahren angefangen haben Texte zu schreiben oder Bilder zu malen. Unsere heutige Welt gilt weitgehend als erforscht, aber unser Forscherdrang blieb erhalten – wir bereisen fremde Länder und durchstreifen am Wochenende die weitere oder nähere Umgebung.

Dieses grundlegende Bedürfnis nach Neuem bestimmt zum großen Teil unser Verhältnis zum Web. Hier wird durch das weltumspannende Netz das Tor zu unbekannten Welten geöffnet, andere Kulturkreise können ebenso auf den heimatlichen Desktop geholt werden wie beruflich benötigte neueste Entwicklungen.

Durch die Entwicklung attraktiver Animationen für das Web und die fortschreitende Technologie bei der Herstellung „virtueller Welten" wird z.B. der Bummel durch ein virtuelles Kaufhaus in einem anderen Land ermöglicht, der Blick auf ein fernes Sternensystem oder das Mitreisen auf einer Forschungsexpedition.

Dies alles ist möglich durch die Fähigkeiten moderner Web-Editoren, die unterschiedlichsten Medienformen in eine Abspieloberfläche zu integrieren und dem Nutzer zur Verfügung zu stellen. Dieser muss über keine tiefgehenden Kenntnisse zu den einzelnen Medientypen verfügen – er nutzt sie nur, um sein Bedürfnis nach Information, Unterhaltung und Wissenszuwachs „spielerisch" zu befriedigen.

Neben den medienintegrativen Möglichkeiten der Web-Editoren ist ein zentrales Problem der Internetnutzung vom Programmierer und vom Anwender zu lösen: Wie finde ich etwas im Datendschungel des Internets? Gezielte Recherche erfolgt über die Nutzung von Suchmaschinen und die Einbindung von Suchanwendungen in Websites. Damit wird die Suche nach bestimmten Themen erleichtert und beschleunigt.

Web-Editoren:
- **Netscape Communicator™**
- **Microsoft Internet Explorer**

Suchmaschinen:
www.AltaVista.digital.com
www.yahoo.com
www.web.de

6.5.3.4 Elektronisches Papier ersetzt den Druck?

Mit der Jahrtausendwende zog in die Zentrale der amerikanischen Apothekenkette Eckert die Möglichkeit ein, alle Plakate in den 2500 Geschäften des amerikanischen Konzerns gleichzeitig zu aktualisieren: Per Knopfdruck durch das Internet und den Einsatz eines neuartigen elektronischen Papiers (sog. E-Papier). Dieses Papier wurde in Cambridge, Massachussetts, entwickelt.

Das Papier, das erstmals 1997 vorgestellt wurde und ebenso dünn ist wie ein herkömmliches Papierblatt, ist mit Millionen winziger Kapseln gefüllt. Diese sind zwischen flexible Elektroden eingebettet, welche die Stromverteilung übernehmen. In den eingebetteten Mikrokapseln befindet sich blaue Farbe sowie positiv geladene weiße Pigmentkügelchen. Beschreibt man das Papier nun mit einem speziellen, positiv geladenen Stift, so werden die weißen Pigmente nach unten abgestoßen. Das Schriftbild erscheint in Blau.

Das elektronische Papier oder Blatt macht all das möglich, was Papier schon immer konnte - mit einer Ergänzung: Es kann an einen Computer angeschlossen und wieder beschrieben werden. Inhalte lassen sich speichern oder über das Internet auf andere derartige Papiere oder Bildschirme übertragen. Das Massachussetts Institute of Technologie (MIT) prophezeite schon vor Jahren, dass bald ganze Bücher aus hunderten dieser E-Blätter bestehen. Ein ultimatives digitales Buch sozusagen, das ohne Druckkosten ständig mit neuem Text, neuen Bildern und Videos geladen werden kann – mit allem, was das Internet an medienintegrativer Technologie anbietet.

Ein ähnliches Verfahren wird vom Xerox Palo Alto Research Center (PARC) im Silicon Valley und vom 3M-Konzern angeboten. Die Entwickler dieser Technologie sind sich darin sicher, dass die starre Trennung zwischen der Papier- und der Digitalwelt verwischt und in Zukunft aufgehoben wird!

Stellen Sie sich vor, wie leicht dann dieses Kompendium wäre!

Ein ultimatives digitales Buch wird entstehen . . .

Lernziel: Medienintegration als Fachbegriff kennen.
Aufgabe: Erläutern Sie die Zielsetzung der Medienintegration für
            die Bereiche Print, CD-ROM und Internet. (I)

Lernziel: Kennen und Definieren von Fachbegriffen.
Aufgabe: Erläutern Sie die folgenden Fachbegriffe:
            • Printing on demand
            • Cross-Media-Produktion
            • Mehrfachnutzung von Daten. (I)

Lernziel: Bedeutung von Datenbanken kennen.
Aufgabe: Stellen Sie den Unterschied zwischen einer einfachen
            und einer relationalen Datenbank in der Multimedia-
            produktion dar. (I)

Lernziel: Medienintegration im Internet.
Aufgabe: Suchen Sie Websites im Internet, die dem Anspruch
            der Medienintegration entsprechen und untersuchen
            Sie deren Datenstruktur. (P)

Lernziel: Zukunftsvisionen kennen und einschätzen.
Aufgabe: Das digitale Papier ist eine realisierte Utopie für eine
            derzeit kleine Anwendergruppe in den USA. Untersu-
            chen Sie, welche Auswirkungen eine derartige Techno-
            logieanwendung für Ihren Lebens- und Arbeitsbereich
            haben könnte. (P)

6.6 Dateiformate

Abb. 6.6/1
DTP-Datenformate

wie sie auf jeder Seite vorkommen können: ASCII-Da-
tei, EPS-Datei, TIFF-Datei

Datenformate:

**ASCII = American Standard
Code for Information
Interchange**

**EPS = Encapsulated Post-
Script**

**TIFF = Tag Image File
Format**

6.6.1 Die Qual der Wahl

Eine Datei ist abzuspeichern. Welche Art der Weiterverarbeitung ist notwendig? Welches Programm importiert das Bild, den Text? Wie und in welchem Format wird eine erstellte Arbeitsdatei exportiert? Welches Format muss eine Datei für den Endanwender bekommen, damit dieser problemlos damit umgehen kann?

Die Bearbeitung von Texten, Datenspeicherungen in Datenbanken, CAD-Zeichnungen, Grafikentwürfe, Bildbearbeitungen usw. nehmen an Bedeutung zu. Dazu kommen noch Multimedia, Sound, Video und Internet. All diese Anwendungen bieten eine unübersehbare Zahl an Datenformaten. Das Problem dabei ist, dass die mit einem Programm erstellten Daten in einem herstellerspezifischen Format gespeichert werden und für andere Programme nicht nutzbar sind. Daten aus einem Tabellenkalkulationsprogramm lassen sich nicht in eine Textverarbeitung integrieren, der Zugriff aus einem Grafikprogramm auf ein Bild scheitert. Zwei Probleme, die jedem Anwender in ähnlicher Form bekannt sind.

Alle für professionelle Anwendungen erstellten Programme weisen eine Import-/Export-Schnittstelle für die Daten anderer Programme auf. Vor allem im Bereich Electronic-Publishing ist die Datendurchlässigkeit verbessert worden – unbefriedigende Situationen erlebt man dennoch immer wieder!

Import-/Export-Schittstelle

Einige Datenformate haben sich als Standard für den Datenaustausch etabliert. Zu nennen sind hier die bekanntesten Formate: TIF, BMP, EPS, PIC, AVI, MOV, WAV, AIF, JPEG als Anwendungs- und Austauschformate.

TIF, BMP, EPS, PIC, AVI, MOV, WAV, AIF, JPEG ...

Daraus entstehen Fragen über Fragen, die bei der Vielzahl von Speichermöglichkeiten und Datenformaten selbst für den Datenprofi schwer zu überblicken sind. Hier helfen nur zwei Methoden weiter:

1. Versuch und Irrtum („try and error") mit allen Konsequenzen.
2. Fundiertes Wissen über die Nutzung und Struktur der wichtigsten und gebräuchlichsten Datenformate, die im Bereich DTP und Multimedia-Herstellung vorkommen.

Dazu auf den folgenden Seiten mehr Informationen.

Abb. 6.6/2
**Vektor- und pixelorientier-
te Datenspeicherung**

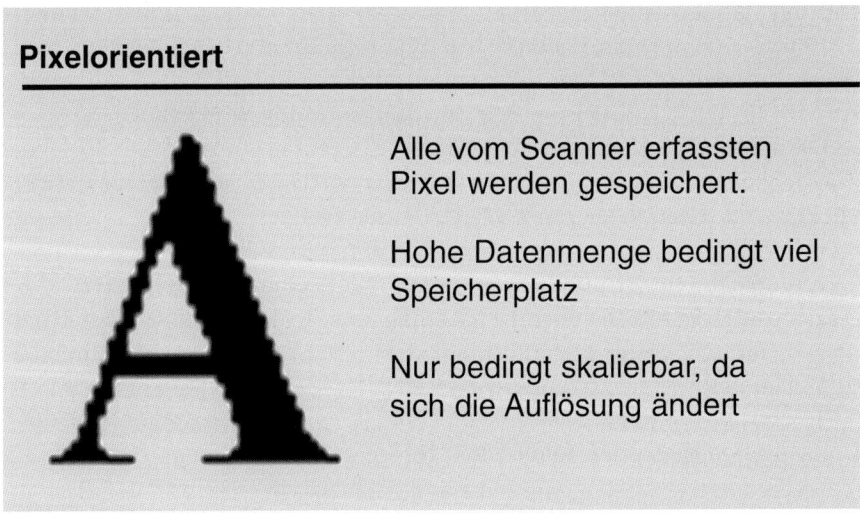

Vektororientiert

Beziérkurve

Speichermenge
gering, da nur An-
fangs-, Kurven- und
Endpunkte gespei-
chert werden

Ohne Qualitäts-
verlust skalierbar

Pixelorientiert

Alle vom Scanner erfassten
Pixel werden gespeichert.

Hohe Datenmenge bedingt viel
Speicherplatz

Nur bedingt skalierbar, da
sich die Auflösung ändert

6.6.2 Aufbau und Elemente einer Seite

Bei der Mediengestaltung müssen in aller Regel mehrere Programme zusammenarbeiten, um ein Medienprodukt zu erstellen. Die Herstellung von Texten, Grafiken, Bildern, Sounds und Videos erfordern den Einsatz spezieller Softwarepakete, deren sich gegenseitig ergänzende Funktionalität die Herstellung von Medienprodukten erst ermöglicht. Gängige Softwarepakete sind unter anderem für:

- Text: Word, Write
- Layout: QuarkXPress, InDesign, PageMaker, VivaPress
- Grafik: Freehand, Illustrator, Corel Draw
- Bildbearbeitung: Photoshop, Corel Draw
- Videoschnitt: Premiere, VideoShop, Media Studio
- Soundbearbeitung: SoundEdit, Pro-Tools III, Soundforge
- Präsentation: Powerpoint, Netpresenter
- Autorensysteme: Director, ToolBook, Authorware
- HTML-Editoren: Page Mill, Dreamweaver, Frontpage
- 3D-Animation: Cinema 4-D, Infiniti 3-D, 3D Studio

Damit die in verschiedenen Programmen erstellten Einzeldateien zu den entsprechenden Medienprodukten zusammengeführt werden können, sind kompatible Datenformate erforderlich.

6.6.2.1 Vektor- und pixelorientierte Grafik- und Bildformate

Der wesentliche Unterschied der Datenformate liegt in ihrer internen Struktur. Es werden dabei die vektor- und pixelorientierten Formate unterschieden, die Multimedia-Formate sind in anderen Kapiteln erläutert.

→ 6.1.7
→ 6.2.6
→ 6.2.7
→ 6.3

Vektororientiertes Datenformat bedeutet, dass ein Abstand zwischen zwei Punkten ausschließlich durch einen Anfangs- und einen Endpunkt definiert ist. Eine Strichzeichnung besteht aus Linien und Flächen. Alle Elemente dieser Zeichnung haben die gleiche Eigenschaft: entweder 100% Deckung oder 0% Deckung. Es gibt keine Mitteltöne. Von daher entspricht diese Linie einer Aneinanderreihung von Punkten. Um diese einem Drucker oder Belichter zu übertragen, genügt es, einen Anfangs- und Endpunkt der Linie zu definie-

Abb. 6.6/3
Aufbau einer Seite für ein Printmedium

Die Abbildung zeigt den grundsätzlichen Aufbau einer Layoutseite mit ASCII-Text, EPS-Grafik und TIFF-Bild.

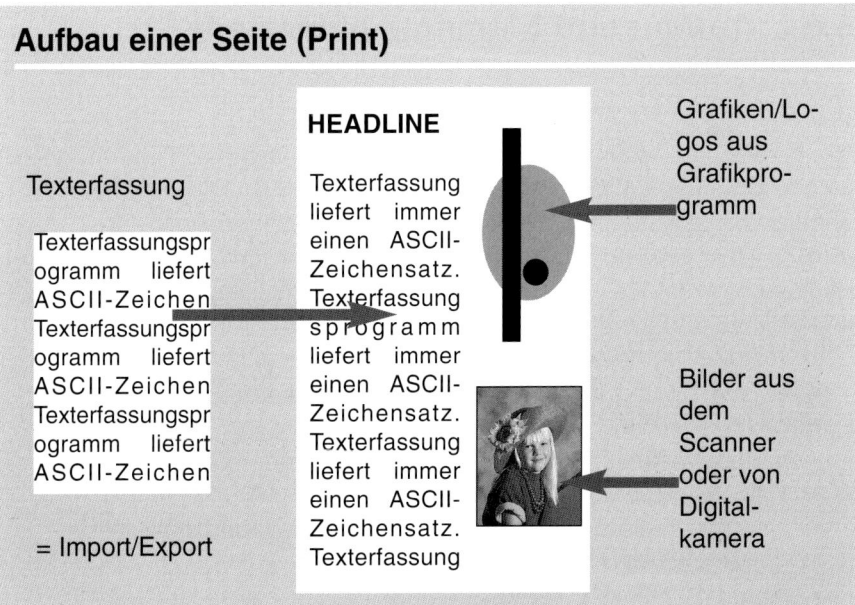

Aufbau einer Seite (Print)

HEADLINE

Texterfassung

Texterfassungsprogramm liefert ASCII-Zeichen Texterfassungsprogramm liefert ASCII-Zeichen Texterfassungsprogramm liefert ASCII-Zeichen

Texterfassung liefert immer einen ASCII-Zeichensatz. Texterfassungsprogramm liefert immer einen ASCII-Zeichensatz. Texterfassung liefert immer einen ASCII-Zeichensatz. Texterfassung

= Import/Export

Grafiken/Logos aus Grafikprogramm

Bilder aus dem Scanner oder von Digitalkamera

Abb. 6.6/4
Aufbau eines Screens für ein Nonprintmedium

Die Abbildung zeigt den grundsätzlichen Aufbau einer Multimediaseite und die weitreichenden Möglichkeiten, Informationen mit vielen Datenformaten in einer Seite unterzubringen.
Der Seitenaufbau ist komplex und erfordert vom Multimedia-Entwickler andere und in aller Regel mehr Datenkenntnisse als für die reine Printproduktion.

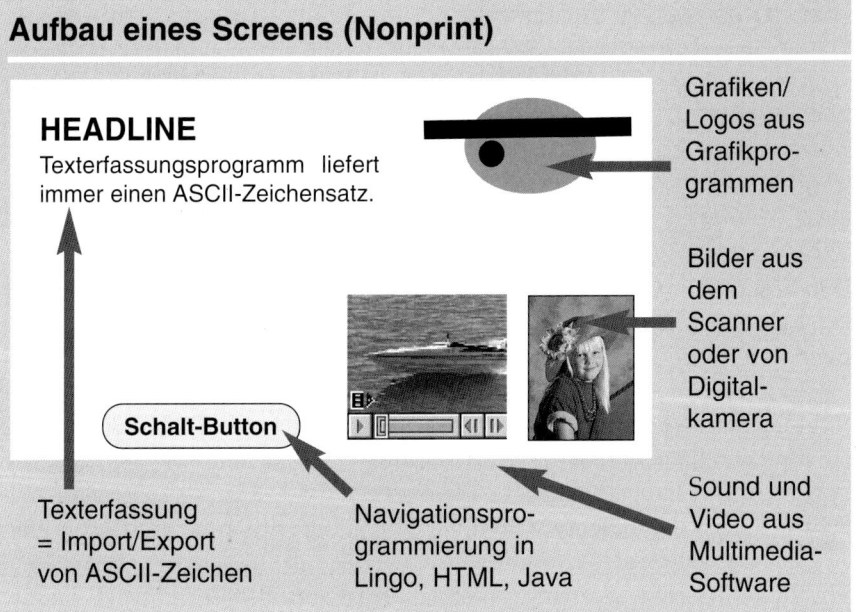

Aufbau eines Screens (Nonprint)

HEADLINE
Texterfassungsprogramm liefert immer einen ASCII-Zeichensatz.

Grafiken/Logos aus Grafikprogrammen

Bilder aus dem Scanner oder von Digitalkamera

Schalt-Button

Texterfassung = Import/Export von ASCII-Zeichen

Navigationsprogrammierung in Lingo, HTML, Java

Sound und Video aus Multimedia-Software

ren. Alles was zwischen den beiden Punkten liegt, besitzt identische Werte, nämlich 100% Deckung.

Diese Darstellung eines vektororientierten Datenformates stimmt nur prinzipiell. Es ist möglich, auch Halbtöne zwischen den Anfangs- und Endpunkten zu beschreiben. So kann ein Anfangspunkt z.B. den Wert 80% und der Endpunkt den Wert 50% Deckung erhalten. Die dazwischen liegenden Tonstufen können zusammen mit der Bézierkurve gespeichert werden.

Eine gekrümmte Linie oder ein Kreis besteht aus mehreren Koordinatenpunkten (Anfangs-, End-, Kurvenpunkte). Die glatte Verbindung derartiger Punkte wird als Bézierkurve bezeichnet. Es müssen vom erzeugenden Programm für eine Grafikdatei nur die Anfangspunkte, Kurvenpunkte, Tonwerte und Endpunkte gespeichert werden. Bei einer Skalierung werden diese Punkte im Koordinatensystem neu definiert – dies ist beliebig möglich bei einer vergleichsweise geringen Datenmenge.

Anders ist es bei Dateiformaten, die eine pixelorientierte Struktur aufweisen. Hierbei wird z.B. eine Linie Punkt für Punkt abgetastet und gespeichert. Dies erklärt auch die höheren Speichermengen, die ein derartiges Format benötigt. Diese Zerlegung einer Linie oder Fläche ist bei Halbtonbildern aber notwendig. Nur so können Grauwerte unterschiedlicher Helligkeit vom Scanner erfasst, digitalisiert und gespeichert werden. Jeder vom Scanner erfasste Punkt wird als Pixel abgespeichert und erhält einen individuellen Wert, welcher dem von der Vorlage reflektierten Licht beim Abtasten entspricht. Allerdings muss eine spätere Vergrößerung des Bildes beim Scanvorgang berücksichtigt werden.

> Lernziel: Unterschiede zwischen Vektor- und Pixelformaten kennen.
>
> Aufgabe: Verdeutlichen Sie die Unterschiede zwischen Vektor- und Pixelorientierung bei Datenformaten und berücksichtigen Sie dabei die entstehende Dateigröße. (I)
>
> Lernziel: Elemente von Druck- und Multimedia-Seiten wissen.
>
> Aufgabe: Nennen sie für beide Medientypen die möglicherweise vorkommenden Dateielemente. (I)

Vektororientierte Datenformate können auch Halbtöne beschreiben.

Beispiel: Jedes Halbtonbild setzt sich aus Pixeln zusammen, die aufgrund des begrenzten Auflösungsvermögens des Auges nicht als Einzelpixel wahrgenommen werden. Eine Vergrößerung des Bildes auf das Doppelte bewirkt, dass die Pixelmenge gleich bleibt und die Pixel selbst die doppelte Größe erhalten. Somit wird die Pixelstruktur deutlicher sichtbar, und das Bild verliert an Qualität.

Abb. 6.6/5 **EPS-Aufbau**

```
%! PSAdobe-3.0 EPSF-3.0
%%Title: Rechteck.eps
%%Creator: Boehringer
%%For: FIND Reutlingen
%%CreationDate: 10.December2000
%%Pages:1
%%DokumentFonts:Palatino
%%BoundingBox: 0  0  80  24
%%EndComments
%%BeginProlog
/mm (25.4 div 72 mul) def
/Palatino findfont 20 scalefont setfont
%%EndProlog
%%BeginSetup
%%EndSetup
%%Page : 1
100 mm 190 mm translate
20 (
10 mm 10 mm moveto
PostScript rotiert)show 25 rotate
.9.9 scale
)repeat
%%Trailer
%%EOF
```

Prolog

- Vorspann
- Verfahrensdefinition
- Voreinstellungen

Script

- Seiten
- Nachspann

6.6.3 Encapsulated PostScript Format (EPS)

Das EPS-Format ist ein Austauschformat, um Dateien zwischen verschiedenen Programmen und unterschiedlichen Rechnerplattformen zu transportieren. Das Format wurde 1982 von der Firma Adobe im Zuge der „PostScript-Entwicklung" definiert. Das EPS-Format ist ein so genanntes Metafile-Format, das heißt, dass es pixel- und vektororientierte Daten enthalten kann. Bevor auf das Format näher eingegangen wird, ein paar Bemerkungen zur Bedeutung von Adobes PostScript:

PostScript …

… ist eine Seitenbeschreibungssprache, welche das Layout einer Seite, das heißt die exakte Position der Seitenobjekte wie Rasterbilder, Grafiken und Texte, festlegt.

… ist gleichzeitig eine Programmiersprache, die aus einer Vielzahl von Befehlen besteht. Mit Hilfe dieser Programmiersprache wird die oben genannte Layoutseite beschrieben.

… ist gleichzeitig eine Drucker- bzw. Belichterkontrollsprache, da sie außerordentlich viele Befehle zur Steuerung von Ausgabegeräten kennt. Mit dieser druckerunabhängigen Beschreibungssprache hat Adobe einen weltweiten Standard geschaffen, mit dem der Austausch von Daten zwischen verschiedenen Systemen wesentlich erleichtert wurde. Um diesen Datenaustausch zu gewährleisten, hat Adobe bestimmte Strukturkonventionen für den Aufbau der EPS-Dateien vorgeschrieben.

Abb. 6.6/6
Zwei EPS-Bilder mit unterschiedlichen Eigenschaften

Das obere Bild enthält ausschließlich Pixeldaten mit den entsprechenden Informationen für die unterschiedlichen Graustufen. Im unteren Bild sind die gleichen Graustufeninformationen enthalten, allerdings sind zusätzliche Vektordaten im Bild enthalten, die zu der sichtbaren Freistellung des Bildes führen.

6.6.3.1 Die EPS-Strukturkonventionen

Die Strukturkonventionen für EPS sehen für jede Seite einen Prolog und ein Script vor. Im ersten Teil des Prologs befinden sich die anwendungsabhängigen Definitionen wie PostScript-Version, Titel der Datei, Ersteller, Erstellungsdatum, Schriften, Seitenanzahl und Bounding Box.

Die Bounding Box beschreibt das kleinste Rechteck mit einem Koordinatensystem (Koordinate links oben und rechts unten), welches das Bild oder die Grafik vollständig enthält.

Im zweiten Teil des Prologs, den Verfahrensdefinitionen, werden die für das Dokument erforderlichen Verfahren beschrieben, die zur Ausführung der Datei notwendig sind. Bei einer PostScript-Seite steht dort in aller Regel das Ausgabeformat für die ganze Seite, z.B. DIN A4.

In Abbildung 6.6/5 ist der prinzipielle Aufbau einer PostScript-Seite dargestellt. Dazu sollen an dieser Stelle noch einige Erläuterungen zu den einzelnen Dateizeilen folgen.

Um die Strukturinformationen von den Kommentarzeilen zu unterscheiden, beginnen diese Informationen immer mit den Zeichen:

%
%!

gefolgt von einem beliebigen ASCII-String. Eine EPS-Datei beginnt immer mit der folgenden Zeile, die eine Datei als PostScript-Datei gemäß den Adobe-Konventionen auszeichnet:

%!PS-Adobe-3.0 EPSF-3.0

Die Zeile enthält das Schlüsselwort

PS-Adobe-

Dahinter folgt die Versionsnummer (möglich von 1.0 - 3.0). Unmittelbar nach der Versionszeile befinden sich weitere Kommentare mit zusätzlichen Informationen:

%%Title: title

Hier wird der Dokumentenname gespeichert. Das dateierzeugende Programm oder die zuständige Person sowie der Empfänger des Dokuments sind in den folgenden Zeilen festgehalten:

%%Creator: text
%%For: text

In der Datumszeile kann auch die Zeit als ASCII-String mit aufgenommen werden. Die folgende Zeile enthält das EErzeugungsdatum des Dokuments:

%%CreationDate: datum

Die danach folgende Information gibt die im Dokument vorhandenen Seiten und die benutzten Schriften an:

%%Pages: xx
%%DocumentFonts: font1, font2, ...

Der Wert xx sollte eine nicht negative Dezimalzahl umfassen und die Zahl der zu druckenden Seiten angeben. Erzeugt ein Programm keine Seiten, muss hier eine „0" stehen, die Spezifikation „attend" ist ebenfalls möglich.

Dieser Kommentar gibt die benutzten Schriftnamen an. Die Anweisung kann aber auch an das Ende der Datei verschoben werden. Dann muss im Header folgende Zeile erscheinen:

%%DocumentFonts: (attend)

Die Bounding Box umschließt alle Markierungen z.B. einer Grafik mit einem Rechteck. Die nächste Anweisung enthält als Parameter vier Integerwerte, welche die linke obere und die rechte untere Ecke der Bounding Box im Initial-Koordinatensystem angeben:

%%Bounding Box: 0 0 80 24

Die danach folgende Anweisung schließt den Vorspann ab:

%%EndComments

Die daran anschließenden Verfahrensdefinitionen können durch die folgenden Dialoge gekennzeichnet werden:

%%BeginProlog
%%EndProlog
%%BeginProcSet
%%EndProcSet
%%BeginSetup
%%EndSetup

Der Gesamtprolog wird durch einen entsprechenden Kommentar (End-Prolog) abgeschlossen.

Der Beginn der Beschreibung einer Seite wird durch die Sequenz:

%%Page: label ordial

markiert. In label und ordial werden die entsprechenden Nummern eingetragen. Eventuell notwendige Zeichensätze werden durch folgende Kennung verdeutlicht:

%%PageFonts: font 1, font2, ...

Den Abschluss einer EPS-Datei bildet der Trailer:

%%Trailer
%%EOF = End of File

6.6.3.2 Die EPS-Bildschirmdarstellung

Im Prinzip besteht eine EPS-Datei aus der nicht darstellbaren PostScript-Datei sowie einer sichtbaren Bitmap-Datei. Der rechts abgebildete Screenshot zeigt die Wahlmöglichkeiten für die Bildschirmdarstellung einer EPS-Datei. Die Wahlmöglichkeiten betreffen die Datentiefe zwischen 1 und 8 Bit sowie das Dateiformat. Hier kann zwischen TIFF und PICT für Macintosh und PC ausgewählt werden.

Eine Datentiefe von einem Bit ist dann sinnvoll, wenn das Bild in einem Zielprogramm wie Freehand oder QuarkXPress nur als Platzhalter ohne vorlagengetreue Wiedergabe positioniert werden soll. Das zu wählende Dateiformat hängt vom Zielprogramm und dessen Darstellungsmöglichkeiten ab. Ebenso ist das für die Datei zu verwendende Weiterverarbeitungssystem (Mac, Windows, Unix) von Bedeutung. Es ist sinnvoll, vor der Bild- oder Grafikerstellung die zu wählenden Einstellungen mit den am Auftrag beteiligten Personen abzusprechen und eventuell einen kurzen Darstellungstest durchzuführen.

Bei der Speicherung eines EPS-Bildes bestehen neben der Wahlmöglichkeit für die geeignete Bildschirmdarstellung noch weitere Einstelloptionen wie Speicherung der Druckkennlinie, der Rasterungseinstellung und die Festlegung eines Freistellungspfades. Dabei wird im Menü abgefragt, welche Kurvennäherung für eine kantenglatte Wiedergabe gewünscht wird. Der Wert für diese Kurvennäherung gibt an, mit wie viel geraden Linien das Ausgabegerät den Pfad ausgibt. Je höher der gesetzte Wert, desto weniger Linienstücke werden erzeugt. Möglich sind Werte zwischen 0,2 und 100.

Lernziel: Funktion des Freistellungspfades kennen.
Aufgabe: Erstellen Sie eine Bilddatei mit einem Freistellungspfad, geben Sie die Werte 0.2, 0.5, 1.0, 2.0, 5.0, 10.0, 50.0 und 100.0 ein und belichten Sie einen Film.

Abb. 6.6/7
Bildschirmdarstellung

In der Abbildung ist links die nicht sichtbare PostScript-Datei Portrait.eps zu sehen, rechts die ladbare Bildschirmansicht als Bitmap-Datei. Die linke Datei enthält nur den reinen PostScript-

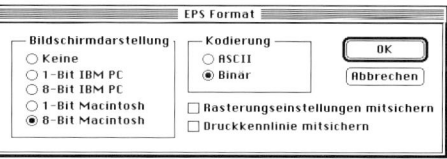

Code, die rechts dargestellte Datei den PostScript-Code mit gespeicherter Bildschirmansicht. In der unteren Abbildung sind die Wahlmöglichkeiten der Bildschirmdarstellungen aus einem Bildverarbeitungsprogramm dargestellt. Man kann zwischen keiner Bildschirmansicht und einer 8-Bit-Darstellung für PC und Macintosh wählen.

Abb. 6.6/8
EPS-Darstellung

Wird ein EPS-Bild ohne
oder mit falscher Bildschirmdarstellung gespeichert, so
wird im Layoutprogramm
nur der Bildumriss, der Dateiname und das Erstel-
lungsdatum auf einer grau-
en Rasterfläche dargestellt.
Da der Bildheader keine
Bildschirmdarstellung enthält, kann das Bild nicht dargestellt werden.

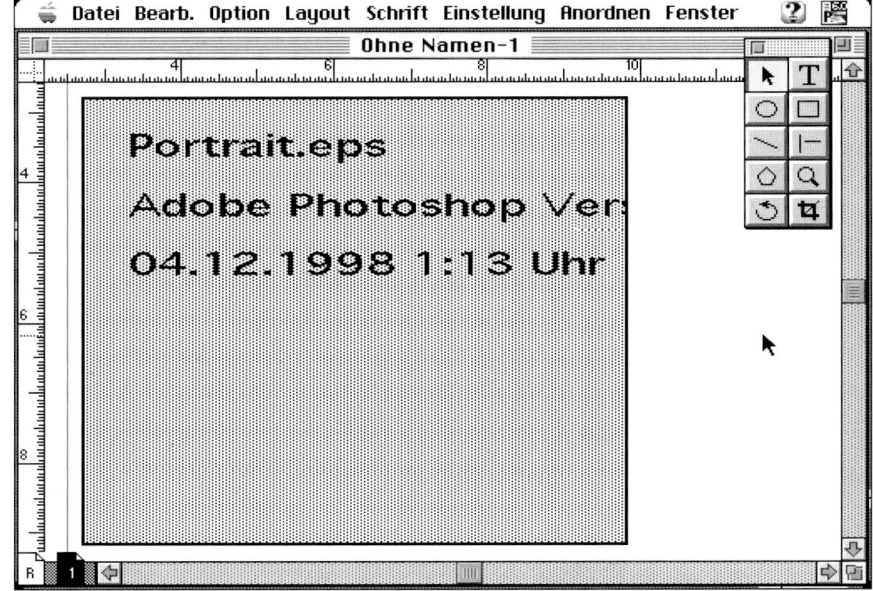

Abb. 6.6/9
EPS-Freistellungspfad

Festlegung des Freistel-
lungspfades für ein EPS-Bild
im Programm Adobe Photo-
shop. Erstellen Sie mit Hilfe
des abgebildeten Menüs einen solchen Freistellungspfad im Programm Photo-
shop mit den Angaben der
Aufgabe auf der vorherge-
henden Seite und belichten
Sie Ihre Bilder mit diesen
Vorgaben. Beurteilen Sie die
Ergebnisse für spätere Einstellungen.

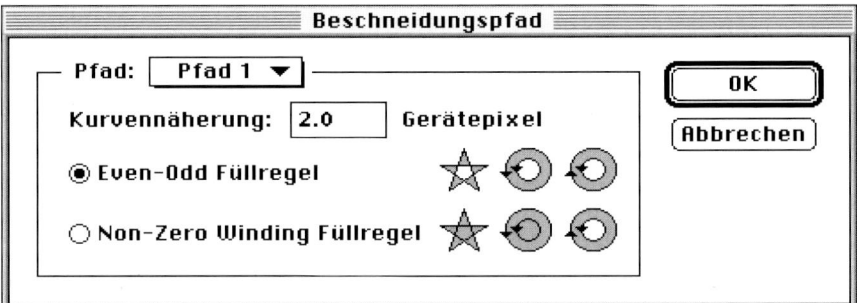

Es stellt sich die Frage, welche Unterschiede zwischen der Programmiersprache PostScript und einer EPS-Datei bestehen. Diese Frage bedarf normalerweise einer ausführlichen Erörterung – darauf soll hier verzichtet werden. Trotzdem soll die nachfolgende Tabelle einiges zur Beantwortung
beitragen:

6.6.3.3 Unterschiede zwischen der Sprache PostScript und EPS

	EPS-Datei	PostScript-Datei
Anzahl der Seiten	1	beliebige Anzahl
Ausgabe auf PostScript-Drucker möglich?	ja	ja
Ausgabe auf nicht PostScript-fähigem Drucker möglich?	ja, falls Preview vorhanden	nein
Bildschirmausgabe ohne PostScript-Interpreter möglich?	ja, falls Preview vorhanden	nein
Datei ist DCS*-kompatibel? *Desktop Color Separation-Format	ja	empfohlen
Datei enthält Bounding-Box-Kommentar	ja	empfohlen
Kritische Operatoren erlaubt?	nein	ja
Datei enthält showpage	nicht immer	ja
Austausch zwischen verschiedenen Betriebssystemen möglich?	EPS oder EPSI ohne Preview: ja. Mac + Windows-EPS mit Preview: nur eingeschränkt	nur drucken
Erzeugung durch Druckertreiber möglich?	mit Einschränkungen	ja

Abb. 6.6/10
TIFF-Format

Das von den Firmen Aldus, Hewlett Packard und Microsoft definierte TIFF-Format liegt zwischenzeitlich in der Version 7.0 vor.
Eine TIFF-Datei besteht aus einem Header und einer variablen Zahl von Datenblöcken mit unterschiedlichen Längen, die über Zeiger adressiert werden. Die Struktur der Datei wird im Wesentlichen durch die als Image File Directory (IFD) bezeichneten Blöcke geprägt. Diese IFDs bilden eine verkettete Liste innerhalb der Datei und enthalten Informationen bezüglich der gespeicherten Datentypen, der Bilddaten, des Grafikmodus. Aus diesen IFDs verweisen Zeiger auf die eigentlichen Datenblöcke mit den Bildinformationen.

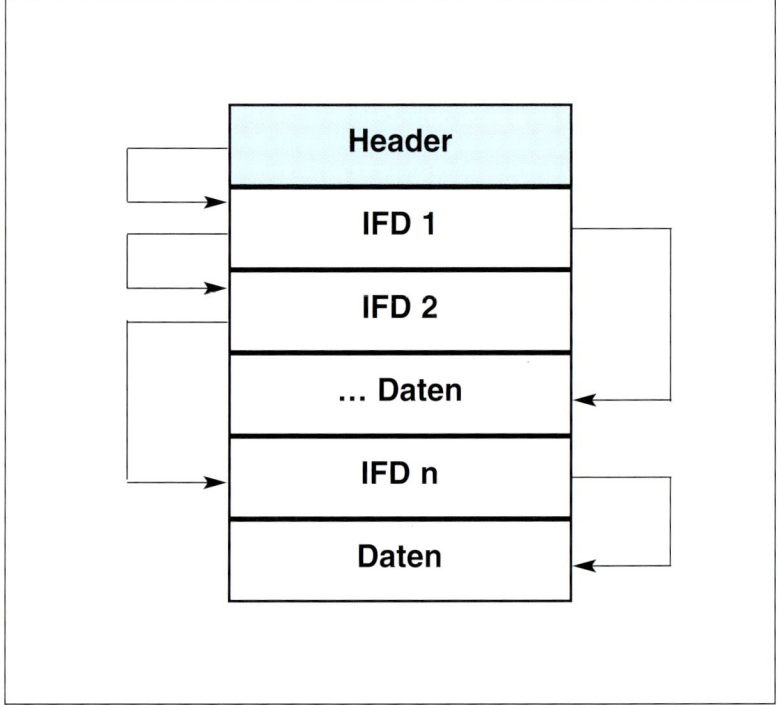

Abb. 6.6/11
IDF-Kette

IFD-Kette, bei der die IFDs als Inhaltsverzeichnis fungieren und die Verkettung innerhalb einer TIFF-Datei herstellen.

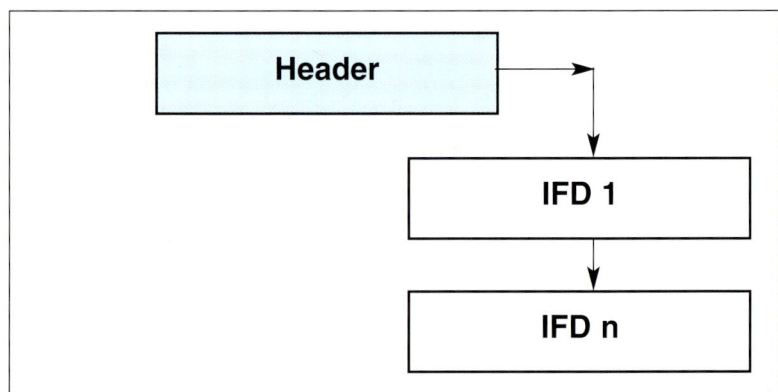

6.6.4 Tag Image File Format (TIFF)

6.6.4.1 Struktur des TIFF-Formates

Das pixelorientierte TIFF-Format, 1986 von Aldus, Hewlett Packard und Microsoft entwickelt, gehört zu den universell nutzbaren Datenformaten und ist auf Unix-, Macintosh- und PC-Betriebssystemen zu nutzen.

Das TIFF-Format wird sowohl bei Motorola- als auch bei Intel-Prozessoren benutzt. Es unterstützt die Datenspeicherung in beiden Varianten. Dies schlägt sich vor allem im Header nieder. Der Header besitzt ein festes Format und belegt immer die ersten acht Byte einer Datei. Dabei wird immer zuerst die Motorola-Kennung (= MM) in den ersten zwei Bytes gespeichert. Wird die Intel-Speicherung verwendet, werden die letzten zwei Bytes mit der Intel-Kennung (= IT) belegt. Danach folgt die Versionsnummer des TIFF-Formats und der Zeiger auf den ersten IFD mit dem benötigten Inhaltsverzeichnis der TIFF-Datei. Beginnend mit dem Header sind alle IFDs durch Zeiger verkettet. In Abbildung 6.5/11 ist dies schematisch dargestellt.

Die Länge eines IFDs ist variabel und wird durch die Anzahl der Tag-Einträge bestimmt. „Tag" bedeutet im Englischen soviel wie „Anhänger". Ein Tag ist eine aus 12 Byte bestehende Datenstruktur, die zur Aufnahme von Informationen über die Bilddaten dient. Die Anzahl der Tag-Einträge ist im ersten Wort des IFDs festgehalten. Für jeden Eintrag sind anschließend 12 Byte belegt. Im Anschluss an den letzten Tag steht ein 4-Byte-Zeiger auf das folgende IFD bzw. auf das Dateiende.

Innerhalb eines IFDs befindet sich eine Liste mit Tags. Tags weisen eine feste Größe von 12 Byte auf. Diese dienen zur Aufnahme von Daten über die Bildabmessung, Auflösung usw. Passen die notwendigen Daten nicht in die bestehende Tag-Struktur, werden diese in freie Bereiche innerhalb der TIFF-Datei ausgelagert. Im Tag befindet sich dann ein Zeiger zu diesem Datenbereich (siehe Abbildung 6.5/12).

TIFF ist ein pixelorientiertes Dateiformat. Jeder Scanpixel wird mit einer Tonstufe vom Wert 0 bis zum Wert 255 (8 Bit) adressiert und in einem Tag-Strang gespeichert. Bei einem Duplexbild entspricht dies einer Datentiefe von 16 Bit, bei einem RGB-Bild einer Datentiefe von 24 Bit und bei einem CMYK-Bild von 32 Bit oder 4 Byte pro Pixel. Neben Halbtonbildern können

TIFF-Format: 1986 gemeinsam von Aldus, Hewlett Packard und Microsoft entwickelt.

Image File Directory (IFD)

→ **Abb. 6.5/11**

→ **Abb. 6.5/12**

Die mögliche Datentiefe des TIFF-Formats

Abb. 6.6/12
Tags

Zeiger von Tags in den Datenbereich

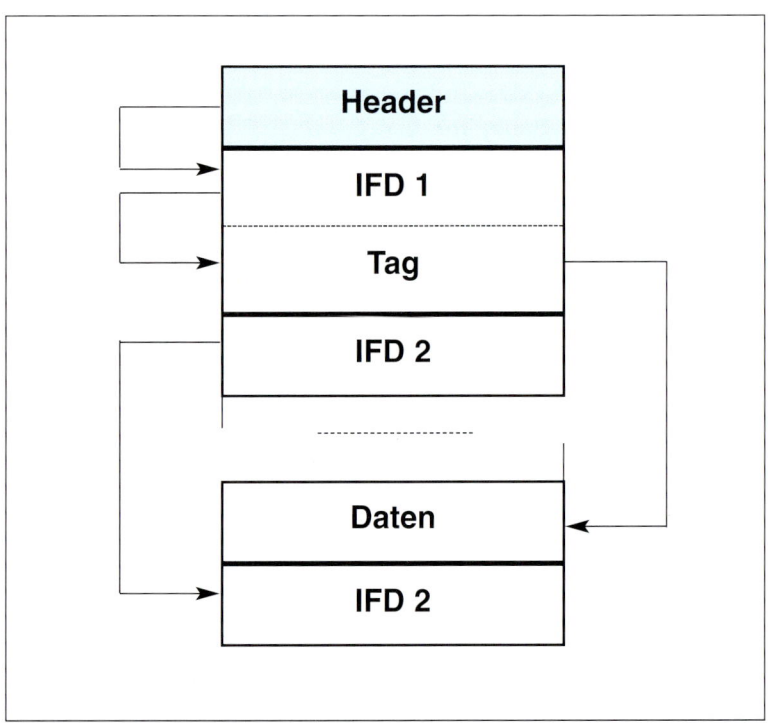

Abb. 6.6/13
Pixeldarstellung

TIFF ist ein pixelorientiertes Dateiformat und erlaubt eine Datentiefe von 1, 8, 16, 24 oder 32 Bit pro Pixel.

aber auch Strichbilder mit einer Datentiefe von 1 Bit im TIFF-Format gespeichert werden.

TIFF gehört zu den Standard-Austauschformaten über Betriebssystemgrenzen hinweg. Mit der Version 6.0 wurde die Möglichkeit der Datenkompression verbessert. Die Color-Management-Erfordernisse wurden insofern berücksichtigt, als diese Einstellungen im TIFF-Format registriert werden.

In professionellen Programmen wie Photoshop oder Linocolor können verschiedene Varianten von TIFF-Dateiformaten gewählt werden, um eine pixelorientierte Datei zu sichern. Die verschiedenen Möglichkeiten sind TIFF-Lab, TIFF-RGB, TIFF-CYMK, TIFF-Grau, TIFF-Bitmap oder TIFF-Strich. Daneben besteht, allerdings in begrenztem Umfang, die Möglichkeit, Maskenkanäle mitzuspeichern. Diese Kanäle können aber von Layoutprogrammen nicht interpretiert werden.

Varianten des TIFF-Formats: TIFF-Lab, TIFF-RGB, TIFF-CYMK, TIFF-Grau, TIFF-Bitmap oder TIFF-Strich

Lernziel: Datenstruktur des TIFF-Dateiformates kennen.
Aufgabe: Erläutern Sie die folgenden Begriffe:
- Header
- Datentiefe
- Aufbau einer TIFF-Datei
- „Tag"
- Datenmenge bei RGB- und CYMK-TIFF-Bild
- TIFF-Varianten. (I)

Abb. 6.6/14
Komprimierung von Bilddaten

Die obere Abbildung zeigt einen Ausschnitt aus einem Pixelbild. Jedes Pixel
belegt eine Speicherstelle auf einem
Datenträger. Um die Anzahl der Speicherstellen zu reduzieren, werden bei
der Datenreduzierung bzw. -komprimie-
rung Pixel gleicher Tonwerte zu Gruppen zusammengefasst und benötigen
dadurch weniger Speicherplatz. Diese
Zusammenfassung sieht so aus, dass
von einer Tonwertgruppe der Tonwert,
der Anfangspunkt und der Endpunkt gespeichert werden. Bei einer Tonwertgruppe, die aus 10 gleichartigen Pixeln
besteht, sind dann nicht mehr zehn
Speicherstellen notwendig, sondern nur
drei. Bei einem Bild mit vielen gleichartigen Pixelstellen lässt sich damit ein
hoher Kompressionsgrad erreichen, bei
einem Bild mit sehr verschiedenen Tonwerten ist der Kompressionsgrad
zwangsläufig niedriger.

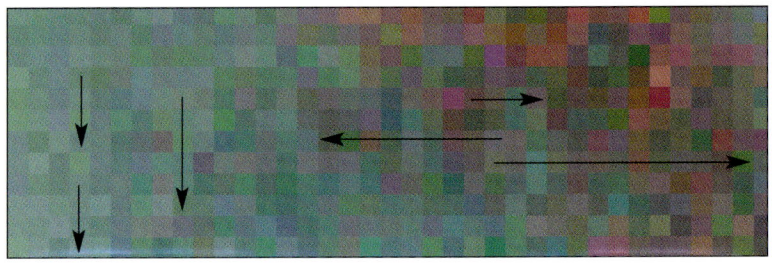

⟶ = zusammenfassbare Tonwertgruppen

6.6.4.2 Tag Image File Format/Image Technology (TIFF/IT)

Trotz der Vielfältigkeit des TIFF-Formates 6.0 musste vom internationalen Normenausschuss ANSI/ISO das TIFF-Format erweitert werden, da der in der klassischen Reproduktion gebräuchliche Seitenaufbau aus CYMK-Strichdaten sowie pixelorientierte Konturdaten (CW) keine Berücksichtigung fanden. Dateiformate verschiedener Plattformen wie ChromaCom-Linotype, Scitex LW, Crossfield LW sind aufgrund dieses neuen Standards in der Lage, Bilder und komplette Seiten auszutauschen und zu bearbeiten. Besonders in der Tiefdruckgravur hat sich das Datenformat TIFF/IT durchgesetzt.

TIFF/IT für die Tiefdruckzylindergravur

6.6.4.3 TIFF-Komprimierungsverfahren

Da Bilddaten häufig in komprimierter Form vorliegen, sieht die TIFF-Spezifikation verschiedene Codierungs- bzw. Komprimierungsverfahren vor:

Unkomprimiert
Jedes bilderzeugende Programm kann die Bilddaten in unkomprimierter Form speichern. Damit ist in der Regel eine Datenübernahme in andere Programme durch die entsprechenden TIFF-Reader gegeben. Unkomprimierte Dateien weisen allerdings einen großen Datenumfang auf.

PackBit-Codierung
Dieses Verfahren stammt aus der Macintosh-Welt. Eine derart komprimierte TIFF-Datei weist einen reduzierten Header auf. Jede Bilddatenreihe muss separat komprimiert werden, die gepackten Daten dürfen nicht über eine Bildzeile hinausreichen. Mehr als 128 gleiche Bilddatenbyte können nicht zusammen komprimiert werden, sondern müssen in mehrere Records aufgeteilt werden. Die Datenreduzierung durch diese Komprimierungsart liegt bei einem Verhältnis von 1 : 8.

FAX-Komprimierung

Einige Komprimierungsverfahren in der TIFF-Kompression lehnen sich an die FAX-CCITT/3-Group-Komprimierung an. Dabei wird versucht, möglichst zusammenhängende Gruppen weißer, schwarzer oder gleichfarbiger Pixel zu codieren und zusammenzufassen. Wird eine Bildzeile komprimiert gespeichert, wird die Anzahl der weißen oder schwarzen Punkte berechnet und in reduzierter Form in der Datei als Tabelle abgelegt. Bildfolgen gleicher Punkt- bzw. Pixelfarbe werden dann zu einem Anfangs- und Endcode zusammengefasst und belegen dadurch weniger Speicherplatz in der Datei.

LZW-Komprimierung

LZW-Komprimierung

Formel:

Komprimierungsfaktor =

Datenmenge ohne LZW
Datenmenge mit LZW

Hinweis zur LZW-Komprimierung und DTP-Programmen: Nicht jede Layoutsoftware ist in der Lage, die LZW-Komprimierung korrekt zu importieren. Ladevorgänge können extrem lange dauern und zu Fehlern beim Drucken führen.

JPEG-Komprimierungsverfahren (Joint Photographic Export Group)

Wichtig bei einem Datenformat ist die Möglichkeit der Datenreduktion, besser der Datenkomprimierung. Dies ist notwendig, um die zu verarbeitende Datenmenge bei Bildern zu verringern. Ein DIN-A4-Farbbild hat in einer mittleren Qualität für ein Druckprodukt in der Regel eine Auflösung von 300 dpi – dies ergibt etwa eine Dateigröße von 35 MB.

Die einfachste Möglichkeit der Datenreduktion ist die LZW-Komprimierung. Für dieses Verfahren, benannt nach den Programmierern Lempel, Ziv und Welch, hält die Unisys Corporation das Patent. Die Funktionsweise dieser verlustfreien Komprimierung ist nicht genau bekannt. Manche Programme haben mit dieser Komprimierung extrem lange Bildladezeiten. Software-Entwickler, die dieses Verfahren zur Komprimierung von Bilddaten verwenden wollen, erhalten dort eine gebührenpflichtige Lizenz. Diese beinhaltet eine Offenlegung der LZW-TIFF-Komprimierung.

In die TIFF-Version 6.0 wurde das JPEG-Komprimierungsverfahren aufgenommen. Das JPEG-Verfahren ist als ISO-Norm verabschiedet und gestattet verschiedene Komprimierungsvarianten. Voraussetzung für dieses Verfahren ist, dass die Bilddaten als 8-Bit-Werte gespeichert wurden. Das JPEG-Verfahren erlaubt – je nach Motiv und ausgewähltem Kompressionsfaktor – eine Datenreduktion mit keinem, geringem oder hohem Informationsverlust.

6.6.4.4 Zusammenfassung

TIFF ist ein plattformübergreifendes Dateiformat für Pixelbilder. Es unterstützt die Farbmodi RGB, CMYK, Lab, Graustufen und indizierte Farben. Im Programm Adobe Photoshop lassen sich Pfade und Alphakanäle mitspeichern. Beim Speichern kann mit Hilfe der LZW-Komprimierung verlustfrei komprimiert werden. Dabei ist zu beachten und im Zweifelsfall zu testen, ob die Anwendersoftware die LZW-komprimierte TIFF-Datei interpretieren kann. Bei einer Reihe von Textverarbeitungsprogrammen ist dies nicht der Fall, so dass nur mit unkomprimierten Dateien weitergearbeitet werden kann.

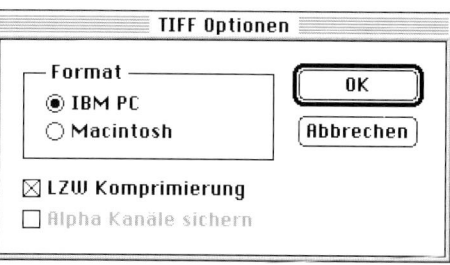

Für den Anwender weist das TIFF-Format viele Vorteile auf: Fast alle Programme können dieses plattformunabhängige Dateiformat importieren. Beim Speichern in Photoshop kann zwischen einer Windows- und Macintosh-TIFF-Variante gewählt werden. Beide Formate unterscheiden sich nur durch die interne Anordnung der Byte. Aktuelle Programme auf dem Macintosh können beide Varianten lesen – entscheiden Sie sich daher beim Speichern sicherheitshalber für die Windows-Variante.

Abb. 6.6/15
TIFF-Optionen

Bei wählbaren TIFF-Optionen sollte man sich auf allen Plattformen für die Option IBM PC entscheiden, da alle Standardprogramme auf dem Macintosh dieses Format lesen können.
Die Verwendung der LZW-Komprimierung kann bei manchen Softwareanwendungen zu Problemen beim Bildimport führen – daher muss deren Anwendung getestet werden.

Lernziel: Prinzip der Bilddatenkomprimierung erkennen und darstellen.

Aufgabe: Zeigen und erklären Sie durch eine grafische Darstellung, wie das Prinzip der Bilddatenkomprimierung bei Bilddaten funktioniert. (I)

Lernziel: Prinzip der Bilddatenkomprimierung selbst erproben.

Aufgabe: Errechnen Sie mit Hilfe unterschiedlicher Bilder aus Ihrer Produktion den Komprimierungsfaktor, der sich durch die LZW-Komprimierung erreichen lässt. Speichern Sie dazu ein Bild unkomprimiert und in einem zweiten Schritt komprimiert ab. (P)

6.6.5 Portable Document Format (PDF)

Neue Datei...	⌘N
Datei öffnen...	⌘O
Letzte Satzdateien	▶
Datei schließen	⌘W
Speichern	⌘S
Speichern unter...	
Exportieren...	
Adobe-PDF erstellen...	
Alte Fassung	
Positionieren...	⌘P
Importieren	▶
Verknüpfungen...	⌘Ä
Datei einrichten...	
Drucken...	⌘D
Druckerformate	▶
Vorgaben wählen...	
Beenden	⌘Q

Abb. 6.6/16
**Ablage-Menü eines Layoutpro-
gramms**

Viele Programme unterstützen das Datenformat PDF durch die Funktion
„Adobe PDF erstellen ...". Wird dieser Befehl aufgerufen, generiert das
Programm PDF-Dateien, die in vorge-
wählte Ordner abgelegt werden und
von dort mit entsprechender Software
weiterverarbeitet oder gelesen werden
können.

Das PDF-Format stammt von der in der DTP-Welt allseits bekannten und geschätzten Seitenbeschreibungssprache PostScript ab.
PostScript war eine der Grundvoraussetzungen des Siegeszuges
zur heutigen DTP-Welt und ist in grafischen Betrieben, in Werbe-
genturen und in der Medienwelt überall zu finden. PostScript erlaubt zum einen eine integrierende Beschreibung von Text, Grafik
und Bild, vor allem zum Zweck der Steuerung von Ausgabegeräten
wie Drucker und Filmbelichter. Daneben ist PostScript eine mächti-
ge Programmiersprache, die in der Lage ist, viele komplizierte Sei-
tenelemente in einem gemeinsamen Layout zusammenzuführen.

Die weltweite Verbreitung von PostScript in der Medienindustrie
hat einen über Jahre von der Firma Adobe gepflegten und weiter-
entwickelten Standard hervorgebracht. Dieses Standardformat
wurde in großen Teilen in das PDF-Format überführt und für eine
breitere Anwendung konzipiert.

PDF übernahm von PostScript die Seitenbeschreibungselemen-
te. Dieses so genannte Grafikmodell stellt eine Seite mit allen ein-
gebundenen Elementen dar. Um das PDF-Format einfacher zu gestalten, wurden sämtliche programmieraufwendigen Teile wie die
Generierung von Schleifen, Bedingungen u.ä. weggelassen. Zusätzlich wurden interaktive Bausteine wie Schaltknöpfe (Hyperlinks), Video- und Soundfilter zur Anreicherung der PDF-Doku-
mente integriert.

Die Leistungsfähigkeit des PDF-Formats fordert ihren Tribut:
Der Dateiaufbau ist kompliziert und bereits vom Aufbau her nicht
leicht zu durchschauen. PDF-Dateien setzen sich aus direkten und
indirekten Objekten, Tabellen mit Dateipositionen, Verschlüsselun-
gen und Kompressionsalgorithmen zusammen. Nur der geübte
Programmierer ist in der Lage, eine PDF-Datei zu lesen, zu interpretieren, zu verstehen und eventuell zu verändern. PDF-Dateien
zu erzeugen ist also keine Programmiertätigkeit, sondern diese Dateien werden durch Software erstellt.

6.6.5.1 Herstellen von PDF-Dokumenten

Das PDF-Format lässt sich einfach herstellen. Dazu sind bei einigen Anwenderprogrammen keine weiteren Softwarebausteine notwendig: Durch Auswahl der Funktion „Adobe PDF herstellen ..." wird zusätzlich zum bestehenden Dokument eine PDF-Datei erzeugt. Man kann davon ausgehen, dass in den nächsten Jahren eine Reihe von Softwareherstellern diesen Weg unterstützen werden, der bei einer Reihe von Adobe-Programmen bereits beschritten ist.

6.6.5.2 PDF-Writer

Dies ist ein Druckertreiber für Windows und Macintosh, der keine Druckausgabe, sondern PDF-Dateien erstellt. Die Möglichkeit, Daten an der Druckausgabe eines Programms bzw. Rechners abzunehmen, wird z.B. bei Faxmodems genutzt. Durch diese Technik werden alle Dateien, die ausgedruck werden können, PDF-fähig. Allerdings unterliegt diese Art der PDF-Erzeugung einem Qualitätsmangel – von eingebetteten EPS-Bildern kann für die Bildausgabe nur der Header der Bildschirmdarstellung genutzt werden. Dies hat in der Bilddarstellung Qualitätseinbußen zur Folge.

Acrobat PDF-Writer

Acrobat Distiller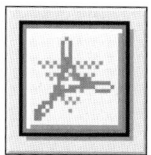

6.6.5.3 Acrobat Distiller

Acrobat Capture

Dieses Programm enthält einen PostScript-Interpreter für PostScript-Level 2, der in der Lage ist, PostScript-Daten in PDF-Daten zu konvertieren. Der Distiller verarbeitet alle Dateien, die sich für einen Ausdruck mit einem PostScript-Drucker eignen. Im Vergleich zum PDFwriter gibt es keine Einschränkungen hinsichtlich der grafischen Möglichkeiten der späteren PDF-Dateien.

Der Acrobat Distiller ist dann zur Herstellung von PDF-Dateien einzusetzen, wenn

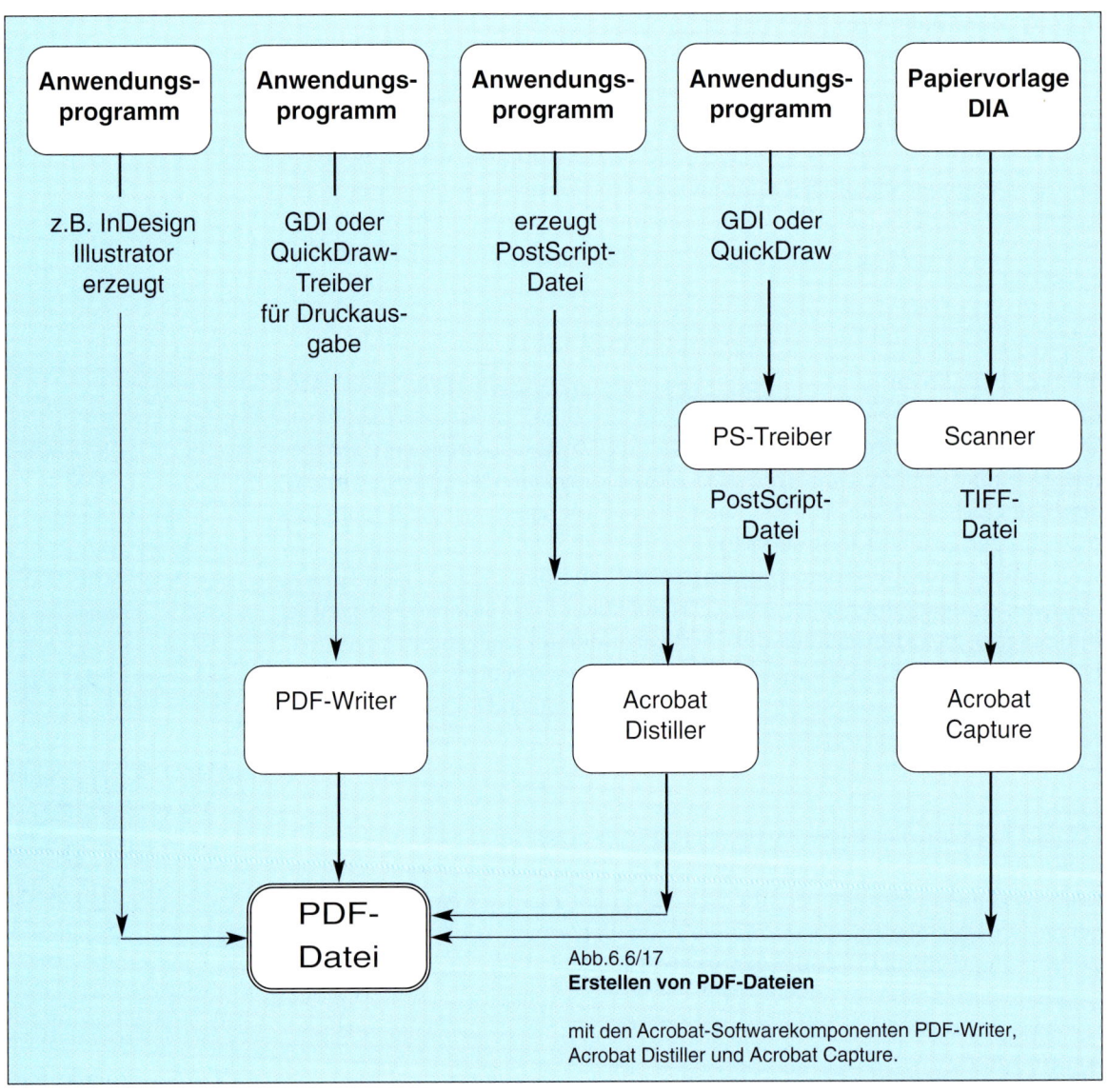

Abb.6.6/17
Erstellen von PDF-Dateien

mit den Acrobat-Softwarekomponenten PDF-Writer,
Acrobat Distiller und Acrobat Capture.

- das Ausgangsdokument EPS-Dateien enthält,
- das Anwendungsprogramm selbst PostScript-Daten erzeugt,
- das Dokument Farbverläufe oder aufwendige Grafik enthält,
- das Dokument Hypertext-Funktionen enthalten soll.

Das Herstellen von Hypertext-Funktionen/-Verweisen kann alternativ über die erzeugenden Programme oder später in das PDF-Dokument manuell eingebettet werden.

6.6.5.4 Acrobat Capture

PDFwriter und Acrobat Distiller eignen sich ausschließlich für die PDF-Herstellung aus neu angelegten Dokumenten, die z.B. mit Hilfe von PageMaker oder InDesign erstellt wurden. Sollen bereits gedruckte Dokumente als PDF-Datei gespeichert und weitergenutzt werden, muss mit Hilfe eines Scanners und der OCR-Software Acrobat Capture das Dokument neu erfasst und im PDF-Format gespeichert werden.

Das Programm ist derzeit nur in einer englischsprachigen Version verfügbar. Dies bezieht sich nicht nur auf die Nutzeroberfläche, sondern vor allem auf die Zeichenerkennung. Das Programm beschränkt sich nur auf den 7-Bit-ASCII-Code. Damit sind die Umlaute der deutschen Sprache nicht im vorhandenen englischen Wörterbuch verfügbar und das Programm im deutschen Sprachraum nicht sinnvoll zu nutzen.

6.6.5.5 Acrobat Reader

Wahrscheinlich eines der Softwareprodukte, die weltweit die höchste Verbreitung haben. Auf nahezu jedem PC zu finden, ermöglicht es dieses Leseprogramm, plattformunabhängig jedes PDF-Produkt zu lesen und auszugeben. Dabei ist durch die verschiedenen Leseformen ein komfortables Betrachten der Seiten möglich.

Abb. 6.6/18
Acrobat Reader

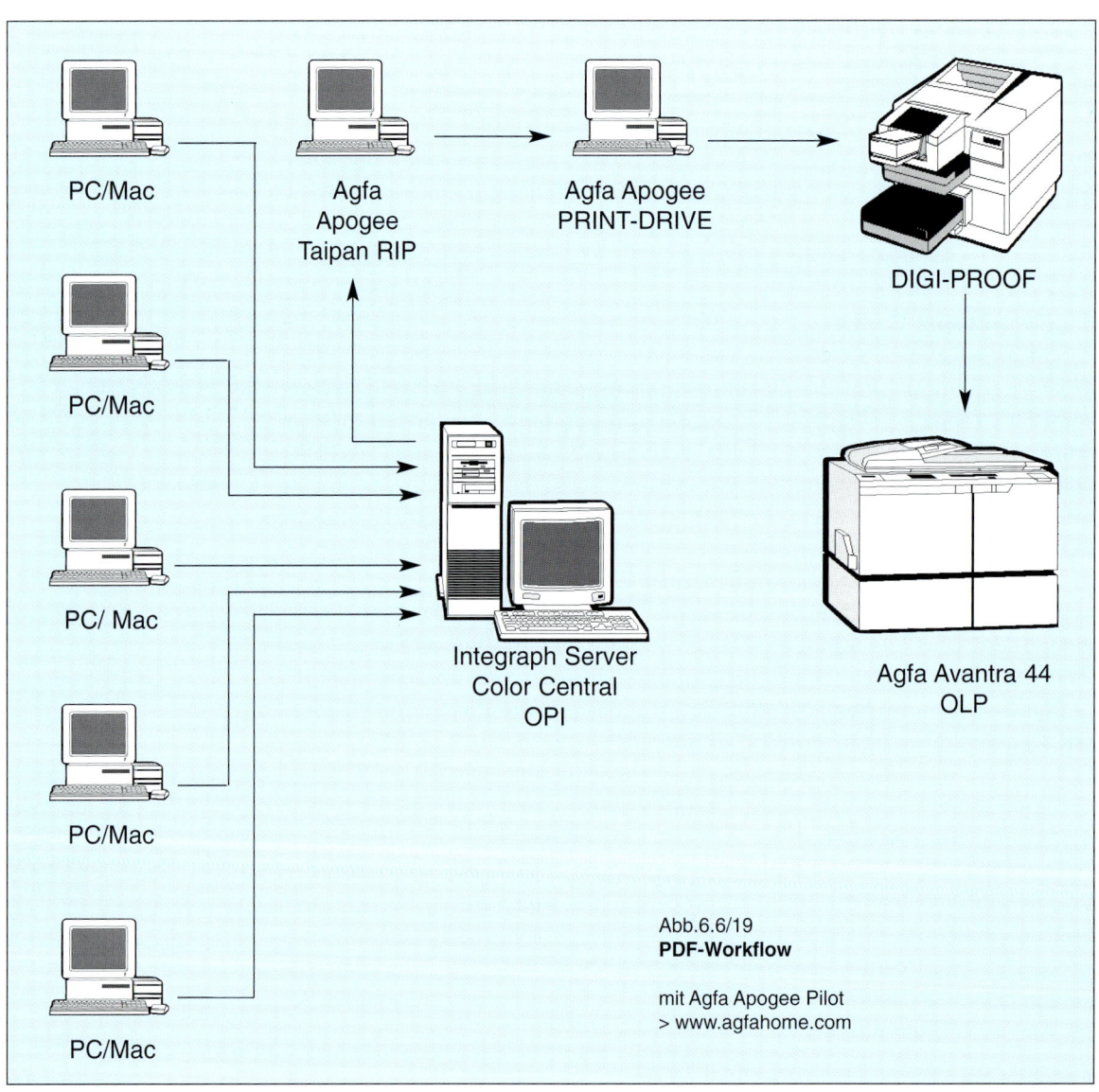

PC/Mac

PC/Mac

PC/ Mac

PC/Mac

PC/Mac

Agfa
Apogee
Taipan RIP

Agfa Apogee
PRINT-DRIVE

DIGI-PROOF

Integraph Server
Color Central
OPI

Agfa Avantra 44
OLP

Abb.6.6/19
PDF-Workflow

mit Agfa Apogee Pilot
> www.agfahome.com

6.6.5.6 Bedeutung des PDF-Formates

Das PDF-Format wird in vielen Verlagen, Druckereien und anderen Dienstleistungsbereichen bereits als Ausgabeformat verlangt. Mit diesen Ausgabedaten lassen sich CD-ROM-Kataloge oder Internetseiten ebenso erstellen wie Filme in der High-End-Druckvorstufe.

Von vielen Endanwendern wird die Tragweite der oben genannten Tatsache noch nicht bewusst wahrgenommen: Das PDF-Format als Weiterentwicklung von PostScript wird in naher Zukunft die „traditionelle" PostScript-Ausgabe ersetzen.

Warum ist dies so? Nahezu jeder Ausgabejob, der in einem PostScript-Workflow durchgeführt wird, kann in das PDF-Dateiformat übertragen werden. Dies hat ganz reale Vorteile: So kann durch den überall verfügbaren Adobe Acrobat Reader jeder Job auf jeder Plattform zu jeder beliebigen Zeit angezeigt, betrachtet und verändert werden.

Dateien im PDF-Format können für die Ausgabe verschiedener Medienarten genutzt werden. Der leichten Mehrfachnutzung von Auftragsdaten ohne Umformatierungen und / oder Konvertierungen sind alle Türen geöffnet.

Einzelseiten mit Hilfe von PDF für CTP-Systeme für große Druckformen auszuschießen ist weniger problematisch als bisher, da Datenmengen und Datenhandling einfacher werden.

Die meisten derzeit verfügbaren CTP-Systeme unterstützen das PDF-Format. Damit ist es prinzipiell möglich, vorausgesetzt alle Parameter stimmen, direkt von der Rechnerplattform auf Computer-to-Plate-Systeme zu gehen.

An die Stelle des bisherigen PostScript-Workflows wird ein PDF-Workflow treten – diese Systeme sind bereits auf dem Markt und haben ihre Einsatzfähigkeit unter Praxisbedingungen unter Beweis gestellt.

Der Adobe Acrobat Reader ist zum Zeitpunkt der Drucklegung dieses Kapitels weltweit etwa 22 Millionen Mal kostenlos von der Adobe Homepage heruntergeladen worden.

→ **www.adobe.de**

Als Beispiel sei das Agfa-Apogee-PDF-Workflow-System genannt. Eine interessante und weitgehend ausgereifte Konfiguration. Mehr dazu unter

→ **www.agfahome.com**
→ **www.agfa.de**

6.6.6 Anwendung der Dateiformate im Überblick

Format	Anwendung	Datenaustausch
PICT Picture Format	Einfache Anwendungen, nur geeignet für Farb- und Laserdrucker. Für PrePress-Anwendungen nicht geeignet. Speichert Pixel- und Vektorgrafiken. Multimedia-Anwendungen wie Macromedia Director 6.0 benötigen Bilder im PICT-Format. Komprimierbar im JPEG-Verfahren, sofern QuickTime-Systemerweiterungen installiert sind.	Nur Mac OS
PICT II	Erweiterte Farbdarstellung auf ca. 16 Millionen Farben	
Format	Anwendung	Datenaustausch
JPEG Joint Photografic Expert Group	Dateiformat für komprimierte Pixelbilder. Keine verlustfreie Kompression möglich. Man kann aber zwischen verschiedenen	Datenaustausch zwischen verschiedenen Systemen möglich. Voraussetzung ist die Installation der Quick-Time-Systemerweite-

	Qualitätsstufen wählen.	rung, um die Kompression durchführen zu können.
	Nicht geeignet für Bilder mit großen gleichartigen Flächen und wenig Bilddetails. Bei derartigen Bildern wird ein Kompressionsmuster erkennbar.	Es muss auf die Wahl der richtigen Bildschirmdarstellung geachtet werden.
	Mit dem JPEG-Verfahren lassen sich PICT, EPS, TIFF, DCS und GIF-Bilder reduzieren.	
	Es können Kompressionsraten von 1 : 20 und höher erreicht werden. Beim Speichern besteht die Wahlmöglichkeit zwischen Qualitätsstufe und Kompressionsrate. Dabei werden die Bildqualitäten stufenlos verändert.	
Format	**Anwendung**	**Datenaustausch**
TIFF Tag Image File Format	Für Pixelbilder geeignet. Unterstützt RGB, CYMK, Lab, Graustufen und indizierte Farben.	Plattformübergreifendes Dateiformat für alle Betriebssysteme.
	Bei entsprechender Bildauflösung für hochwertige Pre-Press-Arbeiten geeignet.	Datenaustausch sollte ohne LZW-Komprimierung vorgenommen werden.
	Pfade und Alphakanäle, die mit Adobe Photoshop	

Format	Anwendung	Datenaustausch
	erstellt wurden, lassen sich speichern. Mit der LZW-Komprimierung lässt sich eine verlustfreie Datenreduzierung durchführen. Bei manchen Softwarepaketen ist allerdings bei einem LZW-komprimierten Bild kein Import möglich.	Für die Bildschirmdarstellung sollte immer die IBM-PC-Version gewählt werden.
EPS/EPSF Encapsulated Post-Script Format	Professioneller PrePress-Einsatz mit hohem Qualitätsanspruch an Rasterfeinheit und Farbwiedergabe. Geignet für Pixel- und Vektorbilder. Auswahl geeigneter Dateikomprimierung ist möglich, sollte aber mit Vorsicht eingesetzt werden. Achtung: Im vorseparierten DCS-Format ist ein Komprimieren mit JPEG möglich.Wird ein EPS-Bild direkt mit dem JPEG-Verfahren komprimiert, kann bei der Bildausgabe keine Farbseparation durchgeführt werden.	Möglich zwischen allen gängigen Betriebssystemen. Notwendig ist die Auswahl eines geeigneten Headers für die Bildschirmdarstellung.

Format	Anwendung	Datenaustausch
GIF Graphics Interchange Format	Dateiformat für Pixelbilder für die Internet-Anwendung. Bildformat mit verlustfreier Kompression. Geeignet für Pixelbilder, Strichbilder, Zeichnungen. Oft Grundformat für die Herstellung von Animationen für das Internet. Kann maximal 256 Farben darstellen.	Plattformunab-hängiges Bildformat für die Internet-Nutzung mit einer Farbtiefe von 256 Farben.
Interlaced GIF	Als Interlaced GIF kann die Hintergrundfarbe des Bildes transparent gestellt werden – man erreicht dadurch den Eindruck eines freigestellten Bildes.	
Format	Anwendung	Datenaustausch
PDF Portable Document Format	Datenformat für anwendungs-übergreifende Anzeige und Ausgabe von Dokumenten. Dateien im PDF-Format können Text, Grafik,	Plattformübergreifen-des Datenformat. Be-nötigt zum Lesen und zur Ausgabe den von Adobe angebotenen Acrobat Reader.

	Video und Sounddateien enthalten. Basisformat für CD-ROM-gestützte Dokumente (z.B. Kataloge u.ä.). PDF-Dateien werden von Internet-Browsern unterstützt. Voraussetzung ist ein Plug-in bzw. ActiveX-Control → siehe www.adobe.com / proindex / acrobat / ocxreader.html Löst vermutlich das PostSript-Level-3-Format ab und wird Standard bei der plattformunabhängigen Belichterausgabe im PrePress-Bereich.	Bei entsprechender Berücksichtigung der Namenskonventionen unterstützt die PDF-Version 1.0 auch Unix-Betriebssysteme. → Netscape Navigator

Lernziel: Dateiformate kennen lernen und richtig anwenden.
Aufgabe: Notieren Sie die Dateiformate, welche Sie in der täglichen Arbeitspraxis verwenden. Begründen Sie konkret die Wahl dieser Dateiformate und überlegen Sie, ob es nicht bessere Alternativen geben könnte. (P)

Lernziel: Mögliche Dateiformate innerhalb eines Layoutprogramms richtig benennen und deren Struktur erläutern.
Aufgabe: Nennen Sie die Dateiformate, die in ein Layoutprogramm üblicherweise importiert werden können. Ordnen Sie diese Formate bestimmten Ihnen bekannten Programmen zu und stellen Sie deren Dateistruktur fest. (P)

Lernziel: Unterschiede in den einzelnen Dateiformate erkennen.

Aufgabe: Erläutern Sie den Unterschied zwischen einem

- Programmformat (z.B. PSD , QXD oder DIR) und
- Austauschformat (z.B. EPS, TIFF, BMP).

Lernziel: EPS-Format beschreiben.

Aufgabe: Nennen Sie die wichtigsten Merkmale des EPS-Dateiformates und beschreiben die Nutzungsmöglichkeiten innerhalb der digitalen Medienproduktion. Gehen Sie dabei auch auf die gestalterischen Möglichkeiten ein, welche dieses Format bietet. (I)

Lernziel: TIFF-Format erläutern.

Aufgabe: Nennen Sie die wichtigsten Merkmale des TIFF-Dateiformates und beschreiben Sie die Nutzungsmöglichkeiten innerhalb der digitalen Medienproduktion. Gehen Sie dabei auch auf die gestalterischen Möglichkeiten ein, welche dieses Format bietet. (I)

Lernziel: PDF-Format kennen und beurteilen.

Aufgabe: Das PDF-Format wird zwischenzeitlich von fortschrittlich arbeitenden Betrieben im so bezeichneten PDF-Workflow zur Medienproduktion genutzt. Erläutern Sie diese Arbeitsmethodik und ermitteln Sie dabei die Bedeutung dieses Formates für die Medienproduktion. (I)

Lernziel: GIF-Format und seine Nutzung kennen.

Aufgabe: Nennen Sie die wichtigsten Merkmale des GIF-Dateiformates und beschreiben Sie die Anwendungsmöglichkeiten innerhalb der digitalen Medienproduktion. Gehen Sie dabei auch auf die gestalterischen Möglichkeiten ein, welche dieses Format bietet. (I)

6.7 Database Publishing

Abb. 6.7/1
Print- und Online-Katalog

Beide Kataloge werden
aus einer Produktdaten-
bank datenbankgestützt
produziert.

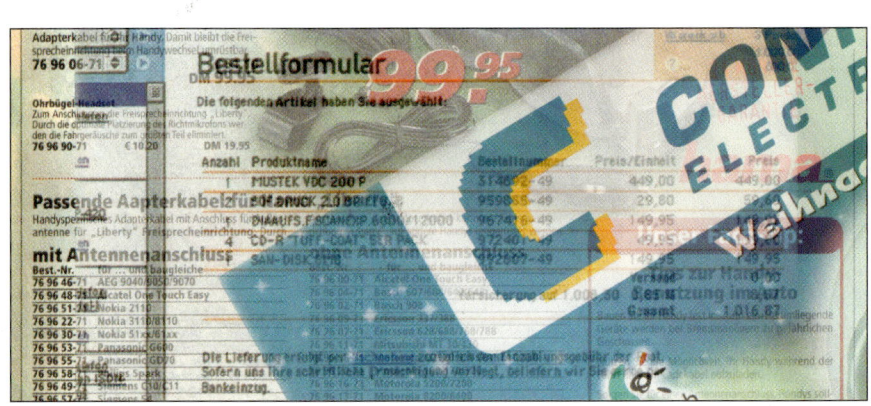

Abb. 6.7/2
**Automatisierte Gesamt-
produktion**

Mit BluePrint und InBetween
von Building Systems, Köln

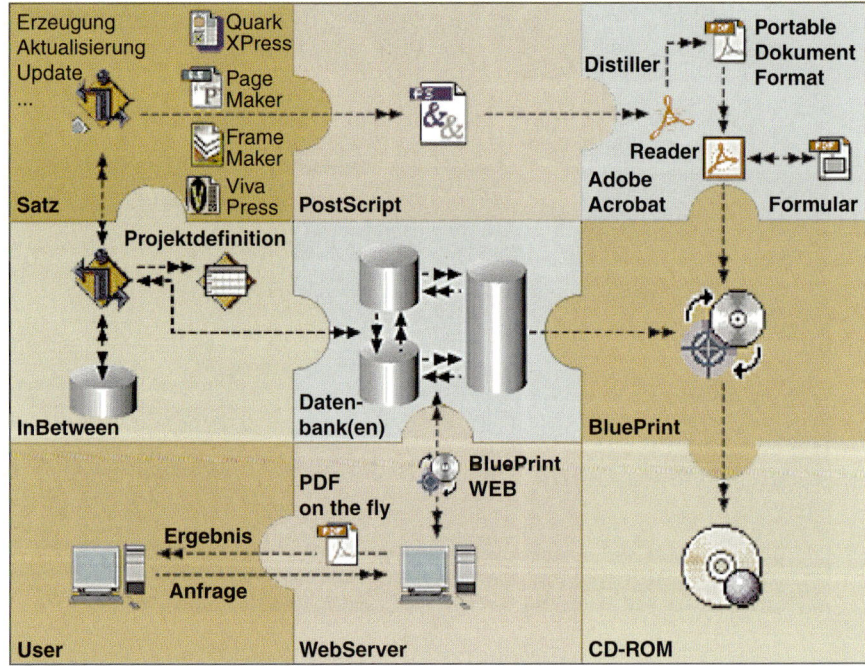

6.7.1 Datenbankgestützte Publikation

Die datenbankgestützte Produktion von Print- oder Nonprintmedien heißt Database Publishing. Dabei werden die variablen Daten, z.B. Preise in einem aktuellen Prospekt, Last-Minute-Angebote auf einer Website und Bilder, bei der Medienproduktion oder beim Aufrufen der Seite im Browser aus einer Datenbank geladen. Die Datenbank muss dazu optimal in den Workflow integriert sein.

Database, Datenbasis
In der Datenbank abgelegte Daten

Einsatzbereiche von Database Publishing
- Publikationen mit großem Umfang und hohem Anteil an strukturierten Daten, z.B. Kataloge
- Regelmäßige Publikationen mit wechselndem Inhalt, z.B. Zeitschriften, Verzeichnisse
- Verschiedene Publikationen mit gleicher Struktur, z.B. mehrsprachige Publikationen
- Verschiedene Publikationen mit gemeinsamen Inhalten, z.B. Produktverzeichnisse und Bestelllisten
- Aktuelle Publikationen mit ständig wechselndem Inhalt, z.B. Online-Abfragen

> Lernziel: Database-Publishing-Anwendungen kennen.
> Aufgaben: Recherchieren Sie, welche Ihnen bekannten Medienprodukte datenbankbasiert produziert werden. (P)

Abb. 6.7/3
**Database-Publishing-
Projekt mit SQL-Abfrage**

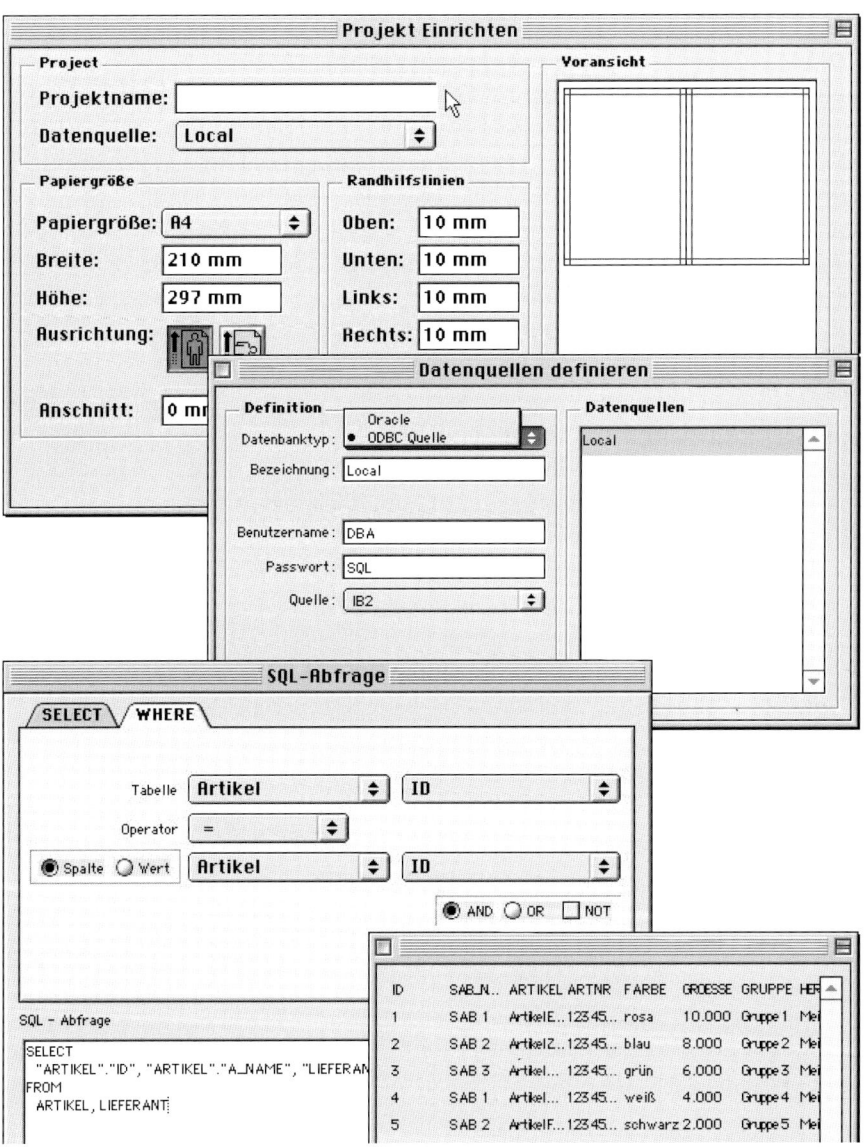

6.7.2 Datenorganisation

6.7.2.1 Dateisystem

Die einfachste Form der Datenorganisation ist das Dateisystem des jeweiligen Betriebssystems. Dabei sind die einzelnen Dateien in verschachtelten Ordnern bzw. Verzeichnissen abgelegt. Sie können mit einfachen Operationen gelöscht, kopiert, benannt usw. werden. Inhaltlich besteht grundsätzliche kein Zugriff, somit sind für die inhaltliche Bearbeitung spezielle Anwendungsprogramme notwendig. Ein weiterer Nachteil gegenüber einem Datenbanksystem ist die fehlende Konsistenz. Datenpfade können durch einfaches Verschieben der Datei in einen anderen Ordner zerstört werden. Auch das mehrfache Vorkommen verschiedener Versionen einer Datei mit demselben Namen in unterschiedlichen Ordnern ist möglich und führt immer wieder zu unliebsamen Überraschungen.

6.7.2.2 Datenbank

Datenbanken sind systematische Sammlungen von Daten. Zur Verwaltung und Nutzung der Daten benötigt man ein Datenverwaltungssystem. Datenbank und Datenverwaltungssystem heißen zusammen Datenbanksystem (DBMS).

    E. F. Codd schrieb 1970 in seinem berühmten Artikel *A Relational Model of Data for Large Shared Data Banks:* "Zukünftige Benutzer von großen Datenbanken sollten nicht mehr wissen müssen, wie die Daten innerhalb der Maschine organisiert sind (die interne Repräsentation) ... Jegliche Aktivitäten der Benutzer an Terminals und den meisten Applikationsprogrammen sollten nicht beeinflusst werden, wenn sich die interne Repräsentation der Daten ändert, das sollte sogar gelten, wenn sich gewisse Aspekte der externen Repräsentation der Daten ändern. Veränderung der Datenrepräsentation wird häufig als Ergebnis von Änderungen der Anfragen, Updates, Report Traffic und dem natürlichen Wachstum der Typen der gespeicherten Information benötigt."

DBMS
Data Base Management System

zitiert nach:
Philip Greenspun,
Datenbankgestützte
Web-Sites, S. 174
Hanser Verlag 1998

Abb. 6.7/4
Relationale Datenbanken

Abb. 6.7/5
Datenmanagement

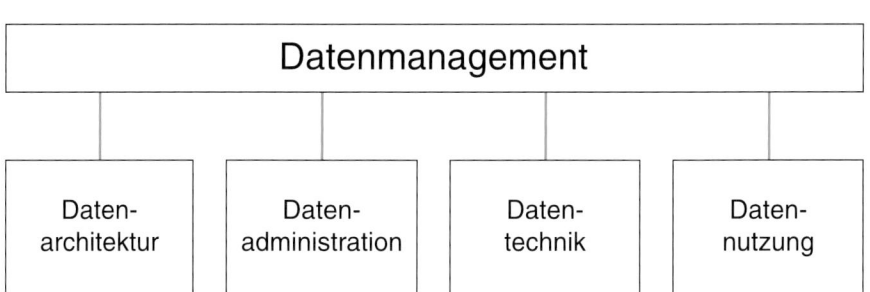

Relationale Datenbank (RDBMS)

Es gibt unterschiedliche Datenbanktypen, z.B. hierarschisch, relational oder objektorientiert. Relationale Datenbanksysteme wie Oracle, Microsoft Access und FileMaker Pro haben sich in der Praxis für Database Publishing bewährt.

Die Anfrage- und Manipulationssprache ist meist SQL. Sie greift über die ODBC-Schnittstelle auf die Datenbank zu.

Eine relationale Datenbank ist, vereinfacht gesagt, eine Tabellenkalkulation, auf die mehrere Benutzern zur gleichen Zeit zugreifen können. Alle Daten werden in zweidimensionale Tabellen/Relationen geschrieben. Die Tabelle besteht aus Zeilen/Tupeln und Spalten/Attribute. Jedes Objekt in einer Datenbank (z.B. Artikel in einer Produktdatenbank) wird durch seine Position in der jeweiligen Tabelle beschrieben. Die Attribute bilden die Datenelemente (z.B. Farbe, Größe), die wiederum zu einem Datensatz zusammengefasst werden. Die zusammengehörigen Datensätze ergeben eine Datei. Einzelne Dateien mit einer logischen Beziehung bilden die Datenbank.

Datenbankplanung

Bei der datenbankgestützten Produktion und dem datenbankgestützten Publizieren ist die gründliche Planung und Konzeption für den Erfolg viel entscheidender als die Programmierung und die Implementierung der Datenbank. Die Entwicklung eines Datenmodells, d.h., welche Daten müssen wo und wie gehandelt werden, steht im Mittelpunkt.

RDBMS
Relational Database
Management System

SQL
Structured Query Language
(sprich: sequel)
ODBC
Open Database
Connectivity

Elemente
Relationen,
Tulpeln,
Attribute

Datenmodell

6.7.2.3 Datenbankentwicklung

Die Entwicklung einer Datenbank erfolgt in mehreren Schritten:

Informationsstruktur
Welche Leistungen / Informationen erwartet der Anwender vom DBMS?

Zwei grundsätzliche Verfahren:

- *Bottom-up*
  Als Ausgangspunkt dient eine spezielle Aufgabenstellung. Aus vorhandenen Dateien und Informationen wird das Datenbanksystem entwickelt, ein Verfahren, das bei größerem Umfang sehr schnell zur Unübersichtlichkeit und Redundanzen führt.

Redundanz
nicht notwendiger Teil der Information,
doppelt gespeicherte Daten

- *Top-down*
  Die Informationsanforderungen aller zukünftigen Datenbanknutzer bestimmt die Entwicklung des Datenmodells. Dadurch ist diese Methode für komplexe Anwendungen geeignet.

Grundsätze

- *Redundanzfreiheit*
  Eine Information ist nur einmal gespeichert, deshalb immer aktuell, kann aber von verschiedenen Nutzern in unterschiedlichem Kontext bearbeitet werden.
- *Eindeutigkeit*
  Jeder Datensatz ist über einen Schlüssel eindeutig zu identifizieren.
- *Prozessdatenfreiheit*
  Prozessdaten sind Daten, die über einen Rechenprozess gebildet werden. Wird beispielsweise statt des Geburtsdatums das Alter in einer Personendatenbank gespeichert, so ist diese Angabe spätestens nach einem Jahr falsch.

Datenstruktur

Die in der Informationsstruktur festgelegten Datenfelder müssen im zweiten Schritt in eine konkrete, den Regeln entsprechende Datenstruktur gebracht werden. Jedes Attribut darf nur einmal vorkommen. Dieser Vorgang heißt Normalisierung. Mit Bezugsschlüsseln können die Datenfelder auf verschiedene Tabellen aufgeteilt werden.

Normalisierung
Bezugsschlüssel

Abhängigkeiten von Attributen

Die Attribute der einzelnen Daten stehen in bestimmten Beziehungen. Als Beispiel hier die funktionale Abhängigkeiten:

* *Funktionale Abhängigkeit*, Attribute einer Relation können sich nicht unabhängig voneinander ändern.
  Bsp.: Artikelnummer – Farbe und Artikelnummer – Größe

Funktionale Abhängigkeit

* *Volle funktionale Abhängigkeit*, die Relation ist nur von zusammengesetzten Attributen, nicht von den einzelnen Attributen abhängig.
  Bsp.: Artikelnummer – Farbe, Größe

Volle funktionale Abhängigkeit

Normalformen

* Eine Tabelle befindet sich in der *Ersten Normalform*, wenn jedes Attribut nur einmal in der Tabelle vorkommt.

Erste Normalform

* Eine Datei ist in der *Zweiten Normalform*, wenn sie der ersten Normalform entspricht und die Nichtschlüsselfelder ausschließlich vom Gesamtschlüssel, nicht von einem Teilschlüssel abhängen.

Zweite Normalform

* Eine Datei ist in der *Dritten Normalform*, wenn sie der zweiten Normalform entspricht und die Nichtschlüsselfelder nicht von anderen Nichtschlüsselfeldern abhängen.

Dritte Normalform

* Eine Relation ist in der *Vierten Normalform*, wenn sie keine paarweise auftretende mehrwertige Abhängigkeiten enthält.

Vierte Normalform

* Die Relation ist in der *Fünften Normalform*, wenn sie nicht durch Verschmelzung unterschiedlicher Schlüssel anderer Relationen rekonstruiert werden kann.

Fünfte Normalform

Abb. 6.7/6
**Datenbank in
Microsoft Access**

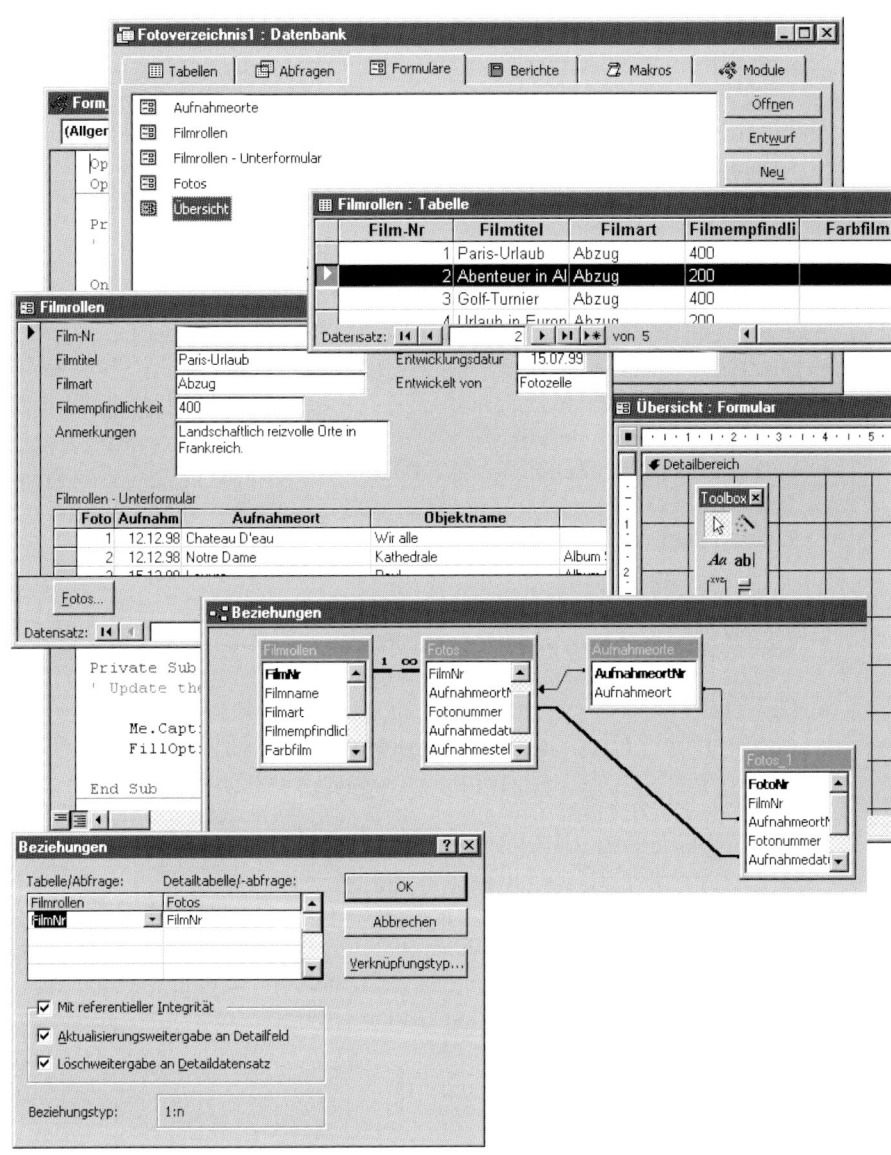

Beziehungen

- Eins-zu-eins-Beziehung   1 : 1
  z.B. Personalnummer und Name
- Eins-zu-mehrfach-Beziehung   1 : m oder 1 : n
  (n = beliebige Menge)
  z.B. Personalnummer und Abteilungsnummer
- Eins-zu-eins-bedingte-Beziehung   1 : 1c
  (c steht für conditional = bedingt)
  z.B. Personalnummer und Funktionsstelle
- Eins-zu-mehrfach-bedingte-Beziehung   1 : mc
  z.B. Personalnummer und Tätigkeit

Aufnahmestruktur

Das Datenmodell wird nach der Erstellung der Datenstruktur in Tabellen umgesetzt. Dabei müssen u.a. die Datentypen der einzelnen Datenfelder festgelegt werden, Beispiele:

- CHAR, Zeichenkette
- SMALLINT, ganze Zahlen
- DECIMAL, Dezimalzahlen
- DATE, Datum

Lernziel: Den prinzipiellen Aufbau eines RDBMS kennen.

Aufgaben: •   Welches sind die wesentlichen Kennzeichen eines RDBMS?
              •   Welche Grundsätze müssen bei der Datenbankentwicklung beachtet werden?
              •   Entwerfen Sie die Struktur einer einfachen Bilddatenbank. (I, P)

6.7.3 Database-MM-Publishing

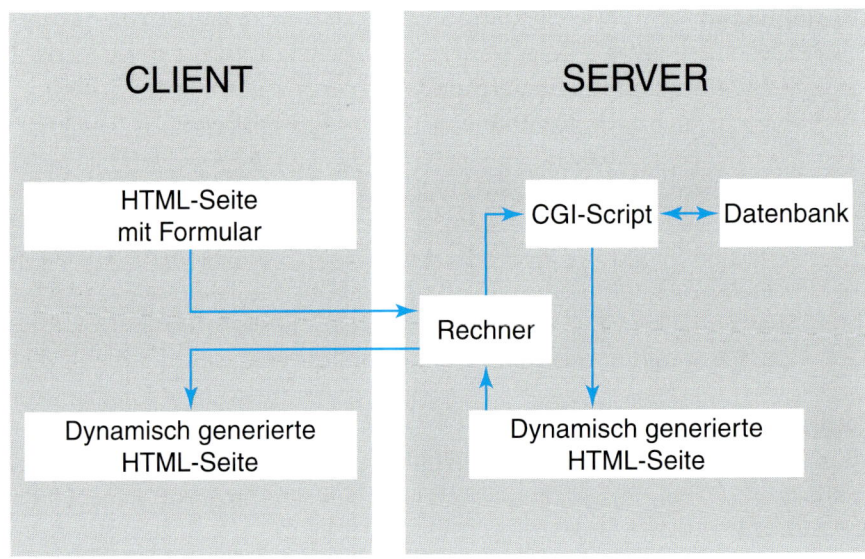

6.7.3.1 Internet

Statische Internetseiten

Eine statische Internetseite bildet Teile des Inhalts einer Datenbank ab. Die Tabelle wird mit einem HTML-Editor oder direkt aus der Datenbank, z.B. mit dem Internet Assistant für Microsoft Access, erstellt. Bei kleineren, sich nicht aktuell ändernden Anwendungen ist die statische Lösung deutlich schneller als die Online-Datenbankabfrage. Außerdem lässt sich diese Lösung auf allen Web-Servern realisieren.

HTML
HyperText Markup
Language

Dynamische Internetseiten

Verschiedene Web-Server verwenden unterschiedliche Techniken für den Zugriff auf Datenbanken und zur Ausführung einzelner Operationen, API oder CGI. Genaue Auskunft gibt der jeweilige Provider.

API
Application Programming
Interface

CGI
Common Gateway Interface

Das CGI ist eine weitverbreitete Möglichkeit zur Kommunikation. CGI sind Programme, die auf dem Server liegen und dort arbeiten. Meist steht dem Anwender ein Verzeichnis mit dem Namen „cgi-bin" zur Verfügung. Dort können Programme abgelegt werden, die CGI-Aufgaben übernehmen. Die CGI-Programme müssen in die Systemumgebung des Servers implementiert sein. Sie werden in der Regel in Unix-Shell oder Perl geschrieben. Auf dem Server muss deshalb ein Interpreter installiert sein.

Bei einer Datenbankabfrage setzt das CGI das auf dem Server ankommende Formular um. Die Abfrage erfolgt meist durch SQL. Das Ergebnis wird nun vom CGI als HTML-Code an den anfragenden Browser geschickt. Auf dem Bildschirm erscheint eine neue Seite, dynamisch generiert vom CGI.

Datenbankabfrage

6.7.3.2 CD-ROM, DVD

Die Einbindung von Datenbanken erfolgt bei Offline-Produktionen durch das Autorensystem. Wie bei Internetseiten gibt es auch hier die Möglichkeit der statischen oder der dynamischen Lösung.

Bei der Verknüpfung externer Datenbanken in Macromedia Director ist die Verwendung eines Datenbank-Xtras sinnvoll. Im Gegensatz zur Skriptsprache Lingo, die erst zur Laufzeit interpretiert wird, sind Xtras in Hochsprachen wie C oder C++ geschrieben und liegen somit bereits kompiliert vor. Indizierungsfunktionen beschleunigen die Abfrage zusätzlich.

> Lernziel: Statische und dynamische Database-Publishing-Lösungen kennen.
> Aufgaben: • Wodurch unterscheiden sich statische und dynamische Lösungen?
> • Wie findet die dynamische Anbindung des Datenbanksystems an die Produktionssoftware statt?
> (I, P)

Präsentation

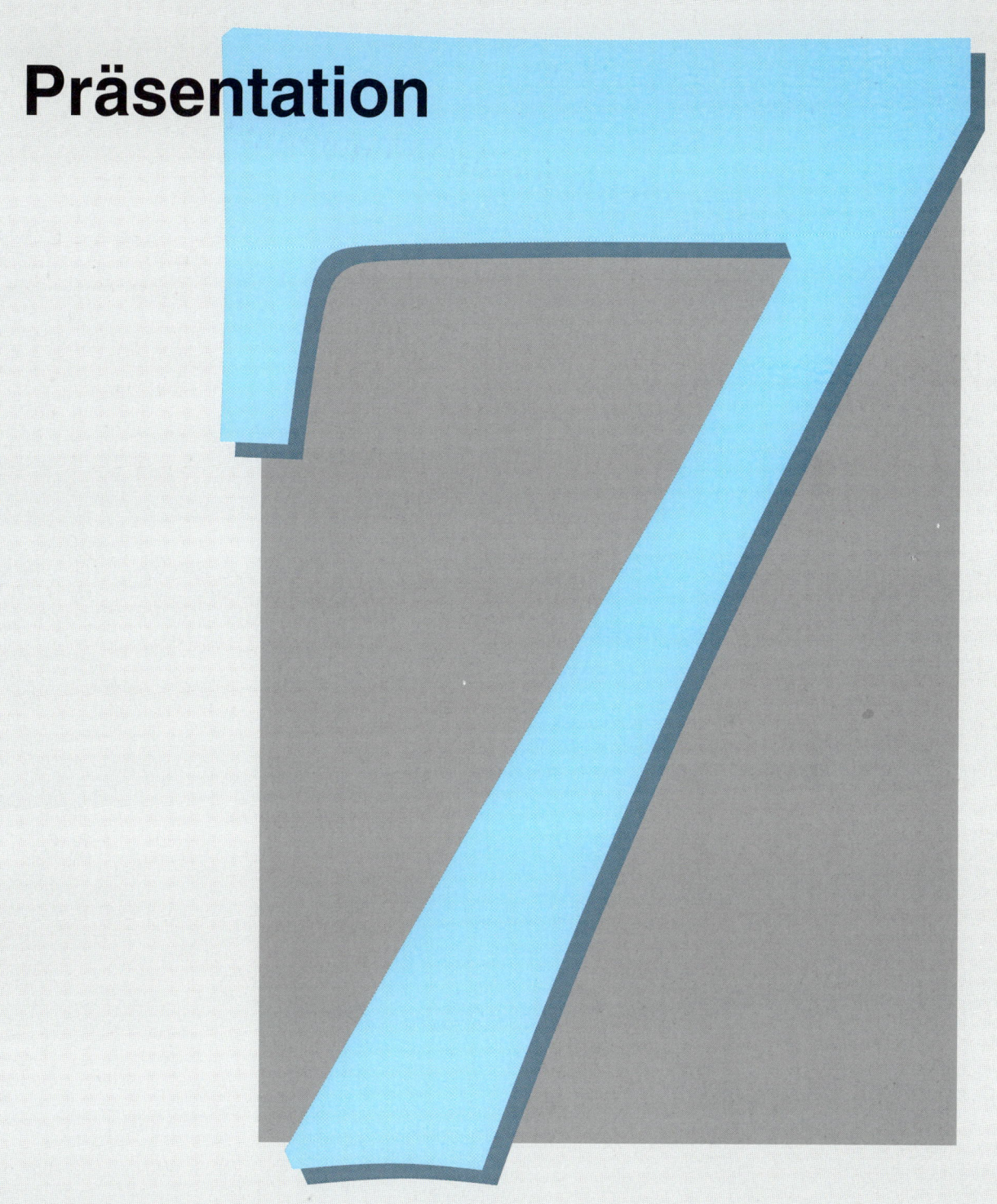

7.1   Konzeption und Ablauf

Abb. 7.1/1
**Behaltensquote von
Information**

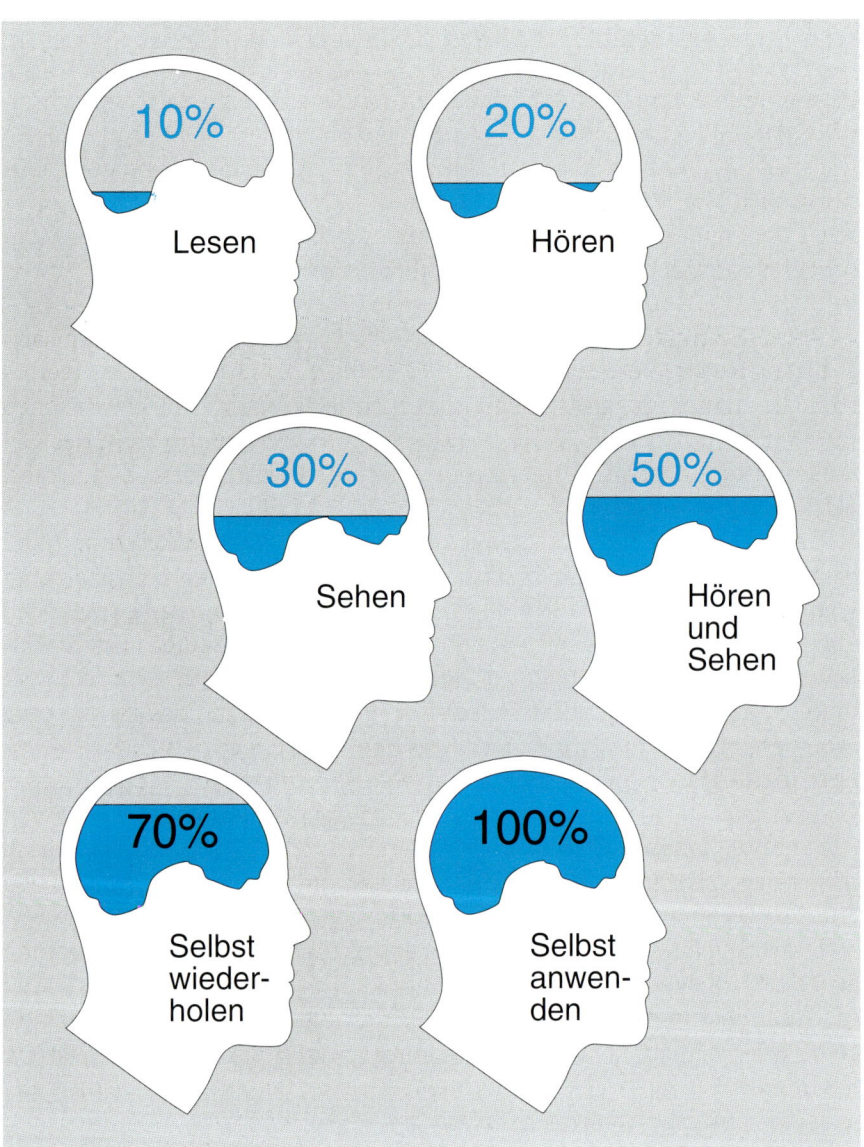

7.1.1 Konzeption einer Präsentation

7.1.1.1 Präsentieren und Visualisieren

In einer durch Öffnung der Märkte und weltweite Datenvernetzung sich zunehmend globalisierenden Wirtschaft wird der Konkurrenzkampf härter. Dies bedeutet, dass Dienstleistungs- und Produktionsunternehmen stärker denn je am Markt *präsent sein* und sich in geeigneter Form *präsentieren* müssen. Dabei sind Einsatz und Nutzung neuer medialer und technischer Möglichkeiten obligatorisch – man denke nur an die mittlerweile zum guten Ton gehörende Präsenz eines Unternehmens im Internet.

Präsentieren setzt bereits auf einer wesentlich tieferen Ebene an: Da kann es beispielsweise notwendig sein, seine Mitarbeiter über eine neue Werbestrategie zu informieren, da ist möglicherweise ein Kunde von einem neuen Produkt zu überzeugen, oder da muss vielleicht ein Betriebsrat der Geschäftsleitung nahebringen, dass und wie weitere Entlassungen im Unternehmen vermeidbar sind.

Eine Präsentation ist immer dann erforderlich, wenn eine Zielgruppe über bestimmte Inhalte informiert oder von einem bestimmten Ziel überzeugt werden soll. Im ersten Fall spricht man von Informations-, im zweiten Fall von einer Überzeugungspräsentation. Präsentieren bedeutet in der wörtlichen Übersetzung darstellen, vorlegen, vorzeigen. Dies verdeutlicht, was unter einer Präsentation *nicht* zu verstehen ist: ein sich auf das gesprochene Wort beschränkender Vortrag. Eine Präsentation schließt vielmehr immer eine bildhafte Darstellung der Inhalte ein. Diese Visualisierung unterstützt das gesprochene Wort, außerdem steigt die so genannte Behaltensquote von 20% bei nur gehörten auf 50% bei gehörten und gesehenen Informationen an. Abgesehen davon wird durch eine sinnvolle (multi-)mediale Unterstützung eine Präsentation kurzweilig und interessant.

Der Erfolg einer Präsentation hängt entscheidend von ihrer Vorbereitung ab. Anders ausgedrückt: Wer sich nicht die Mühe macht, eine gewisse Zeit in Vorüberlegungen und Vorbereitungen zu investieren, wird sich möglicherweise blamieren oder das gesetzte Ziel nicht erreichen. Wie würde ein Vortrag vor Herzspezialisten wirken, bei dem der Redner damit beginnt, die grundlegenden Funktionen des Herzens zu erklären? Wie viel würde Ihnen

Randnotizen: Informations- oder Überzeugungspräsentation

Visualisierung

von einer zweistündigen Informationspräsentation von 13 bis 15 Uhr ohne Pause im Gedächtnis bleiben? Oder können Sie sich eine Computerpräsentation in einem Raum ohne Steckdose vorstellen? Oft sind es banale Dinge, die jedoch bei Nichtbeachtung möglicherweise fatale Folgen haben. Die Vorbereitung einer Präsentation sollte Schritt für Schritt gemäß den nachfolgenden Abschnitten erfolgen.

7.1.1.2 Thema: Interesse wecken

Nach welchen Gesichtspunkten wählen Sie die Artikel Ihrer morgendlichen Zeitungslektüre aus? Sind es nicht oft die Überschriften, die Ihr Interesse wecken und Sie zum Lesen des Artikels bewegen? In der Werbelehre wird der Teil, der die Aufmerksamkeit des Betrachters auf die Anzeige lenken soll,

Eyecatcher

sehr bildlich als „Eyecatcher" bezeichnet. Dies gelingt einerseits durch optische Hervorhebung zum Beispiel durch Schriftart, -größe und -farbe. Bei einer allgemein bekannten Tageszeitung mit hoher Auflage sind aus diesem Grund die Überschriften riesengroß und fett gedruckt. Andererseits spielt die Formulierung und Aussage der Headline eine wichtige Rolle. Auch hier liefert besagte Zeitung täglich genügend Beispiele.

Nicht bei jeder Präsentation ist die Formulierung des Themas von entscheidender Bedeutung. Dennoch sollte vor allem im Bereich der Überzeugungspräsentationen bereits durch die Überschrift Neugier und Interesse geweckt werden. Dies könnte beispielsweise in Form einer Frage oder durch eine sloganartige Aussage geschehen. Als Beispiel möge folgende Handlungssituation dienen: Sie möchten Ihren Chef überzeugen, dass der Kauf einer Software A besser ist als der Kauf einer Software B. Er bittet Sie, ihm beide Produkte kurz zu präsentieren. Beurteilen Sie selbst, welches Thema Ihre Interessen besser formuliert: „Software A und Software B im Vergleich" oder „Zehn gute Gründe für Software A". Das Beispiel zeigt, dass eine Überschrift wertneutral oder wertend formuliert werden kann. Dabei ist besonders auf die Wortwahl zu achten, denn Polemik ist in jedem Fall unangebracht.

7.1.1.3 Ziel: Informieren oder überzeugen?

Nachdem das Thema einer Präsentation festgelegt ist, sollten die konkreten Ziele formuliert werden. Dabei ist zunächst festzustellen, ob die Präsentation der Information oder der Überzeugung dienen soll. Im ersten Fall könnten die konkreten Ziele das Kennenlernen einer neuen Technologie, das Verdeutlichen eines komplizierten Zusammenhangs oder das Vorstellen einer neuen PR-Kampagne sein. Im zweiten Fall wären als Ziele das Kaufen eines Produktes, ein bestimmtes Verhalten bei einer bevorstehenden Abstimmung oder das Sich-Einsetzen der Teilnehmer für eine bestimmte Vorgehensweise denkbar.

Der schriftlichen Auseinandersetzung mit den Zielen einer Präsentation kommt eine wichtige Funktion zu. Vergleichbar mit einer Reise muss die erste Frage lauten: *Wohin* will ich? Erst wenn die Antwort auf diese Frage gegeben ist, schließt sich die Frage nach den Inhalten an: *Wie* komme ich zu diesem Ziel? Wenn Sie sich die Übungsaufgaben in diesem Kompendium betrachten, dann stellen Sie fest, dass vor jeder Aufgabe ein Lernziel formuliert worden ist. Es soll Ihnen dadurch gezeigt werden, welche Ergebnisse Sie durch die Bearbeitung der Aufgabe(n) erwarten können.

Lernziele

Im Beispiel des vorherigen Abschnitts wäre das Ziel der Präsentation: „Mein Chef soll durch die Präsentation zur Überzeugung gelangen, dass Software A für die Firma das bessere Produkt ist."

7.1.1.4 Zielgruppe: Genaue Kenntnis ist wertvoll

Je genauer Ihre Kenntnisse über die Zielgruppe sind, umso besser können Sie die Präsentation vorbereiten. Nicht ohne Grund geben Firmen sehr viel Geld für Marktforschung und Zielgruppenanalyse aus. Denn letztlich wird das produziert, was der Kunde dann auch kauft. Insofern ist der Kunde tatsächlich König …

Übertragen auf den Bereich der Präsentationen ist mit obigen Worten nicht gemeint, dass Sie nur Dinge sagen sollen, die das Publikum hören will.

Dennoch liefern Informationen über Ihre Zuhörer wertvolle Hinweise für die Auswahl der Inhalte und die Gestaltung der Präsentation. Dadurch vermeiden Sie Frustration durch Überforderung beziehungsweise Langeweile durch Unterforderung Ihres Publikums. Besonders die Berufsgruppe der Lehrer muss sich täglich neu auf diese Gradwanderung begeben.

Zur Vorbereitung einer Präsentation bezüglich der zu erwartenden Zielgruppe sind im Folgenden einige Fragen zusammengestellt:

Checkliste „Zielgruppe"

- Wer sind die Teilnehmer?
- Wer soll, wer muss dabei sein?
- Mit wie viel Teilnehmern ist zu rechnen?
- Welches Alter und Geschlecht besitzen die Teilnehmer?
- Welches Vorwissen bringen sie mit?
- Welche Funktion, Ausbildung, Stellung haben sie?
- Weshalb sind die Teilnehmer gekommen?
- Welche Erwartungen haben sie?
- Welchen Stellenwert besitzt die Präsentation für die Teilnehmer?
- Welche Konsequenzen hat die Präsentation für sie?
- Welche Einstellung haben die Teilnehmer zum Ziel der Präsentation?
- Welche Einstellung haben die Teilnehmer zum Präsentator?

Im Beispiel der Software-Präsentation ist die Zielperson Ihr Chef. Kenntnisse über seine Charakterstärken und -schwächen können Sie zur Vorbereitung Ihrer Präsentation nutzen. Handelt es sich bei Ihrem Chef beispielsweise um einen rationalen, emotionslosen und sachlichen Menschen, dann müssen Ihre Argumente entsprechend sachlich und nüchtern vorgetragen werden. Ist der Chef hingegen jemand, der spontan, begeisterungsfähig und emotional ist, dann muss es Ihr Anliegen sein, durch geeigneten sprachlichen und körpersprachlichen Auftritt Begeisterung zu erzeugen. Auswahl und Inhalt der Argumente für die eine und gegen die andere Software sind im ersten Fall für eine „Kopf"-Entscheidung von großer Bedeutung, im zweiten Fall für die „Bauch"-Entscheidung eher nebensächlich.

7.1.1.5 Inhalte: Sammeln, gewichten, darstellen

Für die inhaltliche Vorbereitung einer Präsentation wird in der Regel der größte Zeitaufwand notwendig sein. Dabei ist folgende dreistufige Vorgehensweise empfehlenswert:

- Informationen sammeln
- Informationen auswerten und gewichten
- Informationen aufbereiten und visualisieren

Während das Beschaffen von Informationen infolge heutiger Medienvielfalt – man denke an Bücher, Fachzeitschriften, Internet, Videos, CD-ROM, … – oft unproblematisch ist, kommt einer geeigneten Auswahl und Reduktion eine erheblich größere Bedeutung zu. Hierbei ist nicht nur die zur Verfügung stehende Vortragszeit, sondern auch die Aufnahmefähigkeit der Teilnehmer zu berücksichtigen. Auch das Ziel der Präsentation darf nicht aus den Augen verloren werden. Mit dem letzten Punkt ist eine prägnante, sachlogisch richtige und dennoch optisch ansprechende Aufbereitung der Informationen gemeint. Die hierbei zur Verfügung stehenden medialen Möglichkeiten kommen im nächsten Kapitel zur Sprache.

Für alle vorzutragenden Inhalte sollten „Spickzettel" in Form von DIN-A5- oder Moderationskarten angefertigt werden. Diese ermöglichen einerseits freies Sprechen, geben aber dennoch Sicherheit bei eventuellen „Hängern". Bei wichtigen Präsentationen empfiehlt es sich im Übrigen, den Vortrag vorab zu üben – idealerweise vor laufender Videokamera. Denn wer sich einmal aus anderer Perspektive sieht und hört, stellt schnell fest, an welchen Punkten eine Verbesserung wünschenswert und notwendig ist. Neben sprachlichen Unsauberkeiten, zum Beispiel dem bekannten „Äh" als Gedankenpause, sind es oft körpersprachliche Verhaltensweisen, die bei einer Präsentation störend wirken. Dies könnte beispielsweise das Spielen mit einem Kugelschreiber, nervöses Hin- und Hergehen oder ein ständiges Kratzen am Kopf sein. Da es sich oft um unbewusste und damit unbemerkte Tätigkeiten handelt, ist hier die Videoaufnahme äußerst lehrreich.

Spickzettel erwünscht!

Üben, üben, üben

7.1.1.6 Organisation: Vorsicht vor bösen Überraschungen

Der letzte Punkt der Vorbereitung einer Präsentation betrifft organisatorische Dinge. Um der bereits erwähnten Peinlichkeit zu entgehen, dass eine perfekt vorbereitete Bildschirmpräsentation an einem fehlenden Verlängerungskabel oder an der mangelnden Verdunklungsmöglichkeit des Vortragsraumes scheitert, sollte diesbezüglich *vor* dem eigentlichen Präsentationstermin Klarheit geschaffen werden. Zu diesem Zweck möge wiederum ein kurzer Fragenkatalog dienen:

Checkliste „Organisation"

- Wie viel Plätze sind im Vortragsraum vorhanden, welche Bestuhlung ist vorgesehen?
- Lässt sich der Raum ausreichend verdunkeln? Ältere Daten- oder Overhead-Projektoren sind oft sehr lichtschwach.
- Ist in der Nähe des Projektors eine Steckdose vorhanden oder sind Verlängerungskabel notwendig?
- Ist eventuell ein Ersatzprojektor oder zumindest eine Austausch- lampe vorhanden?
- Welche Medien (Tafel, Flipchart, Whiteboard) stehen zur Verfü- gung? Sind die hierfür benötigten Schreibwerkzeuge vorhanden?
- Wann soll die Veranstaltung stattfinden und wie lange soll die Präsentation dauern?
- Wann sollen Pausen stattfinden? Was muss in den Pausen zum Beispiel an Getränken angeboten werden? Als Richtwert gilt, dass nach spätestens 45 Minuten eine Pause eingelegt werden sollte. Man denke dabei auch an die nikotin- oder koffeinsüchtigen Mitmen- schen.
- An wen muss eine persönliche Einladung verschickt werden? Es dürfte einleuchten, dass eine persönliche Einladung immer schmei- chelhaft wirkt und dadurch die betroffene Person vielleicht mit posi- tiver Erwartung zur Präsentation kommen wird ...

7.1.2 Ablauf einer Präsentation

Wie jeder gute Deutschaufsatz ist auch eine Präsentation gewöhnlich in drei Abschnitte gegliedert:

- Eröffnung (ca. 15%)
- Hauptteil (ca. 75%)
- Schluss (ca. 10%)

Die Eröffnung beginnt mit der Begrüßung der Zuhörer sowie einer Kurzvorstellung der eigenen Person. Im Folgenden sollten in einigen Sätzen Anlass, Thema und Ziel der Präsentation formuliert werden. Schließlich möchte das Publikum darüber informiert werden, wie der zeitliche und organisatorische Ablauf der Präsentation geplant ist. Dazu gehört auch, dass Pausen angekündigt werden. **Eröffnung**

Gerade am Anfang wird das Auftreten und Sprechen vor Publikum noch von Lampenfieber begleitet sein. Andererseits ist es gerade dieser erste Auftritt, der eine große Bedeutung hat. Die Psychologie spricht vom so genannten Primacy Effect, welcher besagt, dass der erste Eindruck von einer Person besser in Erinnerung bleibt als spätere Eindrücke. Die Eröffnung der Präsentation sollte also besonders gut eingeübt werden. Primacy Effect

Der Hauptteil enthält die eigentliche Präsentation. Wenn eine Vorbereitung gemäß vorherigem Kapitel stattgefunden hat, dann werden vermutlich keine größeren Pannen dabei entstehen. Beim Sprechen sollte nicht abgelesen werden, idealerweise ist Blickkontakt zum Publikum zu suchen. Weiterhin ist darauf zu achten, dass nicht zu schnell gesprochen wird, sondern sprachliche Pausen gemacht werden. Es ist immer zu bedenken, dass für die Zuhörer genügend Zeit bleiben muss, das Gesagte aufzunehmen. Durch Rückfragen wie „Haben Sie Fragen?" oder „Habe ich mich verständlich ausgedrückt?" kann ein Feedback vom Publikum eingefordert werden. **Hauptteil** / freies Sprechen / Feedback aus Publikum

Gegen das Sprechen im eigenen Dialekt ist nichts einzuwenden, solange dieser von den Zuhörern verstanden wird. Bei manchem Vortrag macht sich der Redner dadurch lächerlich, dass er krampfhaft versucht, seine Rede in Hochdeutsch zu halten.

Auf die Notwendigkeit, negative körpersprachliche Signale zu vermeiden, wurde bereits hingewiesen. Dazu gehört einerseits die Gesichtsmimik, mit der ohne jedes Wort (nonverbal) Gefühle wie Freude, Staunen, Wut und Körpersprache: Gestik und Mimik

Abb. 7.1/2
Vorschlag eines Beurteilungsbogens für Präsentationen

Die Noten sind gemäß der Notenskala der Schule zwischen 1 (sehr gut) und 6 (ungenügend) zu bilden. Denkbar ist auch die Vergabe von halben Noten zum Beispiel 1,5. Die Endnote ergibt sich durch Addition der mit dem jeweiligen Faktor multiplizierten Teilnoten und anschließender Division der Summe durch 10.

Beurteilungsbogen für Präsentationen

Name

Thema

Ort, Zeit

Bewertungskriterium	Note (1- 6)	Faktor	Gesamt
Sprache / Ausdrucksfähigkeit Stimme (Modulation, Pausen), Argumentation, Überzeugungskraft, Verständlichkeit, Dialogfähigkeit		x 1	
Nonverbale Mittel Blickkontakt, Mimik, Gestik Körperhaltung, Auftreten		x 1	
Veranschaulichung Medieneinsatz (Tafel, OH-Projektor, Daten-Projektor, Flipchart, Pinnwand) Medienwechsel		x 2	
Ablauf der Präsentation Motivation des Vortragenden, Motivation der Zuhörer, Auswahl der Inhalte, Informationsgehalt, Richtigkeit, Logik Zeiteinteilung		x 4	
Beantwortung von Fragen Prägnanz, Anschaulichkeit Fachliche Richtigkeit		x 1	
Sonstiges		x 1	
		Summe	
	Summe / 10 = Endnote		

Ärger zum Ausdruck gebracht werden können. Andererseits ist es die Körpergestik, mit deren Hilfe wir Menschen in der Lage sind, wortlos zu kommunizieren. Der Psychologe Paul Watzlawick beschrieb dies eindrucksvoll durch seinen berühmten Satz: „Man kann nicht nicht kommunizieren!". Bereits das erste Auftreten eines Menschen führt zu Sympathie oder Antipathie und oft wird dieser erste Eindruck im Nachhinein bestätigt.

„Man kann nicht nicht kommunizieren!"
(Paul Watzlawick)

Der richtige Umgang mit Mimik und Gestik erfordert viel Übung und Erfahrung. Dabei kann von den „Profis" des öffentlichen Lebens wie Politikern oder Fernseh-Moderatoren jede Menge gelernt und abgeschaut werden. Oder hat schon einmal jemand Thomas Gottschalk mit Händen in den Taschen und traurigem Gesicht gesehen?

Nach Sprache und Körpersprache ist drittens auf eine geeignete Auswahl der Präsentationsmedien zu achten. Vor- und Nachteile von Tafel, Pinnwand, Flipchart, Overhead-, Dia- oder Datenprojektor werden deshalb im nächsten Kapitel ausführlich zur Sprache kommen. Längere Präsentationen sollten durch gelegentlichen Wechsel des Mediums aufgelockert und damit kurzweilig werden.

Präsentationsmedien
→ 7.2

Die wahre Kunst des Präsentierens besteht darin, das Publikum über längere Zeit zu motivieren und zu fesseln. Dies kann nur gelingen, wenn neben den bereits oben erwähnten Gesichtspunkten die Inhalte der Präsentation sachlich richtig und logisch nachvollziehbar sind. Sie dürfen den einzelnen Zuhörer weder über- noch unterfordern, da er in beiden Fällen „abschalten" und nicht mehr zuhören wird.

Im Schlussteil der Präsentation sollte eine kurze Zusammenfassung der Kernaussagen enthalten sein. Auf diese folgt möglicherweise ein Appell, in dem erneut das Ziel der Präsentation zum Ausdruck gebracht wird. Hierbei ist wieder besonderes rhetorisches Geschick gefragt. Nach dem obligatorischen Dank an die Teilnehmer für das entgegengebrachte Interesse bietet es sich an, den Zuhörern erneut die Möglichkeit zu Fragen beziehungsweise zur Diskussion zu geben.

Schlussteil

7.2 Präsentationsmedien

Abb. 7.2/1
Checkliste zu Tafel und Whiteboard

Checkliste: Tafel und Whiteboard

Für welche Teilnehmerzahl eignet sich das Medium?

- bis etwa 100 Teilnehmer

Welche Materialien werden benötigt?

- weiße und farbige Kreide, Schwamm, Tafel
- dicke Filzstifte, weiches Tuch, Whiteboard

Welche Kosten entstehen durch den Einsatz?

- sehr geringe Kosten für Kreide bei Tafel
- geringe Kosten durch Filzstifte bei Whiteboard

Welche Vorteile bietet das Medium?

- Tafelbild nachvollziehbar, da nach und nach entwickelt
- spontane Einfälle sind umsetzbar
- einfache Handhabung
- geringer Aufwand, da Tafeln oft vorhanden

Welche Nachteile bestehen?

- nur Handschrift
- keine Kopiermöglichkeit
- schlechte oder keine Transportmöglichkeit
- Schreiben mit dem Rücken zum Publikum

Welches Fazit ergibt sich?

Tafel oder Whiteboard eignen sich nur dann, wenn eine Präsentation schnell und ohne
großen Aufwand erfolgen muss. Sie erinnert an Schule oder Universität und verleiht
daher der Präsentation ein Image von Arbeiten und Lernen.

Gesamturteil: ☺

☺ eher ungeeignet   ☺☺ geeignet   ☺☺☺ ideal geeignet

7.2.1 Tafel und Whiteboard

Die Tafel ist zumindest den werten Leserinnen und Lesern aus pädagogischen Kreisen bestens vertraut. Sie eignet sich hervorragend zur schrittweisen Visualisierung eines Gedankengangs, da ein Tafelbild nach und nach entsteht und deshalb nachvollzogen werden kann. Problemlos sind spontane Ideen oder Einwürfe des Publikums ergänzbar. Die Handhabung einer Tafel ist denkbar einfach und erfordert weder Vorbereitungszeit noch technische Voraussetzungen.

Tafel

Zum Verhängnis wird eine Tafel dann, wenn die Zuhörer wegen der miserablen Schrift des Vortragenden die meiste Zeit mit dem Entziffern des Tafelbildes verbringen müssen. Die Anzahl der Zuhörer beziehungsweise Zuschauer ist bei einer Tafel auch bei leserlicher Schrift in der Regel auf etwa hundert Personen beschränkt. Problematisch ist ebenfalls, dass ein Tafelbild nicht vervielfältigt und so den Teilnehmern als Unterlage zur Verfügung gestellt werden kann. Als weiterer negativer Punkt ist zu nennen, dass den dunkelgrünen Tafeln das Image von Schule und Lernen anlastet. Sie werden deshalb nicht unbedingt als innovatives Medium betrachtet.

Um letzten Punkt zu vermeiden und dennoch die Vorteile einer Tafel nützen zu können, werden vor allem in Firmen so genannte Whiteboards eingesetzt. Ein Whiteboard unterscheidet sich von der Tafel dadurch, dass es eine weiße Kunststoffoberfläche besitzt und mit dicken Filzschreibern beschrieben wird. Das Reinigen des Whiteboards erfolgt trocken mit Hilfe eines Lappens oder Schwamms. Weil damit Kreidestaub vermieden wird, werden Whiteboards auch gerne in Räumen eingesetzt, die möglichst staubfrei gehalten werden sollen. Ein typisches Beispiel sind Räume, die mit Computern ausgestattet sind.

Whiteboard

Filzstifte sind wie Kreide in allen Farben und zusätzlich in unterschiedlicher Dicke erhältlich. Allerdings sind sie erstens wesentlich teurer und zweitens nicht so einfach zu handhaben wie Kreide. So ist durch die glatte Oberfläche des Whiteboards zum Beispiels das Ziehen einer geraden Linie deutlich schwieriger als auf einer Schultafel. Ansonsten entsprechen die Vor- und Nachteile des Whiteboards denen einer Tafel. Eventuell empfiehlt es sich, vor der Präsentation einige Hilfspunkte einzuzeichnen.

Abb. 7.2/2
**Checkliste zu Pinnwand
und Flipchart**

Checkliste: Pinnwand und Flipchart

Für welche Teilnehmerzahl eignet sich das Medium?

- bis etwa 30 Teilnehmer

Welche Materialien werden benötigt?

- Pinn-Nägel, Filzstifte, vorbereitetes Papier, Pinnwand
- dicke Filzstifte, Flipchart-Block, Flipchart-Ständer

Welche Kosten entstehen durch den Einsatz?

- geringe Kosten bei Pinnwand
- geringe Kosten bei Flipchart

Welche Vorteile bietet das Medium?

- spontane Einfälle sind umsetzbar
- Transport bedingt möglich
- Vorbereitung möglich
- aktive Beteiligung des Publikums möglich

Welche Nachteile bestehen?

- nur Handschrift
- keine Kopiermöglichkeit (Ausnahme: spezielle Flipcharts)
- sehr begrenzte Teilnehmerzahl
- anspruchsvolle Moderation (v.a. bei Pinnwand)

Welches Fazit ergibt sich?

Pinnwand und Flipchart eignen sich allenfalls für Präsentationen in kleinen Gruppen.
Durch die Handschrift ist wie bei der Tafel kein professionelles Aussehen möglich. Die
Medien sind hingegen für Diskussionen und Moderationen ideal.

Gesamturteil: ☺

☺ eher ungeeignet   ☺☺ geeignet   ☺☺☺ ideal geeignet

7.2.2 Pinnwand und Flipchart

Eine Pinnwand besteht aus einer Weichfaser- oder mit Filz bespannten Platte und ist vor allem bei Moderationen ein wichtiges Hilfsmittel. Mit Stecknadeln oder speziellen Pinnwand-Nadeln können an der Pinnwand vorgeschnittene Papier- oder Pappstücke befestigt werden, die vorher mit einem Filzstift beschrieben wurden. Eine Pinnwand ermöglicht demnach den Einsatz bereits vorbereiteter Materialien sowie spontanes Agieren, oft unter Einbeziehung des Publikums. Letzteres geschieht zum Beispiel im Rahmen eines so genannten Brainstormings. Hierbei notieren alle Zuhörer ein, zwei spontane Einfälle zu einer Aussage oder Frage jeweils auf einem Blatt Papier. Die Aufgabe des Moderators ist es anschließend, aus den abgegebenen Statements ein Schaubild zu entwickeln. Die aktive Beteiligung des Publikums wertet dieses auf und beugt Langeweile vor. Betrachten Sie hierzu auch noch einmal die Abbildung 7.1/1 über die Behaltensquote von Information.

Pinnwand

Aus ersichtlichen Gründen ist die maximale Teilnehmerzahl bei Präsentationen mit Pinnwänden stark begrenzt und liegt bei maximal dreißig Personen. Ebenso wie bei der Tafel fehlt auch hier eine Vervielfältigungsmöglichkeit der Ergebnisse.

Für die Arbeit in kleinen Gruppen ist alternativ der Einsatz eines Flipcharts denkbar. Dabei handelt es sich um eine Haltevorrichtung mit einem Papierblock im Format 70 x 100 Zentimeter. Die einzelnen Seiten des Blockes werden mit dicken Filzstiften beschrieben. Wie bei einer Pinnwand kann auch hier vorbereitet oder situativ gearbeitet werden, wobei durch „Zurückblättern" sogar auf frühere Ergebnisse noch einmal zugegriffen werden kann. Ein weiterer Vorteil ist, dass ein Flipchart-Ständer bei Bedarf relativ einfach – zum Beispiel in einen anderen Raum – transportiert werden kann.

Flipchart

Ein großer Nachteil aller bisher genannten Medien ist, dass sie nur handschriftlich beschreibbar sind. Dies hat eine wesentliche Einschränkung der Gestaltungsmöglichkeiten der Präsentation zur Folge. Zudem muss man sich die Frage stellen, ob dies in Zeiten, in denen bereits im Kindesalter der Umgang mit dem Computer gelernt wird, noch akzeptabel ist.

Abb. 7.2/3
**Checkliste zum Overhead-
Projektor**

Checkliste: Overhead-Projektor

Für welche Teilnehmerzahl eignet sich das Medium?

- bis etwa 300 Teilnehmer

Welche Materialien werden benötigt?

- OH-Folien für Laser- oder Tintenstrahldrucker
- Computer, Drucker, Overhead-Projektor

Welche Kosten entstehen durch den Einsatz?

- etwa 1 DM pro Farbfolie

Welche Vorteile bietet das Medium?

- professionelle Vorbereitung mit Computer
- einfache Kopiermöglichkeit
- spontane Ideen sind umsetzbar (Folienstifte)
- einfache Transportmöglichkeit

Welche Nachteile bestehen?

- Projektionswand muss im Raum vorhanden sein
- bei lichtschwachen Projektoren ist Verdunkelung notwendig
- oft verwendet, deshalb langweilig

Welches Fazit ergibt sich?

Der OH-Projektor ist ein beliebtes und oft verwendetes Präsentationsmedium. Aus
diesem Grund ist sein Einsatz nicht besonders spektakulär und überzeugt nur, wenn
die Folien entsprechend gut gestaltet sind.

Gesamturteil: ☺☺

☺ eher ungeeignet   ☺☺ geeignet   ☺☺☺ ideal geeignet

7.2.3 Overhead-Projektor

Aufgrund seines allgegenwärtigen Einsatzes dürften Funktion und Anwendung eines Overhead-Projektors (OH-Projektor) den Leserinnen und Lesern bestens vertraut sein. Mit Hilfe dieses Mediums sind Präsentationen vor deutlich mehr Zuschauern möglich als bei den bisher besprochenen. Je nach Projektionsfläche und Lichtstärke des Projektors sind durchaus 200 oder mehr Personen erreichbar.

Overhead-Projektor

Overhead-Folien lassen sich ideal mittels Computer vorbereiten und durch einen Desktop-Drucker bedrucken. Dabei ist zu beachten, dass für Tintenstrahl- und Laserdrucker unterschiedliche Folien verwendet werden müssen. Ursache hierfür ist die hohe Wärmeentwicklung eines Laserdruckers. Außerdem wird für die Haftung der Tinte eine aufgeraute Folie benötigt, was die Folien für Tintenstrahl-Drucker deutlich teurer macht als die glatten Folien für Laserdrucker oder Kopierer. Alternativ können die Folien auch handschriftlich mit Hilfe von speziellen Folienschreibern beschrieben werden. Diese sind entweder wasserlöslich und damit abwischbar oder wasserfest erhältlich. Neben der Möglichkeit, bereits vorbereitete Folien zu verwenden, lassen sich damit am Overhead-Projektor auch spontane Ideen notieren oder Schaubilder entwickeln. Des Weiteren ist durch das Kopieren der Folien ein Verteilen von Unterlagen an die Teilnehmerinnen und Teilnehmer der Präsentation möglich.

Als Minuspunkte bei Overhead-Projektoren sind zu nennen, dass sich im Vortragsraum eine Projektionswand oder -fläche befinden muss. Auch sollte der Raum zumindest teilweise abgedunkelt werden können, da nur teure Projektoren bei Tageslicht Ergebnisse liefern, die sich – im wahrsten Sinne des Wortes – sehen lassen können. Letzter Punkt ist, dass Overhead-Folien, wenn sie nicht ausgesprochen interessant gestaltet sind, sicher „keinen Hund mehr hinter dem Ofen hervorlocken" werden. Dafür ist dieses Medium einfach schon viel zu lange und häufig im Einsatz. Wer also dem Zeitgeist entsprechen und modern präsentieren will, der muss eine Seite weiterblättern und sich mit dem Thema Bildschirmpräsentation und Datenprojektor auseinandersetzen.

Abb. 7.2/4
**Checkliste zum Daten-
projektor**

Checkliste: Computer mit Datenprojektor

Für welche Teilnehmerzahl eignet sich das Medium?

* bis etwa 500 Teilnehmer

Welche Materialien werden benötigt?

* Computer zum Erstellen der Bildschirmpräsentation, Präsentationssoftware
* transportabler Computer (Laptop) und Datenprojektor zur Präsentation

Welche Kosten entstehen durch den Einsatz?

* hohe Anschaffungskosten für Projektor und Computer
* keine laufenden Kosten

Welche Vorteile bietet das Medium?

* professionelle Qualität
* einfache Kopiermöglichkeit
* Einbinden von Sound, Video, Animation, ...
* einfache Transportmöglichkeit

Welche Nachteile bestehen?

* hoher Aufwand zur Einarbeitung und Vorbereitung
* bei lichtschwachen Projektoren ist Verdunkelung notwendig
* hoher technischer Aufwand und damit hohe Investition

Welches Fazit ergibt sich?

Die Computerpräsentation mit Datenprojektor ist zur Zeit *das* Medium der Wahl. Durch
die Multimedialität (Sound, Video) eröffnen sich fast grenzenlose Möglichkeiten. Dem
entgegen steht allerdings ein erheblicher Zeitaufwand.

Gesamturteil: ☺ ☺ ☺

☺ eher ungeeignet   ☺☺ geeignet   ☺☺☺ ideal geeignet

7.2.4 Computer mit Datenprojektor

Lange schon sind Computer im Bereich des Gestaltens und Layoutens im Einsatz – früher allerdings hauptsächlich im Bereich der Printmedien. Seit einigen Jahren ist der Computer zusätzlich im Bereich der elektronischen Online- und Offlinemedien gefragt, so dass die Gestaltung nicht nur *am*, sondern *für* den Bildschirm einen immer größeren Stellenwert einnimmt. Im Präsentationsbereich bestand bislang das Problem, dass die zur Projektion des Monitorbildes benötigten Geräte erstens sehr teuer waren und zweitens nur eine miserable Bildqualität lieferten. Nun ist das erste Argument derzeit noch gültig – für einen sehr guten Datenprojektor muss eine fünfstellige Summe bezahlt werden. Dennoch ist ein Preisverfall bereits deutlich erkennbar. Wer die Investition in einen guten Projektor nicht scheut, der darf sich über die hervorragende Bildqualität und Lichtstärke moderner Datenprojektoren freuen. Die Tendenz geht zunehmend zur Projektion bei Tageslicht ohne Verdunkelung des Raumes. Beim Vergleich der unterschiedlichen Modelle sollte beachtet werden, dass es auch bei ähnlichen technischen Daten große Qualitätsunterschiede zwischen den Projektoren gibt. Deshalb gilt: Vor dem Kauf unbedingt vorführen lassen!

Bei einer Präsentation mittels Datenprojektor darf nicht vergessen werden, dass zusätzlich ein Computer erforderlich ist. Wegen der guten Transportmöglichkeit liegt hierbei die Verwendung eines Laptops nahe. Der Datenprojektor kann dabei mit dem Monitorausgang des Laptops verbunden werden. Spezielle Fernbedienungen übernehmen sogar die Funktion der Computermaus, indem sie das Mausklicken auf der Projektionsfläche ermöglichen.

Damit hat der Overhead-Projektor ernsthafte Konkurrenz bekommen. Denn wer seine Overhead-Folien ohnehin bereits an einem Computer produziert, sollte sich überlegen, ob er nicht in gleicher Zeit eine Bildschirmpräsentation zusammenstellt. Zumindest zurzeit dürfte diese aus Sicht des Publikums eindeutig bevorzugt werden, da es sich hierbei um ein relativ neues Medium handelt.

Dem praktischen Erstellen einer Bildschirmpräsentation ist ein Kapitel im Workshop-Band gewidmet.

Datenprojektor

Powerpoint-Workshop im zweiten Band

Anhang

Workshop zur Mediengestaltung

Sie haben sich mit dem »Kompendium der Mediengestaltung« die Grundlagen erarbeitet. Im Band »Workshop zur Mediengestaltung« können Sie Ihr erworbenes Wissen in der praktischen Arbeit mit der einschlägigen Software umsetzen. Die strukturierte Einführung mit Übungen ermöglicht Ihnen den einfachen Einstieg in die Welt der Medienproduktion.

Für die Programme Adobe Illustrator, Adobe GoLive, Adobe Photoshop, Adobe Premiere, Apple QuickTime-VR, Macromedia Director, Maxon Cinema 4D, Microsoft PowerPoint, Microsoft Excel, Sonicfoundry Soundforge sowie QuarkXPress sind Tutorials mit Übungsdateien auf CD-ROM vorhanden.

In den Tutorials werden programm- und medienspezifische theoretische Grundlagen mit praktischen Übungen und Anwendungen verknüpft. Alle Tutorials sind in der Ausbildungspraxis der Autoren erprobt und für gut befunden worden.

Auf der CD-ROM sind Testversionen aller wichtigen Programme verfügbar. Die Einführung in die wichtigsten Softwarepakete der Medienindustrie ist mit dem »Workshop zur Mediengestaltung« in der betrieblichen und schulischen Aus- und Weiterbildung gewährleistet.

Lösungen

Lösungen zu Kapitel 3.1

S. 183   1001 b: $1 \times 2^0 + 1 \times 2^3 = 9$
        1100110 b: $1 \times 2^1 + 1 \times 2^2 \times 1 \times 2^5 + 1 \times 2^6 = 102$
        101010100 b: $1 \times 2^2 + 1 \times 2^4 \times 1 \times 2^6 + 1 \times 2^8 = 340$

S. 184   17 : 2 = 8   Rest: 1
         8 : 2 = 4   Rest: 0
         4 : 2 = 2   Rest: 0
         2 : 2 = 1   Rest: 0
         1 : 2 = 0   Rest: 1
        Ergebnis: 10001 b   (Leserichtung von unten nach oben)

        45 : 2 = 22   Rest: 1
        22 : 2 = 11   Rest: 0
        11 : 2 = 5   Rest: 1
         5 : 2 = 2   Rest: 1
         2 : 2 = 1   Rest: 0
         1 : 2 = 0   Rest: 1
        Ergebnis: 101101 b

        64 : 2 = 32   Rest: 0
        32 : 2 = 16   Rest: 0
        16 : 2 = 8   Rest: 0
         8 : 2 = 4   Rest: 0
         4 : 2 = 2   Rest: 0
         2 : 2 = 1   Rest: 0
         1 : 2 = 0   Rest: 1
        Ergebnis: 1000000 b

S. 185　　123 : 2　= 61　　Rest:　1
　　　　　　61 :　2　= 30　　Rest:　1
　　　　　　30 :　2　= 15　　Rest:　0
　　　　　　15 :　2　= 7　　Rest:　1
　　　　　　7 :　2　= 3　　Rest:　1
　　　　　　3 :　2　= 1　　Rest:　1
　　　　　　1 :　2　= 0　　Rest:　1
　　　　　　Binär:　　　　　111 1011 b
　　　　　　　　　　　　　0111 1011 b
　　　　　　Hexadezimal:　7　　B　h

S. 186　　M:　　　　　100 1101
　　　　　　010 0100:　– (Minuszeichen)

S. 191　　8-GB-Festplatte:
　　　　　　= 8 x 1024 MB
　　　　　　= 8 x 1024 x 1024 KB
　　　　　　= 8.388.608 KB

　　　　　　1,44-MB-Diskette:
　　　　　　= 1,44 x 1024 kb = 1,44 x 1024 x 1024 B
　　　　　　= 1,44 x 1024 x 1024 x 8 b (Bit)
　　　　　　= 12.079.595 b

　　　　　　17 CD-ROM mit je 750 MB:
　　　　　　= 17 x 750 MB
　　　　　　= (17 x 750) / 1024 GB
　　　　　　= 12,45 GB

　　　　　　32-MB-Arbeitsspeicher:
　　　　　　= 32 x 1024 x 1024 Buchstaben (Byte)
　　　　　　= (32 x 1024 x 1024) / (80 x 50 x 200) Bücher
　　　　　　= 41,9 Bücher

Lösungen zu Kapitel 3.2

S. 215   XGA-Grafik in Echtfarben (TrueColor):

$1024 \times 768 \times 3$ B

$= 2.359.296$ B

$= 2,25$ MB

Die Grafikkarte kann das Bild *nicht* darstellen!

Reduktion auf 16 Bit: 2^{16} Farben $= 65.536$ Farben

$1024 \times 768 \times 2$ B

$= 1.572.864$ B

$= 1,5$ MB

Der benötigte Speicherplatz beträgt 1,5 MB, somit kann die Grafikkarte das Bild darstellen!

S. 219   XGA-Format: 1024 Spalten x 768 Zeilen

768×110 Hz

$= 84.480$ Hz

$= 84,48$ kHz

Werbebroschüre: 1600 x 1200 Pixel bei 100 Hz

1200×100 Hz

$= 120$ kHz

Der Monitor erreicht eine Bildwiederholung von 100 Hz *nicht*, da er eine maximale Zeilenfrequenz von 110 kHz besitzt!

Maximale Zeilenzahl:

= Horizontalfrequenz / Vertikalfrequenz

$= 85.000$ Hz / 90 Hz

$= 944$ Zeilen

Die größte Format ist das XGA-Format (1024 x 768 Pixel)

Lösungen zu Kapitel 3.4

S. 280   Kostenvergleich Internet-Provider
Um zwei Angebote vergleichen zu können, muss eine Gleichung aufgestellt werden, die als unbekannte Größe x die monatliche Nutzungsdauer enthält. Die Gleichung wird dann nach der gesuchten Größe x aufgelöst.

Anbieter A: Keine Grundgebühr, Nutzung: 5 DM/h

Anbieter B: 20 DM Grundgebühr, Nutzung: 4 DM/h

Anbieter C: 80 DM Grundgebühr, Nutzung: 2 DM/h

Vergleich von Anbieter A und B

$$0\,DM + x * 5\,DM/h = 20\,DM + x * 4\,DM/h$$
$$x * 5\,DM/h - x * 4\,DM/h = 20\,DM - 0\,DM$$
$$x * (5\,DM/h - 4\,DM/h) = 20\,DM$$
$$x * 1\,DM/h = 20\,DM$$
$$x = 20\,DM / 1\,DM/h = 20\,h$$

Bei einer Nutzungsdauer von 20 h sind beide Anbieter gleich teuer, danach wird Anbieter B günstiger, weil er nur 4 DM/h berechnet.

Vergleich von Anbieter B und C

$$20\,DM + x * 4\,DM/h = 80\,DM + x * 2\,DM/h$$
$$x * 4\,DM/h - x * 2\,DM/h = 80\,DM - 20\,DM$$
$$x * 2\,DM/h = 60\,DM$$
$$x = 60\,DM / 2\,DM/h = 30\,h$$

Bei einer Nutzungsdauer von 30 h sind beide Anbieter gleich teuer, danach wird Anbieter C günstiger, weil er nur 2 DM/h berechnet.

Vergleich von Anbieter A inkl. 5 Freistunden und B

$$x * 5\,DM/h - 25\,DM = 20\,DM + x * 4\,DM/h$$
$$x * 5\,DM/h - x * 4\,DM/h = 20\,DM + 25\,DM$$
$$x * 1\,DM/h = 45\,DM$$
$$x = 45\,DM/1\,DM/h = 45\,h$$

Die 5 Freistunden besitzen einen Gegenwert von 25 DM.
Anbieter B wird in diesem Fall erst ab 45 h günstiger.

Lösungen zu Kapitel 4.2

zu Abb. 4.2/3

Beim monochromatischen
Licht von 600 nm werden
nur die roten und die grünen
Zapfen gereizt. Der jeweilige Wert ist auf der Ordinate
abzulesen.

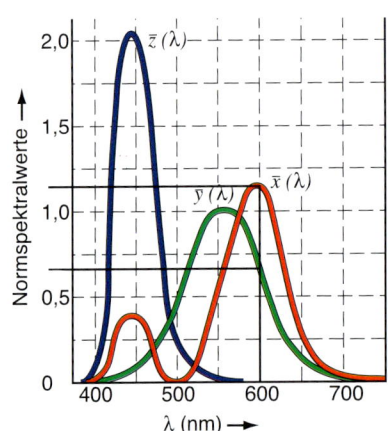

zu Abb. 4.2/13

Remissionkurven der
Euroskala-Druckfarben
CMY.

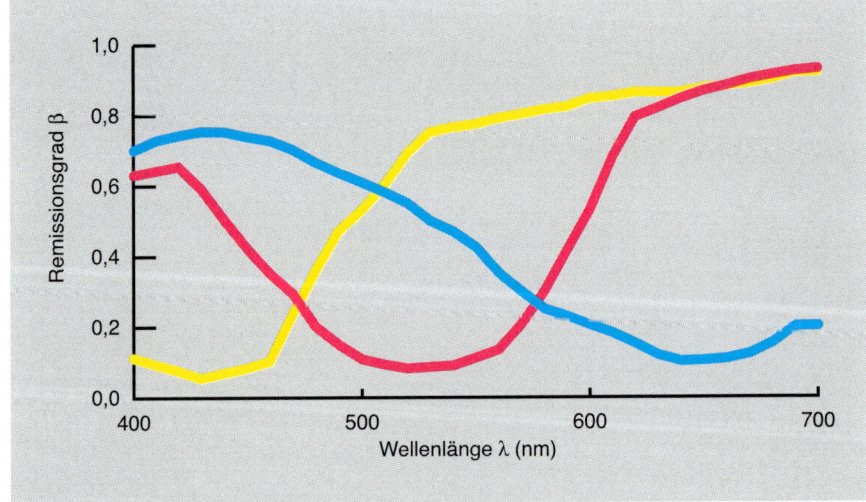

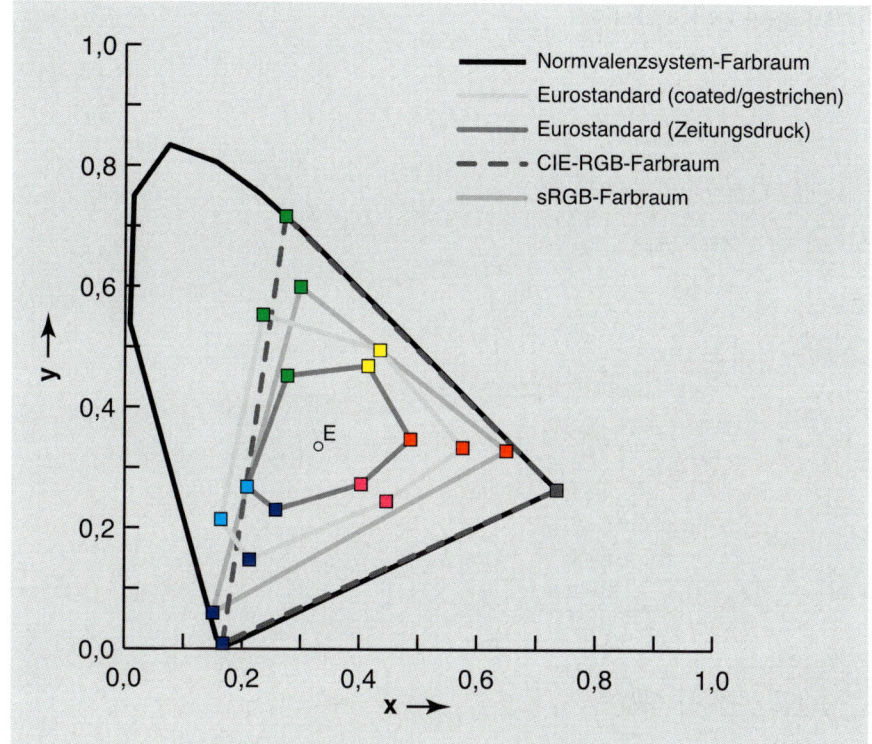

zu Abb. 4.2/15 und 4.2/16

Lösungen zu Kapitel 4.3

S. 357   Berechnung der Frequenz:
$f = 1 / T = 1 / 0,0005\ s = 2000\ Hz = 2\ kHz$

Berechnung der Periondendauer:
$T = 1 / f = 1 / 880\ Hz = 0,00114\ s = 1,14\ ms$

Berechnung des Pegels:
$\hat{u} = 0,1\ \hat{u}_0$ (Reduktion auf 10 %)
$\hat{u} / \hat{u}_0 = 0,1$
$a = 20 \times \log (\hat{u} / \hat{u}_0)$
$a = 20 \times \log (0,1)$
$a = -20\ dB$
Eine Reduktion der Amplitude auf 10% entspricht einer Pegel-
änderung um $-20\ dB$.

Berechnung der Amplitude:
$a = 20 \times \log (\hat{u} / \hat{u}_0)$
$3 = 20 \times \log (\hat{u} / \hat{u}_0)$
$3 / 20 = \log (\hat{u} / \hat{u}_0)$

Die Umkehrfunktion des Logarithmus lautet 10^{x}
$10^{3/20} = \hat{u} / \hat{u}_0$
$\hat{u} / \hat{u}_0 = 1,41$
Eine Pegelanhebung um 3 dB entspricht einer Verstärkung um
Faktor 1,41 (141%).

Lösungen zu Kapitel 5.5

S. 487 • Abschreibungssatz berechnen (Auto):
100% : 6 Jahre Nutzungsdauer = 16,66% Abschreibungssatz / Jahr
• Wertminderung des Autos pro Jahr berechnen:
Jährliche Abschreibung beträgt 16,66% vom Anschaffungspreis des Autos.
16,66% von 50.000,– DM = 8330,– DM Abschreibung / Jahr
• Wertminderung des Autos nach 2,5 Jahren berechnen:
8330,– DM x 2,5 = 20.825,– DM Wertminderung nach 2,5 Jahren
• Buchwert des Autos nach 3,5 Jahren berechnen:
8330,– DM x 3,5 = 29.155,– DM = 29.155,– DM Wertverlust des
Autos nach 3,5 Jahren.
Neuwert   50.000,– DM
– Wertverlust 29.155,– DM
= Buchwert   24.145,– DM

• Abschreibungssatz berechnen (Druckmaschine):
100 : 12,5% = 8 Jahre Nutzungsdauer
8 Jahre x 78.750,– DM = 630.000,– DM Anschaffungswert
• Geschätzte Gebrauchsdauer der Maschine:
100% : 12,5% = 8 Jahre Nutzungsdauer
• Selbstkosten pro Fertigungsstunde:
78.750,– DM Gesamtkosten / Jahr : 2900 Fertigungsstunden / Jahr
= 27,155 DM Selbstkosten / Fertigungsstunde

• Gebrauchsdauer für Schriften berechnen:
Nutzungsdauer   = 100%
Abrechnungssatz =   16%
100% : 16% = 7,9 Jahre ≈ 8 Jahre Nutzungsdauer

S. 488 • Kalkulatorische Zinsen berechnen:
(15.000 x 6) : 100 =   900,– DM Kalk. Zinsen/Jahr (PC-Platz)
(45.000 x 6) : 100 = 2.700,– DM Kalk. Zinsen/Jahr (Scanner)
(1300 x 6) : 100   =   78,– DM Kalk. Zinsen/Jahr (Laminator)

S. 489 • Kalkulatorische Zinsen nach 50%-Regel berechnen:
Neuwert Belichter 55.000,– DM : 2 = 27.500,– DM
27.500,– DM x 6,5% Zinsen/Jahr = 1787,50 DM Zinsen/Jahr

• Neuwert Scanner 19.000 DM : 2 = 9.500,– DM
9.500,– DM x 6,5% Zinsen/Jahr = 617,50 DM Zinsen/Jahr

Lösungen zu Kapitel 6.2

S. 612 Berechnung der Datenmenge:
$M = (A \times f_A \times Z \times t)/8$
$M = (16 \times 22.050 \times 1 \times 600) \, B/8$
$M = 26.460.000 \, B$
$M = 25,23 \, MB$

Aufnahmeparameter für 30 min Sound:
$M = (A \times f_A \times Z \times t)/8$
$A \times f_A \times Z \times t = (M \times 8)$
$A \times f_A \times Z = (M \times 8)/t$
$A \times f_A \times Z = (80 \times 1024 \times 1024 \times 8) \, / \, (30 \times 60)$
$A \times f_A \times Z = 372.827$

Möglich sind alle Kombinationen, bei denen das Produkt aus Auflösung, Abtastrate und Kanalzahl kleiner/gleich 372.827 ist. Beispiele:

	A	f_A	Z	$A \times f_A \times Z$
a.	8	44.100	1	352.800
b.	16	22.050	1	352.800
c.	16	11.025	2	352.800

Im Fall a. führt die geringe Auflösung zu starkem Rauschen.
Fall c. führt zu einem starken Aliasing-Fehler infolge der geringen Abtastfrequenz. Fall b. liefert eine brauchbare Monoaufnahme.

Berechnung der Datenstroms:
Datenstrom D = Datenmenge M/1 Sekunde
$M = (A \times f_A \times Z \times 1 \, s)/8$
$D = (A \times f_A \times Z) \, / \, 8$
$D = (8 \times 11\,025 \, Hz \times 1)/8$
$D = 11.025 \, B/s$
$D = 11,025 \, kB/s$ („k" steht hier für 1000 und nicht für 1024)

Index

Literatur- und Quellenverzeichnis

Literatur zu Kapitel 1

[1]   André Jute: Arbeiten mit Gestaltungsrastern
       Hermann Schmidt Verlag, 1998, ISBN 3-87439-435-2

[2]   Dario Zuffo: Die Grundlagen der visuellen Gestaltung
       Polygraph Verlag, 1990, ISBN 3-85545-039-0

[3]   James Monaco: Film verstehen
       Rowolt Verlag, 1995, ISBN 3-499-16514-7

[4]   Thomas Kuchenbuch: Filmanalyse
       Prometh Verlag, 1978, ISBN 3-8798-0071

[5]   J. Michael Matthaei: Grundfragen des Grafik-Design
       Augustus Verlag, 1993, ISBN 3-8043-0107-X

[6]   Gregor Krisztian, Nesrin Schlempp-Ülker: Ideen visualisieren
       Hermann Schmidt Verlag, 1998, ISBN 3-87439-442-5

[7]   Samuel Hügli: Insiderbuch Quark XPress
       Midas Verlag, 1997, ISBN 3-907020-38-3

[8]   Gui Bonsiepe: Interface
       Bollmann Verlag, 1996, ISBN 3-927901-84-9

[9]   Making of …
       Kino Verlag, 1996, ISBN 3-89324-127-2

[10]   Ralf Turtschi: Mediendesign
       Verlag Niggli AG, 1998, ISBN 3-7212-0327-5

[11] Ralf Turtschi: Praktische Typografie
Verlag Niggli AG, ISBN 3-7212-0292-9
(Nicht mehr lieferbar!)

[12] Martina Eipper: Sehen, Erkennen, Wissen
Expert Verlag, 1998, ISBN 3-8169-1553-1

[13] Stefan Katz: Shot by Shot – Die richtige Einstellung
Verlag Zweitausendeins, 1999, ISBN 3-86150-229-1

[14] Jürgen Gansweid: Symmetrie und Gestaltung
Callway Verlag, 1987, ISBN 3-7667-0844-9

[15] Philipp Luidl: Typografie Basiswissen
Deutscher Drucker Edition, 1995, ISBN 3-920226-75-5

[16] Manfred Siemoneit: Typografisches Gestalten
Polygraph Verlag, 1989, ISBN 3-87641-253-6

[17] Karl Schneider (Hrsg): Werbung
M & S Verlag, 1997, ISBN 3-930465-00-0

Literatur zu Kapitel 2

[1] Helmut Teschner: Offsetdrucktechnik
Fachschriften Verlag, 1989, ISBN 3-921217-14-8

[2] Lothar Göttsching (Hrsg): Papier in unserer Welt
Econ Verlag, 1990, ISBN 3-430-13252-5

Literatur zu Kapitel 3

[1]   Harald Hahn: Das große CD-ROM Buch
      Data Becker, 1994, ISBN 3-8158-1073-6

[2]   Andreas Voss: Das große PC-Lexikon
      Data Becker, 1999, ISBN 3-8158-1594-0

[3]   Jürgen Ortmann: Einführung in die PC-Grundlagen
      Econ-Verlag, 1996, ISBN 3-612-28111-9

[4]   P. Bühler, J. Böhringer, P. Schlaich, H. Ziegler:
      Handreichungen zur Mediengestaltung, LEU Stuttgart, 1999.

[5]   Klaus Dembowski: Hardware ohne Risiko
      Markt&Technik, 1994, ISBN 3-87791-625-2

[6]   Adrian Koch: Internet Grundlagen
      Skriptum zu Internetkursen, 1998.

[7]   Anatol Gardner: PC-Hardware
      dtv-Verlag, 1999, ISBN 3-423-50104-9

[8]   J. Hennekeuser, G. Peter: Rechnerkommunikation für Anwender
      Springer-Verlag, 1994, ISBN 3-540-57298-8

[9]   Klaus Dieter Bach u.a.: Tabellenbuch Computertechnik
      Europa Verlag, 1995, ISBN 3-8085-3421-4

[10] Mark Torben Rudolph: Weltweit surfen im Internet
      Data Becker, 1995, ISBN 3-8158-1532-0

[11]   Dirk Jarzyna: Windows NT Server 4.0
       International Thompson Publishing, 1997, ISBN 3-8266-4006-3

Literatur zu Kapitel 4

[1]   Adolf Faller: Der Körper des Menschen
      dtv-Verlag, 1988, ISBN 3-423-03014-3

[2]   Pierre Marie Granger: Die Optik in der Bildgestaltung
      Vogel Verlag, 1989, ISBN 3-8023-0228-1

[3]   Ulrich Michels: dtv-Atlas zur Musik
      dtv-Verlag, 1980, ISBN 3-423-03022-4

[4]   David S. Falk, Dieter R. Brill, David G. Stork: Ein Blick ins Licht
      Springer-Verlag, 1990, ISBN 3-7643-2401-5

[5]   Hansl Loos: Farbmessung
      Verlag Beruf + Schule, 1989, ISBN 3-88013-380-8

[6]   Peter Bühler: MediaFarbe – analog und digital
      Verlag Beruf + Schule, 1998, ISBN 3-88013-564-9

[7]   Oskar Höfling: Physik, Band II
      Dümmler Verlag, 1981, ISBN 3-427-41143-5

[8]   Gottfried Schröder: Technische Optik
      Vogel Verlag, 1987, ISBN 3-8023-0067-X

[9]   Hans E. J. Neugebauer: Zur Theorie des Mehrfarbendrucks
      ZA-Reprint Verlag, 1989, ISBN 3-7463-0158-0
      (Nicht mehr lieferbar!)

Literatur zu Kapitel 5

[1] Delp, Lutz: Der Verlagsvertrag
     Verlag Franz Rehm, 1990, ISBN 3-8073-0791-5

[2] A. Vichr, T. Lehman: Die Angebotsphase in der MM-Produktion
     HighTextVerlag, 1999, ISBN 3-933269-22-9

[3] Druck und Medien abc (Heft 1 • Oktober 1999 • 46 Jahrgang)
     Zentral-Fachausschuss für die Druckindustrie in der BRD

[4] Jim Held: HTML & Web Publishing secrets
     Franzis-Verlag, 1997, ISBN 3-7723-7624-X

[5] Werner Pepels: Kommunikations-Management
     Schäfer/Poeschel-Verlag, 1999, ISBN 3-7910-1503-6

[6] P. Meister: MM-Anwendungen auf PC und MAC selbst entwickeln
     Franzis-Verlag, 1994, ISBN 3-7723-528-5

[7] H-P. Förster, M. Zwernermann: Multimedia – Die Evolution der Sinne
     Lucherhand Verlag, ISBN 3-472-01578-0

[8] multiMedia Honorarleitfaden 98/99
     HighTextVerlag, 1999.

[9] Dr. Guido Leidig u.a.: Multimedia Kalkulations Systematik
     Bundesverband Druck E.V. 1997, ISBN 3-88701-207-0

[10] Kreile, Becker: Multimedia und die Praxis der Lizensierung von
     Urheberrechten, GEMA-Jahrbuch 1995/96.

[11]   Tobias H. Strömer: Online §Recht
       dpunkt.verlag, 1997, ISBN 3-920993-66-7

[12]   Michael Plener: Praktisches ABC WERBERECHT
       creativ collection Freiburg, 1996, ISBN 3-929709-03-1

Literatur zu Kapitel 6

[1]   Carsten Belling: 4C DTP
       Verlag Beruf + Schule, 1998, ISBN 3-88013-555-X

[2]   Thomas Jungbluth: CDs brennen
       Hanser-Verlag, 1996, ISBN 3-446-19246-8

[3]   Ash Pahwa, Jan-Gerd Frerichs: CDs selbstgemacht
       Addison-Wesley, 1998, ISBN 3-89319-805-9

[4]   Dieter Stotz: Computergestützte Audio- und Videotechnik
       Springer-Verlag, 1995, ISBN 3-540-59144-3

[5]   Cool Mac Quicktime Multimedia
       Wolframs Fachverlag, 1998, ISBN 3-540-59144-3

[6]   Markus Lusti: Dateien und Datenbanken
       Springer-Verlag, 1989, ISBN 3-540-51035-4

[7]   Eberhard Stickel: Datenbankdesign
       Gabler Verlag, 1992, ISBN 3-409-13937-0

[8]   Philip Greenspun: Datenbankgestützte Web-Sites
       Hanser Verlag, 1998, ISBN 3-446-19341-3

[9] Thomas Merz: Die PostScript @ Acrobat-Bibel
     t/m-Verlag, 1999, ISBN 3-9804943-0-6

[10] H. Hofmüller, M. Seiwert: Digital Audio/Video – Digitalisierung,
     Schnitt und Mastering, Addison-Wesley, 1998, ISBN 3-8273-1473-9

[11] Helmut Kraus: Digitales Fotografieren
     Addison Wesley Verlag, 1998, ISBN 3-8273-1399-6

[12] R. Riempp, A. Schlotterbeck: Digitales Video in interaktiven Medien
     Springer-Verlag, 1995, ISBN 3-540-59355-1

[13] Handbuch Adobe Premiere 5.0
     Wird mit Programm geliefert – gut aufgebaut und daher lesenswert

[14] Handbuch der Film- und Videotechnik
     Franzis-Verlag, 2000, ISBN 3-7723-7114-0

[15] Jim Held: HTML & Web Publishing secrets
     Franzis-Verlag GmbH, 1997, ISBN 3-7723-7624-X

[16] Jingle Parade 98 (Software der Golden Serie)
     GEMA und lizenzfreie Musikstücke
     Data Becker, ISBN 3-8158-6151-9

[17] Dr. H.von Bülow, D. Paulißen: Kodak Photo-CD
     Data Becker, 1996, ISBN 3-89011-642-2

[18] L. Lemay, B. K. Murphy: Kommerzielle WEB-SEITEN entwickeln
     Markt & Technik Verlag, 1997, ISBN 3-8272-5202-4

[19]   Thomas Merz: Mit Acrobat ins World Wide Web
        t/m-Verlag, 1998, ISBN 3-9804943-1-4

[20]   Thomas Philippus: Online-Datenbanken
        NDE Verlag, 1994, ISBN 3-8007-1930-4

[21]   Bernhard Krieg: PA für Musiker
        Pflaum Verlag, 1996, ISBN 3-7905-0727-X

[22]   Ben Willmore: Photoshop 5
        Midas Verlag, 1999, ISBN 3-907020-83-9

[23]   Ingo Klöckl: PostScript
        Hanser-Verlag, 1997, ISBN 3-446-18381-7

[24]   Günther Born: Referenzhandbuch Dateiformate
        Addison-Wesley, 1999, ISBN 3-8273-1241-8

[25]   Herrmann Sauer: Relationale Datenbanken
        Addison Wesley Verlag, 1991, ISBN 3-89319-167-4

[26]   Helmut Kraus: Scannen
        Addison Wesley Verlag, 1999, ISBN 3-8273-1492-5

[27]   Gregor Kuhlmann, Friedrich Müllmerstedt: SQL
        Rowolt Verlag, 1999, ISBN 3-499-60063-3

[28]   Lynda Weinman. WebDesign
        Midas Verlag, 1998, ISBN 3-907020-33-2

Literatur zu Kapitel 7

[1]   Hermann Will: Overheadprojektor und Folien
        Beltz Verlag, 1994, ISBN 3-407-36018-5

[2]   M. Hartmann, R. Funk, H. Niemann: Präsentieren
        Beltz Verlag, 1995, ISBN 3-407-36319-2

[3]   Josef Seifert: Visualisieren, Präsentieren, Moderieren
        Gabal Verlag, 1995, ISBN 3-930799-00-6

Für professionelles Print-Design

▸ Praxis-Know-how für die professionelle Gestaltung von Print-Medien am Computer

▸ Konzentriertes Fachwissen in klarer Didaktik und anspruchsvollem Design

▸ Kompletter Workflow von den Grundlagen bis zur praktischen Umsetzung

▸ Fakten und Erfahrungen für den professionellen Einsatz digitaler Techniken

▸ Tips und Tools für die optimale Lösung eigener Gestaltungsaufgaben

▸ Das perfekte Handwerkszeug für Profis in der Druck- und Multimediabranche

B. Zipper

Kursbuch PDF

Kursbuch PDF bietet Einsteigern und Profis fundiertes und praxis-erprobtes Fachwissen rund um Adobes PDF-Technologie. Anhand von Beispielen (auch auf der beigelegten CD-ROM verfügbar) wird der Leser über Vor- und Nachteile von PDF informiert und erhält eine komplette Übersicht über die wesentlichen PDF-Einsatzbereiche im Internet, auf CD-ROM oder in der Medienvorstufe. Auch Anwender aus dem Office-Bereich finden hier umfassende Informationen über den optimalen Einsatz von PDF. **Kursbuch PDF** läßt sich ideal als Nachschlagewerk in der Produktion, aber auch als Unterrichtsunterlage für die Aus- und Weiterbildung einsetzen.

2000. Etwa 300 S. 300 Abb., 80 in Farbe, mit CD-ROM. Geb.
DM 89,–; öS 650,–; sFr 81,–
ISBN 3-540-66390-8

T. Kaltschmidt

QuarkXPress 5

High-End Publishing in der Praxis

Professionelle Anwender finden in dieser durchgängig vierfarbigen Originalausgabe wertvolle und überraschende Tips, Tricks und Techniken für einen effektiven Einsatz von QuarkXPress 5 im Bereich PrePress und Multimediaentwicklung. Besonderer Wert wird dabei auf die effiziente Zusammenarbeit mit anderen Grafik- und Bildbearbeitungsprogrammen wie FreeHand, Illustrator und Photoshop, den Einsatz im Netzwerk (OPI) und Trouble-shooting gelegt.

2000. Etwa 320 S., durchgehend vierfarbig illustriert, mit CD-ROM. Geb.
DM 89,–; öS 650,–; sFr 81,–
ISBN 3-540-62878-9

Weitere Titel der Reihe
X.media.press
finden Sie unter
www.springer.de/comp-de/xmedia

Springer · Kundenservice
Haberstr. 7 · 69126 Heidelberg
Tel.: (0 62 21) 345-217/-218 · Fax: (0 62 21) 345-229
e-mail: orders@springer.de

Preisänderungen und Irrtümer vorbehalten. d&p · BA 66421-1 (6576)

Tipps und Tools für optimale Multimedia-Lösungen

P. F. Stephan, Köln (Hrsg.)

Events und E-Commerce

Kundenbindung und Markenführung im Internet

Der digitale Marktplatz Internet bietet neue Möglichkeiten der Kundenbindung und Markenführung. Das Buch stellt Konzept, Ästhetik und Technik innovativer Kampagnen in zahlreichen Fallstudien dar. Praktiker und Konzeptioner finden hier erstmals umfangreiches Anschauungsmaterial, „best practice"-Beispiele und spannende Ausblicke auf die Trends im Wachstumsmarkt Corporate Communication.

2000. XII, 419 S. 60 Abb., 30 in Farbe. Brosch. **DM 89**; öS 650; sFr 81   ISBN 3-540-66194-8

R.S. Schifman, München; **S. van As,** Gouda, Niederlande; **J. Ganci,** Ashburn, VA, USA; **P. Kerman,** Portland, OR, USA; **J. McGuire, W. Wells,** Amarillo, TX, USA

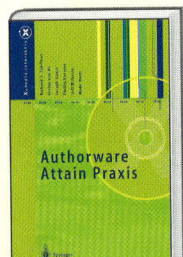

Authorware Attain Praxis

Windows Version

Führende Authorware-Entwickler beschreiben praxisbezogen die effiziente Realisierung von Computer-Based-Trainings und Internet/Intranet-basierten Applikationen wie Teleshopping oder Telelearning. Auch Macromedias neuestes Computer Managed Instruction System zur Verteilung und Verwaltung von Online- und Networklearning, Pathware, wird behandelt. Die Arbeits-CD-ROM enthält ein Working Model, Beispiele und Tools.

2000. XX, 383 S. mit CD-ROM. Geb. **DM 129**; öS 942; sFr 117.50   ISBN 3-540-62886-X

R.S. Schifman, Digital Fusion Electronic Publishers, München; **G. Heinrich,** München

2. Auflage

Multimedia-Projektmanagement

Von der Idee zum Produkt

Von der Idee bis zum fertigen multimedialen Online- oder Offline-Produkt sind vielfältige organisatorische, gestalterische, technische und juristische Aspekte zu berücksichtigen. Multimedia-Projektmanagement liefert die notwendigen Umsetzungshilfen: vom kompletten Workflow über wichtige Standards und Fachtermini bis zu wertvollen Tipps, Faustregeln und ausführlichen Checklisten für die Gestaltung eines effizienten Projektmanagements. Case Studies geben Einblick in die Content- und Qualitätsmanagement-Systeme führender Agenturen.

2. Aufl. 2000. XI, 285 S. 65 Abb. Brosch. **DM 69**; öS 504; sFr 63   ISBN 3-540-67120-X

M. Hartmann, München; **O. Merx,** Bad Feilnbach (Hrsg.)

Multimedia-Recht für die Praxis

Im Rahmen von Multimedia-Produktionen tauchen stets typische juristische Fragestellungen auf. Multimedia-Produzenten, die meist nicht über vertiefte Rechtskenntnisse verfügen, erhalten hier praktische Hilfe bei der rechtssicheren Abwicklung von Multimedia-Projekten. Checklisten, Ablaufschemata, Graphiken und Fallbeispiele unterstützen den Praxistransfer und erleichtern die konkrete Umsetzung.

2000. Etwa 320 S. 100 Abb. Brosch. **DM 89**; öS 650; sFr 81   ISBN 3-540-66974-4

Springer · Kundenservice
Haberstr. 7 · 69126 Heidelberg
Tel.: (0 62 21) 345-217/-218 · Fax: (0 62 21) 345-229
e-mail: orders@springer.de

Springer

Preisänderungen und Irrtümer vorbehalten. d&p · BA 66421-1 (7030)